HISTOIRE DE L'ANGLETERRE

SOMMAIRE

Avant-propos 9
Chapitre premier : L'INVASION NORMANDE DE 1066 15
Chapitre II : LA FÉODALITÉ, CONTINUITÉS ET RUPTURES 29
Chapitre III : L'EMPIRE PLANTAGENÊT 41
Chapitre IV : DE LA GLOIRE AU DÉSHONNEUR, 1189-1215 55
Chapitre V : 1216-1234 : UN ROI ET SES FÉAUX 67
Chapitre VI : LE ROI ET LA LOI 79
Chapitre VII : LES TROIS ÉDOUARD, DE LA CROISADE À LA CONQUÊTE 91
Chapitre VIII : ÉDOUARD III ET LES DÉBUTS DE LA GUERRE DE CENT ANS 105
Chapitre IX : LA « RÉVOLUTION » LANCASTRIENNE 125
Chapitre X : L'AUTOMNE DU MOYEN ÂGE 139
Chapitre XI : LA GUERRE DES DEUX-ROSES 153
Chapitre XII : HENRY VII, ROI DE LA VEILLE OU ROI DU LENDEMAIN ? 165
Chapitre XIII : HENRY VIII OU LA LOI PHALLIQUE 181
Chapitre XIV : ENTRE PROTESTANTISME ET PAPISME, LES ANNÉES MÉDIANES DU XVIe SIÈCLE 197
Chapitre XV : LA REINE VIERGE. 217
Chapitre XVI : DE GRANDES ESPÉRANCES, 1603-1637 231

Chapitre XVII : RÉVOLUTION BRITANNIQUE OU GRANDE RÉBELLION, 1637-1660 ? 247

Chapitre XVIII : RESTAURATION ET GLORIEUSE RÉVOLUTION 265

Chapitre XIX : LE XVIIIe SIÈCLE ET LA RAGE DES PARTIS. . . . 279

Chapitre XX : RÉVOLUTIONS ET RÉACTION, VERS 1760-VERS 1800 299

Chapitre XXI : LA GRANDE-BRETAGNE ENTRE LIBÉRALISME ET CONSERVATISME, VERS 1800-VERS 1848 317

Chapitre XXII : PENSER LA RÉVOLUTION INDUSTRIELLE 337

Chapitre XXIII : *BRITANNIA* À L'ÈRE DES IMPÉRIALISMES, 1848-1914 349

Chapitre XXIV : LAND OF HOPE AND GLORY, DE 1914 À 1945. 369

Chapitre XXV : L'ÉTAT PROVIDENCE DANS TOUS SES ÉTATS, DE 1945 À NOS JOURS. 389

Épilogue : UNE RÉVOLUTION PAISIBLE. 407

Annexes

Annexe I : LES SAXONS ENTRE MYTHE ET LEGENDE. 413

Annexe II : CONQUÊTE ET FÉODALISATION DE L'ANGLETERRE ? 416

Annexe III : MARTYRE DE THOMAS BECKET, 29 DÉCEMBRE 1170 419

Annexe IV : GRANDE CHARTE DE JEAN SANS TERRE, 15 JUIN 1215 423

Annexe V : LE *BILL OF RIGHTS*, 1689 (EXTRAITS). 434

Annexe VI : L'ANTILIBÉRALISME AUX ORIGINES DE L'ANGLOPHOBIE 436

Généalogies royales. 439

Chronologie 445

Bibliographie 449

Du même auteur 499

Abréviations. 503

Notes 507

Index. 587

AVANT-PROPOS

L'Angleterre n'est pas une île. Elle occupe la partie méridionale d'un archipel, dont elle a, lentement, patiemment, méthodiquement, laborieusement effectué l'exploration et la conquête, au terme d'une histoire pluriséculaire [1]. C'est chez leurs voisins les plus proches – les Gallois, les Écossais et les Irlandais – que les Anglais ont fait l'apprentissage des mondes lointains. Poursuivant sa quête impériale pour l'étendre à l'ensemble du globe, l'Angleterre, « voisine d'aucun par la terre », est devenue, au cours des âges, « la voisine de tous par la mer [2] ».

Prenant la partie pour le tout, il n'est pas rare cependant que l'on dise « l'Angleterre » en voulant désigner par là l'ensemble de la Grande-Bretagne : Angleterre, pays de Galles et Écosse [3]. Voire, au mépris des droits des peuples, que l'on y adjoigne l'Irlande, en un raccourci saisissant. Quel anglophone n'a pas été amené, au moins une fois dans sa vie, à décliner soigneusement son identité en expliquant que tout ce qui parlait anglais n'était pas nécessairement anglais ni même britannique [4] ? La langue, la nation et la nationalité ne se recouvrent pas nécessairement dans le cas britannique. L'on peut être anglophone pour la langue, écossais ou gallois par l'appartenance, et britannique par la nationalité. La situation est rendue plus complexe par les intenses mouvements migratoires qui ont conduit, au cours des siècles, de nombreux habitants des îles Britanniques à essaimer à travers le monde : Amérique du Nord, Antilles, Nouvelle-Zélande, Afrique australe ou Australie. Sans compter, en retour, les multiples peuples des anciennes colonies qui ont trouvé en Grande-Bretagne un débouché démographique, donnant à la majorité des grandes villes un caractère multiculturel prononcé : les turbans sikhs avoisinent les casquettes dans les transports londoniens, tout comme les voiles et autres marqueurs culturels et religieux se retrouvent dans un espace public où se croisent Indiens, Pakistanais, Chinois, Africains et Antillais [5].

La diversité ne date pas d'hier [6]. En 1701, Daniel Defoe, auteur de l'immortel *Robinson Crusoé*, mettait en garde ses compatriotes contre toute velléité de trouver un Anglais chimiquement pur, resté à l'abri de tout métissage. Les Anglais, avertissait-il, avaient des origines multiples : Bretons, Pictes, Écossais, Romains, Danois, Normands... avaient laissé leur empreinte. Récemment encore, poursuivait-il, les Français, ou du moins les réfugiés huguenots, avaient accosté outre-Manche, afin de gagner leur pain et de rendre à l'Éternel un culte conforme à leurs convictions. Ce *True-Born Englishman* était le premier texte manifeste contre toutes les formes de préférence nationale. Histoire d'une île, histoire d'îles : l'on fait souvent un usage immodéré de l'insularité. Mais pour y ajouter le correctif grammatical du pluriel : les îles Britanniques. Voire, avec un mélange curieux de présomption et de modestie, les « îles » tout court – comme si l'insularité était poussée jusqu'à la quintessence, outre-Manche [7]. Et comme si la singularité avait eu définitivement raison de toute prétention à une universalisation des valeurs, qui se confond tour à tour avec les États-Unis, ou avec l'Europe.

La comparaison entre la France et l'Angleterre offre un « formidable terrain » pour l'avenir de l'Europe [8]. Elle permet de dépasser, et mieux encore de déplacer les clivages territoriaux qui obsèdent des histoires nationales plus soucieuses de continuités que de ruptures. Si la naissance de l'Angleterre se perd dans les brumes, le Royaume-Uni pour sa part n'a que trois siècles – si l'on peut dire. Un Royaume-Uni d'Angleterre, du pays de Galles et d'Écosse fut instauré par voie parlementaire en 1707. Ce premier Acte d'union fut à son tour suivi par un second en 1800-1801, qui inclut de façon éphémère l'Irlande – objet au lendemain de la Première Guerre mondiale d'une partition qui fait encore sentir ses effets aujourd'hui. L'Irlande du Nord, seule, appartient désormais à un Royaume-Uni dont on se plaît régulièrement à souligner la désunion. Il vaudrait mieux parler, selon nous, de porosité pour décrire un extraordinaire ensemble territorial et linguistique qui heurte en permanence notre sens cartésien, épris de géométrie [9]. Et qui montre sa persistance, en particulier dans l'arène sportive où Anglais, Gallois, Écossais et Irlandais se présentent comme des nations distinctes lors du célèbre tournoi des Cinq Nations, devenues six en 2 000 avec l'entrée en compétition de l'Italie [10]. Ce qui vaut pour le ballon ovale se vérifie par ailleurs [11]. La mention d'une « nation britannique » se heurte en permanence à l'affirmation de ses composantes irréductibles [12]. Trèfle irlandais, poireau gallois, chardon écossais et rose anglaise : dans un registre volontiers agreste, la symbolique de chacune des composantes a des allures d'inventaire insoluble [13].

Cette complexité se retrouve au niveau international. « Il existe trois cercles, parfaitement complémentaires, avertissait Winston Churchill après guerre, le cercle de l'empire britannique et du *Commonwealth*, le cercle du monde anglophone, et celui de l'Europe unie » (20 avril 1949). Visée impériale, « relation spéciale » avec les États-Unis, engagement européen : un demi-siècle plus tard, les propos de Churchill paraissent toujours d'actualité. On pourrait simplement ajouter que, désormais, le destin international de la Grande-Bretagne semble inextricablement lié, en particulier sur le plan militaire, à l'extension de la zone d'influence américaine. Mais, pour l'historien, cette fraternité d'armes renoue avec la valorisation de racines anglo-saxonnes que l'ère victorienne n'avait pas manqué de célébrer. Le XXIe siècle marque, pour la Grande-Bretagne, le retour de certitudes longtemps bafouées. En dépit même des atermoiements de l'opinion publique, souvent rétive face à certains engagements internationaux, il est bien révolu le temps où historiens et publicistes entamaient la prière des agonisants pour présenter la Grande-Bretagne comme l'un des grands hommes malades des pays développés, replacé devant un miroir qui lui aurait révélé son inexorable déclin [14].

Le dialogue entre la France et l'Angleterre, la comparaison de leurs mérites et de leurs torts respectifs, est un genre déjà ancien dans lequel se sont illustrées certaines des plumes les plus célèbres, de Voltaire et Montesquieu à Guizot. Ou à de Gaulle. Loin de nous la tentation d'écrire une histoire des relations entre France et Angleterre [15]. Mais il n'en est pas moins vrai que cette *Histoire de l'Angleterre* est un miroir tendu au-delà de la Manche, et que l'on y décèlera sans malice l'amour d'un anglomane et d'un anglophile pour son propre pays. Une *Histoire de l'Angleterre* écrite depuis la France ne saurait être une histoire de l'Angleterre écrite d'Angleterre, encore moins une histoire de l'Angleterre écrite depuis le continent, cette abstraction à laquelle on a eu longtemps, trop longtemps, recours pour désigner l'Europe. Non, cette *Histoire de l'Angleterre* sera consciemment partielle et partiale, elle engage la réflexion sur la voie d'une communauté de destins, elle proclamera aussi son attachement à une grande idée, l'Europe, trop souvent abordée de façon technicienne et technocratique, sur le mode de l'uniformité. « Il n'y a plus aujourd'hui de Français, d'Allemands, d'Espagnols, d'Anglais même, quoi qu'on en dise ; il n'y a que des Européens », se plaignait déjà Jean-Jacques Rousseau [16].

Si l'on présente souvent les Britanniques comme réticents envers l'Europe ou eurosceptiques pour certains d'entre eux, les critiques qu'ils adressent à l'Union ne sont pas nécessairement absurdes [17]. Elles nous rappellent que l'Europe ne saurait exister sans les peuples qui la composent, à moins de devenir l'un de ces grands machins, comme le disait le général de Gaulle au sujet de l'ONU, ou de ces usines à gaz, destinées à éblouir les naïfs, sans jamais recueillir la seule adhésion qui vaille, celle du cœur et de l'esprit. Si, s'interrogeant sur la « reconstruction européenne », Raymond Aron s'exclamait, après guerre, « le temps des nations est passé », ce pronostic se révèle particulièrement contestable dans le cas de la Grande-Bretagne ou de la France [18]. Mrs Thatcher, à son insu plus gaullienne qu'on ne croit, pouvait lui rétorquer, dans son célèbre discours de Bruges du 20 septembre 1980 : « Vouloir supprimer les nations et concentrer le pouvoir au centre de quelque conglomérat européen serait parfaitement destructeur et contraire à nos objectifs. » Et la dame de fer de poursuivre : « L'Europe sera l'Europe précisément parce que la France est la France, l'Espagne est l'Espagne, la Grande-Bretagne est la Grande-Bretagne [19] ». Cet amour de la tautologie, poussé jusqu'à la limite du pléonasme, cette passion que l'on dirait volontiers « impériale » de la redondance, explique le miroir tendu par l'Angleterre aux États-Unis, appelés à parachever une histoire éternelle, ou plutôt immémoriale, qui trouve dans la Grande Charte de 1215 ou dans le *Bill of Rights* de 1689 les fondements mythiques de la démocratie. Et des libertés publiques.

Une histoire de l'Angleterre, donc, plus encore que l'histoire de l'Angleterre. L'article indéfini, cette autre marque grammaticale de la relativité, pour mieux indiquer la légitimité d'autres approches ; l'on ne trouvera en ces pages ni une histoire littéraire, ni une étude esthétique ou philosophique de la peinture, de la musique et de l'architecture, ni encore la description exhaustive d'un empire qui a embrassé, au sommet de sa splendeur, un quart du monde. Cette histoire sera modestement une histoire singulière de l'Angleterre, plus encore qu'histoire de la Grande-Bretagne ou des îles Britanniques, dans leur fascinante complexité. Et, comme il arrive que le plus ancien rejoigne le plus actuel, ou le plus contemporain, le Moyen Âge et la première modernité retiendront longuement notre attention.

Chapitre premier
L'INVASION NORMANDE DE 1066

« La Grande-Bretagne a été fondée en 1066 par les Français [1]. »

Jack Straw, février 2003

Légitimité et conquête : ces deux termes semblent avoir dominé le Moyen Âge anglais. Paru en 1930, maintes fois réédité depuis lors, un petit livre parodique s'intitulait, de façon révélatrice, *1066 and all that.* L'on pourrait traduire librement ce titre par « 1066 et ainsi de suite [2] ». L'histoire que l'on enseigne, celle que l'on retient a généralement un caractère construit d'évidence inéluctable. Il s'agit à chaque fois de chasser tout caractère fortuit ou indécidable d'un enchaînement présenté comme nécessaire.

On dit « Guillaume le Conquérant, 1066 » à la façon dont en France on évoque « Marignan, 1515 » ou la « prise de la Bastille, 14 juillet 1789 ». 1066, dans la mémoire insulaire, revêt pourtant un caractère singulier : ce n'était pas une victoire, et ce fut à peine une défaite. Ou du moins, on ne sait pas trop ce que l'on commémore, dans une culture patriotique volontiers unanimiste, de l'arrivée des Normands ou de la survie des Saxons (voir annexe I : Les Saxons, entre mythe et légende). Polémique à l'origine, le thème du joug normand a permis à des générations d'Anglais de dénoncer les inégalités sociales et les injustices de leur pays, en les faisant remonter, de façon certes mythique, à une dépossession initiale. 1066, c'est le péché originel de l'histoire anglaise, son point de rupture autour duquel tout se noue [3].

On partira d'un séisme, d'une faille, d'une ligne de fracture pour remonter jusqu'à leur épicentre : l'installation d'une dynastie normande, puis française aux XIe-XIIe siècles [4].

« *Seigneurie* » *française et* « *manoir* » *anglais*

Entre les deux guerres, l'historien français Marc Bloch consacra un cours, resté justement célèbre, à l'histoire comparée de la France et de l'Angleterre. Pour le médiéviste, ce parallélisme présentait d'étonnantes vertus : il permettait d'inscrire le devenir différent des deux pays dans la longue durée, en évoquant la destinée du système seigneurial de part et d'autre de la Manche. Le « manoir » anglais, ce n'est pas, comme dans la langue courante, la « demeure du seigneur » ou son « château ». Le terme manoir s'applique à la « terre tout entière sur laquelle ce seigneur exerce sa seigneurie ». Il est à ce titre synonyme de seigneurie [5]. En dépit de délicates nuances de vocabulaire, la France et l'Angleterre médiévales connurent un « même type social ».

Et pourtant, que de différences dans la chronologie ! L'histoire anglaise paraît dominée par le sentiment des continuités, là où les Français insistent en permanence sur les ruptures. En l'absence de révolution de 1789, il est malaisé en Angleterre de trouver une fin repérable de la féodalité [6]. La féodalité était un horizon commun [7]. Et l'historien français de remonter à un épisode ancien : l'Angleterre avait été conquise. L'on assista outre-Manche à la « substitution quasi totale d'une classe dirigeante immigrée à une classe dirigeante indigène ». Et, continuait Marc Bloch, « en Angleterre où le système féodal du continent fut introduit de toutes pièces, après la conquête, il prit une rigueur qui n'appartient guère qu'aux systèmes sociaux imposés ». On en vit les effets : toute terre était, finalement, « tenue du roi [8] ».

L'Angleterre, terre de féodalité imposée de l'extérieur ? L'Angleterre, paradigme du féodalisme ? De tels raccourcis prêteraient à controverses. Qu'importe. En ancrant son étude du passé dans la considération du présent, Marc Bloch donnait à ses contemporains, comme aux générations futures, une grande leçon d'histoire [9]. Quoi que l'on pense de ses conclusions, *Seigneurie française et manoir anglais* a mis le doigt sur le traumatisme essentiel de l'histoire anglaise : l'invasion de 1066, la soumission du royaume par Guillaume de Normandie, l'existence autour du nouveau roi d'une classe conquérante, ambitieuse et dominatrice, décidée à asseoir son empire.

Guillaume, duc de Normandie

« L'an de l'incarnation du Seigneur 1066, rapporte un chroniqueur, on vit une étoile qu'on appelle comète paraître au mois d'avril pendant près de quinze jours, du côté du nord-ouest : ce qui, comme l'assurent les savants astrologues, qui ont approfondi les secrets de la physique, désigne une révolution [10]. » Âgé de 38 ans en 1066, Guillaume, duc de Normandie, n'était plus un jeune homme lorsqu'il se transporta en Angleterre. Le descendant francisé de Rollon et des Vikings de la basse vallée de la Seine avait gardé par atavisme des instincts de baroudeur [11]. Le mythe normand du temps entretenait soigneusement l'idée que, par ses origines troyennes, bien hypothétiques, Rollon avait été prédestiné à gouverner des peuples différents, et à les fondre en une seule nation. C'était le versant impérial du métissage [12]. Pour leur part, les compatriotes intrépides de Guillaume ne dédaignèrent pas d'entreprendre des expéditions lointaines vers ces terres gorgées de sang et de soleil où l'on se heurtait aux infidèles, Espagne, Italie, ou Sicile. En 1059, un autre Normand, Robert Guiscard, dit « le Rusé », avait fait hommage au pape Nicolas II. Ne se déclarait-il pas « par la grâce de Dieu et de saint Pierre, duc d'Apulie et de Calabre, et avec leur secours, de Sicile [13] » ? Après s'être vertement heurtés aux Normands, les papes, successeurs de Pierre, avaient compris tout le parti que la chrétienté latine pouvait tirer de leur service face aux musulmans, aux Byzantins, ou aux habitants des îles Britanniques, éternellement rétives à la romanisation [14]. Et réticentes à imposer le célibat ecclésiastique.

Les Normands étaient des combattants ; ils étaient aussi des administrateurs. En son pays, le duc était quasiment roi. Battant monnaie, contrôlant étroitement ses nobles par ses « vicomtes » fonctionnarisés, il faisait régner sa paix. Non sans s'appuyer sur une Église bienveillante. L'inféodation gagna même les biens ecclésiastiques. C'est en Normandie, encore « centre de ses affections » et « siège de sa puissance », que Guillaume apprit son métier de conquérant [15]. Le duc avait accumulé des réserves de ruse, de cautèle et de sournoiserie. L'Angleterre semblait lui tendre les bras. Comment résister ? Vieilli avant l'âge, le bon roi Édouard le Confesseur était pieux, dévot, chaste et souffreteux. Il ne possédait pas de descendance.

La course à la succession s'engagea. Pour toute légitimité, Guillaume se prévalut d'une promesse extorquée [16]. Harold Godwineson, comte de Wessex, était l'un des hommes les plus puissants du royaume. Ce frère d'Édith, épouse d'Édouard, avait quelque titre familial à faire valoir pour succéder au trône. L'on raconte qu'il aurait pris l'engagement de céder son tour à Guillaume, après avoir fait malencontreusement naufrage en baie de Somme. Tissée pour commémorer l'entreprise de Guillaume en Angleterre, la très célèbre broderie de Bayeux illustre cette tradition. Elle démontre au moins une chose : la détermination déjà ancienne de conquérir l'Angleterre, qui habitait Guillaume [17]... Mais poursuivons cette histoire aux allures de conte. L'un des usages de ces temps un peu rudes était de rançonner les étrangers rejetés par la mer. Emprisonné près de Montreuil-sur-Mer par le comte Guy de Ponthieu, Harold s'en remit au duc de Normandie. Bon prince, Guillaume l'accueillit à Rouen, après avoir acquitté une coquette somme d'argent pour sa libération. Les liens entre les deux hommes furent extrêmement tendus au départ. Godwin, père de Harold, n'était-il pas connu pour son hostilité légendaire aux Normands [18] ?

Guillaume, superbe, tira parti de la situation. Il fit bonne figure à Harold, et l'emmena combattre en Armorique. Dans cette atmosphère de veillée d'armes, propice aux faux bruits et aux vraies confidences, Guillaume ne manqua pas d'informer le Saxon : le roi Édouard, plusieurs années auparavant, lui aurait promis son héritage. Harold acquiesça, vaguement inquiet. Mais Guillaume voulut donner à cet engagement officieux un caractère formel. Au château de Bayeux, il convoqua les hauts barons de Normandie ; pour conférer à l'événement un caractère sacré, il plaça dans la salle du conseil toutes les reliques que l'on put trouver.

Sur le saint reliquaire, caché sous un drap d'or, Harold fut donc contraint de réitérer un serment qui engageait l'avenir de l'île ; il dut également se fiancer avec la fille de Guillaume, Adelize, très éprise du beau Saxon. Le naufrage fortuit de Harold prit des allures providentielles : on crut que le roi Édouard l'avait envoyé en ambassade auprès de Guillaume avec la mission de lui confier son royaume à son décès [19]. Qui aurait pu en douter ? L'on rapportait même que, dépourvu de descendance, Édouard avait toujours souhaité que Guillaume lui succédât. Il lui en aurait fait part lors de sa visite en Angleterre en 1051, tout en le couvrant de cadeaux : armes, chevaux, chiens et oiseaux de chasse. Après tout, Édouard avait passé son enfance en Normandie et il comptait de très nombreux Normands à sa Cour, quitte à encourir le ressentiment de ses compatriotes saxons. Les étrangers, partout, imposaient la vieille langue d'oïl, le français, comme instrument de communication aristocratique. Le très pieux Édouard se morfondait à la fin de sa vie ; avait-il le pressentiment du sombre avenir des Saxons ? Des prédictions circulèrent : il n'était question que d'invasion, de servitude, de maîtres venus d'outre-mer [20]. Le roi Édouard lui-même aurait eu des visions effrayantes sur son lit de mort : « Le Seigneur a tendu son arc, le Seigneur a préparé son glaive, se serait-il exclamé, il le brandit comme un guerrier ; son courroux se manifestera par le fer et par la flamme [21]. »

À la mort d'Édouard, le 5 janvier 1066, Harold se fit cependant reconnaître roi d'Angleterre, avec l'assentiment du conseil saxon. Le conflit était engagé [22]. Guillaume convoqua en Normandie une assemblée de tous ses hommes. Mais ceux-ci refusèrent, dans un premier temps, de le suivre outre-Manche. Avant de donner, à titre individuel, leur consentement [23]. Dans le même temps, le duc de Normandie, s'estimant trahi par Harold, en référa à Rome. C'était l'époque où les papes voyaient sans déplaisir les Normands s'opposer aux Byzantins et aux Sarrasins dans le sud de l'Italie et la Sicile [24]. Alexandre II ne jurait que par Hildebrand, un moine de Cluny, prêt à appuyer les revendications de Guillaume sur l'Angleterre [25]. Le Saint-Siège prit clairement position contre Harold, le roi félon, et après l'avoir excommunié, lui et ses partisans, l'on envoya à Guillaume une bannière de l'Église romaine et un anneau inestimable, contenant un cheveu de saint Pierre enchâssé sous un diamant [26].

Guillaume décida de solliciter le concours de tous les hommes valides, prêts à se battre. L'historien Augustin Thierry décrivit la scène en ces termes choisis : « Il offrit une forte solde et le pillage de l'Angleterre à tout homme robuste qui voudrait le servir de la lance, de l'épée ou de l'arbalète. Il en vint une multitude, par toutes les routes, de loin et de près, du nord et du midi. Il en vint du Maine et de l'Anjou, du Poitou et de la Bretagne, de la France et des Flandres, de l'Aquitaine et de la Bourgogne, des Alpes et des bords du Rhin. Tous les aventuriers de profession, tous les enfants perdus de l'Europe occidentale accoururent à grandes journées ; les uns étaient chevaliers et chefs de guerre, les autres simples piétons et sergents d'armes, comme on s'exprimait alors ; les uns offraient de servir pour une solde en argent, les autres ne demandaient que le passage et tout le butin qu'ils pourraient faire. Plusieurs voulaient de la terre chez les Anglais, un domaine, un château, une ville ; d'autres enfin souhaitaient seulement quelque riche Saxonne en mariage. Tous les vœux, toutes les prétentions de l'avarice humaine se présentèrent : Guillaume ne rebuta personne, dit la chronique normande, et fit plaisir à chacun selon son pouvoir[27]. »

Prodigue de ses biens, dispendieux de ces richesses qu'il ne tenait pas encore, Guillaume se rendit auprès de Philippe Ier. Le roi de France se récusa. Son beau-frère Baudouin VI, comte de Flandre, fut nettement plus favorable, tout comme Henri IV, l'empereur germanique. Conan, comte de Bretagne, se révéla moins amène et il menaça d'envahir à son tour la Normandie. Conan devait mourir peu après et son successeur, le comte Eudes, envoya deux de ses fils, Brian et Alain, pour participer au débarquement. D'autres Bretons s'associèrent, tels Robert de Vitré, Bertrand de Dinan, Raoul de Fougères et Raoul de Gaël.

La bataille de Hastings

Combien furent-ils au total à prendre part à l'expédition ? L'on ne sait. Au moins 7 000 hommes, dont un bon tiers de cavaliers, près de 800 embarcations. De quoi provoquer une déforestation, du moins partielle. Quelques milliers d'hommes ou d'aventuriers composites, partis à l'assaut d'un pays qui comptait entre 1 500 000 et 2 000 000 d'habitants.

Une interminable attente commença ; les bateaux appareillèrent depuis l'embouchure de la Dive, entre la Seine et l'Orne, avant de remonter jusqu'à Saint-Valery-sur-Somme, où l'on guetta, pendant de longues journées humides, des vents favorables à la traversée. La tapisserie de Bayeux montre des nefs encore proches, par la forme, des drakkars scandinaves, avec leurs voiles carrées, leurs proues parfois ornées d'un animal fabuleux, leur rame de tribord faisant office de gouvernail. Les reliques de saint Valéry furent dévotement portées au milieu des soldats, appelés à s'associer par leurs dons joyeux et par leurs oraisons martiales à l'intercession. Le soleil parut, le vent souffla et les navires effectuèrent leur traversée, derrière le bateau du Conquérant. Le navire arborait fièrement l'étendard envoyé par le pape, tandis que les trois lions de Normandie décoraient les voilures.

C'était le 27 septembre.

Harold eut affaire à forte partie en ce début d'automne ; le roi de Norvège, Harold III Hardrada, débarquait sur les côtes du Yorkshire ; quelques jours plus tard, Guillaume en faisait de même à Pevensey, près de Hastings. L'on rapporte une anecdote, vite transformée en signe prémonitoire. En arrivant sur la grève, le 28 septembre, Guillaume aurait mordu la poussière, ou plutôt le sable : « Que peut signifier ? », se serait-il exclamé. « Ben, aurait répondu un chevalier normand, Angleterre avez conquise ; la terre en main avez déjà prise [28]. » Singulière « parodie d'investiture » que ce conquérant à terre avant même d'avoir combattu [29]. Harold fut d'abord vainqueur et battit les Norvégiens à la fin du mois, mais il devait être tué à son tour à la bataille de Hastings, le 14 octobre. La broderie de Bayeux fournit la vulgate officielle de cette épopée. Il s'agissait de montrer en substance que Harold avait été parjure à son serment [30].

L'on possède un portrait littéraire du duc de Normandie, œuvre de propagande elle aussi, rédigée par quelque clerc normand, « frotté de chevalerie et formé aux écoles poitevines [31] ». Cette geste rappelle les droits de Guillaume à l'héritage et la traîtrise du roi Harold – auquel le duc de Normandie proposa un jugement singulier pour éviter la mort de nombreux braves. Mais rien n'y fit et la bataille s'engagea à Hastings. L'évêque Eudes de Bayeux, demi-frère de Guillaume, dit lui-même la messe avant de bénir les troupes, au matin du 14 octobre. Trois colonnes se rangèrent alors en ordre de bataille : gens d'armes des comtés de Boulogne et de Ponthieu ; Bretons, Manceaux et Poitevins ; Normands, enfin, autour de Guillaume. Le duc prononça, paraît-il, ces fortes paroles à l'attention de ses troupes : « Vous aurez ce que j'aurai ; si je conquiers, vous conquerrez ; si je prends terre, vous l'aurez [32]. » Cela n'a certes pas le laconisme du *veni, vidi, vici* de César, mais, à l'usage, ces promesses d'avant bataille ont des allures de propos d'après banquet.

Les combats furent d'abord indécis. Les prêtres et les moines qui avaient accompagné Guillaume dans son expédition firent monter au ciel l'encens de leurs prières, tout en observant au loin les combats. Un compagnon de Guillaume, du nom de Taillefer, « qui moult bien chantait », fut victime de son amour de la poésie lyrique.

> « Devant le duc allait chantant,
> « De Charlemagne et de Roland,
> « Et d'Olivier, et des vassaux,
> « Qui moururent à Roncevaux. »

Las ! le preux Taillefer fut occis par un Anglais, Leofwine le Saxon, qui :

> « Dessous le pis, parmi la panse,
> « Lui fit passer outre la lance.
> « À terre étendu l'abattit [33]. »

Ainsi meurent les poètes, pour que vive la poésie. Vrai ou surajouté, cet épisode permettait à Guillaume de renouer avec l'épopée carolingienne au moment où il s'emparait de l'Angleterre.

Les Saxons, repliés derrière leurs redoutes, repoussèrent la charge de la cavalerie. Les flèches normandes causèrent cependant de terribles ravages ; Harold fut blessé à un œil. Les Normands attaquèrent à nouveau aux cris de *Notre Dame, Dieu aide, Dieu aide*. Repoussés une nouvelle fois, les envahisseurs s'effondrèrent dans un ravin. La bataille paraissait perdue ; « les hautes clameurs des Normands d'un côté, des barbares de l'autre, étaient couvertes par le bruit des armes et les gémissements des mourants [34] ». Les Normands, sous le choc, entamèrent leur retraite lorsque Guillaume se jeta au milieu d'eux pour les arrêter : « Regardez-moi. Je suis vivant et je serai vainqueur, Dieu aidant ! Quelle démence vous conseille la fuite ? Quelle voie s'ouvrira devant votre retraite ? Ceux que vous avez pouvoir d'immoler comme un troupeau vous repoussent et vous tuent ! Vous désertez la victoire et la gloire impérissable pour courir à votre perte et à l'opprobre éternel ! En fuyant, nul d'entre vous n'échappera à la mort [35]. »

Contrairement à César, dit-on, Guillaume chargea à la tête de ses troupes. Il renouait avec une gloire restée inégalée depuis les Grecs et les Romains. Guillaume fut le véritable héros de cette saga – du moins aux dires de son chroniqueur : « Il est clair que, chez lui, la bravoure ouvrit la route à ses guerriers et suscita leur audace. Une importante fraction de l'armée ennemie perdit courage sans avoir subi de dommage à la seule vue de cet étonnant et redoutable cavalier. Trois chevaux furent tués sous lui. Trois fois il sauta à terre, intrépide, et se hâta de venger la mort de son destrier. C'est là qu'on peut juger de sa vélocité, c'est là qu'on peut juger de sa force corporelle et de sa bravoure. De son glaive furieux et rapide, il transperça écus, casques et cuirasses ; de son bouclier, il frappa plusieurs guerriers. Ses chevaliers s'étonnaient de le voir combattre à pied ; nombreux furent ceux qui, accablés de coups, reprirent courage à sa vue. Quelques-uns même, qui déjà perdaient leurs forces avec leur sang, appuyés sur leurs écus, combattirent virilement ; certains, incapables de faire plus, excitaient leurs compagnons de la voix et du geste à suivre le duc sans crainte, à ne point laisser échapper la victoire d'entre leurs mains. Il en aida et en sauva lui-même plusieurs [36]. »

Cet Achille, cet Énée eût mérité d'être placé par les poètes au rang des dieux. Guillaume s'en retourna parmi les mourants du champ d'honneur ; il ressentit un sentiment d'intense pitié, « bien qu'il soit méritoire, glorieux et digne de louange d'occire un tyran ». Le corps de Harold, mort au combat, fut enterré sur ordre de Guillaume. « Ainsi s'écroulent ceux qui font du pouvoir suprême en ce monde le souverain bien et qui, dans le désir d'accroître leur bonheur, usurpent ce pouvoir et s'efforcent de le conserver par la violence et les armes [37] ». « Grande fut la noise et grande l'occise », devait se souvenir le poète, en notant en parallèle le bruit des combats et le nombre des morts [38]. Un autre débarquement eut lieu plus au nord, à Romney dans le Kent. Mais les Normands furent tous massacrés, et Guillaume remonta jusqu'à Douvres, mis à sac par ses hommes. Puis, empruntant la voie romaine, les envahisseurs se rendirent à Cantorbéry, qui se soumettait à la fin du mois. La célèbre cité n'en fut pas moins incendiée, elle aussi, et sa cathédrale réduite en cendres [39].

Le 25 décembre, Guillaume était couronné à Westminster, « en la solennité sainte de la nativité du Seigneur », par Ealdred, archevêque d'York [40]. Fils d'un prêtre de l'Orléanais, le chroniqueur Orderic Vital enjolive un peu : « Comme Dieu dispose de toutes choses, la paix se rétablit en Angleterre dans l'espace de trois mois. Tous les prélats et tous les grands du royaume traitèrent avec Guillaume et le prièrent de prendre le diadème royal, comme c'est l'usage chez les princes anglais [41]. » Les Anglais n'avaient pas vraiment le choix. Et on ne leur demanda pas leur avis. La cérémonie eut lieu dans cette belle église Saint-Pierre, dont Édouard avait terminé l'édification juste avant son trépas [42]. Geoffroy, évêque de Coutances, demanda solennellement aux Normands s'ils acceptaient que Guillaume devînt roi ; puis l'archevêque d'York posa en langue saxonne la même question aux Anglais. Tout allait donc pour le mieux, lorsque Satan, comme le précise Orderic Vital, s'invita à la manifestation et joua les trouble-fête [43]. Ces abrutis de soldats normands, restés à l'extérieur du bâtiment, entendirent les clameurs saluant l'élection du nouveau souverain ; ils crurent à une insurrection, et ils incendièrent par dépit, et surtout par bêtise, les maisons avoisinantes.

Le lendemain, les habitants de Londres étaient invités à contribuer généreusement à la fortune du souverain. Guillaume s'était retiré de la cité, jugée trop dangereuse, et il recevait à Barking la soumission de ceux des chefs saxons qui osèrent se présenter. La spoliation du royaume commençait ; trésors royaux, monastères, abbayes ou riches marchands furent également mis à contribution. Les églises du continent, qui n'avaient pas ménagé leurs prières pour la victoire de Guillaume, eurent leur part du butin, tandis que le pape recevait comme trophée l'étendard du pauvre Harold. Ce fut la curée : terres, argent, femmes firent l'objet de judicieux partages parmi les envahisseurs. Les filles qui ne pouvaient pas devenir des épouses servaient à la gratification élémentaire des Normands. Beaucoup de vierges prirent le voile afin de se protéger des derniers outrages, quitte à supplier, une fois le danger passé, qu'on les laissât sortir des cloîtres. Seul un certain Goubert, fils de Richard, préféra s'en retourner dans sa Normandie recueillir son héritage familial [44].

Le banquet des vainqueurs

Toute l'Angleterre était-elle conquise ? Non, l'on résistait encore. Les braves moines du couvent de Peterborough choisirent un nouvel abbé et demandèrent son investiture à Edgar Aetheling, petit-neveu du roi Édouard le Confesseur. Le jeune homme déclina cependant le titre royal et se soumit rapidement à Guillaume. En dépit de cette contrariété, la fête battait son plein : valets, écuyers et porte-lances étaient désormais gentilshommes. Les Bastard, les Brassard, les Baynard, les Bigot, les Bagot, les Talbot, les Toret, les Trivet, les Bouet, les Lacy, les Lucy, les Percy, sans oublier les Bonvilain et les Boutevilain, les Trousselot et les Troussebout, les Engayne et les Longue-Épée, les Œil-de-Bœuf et les Front-de-Bœuf, qui fleuraient bon la roture, menèrent grand train. Pour ne rien dire des innombrables Guillaume le Charretier, et autres Hugues le Tailleur. D'autres patronymes indiquaient une origine géographique incontestable : Saint-Quentin, Saint-Maur, Saint-Denis, Saint-Malo, Châlons, Cahors, Champagne et Gascogne. La conquête prit des allures d'inventaire. Nombreuses furent les listes de braves qui avaient traversé la Manche avec Guillaume pour se tailler un empire. On ne manquait pas de les assortir de mise en garde, devant les éventuelles déformations :

« Car des propres noms force n'y a,
« Puisqu'ils sont changés çà et là.
« Comme d'Edmond en Édouard,
« De Baldwin en Barnard,
« De Godwin en Godard,
« De Flys en Edwin [45]. »

Six mois à peine s'étaient écoulés depuis le débarquement. Déjà Guillaume s'en retournait en Normandie, laissant son royaume en garde à Eudes de Bayeux, et à Guillaume, fils d'Osbern. La réputation des envahisseurs était exécrable ; les Saxons, humiliés, n'acceptaient ni leurs mœurs de prédateurs, ni leur insolence de parvenus. Une première révolte se produisit dans le Kent, avec l'aide d'Eustache, comte de Boulogne, refoulé devant Douvres. Plus à l'ouest, Saxons et Gallois, en dépit de leurs vieilles rancunes, menaçaient de se coaliser contre le nouvel envahisseur.

Guillaume s'en revint en Angleterre en décembre 1067, après avoir embarqué à Dieppe. Un an déjà qu'il avait été couronné roi d'Angleterre ! Les fêtes de Noël lui permirent de réunir autour de lui chefs et ecclésiastiques saxons, en leur donnant le baiser de paix. Une proclamation rassurait les habitants de Londres, en promettant le maintien des règles successorales en usage sous le roi Édouard. Puis Guillaume se tourna contre la ville d'Exeter aux mains d'insurgés. Les Normands remontèrent alors vers le nord : Oxford, Warwick, Leicester, Derby, Nottingham opposèrent une résistance farouche. Lincoln, enfin, puis York capitulèrent.

York refusa de combattre, à l'instigation de son archevêque qui avait couronné Guillaume quelques mois plus tôt. Ealdred, pourtant prêt à collaborer, supporta mal la morgue des envahisseurs, et il se plaignit à Guillaume des malversations opérées par les Normands aux dépens de ses biens et de ses gens. Les malédictions de l'archevêque eurent raison de Guillaume, qui ne souhaitait pas mécontenter une Église lui ayant apporté son appui. La lassitude s'emparait même de certains Normands, gavés de biens. Les Saxons luttaient encore ; Bristol fut assiégée ; partout de nouvelles alliances menaçantes étaient conclues, avec les Gallois ou avec les Danois. En 1070, une rébellion éclata dans les marais de l'East Anglia. Sous la conduite de Hereward, les mutins se réfugièrent dans l'île d'Ely. Beaucoup des insurgés, d'origine danoise, souhaitaient sans doute recevoir de lointains renforts. Nombre de Saxons se joignirent à eux. C'est le moment que choisit Malcolm III MacDuncan, le roi d'Écosse, pour attaquer le nord de l'Angleterre. Guillaume envahit l'Écosse deux ans plus tard, et il contraignit Malcolm à lui prêter hommage. En 1075, ce fut au tour des nobles normands de se révolter, sous la direction de Raoul de Guader, comte de Norfolk, et de Roger Fitzwilliam, comte de Hereford. En Normandie même, Robert Courteheuse, fils aîné de Guillaume, s'insurgea à son tour [46].

Dans le domaine religieux également, la conquête allait bon train. L'Église indigène, ses saints, ses martyrs, leurs pieuses reliques, apparurent comme suspects. Des ecclésiastiques venus d'au-delà de la mer acceptèrent de remplacer aux postes de responsabilité des prêtres saxons [47]. En particulier parmi le haut clergé [48]. Il y eut certes quelques exceptions, comme ce Guimond, moine de La-Croix-Saint-Leufroi en Normandie, qui, refusant les honneurs ecclésiastiques, repartit pour le continent, non sans avoir protesté avec courage : « Je ne conçois pas de quelle manière il me serait possible d'être dignement le chef religieux d'hommes dont je ne connais ni les mœurs ni la langue, et dont les pères, les frères, les amis, sont morts sous votre épée, ou sont déshérités, bannis, emprisonnés, durement asservis par vous [49]. »

Cette Église anglo-normande allait vite connaître son âge d'or architectural. En même temps que le pays se constellait de châteaux, une floraison d'églises et d'abbatiales dotait le pays d'un riche patrimoine, dont la cathédrale de Winchester ou celle de Durham comptent parmi les plus beaux fleurons. Aux chevrons saxons vinrent se mêler les motifs géométriques normands, vite rejoints par des décors végétaux ou des représentations d'animaux fantastiques. Les formes continentales de spiritualité allaient trouver en Angleterre un débouché privilégié : moines et moniales clunisiens, puis cisterciens, et enfin templiers se succédèrent dans les décennies suivant la conquête [50].

Chapitre II

LA FÉODALITÉ, CONTINUITÉS ET RUPTURES

> « La monarchie s'est conservée en France et en Angleterre, à l'époque où la réorganisation de la société politique dans les formes seigneuriales et féodales semblait la condamner à dépérir [1]. »
>
> Ch. Petit-Dutaillis

La conquête de l'Angleterre, rupture ou continuité ? Faut-il parler de « révolution féodale » ou de « mutation » ? Peut-on aller jusqu'à évoquer une « colonisation » de l'Angleterre par les Normands [2] ? Guillaume distribua à une trentaine de fidèles, d'extraction picarde, normande, bretonne ou mancelle, devenus *tenentes in capite*, les plus grands fiefs saisis sur les Saxons. À leur tour, leurs compagnons reçurent des terres en fiefs de chevalerie – *knight's fees*. Par son caractère systématique, et quasi systémique, la conquête de l'Angleterre fournit l'une des formes les plus exemplaires de la féodalité [3]. Féodalité : autre terme sur lequel Marc Bloch s'était prononcé, toujours dans un sens comparatiste. La féodalité s'applique à la France et à l'Angleterre du Moyen Âge. La seigneurie désigne à la fois une « entreprise économique » et une forme de « souveraineté », doublées de tout un appareil symbolique. Chaque manoir était doté de sa *Court baron*, pour les hommes libres, et de sa *Court customary*, pour les vilains. Au-dessus de ces cours, la *Court leet* où le seigneur jugeait au nom du roi.

« Être l'*homme* d'un autre homme : dans le vocabulaire féodal, il n'était point d'alliance de mots plus répandue que celle-là, ni d'un sens plus plein [4]. » Entre ces hommes, l'un qui sert, l'autre qui commande, la cérémonie de l'hommage. Elle unit un seigneur à son feudataire [5]. L'octroi d'un fief par le roi était directement lié désormais à la notion de service armé, ce « service d'ost » auquel les Normands se montraient tellement attachés [6]. Pareillement, les seigneurs devaient protéger leurs paysans, qui leur permettaient en retour de s'équiper, par le fruit de leur labeur. Tout tenait à cet échange. L'ensemble de la société était concerné ; cette conception contractuelle s'étendait du roi jusqu'aux plus humbles, en passant par une aristocratie guerrière, dominante et dominatrice. La terre était la source du pouvoir et de l'autorité ; autour de 1100, une génération à peine après la conquête, « toute terre était détenue en Angleterre en échange d'un service, que celui-ci fût ou non directement lié à la guerre [7] ». Les fiefs étaient des concessions de terre ou de revenu, à charge de service militaire ; les plus importants de ces fiefs étaient les baronnies, tenues directement du roi. Limitées à un seul comté, elles se transmettaient généralement de façon indivise ; à côté de ces géants, une poussière de fiefs de chevalerie, entre 30 et 60 000, d'un rapport relativement modeste [8].

L'emprise administrative

La féodalité normande ne devait pas faire table rase des institutions saxonnes [9]. Loin de là. Les envahisseurs virent rapidement tout le parti qu'ils pouvaient tirer du vieil impôt de guerre, destiné à défendre l'île contre les Danois, le *Danegeld* [10]. Le *shérif*, qui levait cet impôt dans le cadre du *shire*, fut conservé ; on se contenta de rebaptiser le *shire* « comté ». Ces unités administratives se sont conservées jusqu'à nos jours, où les deux mots de *shire* et de comté sont équivalents. Le shérif était l'un des hommes clés du dispositif ; en plus de son rôle fiscal, il contrôlait la justice, il administrait le domaine royal et il levait des hommes en cas de conflit. C'est la raison pour laquelle, au bout de quelques années, il n'y eut plus que des Normands à ce poste. Les francs tenanciers, qui n'occupaient pas de tenure militaire, pouvaient, depuis l'époque saxonne, être convoqués pour défendre le pays. On les appelait *socagers*, en faisant par là référence au soc de leurs charrues. Cette levée en masse traditionnelle, le *fyrd* dans la langue du temps, fut complétée par le service féodal normand.

En conquérant son royaume, Guillaume s'était assuré la possession de tous les biens fonciers. Aucune terre qui ne relevât du roi. Le monarque luttait ainsi contre la tendance à la fragmentation qui guettait d'autres pays de la chrétienté, comme la France [11]. Il est dur de généraliser au sujet de la féodalité, mettait en garde un historien du droit. Par définition, la féodalité s'entend d'un « agglomérat sans caractère systématique de contrats particuliers et divers, ainsi que de coutumes locales ». Et pourtant, poursuivait le même spécialiste, l'« essence » même de ce système, c'était la tenure héréditaire, en « échange d'une forme ou d'une autre de service [12] ». Le terme *feudum* s'imposa définitivement [13]. L'appropriation des terres et leur octroi se fit au profit de *tenentes in capite*, presque tous d'origine normande, que nous pourrions traduire en français par « tenanciers en chef ». Ceux-ci étaient les vassaux directs du roi, encore que le mot *vassalus* eût été d'un usage assez rare outre-Manche [14]. Toutes les tenures n'avaient pas un caractère militaire cependant. Si Guillaume imposa le service obligatoire, *servicium debitum*, à ses barons et à ses évêques, en leur demandant à chacun de lever plusieurs chevaliers, ceux-ci s'affranchirent assez vite de cette obligation. Les terres d'Église, pour leur part, étaient dégagées de tout service temporel ; on parlait à leur sujet de tenures en « franche aumône » – *frank almoin* (voir annexe II : Conquête et féodalisation de l'Angleterre ?).

Combien étaient-ils, les habitants de ce royaume ? L'on hésite entre 1 200 000 et 1 600 000 personnes, très inégalement réparties [15]. Des hommes liés à la glèbe pour la plupart ; environ 20 % d'urbains, avec tout ce que ce terme recouvre d'imprécis dans cette période. Près de 14 % d'hommes libres, plus de 60 % de vilains, de bordiers, de cottiers, 10 % d'esclaves, enfin [16]. Cette Angleterre, dont la densité est aujourd'hui l'une des plus hautes du monde, était le pays de l'homme rare : c'est encore dans l'est du Norfolk que l'on trouvait la densité la plus élevée – autour de 12 habitants au km^2. Un peu moins sur les côtes du Sussex, dans le Lincolnshire, le Somerset ou la région d'Oxford. Le reste du pays connaissait des chiffres très faibles, parfois inférieurs à 2 habitants au km^2.

Comment contrôler cette population éparse ? Parmi les pièces maîtresses du nouveau dispositif, l'Église, bien entendu, l'Église dont il fallait s'assurer le concours et la bienveillance. En 1070, fort opportunément, l'archevêque de Cantorbéry, Stigand, fut déposé. Guillaume fit appel à Lanfranc, ancien prieur de l'abbaye du Bec en Normandie, qui appliqua les idées réformatrices du pape Grégoire VII, en instituant une juridiction ecclésiastique distincte – et en défendant le célibat des prêtres [17]. Cette Église devait fournir des juristes et des administrateurs au pays, qui en avait bien besoin.

De nombreux petits cultivateurs anglo-saxons subissaient dans le même temps une authentique régression sociale : le mot *villani*, qui désignait une majorité de paysans, devint synonyme de déclassement. La condition économique de nombre de vilains ne fut guère différente désormais de celle des anciens serfs. Au XIIIe siècle, les deux termes étaient devenus « pratiquement interchangeables » en Angleterre [18]. Il était impensable que la possession de la terre ne fût pas associée à un service en retour. Cependant, s'ils étaient les sujets d'un seigneur, les paysans appartenaient également à une communauté. Nucléaires ou dispersés, les villages anglais étaient plus importants que les manoirs. Et les deux ne coïncidaient pas toujours sur le plan territorial [19]. De plus, les variétés de statut ne correspondaient pas nécessairement à des réalités économiques précises.

Il existait entre l'Angleterre normande et l'Angleterre saxonne d'indéniables éléments de continuité institutionnelle. Cette remarque s'applique en particulier à la maison du roi. La Cour semble avoir succédé sans encombre au conseil saxon [20], au prix simplement d'un accroissement considérable du nombre des Normands. La même observation vaudrait pour le *scriptorium* ou bureau du roi, ancêtre de la chancellerie. L'usage d'un sceau royal est attesté dès l'époque saxonne. Mais la conquête entraîna une inévitable inflation des écritures, dons de terres ou proclamations.

La pacification du royaume

La conquête de l'Angleterre fut un véritable séisme. Les Saxons étaient les grands perdants, face aux Normands vainqueurs. Il est pourtant malaisé de reconstituer la vision des vaincus ; les envahisseurs mirent le plus grand soin à imposer leur interprétation de l'événement. Faut-il parler pour autant d'« amnésie » des Anglais ? On s'interrogera longtemps encore sur le caractère volontaire ou répressif de cette *tabula rasa*, transformant en acte providentiel une agression armée [21]. Les chroniqueurs normands ont su imposer une lecture favorable de l'invasion. Une chose est sûre : Guillaume dut lutter en permanence pour conserver son royaume. Dans les années suivant la conquête, les tentatives d'invasion se succédèrent; depuis l'Irlande ou la Bretagne, il était relativement facile d'organiser des raids sur les côtes des Cornouailles ou du Devon, tout comme le Nord était toujours soumis à la menace danoise [22]. On a pu observer très justement que la conquête ne s'est pas déroulée en 1066. Ou plutôt que, si la victoire de Hastings procura le trône à Guillaume de Normandie, et l'« illusion d'avoir triomphé », il lui fallût venir à bien d'une multitude de révoltes locales [23]. Tant en Angleterre que sur le continent.

En 1073, Guillaume pacifiait le Maine révolté, à l'aide de troupes comprenant nombre d'Anglais dévoués à sa cause. Le Mans finit par se rendre, sans opposer de résistance. Trois ans plus tard, Guillaume fut moins heureux en Bretagne; le roi de France Philippe Ier le chassa de Dol et s'allia avec Robert Courteheuse, fils de Guillaume. La guerre du père et du fils devait endeuiller ses dernières années, d'autant plus que la reine Mathilde prenait ostensiblement le parti de Robert [24]. Guillaume rencontra également beaucoup de difficultés avec son demi-frère Eudes de Conteville, évêque de Bayeux, et comte du Kent, auquel il confiait la direction de l'Angleterre durant ses fréquents séjours sur le continent.

À Gloucester, durant l'hiver 1085-1086, fut prise la décision solennelle d'établir un vaste terrier du pays. Ce *Domesday Book* constitue l'une des plus grandes enquêtes réalisées pour son temps. Dès l'époque, semble-t-il, on a salué, de façon certes un peu mythique, dans ce document la victoire de l'écrit sur l'oral, du *jus scriptum* sur la tradition [25]. On trouve dans ce cadastre la liste des seigneuries, assorties de leur valeur fiscale, du nom de leurs propriétaires, présents et passés, sans oublier le nombre des charrues et le statut des hommes, entre servilité et liberté. « Pas un seul veau, pas une seule vache, pas un seul porc n'échappèrent au recensement [26]. » La supériorité numérique des Normands, parmi les tenants en chef, était absolument écrasante, comme l'on pouvait s'y attendre vingt ans après la conquête; mais des Saxons se maintenaient à des postes subalternes.

Ce livre des livres jouit d'une réputation quasi religieuse par les craintes qu'il inspirait. Pour les Saxons, le *Domesday* était aussi implacable que le jugement dernier – il vous sauvait ou il vous condamnait sans rémission [27]. « La terre a été cadastrée, écrivait Hippolyte Taine, chaque titre vérifié, défini et écrit, chaque droit ou redevance chiffrée, chaque homme enregistré à sa place, avec sa condition, ses devoirs, sa provenance et sa valeur ; en sorte que la nation est comme enveloppée dans un réseau dont nulle maille ne rompt ». Et ces mots : « D'un côté l'aristocratie conquérante, de l'autre la nation conquise [28]. » Que de sourde violence, de rapport de domination dans ce cadastre ! L'histoire avait jugé. Elle avait départagé vainqueurs et vaincus. Appelé par les Normands le « rôle de Winchester », ce document exceptionnel eut droit en anglais au nom pittoresque de « Livre du jugement ». Faut-il invoquer le génie administratif des conquérants, ou voir plus simplement dans ce document vertigineux le souci comptable de garantir pour la postérité l'usurpation des terres par les Normands [29] ? Objet de multiples interprétations au cours des siècles, ce document majeur illustre bien le propos de Lucien Febvre, qui remarquait que chaque époque créait son histoire. Et, serions-nous tentés d'ajouter, l'écrivait à sa propre image [30].

En août 1086, à l'assemblée de Salisbury, Guillaume recevait l'hommage de tous les tenanciers libres, que ceux-ci fussent français ou anglais, chevaliers ou non [31]. Loin de marquer l'imposition de la féodalité, comme on l'a parfois prétendu, cette cérémonie montrait à l'inverse le maintien d'une classe d'hommes libres, en dehors de la hiérarchie vassalique [32]. « De cette heure en avant, je suis votre homme lige, de ma vie et de mes membres ; honneur et foi vous porterai en tout temps, pour la terre que je tiens de vous ; qu'ainsi Dieu me soit en aide. » À son tour, Guillaume les assura de son soutien, en publiant son ordonnance : « Nous voulons fermement et ordonnons que les comtes, barons, chevaliers, sergents et tous les hommes libres de ce royaume, soient et se tiennent convenablement pourvus de chevaux et d'armes pour être prêts à nous faire en tout temps le service légitime qu'ils nous doivent pour leurs domaines et tenures. » Et cette suite, non moins révélatrice des relations entre Normands et Saxons, souhaitées par le roi : « Nous voulons que tous les hommes libres de ce royaume soient ligués et conjurés comme des frères d'armes pour le défendre, maintenir et garder selon leur pouvoir. » La clause finale se référait à Édouard le Confesseur, afin de bien marquer les continuités :

« Nous voulons que tous observent et maintiennent la loi du roi Édouard, avec celles que nous avons établies, pour l'avantage des Anglais et le bien commun de tout le royaume [33]. » La légende du bon roi Édouard permettait d'associer deux figures complémentaires : le saint saxon et l'ami de la Normandie, l'« œuvre des vaincus », la « création des vainqueurs [34] ».

L'Angleterre n'était pas pacifiée pour autant. Une proclamation tenta d'endiguer les meurtres de Français, en obligeant les habitants à dénoncer l'assassin, sous peine d'acquitter une amende collective de 47 marcs d'argent [35]. En pratique, tout le problème était de démontrer que le mort était bien français. D'où une curieuse procédure qui resta en application jusqu'au XIVe siècle : tout homme assassiné était présumé français, à moins que l'on démontrât ce que l'on appelait, d'un mot surprenant, son *anglaiserie*. Autre mesure prise par le Conquérant : l'indépendance des tribunaux ecclésiastiques, d'autant plus facilement concédée que tous les évêques étaient normands. La puissance civile s'engageait même à faire exécuter les arrêts ecclésiastiques. La mesure devait à terme se transformer en handicap pour la justice royale. Mais, dans l'immédiat, Guillaume n'avait rien à redouter d'une Église qui l'avait toujours servi.

Un événement imprévu devait mettre un terme à la vie de Guillaume l'année suivante. Menant campagne contre Philippe Ier pour reconquérir le Vexin, Guillaume ordonna le sac de Mantes. Là, il fit une mauvaise chute de cheval, dans la ville en proie aux flammes. On le conduisit au prieuré de Saint-Gervais, à Rouen, où il décéda trois semaines plus tard, en septembre 1087, en recommandant son âme à « dame Marie, la sainte mère de Dieu ». Quand on plaça le corps du Conquérant dans son sarcophage, il éclata sous la pression, « emplissant l'église de puanteur [36] ». Guillaume fut enterré dans l'Abbaye-aux-Hommes de Caen, où les guerres de Religion et la Révolution française achevèrent de disperser ses cendres. Guillaume avait eu le temps, avant de disparaître, de barrer la route du royaume d'Angleterre à son fils aîné, Robert Courteheuse, appelé à lui succéder uniquement à la couronne ducale de Normandie [37]. Avec la complicité de l'archevêque de Cantorbéry, Lanfranc, ce fut son second fils survivant, Guillaume le Roux, qui lui succéda [38].

Les frères ennemis

Les dernières années du XIe siècle et la première moitié du XIIe offrirent de beaux exemples d'instabilité féodale. Le royaume passa de main en main entre les héritiers de Guillaume, incapables de parvenir à un règlement définitif ou du moins durable. Aux conflits de parentèles s'adjoignaient d'éphémères alliances aristocratiques, conclues au gré des batailles. Guillaume II, Henry Ier, sa fille Mathilde et le roi Étienne se succédèrent en une soixantaine d'années. Dès 1088, Guillaume le Roux dut affronter les barons normands, qui se liguèrent avec son frère Robert Courteheuse, le fils aîné de Guillaume le Conquérant, écarté du trône. Toujours prêt à conspirer, son oncle Eudes, le bouillant évêque de Bayeux, fut contraint de revoir sa Normandie plus vite qu'il ne l'aurait souhaité [39]. La guerre se rallumait en 1090. Les frères ennemis se réconciliaient l'année suivante à Caen. On décida que la succession du duché et du royaume irait à celui des deux qui survivrait à l'autre. Promesse restée évidemment sans suite. En 1096, à la sollicitation du pape Urbain II, Robert Courteheuse se croisa ; il confia son duché à Guillaume le Roux, moyennant le paiement de 10 000 marcs d'argent.

On parvient toujours à s'arranger en famille. Par contre, l'Église se montra un allié coriace et un partenaire intraitable. À la mort de Lanfranc, Guillaume décida de ne pas pourvoir le siège primatial de Cantorbéry, afin de s'en attribuer le plus longtemps possible les bénéfices. Mais, en 1093, il reconnut finalement Anselme, disciple et successeur de Lanfranc à l'abbaye du Bec, quitte quatre ans plus tard à le voir s'exiler un temps à Rome, mécontent que l'on ne respectât pas les privilèges du clergé. Guillaume II n'eut pas de chance avec l'Église. Il lui fallait des hommes à sa convenance, comme ce Renouf Flambard, un rien flambeur, auquel il confia l'évêché de Durham [40]. Dans l'affaire Anselme, Guillaume avait perdu la face en réunissant à Rockingham un grand conseil qui avait pris finalement le parti du prélat au sujet du pouvoir de désignation des évêques. Les conseillers du roi se montrèrent inquiets que l'on menaçât à terme les droits des barons. Le roi devait mourir lors d'un curieux accident de chasse, dans la New Forest, le

2 août 1100. La couronne passa opportunément à Henry Ier Beauclerc, le benjamin des fils de Guillaume, qui prit de vitesse le duc de Normandie, à nouveau éconduit [41]. Il devait parachever cette exclusion en réunissant les deux couronnes, ducale et royale, six ans plus tard.

Le premier acte du nouveau souverain, dès le 5 août, fut d'octroyer une *Charte des libertés* qui lui permit de s'assurer le double concours de l'Église et des barons [42]. Le roi y informait le « conseil des barons du royaume » qu'il souhaitait mettre un terme aux exactions passées. En particulier, il s'engageait à respecter les biens ecclésiastiques : l'allusion à Guillaume le Roux était transparente. Peut-être même un peu trop. On ne peut manquer de penser qu'Henry Ier, tout en dénigrant ses prédécesseurs, tentait de rallier les suffrages de ses barons. La transparence affichée, la volonté affirmée de clarté n'étaient peut-être qu'un prétexte. Ou du moins une pose transitoire, destinée à rassurer, plus encore qu'à convaincre [43]. Henry Ier s'engageait à préserver la succession héréditaire des fiefs, en n'imposant pas des droits de succession prohibitifs. Cette mesure s'étendait aux filles qui, en l'absence de frères, pouvaient hériter et se marier, en accord avec les barons. Le roi gardait simplement pour lui ses forêts. Visiblement, la transmission patrimoniale l'emportait sur toute autre considération. Henry renonçait aussi à tous les droits abusifs perçus par Guillaume le Roux, y compris pour compenser un crime commis par l'un des hommes du roi. Henry promettait également d'en revenir aux pratiques saxonnes du temps du roi Édouard le Confesseur, c'est-à-dire aux coutumes ancestrales, antérieures à la conquête. Le roi ne manquait pas d'invoquer la paix du royaume, à l'instigation des hommes d'Église, grands bénéficiaires de la charte.

Manifeste habile, texte de compromis, destiné à apaiser la population saxonne par la référence à Édouard. Henry s'inscrivait bien dans la continuité. Anselme pouvait revenir occuper son siège primatial de Cantorbéry [44]. Ce grand intellectuel donna à la catholicité anglaise un lustre incomparable. « Je ne cherche pas à comprendre afin de croire, mais je crois afin de comprendre, devait-il écrire, car je crois ceci : à moins de croire, je ne comprendrai pas. » On doit à saint Anselme certaines des œuvres majeures de la théologie occidentale, entre saint Augustin et saint Thomas d'Aquin. On a gardé de lui de célèbres « preuves » de l'existence de Dieu. Dieu existe nécessairement, car la perfection implique l'existence. Et donc, en bonne logique, Dieu existe, alors que tout le reste est contingent.

Henry Ier dut parer au plus pressé. Il fallait s'assurer de la bienveillance des Écossais au nord ; en novembre, il épousa la princesse Mathilde, fille de Malcolm III. Mais un autre péril se présenta : Robert Courteheuse revint de croisade et débarqua à Portsmouth en juillet 1101, afin de recueillir, enfin, son auguste héritage. Un compromis financier permit d'écarter à nouveau le duc de Normandie. Un autre Robert, Robert de Bellême, comte de Shrewsbury, menaçait le royaume depuis les marches du pays de Galles. On l'exila en Normandie en 1102, non sans lui avoir confisqué ses châteaux.

Puis vint le tour de la Normandie, envahie à son tour par Henry, qui emprisonna définitivement son frère Robert Courteheuse et le comte de Shrewsbury à l'issue de la victoire de Tinchebray, en septembre 1106. La succession au trône n'était pas assurée pour autant. Henry avait un fils, Guillaume Audelin, noyé malencontreusement en traversant la Manche. Il ne lui restait plus qu'une fille, Mathilde. Celle-ci avait épousé l'empereur germanique, Henri V, à un âge encore tendre. Mais elle fut veuve en 1126, et s'en retourna vivre auprès de son père le reste de son âge.

Nul ne savait au juste ce qui adviendrait à la mort du roi d'Angleterre. Henry souhaitait que sa fille lui succédât, et il avait arraché le consentement de ses barons à Woodstock en 1126. L'impératrice Mathilde épousa alors Geoffroy Plantagenêt, comte d'Anjou. À la disparition d'Henry Ier en décembre 1135, une nouvelle ère d'incertitude s'ouvrit pour le royaume. Un prétendant au trône se présenta alors. Étienne était le troisième fils d'Étienne, comte de Blois et de Chartres, et d'Adèle, fille de Guillaume le Conquérant. Élevé par son oncle, Henry Ier, il possédait de grands biens en Angleterre et en Normandie, sans compter le Boulonnais qui lui appartenait. Comme les autres barons, il avait certes accepté du bout des lèvres de reconnaître la reine Mathilde ; pourtant, il ne manqua pas de traverser la mer pour revendiquer la couronne [45]. Le pape voyait d'un assez bon œil cet homme, qui promettait d'accroître la puissance de l'Église dans le royaume.

Ses mercenaires flamands n'en mécontentèrent pas moins les Anglais, et en 1138 le demi-frère de Mathilde, Robert, comte de Gloucester, prit les armes à son tour [46]. L'Église se détourna d'Étienne quand il fit arrêter Roger, évêque de Salisbury, avec toute sa famille. Le moment décisif paraissait venu : Mathilde envahit l'Angleterre en septembre 1139. L'Ouest du pays se rallia et, en 1141, Étienne fut battu à la bataille de Lincoln. Le clergé réunit un conseil à Winchester en avril, qui reconnut en elle, bien qu'elle ne fût jamais sacrée, la « dame d'Angleterre et de Normandie ». En 1148, Mathilde s'exila à nouveau [47]. Cinq ans plus tard, son fils Henry Plantagenêt débarquait en Angleterre. Le roi Étienne accepta de le désigner pour successeur, après son propre « règne intercalaire et anarchique [48] ».

Chapitre III

L'EMPIRE PLANTAGENÊT

> « Vos victoires défient les bornes de la terre : vous, notre Alexandre d'Occident, avez étendu vos bras depuis les Pyrénées jusqu'aux confins occidentaux de l'Océan septentrional [1]. »
>
> Giraud de Barri à Henry II, Topographie d'Irlande, *1188*

Guillaume de Normandie avait conquis l'Angleterre, mais il n'avait pas fondé une dynastie. L'héritage devait revenir à une autre lignée. Les comtes d'Anjou étaient alors en pleine ascension. Issue du comté d'Angers à l'époque de Charlemagne, la famille avait poursuivi sa patiente expansion territoriale. Geoffroy Grisegonelle avait même réussi à fourguer sa nièce, Constance d'Arles, au Capétien Robert le Pieux [2]. Son fils, le fougueux Foulques Nerra, devint comte d'Anjou en 987, l'année de l'avènement d'Hugues Capet. Les comtes d'Anjou bénéficiaient du soutien des Capétiens, qui avaient besoin de s'assurer en retour de ce contrepoids face à la puissance montante de la maison de Blois-Champagne [3]. Foulques le Jeune réalisa son coup de maître lorsqu'il parvint, en 1128, à marier son fils Geoffroy Plantagenêt, à Mathilde, veuve d'un empereur et fille du roi d'Angleterre [4]. Ce Geoffroy avait une habitude, vite devenue proverbiale, il plantait un rameau de genêt dans son chapeau. Le nom lui resta et se transmit à l'ensemble de ses descendants. Rarement habitude vestimentaire eut une telle postérité. Geoffroy et Mathilde eurent un fils, prénommé Henry comme son grand-père. Il monta sur le trône d'Angleterre sous le nom d'Henry II.

La course à l'empire

Le futur Henry II était né au Mans, le 5 mars 1133. Duc de Normandie en 1151, il hérita l'année suivante, à la mort de Geoffroy, des territoires des comtes d'Anjou : l'Anjou, bien sûr, le Maine et la Touraine. En épousant Aliénor d'Aquitaine, il s'assurait la possession d'un grand quart sud-ouest de la France actuelle, Aquitaine, Poitou, et Auvergne. En 1154, enfin, il succéda à Étienne comme roi d'Angleterre. La cartographie de cet empire contredit les idées reçues ; les îles Britanniques ne sont pas isolées du reste du continent, loin de là. Enjambant la Manche, transformée en espace de communication, ou en *mare nostrum*, une autre histoire de l'Europe était en théorie possible. Le terme « empire » est en partie anachronique pour décrire ce vaste ensemble. À l'époque, l'empire par excellence était le Saint Empire romain germanique, hérité de Charlemagne. Empire angevin, empire des Plantagenêts : les deux expressions ont été inventées par les historiens après coup pour décrire, en deçà et au-delà de la mer, les possessions du roi d'Angleterre. À l'heure de l'Europe, rien de plus salutaire que le détour par le Moyen Âge pour mesurer la communauté de destin de la France et de la Grande-Bretagne [5].

Tout cela prenait des allures d'affaire de famille. Aliénor n'en était ni à son premier mari, ni à son premier roi. Elle avait épousé auparavant le Français Louis VII, peu à même de satisfaire une riche nature, doublée d'un tempérament exigeant [6]. « J'ai parfois l'impression d'être mariée à un moine », confiait-elle de façon désobligeante à qui voulait l'entendre [7]. On lui fit en retour une réputation scandaleuse, quitte à lui conférer un rôle sans doute excessif dans le développement de la poésie [8]. Alors que les troubadours chantaient l'amour courtois, Aliénor aurait, quant à elle, dépassé les bornes [9]. La mésentente du couple déboucha sur un *divortium*, en bonne et due forme. En mars 1152, un concile, tenu à Beaugency, annula cette première union. Les hommes d'Église avaient constaté, le front grave, la consanguinité des époux. « L'Église, au milieu du XIIe siècle, rappelait Georges Duby, achevait de faire du mariage l'un des sept sacrements afin de s'en assurer le contrôle. Elle imposait à la fois de ne jamais rompre l'union conjugale et, contradictoirement, de la rompre immédiatement en cas d'inceste, c'est-à-dire s'il s'avérait que les conjoints étaient parents en deçà du septième degré. Dans l'aristocratie, ils l'étaient tous. Ce qui permettait à l'autorité ecclésiastique, en fait au pape quand il s'agissait du mariage des rois, d'intervenir à sa guise pour nouer ou pour dénouer et de se rendre maître ainsi du grand jeu politique [10]. » Quant à Louis VII, il s'aperçut, mais un peu tard, que l'insatiable Aliénor constituait sur le plan territorial un excellent parti.

Le futur Henry II sut en profiter. En mai 1152, il épousait Aliénor, en octobre 1154, il montait sur le trône d'Angleterre. Que manquait-il désormais à sa félicité ? Encore fallait-il qu'Henry pacifiât son royaume, en reprenant les provinces septentrionales cédées naguère à l'Écosse, et en conquérant le nord du pays de Galles. Cette passion dévorante et dévoreuse s'étendit même à l'Irlande, en 1171-1172, tandis qu'en 1174, le roi d'Écosse fut obligé d'admettre la suzeraineté du roi d'Angleterre.

Que l'on se rende à l'admirable abbaye de Fontevraud, en bord de Loire ! On y découvrira quatre gisants, à la mesure de cet empire. Henry II Plantagenêt, Aliénor d'Aquitaine, son épouse. Richard Cœur de Lion, leur fils, et Isabelle d'Angoulême, épouse de Jean sans Terre, frère de Richard, attendent, impassibles, la résurrection [11]. Roi remuant et hyperactif, Henry II épuisait les chevaux et les hommes, en changeant perpétuellement de direction. Simple et bonhomme avec cela, il était généreux avec ses amis, intraitable avec ses ennemis. La crise la plus dure du régime le mit aux prises avec l'Église.

« C'était un homme au poil roussâtre, de stature moyenne, l'a dépeint Pierre de Blois. Il a une face léonine, carrée, des yeux à fleur de tête, naïfs et doux lorsqu'il est de bonne humeur, et qui jettent des éclairs lorsqu'il est irrité. Ses jambes de cavalier, sa large poitrine, ses bras d'athlète dénoncent l'homme fort, agile et audacieux. Il ne prend aucun soin de ses mains et ne met de gants que s'il tient un faucon. Il porte des vêtements et des coiffures commodes, sans luxe. Il combat l'obésité qui le menace par la sobriété et l'exercice, et grâce à la marche et à l'équitation, il conserve sa jeunesse et fatigue ses plus robustes compagnons. Du matin au soir, sans arrêt, il s'occupe des affaires du royaume. Sauf quand il monte à cheval ou prend ses repas, il ne s'assoit jamais. Il lui arrive de faire en un jour une chevauchée quatre ou cinq fois plus longue que les chevauchées ordinaires. Il est fort difficile de savoir où il est et ce qu'il fera dans la journée, car il change souvent d'idées. Il met à rude épreuve la constance de sa suite, qui erre parfois pendant trois ou quatre milles dans une forêt inconnue, à la nuit, et doit loger dans des huttes sordides [12]. » Et enfin, cette notation lourde de sens : « Tandis que les autres rois se reposent dans leur palais, il peut surprendre et déconcerter ses ennemis et il inspecte tout, s'appliquant surtout à juger ceux qu'il a constitués les juges des autres [13]. »

Ce roi juge était aussi un roi à cheval, comme pour mieux illustrer la complémentarité de la justice et de la force. Le « nomadisme royal » était à la mesure de l'empire des Plantagenêts, quadrillé par la présence physique du souverain, dont les déambulations, loin de répondre au seul hasard, obéissaient à de savants calculs : « Henry II a fêté Noël en vingt-quatre endroits différents, rappelle Martin Aurell, il a traversé vingt-huit fois la Manche et deux fois la mer d'Irlande. L'addition des mois qu'il passe alors dans chacune de ses principautés permet d'obtenir des renseignements significatifs. Il demeure surtout en Normandie (quatorze ans et demi) et en Angleterre (treize années), où son pouvoir est le mieux implanté et d'où il tire ses principales ressources fiscales. En contrepartie, il ne passe en Anjou et en Aquitaine que sept années, c'est-à-dire le cinquième de son règne [14]. » Lisant le latin, parlant naturellement le français, et comprenant le provençal et l'italien, Henry II était un roi savant ou qui se donnait comme tel. Selon Pierre de Blois, il savait « discuter avec les lettrés [15] ». L'Occident chrétien, l'Angleterre connaissaient alors une véritable « renaissance », entre la renaissance carolingienne et la Renaissance du XVIe siècle. Cette première modernité reposait sur un optimisme tempéré. La fascination de l'Antiquité classique, la « christianisation de l'éthique stoïcienne » et le rôle croissant de la raison permettaient de remettre en cause l'argument d'autorité. Cette valorisation n'était pas dénuée de visées politiques : elle servait les objectifs de la royauté et la consolidation étatique. Les clercs séculiers supplantaient désormais en partie les moines dans l'élaboration et la transmission des savoirs.

Chroniqueurs et annalistes furent chargés d'élaborer une saga royale associant Normands et Bretons, chevalerie conquérante et mythe arthurien [16]. Henry II pouvait enfin apparaître comme le successeur d'Arthur, ce roi breton du ve siècle, paré de toutes les vertus : courtoisie, noblesse, largesse, raffinement, amour de la poésie et de la musique. En soi tout un idéal, axé sur la Cour, foyer de gloire et d'amertume [17]. En dédiant ses lais à Henry II, Marie de France témoignait à nouveau de ce rôle culturel dévolu au prince, tout comme Gautier Map, lorsque « pour l'amour du roi son seigneur », il mettait en français le roman du Saint-Graal et celui de Lancelot du Lac [18]. Mais pour un Guillaume de Neubourg qui comparait, en chanoine augustin, la sagesse d'Henry II à celle de Salomon, combien de déceptions chez un Jean de Salisbury, un Pierre de Blois, un Arnoul de Lisieux, un Gautier de Châtillon ou un Gautier Map, qui assistèrent, rageurs, à la promotion des laïcs. Ou du moins à l'émergence d'une conception de plus en plus séculière du droit.

« Meurtre dans la cathédrale »

En 1164, Henry se brouilla avec Thomas Becket, le bouillant archevêque de Cantorbéry [19]. Le primat défendait les privilèges ecclésiastiques contre les *Constitutions de Clarendon*, qui avaient prévu en janvier, « le 4e jour avant la purification de Notre Dame », que tout clerc accusé de crime fût déféré devant les cours royales. En 16 articles était abordée la question épineuse des relations entre le trône et l'autel : on alla jusqu'à interdire tout appel à Rome sans autorisation préalable du roi. Il s'agissait clairement de restreindre le privilège du clergé et de limiter l'aire d'intervention des cours ecclésiastiques. Cela touchait pas mal de monde, quand on sait qu'il suffisait de déclarer que l'on savait lire et écrire pour prétendre bénéficier du privilège du clergé.

Henry II souhaitait en revenir à la situation qui avait prévalu du temps de son grand-père, Henry Ier. L'un des articles interdisait même aux ecclésiastiques de quitter le pays sans permission, et les contraignait à ne pas exiger réparation en dehors du royaume pour une affaire intérieure. Les laïcs devaient être protégés également contre l'excommunication prolongée ; quant aux seigneuries ecclésiastiques, ne relevaient-elles pas de l'autorité du roi comme tous les autres fiefs ? De plus, le roi percevait le revenu des bénéfices ecclésiastiques vacants. C'est ce que l'on appelle la « régale » en français. Il incombait au roi de convoquer dans sa chapelle personnelle les ecclésiastiques chargés de pourvoir lesdits bénéfices. Le nouveau titulaire était alors supposé prêter hommage au roi. Les fils de vilains ne pouvaient pas non plus être ordonnés sans le consentement de leurs seigneurs.

Le Saint-Siège était en situation délicate ; brouillé avec l'empereur Frédéric Barberousse, Alexandre III venait de trouver asile auprès du roi de France, Louis VII. Condamné comme traître et parjure, Becket s'enfuit en France à son tour. Apostrophes et anathèmes fusaient au-dessus de la Manche ; plusieurs évêques, quelques conseillers d'Henry II furent excommuniés par le bouillant Becket, qui s'en revint enfin en 1170 à Cantorbéry.

« N'y aura-t-il donc personne pour me débarrasser de ce prêtre turbulent ? », se serait exclamé Henry au comble de la colère. Croyant bien faire, quatre preux chevaliers prirent le roi au mot et, joignant le geste à la parole, ils se mirent en route pour tuer l'archevêque [20]. Les quatre hommes arrivèrent à la cathédrale de Cantorbéry, le 29 décembre 1170. En accomplissant leur forfait, ils devaient conférer à l'archevêque la palme du martyre. Édouard Grim, un proche de Becket, gravement mutilé lors de l'agression, a rédigé le récit circonstancié des derniers instants du saint homme. Tout y est : l'horreur du sang versé, les morceaux de cerveau qui jonchent le sol, la trahison d'un ecclésiastique, Hugues de Horsea, appelé de façon emblématique Hugues Mauclerc, Hugues le « méchant clerc ». L'héroïsme, enfin, de Thomas qui accepte la mort et déclare fièrement lutter pour les libertés de l'Église, tout en remettant son âme à Dieu, à la bienheureuse Vierge Marie et à saint Denis (voir annexe III : Martyre de Thomas Becket).

On ne s'en prenait pas impunément aux oints de Dieu. « Oint du Seigneur », devait écrire Guillaume de Sens dans une lettre au pape Alexandre III, Becket mérita de « s'immoler à son tour, pour le nom du Christ », et s'offrit volontairement comme une « hostie pacifique [21] ». Henry II déclara haut et fort qu'il n'avait pas souhaité cette coupable extrémité, et le pape Alexandre III, faisant mine de le croire, accepta ses tardifs regrets. Certes, Henry II avait désormais contre lui un « martyr [22] ». Becket fut au moins aussi redoutable mort que vivant. Sans doute plus encore.

Les retombées du martyre

À quelque chose, malheur est bon. Avec la bénédiction du Saint-Siège, Henry entreprit la conquête de l'Irlande, présentée comme quelque « croisade d'expiation [23] ». Il débarqua à Waterford en octobre 1171. Par sa bulle *Laudabiliter*, le pape Adrien IV avait concédé, une vingtaine d'années auparavant, la seigneurie du pays au roi d'Angleterre, en le chargeant de défendre les vérités de la religion chrétienne au milieu d'un peuple fruste, vicieux, ignorant, et querelleur [24]. Alexandre III devait expliciter ces griefs : si l'Irlande, en théorie, avait déjà été christianisée, elle avait, insistait-il, longtemps résisté à l'influence civilisatrice de Rome. Les papes, du reste, étaient mécontents de l'influence des cisterciens dans l'île, et ils souhaitaient sans doute renforcer à leurs dépens le contrôle des évêques sur le pays [25]. Que reprochait-on aux Irlandais ? De manger de la viande en carême ou, ce qui est plus grave, de ne pas verser la dîme au clergé.

Mais le reproche suprême, c'était d'être incestueux, et de vivre en concubinage avec plusieurs sœurs, ou avec leurs belles-sœurs [26]. Ces incestes du « deuxième type », pour parler comme les anthropologues, apparaissaient pour les tenants de la *romanitas* comme la marque même de la barbarie [27]. Que deux consanguins de même sexe pussent partager un même partenaire sexuel, cela s'expliquait par le caractère clanique de la société irlandaise, et par l'importance des relations égalitaires entre les frères, et par extension entre les oncles. L'existence de degrés prohibés, la valorisation anglo-normande du droit d'aînesse : la conquête militaire de l'Irlande allait se doubler, au cours des siècles, d'une gigantesque guerre culturelle, destinée à remplacer des coutumes, jugées païennes et barbares, par les usages en cours en Angleterre.

L'Église fut le grand instrument de cette acculturation. Le concile de Cashel, présidé par le chapelain du roi, permit aux princes et aux évêques celtiques de reconnaître pleinement son autorité. Henry II y était clairement décrit comme le « conquérant » de l'Irlande, à la façon dont Guillaume avait été lui aussi le conquérant de l'Angleterre. Mais s'il en était le seigneur, Henry II n'en était pas encore le roi. Il fallut attendre le

XVIe siècle pour que le roi d'Angleterre devînt, avec Henry VIII, clairement roi d'Irlande. La vassalité même tarda à s'imposer ; en Irlande, la subordination s'accommodait d'un curieux emboîtement. Les Irlandais avaient l'habitude d'une « royauté à plusieurs niveaux : des rois de clans, des rois de royaumes, un roi supérieur [28] ». On parlerait presque de polythéisme monarchique pour décrire ces relations d'hommes, longtemps restées en dehors de la féodalité occidentale. D'où l'extraordinaire ductilité d'un système clanique qui permit à l'île de résister jusqu'aux Temps modernes à une totale conquête. Contrairement à l'Angleterre, l'Irlande demeura semi-conquise pendant toute la période médiévale. Beau sujet de méditation encore au XVIIe siècle [29] ! Autre article passé par le synode de Cashel, le concubinage avec des collatéraux était clairement prohibé [30]. Henry II avait-il obtenu par ses conquêtes la rémission totale de ses péchés ?

La châsse de Becket devint vite un lieu de pèlerinage, tandis que le roi désolé dut encore armer, afin d'expier totalement sa faute, deux cents chevaliers pour la croisade. L'humiliante cérémonie pénitentielle d'Avranches, en mai 1172, rappelait aux rois qu'ils n'étaient jamais que des fils de l'Église, qui pouvait, en mère attentive, châtier leur désobéissance : « Seigneurs légats, voici mon corps, il est en vos mains ; et sachez pour sûr que, quoi que vous ordonniez, je suis prêt à obéir [31]. » Le Saint-Père, toujours disposé à absoudre et à pardonner les fils prodigues, se félicita de la dévotion de cette brebis, revenue sagement au bercail. L'on recommandait au roi d'Angleterre une obédience qui se transforma ultérieurement, sous le règne de Jean sans Terre, en hommage vassalique. Henry II n'était pas encore un vassal du pape, mais il n'en apparut pas moins comme son fidèle serviteur [32]. Certains historiens, refusant de prendre parti dans ce conflit entre l'Église et l'État, en tout cas entre le roi et le clergé, virent en Becket « un primat hautain, un seigneur terrien tracassier et agressif, et un sujet grincheux [33] ».

Qu'on l'aime ou qu'on le juge exaspérant, Becket a connu l'un des destins emblématiques du Moyen Âge. Son épopée se rattache à la « grande controverse du XIIe siècle, la lutte du Sacerdoce et de l'Empire [34] ». Il mérite de figurer, aux côtés d'Héloïse et Abélard, de Jeanne d'Arc ou de Richard III, parmi les personnages qui ont laissé une trace importante dans l'imaginaire ou la piété [35]. Une pièce de T.S. Eliot, remarquablement traduite par Henry Fluchère sous le titre de *Meurtre dans la cathédrale*, rendait compte au siècle dernier de cette atmosphère expiatoire : « Purifiez l'air ! Nettoyez le ciel ! Lavez le vent [36] ! » Un grand nombre de miracles se produisit sur les lieux mêmes du martyre ; le roi de France Louis VII n'hésita pas à venir en pèlerinage implorer le saint pour son fils Philippe, gravement atteint [37]. L'Église même s'inquiéta du nombre des interventions miraculeuses, et elle chargea un moine de détecter habilement les faussaires ou les vantards, inventeurs de prodiges [38]. Seuls les plus chanceux pouvaient toucher directement le cilice du saint ou quelque autre de ses vêtements. Déjà auteur d'une *Passio sancti Thomae Cantuariensis*, Bénédict, prieur de Christ Church, à Cantorbéry, puis abbé de Peterborough, a consigné ces phénomènes consolateurs, associés de force visions : les aveugles, les hépatiques, les muets, les paralytiques figurent parmi les miraculés au milieu de toutes sortes d'autres malades, souffrant des affections les plus courantes, des jambes enflées aux douleurs d'épaule. Nez, gorge, oreilles : saint Thomas guérissait tout, avec une prédilection marquée cependant pour les affections qui avaient une coloration évangélique, comme ces aveugles qui, se mettant à voir, semblaient faire écho aux miracles du Sauveur [39].

Les clercs y gagnèrent leur immunité vis-à-vis de la justice royale, sauf en cas de haute trahison ou lors d'atteintes à la forêt. Les cours ecclésiastiques demeuraient compétentes pour les crimes impliquant des clercs ou leurs tenures en franche aumône. Mais les laïcs également dépendaient d'elles en matière d'usure ou d'adultère, ainsi que pour tout ce qui concernait les mariages, les testaments ou les promesses sous serment. La nomination à des bénéfices ecclésiastiques resta cependant entre les mains du pouvoir temporel, et le roi conserva, jusqu'à la Grande Charte, la maîtrise des élections épiscopales et abbatiales.

Rien ne pouvait arrêter les hommes d'Église dans leur audace. Un serviteur de Becket devait rédiger l'un des traités les plus célèbres du Moyen Âge. On y défendait l'idée que, dans certaines circonstances, il était licite de mettre à mort un tyran. Ce monarchomaque du XIIe siècle avait pour nom Jean de Salisbury. L'excellent logicien, ancien élève d'Abélard, devait terminer sa carrière comme évêque de Chartres [40]. Son *Policraticus* – les « vanités de la Cour » – fut traduit en français au XIVe siècle et c'est cette version qu'on recommandera ici. Dénonçant la flatterie et la courtisanerie qui entourent les puissants, le livre précise de façon claire qu'il faut savoir en finir avec l'inacceptable : « Selon la science et doctrine du siècle, est ordonné par grand avis que l'on doit vivre autrement avec son ami qu'avec un tyran. Il n'appartient point que l'on doive flatter son ami, mais l'on peut bien raisonnablement adoucir et apaiser les oreilles du tyran. Certes, l'on peut bien justement flatter celui que l'on peut justement occire ; et selon la vérité, l'on peut bien occire le tyran et, à proprement parler, ce n'est pas chose loisible comme c'est chose juste et raisonnable ; car celui qui prend le glaive et en use, si doit par raison périr par glaive. » Et plus loin : « Bien donc se doivent armer les lois et les droits contre celui qui désarme tout droit et toute loi ; et la puissance commune doit faire tout son effort contre celui qui s'efforce de vider et détruire la main commune. Et combien que plusieurs manières de pécher contre la majesté soient trouvées, toutefois, il n'est quelconque crime plus grief que celui qui est fait contre le corps de justice. Donc est bien imputé et attribué aux tyrans, non pas seulement crime public et commun, mais s'il peut être crime plus grand que public, il leur doit être imputé. Car si crime est imputé à tous les persécuteurs de la majesté, de combien plus est à punir le crime qui détruit toutes les lois qui doivent lier et commander aux empereurs et à qui les empereurs se doivent d'obéir [41]. »

En 1173, une coalition de mécontents, dirigée par Aliénor et ses fils, mit en danger l'empire angevin, plus encore sur le continent qu'en Angleterre, du reste. Le fils aîné d'Henry II, Henry le Jeune, reçut l'appui du roi de France, trop heureux de contenir les ambitions de son rival. Il faut dire qu'Henry II avait été jusqu'à tenir sa cour à Montferrand, où il avait reçu l'hommage de nombreux vassaux du Midi, dont le comte de Toulouse... Cette guerre familiale prit cependant fin un an après avec la victoire d'Henry II [42].

Le roi de justice

En dépit de son semi-échec devant Becket, le règne d'Henry II fit date dans l'histoire du droit anglais. Complétant les *Constitutions de Clarendon*, d'autres textes, connus sous le nom d'« assises », définirent plus précisément les procédures juridiques. Telles furent l'*Assise de Clarendon* en 1166, l'*Assise de Northampton*, dix ans plus tard. Ou encore l'*Assise des armes* de 1181. Dans la langue du temps, le mot « assise » désignait une ordonnance princière promulguée lors d'une réunion solennelle.

L'*Assise de Clarendon* – qu'il ne faut donc pas confondre avec les *Constitutions de Clarendon* promulguées deux ans plus tôt – entérinait une décision royale, prise en présence des « archevêques, évêques, abbés, comtes et barons d'Angleterre ». Le texte prévoyait des poursuites plus efficaces contre les voleurs, les assassins et les receleurs. Les shérifs étaient chargés de les appréhender pour les amener devant la justice royale [43]. L'*Assise de Northampton* de 1176 séparait les cours spirituelles et temporelles. Si les tribunaux ecclésiastiques voyaient réaffirmer leurs droits de juger les âmes, les shérifs étaient chargés d'appréhender les récalcitrants. L'*Assise des armes* de 1181 réglementait la tenue des soldats [44]. Tous les sujets nobles et libres étaient obligés de posséder un équipement et de se montrer prêts à servir leur roi. Les chevaliers devaient avoir leur cotte de mailles, leur casque, leur bouclier, leur lance. Les hommes libres, également, étaient tenus de pourvoir à leur équipement. Tous étaient appelés à jurer fidélité au « seigneur roi Henry, le fils de l'impératrice Mathilde ». Ces armes devaient rester en la possession de leur détenteur, qui n'avait pas le droit de les vendre ou de les offrir, encore moins de les porter hors d'Angleterre, sauf permission expresse. Mais il ne fallait pas non plus détenir un plus grand nombre d'armes ; quant aux Juifs, il leur était interdit d'en posséder. Du moins leur interdisait-on cotte de mailles et haubert [45].

Tous les hommes libres purent désormais être jugés par des magistrats itinérants qui sillonnèrent régulièrement le pays. Henry II a pu être considéré à ce titre, par les historiens du droit, comme l'un des grands législateurs de son pays [46]. Un nom est étroitement associé au développement du droit anglais : celui de Ranulf de Glanville [47]. On se réfère au *Traité des lois et des coutumes du royaume d'Angleterre*, rédigé ou du moins supervisé par lui autour de 1188. On connaît également ce traité sous le nom de son auteur ; on dit couramment le « Glanville » dans les milieux juridiques, comme on parlerait sous d'autres cieux et à une autre époque du « Larousse » ou du « Michelin ».

Supériorité de la justice royale sur les juridictions seigneuriales, assignations, recours aux jurys, défense de la propriété : tels furent les principes fondamentaux de ce droit commun à l'ensemble du royaume, qui tendit à remplacer le combat singulier par le pouvoir décisionnel des magistrats, appelés de plus en plus fréquemment à se prononcer directement et à émettre un jugement.

Sur le plan institutionnel également, le roi était au cœur d'un dispositif centrifuge. Dans le cas anglais en tout cas, la féodalité, féodalité normande, féodalité importée, féodalité tournée vers le roi, fut profondément centralisatrice [48]. La dispersion des fiefs permettait au roi d'éviter que de grands ensembles territoriaux se rebellassent sous un chef unique. « Les grands seigneurs anglais, comtes et barons, n'étaient pas, comme sur le continent, de petits souverains ; les baronnies et les comtés ne formaient pas comme autant d'États dans le royaume. » En effet, ces fiefs, au lieu de constituer des « groupes compacts, étaient disséminés un peu partout. Isolément, ces grands seigneurs avaient peu d'autorité politique ; ils ne pouvaient gouverner qu'à condition d'être unis, bien plus, à condition de ne pas rester isolés du reste de la nation [49] ». Le comté, donc, une unité administrative. En aucun cas, une entité féodale, confiée à un grand seigneur [50]. Avec ses 39 comtés, l'Angleterre était un pays remarquablement centralisé pour l'époque.

La curia regis

De dimension variable, et susceptible de se gonfler ou de se contracter comme un muscle cardiaque, la Cour se situait à l'intersection de l'entourage royal et du pays. Le roi pouvait convoquer barons et prélats pour leur demander conseil sur les grandes questions du moment. Cette Cour élargie prenait alors le nom de *concilium* ou de *colloquium*. La *curia regis* remplit également un certain nombre de missions de plus en plus spécialisées, dont les finances. L'Échiquier, ainsi qu'on l'appelle communément encore aujourd'hui, tenait à jour les comptes des shérifs, recopiés sur des rouleaux de parchemin enroulés, connus sous le nom imagé de « rôles de la pipe » – *pipe rolls* [51]. Son fonctionnement est décrit dans un *Dialogue de l'Échiquier*, œuvre de Richard Fitzneal, dit encore Fitznigel [52]. Cet entretien fictif, rédigé autour de 1176-1179, permet de distinguer deux instances, un Bas-Échiquier, chargé des perceptions, et un Haut-Échiquier, ou chambre des comptes [53]. À Pâques et à la Saint-Michel, les shérifs des comtés étaient chargés de venir effectuer leurs versements.

Le nom pittoresque d'« Échiquier » venait du drap noir quadrillé, en forme d'abaque, posé sur la table des comptes. Des jetons posés sur les différentes cases figuraient des sommes plus ou moins élevées selon leur place. « L'échiquier est une planche oblongue, d'environ dix pieds de long sur cinq de large, entourée d'un bord de quatre pouces de hauteur à peu près, afin que rien ne tombe. L'échiquier est recouvert d'un drap, acheté durant le trimestre de Pâques, d'un patron bien particulier, noir et avec des traits distants les uns des autres d'un pied ou d'une main. C'est dans ces espaces que l'on place les jetons. Et, bien que le mot échiquier s'applique à cette planche, on l'utilise pour la Cour qui siège autour d'elle. [54] » Les opérations étaient du reste réalisées en une monnaie de compte, la « blanche monnaie », gagée sur l'argent fin, pour éviter toutes les fluctuations des cours [55]. Un « échiquier » ? Et pourquoi pas un « damier » ? s'interroge le *Dialogue*, très sensible aux relations symboliques qui existent entre les mots et les choses. L'échiquier est plus approprié car, alors que tous les pions se valent au jeu de dames, quand on joue aux échecs, on sait que les pièces sont dotées de valeurs inégales. L'échiquier rend mieux compte de la hiérarchie, et de la partie serrée qui s'engage entre le trésorier et le shérif qui lui rend des comptes [56]. Cette théorie des jeux n'est du reste pas sans incidence : elle repose sur le caractère conventionnel du signe. C'est par la place qu'il occupe sur l'échiquier qu'un jeton prend toute sa valeur ; celle-ci n'existe pas en soi : « Le même denier, utilisé comme jeton, peut valoir un denier, un sou, une livre, cent ou mille livres [57]. » Il suffit pour cela de lui ajouter des « accidents », indicatifs de la valeur qu'on veut lui donner. Ainsi en va-t-il du reste de l'humanité en général ; la « roue de la fortune », pareillement, en élève certains tandis qu'elle en abaisse d'autres [58]. Tout dans ce monde revêt ainsi un sens « mystique » ou caché, concluait benoîtement le trésorier philosophe.

Autre fonction exercée par la *curia regis* : la justice, administrée soit à Westminster soit par délégation de façon itinérante. À partir du règne d'Henry II, elle cessa d'être extraordinaire et s'appliqua à l'ensemble du royaume. Des juges, *justitiari itinerantes*, parcoururent le pays tous les ans. Au côté du roi, dans le même temps, se mit en place la cour du Banc du roi – *King's Bench* [59]. La grande réussite de l'Angleterre médiévale fut bien de conjuguer ainsi une centralisation précoce de la justice et le sens des libertés locales, renforcé par l'existence de jurys populaires [60].

Tel fut le versant solaire, rationnel et juridique de ce règne majeur. Ce fut aussi le moment où, à l'instar des rois de France, les rois d'Angleterre prétendirent avoir des pouvoirs thaumaturgiques [61]. Pierre de Blois, l'un de ces flatteurs qui ont de tout temps encombré les Cours, ne cachait pas son admiration ostensible pour Henry II : « Je l'avoue, assister le roi, c'est [pour un clerc] accomplir une chose sainte : car le roi est saint ; il est le Christ du Seigneur : ce n'est pas en vain qu'il a reçu le sacrement de l'onction, dont l'efficacité, si par hasard quelqu'un l'ignorait ou la mettait en doute, serait amplement démontrée par la disparition de cette peste qui s'attaque à l'aine et par la guérison des écrouelles [62]. » Que le roi d'Angleterre fût christ, qu'il pût guérir les scrofuleux, dont les ganglions étaient atteints par la tuberculose, ou d'autres mystérieuses affections, comme cette « peste » singulière que mentionne Pierre de Blois, rien de bien surprenant à cela puisqu'il était l'oint de Dieu. Et donc participait de cette qualité messianique qui avait été celle du Christ Jésus. En ces temps de troubles, le miracle royal devait servir à renforcer une légitimité éprouvée par ces récits de conquête et d'usurpation [63].

Chapitre IV

DE LA GLOIRE AU DÉSHONNEUR, 1189-1215

« Ô Richard, ô mon roi,
« L'univers t'abandonne ;
« Sur la terre, il n'est que moi
« Qui s'intéresse à ta personne [1]. »

A.-M. Grétry, M. Sedaine,
Richard Cœur de Lion, *1784.*

Dans un imaginaire soigneusement codifié, Richard Cœur de Lion et son frère Jean sans Terre présentent deux visages antagoniques de la royauté. Le premier est un preux, un roi chevalier, courageux et héroïque, parti pour la croisade ; le second, un pleutre, un poltron, un monarque pervers et tyrannique, justement puni par la perte de ses terres et de son autorité. Il est symptomatique que ce soit sous le règne de Richard que le tournoi, exercice chevaleresque par excellence, ait trouvé sa codification [2]. Voilà pour la face éclatante de la période ; au revers de la médaille, les difficultés économiques d'un royaume soumis à une forte poussée inflationniste, de 1180 à 1220.

À la veille de la Révolution française, Richard Cœur de Lion se prêta à un opéra d'André-Modeste Grétry, livret de Michel Sedaine. Dans ce Moyen Âge pittoresque que commence à chérir une fin du XVIIIe siècle éprise de romans gothiques, un bon roi valeureux est sauvé par l'un de ses féaux, Blondel, baryton, qui parvient jusqu'à lui dans une sombre forteresse. L'un des airs les plus touchants de cet opéra historique est le célèbre « Ô Richard, ô mon roi », qu'entonna ultérieurement le chœur des royalistes durant la Révolution. Belle méditation en vérité sur le cœur tendre du roi, objet d'une quasi-dévotion. Il est de bons rois comme il est des monarques indignes.

Si l'on délaisse le mythe pour s'attacher au Richard Cœur de Lion et au Jean sans Terre de l'histoire, on découvre deux des plus turbulents vassaux du roi de France. Richard et son frère Jean trouvèrent, comme leur père Henry II avant eux, un redoutable adversaire en Philippe Auguste. Fils de Louis VII et d'Adèle de Champagne, Philippe II n'eut de cesse de rogner les ailes de ses trop puissants rivaux. Rois d'Angleterre et ducs de Normandie, les Plantagenêts jouissaient de possessions considérables, menaçant un domaine royal réduit à l'origine à l'Île-de-France, à l'Orléanais et à une partie du Berry. Philippe Auguste possédait un seul atout, mais il en usa jusqu'au bout : il était le roi, et ses vassaux, quelle que fût leur puissance, lui devaient fidélité. Il sut utiliser à plein ce droit pour réduire tant qu'il put l'insolence de ses rivaux [3]. C'est sous son règne que la monarchie anglaise dut se retirer, très provisoirement, du continent. Ainsi s'accomplit outre-Manche un premier pas vers une anglicisation plus complète du pays [4].

Le roi Richard

Richard compta deux redoutables adversaires : Saladin, en Terre sainte, et Philippe Auguste, plus près de lui. « Nous l'imaginons toujours dans le Moyen Âge de notre enfance, avec des chevaliers en armure, ces croisés qui combattent sous l'ardent soleil du désert, des ménestrels, des tanières forestières et des donjons », confie l'un de ses biographes [5]. Avant de poursuivre avec regret que nombre de ses collègues historiens aimaient hélas mieux les « rois fonctionnaires » que les rois faiseurs de légendes et d'épopées [6]. Une histoire apocryphe voulait même que le valeureux Richard eût arraché le cœur d'un lion, une autre prétendait que, délaissant le purgatoire, le saint homme serait monté directement au ciel en mars 1232 [7]. Pourtant, à en croire ses premiers historiens, et en tout premier lieu les chroniqueurs ecclésiastiques, Richard aurait bien mérité de séjourner quelque temps au purgatoire. Colérique et emporté, sa vie aurait été tout sauf irréprochable. Mais l'image du croisé effaça rapidement la mauvaise réputation du roi [8].

Richard Cœur de Lion et Philippe Auguste, le Plantagenêt face au Capétien, deux versants iconiques de la réalité monarchique de ce XIIe siècle finissant, deux rois combattants, deux adversaires prêts à en découdre. Philippe Auguste était bien décidé à s'entendre, du moins extérieurement, avec le nouveau roi d'Angleterre. Sacré à Westminster le 3 septembre 1189, Richard partit opportunément pour la Terre sainte l'année suivante, avec la bénédiction du roi de France. Il ravit Chypre aux Byzantins et participa très activement au siège de Saint-Jean-d'Acre – sans pour autant parvenir à reprendre Jérusalem. Philippe, pour sa part, rentra de croisade dès 1191, en apprenant la mort du comte de Flandre. Richard fut fait prisonnier par le duc Léopold d'Autriche sur le chemin du retour. Le roi de France ne risquait-il pas de tirer profit de la situation pour le supplanter en Angleterre ? En 1193, Philippe épousait Ingeburgs, sœur du roi du Danemark. Ne pouvait-il pas succéder à Knut le Grand, le roi viking, qui avait régné conjointement sur le Danemark et l'Angleterre au début du XIe siècle ? La même année, Philippe informait l'empereur Henri VI qu'il renonçait à l'hommage de Richard, traité en félon.

Le pauvre Richard ne fut libéré qu'en 1194 ; la guerre s'engagea entre les deux rois. Richard construisit son importante forteresse de Château-Gaillard sur un éperon rocheux qui surplombe la vallée de la Seine, afin de protéger ses possessions normandes. « Cette position, la beauté du lieu, et toutes ces fortifications ont porté dans le monde entier la renommée de la roche de Gaillard [9]. » Le roi d'Angleterre, selon une chronique flamande, ne « daignait être obéissant au roi de France, car il était assez plus riche que lui [10] ».

En 1199, le pape imposa une trêve, peu avant que Richard succombât à ses blessures, à la suite du siège du château de Châlus, pour une sombre histoire de magot convoité [11]. C'était le 6 avril, au sud de Limoges. Et cette mort fut sans doute l'épisode le moins glorieux d'un règne plein de plaies et de bosses, mais qui a laissé sa trace dans l'imaginaire. On ne saurait mieux l'illustrer qu'en évoquant un épisode suggestif : la « découverte » opportune, à l'abbaye de Glastonbury, dans l'ouest de l'Angleterre, de tombes présentées comme celles du roi Arthur et de la reine Guenièvre. Il s'agissait certes de relancer le pèlerinage vers une abbaye durement affectée par un incendie, mais ces motifs ne furent pas seuls en cause. À côté de la passion médiévale de la relique, il faut aussi invoquer la postérité de la légende arthurienne au cœur de l'idéologie monarchique des Plantagenêts [12]. Situation complexe en un sens : retrouver les restes du roi Arthur, c'était du même coup mettre un terme à toutes les prophéties prédisant son retour. Cette « captation » d'héritage, comme l'écrit Amaury Chauou, permettait de transférer à la dynastie nouvelle tout l'antique prestige des anciens Bretons [13]. « Il fallait que le roi Arthur meure pour que l'idéologie Plantagenêt vive [14] », pourrait-on dire. À côté de Cantorbéry et de Westminster, l'Angleterre se dotait à Glastonbury d'un nouveau sanctuaire royal, afin de faire pièce, de l'autre côté de la Manche, à la royauté capétienne qui avait su, à Reims comme à Saint-Denis, entretenir les braises d'une sacralité dynastique, gage de sa réussite politique.

Philippe Auguste avait plus d'un tour dans son sac. Le nouveau roi d'Angleterre, un fils cadet d'Henry II surnommé de façon prophétique Jean « sans Terre », accéda au trône, non sans se heurter à une forte coalition de partisans d'Arthur de Bretagne, âgé de douze ans à l'époque. La Bretagne, l'Anjou, la Touraine et le Maine défendaient cette candidature qui recueillait aussi, comme de bien entendu, toute la sympathie de la France. Mais rien n'y fit. Le roi Jean succéda à son frère Richard [15]. Son règne, de 1199 à 1216, fut des plus sombres pour son pays. La perte de la Normandie en 1204, la révolte des barons en 1215, quand on leur ajoute la récession économique, en partie liée à la guerre avec la France [16], sont à inscrire au passif de ce règne désastreux. Réciproquement, Philippe Auguste sut tirer magnifiquement parti de la crise de l'autorité royale qui se manifestait outre-Manche ; c'est l'époque où le revenu des Capétiens dépassa singulièrement celui des Plantagenêts, affecté entre autres par la perte de la Normandie [17]. Jean sans Terre fut un roi calamiteux ; d'un caractère tour à tour ombrageux, cruel et enjoué, à la fois couard et intrépide, ce monarque psychotique frappait l'imagination [18]. Philippe Auguste, courroucé, parlait « des actes de fureur, dont ce misérable ne savait jamais s'abstenir [19] ». On s'inquiétait dans son entourage, en se demandant quels sortilèges maléfiques avaient pu ainsi lui tourner la tête.

En mai 1200, Philippe signait une paix au Goulet, près des Andelys ; le roi d'Angleterre lui concédait Évreux et une partie du Vexin normand, ainsi que le Berry [20].

La perte de l'empire

En occupant le Berry, Philippe Auguste tenait un point stratégique entre les possessions septentrionales des rois d'Angleterre et l'Aquitaine [21]. Mais il y eut pire. Fiancé à Marie de France, fille de Philippe Auguste, Arthur de Bretagne avait prêté hommage à son beau-père. Des combats s'engagèrent en Normandie et en Poitou. Le pauvre Arthur fut fait prisonnier par le roi Jean, le 1er août 1202, et sans doute assassiné par lui, de ses propres mains, au printemps suivant, dans des circonstances atroces. Son corps aurait été retrouvé dans un filet de pêche, pour être finalement enterré à Notre-Dame-du-Pré, dans le prieuré du Bec, en Normandie. Plus encore qu'un crime, ce fut une terrible faute politique.

Guillaume Le Breton, chapelain de Philippe Auguste, ne manquait pas de reprendre certains des poncifs de son temps à l'encontre des empereurs romains ou des Juifs, pour définir la noirceur du roi d'Angleterre : « Voici bien une œuvre digne de ce Néron, s'indignait-il. Voilà bien un nouveau Judas, le second de ce Hérode, qui pour chercher à perdre le Messie au milieu de tant d'enfants, afin de ne pas perdre un royaume, ne craignit pas de mettre à mort ses propres fils, et perdit son royaume ainsi que lui-même, en se coupant la gorge, de peur de ses autres enfants. Ainsi le Juif résolut de crucifier le Christ, par le conseil de Caïphe, craignant de perdre sa race et une place ; mais le Christ ayant été crucifié, il perdit tout ce qu'il avait craint de perdre, et fut transporté dans les royaumes étrangers et livré à la servitude ; et Vespasien le dispersa à tous les vents, le privant des honneurs de roi et de pontife, ce que l'homme des regrets [Daniel], et Moïse, tous deux prophètes, avaient prédit devoir arriver ainsi. De même Jean, t'en arrivera-t-il par la mort d'Arthur. Tu as craint de perdre ton royaume par sa vie, et par sa mort tu seras dépouillé de la vie et du royaume [22]. »

Suzerain courroucé, Philippe Auguste avait déjà prié Jean de se démettre en avril 1202, avant de faire finalement appel au pape. Innocent III écrivit au roi Jean, pour s'indigner de sa désobéissance vassalique [23]. Jean était désormais déshérité d'une partie notable de son patrimoine [24]. La paix était rompue. Philippe Auguste mit le siège devant Château-Gaillard en août

1203. Une terrible résistance commençait. La famine eut finalement raison des enfermés [25]. Philippe Auguste finit par donner l'assaut, après six longs mois. La garnison se rendit en mars ; la conquête de la Normandie fut achevée en juin 1204 [26]. Les rois d'Angleterre, désormais, durent se recentrer sur leur île [27]. Le roi Jean perdit coup sur coup sa vieille mère, Aliénor d'Aquitaine, et l'archevêque de Cantorbéry, Hubert Gautier. En 1206, il ne conservait plus en France que l'Aquitaine et le Poitou.

Le roi de France et le roi d'Angleterre se cherchaient des alliés dans une guerre qu'ils savaient inévitable. Renaud de Dammartin, comte de Boulogne, se plaça au service du roi Jean, encourant la condamnation de Philippe Auguste. Il fut déclaré félon. Le roi Jean accumulait les maladresses ; il entra en conflit avec Rome au sujet de la succession sur le siège primatial de Cantorbéry. Les moines de Christ Church, qui d'ordinaire élisaient le prélat, avaient leur candidat ; le roi avait le sien ; le pape avait porté ses suffrages sur un théologien anglais qui enseignait à Rome, Étienne Langton. Jean refusa de l'accueillir. Au sein de l'Église, il pouvait compter sur le soutien de Pierre des Roches, le nouvel évêque de Winchester [28]. Le Saint-Siège jeta l'interdit sur le royaume, en mars 1208, avant d'excommunier le roi l'année suivante [29]. L'interdit dura six longues années. Théoriquement, on ne pouvait plus distribuer les sacrements en Angleterre, à l'exception du baptême des enfants et de l'absolution des mourants [30]. La mesure fut bien observée. Un étrange calme s'abattit sur le pays, privé du carillon, grave ou acidulé, des cloches. Dans cette atmosphère expiatoire, la soif du miracle et du merveilleux chrétien s'accrut, en particulier autour des sanctuaires [31]. Une majorité d'évêques quitta le royaume. Les biens d'Église furent confisqués [32]. En janvier suivant, Innocent III chargeait Philippe Auguste de déposer le roi d'Angleterre, pour le remplacer par son fils, le futur Louis VIII.

Le roi Jean choisit de sauver conjointement son âme et son royaume en mai 1213. Il paya pour solde de tout compte un tribut annuel de 1 000 marcs au « seigneur pape » – dont il admettait désormais la suzeraineté sur l'Angleterre. Son *confiteor* mérite d'être cité ici : « Nous voulons qu'il soit connu de vous tous, par cette charte munie de notre sceau, que, comme nous avons commis beaucoup d'offenses contre Dieu et notre mère la sainte Église, que par suite la miséricorde divine nous fait défaut, et que nous ne pouvons offrir à Dieu et à l'Église la satisfaction qui leur est due qu'en nous humiliant nous et nos royaumes [...] de notre bonne et spontanée volonté et du commun conseil de nos barons, nous conférons et concédons librement à Dieu et à ses saints apôtres Pierre et Paul et à la sainte Église romaine notre mère et au seigneur pape Innocent et à ses successeurs catholiques, tout le royaume d'Angleterre et le royaume d'Irlande, avec tous leurs droits et appartenances, pour la rémission de tous nos péchés et de ceux de notre race, tant pour les vivants que pour les défunts ; et désormais, recevant et tenant ces royaumes de Dieu et de l'Église romaine comme vassal, en présence du prud'homme Pandolphe, sous-diacre et familier du seigneur pape, nous en avons fait et juré fidélité au seigneur pape Innocent et à ses successeurs catholiques et à l'Église romaine, et nous ferons hommage lige en sa présence, si nous pouvons nous trouver devant lui ; et nous obligeons nos successeurs et héritiers légitimes à perpétuité, de façon que semblablement ils devront sans contradiction prêter serment de fidélité et reconnaître hommage au souverain pontife d'alors et à l'Église romaine [33]. »

L'interdit ne fut pas immédiatement levé. Il fallut attendre pour cela l'été 1214, et d'ultimes négociations financières [34]. La guerre eut lieu malgré tout. Jean sans Terre s'était enfui de La-Roche-aux-Moines sans coup férir. L'engagement décisif se déroula quelques jours plus tard à Bouvines, non loin de Tournai. Les Allemands de l'empereur Othon, les troupes des comtes de Flandre et de Boulogne, les Anglais, enfin, furent écrasés par Philippe Auguste qui signait là sa plus éclatante victoire [35]. C'était le dimanche 27 juillet 1214. Othon IV de Brunswick, le comte Ferrand de Flandre et le comte Renaud de Boulogne s'étaient coalisés avec le roi d'Angleterre, qui eut l'adresse insigne ou le mauvais goût, comme on veut, de ne pas paraître à Bouvines. Seul le pape, pour une fois, semblait être aux côtés de la France [36].

La Grande Charte, 15 juin 1215

Sait-on seulement que la « Grande » Charte tire originellement son nom, non pas de son importance historique, mais de sa taille et de sa longueur [37] ? Jean sans Terre était un roi vaincu. La perte de la Normandie, la victoire des armes françaises à

Bouvines : autant de vicissitudes à mettre au passif d'un règne sans éclat, en cet âge prompt à déceler derrière les faits d'armes l'action du Tout-Puissant. La crise entre le roi d'Angleterre et le Saint-Siège avait laissé des blessures très profondes. Étienne Langton, finalement accepté par Jean sans Terre, s'entendit avec les barons ; de leur concours devait résulter l'un des documents considérés, encore à l'heure actuelle, comme l'un des fondements des libertés anglaises. Revenons un an en arrière. Un an avant Bouvines, en juillet 1213, Langton pardonna charitablement au roi ses écarts de conduite depuis Cantorbéry. Le mois suivant, deux assemblées des barons n'en exprimèrent pas moins leur mécontentement, face à la politique menée par la Couronne [38].

Les barons craignaient que le roi mît à exécution son projet de demander à chacun d'entre eux de l'aider dans une expédition contre le pays de Galles, contre la Normandie, voire contre le nord de l'Angleterre [39]. La victoire de Bouvines ne fit qu'accentuer le malaise : le roi Jean n'avait-il pas été vaincu sans même avoir combattu ? En octobre 1214, les barons du Nord refusèrent avec véhémence d'acquitter des droits, en remplacement du service armé. En novembre, après avoir vainement entretenu le roi, ils se réunirent à Bury St. Edmunds, et relurent la charte du roi Henry que leur avait communiquée Langton. Ils jurèrent solennellement de ne pas se séparer avant d'avoir obtenu satisfaction. En janvier suivant à Londres, après avoir rencontré le roi au Temple, il fut décidé d'attendre jusqu'à Pâques [40]. En avril intervint la rédaction d'un document connu sous le nom d'« Articles des barons ». Furieux, le roi Jean demanda, depuis le Wiltshire où on lui porta le texte, si l'on n'exigeait pas de lui qu'il livrât son royaume. Comment appelait-on les rebelles ? Sous quels noms les désignait-on ? *Barones* ou encore *barones Angliae*, les « barons d'Angleterre », semble être l'étiquette la plus commode – celle seule qui est passée à la postérité. Mais l'on utilisait d'autres mots à l'époque ; on parlait souvent des « nordistes » – *Aquilonares*, *Norenses*, voire *Northumbrenses* ou *barones Northumbriae*. Dans le français du temps, ils étaient les *Norois*. Ces hommes du Nord venaient du septentrion ; mais que dire des Bigod, des Mandeville et des Fitzgautier, qui, eux, provenaient de contrées nettement plus méridionales ? Le terme devenait donc de plus en plus imprécis, même si l'image du Nord gardait des connotations redoutables de sauvagerie [41]. Le nord de l'Angleterre y gagna une réputation de contrée indomptée, qu'il conserva dans l'histoire ultérieure.

Tout s'accéléra. Le 5 mai, à Wallingford, les barons choisirent comme chef Robert Fitzgautier, et renoncèrent à leur hommage au roi. Un chanoine de Durham les délia de leur allégeance, et les portes de Londres s'ouvrirent devant les insurgés. C'est alors qu'intervint la rencontre fatidique entre Jean, accompagné d'une poignée d'hommes encore fidèles, et les fiers barons. La conférence dura huit jours. Elle se déroula non loin de Windsor, à l'ouest de Londres, aux abords de la Tamise et d'une ancienne voie romaine, sur la prairie de Runnymede [42]. Jean sans Terre accepta les articles initiaux de la pétition des barons – moins de 50 articles [43]. De multiples ajustements se prêtèrent alors à de minutieuses négociations, pour parvenir à 63 articles au total. La ratification serait intervenue le lundi 15 juin, selon l'hypothèse le plus souvent retenue. Du moins est-ce la date officiellement apposée sur le document [44]. Le texte définitif fit l'objet de multiples copies, envoyées au château de Douvres, à Lincoln ou à Salisbury. Étienne Langton était le grand vainqueur : l'Église voyait ses droits réaffirmés face à la Couronne [45]. Le document fut connu sous les noms de « Chartes des libertés », de « Charte des barons » ou plus simplement de « Charte de Runnymede » – avant de trouver son appellation définitive de « Grande Charte » ou *Magna Carta* (voir annexe IV : Grande Charte de Jean sans Terre). Le roi Jean fit cependant appel au pape, en parlant de son intention prochaine de partir pour la croisade [46]. Innocent III se déchaîna contre les barons, et interdit au roi d'Angleterre, dont il précisait implicitement qu'il demeurait son vassal, d'appliquer la charte par une bulle du 24 août 1215 [47]. Les 25 signataires du texte furent impitoyablement excommuniés.

Loin d'être un « article de musée », la Grande Charte demeure l'une des références juridiques et institutionnelles fondamentales outre-Manche, voire dans l'ensemble du monde anglophone, États-Unis compris [48]. Sans doute est-ce au prix d'une distorsion, ou plutôt d'une surinterprétation d'un énoncé qui assuma une valeur mythique dans la conscience collective. En fait ce texte, pragmatique et pointilliste par endroits, n'entretient que des rapports assez lointains avec toute théorie politique [49]. Alors qu'il était naguère encore d'usage de saluer dans ce texte singulier une garantie fondamentale pour la liberté du sujet, on y cherche plutôt de nos jours la description des libertés, au pluriel, dont jouissait une minorité d'Anglais privilégiés du XIIIe siècle [50]. Le texte a gagné en profondeur historique ce qu'il a perdu en universalité. Il est désormais un « document », après avoir longtemps été un « argument [51] ».

Le premier article garantit à l'Église d'Angleterre la possibilité de jouir « de tous ses droits et libertés, sans la moindre restriction ». Le dernier article y revint en associant les hommes du royaume à cette promesse. L'Église était bien l'alpha et l'oméga de cette charte, qui assurait également aux barons et aux chevaliers la possibilité de transmettre leurs biens à leurs descendants, sans devoir acquitter de droits prohibitifs. Chevaliers et francs tenanciers n'étaient pas non plus oubliés. On ne devait plus à l'avenir faire peser sur eux de charges militaires ou financières indues. Les bourgeoisies urbaines, à commencer par les habitants de Londres, voyaient également reconnus leurs droits et usages, aussi bien sur terre que sur mer (article 13). L'application des lois serait vérifiée par des personnes – juges, constables, shérifs ou baillis – connaissant bien les lois du pays (article 45). Il s'agissait d'écarter les étrangers refusant de suivre les usages insulaires – tout comme les mercenaires (article 51). Enfin, aucun homme libre ne pourrait être jugé autrement que par ses pairs (article 39). Si certains Anglais étaient libres, d'autres ne l'étaient donc pas. Les hommes libres, selon la Charte, n'étaient pas une collection d'individus isolés ; le terme assumait une valeur générique, garante de cohésion sociale [52].

Les impôts, pareillement, supposaient le « commun conseil du royaume » (article 12). L'on précisait (article 14) que le roi convoquerait à cet effet archevêques, abbés, comtes et barons. Il était inévitable que, de façon certes anachronique, on interprétât cette clause comme une première amorce du consentement parlementaire à l'impôt, ce principe clé du droit constitutionnel britannique. Les Américains s'en souvinrent au moment de leur révolution, en plein XVIIIe siècle, en stipulant qu'il ne saurait y avoir de « taxation sans représentation » – *no taxation without representation*.

Le propre du mythe, on le sait, est de constituer un épisode fondateur. Or, dans le cas particulier de 1215, ce mythe vaut plus par la continuité que par la rupture. Toute idée d'innovation est soigneusement gommée par l'illusion d'un droit fondé sur la répétition du fait acquis [53]. On assistait cependant à une insistance nouvelle sur l'existence d'une communauté d'intérêts à l'intérieur même du pays. Quinze ans après la Grande Charte, l'usage allait se répandre de qualifier de « parlement » certaines séances du conseil [54].

Un roi français pour l'Angleterre ?

La rencontre de Runnymede ne suffit pas à rétablir la paix. La Grande Charte fut un échec. Elle promettait la paix et elle déchaîna la guerre [55]. De plus en plus nombreux furent les barons qui se tournèrent vers Louis, fils de Philippe Auguste, en espérant qu'il apporterait une solution à leurs troubles. Jean sans Terre s'enfonçait dans le même temps dans la violence et la cruauté envers son peuple – du moins d'après des chroniqueurs ecclésiastiques exaspérés. Ses sbires auraient mis les possessions des barons rebelles à feu et à sang : « Ces satellites de Satan, ces ministres du diable, rassemblés, à cet effet, des contrées les plus éloignées, couvraient la face de l'Angleterre comme une nuée de sauterelles [56]. »

Face à ces déchaînements, Louis se voulut rassurant. Philippe Auguste rappelait à qui voulait l'entendre que le royaume d'Angleterre n'appartenait pas au « patrimoine de saint Pierre [57] ». Et que le roi Jean, dont la légitimité restait incertaine, ne pouvait pas disposer de son royaume sans l'accord de ses barons. Un chevalier français rappelait le point de vue de son suzerain : « Seigneur roi, c'est une chose connue de tous que ce Jean, qu'on appelle roi d'Angleterre, pour avoir tué en trahison et de ses propres mains son neveu Arthur, a été condamné à mort dans votre cour par jugement de ses pairs ; que depuis les barons d'Angleterre, à cause des nombreux homicides et des autres énormités dont il s'est rendu coupable dans ce pays, n'ont plus voulu qu'il régnât sur eux. Aussi ils ont entrepris de lui faire la guerre, afin de le chasser irrévocablement du trône. En outre, le roi souvent nommé, sans l'aveu de ses barons, a cédé son royaume au seigneur pape et à l'église romaine, pour en être investi de nouveau et le tenir à titre de vassal et sous la condition d'un tribut annuel de 1 000 marcs. Or, s'il n'a valablement pu donner à personne la couronne d'Angleterre sans l'agrément des barons, il a valablement pu s'en dessaisir : du jour où il a résigné sa couronne, il a cessé d'être roi et le royaume a été vacant. » Et cette conclusion : « Comme il appartient aux barons de pourvoir au royaume vacant, ils ont choisi le seigneur Louis, à raison de sa femme, dont la mère, qui est reine de Castille, est la seule vivante de tous les frères et sœurs du roi d'Angleterre [58]. »

Ce langage, que l'on eût dit révolutionnaire, était donc celui de la France. Le thème pudique de la « vacance du trône », repris presque textuellement lors d'une autre révolution, la *Glorious Revolution* de 1688, plusieurs siècles plus tard, permettait, sans remettre en cause le principe monarchique, d'opérer une transition. Louis avait-il des chances de l'emporter et de poser un jour sur sa tête les deux couronnes de France et d'Angleterre ? Louis arriva dans le sud de l'Angleterre ; le pape s'entêtait, défendait son vassal, le roi Jean... Le roi d'Angleterre avait tué beaucoup d'innocents, certes, mais fallait-il le détrôner pour autant ? Louis comme Jean se livrèrent alors à des opérations de dévastation, assez vaines.

Jean sans Terre mourut opportunément le 19 octobre 1216 ; le bénédictin Matthieu Paris notait sobrement : « Après avoir causé de grands troubles dans ce monde, et s'être donné beaucoup de mal en vain, le roi Jean, qui avait régné 18 ans, 5 mois et 4 jours, quitta cette vie, le cœur rempli d'amertume et de chagrin, ne possédant plus rien sur la terre, et ne se possédant pas lui-même. » Il fallait s'en remettre, cependant, en la miséricorde divine, plus clémente peut-être que les historiens du futur : « On doit espérer et croire avec toute confiance que certaines bonnes œuvres qu'il fit dans cette vie plaideront pour lui devant le tribunal de Jésus-Christ. » Mais le chroniqueur bénédictin réfutait finalement toute clémence en ajoutant que cet homme, qui avait souillé son royaume, risquait à son tour de salir même l'enfer [59]. Peut-être damné par Dieu, Jean sans Terre le fut plus certainement encore par les historiens [60].

Chapitre V

1216-1234 : UN ROI ET SES FÉAUX

« Ce monde est masculin. Seuls les mâles y comptent [1].»

Georges Duby.

Philippe Auguste, encore auréolé de la gloire de Bouvines, avait su rallier les suffrages d'une noblesse turbulente, et mal remise des avanies que lui avait fait subir Jean sans Terre. Pourquoi Louis de France ne monterait-il pas sur le trône des Plantagenêts ? Une nouvelle invasion de l'Angleterre, en quelque sorte, moins d'un siècle et demi après Guillaume de Normandie. Une histoire d'hommes, de chevaliers, de baroudeurs, de combattants. Tout se joua en quelques années, en quelques mois, à l'issue de quelques batailles. Cette fois-ci, l'Angleterre ne fut pas conquise. Il n'y eut pas de nouveau 1066. Mais cette conquête manquée, bien oubliée aujourd'hui, pesa d'un poids certain sur les esprits insulaires. Henry III avait à peine neuf ans au moment de la disparition de son père. Il vécut jusqu'en 1272. Son règne fut l'un des plus longs de l'histoire anglaise : 56 ans [2]. Le 28 octobre 1216, « jour des apôtres Simon et Jude », il était couronné une première fois à Gloucester par Pierre des Roches, évêque de Winchester [3]. L'archevêque de Cantorbéry se trouvait encore à Rome, la majorité des grands du royaume étaient entrés en rébellion, la couronne même et les joyaux avaient été perdus. Ou aliénés pour de l'argent par le roi Jean [4]. Son royaume affaibli par les prétentions françaises, ce roi enfant ne pouvait compter que sur le soutien de l'Église, et du cardinal Guala Bicchieri, légat du pape [5]. Le roi Jean n'avait-il pas reconnu la suzeraineté du pape en 1213 ? N'avait-il pas placé à nouveau son royaume sous sa protection le 13 octobre 1216, à la veille de sa mort ?

Le nouveau souverain resta fidèle à ces engagements : « Henry se plaça devant le maître-autel et jura en présence du clergé et du peuple, la main étendue sur les très saints évangiles et sur les reliques d'un grand nombre de saints, la formule du serment que lui dicta Jocelin, évêque de Bath : il promit de donner honneur, paix et respect à Dieu, à la sainte Église et aux prêtres ordonnés par elle, pour tous les jours de sa vie. Il promit aussi d'observer exacte justice envers le peuple qui lui était confié ; de détruire les lois mauvaises et les iniques coutumes s'il en existait dans le royaume ; de maintenir les bonnes et de les faire maintenir par tous. Ensuite il fit hommage à la sainte Église romaine et au pape Innocent III, pour le royaume d'Angleterre et d'Irlande, et jura qu'il paierait fidèlement, tant qu'il gouvernerait ledit royaume, les mille marcs que son père avait octroyés à l'Église romaine. Cela fait, Pierre des Roches, évêque de Winchester, et Jocelin, évêque de Bath, l'oignirent roi, et le couronnèrent solennellement [6]. » Il faut ajouter au cardinal Guala deux des grands du royaume, l'indéfectible Guillaume le Maréchal, comte de Pembroke, promu *rector regis et regni*, et Ranulf de Blundervill, comte de Chester [7]. Sans compter une poignée de féaux comme Fawkes de Bréauté, Engelard de Cigogné, Philippe Mark ou Pierre de Maulay...

Le meilleur chevalier du monde

Le comte de Pembroke fut l'homme clé de la transition. Ce fidèle d'entre les fidèles était le fils cadet d'une lignée, dont la fonction devint patronyme. Les Maréchal étaient de père en fils maréchaux de la maison du roi depuis au moins Henry Ier. Guillaume avait passé une partie de sa jeunesse auprès de son oncle, Guillaume de Tancarville, avant d'être armé chevalier en 1167. Il avait acquis une réputation d'invincibilité au tournoi, qui l'avait finalement conduit en Terre sainte combattre l'infidèle. Le roi Richard lui accorda la main d'Isabelle de Clare, l'un des plus beaux partis du royaume [8]. Seigneur de Pembroke et de Leinster en Irlande, Guillaume accumula les terres en Angleterre, au pays de Galles, ou en Normandie. Mais Jean sans Terre, ingrat, n'en méprisa pas moins cet homme qui avait été son meilleur soutien.

À 70 ans passés, Guillaume resta obstinément fidèle aux Angevins ; Anglais, né Anglais, il se montra d'un dévouement sans faille envers Henry III, reportant sur le fils l'amour lige que le père avait tellement malmené [9]. Il mérite bien, cet émouvant vieillard, sa réputation de « meilleur chevalier du monde ». « Dans la personne de Guillaume le Maréchal, écrivait Georges Duby, dans cette charpente indestructible survivait le XIIe siècle de ses exploits, de ses trente ans, celui de l'exubérance tumultueuse, celui de Lancelot, de Gauvain, des chevaliers de la Table ronde. Le bon temps, le temps dépassé. Il pouvait s'avancer paisiblement vers la mort, fier d'avoir été l'instrument de l'ultime, du très fugitif, de l'anachronique triomphe de l'honneur contre l'argent, de la loyauté contre l'État, d'avoir porté la chevalerie à sa plénitude [10]. » Entre le roi enfant et le nouveau Siméon, quelle étrange complicité au moment où le royaume semblait perdu ! « Jamais je ne l'abandonnerai, déclarait-il, quand bien même j'en serais réduit à mendier mon pain [11]. »

Guillaume le Maréchal, le cardinal Guala, le pape enfin : tels étaient les meilleurs alliés d'une monarchie anglaise usée jusqu'à la corde par les défaites et les humiliations. Les deux tiers des baronnies s'étaient ralliées à Louis de France. L'Église, quant à elle, restait obstinément attachée aux Plantagenêts. Guillaume le Maréchal n'ignorait aucun de ces périls. Encore vert, il avait besoin de mouvement, d'action. Il ne pouvait pas seul veiller sur le roi, dont il confia sans attendre le soin à Pierre des Roches, l'évêque de Winchester.

En se croisant quatre jours après son couronnement, le jeune roi songeait-il seulement à la Terre sainte ? Ou bien, beaucoup plus vraisemblablement, au soutien que le pape pouvait lui accorder contre Louis ? Il fallait faire vite et se concilier au plus vite les barons. Le 12 novembre 1216, le conseil de régence confirmait pour l'essentiel la Grande Charte passée durant le règne précédent [12]. Alors que, lors de sa signature, la Grande Charte avait été plutôt l'œuvre des ennemis du roi Jean, sa confirmation, un an plus tard, fut l'œuvre des amis de son fils Henry III. L'Église semblait avoir renoncé à sa prévention passée contre le document ; Guala Bicchieri fut parmi les nouveaux signataires [13]. Plus politique que charitable, le pape Honorius soupirait, dans une lettre du 3 décembre, que la mort de Jean sans Terre avait été plutôt une bonne chose, en apaisant les conflits entre le roi d'Angleterre et ses barons [14]. Dans le même temps, Louis, imperturbable, mettait le siège devant le château de Hertford, au nord de Londres. Les Anglais loyaux envers

Henry III allaient négocier chèrement une trêve de Noël en abandonnant, non loin de là, la place forte de Berkhampsted au Capétien. Durant l'hiver, les combats prirent une allure de guerre sainte. Guala Bicchieri offrit à tour de bras la rémission de leurs péchés aux Anglais qui se ralliaient à leur roi. La croix volait au secours de la Couronne. En janvier, le cardinal proclama la croisade contre les envahisseurs français, assimilés aux Infidèles [15]. Dieu (et le pape) était aux côtés du roi. Les défections s'organisèrent au printemps. Guillaume le Maréchal fils rejoignit à son tour le camp familial, après avoir joué les enfants prodigues au service de Louis de France.

La « foire » de Lincoln

Deux batailles célèbres mirent un terme à la menace française. Louis fut d'abord défait au printemps 1217, alors qu'il assiégeait le château de Lincoln. Guillaume le Maréchal, en sa qualité de régent, conduisit l'attaque. L'affrontement décisif eut lieu le 20 mai. On en trouve un premier récit sous la plume du chroniqueur ecclésiastique Roger de Wendover, dans ses *Flores historiarum*, et un second, en vers, dans l'*Histoire de Guillaume le Maréchal*, restée anonyme. Roger de Wendover présente les Français comme une bande de pillards, s'en prenant sans discernement aux églises et aux cimetières; leur pauvreté apparente, proche de la gueuserie, aurait suscité railleries et quolibets. Guillaume le Maréchal, suivant le conseil de Bicchieri et de l'évêque de Winchester, aurait alors assemblé à Newark une armée, bien décidée à repousser les impies qui s'étaient révoltés contre le pape et contre Dieu. Cette « guerre juste », menée pour un roi pur et sans tache, avait pour but d'assurer l'héritage du jeune Henry III. Selon Wendover, ils auraient été 400 chevaliers, 250 archers et leur suite à entourer ainsi Guillaume le Maréchal, son fils Guillaume, et son neveu Jean [16]. L'assemblée de Newark, dans le Nottinghamshire, dura trois jours, partagés, nous rapporte Wendover, entre le soin des chevaux et celui des âmes : la confession des fautes, la participation eucharistique étaient destinées à assurer à ces hommes le soutien du Très-Haut. « Tous étaient prêts à toutes les extrémités, et se montrèrent déterminés à vaincre ou à mourir pour la cause du droit. »

Le sixième jour après la Pentecôte, Guala Bicchieri rappela que Louis de France et ses hommes avaient été justement excommuniés. Et, habillé de blanc, le légat renouvela leur excommunication. Le soir même, les partisans d'Henry III étaient à Stowe, sur la route de Lincoln ; le lendemain matin, sept formations s'avancèrent en direction de l'ennemi. Leur seule crainte était que celui-ci prît peur et s'enfuît sans coup férir. Les Français et leurs alliés anglais ne connaissaient cependant pas leur malheur, et, à l'exception de Robert Fitzgautier et de Saher de Quincy, comte de Winchester, ils se gaussaient de leurs adversaires, se promettant bien de les prendre comme des « alouettes ». Thomas, comte du Perche, alla en reconnaissance. Il surévalua les forces anglaises, en confondant domestiques et combattants. La sanglante bataille qui s'ensuivit passa dans les annales sous le nom de « foire de Lincoln ». Elle permit aux archers anglais de montrer leur dextérité face à la chevalerie française, dont la fougue et la mobilité furent d'un faible recours dans cette guerre de siège. Fawkes de Bréauté parvint même à entrer dans la forteresse assiégée avec ses troupes. Les montures des Français furent saignées « comme des porcs », tandis que l'on se saisissait de leurs cavaliers. Le cliquetis des armes, les étincelles du combat, le tonnerre des armures jetées à terre : tout concourut à l'atmosphère tellurique de cette journée. Encerclé, Thomas du Perche refusa de se rendre aux Anglais, qu'il accusait de félonie envers leur vrai souverain, le roi de France ; il eut le cerveau brutalement transpercé par une épée au niveau de l'orbite, avant de s'effondrer mort sur le sol. Les Français s'enfuirent alors ; les Anglais laissèrent la vie sauve à ces hommes dont ils se sentaient si proches « par le sang et par la parenté ». Au total, trois cents chevaliers furent capturés, sans compter nombre de fantassins.

Derrière eux, les barons félons et les Français avaient laissé leur butin : vaisselle d'argent, meubles et objets divers, ravis à la population. Les troupes fidèles à Henry III pillèrent à leur tour la ville de Lincoln, sans en excepter la cathédrale, le légat leur ayant précisé que le clergé s'était mal conduit en reconnaissant le roi de France et qu'il méritait la punition que lui valait son excommunication. La soirée se passa en beuveries et en réjouissances. Une partie des habitantes préféra apparemment la noyade au déshonneur. Mais l'on récupéra heureusement les trésors dont elles avaient chargé leurs barques. Guillaume le

Maréchal, pendant ce temps, s'en retournait auprès d'Henry III qui passa des larmes au rire en apprenant l'heureuse issue du combat. Les fugitifs durent encore supporter le harcèlement des populations, tandis qu'ils descendaient vers Londres. Deux cents chevaliers y parvinrent enfin, pour s'entendre dire par Louis qu'ils avaient manqué de vaillance. Roger de Wendover, qui rapporte l'ensemble de cette histoire, en concluait benoîtement que cela montrait bien l'existence de Dieu [17].

Le deuxième récit de la bataille, en vers, se trouve, lui, dans la grande épopée chevaleresque connue sous le nom d'*Histoire de Guillaume le Maréchal*. Ce *speculum militis*, ce portrait du chevalier nous renseigne tant sur la biographie de son héros éponyme que sur les valeurs partagées par son milieu, et en premier lieu l'honneur et la loyauté [18]. On y donne la parole au protagoniste, qui incite ses compatriotes à chasser les Français hors du royaume, tout comme un siècle plus tard les Français voudront se débarrasser des Anglais [19]. La langue, cependant, est encore un maigre marqueur culturel. Les envahisseurs et les envahis parlent français – du moins leurs élites, pour lesquelles on rédige ces lignes héroïques. Les envahis même sont, pour certains d'entre eux, d'anciens envahisseurs, et dans ce sursaut destiné à arracher l'Angleterre au futur roi de France, on sent poindre la revanche contre l'humiliation de plusieurs décennies de conquête, depuis au moins Guillaume le Conquérant [20].

Ces histoires d'héritage, où le fait d'armes le dispute au sordide, renvoient en fait à la question sempiternelle de la légitimité. L'on verra dans l'aristocratie guerrière du temps des hommes plus sensibles au code de l'honneur qu'aux ressorts de la culpabilité ou du péché [21]. Il est symptomatique que ces appels à la résistance soient placés dans la bouche de Guillaume le Maréchal, le chevalier le plus célèbre de son temps. Les Normands qui servent le roi de France ne s'y trompent pas. Ils s'adressent au fils de Guillaume le Maréchal dans le poème [22]. Avec une arrogance complice, les Normands fidèles à Louis demandaient aux Normands fidèles au roi Henry le privilège de porter les premiers coups. « Messires les Normands, tirez les premiers, tirez les premiers les armes. » L'on ne saurait mieux illustrer le caractère fratricide de cette guerre entre preux, plus proches par la langue, par la culture, par ce mélange de civilité et de sauvagerie que ne l'avaient été, naguère encore, Normands et Saxons. Guillaume s'enhardit et exhorta les troupes d'Henry III :

« Oyez, francs et loyaux chevaliers,
« Dit Guillaume le Maréchal,
« Et qui en votre roi avez foi ;
« Pour Dieu, ores entendez-moi,
« Car moult il fait bien à entendre.
« Quand nous, pour notre nom défendre,
« Et pour nous et pour nos aimants,
« Et pour femmes et pour enfants,
« Et pour défendre notre terre
« Et pour très haut honneur conquérir,
« Et pour la paix de sainte Église
« Que ceux-ci ont enfreinte et malmise,
« Et pour avoir rédemption
« De tous nos péchés et pardon,
« Soutenons des armes le fait [23]... »

Pour les défenseurs de leur roi et de leur sol, quel défi en effet que de vaincre Louis de France et l'une des meilleures armées du temps, encore fière de ses exploits à Bouvines ! Le poème devient, en même temps qu'un récit de victoire, une méditation sur la chevalerie :

« Qu'est donc chevalerie ?
« Si forte chose et si hardie
« Et si coûteuse à apprendre
« Que nul malveillant ne l'ose entreprendre [24]. »

Un premier « coup de Trafalgar ? »

Si elle repose sur le courage, la conviction et l'aisance matérielle, la chevalerie se donne aussi pour un idéal de civilité. N'est pas chevalier celui qui se prétend tel. Guillaume le Maréchal demeure pour la postérité l'une des expressions les plus achevées du mythe. Et de son code héroïque.

Une négociation de la dernière chance s'ouvrit à Londres. Louis défendit jusqu'au bout ses partisans, mais Guala Bicchieri s'opposa à la moindre clémence envers les ecclésiastiques qui, selon lui, avaient ouvertement défié la sentence d'excommunication [25]. La conciliation échoua, mais entre mai et juin Louis perdit une partie notable de ses appuis. Le mouvement s'accentua encore durant l'été ; de grandes assemblées se tinrent à Oxford autour du jeune roi. Admonestés par Guillaume le Maréchal, les Anglais poursuivirent sur la mer leur équipée :

« Devez avoir en mémoire
« Que Dieu la première victoire,
« Vous donna de Français en terre.
« Or reviennent en Angleterre
« Contre Dieu le règne clamer.
« Mais Dieu et en terre et en mer,
« À le pouvoir d'aider au bien,
« Donc il aidera les siens [26]. »

Le 24 août 1217, « jour de saint Barthélemy, apôtre », la flotte française fut détruite ou prise de haute lutte, au large de Douvres, par Hubert de Burgh [27]. Les archers et les arbalétriers d'Henry III ne tardèrent guère à semer la désolation, tandis que des pelletées de chaux vive, portées par le vent, aveuglaient leurs adversaires. Les Français furent gagnés par la panique ; beaucoup se jetèrent à la mer, préférant la noyade au massacre. Les plus nobles, seuls, furent épargnés et enchaînés afin d'être ultérieurement échangés pour de l'argent. Henry III peut enfin rendre « gloire au Seigneur, dont la providence, partout et toujours admirable, règle les choses humaines. Lorsque la nouvelle de ce désastre parvint à Louis, il en fut encore plus consterné que de la défaite éprouvée à Lincoln [28] ». C'en était fini des espoirs de Louis, isolé dans Londres, privé de toute base arrière sur le continent. L'Angleterre échappait définitivement à l'emprise capétienne au profit des Plantagenêts [29]. Des pourparlers débutèrent le 28 août ; le 11 septembre, après avoir recueilli l'avis des bourgeois de Londres, Louis acceptait sa défaite.

On s'interrogera encore longtemps sur les raisons de cet échec : les facteurs militaires, la personnalité sans faille de Guillaume le Maréchal, le soutien du pape Honorius III et l'adresse du cardinal Guala Bicchieri, également conscients à leur manière des enjeux géopolitiques, jouèrent sans doute un rôle déterminant. Mais il faut également mentionner la défection de la noblesse qui, après avoir reporté un temps ses suffrages sur Louis de France, finit par se rallier à Henry III. L'instabilité chronique des barons, encore renforcée par une compréhensible méfiance envers Jean sans Terre, trouva un terme, du moins provisoire, en 1217. Il faut y ajouter les jalousies nationales au sein même des partisans de Louis ; Anglais et Français se disputaient les meilleures places. Le jeune Guillaume le Maréchal, fils du régent, ou encore Guillaume Longue-Épée, comte de Salisbury, après avoir un temps flirté avec la cause rebelle, s'étaient ralliés à leur roi. L'écuage levé au profit d'Henry III précisait, de façon non moins éclairante, qu'il fallait « bouter les Français hors d'Angleterre [30] ». Louis de France, écœuré, dut renoncer à la couronne d'Angleterre le 12 septembre. Une entrevue eut lieu sur une île au milieu de la Tamise, en présence du cardinal Guala Bicchieri et de Guillaume le Maréchal. Louis jura sur l'évangile de se soumettre à l'Église et de restituer au roi d'Angleterre toutes ses possessions insulaires ; Henry III s'engageait à respecter les droits de ses barons. Louis y gagnait une indemnité de 10 000 marcs, près de 7 000 livres sterling – soit le quart ou le cinquième du revenu annuel d'un royaume comme celui d'Angleterre [31].

En Angleterre même, le légat diligenta une enquête sur tous les clercs qui s'étaient joints aux Français. L'on souhaitait les destituer de leurs bénéfices, pour le plus grand bien de leurs frères restés fidèles à l'Église et au roi [32]. Au lendemain du quatrième concile de Latran, l'heure était à la réforme de l'Église, et à la lutte contre les cumuls ecclésiastiques et la simonie [33]. Nombre d'ecclésiastiques durent quitter l'Angleterre pour obtenir l'absolution du pape. Parmi les barons rebelles, nombreux furent ceux également qui durent acquitter de coquettes rançons, souvent aux dépens de leur patrimoine [34]. La royauté anglaise, affaiblie sous Jean sans Terre, reprenait la main. Pour mieux marquer l'unanimité retrouvée, on promulgua une nouvelle fois la Grande Charte, devenue désormais l'un des meilleurs atouts de la Couronne – après avoir été la preuve tangible de sa faiblesse [35]. Selon un chroniqueur resté anonyme, il s'agissait globalement de restituer leurs biens aux anciens rebelles, en évitant toute spoliation inutile. Le clergé, seul, fut traité avec rudesse [36]. En novembre 1218, Guala Bicchieri quittait le pays, avec le sentiment du devoir accompli [37]. Au mois de mai suivant, Guillaume le Maréchal s'éteignait, en remettant son âme à Dieu. À nouveau légat, Pandolphe n'avait pas manqué de lui accorder l'indulgence plénière de ses fautes :

« Quand il fut absous
« Il leva la main et se signa,
« Les mains jointes, il adora la croix
« Qui devant lui était. »

Et ce souhait :

« Prions Dieu qu'en sa sainte gloire,
« Le mette en son paradis,
« Pour la joie de ses amis [38]. »

Comment en douter ? Le preux serviteur de son roi ne pouvait qu'être accueilli par Dieu après sa vie exemplaire. Il appartenait à Philippe Auguste, dit-on, de tirer la morale de cette histoire, en prononçant la louange funèbre de cet ennemi méritant :

« Le Maréchal,
« Fut, à mon avis, l'homme
« Le plus loyal que j'aie oncques connu [39]. »

Le couronnement définitif du roi d'Angleterre eut lieu un an plus tard, cette fois-ci à Westminster [40]. Henry III avait treize ans lors de son sacre. Il était étroitement conseillé par Hubert de Burgh, son justicier, et par l'archevêque de Cantorbéry, Étienne Langton [41].

L'appel du large

Tous les problèmes intérieurs n'étaient pas réglés pour autant. À l'été 1224, Fawkes de Bréauté refusa de se soumettre au roi ; son château de Bedford fut promptement assiégé et conquis après huit semaines. Son frère Guillaume fut pendu ; Fawkes devait mourir en exil deux ans plus tard. Une brouille intervint également entre Henry III et son frère Richard, le très riche et très puissant comte de Poitou, comte de Cornouailles, qui avait dirigé une expédition en Gascogne en 1225-1227. L'objet du litige ? La possession d'un château, attribué par Henry à Waleran l'Allemand. Richard fit appel aux grands du royaume et obtint le soutien d'une partie des seigneurs [42]. Hubert de Burgh, le vainqueur de Douvres, parvint à réconcilier les deux frères. Le justicier ne manqua pas d'accroître, chemin faisant, ses possessions au pays de Galles. Le regard d'Henry III restait cependant rivé sur l'ancien empire angevin. Les Anglais souhaitaient mettre à profit la régence de Blanche de Castille pour attaquer à leur tour. Pierre de Dreux, seigneur de Bretagne, s'allia providentiellement au roi d'Angleterre, en reconnaissant sa suzeraineté. En octobre 1229, à Portsmouth, Henry dut se résoudre à contrecœur à ne pas embarquer dans l'immédiat une armée qui n'était pas encore prête au combat. L'expédition eut finalement lieu l'année suivante, grâce au soutien de Pierre Mauclerc, comte de Bretagne ; au printemps 1230, Henry débarquait à Saint-Malo. Par Dinan, il descendit jusqu'à Nantes, où il rejoignit Mauclerc. Les Français, regroupés autour du jeune Saint Louis, âgé de seize ans, furent les plus forts ; les Anglais, désolés et confus, durent rembarquer au bout de quelques semaines.

Le maintien de la paix dans les marches du pays de Galles se révéla fort coûteux [43]. Devant les difficultés qui s'accumulaient, le justicier Hubert de Burgh fut disgracié en 1232. Depuis la disparition de Guillaume le Maréchal, il faisait figure d'homme le plus important du royaume [44]. Cela ne l'empêcha pas d'être plongé dans l'infamie, en étant incarcéré au château de Devizes. Sa chute fut sans doute amenée par son rival de toujours auprès du roi, le Poitevin Pierre des Roches, évêque de Winchester [45]. Un nouveau justicier, Stephen of Seagrave, remplaça Hubert de Burgh. Mais le roi ne jurait plus que par ses « deux Pierre », Pierre des Roches et Pierre de Rivaux. Il faut leur adjoindre Robert Passelewe. Pierre de Rivaux connut lui-même une gigantesque ascension : il devint le shérif de 21 comtés, et finalement chancelier de l'Échiquier. Le conseil était désormais le centre névralgique du gouvernement. Mais cela ne fut pas sans effets négatifs.

En 1233, Henry entreprit une expédition pour conquérir le Connaught en Irlande. Richard, comte de Pembroke, fils cadet de Guillaume le Maréchal, en profita pour se révolter. La guerre éclata dans les marches du pays de Galles. Henry promit de se passer de ses « mauvais conseillers ». Les critiques se généralisèrent ; les évêques mêmes se plaignaient que le royaume fût gouverné par des conseillers, et non par leur roi. En mai 1234, à Gloucester, ils contraignirent le roi à désavouer ces méthodes. Ému aux larmes, Henry III se réconcilia avec les opposants : Hubert de Burgh retrouva sa place au sein du conseil, tandis que Pierre des Roches, Pierre de Rivaux, Stephen of Seagrave, d'autres encore, se voyaient reprocher leur corruption. Sans que cela débouchât pour autant sur leur procès. Banni en janvier, Pierre de Rivaux rentrait quatre mois plus tard.

Chapitre VI

LE ROI ET LA LOI

> « Il n'y a pas de roi là où règne la volonté et non pas la loi. Le roi est placé sous la loi, car il est le vicaire de Dieu, ce qui apparaît clairement puisqu'il est comme Jésus-Christ, dont il occupe la place sur terre [1]. »
>
> H. Bracton.

« L'esprit anglais est celui de la loi », mettait en garde Jules Michelet au détour de son *Histoire de France* [2]. Encore faut-il préciser ici une singularité anglaise : la difficulté que l'on éprouve à distinguer outre-Manche la loi et les lois du droit, tous rendus par le même mot *law*. La loi, en français, se réfère généralement à un texte écrit, là où le droit a un sens plus abstrait, transcendant les usages. Si l'anglais n'admet pas aussi facilement cette distinction, il le doit à son histoire [3]. Le droit par excellence, c'est la loi commune du royaume, la *common law*, la justice rendue au nom du roi. La *common law* est bien une création du roi, qui, en tant que seigneur féodal suprême, offre à tous les hommes libres « accès à ses cours pour y régler tous les litiges concernant la terre et la propriété [4] ».

Henry Bracton fut l'un des magistrats les plus influents en son siècle. Il joua un rôle notable dans la codification de la *common law*. Dans le *De Legibus et Consuetudinibus Angliae*, qu'on lui attribue, une singularité se dégage d'emblée par rapport au droit romain : « Bien que dans tous les pays ou presque on utilise les lois et le droit écrit, en Angleterre seule on utilise un droit non écrit et des coutumes. Ici, le droit ne se réfère à rien d'écrit, mais à ce que l'usage a approuvé. Toutefois, il ne sera pas absurde de parler de lois anglaises, bien que celles-ci ne soient pas écrites, car tout ce qui a été justement décidé et approuvé avec le conseil et le consentement des magnats et l'accord général de la République, lorsque l'autorité du roi ou du prince y a été ajoutée, a force de loi [5]. » Certes, l'on ne saurait pour autant confondre totalement le droit et la coutume : « La justice procède de Dieu ; si l'on assume que la justice vient du créateur, et que le droit vient de l'homme, alors le droit et la loi, *jus* et *lex*, sont synonymes. Et bien que la loi au sens large soit lue, elle implique une juste sanction, ordonnant la vertu et prohibant son contraire. La coutume, en vérité, dans les régions où elle est sanctionnée par l'usage, est parfois observée comme la loi qu'elle remplace. L'autorité de la coutume et celle d'un usage bien établi ne sont pas minces [6]. »

Le roi joue un rôle essentiel dans cette architecture juridique. Sa fonction est comparable à celle du Christ dans l'économie du salut : il doit demeurer inégalé – ou sans égal, précise le traité. « Le roi ne saurait avoir de pair dans le royaume, car il y perdrait sa primauté puisqu'un égal n'a aucune autorité sur son égal. » Et, poursuivait-on, « le roi ne saurait être placé sous un homme, il est placé sous Dieu et sous la Loi, car c'est la loi qui fait le roi [7] ». Ce roi est d'abord justicier. Ou juge. Mais, s'il est sans égal, il n'est pas pour autant sans conseillers. Ses comtes et ses barons sont ses partenaires, et ils doivent le freiner et le réfréner, afin de l'empêcher d'errer. Le roi peut en effet se transformer en tyran si on ne lui rappelle ce principe que la loi lie le législateur même. Cette théorie contractuelle de la royauté reposait sur le consentement : elle allait connaître une immense postérité jusqu'aux Temps modernes [8].

Le règne personnel d'Henry III

Le parlement anglais fut le fruit d'une longue évolution. L'on a pu écrire avec justesse que ce « mot nouveau recoupait une institution déjà ancienne [9] ». Et un usage bien établi. C'est sous le règne d'Henry III et celui de son successeur Édouard Ier que le parlement acquit nombre de ses traits distinctifs. Le terme parlement, ou plutôt, sa forme latine *parliamentum*, est attesté en novembre 1236 sur un document officiel [10]. Le mot fut utilisé de plus en plus fréquemment pour des assemblées réunissant le roi, ses conseillers et plusieurs barons et ecclésiastiques, auxquels s'adjoignirent des représentants des villes et des comtés. L'administration de la justice demeurait une fonction essentielle : il s'agissait de répondre aux pétitions émanant du pays, et demandant des redressements judiciaires sur tel ou tel point [11].

Le parlement n'était pas au XIIIe siècle une entité politique définie. Il demeurait une extension du Conseil, spécialement convoquée lorsqu'une question particulière nécessitait un échange entre le pouvoir royal et le pays, ou du moins entre le roi et les détenteurs locaux de l'autorité. La locution *in parliamento*, attestée, elle, en 1237, montre que cet échange verbal l'emportait sur toute considération représentative [12]. Il s'agissait avant tout de parler et d'échanger des points de vue plus encore que d'exprimer la voix du pays [13]. L'*universitas baronum* représentait le royaume au travers de la structure féodale des vassaux et des arrière-vassaux.

Le règne personnel d'Henry III fut immédiatement perturbé par ses barons. Une série de mariages, destinés à apaiser les conflits, exacerba les tensions. On reprocha son entourage avunculaire à Aliénor de Provence, devenue reine en janvier 1236. Son oncle Pierre, futur comte de Savoie, et ses deux frères, Boniface et Guillaume, respectivement évêques de Belley et de Valence, encoururent la haine tenace des insulaires [14]. Pierre de Savoie allait même devenir comte de Richmond, en 1240, et Boniface accéder à l'archevêché de Cantorbéry cinq ans plus tard [15]. Du côté de sa mère, le roi avait lui aussi une parentèle française – et donc perçue comme étrangère. Après son veuvage, Isabelle d'Angoulême avait épousé en seconde noce Hugues de Lusignan, comte de la Marche. Elle avait été fiancée avec lui dans sa jeunesse, avant d'être enlevée par Jean sans Terre [16]. Rattrapant le temps perdu, le nouveau couple devait avoir une assez nombreuse progéniture, dotant ainsi le roi d'Angleterre d'une bonne dizaine de demi-frères et de demi-sœurs, qui se révélèrent envahissants à l'usage [17].

Sombres années 1240 ! Hugues, seigneur de Lusignan, prit la tête d'une révolte des seigneurs poitevins contre Saint Louis. Henry III débarqua à Royan pour lui porter secours en mai 1242, mais le roi de France eut raison de ses vassaux révoltés, à Taillebourg puis à Saintes [18]. La « première guerre de Cent Ans », comme on la dénomme parfois, se termina au profit de la France. Une trêve de cinq ans fut signée à Pons au mois d'août ;

une paix définitive intervint en 1259. Cela n'empêcha évidemment pas les Lusignan de chercher refuge en Angleterre : Aymer devint évêque de Winchester, l'un des sièges épiscopaux les plus enviés ; Alice épousa le comte de Surrey ; Guillaume devait convoler avec l'héritière des comtes de Pembroke. Sans parler de Guy et de Geoffroy, qui opéraient eux aussi de fréquents allers et retours entre le continent et l'Angleterre [19].

Simon de Montfort, la « jet-set » médiévale

Autre alliance, autre pomme de discorde. Simon de Montfort, beau-frère d'Henry III, n'allait pas tarder à apparaître comme l'un des hommes les plus puissants du royaume. Né en France, il était le fils cadet d'un autre Simon de Montfort, d'assez sinistre réputation [20]. La famille occupait le château de Montfort – l'Amaury, dans l'actuel département des Yvelines [21]. Intraitable envers ceux qu'on lui présentait comme des hérétiques cathares, ce premier Simon de Montfort aurait crié, lors du siège de Béziers : « Tuez-les tous, Dieu reconnaîtra les siens. » Attribution apocryphe. Mais qui dit assez l'ambiance survoltée des affrontements entre la France du Nord et le Midi. Il avait été mortellement blessé au siège de Toulouse, lors de la croisade contre les Albigeois [22]. L'aîné de ses fils, Amaury de Montfort, avait succédé à son père, et le jeune Simon, en cadet éconduit, n'avait pas eu d'autre solution que de s'installer en Angleterre. Il y fit valoir ses droits sur des terres familiales, confisquées par le roi Jean, dont chacun connaissait les excès [23]. Henry III l'accueillit favorablement, et lui accorda, dès avril 1230, une rente annuelle de 400 marcs. Le roi d'Angleterre accepta qu'il prît plus tard le titre de comte de Leicester, contre le paiement de cent livres et l'engagement d'armer soixante chevaliers en temps de guerre. Bien que né en France, Simon ne faisait pas figure d'étranger, à une époque où ce n'était pas le « hasard de la naissance, mais le lien féodal qui faisait la patrie [24] ».

Montfort était habité par une irrésistible ambition. Edgar Rice Burroughs, l'auteur de *Tarzan, roi de la jungle*, consacra un roman historique à ce personnage, synonyme de force et de puissance. Le roi le prit à son service et, après quelques hésitations, il lui offrit sa sœur Aliénor, mariée à neuf ans au jeune

Guillaume le Maréchal, et devenue opportunément veuve à quinze. Quel meilleur parti qu'une douairière pour un homme jeune, vigoureux et plein d'ambition ? Montfort était riche, désormais [25]. L'union fut tenue secrète ; la veuve inconsolable avait cru pouvoir renoncer aux joies du mariage en promettant à Dieu une éternelle chasteté. Elle avait prononcé ce vœu téméraire entre les mains de l'archevêque de Cantorbéry, Edmond, et de l'évêque de Chichester. La rencontre du beau Simon de Montfort devait lui faire changer d'avis. Le mariage eut lieu à la sauvette, dans l'oratoire du roi, à l'intérieur du palais de Westminster. Henry III plaça lui-même la main de la princesse dans celle de son vassal. La bonne noblesse fut fort marrie de ne pas même avoir été consultée. Henry III, craintif, se terra dans la Tour de Londres pendant une bonne semaine, du 23 février au 2 mars 1238 [26]. Sur ces entrefaites, Simon partit pour Rome, afin d'obtenir du pape Grégoire IX la dispense validant rétrospectivement son mariage.

En novembre 1244, le parlement élabora un texte constitutionnel significatif, connu généralement sous le nom de « Constitution de papier », pour mieux insister sur son caractère éphémère [27]. La Grande Charte avait évité soigneusement toute intervention dans le choix des ministres. Cette fois-ci, les barons réclamaient la désignation du justicier et du chancelier, et de deux autres conseillers du roi [28]. Le dernier justicier en date avait été Hubert de Burgh ; quant à la chancellerie, elle avait été occupée pendant de nombreuses années par Raoul de Neville, évêque de Chichester, qui avait eu le bon goût de disparaître quelques mois auparavant [29]. Ces deux fonctions se trouvaient donc vacantes ; les barons tentèrent de tirer profit de cette situation passagère pour asseoir définitivement leur influence. Neville n'avait pas manqué d'insister, durant sa longue carrière, qu'il tenait son sceau du « conseil commun du royaume [30] ». Et non du roi, pris isolément. La Constitution de 1244 enchaînait que, dans le cas malheureux où le sceau serait ôté au chancelier, aucun document ne pourrait être valablement scellé et authentifié [31]. Simon de Montfort avait, par atavisme, le goût des armes et la passion du commandement. Henry appréciait des compétences militaires, dont il était lui-même totalement dépourvu. Il envoya son beau-frère exercer ses talents en Gascogne durant sept ans [32]. Grand mal lui en prit. Pendant son long séjour en Aquitaine, de 1248 à 1254, Simon prit l'habitude de donner des ordres à tous. Et d'être obéi en retour. Il finit par apparaître comme le chef naturel des barons, si prompts à prendre les armes contre le roi. L'on a pu parler de « révolution » pour décrire les événements qui s'ensuivirent [33].

La situation internationale ne fut pas sans incidence. L'empereur Frédéric II étant mort excommunié en 1250, le pape Innocent IV en profita pour offrir la couronne de Sicile au comte de Cornouailles, frère d'Henry III, puis à Charles d'Anjou, et finalement, devant leur refus, à Edmond, fils cadet d'Henry III. La possession de la Sicile offrait plusieurs avantages : elle compenserait la perte de la Normandie, elle permettrait d'accroître l'influence anglaise en Méditerranée, elle apparaissait aussi et surtout comme une forme de croisade, dans cette avancée la plus méridionale de l'Occident, aux prises avec l'islam. Edmond fut donc proclamé roi de Sicile par le pape. L'assemblée du clergé d'Angleterre, réunie en mars 1257, manifesta son mécontentement. Le pape s'impatienta ; il exigea, sous peine d'excommunication, qu'Henry III acquittât une somme de 135 000 marcs pour l'acquisition de la Sicile. Alexandre IV comprit l'embarras du roi d'Angleterre et renonça, par une grâce spéciale, à ses menaces à la fin de l'année. Le brave Arlotus, émissaire spécial du Saint-Siège, fut chargé de transmettre la lettre à Henry III. Le pape acceptait, associant dans un beau geste l'espérance et la charité, de remettre provisoirement sa dette au roi jusqu'au mois de juin – tout en chargeant officieusement Arlotus de transiger jusqu'en septembre 1258.

La « réforme » du royaume

Henry, impuissant, n'eut pas d'autre issue que de se tourner vers son peuple pour solliciter les sommes nécessaires à une aventure sicilienne jugée parfaitement chimérique par les Anglais. L'épreuve de force s'engagea avec les barons ; des générations d'historiens ont salué en eux, un peu vite, des réformateurs conscients et avisés [34]. S'il craignait le pape, Henry III appréhendait encore davantage la réaction des grands du royaume. Le 7 avril 1258, le parlement s'assembla à Westminster. Le ton monta contre les Lusignan, et Richard de Clare, comte de Gloucester [35], Roger Bigod, comte de Norfolk, et Simon de Montfort, comte de Leicester, s'associèrent par un pacte à Pierre de Savoie, et à quelques autres, pour se prémunir contre toute menace. Autour de la Saint-Valéry, l'on aborda la question d'une aide financière au roi ; trois jours plus tard, le 30 avril, comtes, barons et chevaliers se présentèrent en tenue de combat, et déposèrent soigneusement leurs armes en entrant. Roger Bigod, comte de Norfolk, tenta de rassurer le roi qui lui demandait s'il devait se considérer comme leur prisonnier : « Non, mylord, non. Mais que ces misérables coquins de Poitevins et que les autres étrangers fuient devant votre face, et devant la nôtre, comme devant un lion. Alors gloire sera rendue à Dieu dans les cieux, et la paix sera donnée dans votre royaume aux hommes de bonne volonté [36]. » Le 2 mai, Henry III s'en remettait aux barons, qu'il chargeait de « mettre de l'ordre dans son royaume et d'en rectifier les abus ». Cette volonté réformatrice était clairement énoncée [37]. Henry III acceptait solennellement la formation d'un groupe de 24 hommes, 12 choisis par lui, 12 par les barons. Cette ambition n'était pas totalement nouvelle ; elle reprenait d'anciennes exigences [38].

Un nouveau parlement se réunit à Oxford à partir du 11 juin, et un « comité des 24 » rédigea une sorte de constitution provisoire, disposant que le parlement se réunît trois fois l'an [39]. Il ne restait plus aux Lusignan, totalement indésirables, qu'à traverser la Manche en juillet. Forts de leur succès, Simon de Montfort, Roger Bigod et John Fitzgeoffrey furent reçus à l'hôtel de ville de Londres pour quémander le soutien des habitants [40]. Les barons exigèrent d'être consultés avant toute décision d'importance ; Henry III accepta leurs revendications, connues sous le nom de *provisions d'Oxford* [4]. Quinze barons, dont Simon de Montfort, firent partie de ce conseil consultatif. En octobre suivant, les « 24 » complétaient leur travail et rédigeaient des *provisions de Westminster*, plus approfondies [42]. Par le traité de Paris, conclu en mai 1258, ratifié en décembre 1259, le roi d'Angleterre renonçait à la Normandie, au Maine, à l'Anjou et au Poitou, déjà perdus par Jean sans Terre. Il y gagna le soutien de Saint Louis contre ses barons. Et l'assurance que ses droits sur l'Agenais et le Quercy seraient préservés. Bordeaux, Bayonne et la Gascogne entraient dans la mouvance française, le roi d'Angleterre reconnaissant les tenir en fiefs du roi de France. Mais combien de temps un monarque souverain accepterait-il ce statut de vassal [43] ? Jacques Le Goff a magistralement décrit la face cachée de cet accord entre les rois de

France et d'Angleterre : « Si Louis IX était un spécialiste de la paix, il n'en avait pas le monopole, et Henry III s'efforçait de soigner son image de prince chrétien face à celle de Saint Louis [44]. » Et le même historien de décrire l'entrevue entre les deux hommes : « Invité par Louis IX, Henry III avait débarqué sur le continent le 14 novembre, accompagné par sa femme, son second fils Edmond et une nombreuse et magnifique escorte. Louis IX alla l'accueillir le 25 novembre à Saint-Denis et le logea à Paris dans son propre palais de la Cité. Le 4 décembre 1259, dans le jardin du palais, en présence de nombreux prélats et barons anglais et français et du peuple venu en foule, le roi d'Angleterre prêta hommage au roi de France, en mettant, genou en terre, ses mains dans celles de Louis IX. Cette cérémonie avait été précédée de la lecture solennelle du traité par le chancelier de France, le franciscain Eudes Rigaud, archevêque de Rouen. »

Ce traité souleva de part et d'autre des réactions mêlées. Voici ce qu'en dit Joinville dans son *Histoire de Saint Louis* : « Il advint que le saint roi négocia tant que le roi d'Angleterre, sa femme et ses enfants vinrent en France pour traiter de la paix entre lui et eux. Les gens de son conseil furent très contraires à cette paix, et ils lui disaient ainsi : Sire, nous nous émerveillons beaucoup que votre volonté soit telle, que vous vouliez donner au roi d'Angleterre une si grande partie de votre terre, que vous et vos devanciers avez conquise sur lui par sa forfaiture. » Et cette réponse, éclairante, de Saint Louis : « La terre que je lui donne, je ne la donne pas comme chose dont je sois tenu à lui ou à ses héritiers, mais pour mettre amour entre mes enfants et les siens, qui sont cousins germains. Et il me semble que ce que je lui donne je l'emploie bien, parce qu'il n'était pas mon homme, et que par là, il entre en mon hommage [45]. » La paix était sauvegardée, en même temps qu'Henry III redevenait vassal du roi de France. Simon de Montfort comprit le parti que Saint Louis tirait de la situation. Et il se démarqua ostensiblement d'Henry III. Il apparut comme le chef d'une coalition réunie contre le roi. L'ambitieux obtint le soutien des villes ; Londres même fit appel à lui. Simon de Montfort trouva brièvement chez le prince Édouard, fils d'Henry III, un soutien inespéré. En octobre 1259, Édouard prêtait serment : « À tous ceux qui cet écrit orront ou verront [...], sachez que nous avons juré sur saints évangiles et promis en bonne foi que nous de tout notre pouvoir loyalement serons aidant et conseillant à notre cher et féal Simon de Montfort, comte de Leicester[46]. »

Cette union fut de courte durée. Abandonné de tous, Simon de Montfort connut sa brève traversée du désert. Il rentra en France en 1261 ; il ne s'en retourna que fort brièvement pour participer au parlement d'octobre 1262. Il fallut attendre 1263 pour que l'exilé volontaire effectuât son retour, dans une île en proie à un profond malaise. Au demeurant, Simon était d'une grande piété, et des liens d'amitié assez profonds l'avaient lié à un grand intellectuel comme Robert Grosseteste jusqu'à la mort de ce dernier, en 1253, ou à la cause franciscaine qu'il soutenait et admirait. Depuis une quarantaine d'années, dominicains et franciscains avaient trouvé en Angleterre une terre particulièrement propice à leur mode de vie et à leur enseignement. Les ordres mendiants auraient joué un rôle culturel considérable en faisant passer en langue anglaise une partie non négligeable des traditions savantes, exprimée soit en latin soit en anglo-normand[47].

Avec Adam Marsh, avec Grosseteste, Simon s'était intéressé à la définition du tyran, faisant écho à Aristote et anticipant Thomas d'Aquin. « Le tyran s'occupe de ses propres intérêts, le roi se préoccupe de ses sujets, notait-il avec audace, tout ce qui concerne le gouvernement relève de la raison, seule garante de justice et d'équité. » Ces aphorismes n'avaient rien d'anodin. Ils trouvèrent leur écho tout naturellement dans les protestations des barons, qui réclamaient que la « main de la raison » dirigeât désormais les affaires[48]. Le comte de Leicester avait acquis une aura considérable dans les rangs des ecclésiastiques, qui souhaitaient qu'il promût un « régime équilibré » dans l'Église comme dans l'État[49]. Autre thème dont Simon sut exploiter la résonance, en dépit même de ses origines continentales : le rejet des étrangers, assimilés à des parvenus. Ou du moins à des intrus[50].

Le soutien de Saint Louis

Une gigantesque partie s'était engagée. Deux papes successifs, Alexandre IV puis Urbain IV, avaient condamné les provisions d'Oxford[51]. Richard de Cornouailles, frère d'Henry III, était devenu de façon récente roi des Romains. Il apparut comme un intermédiaire possible dans le conflit interne à l'Angleterre. Sollicité, le roi de France, Louis IX, annula à son tour les avantages donnés aux barons par sa mise d'Amiens de janvier 1264 [52]. La seule concession qu'on leur accordât fut l'impunité. Mais les provisions d'Oxford étaient totalement abolies [53]. Il convenait de défendre la plénitude du pouvoir royal, tout en rappelant à Henry III ses devoirs envers des sujets dont il devait respecter les privilèges, libertés et bonnes coutumes [54]. « Vrai chef moral » de quelque introuvable chrétienté, Saint Louis combinait en roi féodal le « sentiment nouveau de la souveraineté royale » avec le « droit coutumier », comme l'a excellemment écrit Jacques Le Goff [55]. La disparition de l'empereur Frédéric II, la fragilité du roi d'Angleterre, l'absorption des rois d'Espagne dans la *Reconquista* : autant d'éléments qui jouaient en faveur de la puissance française.

Délivré de son serment, le roi Henry s'entoura de 300 chevaliers français et prit possession de la Tour de Londres, où son fils Édouard ne tarda pas à les rejoindre. La guerre civile était inévitable ; elle est passée à la postérité sous le nom de « guerre des Barons » – *Barons' War*. Une bataille se déroula à Lewes dans le Sussex, le 14 mai 1264. Simon avait pour lui les évêques de Chichester, de Londres et de Worcester, qui tentèrent vainement d'éviter la moindre effusion de sang en parvenant à une trêve. Rien n'y fit. L'armée royale fut défaite, Henry III fut capturé, et le second de Simon de Montfort, Gilbert de Clare, dit Gilbert « le Rouge », convoqua un parlement, chargé sans doute d'accepter l'accord intervenu au lendemain de la bataille. Connu sous le nom de « mise de Lewes », ce règlement, dont le texte s'est perdu, prévoyait l'application des provisions d'Oxford. Il incluait très probablement aussi une clause d'amnistie des rebelles [56]. Simon y gagnait une stature de dictateur légal – dont on retrouvera l'équivalent sous la révolution anglaise du XVIIe siècle avec Cromwell [57].

La réforme du royaume

Un poème latin, le *Chant de Lewes*, défendait l'action de Simon, en des termes choisis qui évoquaient le *Magnificat* : ne s'agissait-il pas en substance de disperser les « superbes », ici les étrangers, et d'élever les « humbles », c'est-à-dire les vrais Anglais [58] ? Cette *reformatio*, plus politique que religieuse, visait à restituer aux Anglais leur splendeur passée [59]. Quant à

Henry III, on rappelait opportunément qu'il avait transgressé les lois [60]. Le preux Simon, nouveau Christ, était prêt à verser son sang pour la multitude. Mais le poème prenait soin de ne pas lui accorder la dignité royale pour autant. Il était trop respectueux des lois pour cela. À l'inverse, le prince Édouard, fils d'Henry III, était « léopard » et « lion », comme l'indiquait une étymologie fantasque de son nom, le faisant remonter à ces animaux [61]. Le Moyen Âge était friand de ces associations de mots. Cette référence au bestiaire était purement négative : la fierté et la sauvagerie du lion se seraient mêlées chez Édouard à la rouerie et à l'inconstance du léopard. Cet Édouard, une fois roi, ne s'affranchirait-il pas du respect des lois ? Simon n'est pas devenu roi ; mêlant le registre chevaleresque et l'inspiration biblique, d'après le *Chant de Lewes*, il se serait contenté d'une pose prophétique ou messianique, sans prétendre exercer à son tour le pouvoir monarchique. Dieu seul détenant la majesté, rappelait l'auteur ecclésiastique, les rois ne pouvaient exercer le pouvoir souverain que par délégation. Utile rappel de la puissance de l'Église. Le parlement siégea de janvier à mars 1265. Aux barons et aux hommes d'Église s'adjoignirent cette fois-ci des représentants des villes et des comtés. De façon totalement anachronique, on a pu saluer en Simon de Montfort l'un des pionniers du parlementarisme [62].

La prise de Gloucester marqua un brusque retournement ; le 3 août 1265, Simon de Montfort était tué dans la bataille d'Evesham, et son corps sauvagement mutilé. Son chef sanglant fut exposé pour montrer le sort réservé aux rebelles. Il y gagna aussitôt la palme du martyre ; l'on ne manqua pas de consigner ses miracles. Une mélopée du temps comparaît ce destin d'exception à celui de Thomas Becket. Tous deux s'étaient opposés au roi, tous deux pouvaient apparaître comme les défenseurs d'un bien commun, identifié à l'Église :

« Par sa mort,
« Le comte Montfort
« Conquit la victoire.
« Comme le martyr
« De Cantorbéry,
« Finit sa vie [63]... »

Le roi ne lui survécut que quelques années. Henry III mourut le 16 novembre 1272. Il avait 66 ans. Les historiens, dans l'ensemble, donnèrent une image plutôt mitigée d'un roi terne, dont les défauts mêmes auraient été sans éclat.

Chapitre VII

LES TROIS ÉDOUARD, DE LA CROISADE À LA CONQUÊTE

> « Édouard n'était pas un nom fréquent dans l'Angleterre du XIIIe siècle. Dans un pays où l'aristocratie parlait le plus souvent français, les noms anglais étaient passés de mode [1]. »
>
> Michael Prestwich

Après les Guillaume et les Henry, une lignée d'« Édouard » tenait de la provocation. Ou du moins marquait-elle l'anglicisation stratégique de la dynastie des Plantagenêts, à la veille de la guerre de Cent Ans. Canonisé en 1161, Édouard le Confesseur, dernier roi saxon avant la défaite de Harold, avait laissé une forte empreinte sur les mentalités [2]. Son règne était synonyme de piété et de justice. En 1272, un nouvel Édouard, Édouard Ier Plantagenêt, arrivait sur le trône, confirmant l'enracinement insulaire de la dynastie. Et la conquête du pays de Galles [3].

Le fils d'Henry III et d'Aliénor de Provence

Il nous manquera toujours sur l'homme Édouard un portrait du roi comparable à celui que l'on trouve dans l'admirable *Histoire de Saint Louis*, rédigée par Joinville. L'admiration, le respect, la crainte commandent ici une distance peu propice à l'épanchement. Grand et élancé, le roi Édouard Ier devait à son aspect physique son surnom de « Grandes Jambes » – *Long Shanks*. L'on sait aussi qu'il avait une paupière tombante à l'œil droit, qu'il était affecté d'un léger défaut de prononciation, mais que cela ne l'empêchait pas d'être persuasif quand il le fallait. Rien de bien intime dans tout cela, rien qui permette, en tout cas, de dépasser les notations purement conventionnelles sur la grandeur du roi et la force de son autorité [4].

À l'heure de la disparition de son père, Édouard se trouvait en Sicile. Né en juin 1239 à Westminster, le fils d'Henry III et d'Aliénor de Provence était alors âgé de 33 ans. Il s'était rendu en 1254 en Espagne pour épouser la princesse Aliénor de Castille, et avait passé à cette occasion une année dans ses possessions de Gascogne. Le prince s'était révolté contre son père, séduit un temps par son oncle par alliance, Simon de Montfort, contre lequel il s'était finalement retourné. Après bien des déboires, après une brouille retentissante avec Gilbert de Clare, comte de Gloucester, le prince Édouard s'était embarqué finalement, à l'été 1270, afin de rejoindre Saint Louis en Tunisie. Le roi de France venait de mourir lorsqu'il arriva, et le prince anglais poussa jusqu'à Acre qu'il atteignit en mai 1271, en compagnie de mille chevaliers. Blessé par le poignard d'un membre de la secte des Assassins, il fit alors voile vers la Sicile – où il apprit la disparition d'Henry III. Édouard s'était forgé, lors de cette inutile équipée, un certain nombre d'amitiés viriles qui lui servirent par la suite : son oncle Guillaume de Lusignan, comte de Pembroke ; Roger de Clifford ; le Gallois Payn de Chaworth ; Robert Tibetot ; l'Helvète Othon de Grandson ; Jean de Vescy [5]. Cette expédition lointaine eut d'importantes conséquences financières : le futur roi d'Angleterre avait dû emprunter de grosses sommes d'argent pour armer ses hommes.

Au lieu de rentrer directement en Angleterre, Édouard fit un crochet par la Gascogne. Contrairement à ses autres possessions, l'Aquitaine était un fief, pour le roi d'Angleterre ; ses habitants pouvaient faire appel au parlement de Paris en cas de litiges. Le roi d'Angleterre y exerçait son autorité au travers de son sénéchal et de son connétable [6]. Il fit appel au roi de France, Philippe III le Hardi, contre son vassal Gaston de Béarn qui refusait son autorité, en ne lui rendant pas hommage à Saint-Sever. En août 1274, enfin, Édouard était outre-Manche [7]. La Terre sainte, la Gascogne, l'Angleterre enfin : trois lieux emblématiques pour cette dynastie qui n'avait pas renoncé à l'esprit de conquête. Et qui concevait toujours en termes chevaleresques le métier de roi [8].

Le féodalisme « bâtard »

Un roi chevalier, donc. Mais pas exclusivement. Édouard Ier s'est vu qualifier, de façon sans doute abusive, de « Justinien anglais », eu égard à l'action législative menée durant son règne [9]. Encore faut-il préciser que le droit romain eut très peu d'impact [10]. Si le règne de son bisaïeul Henry II avait été caractérisé par le développement de la *common law*, sous Édouard Ier on vit s'amplifier le phénomène et se systématiser le recours à un autre type de droit, connu en anglais sous le nom de *statute* [1]. Un *statute*, mot que nous proposerons de rendre par « statut », est une loi, issue de la volonté législative. Là où la *common law* est jurisprudentielle et se nourrit des arrêts pris par les juges au nom du roi, le *statute* procède de la volonté politique du roi et de ses conseillers. À terme, le parlement, extension naturelle de la *curia regis*, devint le lieu où s'élabora cette nouvelle forme du droit [12].

Cette évolution, essentiellement pragmatique, dut beaucoup à un homme, le chancelier Robert Burnell, évêque de Bath et de Wells [13]. Le projet réformateur fit suite à une enquête lancée dès octobre 1274 sur les abus administratifs. Plusieurs grandes lois s'ensuivirent, avec l'aval du parlement. Le premier *statut de Westminster*, l'année suivante, traita des extorsions par des officiers royaux ou des juges, des procédures civiles et criminelles, ou encore de la liberté des élections. Le premier parlement d'Édouard fut aussi attentif au marché de la laine ou du cuir, si important à l'époque, en accordant à la Couronne des droits de douane. Une loi sur la mainmorte exigeait également que les dons immobiliers à l'Église, souvent utilisés afin de ne pas acquitter de droits de succession, fussent imposés à leur tour.

En 1289, s'en retournant de son second séjour en Gascogne, Édouard lança une grande enquête sur la corruption. Une commission spéciale fut nommée en octobre, et plusieurs centaines d'actions furent engagées contre des officiers royaux. Nul ne semblait à l'abri ; même Ralph Hingham, l'un des plus célèbres magistrats du temps, fut condamné à acquitter une amende de 8 000 marcs, un autre de ses confrères, William de Saham, à 2 500 marcs. Ce roi avait la main lourde. William de Brompton, de la cour des plaids communs, fut accusé, entre autres, d'avoir reçu de l'argent et de s'être entremis dans les décisions d'un jury : 6 000 marcs. Cette opération « mains propres » fut certainement d'un bon rapport – encore qu'il ne soit pas sûr, loin de là, que toutes les amendes aient été acquittées [14]. En 1290, le parlement accordait à son tour de l'argent à la Couronne, sans doute à la suite de la décision d'expulser les Juifs du royaume [15]. Contraints de partir avant la Toussaint, ces derniers étaient relativement peu nombreux, environ trois mille semble-t-il, et ils avaient été, dans les années antérieures, pressurés au maximum par un pouvoir politique avide de rentrées financières. Il fallut attendre 1656 pour que les Israélites eussent à nouveau le droit de vivre en Angleterre.

Le statut de Gloucester en 1278, le statut du Quo Warranto en 1290 tentèrent de mettre de l'ordre dans les juridictions féodales, tandis que, constatant un accroissement de l'insécurité, le statut de Winchester, en 1285, se préoccupait de l'ordre public et de son maintien : accélération des poursuites, gardes de nuit dans les villes, débroussaillage des bords de route [16]. Il était relativement facile d'augmenter les peines et de définir des délits, mais il a toujours été plus malaisé de modifier les mœurs. Ainsi, la qualification du viol et du rapt eut pour effet, non pas de faire disparaître les violences envers les femmes, mais de raréfier les plaintes et les poursuites [17].

Le second statut de Westminster, la même année 1285, restreignit la possibilité qu'avaient les grandes familles d'aliéner leurs terres : les baux devaient être à vie, et non pour des périodes trop courtes. Enfin, en 1290, le troisième statut de Westminster, encore connu sous son nom latin de *quia emptores*, mit un terme à la pratique consistant, pour un chevalier tenant sa terre du roi ou d'un baron, de la concéder à un tiers, en échange d'un service armé. L'on mettait fin à la possibilité, pour un seigneur, de remercier ses serviteurs en leur accordant une tenure féodale. La féodalité perdit l'une de ses bases territoriales. Le recrutement militaire reposa de plus en plus sur une rétribution financière – ce qui n'empêcha évidemment pas le maintien de formes régionales de fidélité. L'on parle couramment de féodalisme bâtard, *bastard feudalism*, pour décrire le phénomène en Angleterre [18]. « Pour peu qu'on lui donne un sens repérable, la féodalité implique que la société soit organisée autour de la tenure », expliquait un historien britannique. Il poursuivait : « Dans une société féodale, la principale unité est le fief, une propriété foncière, toujours transmissible à des héritiers dans le cas anglais, et conservée à la condition de prêter hommage et de demeurer au service d'un seigneur supérieur. Quant à la question de savoir si, en Angleterre, le service armé dépendait partiellement ou totalement de la possession d'une tenure, je laisserai le soin à d'autres de trancher cette question. Mais au XIVe siècle, ce n'était plus le cas, du moins en ce qui concerne les hommes libres. Où que l'on aille, les obligations du service avaient été commuées en paiement monétaire ou en rente foncière. Et à la fin du XVe siècle, les tenures serviles elles-mêmes disparaissaient rapidement. La féodalité existait encore sur le plan formel, mais elle était devenue en pratique un réseau complexe de droits et de privilèges négociables financièrement, sans grand impact social désormais. » Et plus bas : « C'est ce nouvel ordre que nous avons choisi d'appeler le *féodalisme bâtard.* » Pour en déduire : « L'idée de seigneurie était conservée, mais dans la mesure où elle avait rompu avec la tenure, il s'agissait d'une seigneurie qui avait effectué, de façon quasi invisible, un processus de transsubstantiation, en ne gardant que l'apparence des accidents [19]. » Jolie formule, empruntant à la scolastique médiévale la subtile distinction entre la substance et les accidents, le fond et les apparences. La féodalité se serait imperceptiblement transmuée en une nouvelle réalité, sous la pression de l'évolution économique et de l'envahissement de l'argent [20]. À côté de ce féodalisme bâtard, on distinguera peut-être également un « féodalisme d'État », qui ferait dialoguer de façon de plus en plus étroite le roi et l'ensemble de la société [21].

Ce qui se passait au niveau des couches supérieures de la société n'était pas sans écho au bas de l'échelle sociale. Partout, l'argent tendait à se substituer aux anciennes relations d'hommes – sans pour autant les faire disparaître totalement. Mais le salariat, la rente foncière étaient bien appelés à triompher à moyen terme du travail servile et du servage. Le contrat tendit à éclipser le fief. La diffusion de l'*indenture* en constitua la marque la plus tangible. Écrite en double exemplaire, celle-ci permettait de conclure un accord entre un lord et son *retainer*, qui entrait à son service et recevait des gages ou *fees* en échange. Le *retainer* acceptait également de porter la livrée de son maître et de le servir en temps de guerre ou en temps de paix [22]. C'est ainsi que naquit la différence essentielle, au sein des classes dirigeantes anglaises, entre *lords* et *gentlemen*, entre aristocratie et *gentry*.

La conquête du pays de Galles

Le pays de Galles était désuni. Les marches étaient entre les mains de comtes et de barons, chargés de contenir l'élément celtique. Le nord du pays était dominé par Llywelyn ap Gruffyd, prince de Gwynedd. Après avoir un temps admis la suzeraineté du roi d'Angleterre, Llywelyn avait mis à profit les difficultés de son puissant voisin pour obtenir la confirmation de son titre de prince, et faire entériner ses conquêtes. En refusant d'assister au couronnement d'Édouard Ier en ne lui prêtant pas hommage, Llywelyn apparut comme un rebelle. Battu une première fois en 1277, Llywelyn et son frère Dafydd entrèrent à nouveau en rébellion en 1282. Ils allaient payer leur révolte de leur vie ; Llywelyn fut tué au combat et décapité, afin que sa tête pût être portée au roi, qui décida qu'elle irait orner la Tour de Londres. Quant au corps du pauvre Dafydd, supplicié comme traître, il fut soigneusement dépecé afin de fournir des trophées à plusieurs villes du royaume : si les Londoniens obtinrent sa tête, les habitants d'York et de Winchester se disputèrent son omoplate droite. Les habitants de Lincoln, en refusant ces sanglants emblèmes, encoururent, apparemment, le déplaisir du roi, et durent acquitter une amende pour racheter leur dédaigneuse ingratitude [23]. L'important, c'était de participer.

Jusque-là, le pays de Galles différait profondément de l'Angleterre – à l'exception de ses marches, soumises de plus longue date à l'influence du voisin. Guère de manoirs, pratiquement pas de villes, une économie autarcique, peu touchée par le marché ou par la monnaie. La seigneurie ignorait les règles de succession fondées sur la primogéniture, en acceptant, selon les vieux usages celtiques, les partages entre frères [24].

Le pays fut soigneusement dépecé par les nouveaux maîtres. Les compagnons du roi Édouard eurent droit à leur rétribution en terres – la Couronne conservant quelques territoires pour son propre usage [25]. En 1284, une ordonnance royale, le statut du pays de Galles, imposa la division du pays en six comtés, sur le mode anglais, et l'extension de la primogéniture, aux dépens du partage entre frères. L'annexion fut complète en 1536 (voir chapitre XIII). La guerre avait abouti à la formation d'une armée gigantesque pour l'époque : fantassins gascons, chevaliers anglo-normands, archers gallois trouvèrent tout naturellement un nouvel usage contre l'Écosse ou sur le continent. De nombreux châteaux furent également établis au pays de Galles, afin de mieux contrôler la région. Certains de ces témoignages de la puissance anglaise sur un pays conquis sont toujours impressionnants aujourd'hui, comme ceux de Conwy et de Caernarvon.

Mais la guerre eut d'autres effets, en amenant le roi à convoquer régulièrement le parlement pour s'assurer des subsides. Le plus célèbre des parlements du règne fut celui de 1295, resté dans l'histoire sous le nom de parlement modèle. Les différents états du royaume y étaient représentés : barons, clergé, chevaliers et bourgeois. Parlement « modèle » ? Encore convient-il de nuancer la formule dans tout ce qu'elle a de finaliste : si « chevaliers des comtés » et « bourgeois » furent appelés de plus en plus régulièrement à siéger, cela tenait beaucoup plus aux difficultés financières de la Couronne qu'à quelque volonté concertée de représenter adéquatement le pays [26].

Les guerres avec l'Écosse et la France

Le dernier tiers du règne d'Édouard Ier fut marqué par une double offensive, au nord de la Grande-Bretagne et dans l'actuel sud-ouest de la France. L'armée anglaise, forte de ses succès à l'ouest, avait besoin de trouver d'autres théâtres. La conquête du pays de Galles fut la clé du contrôle de l'Écosse. Du moins Édouard le laissait-il clairement entendre [27]. En 1290, Édouard Ier perdit son épouse, Aliénor de Castille, dont le corps fut porté de Lincoln à Westminster. Douze croix marquèrent les stations du cortège funèbre, dont la célèbre Charing Cross au cœur de Londres. La même année, le décès de Marguerite de Norvège, héritière du trône d'Écosse, amena le roi d'Angleterre à affirmer une suzeraineté controversée sur son voisin du nord. Édouard Ier choisit Jean de Balliol comme nouveau roi, le fit couronner à Scone, et l'imposa par la force, pour pouvoir aussitôt que possible se tourner contre la France [28]. C'est à ce moment-là qu'éclata la révolte de l'Écosse, conduite par William Wallace. Les Écossais conclurent avec les Français cette *Auld Alliance*, cette « bonne vieille » alliance dont il est encore question chaque fois que l'on mentionne les deux pays [29].

La guerre avec la France allait durer quatre ans, de 1294 à 1298. Narguant le roi de France, Édouard renonça à toute allégeance envers Philippe IV pour la Gascogne. Et, surtout, il refusa de se présenter devant le parlement de Paris comme on l'y invitait. Sur le front nord, Édouard Ier participa personnellement au sac de la ville de Berwick, à la frontière des deux royaumes d'Angleterre et d'Écosse, en 1296. Balliol était en position délicate ; il condamna l'action du roi d'Angleterre, et renonça formellement en avril 1298 à son allégeance. Mais il dut s'exiler après la prise d'Édimbourg. William Wallace, quant à lui, fut vaincu à Falkirk en juillet 1298 et, après s'être échappé, il fut repris et exécuté à Londres quelques années plus tard [30]. Quant à la paix avec la France, elle se solda par le mariage du roi d'Angleterre avec Marguerite de France, sœur de Philippe IV, en septembre 1299. De façon symbolique, la « pierre de Scone », dite aussi « pierre du destin », sur laquelle les rois d'Écosse étaient couronnés, fut portée à Westminster... où elle resta jusqu'en 1996. Si un traité garantissant la Gascogne à l'Angleterre fut conclu avec Philippe IV en 1303, l'Écosse resta indomptée. Édouard prit bien l'initiative de convoquer pour la première fois un parlement incluant des représentants de l'Écosse en 1304 ; on organisa le gouvernement du pays autour d'un conseil incluant Robert Bruce. Mais ce dernier reprit les armes et se fit couronner roi d'Écosse à Scone en 1306. En faisant route vers l'Écosse pour mener une nouvelle campagne, Édouard Ier s'éteignit à Burgh-on-Sands, le 7 juillet 1307. Il avait 68 ans. Sur sa tombe, à l'abbaye de Westminster, on devait porter ultérieurement ces quelques mots elliptiques : *Scottorum malleus*, le marteau des Écossais.

Édouard II le mal aimé

Né en 1284, l'année du statut du pays de Galles, le futur Édouard II fut le premier prince héritier à recevoir le pays de Galles en apanage [31]. « Bel homme » au demeurant, et « fort de corps et de membres », le jouvenceau s'était attaché un favori, Piers Gaveston, exilé par son père [32]. En arrivant au pouvoir, il avait obtenu son retour et lui avait accordé le comté de Cornouailles, suscitant ainsi bien des jalousies. L'idylle entre le jeune roi et le valeureux Gascon avait été, à l'origine, fomentée par Édouard Ier. Le roi se désolait que son fils s'intéressât davantage aux jardins et aux chevaux qu'aux joutes, et, pour enseigner à son fils les valeurs viriles, il avait nommé auprès de lui Piers Gaveston, sans se douter que cette fraternité d'armes trouverait son plein épanouissement dans une passion, vite perçue comme indésirable [33]. Si le roi aimait son fils, le fils, lui, aimait Gaveston. Il l'aima à la folie. Et il crut enfin, à la mort du roi son père, pouvoir donner libre cours à son penchant.

Couronné en février 1308 et assassiné en 1327, ce roi *gay* devait susciter la compassion toute particulière du dramaturge élisabéthain Christopher Marlowe. Il lui consacra une pièce émouvante, *Le Règne troublé et la triste mort d'Édouard II, roi d'Angleterre* [3]. Le roi épousa une fille de Philippe IV, Isabelle de France. Âgée de 17 ans, la belle enfant est passée dans l'histoire sous le surnom imagé de « louve de France ». On tenta à nouveau d'éloigner Piers Gaveston, en l'envoyant en Irlande. Le roi, se désolait-on, aimait son Gaveston plus que la reine – à laquelle il ne fit pas moins quatre enfants [35]. Gaveston suscita sans tarder la réprobation des Anglais : il était un étranger, il était un parvenu. On se moquait même de son penchant pour les parures et les bijoux. Un incident éclata lors du couronnement, lorsqu'un groupe de barons se jeta sur le favori, sans parvenir à le lyncher [36]. Quant à la reine, désolée que le roi désertât sa couche, elle se lamentait, suscitant à son tour la compassion de la Cour. Il est difficile, rétrospectivement, de ne pas lire une menace dans le nouveau serment imposé au roi lors de son couronnement, qui dut s'engager à respecter les « lois et coutumes décidées par la communauté du royaume [37] ». Par les *Ordonnances* de 1311, les barons affirmèrent leur puissance. Ils utilisèrent la force armée contre Gaveston, qui eut le col tranché, en juin 1312 [38]. « Quel grand fou », se serait exclamé le roi, en apprenant la nouvelle, « il aurait dû suivre mon conseil, et jamais il ne se serait mis entre les pattes des barons [39] ».

Les Écossais, aux frontières, profitèrent de l'instabilité chronique de la société anglaise pour multiplier leurs raids dans le Northumberland et le Yorkshire. Édouard tenta maladroitement de reprendre la main en menant une expédition en Écosse, qui s'avéra malheureusement désastreuse. Une armée anglaise forte de 25 000 hommes se lança dans l'expédition : chevaliers anglais en armures, fantassins des Midlands et du Nord-Ouest, archers gallois. Grâce à sa connaissance du terrain, Robert Bruce les défit à Bannockburn, le 24 juin 1314, avec une force inférieure en nombre. Édouard dut s'embarquer à Dunbar pour retourner en Angleterre. Le roi avait été abandonné par sa bonne noblesse ; ni Edmund Fitzalan, comte d'Arundel, ni Jean de Varenne, comte de Surrey, ni Guy de Beauchamp, comte de Warwick, ne s'étaient joints à lui [40]. Les Écossais reprirent leurs attaques incessantes. Plusieurs villes, dont Scarborough, furent incendiées. Ce fut une levée en masse dans le Yorkshire et les comtés septentrionaux, les plus directement menacés. La reine Isabelle était à York – où Robert Bruce tenta vainement de la ravir. À ces revers militaires, il fallut ajouter les ravages de la terrible famine de 1315-1316. Le grain atteignit dix fois son prix, à la suite de pluies torrentielles, destructrices des moissons. L'année suivante, les troupeaux de bovins et d'ovins furent décimés à leur tour par une épizootie. Édouard II fit les frais du mécontentement. Son cousin Thomas de Lancastre se révéla un redoutable adversaire ; en 1317, il mettait le siège devant le château de Sandal, qui appartenait à Jean de Varenne, désormais fidèle au roi. Mais c'était encore là une guerre privée, et le conflit généralisé fut évité l'année suivante à Leake, lorsque le roi accepta d'être entouré d'un conseil permanent de 17 membres. L'Église joua un rôle déterminant dans ce compromis provisoire qui laissait peu de place à Thomas de Lancastre, tout juste admis à désigner un seul des nouveaux conseillers. L'échec des Anglais devant Berwick, en 1319, allait être interprété comme une nouvelle marque de faiblesse. Les nouveaux favoris du roi, Hugues De Spencer, et son fils, prénommé également Hugues, devinrent l'objet de tous les ressentiments [41]. La guerre s'engagea. Le roi fut cette fois-ci vainqueur ; Thomas de Lancastre était défait à Boroughbridge en mars 1322. Le rebelle n'avait sans doute ni les qualités morales, ni les aptitudes militaires d'un Simon de Montfort ; il est difficile de lui reconnaître même un programme réformateur cohérent.

La vengeance royale fut terrible. Thomas de Lancastre dut à son sang royal de ne pas être écartelé, mais simplement décollé. Son frère Henry en voulut terriblement à Édouard II, dont il devint un farouche opposant [42]. Jean de Varenne fut l'un des juges chargés d'instruire le procès des 95 chevaliers et barons capturés à l'issue du combat. De nombreuses exécutions s'ensuivirent. On était loin de la magnanimité du siècle passé. Édouard II crut alors pouvoir se passer des *Ordonnances* de 1311. Quant aux De Spencer, vainqueurs, ils étalèrent leur réussite avec insolence. Après la mort d'Aymer de Valence, comte de Pembroke, en

1324, leur ambition ne connut plus de freins. Ces De Spencer dépensiers puisaient allègrement dans les coffres – tout en utilisant leur position d'influence pour intimider les riches veuves, contraintes de leur céder leurs domaines. Alice de Lacy, veuve de Thomas de Lancastre, plusieurs héritières des Pembroke subirent un traitement comparable. Plusieurs nobles durent pareillement signer des reconnaissances de dettes [43].

La reine Isabelle fut chargée du délicat dossier du duché d'Aquitaine. Elle se rendit en France au printemps 1325 pour négocier avec son frère, le roi Charles IV, un nouvel hommage vassalique. Édouard II entama son périple jusqu'à la côte pour prêter hommage au roi de France à Beauvais, mais il se ravisa au dernier moment [44]. Flairant un piège, il refusa d'aller en personne auprès du roi de France, et il préféra dépêcher son fils. Le futur Édouard III était à Vincennes en septembre, en compagnie de John de Stratford, évêque de Winchester, et de Walter de Stapledon [45]. Il était somme toute moins humiliant de voir un prince de Galles s'agenouiller devant le roi de France pour reconnaître sa suzeraineté sur l'Aquitaine. Isabelle s'était détachée définitivement de son royal époux, en s'alliant à Roger Mortimer, l'un des opposants les plus décidés [46]. Ils trouvèrent un allié de poids chez Edmond de Woodstock, comte de Kent, demi-frère d'Édouard II [47]. Mortimer et Isabelle possédaient un atout majeur : la présence, à leurs côtés, du prince héritier, futur Édouard III. La rumeur d'une invasion étrangère commença à circuler outre-Manche. On parlait même d'une tentative d'assassiner Isabelle, fomentée par les De Spencer. Mortimer alla quémander l'assistance de Guillaume le Bon, comte de Hollande et de Hainaut [48]. Une flotte importante fut placée sous le commandement de Jean de Hainaut, frère cadet de Guillaume. Partis de Brill, Mortimer, Isabelle, Edmond de Woodstock et le petit prince débarquèrent fin septembre 1326 dans le Suffolk. Le roi Édouard décréta la levée générale contre l'envahisseur. Mais en vain : les barons rejoignirent le rang des rebelles. Londres s'insurgea ; Édouard II s'enfuit. La chasse aux partisans des De Spencer commença ; l'on découpa la tête de Walter de Stapledon, pour l'envoyer à Isabelle ; la Tour de Londres tomba entre les mains des Londoniens insurgés. Mortimer et Isabelle étaient à Bristol le 18 octobre, et mettaient le siège devant la forteresse où le plus âgé des De Spencer avait trouvé abri. Édouard et Baldock tentèrent de rallier l'Irlande, mais ils ne purent dépasser Cardiff, au pays de Galles. Ils se réfugièrent alors dans le château de Caerphilly, dans le Glamorgan, en attendant d'improbables renforts.

Techniquement, le roi n'était plus en Angleterre ; il avait donc déserté son royaume. Les barons confièrent la régence du pays au prince Édouard, son fils. Hugues De Spencer, l'ancien, fut condamné à mort sans attendre par un jury composé de Mortimer, d'Henry de Lancastre et de diverses autres personnalités. « Le lundi, en la veille des apôtres saint Simon et saint Jude, il fut traîné, pendu et décollé, et sa tête mandée à Winchester, parce qu'il était comte de Winchester [49]. » En novembre, le roi tomba à son tour entre les mains d'Henry de Lancastre, en compagnie de l'autre De Spencer, de Robert de Baldock et de Simon de Reading. Hugues De Spencer fils fut promptement jugé et condamné à être castré et éventré, avant d'être écartelé. L'avant-veille de la Saint-Nicolas, pour égayer les rues de Londres gagnées par la froidure, on porta sa tête à grands coups de trompes au travers de Cheapside, jusqu'au célèbre London Bridge, dont elle devint l'une des parures les plus prisées [50]. En tant que clerc, Baldock évita un châtiment comparable, mais il fut néanmoins lynché par la foule à Londres, avant d'être jeté à demi mort en prison pour y être achevé. Le nouveau régime n'épargna pas non plus Edmund Fitzalan, comte d'Arundel, exécuté lui aussi.

Restait le roi Édouard II. Le parlement fut convoqué, illégalement, pour déposer le roi, et nommer une députation qui se rendit auprès de lui pour abjurer tout lien de fidélité. Le roi fut déposé formellement le 13 janvier 1327. Son fils Édouard III lui succédait ; mais il tirait, en partie, sa légitimité de la conquête. La *Geste d'Édouard*, attribuée à un auteur ecclésiastique, John de Briddlington, ne l'ignorait pas. Quitte à rappeler le caractère électif de la succession, admis par les prélats, les comtes et les barons, et sanctionnée par le couronnement [51]. Renouant avec la tradition prophétique, Édouard III se devait d'être un nouvel Arthur. Les articles d'accusation retenus contre Édouard II précisaient :

« Accordé est que sire Édouard, fils aîné du roi, ait le gouvernement du royaume et soit roi couronné par les causes qui s'ensuivent.

« Premièrement, pour ce que la personne du roi n'est pas suffisante de gouverner, car en tout son temps il a été mené et gouverné par autre que lui ou mauvaisement conseillé à déshonneur de lui et destruction de sainte Église et de tout son peuple, sans qu'il voulût voir ou connaître lequel fut bon ou mauvais ou remède mettre ou faire le voulut, quand il fut requis par les grands et sages de son royaume, ou souffrir qu'amende fut faite. [...]

« Item, par défaut de bon gouvernement, il a perdu le royaume d'Écosse et autres terres et seigneuries en Gascogne et Irlande. [...]

« Item par sa fierté et cruauté et par mauvais conseils, il a détruit saintes églises et les personnes de saintes églises, tenu en prison les uns et les autres en détresse et doute. [...]

« Item, là où il est tenu par son serment à faire droit à tous, il ne l'a pas voulu faire, pour son propre profit et convoitise, de lui et de ses mauvais conseillers, qui ont été près de lui, ni a gardé les autres points du serment qu'il fit à son couronnement, comme il y fut tenu.

« Item, il a déguerpi de son royaume et le laissa sans gouverneur et alla hors de son royaume avec les notoires ennemis de son royaume et fit tant comme en lui fut que son royaume et son peuple furent perdus, et que pire est, pour la cruauté de lui et défaut de sa personne, il est trouvé incorrigible, sans espérance d'amendement, lesquelles choses furent si notoires et connues à tous qu'elles ne peuvent être dédites [52]. »

Édouard II fut probablement mis à mort à Berkeley Castle, dans le Gloucestershire, après avoir souffert mille tourments. Le chroniqueur Geoffrey Le Baker, écrivant trente ans plus tard, a raconté avec force détails que le roi aurait été empalé avec un fer rouge par John de Maltravers et Thomas de Gournay – ce rituel cauchemardesque mimant cette sodomie qu'on lui reprochait. Un autre récit, en revanche, mentionne un mystérieux ermite, William Le Galeys, qui aurait prétendu être l'ancien roi, réfugié à Cologne avant de se rendre en Italie. Manuel de Fiesque prétendait avoir entendu le roi en confession. Ce dernier lui aurait fait des déclarations surprenantes, en le chargeant de les transmettre à son fils Édouard III. Édouard II se serait enfui de façon rocambolesque au moment où l'on venait pour l'assassiner. Il aurait tué son geôlier endormi. « Les chevaliers venus pour lui ôter la vie s'en aperçurent trop tard : mais appréhendant la colère de la reine, et craignant pour leur personne, ils résolurent de mettre dans une caisse le geôlier, après lui avoir arraché le cœur, et d'aller présenter à Isabelle ce cadavre, comme si c'eût été celui d'Édouard II. » Le pauvre roi errant serait allé jusqu'en Avignon, où il aurait rencontré Jean XXII – qui l'aurait reconnu. Édouard II aurait terminé pieusement sa vie dans l'abstinence et la piété [53]. Ces histoires de roi caché et de prétendants légendaires ont toujours joui d'un succès considérable [54]. Incluant complicité et déguisement, la saga controuvée d'Édouard II utilise des faits réels, vécus par le roi et par William Le Galeys, mais en y incorporant des éléments de conte [55].

Le « nouvel » Édouard

Le noble nom d'Édouard n'avait pas tenu ses promesses. Au lieu d'annoncer une ère nouvelle de réconciliation, il avait été souillé par des guerres fratricides ; époux, cousins et féaux s'étaient dressés les uns contre les autres. Né en 1312, le jeune Édouard III allait trouver dans la guerre de Cent Ans, mieux qu'un dérivatif, une cause nationale, capable de souder les énergies des Anglais, désormais unis contre un ennemi extérieur.

Le roi de quinze ans supporta mal ce Roger Mortimer que sa mère aimait. Mortimer, comme les De Spencer avant lui, s'était fait une réputation de rapacité et de sans-gêne, qui lui valut le ressentiment de tout un chacun. « Noble fils, ayez pitié du gentil Mortimer », se serait exclamée la reine en voyant Édouard faire irruption dans ses appartements du château de Nottingham pour se saisir de son amant, une nuit d'octobre [56]. Après une procédure expéditive devant le parlement, le félon inaugura en novembre le gibet de Tyburn, ce Montfaucon des Anglais, de sinistre mémoire [57]. Ainsi passe la gloire du monde. La « louve de France » survécut 18 ans à la mort de son amant. La reconstruction du château de Windsor, l'ordre prestigieux de la Jarretière comptent au nombre des symboles les plus réussis du siècle d'Édouard III. Loin d'être un attribut féminin, la jarretière désigne la boucle de métal que les chevaliers de l'ordre portaient au genou gauche pour symboliser les liens indéfectibles existant entre le roi et ses compagnons. Ce règne de cinquante ans, de 1327 à 1377, marqua durablement l'Europe du Nord-Ouest.

Chapitre VIII

ÉDOUARD III ET LES DÉBUTS DE LA GUERRE DE CENT ANS

« Je crois que, depuis la création du monde, et qu'on se commença premièrement à armer, on ne trouverait en nulle histoire tant de merveilles, ni de grands faits d'armes [1]. »

J. Froissart, Chronique.

« Honi soit qui mal y pense », se serait exclamé Édouard III en ramassant délicatement la jarretière de Joan Montague, comtesse de Salisbury, lors d'un bal. Voilà pour la légende. Un roi qui parlait aussi galamment notre langue aurait-il pu résister longtemps à la tentation ? En 1340, las des débats incessants, Édouard III, fort civil, accomplit un geste irréversible : il se proclama roi de France. Et présenta, à la face du monde, son rival, Philippe VI de Valois, comme un usurpateur. Un pays ne pouvait admettre qu'un seul roi :

« Édouard, par la grâce de Dieu, roi de France et d'Angleterre, seigneur d'Irlande, à tous les prélats et autres personnes ecclésiastiques, et aux pairs, ducs, comtes, barons, et autres habitants du royaume de France, nous déclarons les choses suivantes :

« Le seigneur roi, qui a le droit d'exercer librement son bon vouloir, souhaite cependant soumettre son pouvoir à la loi, afin que chacun reçoive son dû, afin de montrer ainsi que la justice et l'équité sont le devoir d'un roi. Le royaume de France nous étant échu par droit, du fait de la mort de Charles d'heureuse mémoire, frère de gente dame notre mère, le seigneur Philippe de Valois, fils de l'oncle du roi, plus éloigné par le sang dudit roi, a usurpé le royaume par la force lorsque nous étions encore jeunes, et conserve ce royaume, contre Dieu et contre la justice.

« À moins de renoncer à notre droit et à ce don de la grâce divine, en refusant de soumettre notre humble volonté au bon plaisir de Dieu, nous sommes amenés à exprimer notre droit sur ce royaume, et nous avons commencé à en exercer la lourde direction, comme il se doit, en étant bien décidé d'utiliser des serviteurs bons et dévoués, prêts à rendre justice à tout homme selon les bons et justes usages et à raviver les bonnes lois et coutumes qui avaient cours lors du règne de Louis, notre prédécesseur, quitte à chasser en temps et en heure l'usurpateur qui occupe le trône.

« Ce n'est pas notre intérêt que nous avons en vue, et nous ne voulons pas de façon déloyale changer la valeur de la monnaie puisque, grâce à Dieu, nous pouvons nous contenter de nos propres ressources. Et dans les affaires du royaume, nous n'avons pas l'intention d'agir avec précipitation ou de façon arbitraire, mais chaque fois, nous aurons recours au conseil et à l'avis des pairs, prélats, barons et fidèles vassaux, pour l'honneur de Dieu, la protection et l'avancement de son Église, que nous révérons avec dévotion, et le bien, public et privé, en réglant nos actions sur la grâce de Dieu, en faisant chaque fois acte de justice.

« C'est votre honneur, votre bien et votre paix que nous avons à l'esprit car Dieu sait que rien n'importe davantage pour nous, en particulier lorsque nous traitons avec des chrétiens, que de voir le Prince de Paix nous envoyer sa paix, afin que le glaive des princes catholiques puisse se tourner contre les blasphémateurs du nom de chrétien, et se mette au service de la reconquête de la Terre sainte, sanctifiée par le sang de notre rédempteur. Nous en prenons le Saint-Esprit à témoin. [...]

« Fait à Gand, le 8 février, la première année de notre règne sur la France et la 14e de notre règne sur l'Angleterre [2]. »

Dieu et mon droit

Rarement conquête aura autant invoqué la force des lois. Et le respect des coutumes et usages. Se plaçant sous le regard du

Très-Haut, Édouard III prétendait rentrer dans son héritage. Et retrouver un droit bafoué. Les Anglais n'hésitèrent pas à mettre les formes, transformant ainsi une guerre d'agression en devoir d'ingérence. Dans son excellente histoire de la guerre de Cent Ans, Jonathan Sumption résume le caractère légal de cette déclaration – et son respect des procédures : « Si Édouard souhaitait faire la guerre à Philippe, la pratique féodale exigeait sans l'ombre d'une hésitation qu'il renonçât à son hommage, et qu'il défiât son précédent seigneur. Mais, en faisant cela, Édouard eût renoncé à donner à sa possession française toute base légale. Il n'eut donc d'autre solution, pour sortir de ce dilemme, que de déclarer que Philippe n'était pas vraiment le roi de France, et donc qu'il n'était pas non plus son souverain[3]. »

Ce fut un peu le défi du faible au fort. La France était le royaume le plus puissant. Du moins au regard du chiffre de sa population : entre quinze et vingt millions d'habitants, cinq fois plus qu'en Angleterre. Édouard III possédait en revanche d'immenses atouts : dans un pays hautement centralisé, il était à la tête d'une armée aguerrie, dont la cohésion avait été encore renforcée par les expéditions au pays de Galles et en Écosse. La conquête de la France était l'extension sur le continent des méthodes élaborées dans un cadre insulaire. Autre évolution notable : le développement du féodalisme bâtard avait accru le caractère mercantile, pour ne pas dire mercenaire, des combats. Au maximum, le pays comptait 5 000 chevaliers, dont à peine 3 000 étaient prêts à servir. Il fallait trouver d'autres ressorts que l'honneur. La guerre était une (bonne) affaire pour ceux qui s'engageaient, sur une base de plus en plus contractuelle : au butin accumulé lors des razzias, il convenait d'ajouter le profit substantiel des rançons, objet d'un authentique « marché[4] ». La guerre coûtait cher, mais elle rapportait plus encore à une noblesse, unie derrière son roi par l'appât du gain[5].

Longtemps, le feu avait couvé sous la cendre. Mais désormais, ce fut l'embrasement. Les lys allaient-ils durablement laisser place aux léopards d'Angleterre ? Depuis la perte de la Normandie, les Anglais n'avaient guère expérimenté de succès durables sur le continent. Tout changea. Édouard III fut l'un des plus redoutables chefs de guerre que l'Angleterre ait jamais connus. Il avait joué avec l'idée de se présenter au monde comme un nouveau roi Arthur, présidant la table ronde des chevaliers [6]. Dans le jeu complexe de la féodalité, les rois d'Angleterre demeuraient les vassaux des rois de France pour leur duché de Gascogne [7]. Pareillement, les rois d'Angleterre prétendaient exercer leur suzeraineté sur l'Écosse. Les Écossais n'ignoraient pas qu'ils pouvaient trouver en France des alliés naturels contre leur puissant voisin insulaire. Le traité de Corbeil, en 1326, avait prévu l'assistance mutuelle des deux royaumes. Et la paix entre l'Angleterre et l'Écosse, conclue à Northampton en mai 1328, se prêta à l'étiquette infamante de *turpis pax*, la paix des couards [8].

Autre zone d'instabilité, la Flandre. La population s'était insurgée contre le roi de France peu avant, à l'appel d'un marchand de poisson, Claes Zannekin ou Zannequin. Contrairement au reste des Pays-Bas, attachés au Saint Empire, la région relevait de la couronne de France. La répression avait été terrible, autour de la montagne de Cassel, en août 1328. Bruges, Ypres, Courtrai perdirent leurs privilèges. Or la Flandre, grande utilisatrice de la laine anglaise, avait des intérêts évidemment communs avec son puissant partenaire commercial de la mer du Nord. Qu'elle provînt des grands domaines monastiques ou de plus humbles producteurs, la laine d'Angleterre était d'une qualité exceptionnelle, surtout quand on la mélangeait à la laine ibérique. La laine flamande, elle, était de qualité assez médiocre. La Flandre dépendait donc des importations pour son approvisionnement ; une partie des tissus transitait ultérieurement vers la Toscane pour sa finition. Ce commerce était entre les mains de marchands internationaux, parmi lesquels on distinguait de nombreux Italiens, originaires de Lombardie ou de Florence [9]. La laine était devenue, en cette fin de Moyen Âge, symbole de richesse ; le *woolsack*, le sac de laine, marqua désormais la place du lord chancelier, à la chambre haute. Par les profits qu'elle générait, par la division du travail qu'elle suscitait, par les échanges qu'elle engendrait, elle se situait au cœur d'un développement financier qui trouva dans la guerre son aboutissement.

La guerre de Cent Ans ne fut pas simplement un conflit entre la France et l'Angleterre, entre deux rois, entre deux monarchies, entre deux rivaux. La guerre fut à la fois étrangère et civile, anglo-française et européenne. Les Anglais furent tributaires, pour leur puissance et pour leur approvisionnement, des zones tampon entre la France et le Saint Empire. Comme Édouard Ier l'avait fait avant lui, Édouard III recruta massivement aux Pays-Bas et à la frontière franco-impériale, entre Escaut, Meuse et Rhin, durant ses guerres contre la France [10]. Sans compter l'appel à des mercenaires génois aux côtés des Français, ou les réseaux bancaires de l'Italie du Nord, appelés à financer le conflit. La cour pontificale d'Avignon était l'une des plaques tournantes où se nouaient et se dénouaient ces alliances, qui révolutionnèrent la chrétienté [11]. Alors que de nombreux mercenaires génois servaient le roi de France, tant sur terre que sur mer, leurs compatriotes marchands, installés outre-Manche, avait tout intérêt à ménager Édouard III [12].

Bon gré, mal gré, Édouard III avait prêté hommage à Philippe VI de Valois, en juin 1329. On se souvenait encore de la venue du jeune homme à Amiens ; comme l'avaient fait ses ancêtres avant lui pour leur duché de Guyenne, il était devenu l'homme du roi de France, Philippe VI [13]. Édouard III avait renouvelé son geste en 1331. Cette même année, à Agen, Anglais et Français avaient vainement tenté de régler leurs multiples différends territoriaux.

La personnalité du roi de France n'est pas ici sans importance. Brave homme mais assez piètre soldat, Philippe VI de Valois avait succédé à son cousin Charles IV le Bel, qui l'avait désigné comme régent avant sa mort [14]. Né en 1293, Philippe VI avait 34 ans lorsqu'il monta sur le trône. La branche cadette des Valois succédait ainsi aux Capétiens directs, après une lignée ininterrompue de plusieurs siècles [15]. La passation pouvait prêter à contestation. Par sa mère Isabelle de France, fille de Philippe le Bel, Édouard d'Angleterre se rattachait également aux Capétiens. Et il ne manqua pas de faire valoir ses droits, bien hypothétiques au regard des usages français. Et en particulier de cette loi salique, mise en exergue par les défenseurs de Philippe VI. « Comment Isabelle de France aurait-elle pu transmettre à son fils Édouard un droit qu'elle ne possédait pas elle-même ? », faisait-on observer. L'on invoquait la pratique constante de la monarchie française, et la loi entérinée par les états du royaume de 1317, après la mort de Louis le Hutin, prononçant l'exclusion de la fille de ce prince, Jeanne de Navarre, et attribuant la couronne à Philippe le Long [16]. Cette règle de dévolution statutaire au trône, qu'on faisait remonter à Clovis et aux Francs Saliens, constituait de fait une infraction par rapport aux usages, qui admettaient la possibilité pour les femmes de « succéder à la possession d'un fief [17] ». Plusieurs fois la couronne d'Angleterre était passée par les femmes ; la succession à la couronne de France avait des allures d'exception, en un temps où tous les fiefs, toutes les grandes principautés féodales ont été « un jour ou un autre » transmises par des épouses, de l'Angleterre à la Sicile, en passant par la Bretagne et la Flandre [18]. Oui, mais la France n'est pas la Sicile. On connaît les sarcasmes ultérieurs de Voltaire sur cette loi fondamentale : « On a allégué qu'il est dit dans la sainte Écriture *que les lis ne filent point* : on en a conclu que les femmes ne doivent point régner en France. C'est encore puissamment raisonner : mais on a oublié que les léopards, qui sont (on ne sait pourquoi) les armoiries d'Angleterre, ne filent pas plus que les lis, qui sont (on ne sait pourquoi) les armoiries de France. En un mot, de ce qu'on n'a jamais vu filer un lis, il n'est pas démontré que l'exclusion des filles soit une loi fondamentale des Gaules [19]. »

Les Anglais ne s'avouèrent ni vaincus ni convaincus. L'on raconte que, éconduit par le roi de France son beau-frère, Robert d'Artois aurait offert par dépit un héron rôti à Édouard III, lors d'un grand souper de chasse à Windsor [20]. L'échassier à la prudence haut perchée était le symbole de la lâcheté. « Si tôt qu'il voit son ombre, il est tout étourdi », prétendait-on sans preuve [21]. En ces temps où l'allégorie était familière, tout le monde avait immédiatement compris ce message animalier : le roi d'Angleterre se voyait reprocher sa couardise face à la France. C'est ce qui aurait décidé Édouard III à agir. Non sans invoquer au passage saint Georges, saint Denis, et même son aïeul Saint Louis. Du moins d'après la version légendaire, digne de quelque Offenbach, qui circula à l'époque :

« S'il plaît à Jésus-Christ,
« Me logerai en France, car j'y ai des amis,
« De l'extraction suis monseigneur Saint Louis [22]... »

Anecdote bien évidemment apocryphe, colportée par une célèbre fable, les *Vœux du héron*. Mais qui reposerait sur un fait réel : la présence attestée outre-Manche de Robert, « comte » d'Artois, déçu que le comté d'Artois, auquel il pouvait prétendre, échût à sa tante Mahaut, avec l'appui du roi de France [23].

Généalogie simplifiée de Philippe VI

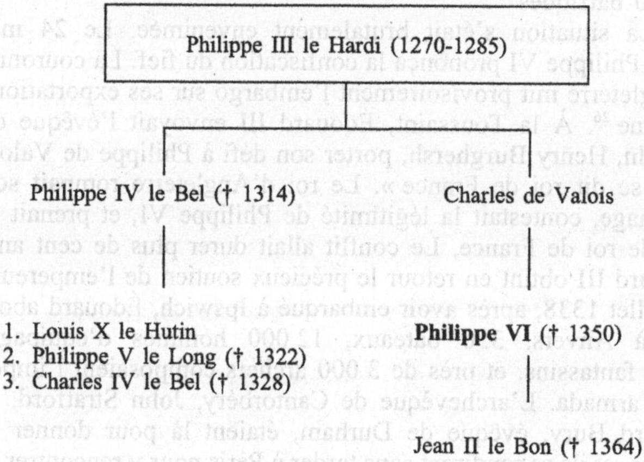

Flandre, Bretagne et Aquitaine

Il est symptomatique qu'Édouard III se soit déclaré roi de France depuis Gand, en février 1340. Il s'agissait bien du dépeçage du royaume. Du nord au sud, trois principautés atlantiques aspiraient également à s'émanciper de la tutelle française : Flandre, Bretagne et Aquitaine. Les appels au parlement de Paris permettaient aux lys d'accroître chaque jour un peu plus leur influence sur les peuples ou les patriciats urbains, au grand dam des comtes de Flandre, des ducs de Bretagne ou du duc d'Aquitaine-roi d'Angleterre. La Flandre, la Bretagne et l'Aquitaine pouvaient, à chaque instant, jouer la carte anglaise afin d'asseoir leurs privilèges, en utilisant ces contradictions et ces dissonances entre les États qui ont toujours permis aux faibles de défier les forts [24]. Le pape Boniface VIII avait pu observer avec cautèle que les Gascons, malicieux et espiègles, avaient compris qu'il valait mieux dépendre de plusieurs seigneurs que d'un seul, afin de pouvoir les opposer les uns aux autres. Mais le joyau que convoitaient pour leur part les rois d'Angleterre, désormais privés de la Normandie, du Maine et du Poitou, c'était avant tout l'Aquitaine, ses bois, ses landes, ses champs et ses prairies. Ses vignes plus encore. La Gascogne était d'un bon rapport : à un revenu estimé, bon an mal an, à 13 000 livres sterling, il fallait ajouter un commerce du vin avoisinant les 25 000 barriques [25].

La situation s'était brutalement envenimée. Le 24 mai 1337, Philippe VI prononça la confiscation du fief. La couronne d'Angleterre mit provisoirement l'embargo sur ses exportations de laine [26]. À la Toussaint, Édouard III envoyait l'évêque de Lincoln, Henry Burghersh, porter son défi à Philippe de Valois « qui se dit roi de France ». Le roi d'Angleterre rompait son hommage, contestait la légitimité de Philippe VI, et prenait le titre de roi de France. Le conflit allait durer plus de cent ans. Édouard III obtint en retour le précieux soutien de l'empereur ; en juillet 1338, après avoir embarqué à Ipswich, Édouard abordait à Anvers. 350 bateaux, 12 000 hommes d'équipage, 1 400 fantassins, et près de 3 000 archers composaient l'imposante armada. L'archevêque de Cantorbéry, John Stratford, et Richard Bury, évêque de Durham, étaient là pour donner le change, et ils se rendirent sans tarder à Paris pour y rencontrer le roi de France, et proposer leurs bons offices avant que l'irréparable se produisît [27].

Édouard III recevait à Coblence le titre de vicaire-général de l'Empire. La marche vers Reims, lieu symbolique du couronnement des rois de France, était entamée. La Thiérache, dans l'actuel département de l'Aisne, fut la première dévastée ; bien peu des Allemands, appelés à la rescousse, semblèrent cependant prêts à se rallier au combat. Cambrai fut assiégée sans succès, Laon fut inquiétée. C'est sur la Flandre qu'Édouard prit désormais appui. Le pays s'était doté d'une économie florissante, étroitement dépendante pour son approvisionnement en laine de l'Angleterre, à laquelle la liaient des liens ancestraux d'amitié et de rivalité sournoise. Entre l'Angleterre et la Flandre existaient des intérêts économiques largement convergents. Même si, à terme, la couronne anglaise parvint à développer durant le siècle une production textile insulaire, concurrente des draperies flamandes [28].

La ville de Gand s'insurgea, entraînant Bruges et Ypres dans la révolte. Face à ses sujets insurgés, le comte de Flandre, Louis de Nevers, demeura fidèle à son suzerain, le roi de France. Un riche bourgeois, non sans un penchant autocratique certain, Jacob Van Artevelde, prit la tête du mouvement [29]. Une alliance militaire, signée en décembre 1339, promettait à Van Artevelde une aide financière substantielle contre la France. L'étape des laines, chargée de pourvoir l'économie textile des Flandres, était rétablie à Bruges au lieu d'Anvers [30]. Tournai, restée fidèle au roi de France, résista aux assauts des Anglo-Flamands en 1340, tandis que Robert d'Artois échouait devant Saint-Omer.

Édouard III avait besoin d'argent, de beaucoup d'argent pour mener cette guerre. Les Bardi et les Peruzzi de Florence lui prêtèrent un utile soutien financier, quitte à encourir en retour la colère du roi Philippe, qui confisqua leurs avoirs dans son royaume. Autre prêteur, William Pole, un bourgeois de Hull, qui conjuguait utilement le patriotisme et le sens des affaires. Ou encore Reginald Conduit, de Londres, également prêt à avancer à la Couronne des sommes importantes, gagées sur la laine. La guerre était un investissement, mais un investissement à risque. La Couronne était au cœur d'un dispositif reposant sur l'accentuation de la pression fiscale et la création d'une dette publique [31]. Le capitalisme volait au secours de la féodalité, et de ses revendications territoriales, dans ce monde où tout s'achetait, y compris le service armé. Édouard était prêt à tout pour réussir, y compris à emprunter aux taux les plus élevés auprès des marchands de Bruxelles et de Louvain. Les dettes n'étaient-elles pas à tout prendre moins humiliantes que la défaite [32] ?

La seule victoire anglaise, durant cette drôle de guerre, fut maritime. Le 23 juin 1340, dans l'avant-port de Bruges, à L'Écluse, de nombreux vaisseaux français et castillans furent anéantis, mettant ainsi un terme à la menace d'invasion : 190 navires saisis et mis hors de combat, sur une flotte de 213 bateaux, et plusieurs milliers d'hommes massacrés [33]. « Batailles et assauts sur mer sont plus durs et plus forts que sur terre, commentait Froissart, car là ne peut-on reculer ni fuir [34]. » Mais ce succès ne menait à rien, en l'absence de perspectives terrestres. Les armes françaises furent dans un premier temps victorieuses dans le Sud-Ouest. Une trêve fut conclue à Esplechin, le 25 septembre 1340. Édouard III quittait Gand subrepticement, non sans se présenter encore, pour qui voulait l'entendre, comme le « roi de France ». Mais rien n'y fit ; Philippe VI avait gagné la première manche. Mais il y avait perdu une partie notable de son influence sur la Flandre.

Après la Flandre, avec la Gascogne, une autre entité territoriale, en marge du royaume de France, entrait dans la tourmente. Nous voulons parler de la Bretagne, ce duché d'Armorique qui avait des velléités de royaume. Jean III de Bretagne, fidèle vassal de la France, qu'il avait soutenue contre les prétentions anglaises, s'était éteint sans successeur direct le dernier jour d'avril 1341. Deux prétendants se disputèrent, Jeanne de Penthièvre, nièce de Jean III, et épouse de Charles de Blois, et son oncle Jean de Montfort [35]. Jean de Montfort s'empara du fief sans recevoir l'investiture du roi de France [36]. Le jeune Charles de Blois fut déclaré duc de Bretagne par Philippe VI, tandis que Jean de Montfort était fait prisonnier à Nantes. Édouard III allait rebondir sur la crise bretonne pour intervenir sur le continent. Le contrôle de la péninsule armorique eût permis aux Anglais de dominer l'ouest du pays, de Calais jusqu'à la Gascogne.

Une triple offensive débuta en 1342 : un premier corps anglo-breton secourait Jeanne de Penthièvre ; un second, confié à Robert d'Artois, s'élançait vers Vannes ; un troisième enfin, commandé par Édouard III, s'apprêtait à affronter le duc Jean de Normandie, fils du roi Philippe. Les légats du pape exigèrent la paix : la trêve de Malestroit, dans l'actuel Morbihan, en janvier 1343, figea momentanément la situation. Les Anglais conservaient provisoirement une grande moitié sud de la Bretagne, jusqu'à la péninsule de Guérande, à l'ouest de Nantes. La trêve était signée pour trois ans, de façon à permettre aux belligérants de trouver un accord en se pourvoyant auprès du pape en Avignon. Et plus sûrement encore de réparer leur forces humaines et financières, éprouvées par les combats. Seul Charles de Blois, ne se sentant pas concerné par cet accord entre Français et Anglais, mit le siège devant Quimper, aux mains d'Édouard III. La ville tomba en mai 1344, et les Bretons et les Normands qui la défendaient, considérés comme traîtres, furent conduits à Paris pour y être jugés [37]. Les Anglais, défaits, errèrent alors en Bretagne, où ils vécurent de rapine, exacerbant encore les ressentiments de la population à leur endroit. Seules quelques villes, comme Vannes ou Brest, étaient toujours aux mains des envahisseurs.

La rencontre d'Avignon eut bien lieu, à partir d'octobre 1344. La médiation du pape s'avéra désastreuse. Clément VI, toujours attaché à l'ordre féodal, considérait la Gascogne comme relevant de la couronne de France. Il ne parvint pas à réconcilier les frères ennemis ; l'anticléricalisme montait en Angleterre même, où l'on placarda des affiches contre le pape sur les portes de la cathédrale Saint-Paul ou de l'abbaye de Westminster. Le roi confisqua pareillement les biens ecclésiastiques détenus par l'ordre de Cluny sur son sol. La mesure ne concernait pas uniquement les ecclésiastiques ; à l'exception des Flamands, des Bretons et des Gascons, que l'on voulait maintenir dans l'orbite anglaise, les Français, sujets de Philippe VI, n'eurent plus le droit de rien posséder en Angleterre.

Le désastre de Crécy

Un seigneur normand, Geoffroy d'Harcourt, prit parti pour le roi d'Angleterre en lui offrant le libre accès au Cotentin. En juillet 1346, Édouard III débarquait à Saint-Vaast-la-Hougue sur la péninsule, en compagnie de son fils Édouard, surnommé depuis le Prince Noir. Le jeune homme, âgé de 16 ans, fut immédiatement adoubé par son père, à quelques mètres du rivage [38]. Édouard III, toujours prêt à promettre ce qu'il ne pouvait pas tenir, assura ses sujets français de sa protection. C'était peine perdue : les premiers incendies s'allumaient dans les campagnes, soumises à la soldatesque. Greniers emplis de blé, maisons regorgeant de biens, riches bourgeois, chars, chevaux et charrettes, brebis, moutons, pourceaux, veaux, bœufs, vaches : les Anglais n'épargnaient rien. D'après les chroniqueurs français, tout était bon pour ces envahisseurs, qui réduisaient en cendres ce qu'ils ne parvenaient pas à emporter [39]. La Hougue devait être brûlée le 13 juillet, le lendemain du débarquement. Puis vint le tour de Barfleur, où l'on prit les hommes en otages, quitte à massacrer les villageois que l'on croisait sur le chemin. Il ne restait plus grand-chose de l'ancienne solidarité entre Anglais et Normands : le sanctuaire de Notre-Dame-du-Vœu, fondé par Mathilde, la fille d'Henry Ier, fut détruit par les flammes, pour la troisième fois en un demi-siècle.

Les Anglais furent terribles, compensant par la sauvagerie leur infériorité numérique. Les insulaires firent route vers Caen, scène d'un horrible carnage. Déjà, les Anglais menaçaient Paris. Poissy était atteint, lorsque, au lieu de poursuivre vers la capitale, les envahisseurs remontèrent vers le nord et s'élancèrent en direction de la baie de Somme, qu'ils franchirent à

Blanchetaque, afin d'atteindre le comté de Ponthieu, qui avait été apporté en dot à la couronne d'Angleterre par Aliénor de Castille, grand-mère d'Édouard III. La victoire anglaise de Crécy-en-Ponthieu, le 26 août, fut l'œuvre de l'infanterie, devenue reine des batailles, et tout particulièrement des célèbres archers du roi Édouard, redoutables contre les charges de cavalerie. Ce fut la première fois également que l'on utilisa une artillerie, encore rudimentaire, lors d'opérations.

Mais où donc les troupes anglaises avaient-elles acquis leur incroyable efficacité ? Sur les théâtres insulaires. Et en particulier, face à Écosse. C'est là que les Anglais avaient mis au point leur formation de combat « en herse » : fantassins au centre, archers sur les côtés [40]. La cadence de tir était très élevée – nettement supérieure en tout cas à celle des arbalétriers génois du roi de France. En Écosse également, les Anglais avaient élaboré leur technique de guerre totale : massacres, destruction systématique des villages et des récoltes. Et, bien entendu, pillages et rançons. La guerre avait des allures de vaste « racket ». De quoi créer une distance infranchissable entre les Français et les Anglais, perçus comme des envahisseurs intraitables.

Les Français étaient placés sous le commandement de leur souverain, Philippe VI, tristement impuissant face à l'hécatombe : 1 200 chevaliers français et 8 000 fantassins jonchaient le sol après l'affrontement. De part et d'autre, on avait donné pour consigne de ne pas épargner les prisonniers. Tuer, détrousser et se partager les dépouilles semblait le grand mot d'ordre. En tout cas le plus efficace [41]. « Vous devez savoir, rapporte Jean Froissart, que la déconfiture et la perte pour les Français fut moult grande et moult horrible, et que trop y demeurèrent sur les champs de nobles et vaillants hommes, ducs, comtes, barons et chevaliers, par lesquels le royaume de France fut moult depuis affaibli d'honneur, de puissance et de conseil [42]. »

Les Anglais avaient besoin désormais d'une tête de pont au nord du royaume. Ce fut Calais, « une bourgade de taille moyenne, de quelques milliers d'habitants, 1275 feux solvables vers 1300, soit peut-être quelque 7 à 10 000 habitants [43] ». La ville se rendit après un an de résistance héroïque. Le 4 août 1347, six bourgeois, immortalisés par la légende, avant de l'être par la célèbre sculpture de Rodin, sous le nom de « bourgeois de Calais », présentaient la reddition de leur cité, en habits de pénitents. Édouard, fort courroucé contre eux, aurait cédé aux intercessions de sa femme Philippa lui demandant de leur faire grâce : « Je vous prie humblement et requiers en propre don que, pour le fils sainte Marie et pour l'amour de moi, vous veuilliez avoir de ces six hommes merci [44] ». Ce rituel, tel qu'il était rapporté par Froissart, s'inscrivait bien dans le cadre d'une « histoire longue », celle d'un « rituel de majesté », permettant à un prince souverain de « gracier des rebelles, tout en restaurant son honneur gravement blessé [45] ». La clémence du roi d'Angleterre le disputait ainsi au courage des bourgeois dans cette narration colorée, longtemps transmise aux enfants des écoles, et dont l'authenticité est douteuse.

C'est encore durant le siège de Calais qu'aurait eu lieu le fameux bal controversé pendant lequel Édouard III aurait prononcé sa phrase historique *Honni soit qui mal y pense*, retenue au début de ce chapitre. Elle devait servir de devise au nouvel ordre de la jarretière, réuni pour la première fois lors de la Saint-Georges, le 23 avril 1349. Le destin de la dame à laquelle se serait adressée cette phrase pleine d'avenir est révélateur du temps et de l'atmosphère d'amour courtois qui régnait à la cour d'Angleterre. Joan Montague, comtesse de Salisbury, passa à la postérité sous le nom évocateur de « Jeanne, la belle vierge du Kent ». Elle allait épouser le Prince Noir et donner naissance à un roi, le futur Richard II. La vierge n'avait pas toujours été sage. Secrètement unie une première fois à un jeune écuyer du Lancashire, Thomas Holland, la belle était bigame. Elle avait épousé en secondes noces William Montague, futur comte de Salisbury, non sans séduire au passage Édouard III [46]. Le roi n'aurait pas manqué d'instituer son ordre de chevalerie, dont le symbole était une jarretière bleue, arborée lors des tournois, en innocent hommage à tant d'appas.

La peste noire

Triste année 1348, sur ce fond de bals princiers. Et d'amour courtois. Aux ravages de la guerre allait se superposer une nouvelle malédiction : la peste. S'il fallait caractériser en trois mots la période, on retiendrait : « la peste, la famine et la guerre [47] ».

La peste s'installa trois ou quatre cents ans en Occident. Elle devait s'y incruster jusqu'aux XVIIe-XVIIIe siècles : 1665 pour la dernière peste de Londres, 1720 pour Marseille. Elle resta pendant plusieurs siècles une menace d'autant plus inquiétante que l'on avait du mal à identifier la cause de la pandémie. Régulièrement, le mal frappait à la belle saison, décimant des populations entières avant de s'apaiser et de revenir rôder dans les villes et les campagnes l'année suivante.

L'Angleterre fut touchée en juin 1348. À la veille du fléau, selon les estimations, la population aurait été comprise entre 2 200 000 et 3 100 000 habitants [48]. Le bacille aborda vraisemblablement à Melcombe Regis dans le Dorset, à bord de deux bateaux originaires de Gascogne. Le mal avait une origine plus lointaine, dans le sud de la Russie, et il se propagea avec une effrayante célérité sans que l'on sût à l'époque les moyens de sa propagation, une puce du rat noir, transmise aux hommes. En 1345, le bacille était sur la Volga, en 1346, il était dans le Caucase et en Crimée, en 1347, il atteignait Constantinople. Alexandrie était touchée la même année. Tout comme Messine en Sicile. L'infection suivait les routes commerciales. Les symptômes étaient partout les mêmes : fièvres intenses, douleurs musculaires, vomissements de sang. Et surtout, empruntant les circuits lymphatiques, elle se caractérisait par de redoutables ganglions noirs au cou, aux aisselles et à l'aine. La fièvre « noire » tirait son nom de leur prolifération. Du moins pour la forme la plus fréquente : la peste bubonique [49].

Les contemporains, interloqués par ce phénomène qu'ils ne parvenaient ni à comprendre, ni à expliquer, s'interrogèrent longuement sur la salubrité de l'air. Ou sur les causes morales de cette punition envoyée par Dieu pour châtier les pauvres pécheurs. Des manifestations de flagellants déferlèrent sur l'Occident, sans grand succès cependant en Angleterre. Deux fois par jour, les « batteurs » s'infligeaient jusqu'au sang des coups de fouet, en marque d'expiation. Le pape, le roi de France condamnèrent également le phénomène. Les astrologues invoquèrent la conjonction de Saturne, de Jupiter et de Mars dans le signe du Verseau. Quitte à prescrire d'éviter de manger volaille, porc, poisson et huile d'olive, ou encore en déconseillant ces antonymes que sont les exercices violents et les siestes prolongées. Le simple fait de penser à la mort risquait d'être fatal, et le grand remède demeurait les plantes aromatiques.

Les historiens ont proposé une interprétation globale de la période, qui n'est pas sans intérêt : au « monde plein » du XIIIe siècle, exerçant une pression croissante sur ses moyens de subsistance, en particuliers agricoles, aurait succédé une phase de reflux démographique [50]. En tout cas, l'effondrement de la population occidentale fut spectaculaire : peut-être un tiers des habitants furent rayés de la carte par endroits. En un mot, l'Europe connut l'équivalent d'un conflit nucléaire, ou plutôt bactériologique, d'origine purement bacillaire. La peste noire fut la première arme de destruction massive. Mais elle n'était entre les mains d'aucun belligérant. Et pratiquait des frappes sélectives, plus impitoyable avec les pauvres, contraints à la promiscuité sédentaire, elle épargnait davantage les riches, qui avaient les moyens de se mettre à l'abri, en transformant l'asile en réclusion. La camarde, grande niveleuse, n'éclipsait pas totalement les disparités.

L'Angleterre connut plusieurs offensives du mal : en 1348-1349, et à nouveau en 1361 et en 1368-1369. Les brusques chutes de la population eurent un effet considérable sur l'économie : la main-d'œuvre, devenue rare, eut les moyens de négocier plus activement sa force de travail. Les survivants allaient connaître une relative embellie de leurs conditions de vie, dont les conséquences se firent sentir jusqu'au XVIe siècle. Parmi ces bénéficiaires de la mobilité sociale enclenchée par la pandémie, comment ne pas citer le cas, exemplaire entre tous, des Paston, une famille du Norfolk ? L'ancêtre, Clement Paston, était un simple *yeoman* qui eut la double présence d'esprit de racheter les terres désertées de son village, et d'emprunter pour permettre à son fils, William, de poursuivre des études de droit. En l'espace de trois générations, les Paston se hissèrent parmi les élites de leur comté [51].

En 1349, une *Ordonnance des manouvriers* tenta d'endiguer les hausses de salaire. L'offre excédait désormais la demande sur ce premier marché de l'emploi, encore lourdement grevé par les différences de statuts. Pourrait-on encore longtemps maintenir une main-d'œuvre servile lorsque tous les indices étaient à la mobilité sociale et géographique pour compenser les ponctions exercées par le mal ? L'on tenta maladroitement d'endiguer ces hausses du niveau de vie, assimilées à un désordre. Édouard III donna l'exemple :

« Le roi au shérif du Kent, salut.

« Comme un grand nombre de nos sujets, et plus particulièrement les ouvriers et serviteurs, a été récemment emporté par l'épidémie, beaucoup en quête de maîtres, profitant de la pénurie de serviteurs, refusent de travailler à moins de percevoir des salaires excessifs, d'aucuns préférant même mendier paresseusement plutôt que de gagner leur pain, Nous, considérant les graves incommodités qu'entraîne le manque de bras pour les labours et autres activités, ordonnons, après avoir mûrement délibéré avec les prélats, les nobles et les sages personnes qui nous conseillent :

« Que tout homme et toute femme de notre royaume d'Angleterre, quelle que soit leur condition, libre ou servile, s'ils sont âgés de moins de 60 ans, et ne vivent pas de la marchandise et n'exercent aucune activité productive, sans avoir de revenus propres, ni de terres qu'ils puissent cultiver, pour d'autres ou pour eux-mêmes, si on propose de les employer, ils devront accepter, aux conditions de salaire, de rémunération et avec les avantages en nature qu'on leur offrira, conformément à l'usage qui prévalait la vingtième année de notre règne et durant les cinq ou six ans qui auront précédé » (18 juin 1349).

L'année 1347 devenait le point de référence pour éviter que la peste eût un effet sur les salaires, en particulier agricoles. Les contrevenants ou les ouvriers s'enfuyant avant terme étaient même menacés d'emprisonnement. Il fallait surtout endiguer l'inévitable mobilité géographique induite par les disparités entre les villages : les appels de main-d'œuvre contribuèrent à une amélioration généralisée des conditions de vie pour les plus modestes. La suspicion s'étendait d'ailleurs aux artisans des villes, tailleurs, maçons, ou boulangers, susceptibles d'augmenter leurs prix. Le clergé des paroisses était pareillement exhorté à participer à cette œuvre de moralisation de la vie économique, destinée à freiner la spirale ascensionnelle des prix et des salaires, perçue comme une redoutable menace sociale et économique. Sur fond de danse macabre, le XIVe siècle était parcouru par une immense espérance. L'Angleterre, au sortir de la peste, entama une évolution politique qu'aucune mesure ne parvint à contenir. Elle allait trouver dans les jacqueries paysannes ou les révoltes populaires son expression la plus dramatique.

Reprise de la guerre en France

Il fallait donc offrir une diversion – l'on n'ose dire, un « divertissement », aristocratique et féodal. Ce fut la guerre, la guerre sans cesse recommencée, la guerre pour l'honneur, pour le lucre et pour la dissipation, la guerre comme moyen d'existence et d'expansion.

L'offensive reprit en 1355. Les Anglais firent preuve de leur extraordinaire mobilité, en montant deux opérations convergentes. Édouard III avait laissé la direction des opérations à ses deux fils, le Prince Noir et Jean de Gand, duc de Lancastre [52]. Une première armée, placée sous le commandement du Prince Noir, occupa la Gascogne, et atteignit Narbonne en novembre, avant de remonter à Bordeaux à la veille de Noël ; une seconde, dirigée par le duc de Lancastre, porta ses attaques contre la Normandie et se rabattit sur la Bretagne.

Initialement, il s'agissait de prendre en tenaille tout l'ouest de la France actuelle, du nord au sud, en effectuant la jonction entre le Prince Noir et le duc de Lancastre. Mais la résistance fut apparemment plus forte que prévu. Les Anglais employaient leur tactique favorite, celle de la dévastation. Ils lançaient de grandes chevauchées qui terrorisaient les populations, tout en évitant le risque de batailles rangées, nécessairement plus aléatoires. À vaincre sans péril, on triomphe sans gloire. Mais avec beaucoup plus d'efficacité. La chevauchée relevait de la stratégie bien plus que de la tactique [53]. Il s'agissait, par le fer et par le feu, de détruire les maisons et les récoltes, foulées par les chevaux [54]. Cette méthode reposait sur une analyse globale, visant à démoraliser les habitants. Ces raids redoutables semèrent la consternation. La guerre était totale.

Le Prince Noir entreprit de remonter jusqu'à Bourges ; il rencontra en chemin les troupes françaises à Maupertuis, au sud-est de Poitiers, sur les bords du Miosson [55]. Cette bataille de Poitiers, le 19 septembre 1356, fut pour les Français une lamentable réédition de la bataille de Crécy : les archers anglais eurent à nouveau raison des charges de cavalerie. « Père, gardez-vous à droite ! père, gardez-vous à gauche ! », déclarait au roi son fils Philippe. Mettant en lieu sûr ses autres enfants, Jean II le Bon commit cependant l'irréparable en se livrant aux Anglais [56].

La bataille ne constituait que l'un des aspects les plus démonstratifs de la guerre médiévale, aux côtés de la chevauchée, de la dévastation et du siège. La victoire et la défaite faisaient figure de jugement divin [57]. Les Français, démoralisés, durent acquitter une immense rançon de 500 000 livres sterling pour la libération du roi. Chroniqueurs et mémorialistes se penchèrent sur cette nouvelle déconfiture, en associant le thème, classique, de la *fortuna* et celui, chrétien, des péchés du royaume. Chaque défaite devenait sous leur plume une sorte d'*exemplum*, montrant « l'orgueil abattu ». Tous les écrivains firent allusion aux « combattants à pied, amis ou ennemis, pour stigmatiser le mépris dans lequel les chevaliers avaient eu le tort de les tenir ». La supériorité des archers anglais sur les chevaliers français constituait un puissant démenti à la morgue nobiliaire. Le « bon combattant », celui à qui Dieu donnait la victoire était celui qui se battait « à pied ». Les chroniqueurs firent du cheval le symbole de l'orgueil, se souvenant sans doute du cantique de l'Exode :

« Je chante l'Éternel. Il a fait éclater sa gloire.
« Il a précipité dans la mer cheval et cavaliers [58]. »

En mars 1359 intervinrent cependant des préliminaires de paix entre Édouard III et Jean le Bon. Le roi de France, incapable de payer sa rançon, dut admettre de fortes concessions territoriales au profit de l'Angleterre [59]. Son fils Charles V le Sage, roi à partir de 1364, refusa cet arrangement. Les Anglais subirent alors de nombreux revers. Les Français trouvèrent chez le brave Bertrand Du Guesclin un chef courageux et décidé, prêt à en découdre avec l'envahisseur. En 1369, la paix était définitivement enterrée. Édouard III se proclama à nouveau roi de France, et Charles V lui confisquait sans attendre l'Aquitaine. Le Breton Du Guesclin était élevé à la dignité de connétable de France [60]. Le prestige militaire du Prince Noir devait être durablement terni par le sac de Limoges en 1370 et ses terribles massacres. En 1375, l'Aquitaine semblait perdue pour les Anglais, qui apprirent à leurs dépens que la terreur et la consternation n'étaient pas, à long terme, des instruments de gouvernement.

Le « bon parlement »

En retour, le « bon parlement » de 1376 allait retentir des échos de l'insatisfaction généralisée des sujets d'Édouard III. Nous connaissons les débats grâce à plusieurs chroniques du temps [61]. Le parlement se réunit fin avril, et siégea pendant près de neuf semaines. Dès le second jour, bourgeois et chevaliers des comtés, composant les communes du royaume, firent vœu de parler loyalement et ne rien cacher de leur amertume. Il en allait du bien du roi et de son royaume. Un chevalier se leva alors et contesta vertement la nécessité de voter un impôt sur la laine ; le roi ne pouvait-il pas utiliser les revenus de son domaine pour mener cette guerre dispendieuse contre la France ? Un chevalier des marches du pays de Galles, Peter Delamare, assuma rapidement une position de modérateur. Ce premier *speaker* de l'histoire parlementaire insulaire résuma avec discernement et impartialité le point de vue de ses compagnons : il fallait prendre l'argent là où il se trouvait. Au lieu d'imposer le pays, pourquoi ne pas pressurer tous ceux qui s'étaient enrichis à l'occasion du conflit ? La concertation avec les barons et les évêques devenait désormais nécessaire pour trouver un remède au malaise du royaume. Quatre barons du Conseil acceptèrent de s'entretenir avec les membres des communes [62]. Tous se découvrirent unanimes dans leur volonté d'aider le roi – quitte à lui dire des choses désagréables qu'il n'était pas nécessairement prêt à entendre. Il s'agissait d'apporter sans tarder un remède aux abus, en éliminant les mauvais éléments qui appauvrissaient le roi et son royaume par leurs exactions. Au nombre des personnes mises en cause, le duc de Lancastre, et Alice Perrers, la maîtresse du roi, dans une atmosphère de fin de règne, propice aux règlements de compte. Cette tension trouva son dénouement lors de la disparition, attendue, trop attendue, et presque espérée, d'Édouard III. Lorsqu'il mourut, le 21 juin 1377, le roi Édouard avait dilapidé toutes ses conquêtes, à l'exception de Calais.

Chapitre IX

LA « RÉVOLUTION » LANCASTRIENNE

> « Ils étaient usurpateurs, il est vrai, mais ce nom n'avait pas en eux tout ce qu'il a d'odieux dans les autres. La voix du Peuple avait approuvé la déposition de Richard II : le meurtre de ce prince n'avait point été avoué par Henry IV, et Henry V avait effacé la tache de l'usurpation domestique par tant de conquêtes sur les étrangers que personne ne regardait plus comme possesseur injuste de la Couronne d'Angleterre un prince qui l'enrichissait des plus beaux fleurons de celle de France [1]. »
>
> Père d'Orléans, Histoire des révolutions d'Angleterre, *1693*.

Pragmatisme ou sagesse ? Les Anglais ont su, dans le cours de leur histoire, considérer le succès comme une marque, providentielle, de légitimité. Depuis Guillaume, l'usurpation avait droit à une certaine indulgence. Encore en 1327, Édouard II avait disparu dans des conditions suspectes. Plusieurs monarques moururent de façon violente. Sans compter une tradition endémique de révolte nobiliaire, qui trouvait dans la croisade ou dans les guerres contre la France un éphémère exutoire. Entre guerre civile et chevauchée continentale, le dernier siècle du Moyen Âge ne devait pas contrevenir à cette réputation frondeuse. La succession d'Édouard III s'avéra conflictuelle. Le roi avait eu quatre fils légitimes de son union avec Philippa de Hainaut : Édouard, le Prince Noir ; Lionel d'Anvers, duc de Clarence ; Jean de Gand, duc de Lancastre ; et enfin Edmond de Langley, duc d'York [2]. L'héritier direct, le Prince Noir, était mort en 1376, un an avant son père. Il avait laissé un fils, Richard, qui à dix ans accéda au trône sous le nom de Richard II [3]. Jean de Gand, duc de Lancastre, exerça la régence, encourant la colère de son neveu. Une tradition de rébellion aristocratique courait chez les Lancastre [4]. Depuis plus d'un siècle, n'avaient-ils pas connu toutes les fortunes et les infortunes d'une branche cadette, trop proche du pouvoir pour ne pas entretenir un profond sentiment de frustration ? Richard II n'en pouvait plus de cette morgue étalée. À la mort de son oncle, il décida unilatéralement de confisquer leurs biens aux Lancastre. Le geste fut fatal. Le propre fils de Jean de Gand, Henry, leva une armée et emprisonna le roi qui mourut mystérieusement dans le château de Pontefract, dans le Yorkshire, à la fin de l'hiver 1399-1400. Henry de Lancastre commit alors l'irréversible en saisissant cette couronne qui était tombée dans le ruisseau. Ce coup d'État le conduisit à écarter au passage Edmond Mortimer, comte de March [5]. À sa mort en 1413, Henry IV transmit sans encombre la couronne à son fils, Henry V, dont le nom reste à jamais associé à la bataille d'Azincourt, si calamiteuse pour nos compatriotes.

Cette « révolution » de palais demeura liée à la gloire des armes – d'où sans doute le caractère nostalgique de l'évocation des Lancastre dans une histoire nationale qui allait trouver dans le théâtre élisabéthain sa plus éclatante illustration. Au XVIe siècle, Shakespeare consacra une célèbre tétralogie à la période ; quatre pièces, parmi les plus admirables, illustrent ainsi les règnes de Richard II, Henry IV, Henry V et Henry VI. La réussite des Lancastre fut d'autant plus grande dans la mythologie nationale anglaise que la dynastie des Tudors, de 1485 à 1603, se présentait comme sa continuation.

1381 : la révolte de Wat Tyler

Né à Bordeaux en 1367, le fils du Prince Noir et de la « belle vierge du Kent » était devenu roi à l'âge de dix ans. Richard II dut faire face, au printemps 1381, à l'une des plus célèbres révoltes rurales de l'histoire européenne. Une trentaine d'années s'était écoulée depuis que la peste noire, grande niveleuse, avait rappelé à sa façon que riches et pauvres étaient au moins égaux dans la mort. L'*Ordonnance des manouvriers* de

1349 n'avait pas réussi à contenir les revendications des vilains, soucieux d'améliorer leur sort. Les jacques répétaient à l'envi ces vers évocateurs du poète John Ball :

« Lorsque Adam bêchait et qu'Ève filait,
« Qui était gentilhomme ? »

Belle façon de proclamer que les hommes étaient nés libres. Ou du moins que, lorsqu'ils étaient sortis des mains du créateur, Adam et Ève n'avaient point connu les entraves, fruits de la chute et du péché.

Fin mai, dans le Kent, le collecteur des impôts royaux, Thomas Bampton, avait été chassé de leurs villages par plusieurs habitants en colère. La même mésaventure arriva deux jours plus tard à un magistrat, Sir Robert Belknap, venu enquêter avec des soldats dans Brentwood. Les insurgés avaient élu à leur tête un forgeron, surnommé Wat Tyler. Le 10 juin, les rebelles pénétraient dans Cantorbéry et mettaient à sac l'archevêché. Le lendemain, ils entamaient leur marche sur la capitale. Richard II trouva refuge dans la Tour, tandis que la révolte s'étendait à de nouveaux comtés. Les insurgés entraient dans Londres le 13, incendiant la résidence de la Savoie, appartenant à Jean de Gand. Le lendemain même, ils rencontraient le roi dans la prairie de Mile End, exigeant l'abolition des corvées féodales, la hausse des salaires et une amnistie générale. Puis Wat Tyler obtint de Richard II la condamnation de toute forme de corruption, et la libération de nombreux serfs, tout heureux de rentrer chez eux dans cette atmosphère de grand soir. La révolte n'était pas terminée pour autant. L'après-midi de ce jour-là, quelques centaines d'hommes s'introduisirent dans la Tour de Londres et se saisirent de Simon Sudbury, archevêque de Cantorbéry, de Robert Hales, le lord trésorier, et de John Legge, le collecteur d'impôts, immédiatement mis à mort sur Tower Hill, avant que l'on plante leur tête au bout d'une pique. L'émeute prenait des allures de révolution. Une nouvelle rencontre avec le roi eut lieu le 15 juin, à la suggestion de Richard II. Wat Tyler se présenta à cheval, et il s'agenouilla devant le roi, en le prenant par la main, pour prononcer ces paroles : « Frère, rassure-toi et réjouis-toi car, dans les quinze jours qui viennent, tu recevras les félicitations des communes, et serons bons compagnons ». Richard II lui répondit : « Ne rentreras-tu pas chez toi ? » Mais Wat Tyler, jurant, lui répondit qu'il ne repartirait pas jusqu'à ce qu'il eût exaucé leurs derniers vœux : égalité juridique, abolition des justices seigneuriales, répartition entre les pauvres des biens du clergé. Enfin, serfs et vilains devaient être émancipés. Le roi parut approuver ces propos. La monarchie était sauve. Elle semblait même renforcée par ce rôle d'arbitre. Le maire de Londres, William Walworth, perdit patience, et il échangea quelques coups avec Wat Tyler, le blessant mortellement. Wat Tyler eut le col tranché, et sa tête fut apportée au roi.

La rébellion fut écrasée dans le sang fin juin. Les exécutions s'enchaînèrent au début de l'été ; John Ball fut écartelé à Saint-Albans. Les derniers insurgés périrent en septembre. C'est à cette époque que remonte la première référence attestée au personnage littéraire de Robin des Bois [6]. Le brigand au grand cœur, dont on situe les aventures à une époque indéterminée, dans la forêt de Sherwood, relève évidemment d'un légendaire historique qui échappe en partie à l'investigation. Robert Hood ? Robynhod ? Robyn Hode ? On cherchera longtemps encore à démêler l'identité du « vrai » Robin des Bois. Ou à localiser avec exactitude ses exploits au milieu de tous les lieux qui portent son nom. Sa célébration s'est un temps confondue avec la fête du printemps, au mois de mai. Robin aurait-il été l'un de ces elfes malicieux qui hantaient encore l'imaginaire médiéval ? Ou le héros des causes perdues, partisan d'une redistribution utopique des richesses au profit des pauvres, des déshérités et des jacques vaincus ? Dans l'*Ivanhoé* de Walter Scott, Robin des Bois trouva en 1819 sa forme la plus achevée, aux côtés de ses joyeux compagnons et de l'impayable frère Tuck, le religieux qui manie le bâton avec adresse contre les Normands. Désormais, le libre Saxon devenait le contemporain de Richard Cœur de Lion, dont il attendait avec impatience le retour. Sans cesse réactualisée de nos jours par le cinéma, la légende trouve l'un de ses points d'ancrage dans les révoltes populaires du XIVe siècle. Quitte à éveiller chez les historiens un écho insoupçonné. Robin des Bois est bien le refoulé des révoltes populaires du Moyen Âge. Et de leurs analystes [7].

La « trahison » de Richard II

Richard II Plantagenêt fut déposé par Henry de Lancastre en 1399. Il existe plusieurs récits de sa chute [8]. L'un des plus célèbres est la chronique, latine, du « religieux » de Saint-Denis, le chantre Michel Pintoin. Dans une histoire essentiellement consacrée au roi de France Charles VI, l'on trouve plusieurs indications utiles sur Richard II. Pintoin se montre très sensible à l'atmosphère délétère qui empoisonna les dernières années du règne de Richard II. Le peuple même murmurait [9]. L'exil d'Henry de Lancastre fut fatal : celui-ci trouva naturellement en France des auditeurs attentifs. L'on prit fait et cause pour le pauvre duc, surtout à la nouvelle de sa spoliation [10]. Louis d'Orléans, frère de Charles VI, contracta même une alliance secrète avec Lancastre : « Elle renfermait pour toute clause que les deux princes conserveraient l'un pour l'autre un sincère et durable attachement, qu'ils auraient les mêmes amis et les mêmes ennemis, et qu'en toutes circonstances ils protégeraient, garderaient et défendraient réciproquement de paroles et de fait, selon leur pouvoir, la vie et l'honneur de chacun d'eux [11]. » Pourtant, le moine de Saint-Denis, prompt à déplorer les infortunes du duc anglais, laissa éclater son indignation lorsqu'il aborda le coup d'État contre Richard II : « L'attentat commis sur la personne du roi d'Angleterre est tellement atroce, qu'on n'y ajouterait aucunement foi, ou du moins qu'on douterait de sa réalité, si l'on ne songeait que des crimes si monstrueux n'ont rien qui doivent surprendre en Angleterre [12]. »

L'Angleterre, terre de violence ? L'Angleterre, terre de régicide ? Henry de Lancastre débarqua en Angleterre, et y prêta à nouveau serment au roi, bien décidé à ne pas tenir parole. La révolution avait commencé ; Richard II vit son armée le déserter en masse. En août 1399, le duc de Lancastre le fit arrêter, et « après lui avoir prodigué de feintes démonstrations de respect », il lui donna le baiser de Judas. Non sans ajouter : « Je suis venu plus tôt que vous n'espériez pour vous aider à gouverner le noble royaume d'Angleterre que vous avez si longtemps mal gouverné [13]. » Richard II, précisait le chroniqueur, aurait pu comprendre. Le léopard (anglais) devait se placer sous la protection des lys (français). Michel Pintoin prédisait d'ailleurs un avenir tumultueux à un royaume qui avait ainsi traité son roi : « Il me semble déjà voir la populace se former en troupes séditieuses, se jeter avec une rage forcenée sur tes provinces, qu'une longue paix rendait si florissantes, et répandre partout l'épouvante [14]. »

Le lundi 29 septembre 1399, jour de la Saint-Michel, Richard II abdiqua, depuis la Tour de Londres où il était incarcéré. Une délégation des états du royaume lui arracha cet engagement. Mais Richard II n'en aurait pas moins déclaré qu'il n'était pas en mesure de renier l'onction sacramentelle de son sacre [15]. Le lendemain, jour de la Saint-Jérôme, une assemblée se tint à Westminster Hall. Comme elle n'avait pas été légalement convoquée par le roi, elle n'était pas techniquement un parlement. Le trône était vide, recouvert simplement d'un drap d'or. On lut les accusations contre Richard, et une commission représentant les états du royaume renonça à toute allégeance envers lui. Richard II devenait un simple chevalier, « sir Richard de Bordeaux ». Quant à Henry de Lancastre, il se signa doctement, avant d'énumérer ses titres à la succession, invoquant en particulier le fait qu'il descendait d'Henry III. Puis il ajouta que, contrairement à d'autres sans doute, il ne prétendait pas être roi par droit de conquête [16]. Les deux archevêques, d'York et de Cantorbéry, prirent Henry par la main pour le conduire jusqu'au trône. Henry se plongea alors dans ses prières avant de finalement consentir à s'asseoir. L'archevêque de Cantorbéry, Thomas Arundel, prêcha l'un de ses beaux sermons, sur un texte du premier livre de Samuel : « Un homme gouvernera le peuple [17]. » L'ecclésiastique expliqua, un rien machiste, que Richard II n'était pas un homme. Ou du moins que lui manquaient ces qualités de courage et de vaillance que l'on associe communément à la virilité [18]. Le 13 octobre, Henry était couronné ; pour la première fois, un roi d'Angleterre recevait l'onction d'une « huile sainte apportée par la Vierge Marie au glorieux martyr Thomas [Becket [19]]. »

Évidemment, un moine de Saint-Denis comme Pintoin ne pouvait qu'être sensible à cette proximité entre l'huile du sacre, contenue en France dans la sainte ampoule, confiée par un ange à Remy, évêque de Reims, et le nouveau rituel anglais. On prêtait à Thomas Becket une prophétie, permettant de mieux introniser les Lancastre : « Quant à moi, Thomas, archevêque, banni d'Angleterre », aurait confié opportunément le saint martyr, « je me réfugiai en France, j'allai trouver le pape Alexandre [III], qui était alors à Sens, afin de lui faire connaître les funestes pratiques et les abus que le roi d'Angleterre introduisait dans l'Église [20]. » La Vierge lui serait alors apparue, dans l'église de Sainte-Colombe, tenant une ampoule à la main. Elle lui aurait tenu ce langage : « Voici l'onction dont doivent être sacrés les rois d'Angleterre, non pas ceux qui règnent maintenant, mais ceux qui régneront ; car ceux qui règnent sont et seront méchants, ils ont perdu et perdront beaucoup à cause de leurs péchés. Mais les rois d'Angleterre à qui cette onction est réservée seront débonnaires et se feront les champions de l'Église. Ils ne recouvreront pacifiquement le pays perdu par leurs prédécesseurs que lorsqu'ils auront en leur pouvoir cette ampoule et cet aigle. Celui d'entre eux qui le premier recevra cette ampoule recouvrera pacifiquement et sans effort le pays perdu par ses prédécesseurs, c'est-à-dire la Normandie et l'Aquitaine. Ce roi sera le plus grand des rois ; il bâtira des églises en Terre sainte, il chassera tous les païens de Babylone et construira des temples dans cette ville [21]. »

Les Lancastre arrivaient au pouvoir sur cette promesse conquérante. L'archevêque de Cantorbéry s'acquitta à merveille de sa tâche en utilisant l'huile miraculeuse pour oindre le nouveau roi [22]. La cérémonie avait eu lieu le jour de la translation de saint Édouard, « roi et confesseur » – autre clin d'œil au destin [23]. Richard, affamé dans la Tour de Londres, devait mourir quelque temps après. « L'an 1399/1400, le 12e jour du mois de mars fut amené en l'église Saint-Paul de Londres en état de gentilhomme le corps du noble roi Richard. Et est vérité que le chariot fut tout couvert d'un drap noir à quatre bannières dessus, de quoi les deux furent les armes Saint-Georges et les autres deux des armes Saint-Édouard, c'est-à-savoir une croix d'or à cinq mailles d'or. Et y avait cent hommes vêtus tout de noir, et portant chacun une torche. Et ceux de Londres envoyèrent 30 torches et 30 hommes qui étaient vêtus de blanc qui allèrent à l'encontre du corps du noble roi Richard. » Pour préciser : « Là fut-il deux jours sur terre pour le montrer à ceux de Londres afin qu'ils crussent pour certain qu'il fût mort. Je prie à Dieu qu'il lui fasse merci, et à tous les trépassés, Amen, Amen [24]. »

De l'usurpation à la gloire

Arrivé à la faveur d'un coup d'État, Henry IV manqua d'être renversé à son tour. Le modérateur de la Chambre des communes, Arnold Savage, n'hésita pas, en mars 1401, à user du registre sacré pour définir les liens entre le parlement et le roi. Le parlement lui-même était comparable à la sainte Trinité, le roi, les lords et les communes évoquant le Père, le Fils et le

Saint-Esprit [25]. Mais, filant la métaphore, Savage avait été jusqu'à instituer une corrélation entre l'eucharistie et le corps politique. La procédure parlementaire, à ce titre, devenait comme la célébration de la messe. Le roi n'offrait-il pas à son royaume l'unité et la paix, selon une formule qui n'était pas sans évoquer les prières de l'offertoire [26] ? Ce paradigme eucharistique s'appliquait, non seulement à la nation tout entière, mais à ses composantes les plus éclatées, villages ou corporations. Tout comme la doctrine eucharistique précisait que le moindre fragment de l'hostie contenait le corps du Christ tout entier, chaque élément du corps social reproduisait la totalité en son sein. On retrouvera bien ici les liens indissolubles qui, pour les contemporains, liaient microcosme et macrocosme [27]. Mais cette admirable théorie ne parvint pas à endiguer une forte contestation aristocratique et cléricale. Les opposants à Henry IV ne craignirent pas d'invoquer l'intérêt public, la *respublica*, à l'appui de leurs revendications. En 1403, Henry Percy, comte de Northumberland, prit le parti d'Edmund Mortimer, le tout jeune comte de March, contre le roi [28]. Les Percy, les Mortimer, les Lancastre : autant de familles susceptibles à leur tour d'occuper le trône royal [29]. Quitte à prendre appui, comme le firent le comte de Northumberland et Edmund Mortimer, oncle du comte de March, sur le pays de Galles et sur l'Écosse, où l'on voyait toujours d'un bon œil la déstabilisation de l'Angleterre.

La bataille s'engagea à Shrewsbury, dans le Shropshire, le 21 juillet. Henry IV en personne défit le jeune Henry Percy, fils du comte de Northumberland. Surnommé Hotspur, « l'éperon vif », le preux est resté dans l'imaginaire britannique le symbole même de l'intrépidité au combat [30]. Son père, qui avait eu la présence d'esprit de ne pas participer à cette bataille hasardeuse, fut tué à son tour en 1408, alors qu'il envahissait l'Angleterre depuis l'Écosse, où il avait trouvé refuge. L'opposition aux Lancastre connut ses martyrs. Et parmi eux l'archevêque d'York, pourtant favorable au régime, du moins à ses débuts. Mais, pris de remords, Richard Scrope aurait prié le souverain de faire amende honorable pour son parjure : le futur Henry IV, alors qu'il n'était encore qu'Henry de Lancastre, n'avait-il pas juré fidélité à Richard II, au nom de la sainte eucharistie [31] ?

Défenseur de l'Église et des communes, pourfendeur de la pression fiscale, l'archevêque demandait la fin de la corruption, et la nomination de bons serviteurs désintéressés par une monarchie restaurée. C'était courageux. Et bien téméraire. Le « 8e jour de juin de l'an de grâce 1405 », jour de la Saint-Guillaume, protecteur de la ville d'York, le bon apôtre était décapité devant les remparts de sa cité. Il payait ainsi un lourd tribut à son audace. Henry IV avait éprouvé les plus grandes difficultés pour obtenir la tête du prélat. William Gascoigne, le plus haut magistrat du royaume, s'était récusé. « Selon les lois du royaume, Sire, ni vous ni aucun de vos sujets ne peut condamner un évêque à la peine capitale. » Furieux, le roi se serait alors adressé à sir William Fulthorp, qui était chevalier à défaut d'être juge. Siégeant en lieu et place de William Gascoigne, le féal Fulthorp aurait donc passé la sentence pour haute trahison, le lundi de Pentecôte. « Dieu me soit témoin, aurait répliqué l'archevêque, que je n'ai jamais voulu le moindre mal au roi Henry IV. » Rapportant les faits dans son *Martyrium Ricardi Archiepiscopi*, Clement Maidstone ne manquait pas d'accumuler les détails transformant la mort de l'archevêque en récit de la Passion. Pourtant, Richard Scrope n'atteignit jamais le degré de notoriété de Thomas Becket dans l'histoire insulaire. Rien ne manquait à ce récit hagiographique. Scrope avait pardonné au roi en implorant Étienne, le premier des martyrs chrétiens mentionné dans les Actes des Apôtres. Il avait effectué son entrée dans York, comme Jésus dans Jérusalem, sur une pauvre mule, en chantant le psaume 69 *Exaudi secundum*[3]. C'est ainsi qu'on le conduisit « tel l'agneau » sur le lieu du supplice. Se tournant vers le bourreau Thomas Alman, un repris de justice, le saint homme prononça ces paroles : « Mon fils, je te supplie de m'administrer cinq plaies sur le cou avec ton glaive pour l'amour de mon Seigneur Jésus-Christ qui, obéissant à son père jusqu'à la mort, a supporté ses cinq plaies pour notre salut. » Puis après avoir embrassé son tortionnaire, l'archevêque se serait agenouillé afin d'adresser cette prière au Ciel : « Seigneur Jésus, je remets mon esprit entre tes mains. » À l'endroit de l'exécution, cinq sillons d'avoine, devenus provisoirement stériles. Mais à l'automne, Dieu permit à l'inverse que la récolte fût abondante. Autre événement miraculeux : le roi aurait été touché par la lèpre le jour même. La nuit, il aurait poussé un grand cri. Le troisième jour, l'archevêque aurait opéré une première apparition, suivie de nombreuses autres. Grande était la faute du roi, encore qu'aucune preuve n'existât qu'il ait souffert de la peste pour expier ses péchés, comme on le dit à l'époque. Et le pape ne cacha pas son mécontentement devant les envoyés d'Henry IV, qui durent offrir force prières à Dieu et moult offrandes aux cardinaux pour obtenir une indulgence plénière pour le roi. Et encore ce dernier dut-il s'incliner pieusement devant des reliques, en s'engageant à construire trois nouveaux monastères, tout en leur accordant une exemption fiscale qui permît aux moines de s'adonner « d'un cœur léger » à la prière.

Henry IV, très touché que les « portes du salut éternel » s'ouvrissent à nouveau devant lui, mourut en 1413 sans accomplir ses engagements. Le père du chroniqueur, Thomas Maidstone, aurait alors décidé de jeter le corps dans l'embouchure de la Tamise, lors du transport du cercueil de Westminster à Cantorbéry [33]. Ainsi, dernière punition, le cercueil d'Henry IV aurait été vide en arrivant au port. Il revenait aux archéologues du XIXe siècle d'administrer la preuve que le roi avait bien été enterré, contrairement à la légende, et qu'il n'avait pas souffert de cette lèpre à laquelle le chroniqueur l'avait condamné [34]. Henry IV et sa seconde épouse, Jeanne de Navarre [35], n'en furent pas moins les seuls personnages royaux à être enterrés à Cantorbéry, et non à Westminster. Sans doute s'agissait-il, aux côtés de la châsse de Thomas Becket, de mieux se prémunir contre la malédiction qui guettait les usurpateurs. Ou les meurtriers d'évêques.

Henry V fut mieux armé que son père pour accomplir le trajet qui conduit à l'éternité. Il trouva dans Shakespeare le meilleur des avocats. La pièce élisabéthaine montre l'homme dans toute son épaisseur, non sans signaler au passage ses défauts. Mais le portrait du prince héritier, dont on accumule sciemment les frasques, sert à magnifier l'exaltation patriotique du roi, grand pourfendeur de Français [36].

La boue et la gloire

1413-1422 : l'épopée dura moins de dix ans. Henry V, le fils d'Henry IV et de Mary de Bohun, était né en 1387. Il avait reçu l'éducation un peu rude que l'on réserve aux conquérants. À 14 ans, il s'était battu contre les Gallois, à 16 il avait participé à la défaite des rebelles à Shrewsbury. Une loi de 1406, excluant de fait toutes les filles de la succession, avait prévu qu'il devînt roi. Ou à défaut, ses frères ou leurs propres enfants mâles [37]. En

1415, ne doutant de rien, il avait repris les vieilles revendications des Plantagenêts sur la Normandie et l'Anjou, étendues désormais à l'ensemble du royaume de Charles VI. La France était alors en proie à d'énormes difficultés : Armagnacs et Bourguignons s'affrontaient avec véhémence, depuis que Jean sans Peur, duc de Bourgogne, avait fait assassiner son cousin Louis d'Orléans [38]. En 1413, Paris s'était insurgé. Charles VI le Fol avait de rares moments de lucidité. L'occasion était trop belle pour raviver les prétentions du roi d'Angleterre sur le trône de France.

La campagne militaire obéit également à des motifs intérieurs : Henry V voulait rétablir l'unité du royaume, encore mise à mal, à la veille même de l'embarquement, par la conspiration dirigée par Richard de Conisbrough, comte de Cambridge [39]. Aussi est-ce non sans raison qu'Henry V avait entraîné à sa suite trois ducs, huit comtes, deux évêques et dix-huit barons dans sa guerre de conquête [40]. Il s'agissait de donner aux nobles, volontiers rebelles et insoumis, un objectif stratégique qui détournât leur attention. Avec insolence, Henry V avait attaqué cette France qu'il voulait sienne. Harfleur fut la première ville à tomber en septembre 1415, après un terrible pilonnage de bombardes, ancêtres des canons. « Or, il advint, qu'après la Saint-Remy, l'an susdit le roi d'Angleterre se départit de Harfleur et laissa la ville bien garnie de bonnes gens d'armes et d'archers, et prit son chemin pour venir par-devers Abbeville pour passer la rivière de Somme et avait l'intention de là en aller avec ses gens à Calais car autrement ne s'en pouvait retourner en Angleterre car la flotte de Hollande et celle de Zélande s'en étaient ralliées en leur pays, et aussi les navires d'Angleterre étaient tous ou en partie effondrés en la mer par grande abondance d'eau qui entra par tempête. [...]

« Convint qu'ils retournassent par Amiénois et par Beauvaisis, et toujours suivant la rivière de Somme, mais toujours les suivaient les Français et les côtoyaient, et sans rien faire fors que voler et piller villes et monastères, abbayes et violer femmes, et tant cheminèrent les Anglais qu'ils vinrent devant Péronne à une ville que l'on nomme Doing et alentours. Et là passèrent la rivière bien paisiblement, car qui eût voulu combattre là au passage, il n'en fut pas échappé un seul. Mais le connétable [d'Albret] se tenait en ses bonnes villes, et faisait défendre de par le roi de France qu'on les combattît, et adoncques vint le comte de Nevers [Philippe de Bourgogne] à très belles compagnies pour les combattre, mais Anglais tandis s'en allaient. Voire est qu'ils avaient très grande disette de boire et de manger, et s'étaient moult fatigués de chevaucher et d'aller à pied, car il faisait très laid temps de pluie et de vent, et passèrent les Anglais tant qu'ils vinrent en Ternois à une ville qu'on nomme Blangy. Le connétable de France et plusieurs princes de France les devancèrent et vinrent en un lieu qui est nommé Azincourt[41]. »

Nettement inférieurs en nombre aux Français, les Anglais n'avaient pas d'autre manière de compenser leur faiblesse numérique que la ruse. Et la sauvagerie, cet autre nom de la détermination. Un mois après la reddition d'Harfleur, la fine fleur de la chevalerie française, commandée par le connétable Charles d'Albret, était exterminée à Azincourt. C'était le 25 octobre, jour de la Saint-Crépin et Saint-Crépinien. Le roi Henry V s'était levé matin pour ouïr la messe, tête nue. Les Anglais alignaient environ 7 000 hommes dont près de 5 000 archers, armés du célèbre *longbow*, originaire du pays de Galles. Les Français leur opposaient une fière chevalerie, assistée d'arbalétriers, le plus souvent génois, dont la cadence de tir était nettement inférieure à celle de leurs ennemis. Il fallait leur adjoindre également de nombreux archers. Leur supériorité numérique se retourna contre les Français, mal à l'aise dans un champ de bataille étroit et détrempé par les pluies d'octobre. Les chevaux trébuchèrent dans les labours, tandis que leurs cavaliers étaient contraints de baisser la tête pour ne pas avoir les yeux transpercés au travers de la visière étroite de leur armure. Ce fut la curée. « Finalement, les archers d'Angleterre légèrement armés frappaient et abattaient les Français à tas, et semblait que ce fussent enclumes sur quoi ils frappassent. Il y en eut qui se retirèrent ou enfuirent. Et churent les nobles Français les uns sur les autres, plusieurs y furent étouffés, et les autres morts ou pris[42]. » Dans un affreux tintamarre, les Français furent littéralement coupés en morceaux, tandis que l'on s'acharnait après la bataille sur les blessés et sur les morts pour les défigurer à coups de dagues. « Là furent morts plusieurs princes et grands seigneurs, tant comme de France, de Normandie, de Picardie, de Vermandois, d'Artois, de Boulonnais, de Flandre, de Brabant, de Hainaut, de Cambrésis et de plusieurs autres pays[43]. »

Contrairement à un usage plus mercantile que strictement humanitaire, on ne rançonna pas les prisonniers cette fois-là. On les liquida, non sans protester semble-t-il, en songeant à la perte financière [44]. Exhortés par leur souverain à grands coups de trompe, les Anglais obtempérèrent, en grommelant. Réflexion faite, ils avaient mieux à faire que de s'encombrer de blessés adverses, qui risquaient de les ralentir dans leur progression. Un bon ennemi, pour l'instant, était un ennemi mort. Seul Charles d'Orléans, neveu du roi Charles VI, et une poignée de nobles choisis échappèrent à la curée. Il put cultiver les belles-lettres dans son exil d'Angleterre :

« En regardant vers le pays de France,
« Un jour m'advint à Douvres sur la mer
« Qu'il me souvint de la douce plaisance
« Que soulaie au dit pays trouver ;
« Si commençai de cœur à soupirer,
« Combien certes que grand bien me faisait
« De voir France que mon cœur aimer doit [45]. »

En 1419, Henry V s'était assuré de la Normandie, de la Picardie et de la plus grande partie de l'Île-de-France. L'année suivante, les Français durent boire cette coupe jusqu'à la lie. Par le traité de Troyes, le 21 mai 1420, Charles VI acceptait qu'Henry V devînt son gendre, en épousant la douce Catherine. Et qu'il lui succédât, aux dépens du dauphin. Singulier traité de paix, en vérité, qui commençait par exclure du règlement le futur Charles VII et ses partisans. Charles le Fol aurait ainsi proclamé la déchéance de sa descendance, en souhaitant lui donner « pour garantie l'humiliation de la France [46] ». Le 1er décembre 1420, Henry V, flanqué du duc de Bourgogne Philippe le Bon et du roi de France Charles VI, faisait son entrée dans Paris, sous les acclamations de la foule. Les états du royaume applaudirent la paix à leur tour. Le dauphin était le grand exclu. Ce dernier, « le roi de Bourges », put reconquérir son royaume grâce au soutien providentiel de Jeanne d'Arc, « la bonne Lorraine qu'Anglois brûlèrent à Rouen », comme l'écrivit François Villon.

Chapitre X
L'AUTOMNE DU MOYEN ÂGE

> « La France avait été une tendance et une aspiration longtemps avant d'être une réalité [1]. »
>
> G. Grosjean, 1927.

La guerre de Cent Ans fut à bien des égards le plus contradictoire des conflits. Cet affrontement franco-anglais n'épargna guère l'ensemble de l'Europe occidentale : Angleterre, France, bien sûr, mais également Saint Empire, Écosse, Italie et Espagne. Pour ne rien dire de ces États-nations avortés, la Bretagne ou la Bourgogne. Surtout, cette guerre posa les fondements d'une conscience nationale spécifique, de part et d'autre de la Manche. Jusqu'alors, les affrontements entre la France et l'Angleterre avaient revêtu des caractères de conflit civil et fratricide, tant les destins de l'Angleterre et de la France avaient été liés depuis 1066. Mais tout changea au XIVe siècle : le conflit devint guerre entre les nations. La guerre de Cent Ans, « cette succession de guerres destructrices, séparées par des intervalles de trêves et de paix aussi déloyales qu'éphémères », participa à l'accouchement d'une nouvelle réalité politique, sur la façade ouest de l'Europe [2]. La guerre accompagna, plus encore elle accentua l'émergence de nations distinctes, aux traits linguistiques, juridiques et culturels de plus en plus marqués. Le conflit conserva, certes, un caractère de guerre civile ou communautaire, au sein d'élites médiévales détentrices d'une culture largement partagée. La guerre entre Français et Anglais retint provisoirement les hommes de se lancer dans ces croisades unitaires, bénies par l'Église, dont la nostalgie continua à hanter la conscience européenne jusqu'au XVIIe siècle [3]. Et au-delà.

C'est sous Édouard III – on ne saurait s'en étonner, vu les tensions du temps – que l'on définit légalement la trahison. « Parce que diverses opinions ont été précédemment en quel cas, quand il advient, doit être dit *trahison*, et en quel cas non, lc Roi à la requête des Seigneurs et de la Chambre des communes, a fait déclaration qui s'ensuit, c'est à savoir : quand homme fait prévoir ou imaginer la mort de notre Seigneur le Roi, de ma dame sa compagne, ou de leur fils, premier et héritier ; ou si homme viole la compagne du Roi, ou la fille aînée du Roi, sans qu'elle soit mariée, ou la compagne du fils aîné et héritier du Roi, et si homme mène guerre contre notredit Seigneur le Roi en son Royaume, ou soit aidant aux ennemis de notre Seigneur le Roi et du Royaume, donnant à eux aide ou confort en son Royaume. » Cette protection particulière accordée à la famille royale et à la vertu des vierges s'étendait aux serviteurs de la Couronne, en particulier au chancelier ou aux magistrats dans l'exercice de leurs fonctions [4].

Si, dans ce texte de 1351, la définition de la trahison était encore rédigée en un anglo-normand savoureux dont nous avons voulu maintenir toute la verdeur, la prééminence de la langue anglaise s'affirmait outre-Manche. À peine dix ans plus tard, on déplorait « les grands meschiefs [dommages] qui sont advenus à plusieurs du royaume de ce que les lois, coutumes et statuts dudit royaume ne sont pas connus [...] pour cause qu'ils sont plaidés et montrés en la langue française qui est trop méconnue endit royaume [5] ». Il fallut, à partir de 1362, plaider en anglais et non plus en français, quitte à rédiger en latin les minutes des procès. Cette affirmation linguistique trouva dans la littérature son expression la plus réussie. Geoffrey Chaucer, auteur entre autres des *Contes de Cantorbéry*, demeure le plus connu de ces auteurs insulaires qui présentent une image vivante de leur pays au XIVe siècle. On en dira de même de John Langland et de son *Pierre Le Laboureur*, attentif au sort des pauvres et des malheureux.

Tandis que les Anglais s'affirmaient de plus en plus comme nation, les Français continuaient à utiliser les arguments dynastiques contre les prétentions des envahisseurs. À la veille du traité de Troyes, on répétait inlassablement les principes de la loi salique, en postulant leur caractère pérenne, et non simplement conjoncturel : « Le roi de France, de si longtemps qu'il n'est mémoire du contraire, par grande et mûre délibération et par l'accord et consentement de tous ceux de sondit royaume, pour obvier à toutes guerres et autres inconvénients, fit, continua et ordonna un édit : que jamais fille de France ne pourrait ni devrait succéder ni parvenir à la couronne de France ni à l'héritage dudit royaume, quelque faute qu'il y eût d'enfants mâles, et que la couronne ne pourrait échoir ni venir fors qu'à hoir mâle seulement, fût de droite ligne ou par échoite de côté et non autrement. Lequel édit a depuis toujours été tenu ferme sans aucunement l'enfreindre et confirmé de tous les rois qui depuis ont été. Et toutes voies, icelui édit fut fait avant que oncques roi d'Angleterre eut fille de France. Et pour ce appert clairement que les rois d'Angleterre ont eu et encore ont très faux, déloyal et damnable titre d'aucun droit demander ni requérir en la Couronne de France, à cette cause ni autrement » (*Débats et appointements*, v. 1418-1419 [6]). Et encore, en 1419, à la veille du traité de Troyes, cet argument national : « L'honneur des fleurs de lys est le droit de la Couronne de France ; ne se peut ou doit transporter aux étrangers, mêmement qui sont anciens ennemis, contre le consentement de lui et de ceux qui peuvent raisonnablement prétendre droit ou intérêt en ladite couronne et à sa conservation » (*Réponse d'un bon et loyal Français au peuple de France de tous états* [7]).

La « grande clarté » du Moyen Âge

Cette Angleterre, provisoirement victorieuse sur les champs de bataille, connaissait également un prodigieux élan intellectuel et spirituel. La philosophie médiévale avait emprunté, en particulier à Oxford, une voie originale : l'influence d'Aristote, celle de saint Thomas d'Aquin y avaient été tempérées par tout un courant critique, auquel on associera les noms de Duns Scot et de Guillaume d'Ockham [8]. Le *Docteur Subtil*, ainsi que l'on surnomma Duns Scot, se livra à une évaluation du rôle de la raison spéculative, en subordonnant celle-ci à la pratique. Les choses de la foi, désormais, relevaient de la révélation et non de l'exercice philosophique ou métaphysique. Ce pragmatisme allait peser d'un poids déterminant sur toute la tradition intellectuelle anglaise, tout comme le nominalisme, auquel on associe cette fois le nom de Guillaume d'Ockham. À l'instar de Duns Scot avant lui, Guillaume d'Ockham séparait la foi de la raison – et donc récusait l'admirable construction qui avait trouvé dans la *Somme théologique* de Thomas d'Aquin son point d'équilibre. Mais le *Docteur Invincible* alla plus loin en portant le soupçon sur le langage lui-même. On entend par « nominalisme » cette réticence face aux mots et à la multiplication des noms, vus comme un facteur d'erreur et de fausseté. La science traite des propositions et non des choses. Il n'existe pas d'universaux dans la nature, comme le maintenaient ceux que l'on qualifia de « réalistes », d'un terme trompeur pour nous.

Pragmatisme, défiance envers les mots, primat de l'expérience sensible, distinction entre foi et raison, révélation et nature : autant de traits distinctifs d'une *via moderna* qui acquit outre-Manche ses lettres de noblesse. Ce trouble de la pensée allait trouver un écho, davantage qu'une simple transposition, dans l'évolution d'une religion intérieure, de plus en plus laïque et individualisée. « Ockham ne songeait pas à nier l'efficacité de la révélation ni à remettre en cause les dogmes chrétiens. Il déclarait seulement que l'essence de la religion n'était pas la raison mais la foi. Sa vérité se trouvait dans la Bible, dans l'enseignement de l'Église et dans la communion que les individus entretenaient avec Dieu. Cette attitude pouvait être totalement compatible avec une foi religieuse profonde. Elle a été celle de plusieurs générations de savants au travers des siècles. Pourtant, les ockhamistes, comme les aristotéliciens les plus radicaux, vivaient dans un climat mental qui était déjà étranger, voire hostile, aux idées chrétiennes traditionnelles [9]. » Ce fidéisme, en dissociant la foi de la raison, libérait une énergie spirituelle nouvelle, qui allait trouver son application dans les réformes religieuses ultérieures. Sans Ockham, pas de Luther [10].

Condamné par le pape Jean XXII, Ockham troubla durablement les consciences. Au nombre de ses contradicteurs, Thomas Bradwardine, le futur archevêque de Cantorbéry, qui souhaitait en revenir à une doctrine chrétienne qui, pour lui, se confondait avec l'enseignement de saint Augustin. Mais, parmi ces opposants à Guillaume d'Ockham, comment ne pas citer John Wycliffe ? En dépit de son rejet du nominalisme et de la *via moderna*, John Wycliffe fut le témoin d'une crise profonde de la scolastique de son temps. À son corps défendant, ce génie précurseur incarna, avec plus d'un siècle d'avance, certaines des aspirations qui allaient trouver dans les Réformes du XVIe siècle, et singulièrement dans la Réforme protestante, leur accomplissement. Dont la traduction de la Bible dans une langue accessible à tous, l'anglais, l'anglais et non le latin, cet idiome des clercs et des lettrés. Certes, ces premières versions anglaises de la Bible étaient encore tributaires de la vulgate, ainsi que l'on appelle la traduction latine de saint Jérôme, au lieu de partir, comme on le fit ultérieurement, des originaux hébreux et grecs. Mais c'était un premier pas. Et il ne manqua pas d'inquiéter les hommes d'Église, attachés à un monopole interprétatif qu'ils sentirent chanceler sous leurs pas [11].

Si le vulgaire même lisait le texte, n'était-il pas tenté de le commenter à son tour ? Voire de contester les interprétations qu'en donnait l'Église ? La critique de l'appareil ecclésiastique, le rejet de ses rites, la contestation de ses richesses et de son assise socio-économique se développèrent sur le même terreau : une Écriture désormais accessible, sans cette distance respectueuse, garante du mystère. Et parfois propice à la manipulation. La piété montait à l'assaut d'une religiosité perçue de plus en plus comme superstitieuse. Le pays s'était doté d'un texte législatif audacieux, destiné à mettre les Anglais à couvert des poursuites devant la curie romaine. En 1353 fut passé le célèbre statut *De praemunire*, qui assimilait à une trahison le fait, pour un Anglais, de se pourvoir auprès d'un tribunal étranger, ou d'accepter son autorité [12]. C'était porter un coup fatal à la *plenitudo potestatis* du pape [13]. Peu après, les états du royaume assemblés en parlement décrétèrent que la donation de Jean sans Terre, lorsqu'il s'était humblement reconnu vassal du souverain pontife, était nulle et non avenue. Comment une telle mesure aurait-elle été valide sans le consentement du parlement ? Ne contredisait-elle pas même le serment prêté par le roi lors de son couronnement, depuis Édouard II, de respecter les « lois et coutumes décidées par la communauté du royaume » ?

De sa naissance vers 1320 à sa mort en 1384, Wycliffe ne fut guère inquiété. Originaire de l'actuel Hipswell, dans le Yorkshire, Wycliffe se rendit à Oxford aux alentours de sa vingtième année. La prestigieuse université retentissait encore des voix de Roger Bacon, de Robert Grosseteste et de Guillaume d'Ockham. Wycliffe, comme ses contemporains, fut partagé entre la passion des sciences de la nature, la théologie, le droit et la philosophie. Fondé par l'un de ses compatriotes du Yorkshire, le Balliol College lui ouvrit tout naturellement ses portes, comme étudiant puis comme maître. Il dirigea l'établissement après quelques années. Tout en restant à Oxford, il dut renoncer à cette fonction lorsqu'on lui proposa la cure de Fylingham dans le Lincolnshire. Ses compétences théologiques lui valurent d'être reconnu par l'archevêque de Cantorbéry, Simon Islip, qui lui demanda de diriger cette fois-ci Canterbury Hall. C'était en 1365. Une dizaine d'années plus tard, docteur en théologie, il renonça à la cure de Fylingham au profit de celle de Ludgershall, dans le Buckinghamshire, non loin d'Oxford. En 1375, Wycliffe figurait parmi les représentants de son pays au congrès de paix de Bruges, qui mettait aux prises l'Angleterre et la France, le duc de Lancastre et le duc de Bourgogne. Loin de conclure une paix durable, cette intervention ecclésiastique n'aboutit au mieux qu'à une trêve entre les belligérants.

Mais Wycliffe se fit remarquer par l'audace de ses attaques contre l'institution ecclésiastique ; l'Église devait être réformée. L'Église réelle n'entretenait que des liens hypothétiques avec l'Église souhaitable. Cet idéal était puissamment lié à l'idée nationale : il devenait de plus en plus insoutenable de maintenir l'Angleterre dans cette position de vassalité que la papauté avait arrachée au roi Jean. Urbain V avait encore récemment, en 1365, exigé que le pays acquittât sa dette financière envers le Saint-Siège, après une interruption de trente-trois ans. Mais il avait compris à temps son erreur. Du reste, Wycliffe souhaitait la sécularisation des biens ecclésiastiques. Sa *Summa theologiae* ne manqua pas d'attaquer la puissance temporelle du clergé, tout en maintenant les droits du roi face au pape. L'argent des annates, les indulgences relevaient de la simonie, ainsi que l'on appelle l'utilisation mercantile des choses sacrées. Mais c'est avec le *De civili dominio* qu'il demanda au clergé de renoncer au pouvoir politique, au profit de l'autorité civile. La présence des papes en Avignon renforçait encore cette prévention.

À Oxford, Wycliffe enseigna ses thèses séditieuses au public estudiantin, quitte à se heurter à son opposant William Wadeford. L'Église ? L'Église devait être pauvre. Une Église pauvre ? Quelle idée ! Wycliffe ne renouait-il pas avec les thèses à l'origine des ordres mendiants, franciscains et dominicains, si influents outre-Manche ? Jean de Gand, par conviction, par opportunisme, vola au secours du réformateur. Wycliffe comparut devant l'évêque de Londres, William Courtenay, en février 1377. On sait peu de chose de leur entretien. Wycliffe n'était pas seul et Jean de Gand, duc de Lancastre, Henry Percy, comte de Northumberland, et d'autres encore, dont quatre frères mendiants, l'accompagnèrent [14]. En Angleterre même, le clergé prit peur. En mai 1377, depuis Rome où il s'en était retourné, le pape condamna les thèses de Wycliffe. La bulle de Grégoire XI fut adressée à la fois à l'archevêque de Cantorbéry, à l'évêque de Londres, à Édouard III, au chancelier et à l'université, afin de n'oublier personne. Assurant ses chers fils de sa bénédiction apostolique, le souverain pontife déplorait que John Wycliffe, recteur de l'église de Lutterworth, dans le diocèse de Lincoln, et professeur des Saintes Écritures, se transformât en maître d'erreurs, en dogmatisant et en prêchant, ou plutôt en « vomissant » d'inexpiables faussetés. Par ses damnables hérésies, par ses opinions perverses, le nouveau Marsile de Padoue mettait en danger l'Église et la cité.

Au nombre de ces doctrines impies, l'affirmation que la substance du pain et du vin demeurait après la consécration eucharistique. L'on ne pouvait donc pas dire, comme le prétendait Wycliffe de façon erronée, que le Christ n'était pas physiquement présent dans le sacrement de l'autel. Ni que la dignité du prêtre changeait la validité du sacrement. La contrition la plus parfaite ne pouvait pas non plus tenir lieu de confession des fautes. La messe avait été instituée par Jésus-Christ, et les possessions temporelles étaient parfaitement légitimes pour les hommes d'Église. Il fallait de plus restreindre la prédication à des personnes autorisées. Et admettre la nécessité de la dîme, payée au clergé. Quant à l'idée de mettre les ordres mendiants au travail, elle parut totalement saugrenue. Dans sa réponse, Wycliffe réaffirmait sa conviction que Jésus était vrai homme et vrai Dieu. Et il admettait le rôle du pape comme vicaire du Christ – tout en rappelant que c'est à une vie vertueuse que l'on reconnaissait les vrais disciples de Jésus. Ce Jésus, pauvre parmi les pauvres, ce Jésus qui avait fui les honneurs, qui donc pouvait l'égaler ? Il appartenait au pape d'en faire autant – à moins de devenir Antéchrist. Le pape, Antéchrist ? La formule était d'une virulence singulière. Presque prémonitoire, quand on songe un siècle et demi plus tard aux admonestations de Luther envers Rome [15].

Les « 18 thèses » de Wycliffe, mises au jour par ses adversaires, formaient le cœur d'une entreprise réformatrice, en un sens comparable aux « 95 thèses » de Luther en 1517. La

Summa theologiae ultérieure se contente de les présenter sous un jour plus systématique. Comme Luther après lui, Wycliffe bénéficia d'une conjoncture politique hautement favorable ; la mort d'Édouard III, nous l'avons vu, n'avait-elle pas fait passer la couronne entre les mains de Richard II, un garçonnet dominé par son oncle, Jean de Gand ? Wycliffe était populaire ; il trouvait un écho patriotique dans un parlement exaspéré par les flux financiers en direction de Rome. Ses thèses suscitaient les passions, jusqu'à ce qu'en mars 1378, Wycliffe comparût devant l'archevêque de Cantorbéry en son palais de Lambeth, sur la Tamise, dans le Londres actuel. On n'était pas loin de l'émeute lorsque les évêques, prudents, demandèrent à Wycliffe de limiter désormais ses prises de position. À Oxford même, Wycliffe fut enfermé à Black Hall. Une nouvelle question se profilait : pouvait-on se pourvoir auprès du roi et de son conseil pour faire appel comme d'abus contre une décision pontificale ?

Présentées en anglais et en latin, les « 33 conclusions » de Wycliffe s'adressaient aux clercs comme aux laïcs, appelés à s'intéresser à ce débat d'Église porté au grand jour. Cette crise du magistère débouchait immanquablement sur la question de l'autorité : autorité ecclésiastique, autorité civile, autorité enfin de l'Écriture, appelée à départager les points de vue. Le recours à la Bible engagea une réévaluation des rôles au sein même de l'Église et de la Cité. À la mort de Grégoire XI en 1378, Wycliffe remettait en cause le principe de l'institution ecclésiale. Ou, plus exactement, il rappelait que le Christ seul était la tête de l'Église – et non le pape. Telle était du moins la condition de son universalité : une Église des rachetés, une Église des saints, une Église attentive malgré tout à l'existence de deux pouvoirs distincts, le spirituel et le temporel.

Rien de franchement libertaire dans cette révolte. Le roi, l'empereur devaient être respectés. Le clergé n'échappait pas à la règle commune et, comme tous les hommes, les prêtres étaient tenus d'obéir au prince. Certes, le roi avait un certain nombre de devoirs, dont celui d'offrir sa protection à ses sujets, clercs ou laïcs. Le bon roi savait, certes, recueillir l'avis des théologiens, prompts à expliquer rationnellement l'Écriture de façon à l'informer. Et à lui prêter conseil et assistance. Sur la question de la papauté, Wycliffe demeurait relativement ambigu : il distinguait une « vraie » papauté d'une fausse, corrompue et simoniaque. Ce qui montre bien que le théologien d'Oxford n'avait pas totalement renoncé à l'idée d'une autorité centralisée. Il faut dire que c'est l'époque où l'Église catholique connaissait son « grand schisme », de 1378 à 1417, et qu'il y avait de quoi y perdre son latin. Un pape à Rome, un autre en Avignon : cherchez l'erreur et chassez l'intrus. La crise de la légitimité monarchique qui poursuit l'histoire anglaise, en particulier aux XIVe et XVe siècles, est étrangement parallèle aux débats qui secouent l'Église au même moment. Successeur de Grégoire XI, Urbain VI, à Rome, recueillit d'une certaine manière les faveurs de Wycliffe. Mais « Clément VII », en Avignon, comptait lui aussi ses partisans. À un moment, on eut jusqu'à trois papes concurrents, entre Rome, Avignon et Pise [16]. Fallait-il aller à Rome ou en Avignon pour accéder à Dieu ? Le grand schisme semblait apporter aux thèses de Wycliffe leur confirmation expérimentale. Les dernières années de sa vie furent marquées par un éloignement croissant vis-à-vis de l'« Antéchrist » ; avait-on besoin d'un pape pour croire ?

Wycliffe eut ses partisans, surnommés les lollards par le pape Grégoire XI. Comme les Vaudois avant eux, ils allaient deux par deux pour porter la parole, en prêchant la pauvreté. En rejetant la doctrine catholique de l'eucharistie, Wycliffe et ses disciples mettaient en cause le cœur même du pouvoir du prêtre. Désormais, il apparut comme un hérétique – mais les tensions furent vives dans la chrétienté et la condamnation définitive intervint au concile de Constance, en mai 1415 [17]. Wycliffe étant mort depuis plus de trente ans, on ne pouvait plus qu'exhumer ses ossements, disperser ses cendres, brûler ses écrits et condamner ses hérésies. L'esprit de Wycliffe était passé en Bohême, où Jan Hus et ses adeptes après lui reprirent le flambeau. On aura une idée du style de Wycliffe en lisant dans son *Trialogus* l'argumentaire critique contre la transsubstantiation catholique. Selon cette doctrine, lors de la consécration par le prêtre, la substance du pain et du vin est changée en corps et en sang du Sauveur. Mais les « accidents » – nous dirions les apparences – demeurent. Wycliffe n'accepte plus ce dogme. Il donne la parole à trois personnages tour à tour – d'où le nom de « trialogue », attaché à ce genre dialectique. Un premier s'exclame : « On ne saurait identifier le pain avec le corps du Christ. » Avant de rejeter l'idée d'accidents, distincts de la substance, et de récuser l'autorité de l'Église sur ce point. Un second raisonne en logicien sur l'un et le multiple. Si A est B (sous-entendu si le pain est le Christ), cela signifie qu'ils existent l'un et l'autre de façon distincte. Et donc, peut-on parler d'une seule substance, là où il y en a deux ? Un troisième, enfin, reprend l'argument classique sur l'hostie ingérée par une souris. Comment admettre que ce pain putrescible soit le corps du Sauveur ? En dépit de sa causticité évidente, Wycliffe n'a pas rompu avec la scolastique médiévale, il la poursuit, il la met en contradiction avec elle-même. Mais il ne renonce pas à elle [18]. À ce titre, il se révèle même paradoxalement conservateur, en rejetant le nominalisme d'Ockham qui l'effraie [19].

Une première Réforme religieuse ?

Par leur outillage conceptuel, par leur façon de vivre et de croire, les lollards demeuraient des hommes de leur temps. Et des témoins de l'« automne » du Moyen Âge, selon la formule imagée et poétique de l'historien hollandais Huizinga [20]. Le 31 décembre 1384, Wycliffe mourait épuisé. Il avait déjà souffert une première attaque cérébrale deux ans plus tôt [21]. Le premier usage attesté du terme « lollards » remonte à 1387, dans un mandement de l'évêque de Worcester contre cinq pauvres prédicateurs. On ne connaît pas avec certitude l'origine de ce mot ; certains pensent que lollards viendrait du moyen néerlandais *lollaert,* du verbe *lollen*, murmurer. D'autres insistent sur la proximité avec le latin *lollium*, mauvaises herbes – ce qui ferait des lollards cette ivraie dont il est question dans la parabole du semeur [22]. Le mot lollards garde un sens assez imprécis pour définir, plus encore que des partisans affichés de Wycliffe, un courant évangélique réformateur, aux contours relativement flous. On connaît mieux le mouvement en lisant les « Douze Conclusions », rédigées en 1395 à l'attention du parlement d'Angleterre : « Nous, les pauvres, trésoriers du Christ et de ses apôtres, exprimons devant les lords et les communes du parlement certaines des conclusions et vérités concernant l'Église d'Angleterre, qui a été frappée par la cécité et par la lèpre durant de longues années, du fait de l'existence d'arrogants prélats, entretenus par une religion contrefaite, dont le lourd fardeau écrase le peuple d'Angleterre. »

L'Église d'Angleterre, prenant exemple sur l'Église de Rome, aurait renoncé à la foi, à l'espérance et à la charité, l'orgueil l'emportant sur tout autre sentiment. La prêtrise elle-même n'entretiendrait plus que de lointains rapports avec le sacerdoce des Apôtres, ordonné par le Christ. Du reste, le célibat ecclésiastique conduirait tout droit à la sodomie. Le « sacrement du pain », pour sa part, serait idolâtre (4e conclusion). Comment prétendre que Jésus est enclos dans les espèces ? On pourrait en dire de même de tous les exorcismes et autres bénédictions qui relèvent de l'idolâtrie également. Tout comme l'eau bénite (5e conclusion). Il convient, pareillement, de ne pas donner aux clercs de pouvoirs politiques – qui les transformeraient en espèces d'« hermaphrodites » ou de créatures « ambidextres », confondant le spirituel et le temporel, et entretenant savamment la confusion entre les orientations sexuelles. Le soupçon d'homosexualité rejoignait ici l'accusation de corruption (6e conclusion). Les prières pour les morts, les pèlerinages, les reliques, ou encore la confession auriculaire ou les vœux de chasteté, jugés inférieurs au mariage : autant d'usages abusifs. Tout comme la guerre ou la croisade (10e conclusion) [23].

En 1399, l'université d'Oxford décréta qu'aucun homme n'avait le droit, de sa propre autorité, de traduire le moindre texte de l'Écriture en anglais. Deux ans plus tard, une loi prévoyait que les cours ecclésiastiques confieraient à la justice du roi le soin de brûler les hérétiques relaps ou endurcis, selon l'usage commun dans l'ensemble du monde chrétien, où le trône et l'autel ont toujours entretenu une fructueuse collaboration [24]. L'acte *De Haeretico comburendo* affirmait en préambule l'existence d'une nouvelle secte, hostile à la conception admise de l'eucharistie, et permettant aux laïcs de prêcher. En 1407, *master* William Thorpe, prêtre, comparaissait à son tour pour hérésie devant l'archevêque de Cantorbéry, Thomas Arundel. Le 3e dimanche après Pâques, 17 avril, Thorpe aurait déclaré en chaire qu'après la consécration, il y avait encore du pain sur l'autel. Il aurait ajouté qu'il ne fallait pas adorer les images. Quant au clergé, il ne devait pas percevoir la dîme ecclésiastique. Il aurait ajouté que les chrétiens ne pouvaient pas prêter serment. On reconnaît ici certaines des thèses du lollardisme, anticipant en partie les réformes protestantes du XVIe siècle. Thorpe gardait cependant l'idée de pèlerinage, mais il l'investissait d'un sens purement spirituel – que l'on retrouve du reste dans le puritanisme ultérieur, si l'on songe aux *Pilgrim Fathers* américains en 1620 ou au *Pilgrim's Progress* du baptiste John Bunyan. Les pèlerins de son temps, déplorait Thorpe, pratiquaient sans croire, et ils ne connaissaient ni les « Dix commandements » ni leurs prières – *Pater*, *Ave* et *Credo*.

En 1408, l'archevêque de Cantorbéry, Thomas Arundel, publia des instructions, émanant de la convocation du clergé, tenue à la cathédrale Saint-Paul de Londres [25]. Mieux connues sous le nom de *constitutions d'Arundel*, elles avaient pour but avoué d'éradiquer le lollardisme, en empêchant les laïcs de traduire la Bible et de prêcher. Parmi les victimes les plus célèbres de ces persécutions religieuses, citons sir John Oldcastle, l'un des modèles du personnage de Falstaff dans la tétralogie de Shakespeare. Après s'être battu en Écosse et au pays de Galles, Oldcastle avait épousé en 1408 une fille de lord Cobham. En 1409, il était appelé à son tour à siéger à la chambre des lords comme baron. Mais cela ne l'empêcha pas, en 1413, d'être accusé d'avoir entretenu autour de lui un réseau de lollards. L'amitié spéciale du roi Henry V lui permit d'en réchapper provisoirement. Accusé à nouveau la même année, emprisonné à la Tour de Londres, l'ancien compagnon du roi eut l'idée saugrenue d'enlever son maître en janvier 1414. L'absurde conspiration lollarde échoua et trois ans plus tard, après une escapade rocambolesque, Oldcastle périt pendu au-dessus d'un bûcher. On citait encore au début du XVIe siècle sa confession de foi, pour insister sur son orthodoxie : croyance en la Trinité, ou au purgatoire, conviction profonde que le Christ était à la tête de l'Église. Même en matière eucharistique, Oldcastle aurait entretenu le point de vue catholique : « Je crois que dans le sacrement sont vraiment contenus le corps et le sang du Christ, sous les apparences du pain et du vin, qu'il s'agit du corps qui a été conçu du Saint-Esprit, qui est né de la Vierge Marie, qui a été crucifié, qui est mort, qui a été enterré, et qui le troisième jour a été ressuscité des morts, et qui est maintenant aux Cieux. [26] » Certes, Oldcastle avouait ses réticences face aux images, qu'il jugeait idolâtres. Et il ne craignait pas d'affirmer que le pape et ses cardinaux n'avaient pas à déterminer ce qu'il fallait croire ou ne pas croire. Tout en maintenant qu'il adhérait à la foi de l'Église [27]. On voit cependant ses détracteurs s'impatienter ; ils parviennent finalement à lui faire avouer que, dans le sacrement de l'autel, se trouvent et du pain et le corps du Christ. Oldcastle n'aurait donc pas cru en la transformation matérielle du pain en corps, comme l'énonçait la doctrine. Il aurait maintenu l'existence de deux substances, tout comme, précisait-il, Jésus était vrai Dieu et vrai homme, il était normal qu'il y eût deux natures dans l'eucharistie [28]. Propos nettement hérétique pour l'Église, qui le condamna. Oldcastle s'entêta. Il demanda à ses tortionnaires ecclésiastiques de lui fournir des preuves scripturaires de leurs affirmations. Peine perdue. Le recours à l'Écriture, à son témoignage n'avait pas de valeur décisive en dehors du petit cercle de lollards auquel Oldcastle appartenait. Tout comme sa définition de l'Église comme société des élus ne parvint pas à convaincre [29].

Oldcastle n'avait pas la truculence de sir John Falstaff, mais cette histoire impressionna grandement les contemporains. Et le « vrai » Oldcastle, par opposition au personnage ultérieur de Shakespeare, fut revendiqué comme l'un des martyrs de la cause réformatrice. Les bûchers de lollards se poursuivirent jusqu'à la Réforme. En 1417 à York, Margery Kemp, une « aventurière de la foi au Moyen Âge », fut arrêtée puis acquittée par l'archevêque. Cette femme mariée avait décidé de consacrer sa vie au Seigneur, quitte à renoncer du reste à toute relation charnelle avec son époux. Elle encourait la suspicion des hommes qu'elle rencontrait : « Femme, abandonne cette vie que tu mènes et va filer et carder la laine comme font les autres femmes ; tu ne subiras pas cette honte et ce malheur. » Un ascétisme scrupuleux, une piété militante, une religion personnelle et démonstrative, l'imitation de Jésus-Christ pouvaient ainsi être interprétés comme les signes de l'hérésie, *a fortiori* chez une femme et une laïque. Et c'est de justesse que Margery échappa au bûcher, s'attirant une réputation de sainteté qui lui valut ces fortes paroles : « Hélas, pauvre femme, pourquoi faut-il qu'on te brûle [30] ? » Sainte ou sorcière ? Contrairement à Jeanne d'Arc quelques années plus tard, Margery ne fut pas brûlée [31]. Mais il s'en fallut d'un cheveu.

Chapitre XI

LA GUERRE DES DEUX-ROSES

> « Le roi d'Angleterre ne saurait ni altérer ni changer les lois de son royaume selon son bon plaisir. Car il gouverne son peuple par son pouvoir, non seulement royal, mais aussi politique [1]. »
>
> J. Fortescue.

Le XIIIe siècle avait eu son Bracton, le XVe eut son Fortescue. Au *De Legibus* du premier correspondit le *De Laudibus Legum Angliae* du second. Une « apologie », donc, de la loi anglaise ? Titre révélateur ; on ne saurait parler des lois d'Angleterre sans en chanter les louanges et en proclamer la supériorité. Le roi, la loi, l'Angleterre : le panégyrique de l'un implique nécessairement le détour par l'autre. Dans ce pays qui ne sait dire le droit que sous la forme de la loi, en utilisant un même terme *law* pour les deux usages, les juristes ont été, plus encore que des moralistes, de merveilleux analystes de la société. Bracton, Fortescue. On peut prolonger la liste pour les siècles ultérieurs : Francis Bacon, Edward Coke, William Blackstone. Jusqu'à cette idiosyncrasie victorienne, Frederic Maitland. Maitland, historien du droit, a écrit sur l'Angleterre et, singulièrement sur l'Angleterre médiévale, des pages remarquables de pertinence et d'acuité. L'intelligence, en Angleterre, fut volontiers juridique autrefois. Elle le demeure dans une très large mesure.

La loi, au XVe siècle plus encore qu'au XIIIe, c'est d'abord la *common law*, la loi commune, la loi rendue au nom du roi et garantie par lui. Son usage, dès lors, fut inséparable de l'affirmation patriotique [2]. Le doux bonheur d'être anglais, en ces temps de conquête, valait d'abord par la satisfaction de ne pas être français. Dans son livre posthume, *De Natura Legis Naturae,* Fortescue parvenait à une typologie politique originale, opposant trois sortes de gouvernement qu'il appelait, en latin, *dominium regale*, *dominium politicum*, et *dominium politicum et regale*. L'on traduira si l'on veut « seigneurie royale », « seigneurie politique » et enfin « seigneurie politique et royale ». Si la France, dans cette optique, est un régime purement monarchique, l'Angleterre se distingue déjà par son caractère mixte, en associant politique et royauté, le peuple et la souveraineté.

La méditation de Fortescue se présente comme un traité d'instruction destiné au prince Édouard, fils d'Henry VI [3]. Elle tient de l'observation empirique plus encore que de la théorie [4]. L'œuvre évoque un moment particulièrement critique de l'histoire entre la guerre de Cent Ans et les révolutions intérieures, auxquelles reste attaché le nom emblématique de guerre des Deux-Roses.

Le dernier des Lancastre ?

Devant la superbe construction de Fortescue, Maitland même s'impatiente. Dans la protestation de puissance, il détecte et il décèle un aveu de faiblesse : ce roi d'Angleterre, dont le juriste du XVe siècle chantait les mérites, n'était à l'abri ni du pape ni du peuple [5]. En dehors de tout contexte polémique, Maitland avait parfaitement perçu le caractère tragique d'une synthèse, rédigée au moment où l'Angleterre perdait la guerre de Cent Ans et s'enfonçait dans la guerre des Deux-Roses.

La postérité n'a pas été tendre envers Henry VI, aussi désastreux pour l'Angleterre que Charles VI, le roi « fol », l'avait été pour la France. Henry VI aurait été « cultivé, pieux et plein de bonnes intentions » à un moment où il aurait fallu être « héroïque [6] ». Né au château de Windsor, Henry VI fut le seul monarque à être effectivement couronné roi d'Angleterre et roi de France, respectivement à Westminster, en 1429, et à Notre-Dame de Paris, en 1431. Pourtant ce roi de France-là, contrairement à Charles VII deux ans plus tôt, ne fut sacré qu'avec un chrême ordinaire. La sainte ampoule demeurait à Reims, haut lieu d'une religion royale dont il faut penser qu'elle fut plus forte en France qu'en Angleterre [7]. Le rêve d'Édouard III, désirant s'asseoir sur les deux trônes, paraissait trouver sa réalisation. Oui, mais à quel prix ? Et pour combien de temps ?

Selon les termes du traité de Troyes, il n'y avait pas d'union des royaumes, mais la France et l'Angleterre, si elles avaient un même souverain anglais, restaient des entités distinctes. Il s'agissait bien d'une double monarchie [8]. Les parlementaires anglais, vaguement inquiets, se réjouissaient de cette distance : en cas d'union des royaumes, les Français, tellement plus nombreux, n'auraient-ils pas pu à leur tour envahir leur voisin ? Ou le contaminer, en lui transmettant leurs mœurs et coutumes, en bref leur civilisation [9] ? En cet âge obsédé à l'extrême par les lignages, Henry VI réconciliait en sa personne les Lancastre et les Valois. Son père Henry V n'avait-il pas épousé finalement « sa » princesse française, Catherine, fille de Charles VI [10] ? L'heureux événement s'était déroulé dans la merveilleuse ville de Troyes en Champagne, en l'église Saint-Jean. Henry V, devenu pour lors régent de France, n'avait pas joui longtemps de ses conquêtes. Il mourut à Vincennes, à la fin de l'été 1422. Son fils avait moins d'un an. L'enfance du petit Henry VI fut dominée par ses oncles rivaux, Monseigneur de Beaufort, le duc de Gloucester et le duc de Bedford.

Henry Beaufort était d'Église. Il fut l'un de ces prélats matois et fins politiques, aussi à l'aise dans les affaires religieuses que dans celles de l'État. Le cardinal avait une prédilection pour les finances publiques, encore accrue par une importante fortune personnelle [11]. Plus coriace, Humphrey, duc de Gloucester, était un fils cadet d'Henry IV et de sa première épouse, Mary de Bohun. Il est le célèbre « Duke Humfrey » qui a donné son nom à la réserve des livres rares et des manuscrits de la Bodleian Library d'Oxford. Il exerça, selon les souhaits mêmes d'Henry V, la direction des affaires – encore que le Conseil ne lui eût jamais accordé le beau titre de *rector regnis et regni*, si convoité, qui avait été celui de Guillaume le Maréchal au début du XIIIe siècle. Enfin, troisième personnage de cette triade avunculaire, Jean de Lancastre, duc de Bedford, lui aussi fils d'Henry IV et de Mary de Bohun. Les Français n'ont pas oublié son rôle dans le procès de Jeanne d'Arc, en 1431 [12]. Deux ans plus tôt, la Pucelle avait adressé au duc de Bedford, qui se disait « régent de France pour le roi d'Angleterre », une lettre menaçante : « Faites raison au Roi du Ciel ; rendez à la Pucelle qui est envoyée par Dieu, le Roi du Ciel, les clefs de toutes les bonnes villes que vous avez prises et violées en France. » Et cette formule : « Allez-vous-en, de par Dieu, dans votre pays, de par Dieu, et si ainsi ne le faites, attendez les nouvelles de la Pucelle, qui vous ira voir sous peu à vos bien grands dommages. Je suis envoyée de par Dieu, le Roi du Ciel, corps pour corps, pour vous bouter hors de toute la France. » Enfin, intrépide : « Si vous lui faites raison, encore pourrez venir en sa compagnie, là où les Français feront le plus bel fait que oncques fut fait pour la chrétienté. »

« Écrit ce mardi, semaine sainte [13] » (22 mars 1429).

On ne s'étendra pas davantage ici sur une épopée militaire, vite inséparable du mythe : la rencontre avec Charles VII, surnommé par dérision le roi de Bourges, la défaite des Anglais devant Orléans en mai 1429, le sacre du roi, le 17 juillet dans la cathédrale de Reims, la mort ignominieuse d'une « sorcière » condamnée au bûcher. Frappé de ces mots *Jesus Maria*, l'étendard de Jeanne montrait le Christ du jugement, flanqué d'un ange tenant une fleur de lys.

Le processus était enclenché. « Jeanne fut un mythe vivant [14]. » Même vaincue, même condamnée par un tribunal d'Église de son temps, Jeanne eut raison devant Dieu. Et devant les hommes. Jules Michelet devait apporter la plus républicaine des consécrations à celle, inclassable, qui fut à la fois sainte et hérétique. Processus que l'on jugerait volontiers irréversible, pour ne pas dire miraculeux, ou volontariste. Mais qui tint également à la lassitude qui saisit l'envahisseur. Un vétéran de la bataille d'Azincourt, sir John Fastolf, exhortait encore ses compatriotes à reprendre une politique de destruction systématique. « Mieux vaut, à tout prendre, dévaster un pays pour un temps que le perdre [15]. » Le temps de la guerre de siège, précisait le vieux soldat, était révolu. Les Français avaient pris leurs dispositions et ils savaient résister vaillamment. Restait la possibilité d'une expédition punitive, partant de Calais et du Crotoy à la belle saison – c'est là que la guerre est la plus plaisante – et mettant à feu et à sang, en un vaste mouvement englobant, l'Artois, la Picardie, le Vermandois, le Laonnois, la Champagne et la Bourgogne. Pourquoi ne pas détruire les champs, les vergers et les vignobles ? Pourquoi ne pas tuer le bétail sur pied également, afin d'affaiblir définitivement une population, réduite à la plus terrible des famines ? Venant d'un prince chrétien, et donc favorable à la paix, cette politique de la terre brûlée apparaîtrait comme la juste rétribution de l'ingratitude des Français, infidèles à Henry VI.

En dépit de sa faconde, et de son franc-parler, John Fastolf ne parvint pas à convaincre [16]. À quoi bon transformer la France en un champ de ruines ? Quels intérêts réels avaient les insulaires à maintenir, à grands renforts de rentrées fiscales, une double monarchie qui suscitait leurs appréhensions ? La France aurait-elle pu devenir pour les Anglais une colonie de peuplement [17] ? Ou bien, à l'inverse, les Français n'auraient-ils pas à terme acculturé l'Angleterre, comme ils l'avaient déjà fait précédemment, du moins en partie, après 1066 ? L'âge de l'empire des Plantagenêts était révolu ; il restait associé dans les esprits à une élite franco-anglaise dominatrice et sûre d'elle-même. Qui souhaitait réellement voir revenir ces gens-là, à un moment où, précisément, une culture anglaise autonome s'affirmait avec force face au continent et à la papauté ? L'Angleterre fut battue sur les champs de bataille ; mais elle souffrit, plus encore, d'une indigestion. Les Plantagenêts avaient eu les yeux plus gros que le ventre en tentant de conquérir, sans pouvoir l'intégrer, un royaume rival nettement plus peuplé. Le temps des États-nations était venu. L'on n'en pouvait plus du conflit ; Henry VI écrivait à son « cher oncle » Charles VII, pour invoquer « le repos et aise du pauvre peuple longuement affligé et languissant à l'occasion des pestilentieuses guerres qui tant ont duré ». Il convenait, précisait-il, de « trouver voies et manières pour parvenir, moyennant la grâce de notre benoît rédempteur, à finale conclusion de paix perpétuelle et amoureuse entre nous et les deux royaumes [18] ». L'union d'Henry VI et de Marguerite d'Anjou marquait la volonté avouée de parvenir à un accord diplomatique [19].

Les Anglais furent boutés hors de France : Paris était repris en 1435, la Normandie fut reconquise en 1450, et enfin la Guyenne en 1453. Il fallut attendre un siècle pour que Calais tombât à son tour. Le 17 juillet se déroulait à Castillon, sur les bords de la Dordogne, une dernière bataille entre Français et Anglais. Envoyé par Henry VI, le vieux John Talbot, comte de Shrewsbury, mourait dans la mêlée. Un tableau de la célèbre galerie des batailles, à Versailles, commémore la scène [20]. La France face à l'Angleterre, des Français face à des Anglais ? Une nation constituée face à une autre en voie de constitution ? La guerre de Cent Ans fut aussi une opération arithmétique : il s'agissait de passer de trois à deux, et de deux à un. Les trois puissances ? L'Angleterre et la France, bien sûr, mais aussi la Bourgogne. La Bourgogne, une Bourgogne incluant la Flandre, avait été d'un bout à l'autre impliquée dans le conflit. La victoire finale fut avant tout due à la réconciliation contre l'Anglais, devenu ennemi commun [21].

1453 ? 1453, dans l'histoire européenne, marqua la prise de Constantinople par les Turcs. Et, à ce titre au moins, la fin d'un Moyen Âge chrétien où s'étaient confrontées Rome et Byzance. L'année suivante, lors d'un grand banquet à Lille, Philippe le Bon, duc de Bourgogne, invita les chevaliers à se joindre à son serment de provoquer le Grand Turc en combat singulier. Ce vœu du faisan renouait avec l'idéal de croisade, incarné un temps par Richard Cœur de Lion [22]. Français, Anglais, Bourguignons allaient-ils oublier leurs querelles pour se tourner contre les Ottomans ? De nouveaux craquements apparurent. L'année 1453, ce fut aussi pour l'Angleterre l'année de la maladie du roi. Richard, duc d'York, devenait protecteur l'année suivante. La guerre entre les maisons d'York et de Lancastre allait se révéler inexpiable. « De ma souvenance sont morts en ses divisions d'Angleterre bien 80 hommes de la lignée royale d'Angleterre, dont une partie j'ai connue », devait noter Philippe de Commynes [23].

Les rouges et les blancs

L'Angleterre, à en croire le témoignage d'un observateur français, jouissait de nombreux atouts au lendemain de la guerre de Cent Ans. Prenant « Dame Prudence » à témoin, il s'extasiait devant le « bel et grand peuple » qui habitait dans le pays, « gens d'Église », nobles, ou « mécaniques ». L'Angleterre, selon lui, était un « monde abrégé de peuples ». Et l'auteur d'évoquer les richesses végétales et minérales de l'île. Sans oublier les troupeaux : bœufs, vaches, pourceaux, « bêtes chevalines » et « bêtes à laine », comme ces brebis portant « la plus fine et la plus singulière laine [...] de quoi on fait les fins draps et les fines écarlates ». En plus de l'étain et du plomb, de l'argent et du silex, il fallait mentionner ce « charbon de pierre ardent, de quoi on fait le feu ». Quand on y adjoignait les ressources de la mer, on parvenait à un tableau complet des « trois richesses d'Angleterre », la « richesse dessus la terre », la « richesse de dessous » et la « richesse d'environ la terre », permettant de conclure qu'il y avait « richesse de tous côtés [24] ». Et pourtant, en dépit de tous ses atouts, le pays souffrait d'une instabilité chronique. Problème de légitimité, bien sûr. On n'oublia jamais que les Lancastre étaient arrivés au pouvoir par un coup d'État. Encore en 1450, dans le Kent, avait eu lieu l'une de ces émotions populaires, où planait la réminiscence de Wat Tyler. Les rebelles avaient placé à leur tête Jack Cade, qui prétendait s'appeler « John Mortimer » et se présentait comme un cousin du duc d'York, nimbant ainsi la contestation d'un « halo de gloire aristocratique [25] ». Les insurgés étaient même entrés dans Londres, où ils avaient coupé quelques têtes, dont celle du trésorier, James Fiennes, baron Saye and Sele, et celle de son gendre, William Crowmer, exhibées de façon grotesque au bout d'une pique, figées dans une fugitive et suggestive embrassade [26]. Renonçant provisoirement à leurs espérances continentales bafouées, les Anglais reportèrent leur énergie sur les champs de bataille insulaires. La guerre se ralluma. Mais, cette fois-ci, entre Anglais.

La guerre des Deux-Roses dura trente ans, de 1455 à 1485. Les partisans des Lancastre auraient arboré, prétend-on, une rose rouge, la rose de Provins, leurs adversaires yorkistes, une rose blanche. Mais le nom ne s'imposa que tardivement, dans le courant du XVIe siècle [27]. La guerre fut meurtrière, du moins donna-t-elle lieu à force batailles où l'on s'étripa avec bonheur, presque avec cette allégresse des conflits de famille.

Richard Plantagenêt, duc d'York, était le fils de ce Richard de Conisbrough, comte de Cambridge, exécuté par Henry V en 1415, l'année même d'Azincourt. Le noble sang des Plantagenêts, celui des Mortimer, coulait dans les veines du duc. « C'était un homme modéré, doué de capacités moyennes, franc et travailleur. C'était aussi l'héritier incontestable – mais non reconnu – du trône [28]. » Cela ne l'empêcha pas de servir son cousin fidèlement, tant en France qu'en Irlande, où on l'envoya comme lieutenant du roi pour l'écarter, provisoirement, des affaires en 1449. Mais Henry VI donnait des signes de plus en plus inquiétants de maladie mentale. En 1453, un concile de régence fut établi, sous la direction de Richard d'York, devenu pour lors *Lord Protector*. La Cour était divisée : Edmund Beaufort, duc de Somerset, ou Henry Percy, duc de Northumberland, demeurèrent fidèles au roi jusqu'à la mort, Richard d'York recevait le soutien de Richard Neville, comte de Salisbury, et de son fils, le comte de Warwick [29].

Ce grand niais d'Henry VI, mal à l'aise, comptait les points. Son épouse, Marguerite d'Anjou, voyait les choses d'un plus mauvais œil. La maladie du roi, en cet âge obsédé à l'extrême par les problèmes de légitimité dynastique, joua un rôle incontestable dans le déclenchement du conflit. Richard d'York, héritier le plus proche d'Henry VI, perdit une partie de sa prééminence en octobre 1453, lorsque la reine donna naissance à un prince de Galles. Il devait récupérer opportunément une partie du terrain perdu en devenant protecteur du royaume, lorsque son malheureux cousin tomba gravement malade en mars 1454.

Las ! L'épreuve fut de courte durée, et Henry VI recouvra, très provisoirement, la raison, à Noël de la même année. Le 22 mai 1455 se déroulait un premier engagement à Saint-Albans. Il devait être suivi de pas mal d'autres. À chaque fois, la fine fleur de la noblesse, engagée pour ou contre le roi, jonchait le sol – donnant aux générations à venir d'immenses possibilités de promotion. On tue peu, mais on tue bien, si possible les personnages les plus hauts placés, afin de faire place nette. Henry VI sombra à nouveau en novembre 1455, laissant encore la place au duc d'York. Ce dernier fut renvoyé en février 1456. Ces alternances se révélèrent exaspérantes, non seulement pour Henry VI et pour Richard d'York, mais également pour leurs parentèles et leurs alliés. La guerre fut d'abord un affrontement interne aux classes dirigeantes anglaises [30]. Néanmoins, on suivait avec intérêt l'évolution de la situation sur le continent, où se fit jour une « quasi-alliance entre la Bourgogne et le parti yorkiste [31] ». Calais, l'Irlande furent également aux mains des blancs. Il était impensable de rester neutre très longtemps : York ou Lancastre, le blanc ou le rouge, il fallait choisir. Le peuple fut placé face à la même alternative : les yorkistes semblent avoir rallié ses suffrages, du moins à Londres, où Henry VI souffrait d'un total discrédit [32]. Parmi les piliers des Lancastre, les Beaufort, ducs de Somerset, ou encore les Percy, ducs de Northumberland. Du côté adverse, les Herbert, comtes de Pembroke, ou les Howard, ducs de Norfolk. Les autres hésitèrent ou changèrent de camp. Toutes les grandes familles furent également décimées. Ces affrontements se déroulèrent dans les

Midlands, ou pour certains d'entre eux dans le nord du pays – comme pour mieux marquer le caractère purement insulaire de la guerre civile.

Sombre litanie des champs de bataille [33]. Cette page particulièrement sanglante fut lue comme une grande leçon de morale à l'usage des peuples et de leurs gouvernants. Le souvenir cuisant de la guerre des Deux-Roses hanta les esprits insulaires, toujours sensibles au caractère allégorique de ces affrontements fratricides, où la trahison, l'avidité, le meurtre et la cruauté se disputaient la primauté.

Les souverains yorkistes

Richard, duc d'York, ne devint pas roi ; il mourut trop tôt pour cela, et laissa ce soin, par délégation, à son fils Édouard, comte de March. La disparition du duc, sur le champ de bataille de Wakefield, le 30 décembre 1460, ne mit pas un terme aux prétentions dynastiques de sa famille. De façon ironique, on plaça la tête coupée du duc sur l'une des portes de la ville d'York, ceinte par dérision d'une couronne de pacotille. Le duc n'avait été qu'un roi de papier [34]. L'homme fort, désormais, ce fut Richard Neville, comte de Warwick, dit le « faiseur de rois [35] ». Les Neville étaient apparentés tant aux Lancastre qu'aux York, mais leur choix s'était porté sans hésiter sur Richard d'York, qu'ils avaient soutenu sans faiblir depuis le début. Affaire de loyauté personnelle sans doute, doublée par une inimitié tenace pour la famille rivale des Percy, comtes de Northumberland. Édouard IV fut couronné en juin 1461. Trois jours plus tard, il rendit public son mariage avec Elizabeth Woodville, coupant ainsi court à toutes les entreprises nuptiales, ces moments déterminants des arrangements diplomatiques. Ce roi de 19 ans, au visage avenant, aimait les femmes et la vie ; la Cour sortit de l'atmosphère de lourde mélancolie qui avait caractérisé le règne d'Henry VI. Le nouveau monarque inventa même une décoration, un collier de soleils et de roses [36].

Une forte rivalité ne tarda pas à s'instaurer entre la reine, Elizabeth Woodville, et Richard Neville, comte de Warwick. Affaire de clans, bien sûr, liée à la rivalité entre les Woodville et les Neville. Mais qui recoupait des enjeux internationaux : Warwick était passionnément favorable au roi de France, Louis XI, qui n'hésitait pas à flatter en retour un aussi « puissant prince » – ainsi qu'il l'appelait parfois avec une feinte complicité [37]. Ébloui, Warwick se sentait presque l'égal d'un roi. En tout cas, de l'un de ces puissants vassaux qui faisaient trembler les monarques. Warwick aimait l'opulence, le faste, la splendeur. Il comprit qu'Édouard IV en prenait ombrage. Et que, fidèle à ce devoir d'ingratitude qui guette la vie des États, il allait se liguer contre celui qui l'avait fait roi.

Un retournement d'alliances s'opéra. L'ancien clan yorkiste se scinda ; pourquoi ne pas en revenir aux Lancastre ? Warwick s'allia à George d'York, duc de Clarence, ainsi qu'à Marguerite d'Anjou, contre Édouard IV [38]. Westminster fut l'objet d'un duel diplomatique acharné entre la France et la Bourgogne. Warwick avait choisi la France, les Neville soutenaient la Bourgogne [39]. Warwick eut une entrevue décisive avec Louis XI, qui le salua en prince et le traita en ami, lui promettant même la souveraineté de la Hollande et de la Zélande en échange de son assistance contre Charles le Téméraire.

En septembre 1470, une armée favorable à Henry VI envahit l'Angleterre depuis la France, contraignant Édouard IV à l'exil aux Pays-Bas [40]. Le parlement fut convoqué en novembre ; Warwick prononça un beau discours expiatoire : « Revenez, ô enfants égarés. » Henry VI fut déclaré vrai roi d'Angleterre, et Édouard IV usurpateur [41]. Tout comme la mauvaise monnaie chasse la bonne, le « mauvais » roi devait revenir chasser le « bon » quelques mois plus tard. Au printemps suivant, Édouard débarqua à son tour. Londres fut pris, et Warwick mourut les armes à la main à Barnet – avant la totale défaite des Lancastre à Tewkesbury. Les Bourguignons se réjouirent de ce mauvais coup infligé aux Français :

« Entre vous, Français,
« Jetez pleurs et larmes.
« Warwick, votre choix,
« Est vaincu par armes [42]. »

Quant à Henry VI, il fut assassiné à la Tour de Londres. Ce n'était pas la première fois, après Édouard II et Richard II, qu'un roi d'Angleterre disparaissait dans des conditions suspectes. On lui attribua bien quelques miracles, suffisamment en tout cas pour que le très sérieux *Times* de Londres, durant l'été 1972, publiât plusieurs lettres demandant sa canonisation. Certes, l'éditorialiste, sceptique, exprima quelques doutes sur une cause qui ne pouvait que desservir la monarchie, en montrant la faiblesse d'un homme et d'un roi [43].

Édouard IV mourut à son tour le 9 avril 1483, à l'âge de 40 ans. Le lendemain son corps fut exposé, à moitié nu, pendant une dizaine de jours, afin que les lords, spirituels et temporels, et le maire de Londres pussent s'assurer de la réalité de son décès. Trois messes s'ensuivirent : une à Notre-Dame, une autre à la Sainte-Trinité, une dernière, de *requiem*, pour le repos de son âme. Le rituel avait pour but avoué de rappeler que le roi avait bien été oint [44]. Dès qu'il fut enterré, les hérauts s'écrièrent : « Le roi est vif, le roi est vif », équivalent de notre « Le roi est mort, vive le roi [45] ». Le roi était vivant... Oui, mais lequel ? Le roi ne meurt jamais, son héritier est là pour assurer la continuité de la monarchie. Mais qui était le titulaire de cette fonction ?

Édouard IV laissait derrière lui deux petits princes, Édouard V et Richard. Ceux-ci disparurent à la Tour de Londres, assassinés par leur oncle, le duc de Gloucester, qui se fit couronner sous le nom de Richard III, le 6 juillet [46]. Cette infamie impressionna grandement les représentations romantiques du Moyen Âge ; le peintre Paul Delaroche consacra l'une de ses toiles les plus célèbres à ces deux pauvres enfants, pressés l'un contre l'autre, en attendant une mort certaine [47]. Tout a été fait, dès le XVe siècle, pour accentuer la monstruosité d'un règne qui ne dura que deux ans, en prologue à l'admirable dynastie des Tudors. L'on insista sans hésiter sur la difformité physique du personnage, proche du grotesque : « Il était de petite stature, le corps mal formé, une épaule plus haute que l'autre, l'air malin et dissimulateur, annonçait un penchant pour la fraude et l'hypocrisie. Lorsqu'il réfléchissait, il ne pouvait s'empêcher de se mordre la lèvre inférieure comme si sa nature cruelle cherchait désespérément à s'en prendre à son propre corps. Il portait sans arrêt sa main droite au fourreau, et il en sortait à demi la lame de son épée [48]. »

Devant les états généraux, réunis à Tours en janvier 1484, le chancelier Guillaume de Rochefort décrivait avec condescendance la situation anglaise : « Regardez, je vous prie, les événements qui après la mort du roi Édouard sont arrivés dans ce pays. Contemplez ses enfants, déjà grands et braves, massacrés impunément, et la couronne transportée à l'assassin par la faveur des peuples [49]. » Ce roi méchant homme n'en avait pas moins du goût ; en 1483, il écrivait à Louis XI avec gourmandise :

« Monsieur, mon cousin,

« Je me recommande à vous tant comme je puis. J'ai réécrit à mon serviteur Blanc Sanglier, à présent étant par-devers vous, afin de faire provision d'aucuns vins du cru de Bourgogne et de la Haute France pour moi et la reine ma compagne.

« Si vous prie pour ce, Monsieur mon cousin, que veuillez donner commandement à vos officiers et sujets qu'ils le souffrent faire la provision desdits vins et franchement conduire ou faire conduire et passer en cestui mon royaume d'Angleterre, sans aucun destourbier et contredit, et vous me ferez en ce un bien singulier plaisir. Et s'il est aucune chose que je puisse faire pour vous, en le me faisant savoir, je l'accomplirai très volontiers, à l'aide de Dieu qui, Monsieur mon cousin, vous ait en sa sainte garde.

« Écrit en mon château de Nottingham, le 22e jour d'août [50]. »

À peine était-il installé sur le trône que Richard III dut faire face à la rébellion d'Henry Stafford, duc de Buckingham [51]. Ce dernier fut exécuté, en novembre 1483, mais un parti lancastre se reconstitua sans attendre autour d'Henry Tudor, comte de Richmond et futur Henry VII. Owen Tudor, le grand-père d'Henry, avait épousé la reine Catherine de Valois, veuve d'Henry V. Son père, Edmund Tudor, était donc lui-même un demi-frère d'Henry VI [52]. Par sa mère, Margaret Beaufort, Henry descendait également de Jean de Gand, fils d'Édouard III. En tout, cinq générations. Mais cela n'empêcha pas le Tudor de reprendre le drapeau des Lancastre. En 1485, Henry assembla une armée au pays de Galles, où sa famille avait ses racines. Richard III fut battu à Bosworth, non loin de Leicester, le lundi 22 août. Retrouvés sous un parking en septembre 2012, ses restes ont enfin reçu une sépulture digne de son rang en mars 2015 lorsque l'archevêque de Cantorbéry, en compagnie d'autres ecclésiastiques, a présidé ses obsèques télévisées. Henry VII, à son tour, était le conquérant de son royaume ; une nouvelle ère commençait. La dynastie des Tudors allait rester au pouvoir jusqu'à la mort de la reine Élisabeth, en 1603.

Chapitre XII

HENRY VII, ROI DE LA VEILLE OU ROI DU LENDEMAIN ?

> « L'on pouvait encore justifier la revendication d'Henry d'une troisième façon, en invoquant le droit de conquête [...] Mais outre le fait que Richard apparaissait comme un usurpateur, l'armée qui l'avait battu consistait essentiellement d'Anglais. Et comment des Anglais eussent-ils pu conquérir leur propre pays [1] ? »
>
> David Hume, 1778.

« Usurpateur heureux et grand politique », Henry Tudor montait sur le trône d'Angleterre à l'issue de la bataille de Bosworth [2]. Ce roi de moins de trente ans devait régner jusqu'en 1509. Le corps de Richard III gisait sur le champ de bataille. Une clameur tout à coup s'éleva : « Vive le roi Henry ! Vive le roi Henry ! » Richard III avait eu la fausse bonne idée d'apporter une couronne avec lui, afin sans doute d'éviter qu'elle s'égarât, ou qu'elle tombât entre de mauvaises mains. Et puis, une tête couronnée a beaucoup plus de prestige lorsqu'elle arbore réellement sa couronne. Il ne croyait pas si bien faire. Sir Reginald Bray, un fidèle compagnon d'Henry Tudor, s'en saisit au rebond et l'apporta à lord Stanley, second époux de Margaret Beaufort, mère de l'impétrant. Stanley put ainsi la placer, sans autre forme de procès, sur le chef de son beau-fils, désormais roi [3]. Magnanime, le nouveau souverain usa sans tarder de sa puissance, et arma sur le champ onze preux chevaliers, dont sir Gilbert Talbot de Slottesden, dans le Shropshire, et le Gallois Rhys ap Thomas, dont on a parfois prétendu qu'il avait porté le coup de grâce à l'usurpateur Richard III [4]. « Richard fut le dernier d'une famille de soldats ; Henry, le premier d'une dynastie d'hommes d'État », déclarait l'historien victorien James Gairdner [5].

L'ancien roi était nu. Nu comme un vers. Réduit à son plus simple appareil, Richard III fut porté, tel un pantin désarticulé, chez les franciscains de Leicester. On l'enterra, sans aucune pompe, deux jours après.

Le début du règne

Qui aurait osé remettre en cause la légitimité du nouveau monarque ? L'illégitimité active, ou du moins une légitimité douteuse, sécrète des liens encore plus forts que la légitimité incontestable. La solidarité est ici proche de la complicité. Les causes incertaines sont les meilleures. La seule personne qui pût faire obstacle à Henry VII était un garçonnet, un peu simple de surcroît. Édouard Plantagenêt, comte de Warwick, était le fils de George d'York, duc de Clarence, frère d'Édouard IV ; il constituait donc une menace potentielle pour Henry VII qui, sans hésiter, dépêcha un fidèle d'entre les fidèles, sir Robert Willoughby, au château de Sheriff Hutton dans le Yorkshire, pour se saisir du malheureux enfant, devenu à son insu une sorte de « Masque de fer » à l'anglaise. On l'enferma à la Tour de Londres, d'où il ne devait pas sortir vivant [6]. Mais ces histoires hypothétiques de prétendants n'en allaient pas moins empoisonner le règne. La propagande royale anglaise souffrait de multiples discontinuités. D'où le recours embarrassant à quatre arguments : lignage, conquête, élection, reconnaissance parlementaire enfin [7].

Le samedi 3 septembre, une dizaine de jours après la bataille de Bosworth, Henry VII effectuait sa joyeuse entrée dans Londres. Le Toulousain Bernard André, un père augustin célèbre pour son savoir, lut une ode latine destinée à l'accueillir. Le nouveau roi rencontra alors le lord-maire et les représentants des différentes corporations à Shoreditch, à l'est de la Cité, dans une atmosphère de liesse incroyable. Tous se pressaient pour lui baiser les mains et le féliciter de sa victoire sur un tyran. L'on chanta un magnifique *Te Deum* à la cathédrale Saint-Paul, avant qu'Henry VII s'installât quelques jours au palais épiscopal. C'est là que se tint une importante réunion du Conseil, où fut essentiellement abordée la question de son mariage avec Élisabeth d'York. Les réjouissances continuèrent pendant plusieurs jours à Londres, où l'on accorda au roi un don de 1 000 marcs.

Le couronnement eut lieu le 30 octobre. À cette occasion fut créé un nouveau corps d'élite, les célèbres *yeomen of the guard*, chargés de la protection du souverain, et qui veillent toujours sur la Tour de Londres. Leur délicieux archaïsme vestimentaire, digne d'une reconstitution historique, constitue de nos jours l'une des attractions touristiques de la capitale [8]. Discret et taciturne, le nouveau roi n'ignorait pas une magnificence inspirée par la cour de Bourgogne. Il ne négligea pas non plus les belles-lettres, et il se montra un excellent collectionneur de livres d'histoire et de manuscrits enluminés. Parmi les poètes qui l'entourèrent, John Skelton, le précepteur de son fils, et l'Italien Polydore Vergil, chargé de rédiger une des premières histoires d'Angleterre de la Renaissance.

Le parlement pouvait se réunir le 7 novembre, et écouter pieusement le beau discours par lequel Henry VII l'informait du caractère légitime de la succession, rendu plus manifeste encore par le succès, providentiel, d'une bataille. Le Dieu des armées avait clairement choisi son camp : il était celui de la victoire. Henry VII, roi par droit de conquête ? Du moins le caractère providentiel d'une victoire était le meilleur critère de sa légitimité. Nul n'en pouvait douter, et un acte d'accusation fut passé contre l'usurpateur Richard III, et tous ceux qui l'avaient servi lors de la bataille de Bosworth. Mais comment parler de trahison sans admettre qu'Henry VII ait été roi *avant* même la bataille ? Par l'un de ces aménagements rétrospectifs dont les parlements se montrent parfois complices, on décida qu'Henry VII était roi depuis le 21 août, veille du combat. Dès lors, ses ennemis avaient bien été des traîtres en tournant leurs armes contre ce roi de la veille. Réflexe de vengeance ? Peu regrettaient le défunt roi, promu tyran. Il s'agissait bien plutôt de se prémunir contre tout coup d'État à venir. Un acte du parlement entérinait le « putsch », présenté comme une conquête :

« Henry, par la grâce de Dieu, roi d'Angleterre et de France, et seigneur d'Irlande, au parlement tenu à Westminster le 7ᵉ jour de novembre, la première année du règne du roi Henry VII après la conquête.

« Pour la gloire de Dieu tout-puissant, la richesse, la prospérité et la sécurité de son royaume d'Angleterre, pour le réconfort particulier des sujets du roi, et afin d'obvier à toute contestation, nous ordonnons, établissons et déclarons au nom du parlement actuellement convoqué que la succession aux couronnes d'Angleterre et de France, avec tout ce qui en relève, ainsi que les autres seigneuries par-delà les mers demeurent et demeureront perpétuellement entre les mains de notre souverain, le roi Henry VII, et de ses héritiers légitimes, avec la grâce de Dieu [9]. »

L'on décida d'un serment de fidélité au nouveau roi – que prêtèrent sans attendre nombre de chevaliers des communes et de la maison du roi. Les lords, spirituels et temporels, en firent de même au parlement, la main posée sur le cœur ou sur les Saintes Écritures. En décembre, le modérateur de la chambre des communes, sir Thomas Lovell, transmit au roi une requête lui demandant d'épouser la princesse Élisabeth, fille d'Édouard IV. Les lords joignirent leurs voix, en baissant respectueusement la tête. Henry VII ne put que donner une réponse favorable à ce vœu, avant que le lord chancelier, John Alcock, prorogeât le parlement jusqu'en janvier [10].

Les parlements d'Henry VII

7 novembre 1485-4 mars 1486
9 novembre 1487-18 décembre 1487
13 janvier 1489-27 février 1490
17 octobre 1491-5 mars 1492
14 octobre 1495-22 décembre 1495
16 janvier 1497-13 mars 1497
25 janvier 1504-1er avril 1504

Le roi sut s'entourer de conseillers fidèles, dont John Morton, pour lequel Henry VII obtint un chapeau de cardinal en 1493. Ce prélat réformateur lutta contre les abus ecclésiastiques, en particulier à l'abbaye de Saint-Albans, et il accueillit le jeune Thomas More, futur auteur de l'*Utopie*, dans sa maisonnée. Citons également Richard Fox, autre ecclésiastique, et Reginald Bray [11]. Morton, Fox et Bray appartenaient à ces *new men* issus des classes moyennes et non point de l'ancienne aristocratie. Ils devaient leur promotion à leurs seuls mérites. Les Tudors appréciaient les compétences et plus encore la loyauté de ces hommes qui, n'étant rien, leur devaient tout, avec la reconnaissance empressée des parvenus. Il serait cependant contestable d'interpréter le phénomène comme une quelconque montée de la bourgeoisie [12]. Henry VII, parcimonieux, appréciait plus que tout l'abnégation des hommes d'Église. Les ecclésiastiques, même les plus ambitieux, présentaient un atout majeur : on pouvait toujours récompenser leurs services avec des biens d'Église, sans aliéner les richesses du royaume. Et puis, ces négociateurs nés fournissaient d'excellents diplomates, fins stratèges, intelligents et distingués, bons connaisseurs de la chrétienté et des enjeux internationaux.

Henry VII ne renonçait pas pour autant à son entourage aristocratique, au premier rang duquel il convient de citer Jasper Tudor, duc de Bedford, l'oncle du roi. Ou encore un grand soldat comme John de Vere, comte d'Oxford. On ne saurait non plus oublier Thomas Stanley, comte de Derby, et son fils. Ce Thomas Stanley, bien qu'il n'eût pas participé directement à la bataille de Bosworth, avait eu la présence d'esprit de placer la couronne sur la tête d'Henry VII, qui lui marqua une reconnaissance éternelle. D'autres personnages enfin avaient suivi Henry Tudor aux heures les plus sombres, comme Giles Daubeney et John Dynham, qui n'assistèrent pas à la bataille de Bosworth, ou Robert Willoughby, futur lord Willoughby de Broke [13]. Enfin, nombre de braves pouvaient dire : « J'étais à Bosworth. » Et, parmi eux, sir Richard Guildford de Cranbrook, dans le Kent, sir John Cheyney, sir Richard Edgecombe, de Cotehele, en Cornouailles, sir Thomas Lovell, de Barton Bendish, dans le Norfolk, ou sir Edward Poynings, de Southwark. L'année suivante, en épousant Élisabeth d'York, fille d'Édouard IV, Henry VII réconciliait définitivement les belligérants [14]. Une nouvelle ère commençait. Le Saint-Siège se félicitait de cette union, et de la paix perpétuelle qu'elle augurait entre les Anglais.

Rebelles et imposteurs

Le mystère qui avait entouré la disparition des deux fils d'Édouard IV à la Tour de Londres, l'emprisonnement récent d'Édouard Plantagenêt, comte de Warwick : tout cela contribua à créer une atmosphère étrange, presque irréelle, propice aux fabulations. L'avènement d'Henry VII conduisait à s'interroger sur les ressorts de la légitimité. Et à douter de ses principes.

Un prêtre d'Oxford, Richard Simon, mit la situation à profit pour inspirer à l'un de ses élèves, Lambert Simnel, une piteuse mise en scène qui finit par se retourner contre les faussaires. Le garçonnet ne commença-t-il pas par se présenter comme Richard, duc d'York, le plus jeune des petits princes assassinés ? Puis, se ravisant, comme le comte de Warwick ? Cette prétention saugrenue fut jugée plausible en Irlande, où l'on restait attaché à la dynastie yorkiste. Gerald Fitzgerald, comte de Kildare, lui accorda un crédit, vite jugé gênant par Henry VII [15]. Le prétendu fils du duc de Clarence fut logé au château de Dublin, et même couronné en mai 1487, sous le nom d'« Édouard VI », à Christ Church, où évêques, nobles et magistrats purent venir prêter serment. L'affaire ne se limita du reste pas à l'Irlande, car le bruit courut jusqu'en Flandre où il s'amplifia. Un neveu d'Édouard IV, John Delapole, comte de Lincoln, fit tout pour accréditer la rumeur [16]. Restée veuve, la troisième épouse de Charles le Téméraire, Marguerite d'York, duchesse douairière de Bourgogne, participa également à la manœuvre [17]. La sœur d'Édouard IV n'avait-elle pas tout intérêt, elle aussi, à souffler la tempête ?

Sentant le vent venir, Henry VII s'arrangea pour que l'on exhibât le vrai Warwick dans Londres, où on le conduisit un beau dimanche écouter la messe à la cathédrale Saint-Paul. Mais il fallait également parer à toute éventualité, et le royaume fut mis sur le pied de guerre, sous le commandement de Jasper, duc de Bedford, et de John de Vere, comte d'Oxford. Henry VII en personne se rendit en pèlerinage à Walsingham, après avoir fait ses pâques à Norwich. À Coventry, pour la Saint-Georges, le nouvel archevêque de Cantorbéry, Morton, lut solennellement en chaire la bulle du pape reconnaissant doublement la légitimité d'Henry et de son épouse, Élisabeth, et condamnant les rebelles [18].

Les préparatifs allaient bon train dans l'autre camp ; en mai, un contingent de soldats au service de Marguerite d'York, duchesse de Bourgogne, arrivait en Irlande, pour se joindre aux partisans de Simnel. Débarqués dans le Lancashire, les yorkistes furent écrasés en juin 1487 à la bataille de Stoke, à côté de Newark, dans le Nottinghamshire. Le comte de Lincoln fut tué lors des combats. En novembre, le parlement se réunissait pour instituer la célèbre Chambre étoilée, permettant au Conseil privé de se saisir directement de certaines affaires relevant de la justice. Le nom ultérieur de Chambre étoilée – *Star Chamber* – faisait référence au plafond de la salle où se tenaient les audiences. Le couronnement de la reine ajouta encore au prestige d'une union dynastique, destinée à guérir le pays de la guerre civile, en témoignant de la réconciliation des maisons d'York et de Lancastre. Restait à faire admettre la situation aux Irlandais. Sir Richard Edgecombe franchit la mer l'année suivante pour recevoir l'hommage des anciens rebelles, et leur accorder en échange le royal pardon. En juillet enfin, la bulle du pape était lue dans la cathédrale de Dublin, là où « Édouard VI » avait été précédemment couronné. Quant au pauvre Simnel, il termina sa carrière comme domestique dans les cuisines royales. C'était, si l'on veut, l'histoire de Cendrillon. Mais mise à l'envers, puisque le « prince » redevenait souillon.

Entre la Flandre et l'Irlande, l'Angleterre se sentait assiégée. L'expansion française en Bretagne inquiéta également Henry VII, qui avait passé plusieurs années de sa jeunesse en Armorique. Charles VIII n'avait du reste pas manqué de faire part au roi d'Angleterre de ses projets. Le duc de Bretagne, François II, avait été assiégé dans Nantes par Charles VIII. Il subit une défaite définitive à Saint-Aubin, en juillet 1488. Rennes résistait toujours, mais le duc, épuisé, signait la paix avec la France fin août, avant de s'éteindre quelques semaines plus tard. Henry VII était sensible à la menace que représentaient les côtes bretonnes pour sa propre façade maritime. Il tenta sans succès de limiter l'expansion française en s'appuyant sur la Bourgogne, le Saint Empire, l'Espagne et le Portugal. L'Angleterre mena une offensive diplomatique intense. Maximilien d'Autriche, Philippe le Beau, Isabelle de Castille et Ferdinand d'Aragon, Jean II du Portugal : tous reçurent la visite d'ambassadeurs d'Henry VII, qui ne négligeait pas pour autant de mener des négociations parallèles avec Anne de Bretagne et avec Charles VIII.

De la péninsule Ibérique jusqu'aux Flandres : la coalition qu'Henry VII tenta de constituer anticipait largement ce grand affrontement à venir, celui de Charles Quint et de François Ier, au siècle suivant. Autres intervenants, indirects, dans ce conflit : les Turcs, dont la menace était agitée par le Saint-Siège, afin de fédérer l'Europe chrétienne contre le péril islamique. Le légat du pape, Lionello Chieregato, évêque de Concordia, se rendit à Paris et à Londres afin de transmettre l'appel d'Innocent VIII.

Henry VII, tout en poursuivant son offensive diplomatique, préparait une intervention contre la France. Le Français Robert

Gaguin, envoyé en ambassade par Charles VIII, ne manqua pas de décrire l'équilibre militaire auquel étaient parvenus les anciens belligérants de la guerre de Cent Ans :

« Qui est anglais pour tel se tienne;
« Qui est français le soit de fait;
« L'un, bon voisin, l'autre soutienne.
« Paix soit faite, et ne nous souvienne
« De bruit, de noise, ni de guerre.
« Vive France, vive Angleterre [19]. »
(*Le passe-temps d'oisiveté*)

L'alliance avec l'Espagne était la pièce maîtresse d'un dispositif atlantique ; en 1489-1490, le traité de Medina del Campo prévoyait le mariage de la fille de Ferdinand et d'Isabelle avec l'héritier du trône d'Angleterre, le prince Arthur, âgé d'à peine trois ans. Il s'agissait de tourner définitivement la page, en empêchant l'Espagne de porter assistance à toute nouvelle tentative yorkiste. Mais, plus encore, Henry VII souhaitait préparer l'avenir, en posant les fondements d'une amitié anglo-espagnole destinée à contrecarrer la puissance française.

Comme la guerre était l'aboutissement de la diplomatie, Henry VII se résolut à intervenir militairement en Bretagne. Un corps expéditionnaire fut placé sous le commandement de lord Daubeney, tandis que lord Willoughby de Broke dirigeait la flotte. Les Anglais occupèrent Morlaix, mais ils ne parvinrent pas à jouer un rôle décisif sur le terrain [20]. En décembre 1491, le roi de France épousait à Langeais Anne de Bretagne. Une clause stipulait qu'en cas de décès de son royal époux, la princesse devrait s'unir à son successeur – ce qui se produisit huit ans plus tard, lorsque Louis XII épousa à son tour l'héritière des ducs de Bretagne, scellant ainsi de façon définitive le rattachement du pays à la France.

Le front n'était pas stabilisé pour autant. Insidieusement, il restait à contrecarrer Henry VII à l'intérieur même de son royaume. Ou, du moins, à peser sur son maillon faible, l'Irlande, en tentant de remonter de la périphérie vers le centre. L'Irlande yorkiste, après l'absurde conspiration de Simnel, était toujours prête à prêter une oreille complaisante aux ennemis d'Henry VII. Il fallait absolument trouver un prétendant. Et on en trouva un. Ce fut un aventurier, originaire de Tournai, dans l'actuelle Belgique. Cet admirable escroc était entré au service d'un négociant breton, Prigent Ménon, qui commerçait avec l'Irlande.

Après avoir accosté à Cork, un beau jour de 1491, le dénommé Warbeck eut l'idée fantaisiste de se revêtir de la soie de sa cargaison, s'attirant l'admiration respectueuse des insulaires. N'était-il pas le comte de Warwick, cet élégant jeune homme ? Warbeck nia. Mais l'on ne pouvait le croire. Se prenant à ce jeu saugrenu, Warbeck finit par admettre qu'il était en fait Richard, le duc d'York, disparu à la Tour.

Le comte de Kildare se montra à peine plus prudent que lors de l'affaire Simnel : il ne désavoua pas une rumeur qu'il se garda bien d'accréditer pour autant. Mieux valait garder plusieurs fers au feu. Après tout, les yorkistes n'avaient peut-être pas dit leur dernier mot. En revanche Maurice Fitzgerald, comte de Desmond, prit fait et cause pour Warbeck [21]. Une deuxième insurrection irlandaise commençait. Au printemps 1492, Henry VII, méfiant envers Gerald Fitzgerald, comte de Kildare, lui retira sa charge de *lord deputy*, et la confia à Walter Fitzsimons, archevêque de Dublin [22]. Mais surtout la Couronne n'ignorait pas les divisions internes aux élites irlandaises, et elle se montra prête à avantager la famille des Butler aux dépens des Fitzgerald, qui avaient joui de la bienveillance des yorkistes [23]. En mars, Warbeck, très *glamour*, trouvait un asile provisoire à la cour de France, auprès de Charles VIII – avant de remonter en Flandre, où Marguerite d'York, duchesse de Bourgogne, lui prêtait encore assistance. Furieux, Henry VII envoya en juin une flotte de 35 navires dévaster la Normandie. Un débarquement eut lieu, et l'opération se solda par la destruction de plusieurs bateaux dans le port de Harfleur. On se serait cru revenu un siècle en arrière, lorsque les Anglais menaient leurs expéditions contre la France. Mais cette époque semblait révolue. Henry VII, homme d'État plus encore que soldat, croyait essentiellement aux solutions diplomatiques. Un règlement intervint peu après : « L'on vous fait savoir que bonne, sûre et ferme paix, union et amitié est faite entre très hauts et très puissants princes les rois de France et d'Angleterre, leurs royaumes, pays, seigneuries et sujets, durant la vie desdits princes et du dernier survivant d'eux deux, et encore un an et après le trépas dudit dernier vivant, et que par cette paix, les sujets desdits royaumes, pays et seigneuries, de quelque état ou condition qu'ils soient, peuvent hanter et converser, marchandement et autrement, les uns avec les autres, par terre, par mer, et par eau douce, sans qu'il leur soit besoin d'avoir autre sauf-conduit général ou particulier. En laquelle paix et amitié sont compris les alliés desdits deux rois, si compris y veulent ester [24]. »

En octobre 1494, sir Edward Poynings se rendit dans l'Irlande insurgée [25]. Plusieurs mois furent nécessaires pour rétablir l'ordre. Sous l'autorité de Poynings, un parlement se tint à Drogheda à compter du 1er décembre. Il adopta deux mesures célèbres qui restèrent en vigueur jusqu'en 1782. Ces *Poynings'Laws*, comme on les appelle généralement, prévoyaient que le parlement irlandais ne pourrait être convoqué qu'après approbation par le Conseil du roi d'Angleterre, et que tous les textes qui y seraient débattus devaient avoir fait l'objet d'un accord préalable. De plus, les lois anglaises déjà existantes s'appliquaient désormais à l'Irlande [26].

L'Angleterre n'était du reste pas à l'abri des bruits de conspiration. En dépit de son état de service, le malheureux sir William Stanley, frère du comte de Derby, fut exécuté en 1495 pour avoir laissé entendre que Warbeck était peut-être légitime. Il n'y avait pas de place pour une telle incongruité dans l'Angleterre d'Henry VII. Et pourtant, un Acte célèbre, la même année, dissociait clairement l'allégeance que l'on devait au roi, des preuves de sa légitimité. Il incombait aux sujets, quoi qu'ils pensent en leur for intérieur, de servir le prince contre tout ennemi. C'était admettre que, quelle que fût la source de son pouvoir, le roi devait être respecté, à partir du moment où il occupait le trône [27]. Cynisme ou pragmatisme ? Quelques années avant Machiavel, la politique prenait congé de la morale. Après la guerre des Deux-Roses, au milieu de tant de prétendants potentiels et d'usurpateurs possibles, il n'était plus nécessaire de croire béatement que la légitimité était un impératif absolu. Un roi de fait valait bien un souverain de droit.

En novembre 1495, Warbeck était reçu par le roi Jacques IV d'Écosse, dont il épousait la cousine, lady Catherine Gordon. L'invasion de l'Angleterre fit cependant long feu, en septembre 1496. Les Écossais regagnèrent leur pays sans coup férir. Ce Warbeck était désormais bien encombrant. Reparti pour l'Irlande durant l'été 1497, le faussaire tenta un dernier assaut en profitant d'une révolte anti-fiscale en Cornouailles [28]. En septembre, il abordait près de Land's End, le finistère anglais. La centaine d'hommes qui l'entourait décupla en arrivant à Exeter. La ville cependant résista et Warbeck, après avoir trouvé refuge à Beaulieu Abbey, se rendit, et confessa son imposture.

Les choses en seraient restées là si, en 1499, un nouveau « Warwick », Ralph Wilford, n'était pas apparu. Henry VII ne supportait plus ces histoires de doubles, venus hanter son royaume comme un éternel remords. On pendit haut et court cet imbécile de Wilford en février. Quant à Perkin Warbeck et Édouard Plantagenêt, ils furent placés dans des cellules proches, à la Tour de Londres. On prétexta un nouveau complot, et les deux hommes furent mis à mort en novembre à quelques jours d'intervalle. Comme il était un simple roturier, Warbeck fut pendu, tandis que Warwick, noblesse oblige, eut galamment la tête tranchée.

L'heure espagnole

En 1492, tandis que les Rois catholiques achevaient leur *Reconquista* par la prise de Grenade, au moment où Christophe Colomb abordait en Amérique, l'Angleterre tournait ses regards vers l'Espagne. Le cardinal Morton, à Saint-Paul, célébra dans la liesse la victoire des armes chrétiennes contre l'Infidèle. Mais l'Espagne, sourde à ces clameurs, n'en signa pas moins une paix séparée avec la France, en janvier 1493 à Barcelone. Pourvu qu'on leur accordât le Roussillon et la Cerdagne, les Espagnols n'avaient plus de raison formelle d'être en guerre avec leur voisin du nord.

Rodrigo Gonzalez de Puebla fut le grand artisan des relations anglo-espagnoles de la fin du xve siècle. En 1495, l'Espagnol entamait sa seconde mission outre-Manche. La France s'était engagée dans les guerres d'Italie, encourant la réprobation du Saint-Siège. L'Angleterre pardonnait difficilement à Maximilien d'Autriche, et à quelques autres, le soutien apporté à Warbeck. Henry VII excellait dans l'art, difficile entre tous, de la diplomatie. Entre le roi d'Angleterre et l'ambassadeur espagnol, il y eut cette estime réciproque fondée sur le professionnalisme. Le grand ennemi, comme toujours, c'était la France. Henry VII avait su, cependant, rester à l'écart de la ligue constituée à Venise en mars 1495, autour du pape Alexandre VI, de Venise et de Milan. Maximilien, Ferdinand et Isabelle s'étaient joints au mouvement. Les Rois catholiques se montraient particulièrement engageants, invitant Henry VII à appartenir au club. Et puis, il fallait reparler sans tarder du mariage de l'infante

Catherine et du prince héritier Arthur. Rien n'y fit. Henry VII n'oubliait pas le soutien que Maximilien avait apporté, apportait encore à Warbeck [29]. Le roi d'Angleterre consentit finalement, l'année suivante, à envoyer lord Egremont à la cour de Maximilien, à Nordlingen en Souabe. La situation avait grandement évolué en Italie, où les Français négociaient avec Milan et Venise. Mais Maximilien reconnaissait toujours Warbeck.

L'Angleterre, pendant ce temps, avait régularisé ses relations commerciales avec la Flandre, un temps perturbées par l'assistance apportée à Warbeck. Le 24 février 1496, un grand traité commercial, l'*Intercursus Magnus*, fut ratifié entre l'Angleterre et les Pays-Bas. La Flandre et le Brabant dépendaient de l'Angleterre pour leur approvisionnement en laine, tandis que la Hollande et la Zélande recevaient d'importants droits de pêche. En juillet 1496, Henry VII envoya finalement Robert Sherbourne, évêque de Chichester, à Rome pour apporter son adhésion à la ligue contre la France. Le pape se réjouit beaucoup et une grande procession se déroula à la cathédrale Saint-Paul. Henry VII ne souhaitait du reste pas une intervention directe de son pays dans le conflit, et Gonzalez de Puebla se serait satisfait, dans un premier temps du moins, d'une simple assistance maritime à l'Espagne. Don Pedro de Ayala fut envoyé pour sa part en Écosse, afin de détacher Jacques IV de Warbeck. En 1497, une trêve de sept ans était signée entre l'Angleterre et l'Écosse. La paix s'ensuivit en 1499.

L'Angleterre ne resta pas totalement à l'écart des voyages de découverte. Dans le courant de l'année 1495, Giovanni Caboto, mieux connu en français sous le nom de Jean Cabot, arrivait en Angleterre. L'homme partageait avec tant d'autres le projet de trouver la route des Indes par l'ouest, mais il souhaitait emprunter un itinéraire nettement plus septentrional que ses concurrents [30]. En mars suivant, Cabot recevait des lettres patentes d'Henry VII, l'autorisant à traverser l'Atlantique depuis Bristol. En 1497 et en 1498, le marin effectua deux voyages, lui permettant d'explorer la rive nord du golfe du Saint-Laurent, la côte sud de Terre-Neuve, et le Labrador.

La disparition de Charles VIII, l'avènement de Louis XII en 1498 allaient-ils simplifier les relations entre la France et l'Angleterre ? On nota une embellie diplomatique. Gaspar Pons, le nonce envoyé par Alexandre VI en Angleterre, offrit aux Anglais qui ne pouvaient pas se rendre à Rome, pour le jubilé de

1500, la possibilité d'acheter directement leurs indulgences. Henry VII, en revanche, resta sourd aux appels à la croisade. Cela n'empêcha guère les chevaliers de Rhodes de prier Henry VII d'accepter l'honneur d'être leur protecteur.

En mai 1501, l'infante d'Espagne, la jeune Catherine d'Aragon, entreprit le périple la conduisant en Angleterre. Son divorce avec Henry VIII, trente ans plus tard, allait provoquer l'un des schismes les plus retentissants de l'histoire. Mais qui aurait pu envisager cette possibilité, en ce mois d'octobre où la pauvre enfant arrivait à Plymouth ? Née en décembre 1485, l'ingénue n'avait pas même 16 ans. Henry VII lui écrivait : « Ne saurions dire ni exprimer le grand plaisir, joie et consolation que nous [...] avons, et espécialement de voir votre noble présence, ce que avons souventes fois désiré et souhaité, tant pour les grandes grâces et vertus que entendons qu'il a plu à Dieu [...] attribuer à votre personne que pour la mutuelle amitié, confédération et bonne alliance qui est entre nos bons cousins les roi et reine d'Espagne, vos parents, et nous [31]. » Le 14 novembre, on célébra les noces de la princesse espagnole et du prince Arthur. Chétif et malingre, Arthur connut-il charnellement sa jeune épouse ? Cela fit l'objet d'un débat ultérieur. Le 2 avril 1502, Arthur quittait ce monde sur la pointe des pieds, comme il avait vécu.

Que faire de Catherine d'Aragon ? Allait-on la renvoyer, elle et sa dot qui n'avait pas encore été totalement versée ? La première solution qui s'offrit à l'esprit fut de marier la veuve au nouvel héritier, le prince Henry, futur Henry VIII. Henry VII, qui perdit son épouse quelques mois plus tard, proposa un temps ses services : ne pourrait-il pas épouser lui-même sa belle-fille ? Proposition jugée absurde. La reine Isabelle la Catholique trouva cette idée monstrueuse, et offrit un autre parti au roi d'Angleterre : pourquoi ne pas convoler avec Jeanne, veuve de Ferdinand II de Naples, connue sous le sobriquet de la « jeune » reine de Naples, pour la distinguer de sa mère ? Qu'un beau-père épousât sa belle-fille ? Ou qu'un frère se mariât avec sa belle-sœur ? Dans les deux cas, il s'agissait de degrés prohibés, interdits par l'Église. Et nécessitant des dispenses pontificales. Cette question de l'inceste fut au cœur des négociations matrimoniales. Car, si la prohibition de l'inceste a pour but de permettre la circulation des femmes et les échanges entre clans, dans le cas des monarchies européennes, à l'inverse, la consanguinité assurait les relations entre les États. Le resserrement des liens familiaux était censé rapprocher les peuples, en créant à leur sommet une « communauté des affections [32] ».

Et une communauté des intérêts. Homme d'argent s'il en fut, Henry VII, un peu pingre, tenait beaucoup, à la folie, passionnément, à la dot de Catherine, évaluée à 200 000 escudos. Isabelle put mourir tranquille le 26 novembre 1504, l'avenir de sa fille était assuré. L'infante, du reste, vivait assez chichement outre-Manche, où Gonzalez de Puebla veillait jalousement sur sa cassette, lui recommandant d'éviter toute dépense. Un seul détail n'avait toujours pas été réglé entre le roi son père et le roi son beau-père : qui devait l'entretenir avant son mariage « définitif » ?

Henry VII était exhorté par Louis XII à s'associer à une grande croisade contre les infidèles, « à l'honneur, révérence et exaltation de notre sainte foi catholique, et pour subjuguer, convertir et mettre en la droit et sainte voie ceux qui sont ennemis, mécréants et adversaires d'icelle [33] ».

En 1506, Philippe le Beau et Jeanne la Folle, parents du futur Charles Quint, s'embarquaient en Zélande pour l'Espagne, qu'ils étaient appelés à gouverner conjointement. Mais une terrible tempête s'abattit sur l'Angleterre et sur la Manche. L'aigle de bronze qui surmontait la cathédrale Saint-Paul fut jeté à terre, et dans sa chute, il entraîna l'enseigne de l'Aigle noir, une taverne bien connue de Cheapside. Il était difficile à l'époque de ne pas y voir l'annonce prémonitoire des malheurs qui allaient frapper le Saint Empire. Déroutés par la violence des éléments déchaînés, Philippe et Jeanne furent contraints de trouver un asile provisoire à Melcombe Regis, près de Weymouth, dans l'ouest de l'Angleterre. Henry VII profita de cette occasion pour traiter avec amitié ces hôtes improvisés ; Philippe fut fait membre de l'ordre prestigieux de la Jarretière. Il fallait trouver une monnaie d'échange ; ce fut Edmund Delapole, comte de Suffolk, un opposant yorkiste qui avait trouvé un asile providentiel en Flandre. Il fut livré à Henry VII dans les semaines qui suivirent. Henry VII ne procéda pas lui-même à son exécution, laissant par délégation ce soin à son fils Henry VIII, au début du règne suivant [34]. En avril, un nouvel accord commercial procéda également du rapprochement avec Philippe le Beau ; on le connut sur le continent sous le nom satirique d'*Intercursus Malus*, tellement il était favorable aux Anglais. Mais il ne fut pas appliqué et l'ancien *Intercursus Magnus* fut prolongé.

Le roi Henry VII ne supportait toujours pas d'être veuf. Il porta désormais son dévolu sur sa « très chère et très aimée cousine » Marguerite d'Autriche, une sœur de Philippe le Beau, qui avait eu raison de deux maris, le prince Don Juan d'Espagne et le duc Philibert de Savoie [35]. Déjà les ambassadeurs s'affairaient. Pourquoi pas Marguerite d'Autriche, régente des Pays-Bas ? Marguerite constituait un beau parti, du moins sur le plan territorial, car elle eût rapproché les deux rives de la mer du Nord. Mais Henry n'arrivait pas à se décider. Lorsque Philippe le Beau s'éteignit à son tour en septembre, laissant derrière lui Jeanne la Folle, de plus en plus gravement perturbée, il eut l'idée, que d'aucuns jugeront saugrenue, de le remplacer [36]. Cette série pittoresque de mariages croisés aurait renforcé les liens avec l'Espagne. Que l'on songe un peu, une princesse espagnole, Catherine d'Aragon, pour le prince Henry, futur Henry VIII, et une autre pour son père, Henry VII. Gonzalez de Puebla trouvait la solution excellente ; Catherine un peu moins. Mais, comme elle était bonne fille, elle n'en laissa rien paraître. Marguerite d'Autriche, en revanche, ne marqua aucun empressement à contracter cette troisième union. Henry VII tergiversait et, plein de froideur envers Catherine, il laissait entendre que François d'Angoulême, futur François Ier, avait lui aussi une sœur, Marguerite, bonne à marier [37]. Et que son fils Henry aurait tout à gagner à ce changement. Et, comme lot de consolation, Henry VII parla même de marier sa fille Mary Rose à l'archiduc Charles, futur Charles Quint [38]. Les fiançailles furent célébrées par procuration à Richmond, en décembre 1508. Mais Henry VII n'avait plus que quelques mois à vivre, et l'union ne fut jamais consommée.

Au nombre des acquis de ce règne, le redressement spectaculaire des finances. Le revenu royal aurait triplé depuis Henry VI, pour atteindre les 133 000 livres par an : droits de douane, exploitation du domaine royal. Auxquels il fallait adjoindre l'impôt voté par le parlement ou par le clergé. La Couronne s'était donné les instruments d'une opulence ostentatoire, qui allait trouver à s'employer pleinement lors du règne suivant.

Chapitre XIII

HENRY VIII OU LA LOI PHALLIQUE

> « L'invincible roi d'Angleterre, Henry, huitième du nom, remarquable par tous les dons qui distinguent un prince éminent [1]. »
>
> Th. More, Utopie, *1516*.

L'immortelle *Utopie*, ce pays bien réglé d'hommes vertueux, est le fruit d'une conquête. Dans son livre célèbre, paru en langue latine en décembre 1516 chez Thierry Martens à Louvain, l'humaniste Thomas More précise qu'Utopos, grand législateur du peuple auquel il transmit son nom, avait assis par la force son autorité. Et qu'il avait immédiatement ordonné que l'on transformât en île ce territoire naguère encore lié à la terre [2]. Mais l'autarcie est moins totale que l'on croit, et l'on s'aperçoit, à poursuivre le récit, que les Utopiens, occasionnellement, s'adonnent à leur tour à la colonisation. Annexions territoriales et contrôle financier ont droit à tous les égards de ce peuple utopien, qui a bien compris que, quitte à faire la guerre, mieux vaut encore la mener à l'extérieur de ses frontières que de tourner ses armes contre ses concitoyens.

Le parallèle avec la Grande-Bretagne s'offre de lui-même [3]. L'Utopie est une île, et cette insularité subie est en réalité volontaire. Au lendemain de la guerre de Cent Ans, les Anglais choisirent leur géographie ; ils finirent par rompre avec le continent, bien qu'Henry VIII poursuivît encore des incursions qui n'aboutirent à aucune annexion durable. Pour ces nobles qui ne rêvent que plaies et bosses, la guerre est avant tout une chevauchée qui permet de prendre un bon bol d'air et d'ouvrir l'appétit. Au siècle suivant, la poussée impériale allait être océane et financière ; sous les Tudors, les Anglais, insatiables, se contentèrent d'asseoir leur domination sur les franges celtiques du pays de Galles et de l'Irlande. Voire de poursuivre l'intégration de leurs propres périphéries, nord et ouest du royaume. Le XVIe siècle, coincé entre la guerre de Cent Ans et la colonisation de l'Amérique, fut le plus insulaire de l'histoire anglaise [4].

Roi proche ou roi lointain ?

Henry VII s'éteignait le 22 avril 1509. Il avait été pour ses sujets un roi lointain. À l'inverse, Henry VIII frappa d'abord par sa familiarité [5]. Voire par son caractère débonnaire et bon enfant. Cet Henry VIII un peu farceur a été parfaitement rendu par William Shakespeare dans la pièce qu'il consacre au monarque. On se souvint longtemps de ce petit matin de janvier où le roi et ses comparses firent irruption à Windsor, en tenue de Robin des Bois. Henry VII était grave, distant et économe, Henry VIII fut enjoué, complice et dispendieux. Humanistes et hommes d'Église chérissaient cet homme complet selon l'idéal renaissant, à la fois cultivé ou du moins affectant de l'être, et sensible aux questions théologiques et aux intérêts supérieurs de la chrétienté. Autant les rois de France agaçaient les papes, autant Henry VIII soigna, dans une première moitié de son règne, son personnage de bon fils de l'Église.

Et de bon fils tout court. Dès le 11 juin, chez les franciscains de Greenwich, ce roi qui n'avait pas encore tout à fait 18 ans avait épousé la princesse espagnole, âgée de 23 ans, à laquelle le destinaient son père et la raison d'État [6]. L'union avec Catherine d'Aragon renforçait d'un seul coup l'alliance avec l'Aragon, le Saint Empire et la Bourgogne. Le couronnement s'ensuivit, le dimanche 24 juin 1509. Henry VIII aimait la liesse, les joutes viriles, les banquets et les tournois. Et bien entendu la chasse, sous toutes ses formes, sous tous ses aspects. Cette passion cynégétique, ce culte masculin du corps allaient trouver dans les conflits leur emploi le plus incontestable. Et le plus incontesté. Pour Henry VIII, la guerre n'était jamais que la poursuite du sport par d'autres moyens. La politique n'était, certes, pas absente des préoccupations du jeune roi. À peine arrivé au pouvoir, Henry VIII ordonna l'arrestation d'Edmund Dudley et de Richard Empson, deux des conseillers les plus haïs du règne précédent. Ils furent mis à mort pour l'exemple, afin de servir d'avertissement. Il était bon de tuer un conseiller de temps en temps pour « encourager les autres », pourrait-on dire, parodiant Voltaire dans *Candide*. À cette exception près, le changement de règne s'opéra en douceur : l'archevêque de Cantorbéry, William Warham, était chancelier, il le demeura. Quant à ce vieux goupil de Richard Fox, l'évêque de Winchester qui avait baptisé le petit Henry, il continua à veiller jalousement sur le sceau privé. Mais l'on retrouvait aussi Thomas Howard, comte de Surrey, et son fils. Ou encore Edward Stafford, duc de Buckingham, exécuté quelques années plus tard en 1521, et son frère Henry, comte de Wiltshire. Sans oublier George Talbot, comte de Shrewsbury, ou l'évêque de Rochester, John Fisher, Francis Lovell, contrôleur de la maison du roi, et Edward Poynings, le pacificateur de l'Irlande.

De taille supérieure à la moyenne, Henry avait le « mollet très avantageux », et il exhibait avec forfanterie cette partie de son anatomie. Son teint était clair et lumineux, ses cheveux roux, droits et drus. Il parlait français, anglais et latin, – et un peu l'italien. Il jouait du luth et de l'épinette, et déchiffrait à vue les partitions qu'il chantait avec bonheur. Avec cela, merveilleux tireur à l'arc, il joutait avec éclat. Tel était le portrait que dressaient du roi d'Angleterre les ambassadeurs du début du règne, sensibles au charme de ce prince plein de vivacité et d'allant [7].

L'avenir de la chrétienté préoccupait d'ailleurs Henry VIII, bien décidé à en découdre avec les Français, auxquels on reprochait, à la suite de la papauté, leur outrecuidance en Italie. En avril 1512, l'Angleterre déclarait la guerre à la France, son éternelle ennemie ; un an plus tard, une ligue était conclue à Malines : le pape, l'empereur Maximilien, le roi Ferdinand et Henry VIII prévoyaient d'attaquer conjointement la France. Une armée de 30 000 hommes traversait le *Channel* en juin 1513. Thérouanne fut assiégée et prise au mois d'août. Toute la chrétienté latine était appelée à s'associer à l'événement ; Pierre l'Arétin, entré au service du pape Léon X, tournait quelques vers révélateurs :

Primà voglion' prender Teroana
E Francia tutta : poi con forte armata
Gir contrà il Turco, e far la cruciata.

(Tout d'abord, ils veulent prendre Thérouanne et toute la France, pour ensuite tourner leurs armes contre le Turc et faire la croisade [8]).

À Guinegatte, le 16 août, les Français étaient vaincus lors de la bataille des Éperons : Louis d'Orléans, duc de Longueville, et le célèbre Bayard étaient prisonniers. La France renouait avec la défaite. La prise de Tournai confirmait cette impression funeste, renforcée par le vocabulaire galant assimilant les exploits militaires à la performance sexuelle. Le 21 octobre, Henry VIII pouvait rembarquer à Calais, avec le sentiment du devoir accompli. La guerre avait duré l'espace d'une saison estivale. En Grande-Bretagne même, le roi d'Écosse, Jacques IV, avait été tué à Flodden Edge par Thomas Howard, comte de Surrey [9]. Henry VIII serait-il un nouvel Henry V ?

L'heure n'était plus à la conquête continentale. La pax romana reposait sur un équilibre entre princes chrétiens, dont le cardinal Wolsey se révéla le grand artisan. Évêque de Lincoln et de Tournai en 1513, archevêque d'York l'année suivante, puis cardinal, Thomas Wolsey obtint finalement du Très Saint-Père le titre enviable de légat a latere [10]. Avec cela, fin politique, il s'était rendu indispensable auprès d'Henry VIII, qui fit de lui en 1515 son chancelier. Le bruit courut même qu'un jour prochain, Wolsey serait pape et Henry VIII, empereur. Tous les espoirs étaient permis. L'Angleterre aurait-elle pu être au cœur d'une république chrétienne, fédérant toutes les énergies contre les Turcs ? Tel fut bien le sens, en tout cas, d'une propagande humaniste qui trouva dans l'entourage de la reine, chez l'Espagnol Juan Vives, son meilleur relais. En octobre 1518 était signé à Londres un traité de paix universelle entre les chrétiens, dirigé contre l'Islam. Placé sous la haute protection du pape Léon X, cette alliance devait permettre la réconciliation de la France et de l'Angleterre. En sous-main, François Ier craignait plus que tout qu'Henry VIII confortât son image de prince chrétien pour se faire élire empereur [11].

Henry VIII défendit contre la France, et bientôt contre les hérétiques luthériens, d'Allemagne ou d'ailleurs, les aspirations unitaires d'une catholicité romaine, convaincue de l'universalité de ses valeurs. Pour cela, il fallait promouvoir la paix entre les chrétiens – et détruire dans l'œuf les ferments de la désunion. Ils furent rapidement trois à défrayer la chronique internationale : François Ier, roi depuis 1515, Charles Quint, empereur en 1519, et, bien entendu, Henry VIII. À eux seuls, ces monarques paraissaient dominer le destin d'un monde dont les limites géographiques reculaient à vue d'œil, en ces temps de grandes découvertes. L'Angleterre participa à une double offensive diplomatique. Une première rencontre entre Henry VIII et Charles Quint, oncle de la reine, eut lieu à Douvres à la fin du mois de mai 1520. Elle avait pour principal objectif de témoigner de la continuité de l'axe anglo-bourguignon qui, dans un passé encore proche, s'était révélé si utile pour prendre la France à revers. Quelques jours plus tard, le Camp du Drap d'or, à côté de Guînes, permit à François Ier de donner à Henry VIII la mesure de sa splendeur. Le jeudi 7 juin, jour de la Fête-Dieu, les deux monarques échangèrent une première accolade, sans même descendre de cheval. Henry VIII et François Ier souhaitaient apparaître l'un et l'autre comme des rois chevaliers. La fraternisation entre les deux hommes reposa toujours sur la confrontation virile. Les tournois entre Français et Anglais durèrent quinze jours ; la rencontre culmina dans une magnifique messe, dite le samedi 23 juin par Wolsey, qui prêcha, comme lui seul savait le faire, sur les bienfaits de la paix. Le soir du 24, Français et Anglais se séparèrent, après force ripailles et moult libations. Qu'y avait-il de plus beau au monde que l'amitié entre les peuples ? Et pour bien montrer à Charles Quint qu'il ne l'avait pas oublié, Henry VIII se précipita dans les bras de l'empereur à Gravelines, avant de le recevoir à son tour à Calais (12-14 juillet). Sans renoncer pour autant à la magnificence, les abouchements entre Henry VIII et Charles Quint avaient un caractère familial, encore facilité par les liens du sang. La fête l'emportait ici sur l'ostentation, la profusion bon enfant évoquait quelque « kermesse flamande », ennemie des fastes inutiles [12]. Du reste, les offensives contre la France n'allaient pas tarder à reprendre [13].

Il restait encore à Henry VIII à parfaire son image de prince chrétien. Martin Luther avait lancé son offensive réformatrice depuis la lointaine Allemagne, suscitant la verve du roi d'Angleterre qui rédigea, avec l'aide éclairée de son *think tank* d'humanistes distingués, une célèbre *Défense des sept sacrements*. Le livre parut en juillet 1521 ; il se présentait comme une réponse au traité de Luther sur la « captivité babylonienne » de l'Église. Henry VIII souhaitait s'opposer de toutes ses forces à la « peste luthérienne [14] ». Ce roi théologien défendait les indulgences, la primauté romaine. Ou enfin les sept sacrements et, entre autres, ce doux sacrement de mariage, dont les protestants faisaient un simple contrat [15]. Henry VIII aima passionnément le mariage. Peut-être même un peu trop. Léon X, touché par tant d'enthousiasme, accorda à Henry VIII reconnaissant le beau titre de *defensor fidei*, que conservent les souverains d'Angleterre jusqu'à nos jours.

L'affaire du divorce

Les mariages les plus réussis sur le plan diplomatique ne sont pas nécessairement les plus heureux. Ni les plus féconds. Catherine d'Aragon avait un grand malheur : elle n'avait donné naissance qu'à une fille, une princesse Mary, là où Henry désespérait de ne pas avoir d'héritier mâle [16].

Contrairement à ce que l'on dit parfois, nul dans l'Angleterre du temps n'envisageait de gaieté de cœur un monarque féminin. Certes, le pays ignorait toute loi salique qui eût exclu automatiquement, comme en France, les filles de la succession au trône. Mais le règne de l'impératrice Mathilde au Moyen Âge avait laissé un assez piètre souvenir (voir chapitre 2) et, dans un pays traversé par la hantise de la guerre civile, la volonté d'Henry VIII d'avoir un fils, capable de lui succéder, était universellement partagée. Personne, en Angleterre, n'aurait pu admettre sans une extrême appréhension un règne féminin. Cette « loi phallique », non écrite, n'en faisait pas moins l'objet d'un consensus qui ne disparut que bien plus tard dans le siècle, lorsque Mary et Élisabeth se succédèrent sur le trône. « Les femmes font leurs filles alors que les hommes ne peuvent faire leur fils. » Telle est, pour l'anthropologue, l'une des origines paradoxales de la « domination masculine [17] ». Encore en 1406, Henry IV avait fait adopter par son parlement une loi excluant ses filles du trône [18]. En ces années 1520-1530, il eût fallu un effort insensé d'imagination pour accepter l'idée qu'une reine gouvernât.

Catherine, donc, n'avait plus d'enfants ; et Henry pouvait parfaitement en avoir. Il en avait administré la preuve en engendrant un bâtard, Henry Fitzroy, duc de Richmond, né en 1519 [19]. Contrairement à une image reçue, Henry n'était du reste ni un grand séducteur, ni un prince libertin. On lui connut peu de maîtresses : Elizabeth Blount, mère du duc de Richmond, ou Mary Boleyn, femme de sir William Carey. Sans doute faut-il y ajouter quelques passades occasionnelles. Mais rien qui accrédite la thèse d'une sensualité débridée. Le grand attachement d'Henry, en ces années, ce fut Anne Boleyn, la sœur de Mary, qui précisément se refusait à lui. Née en 1507, parlant la langue française, la jeune fille était, paraît-il, un peu sorcière. En particulier elle avait, disait-on, six doigts à une main. Mais, pour le reste, son teint sombre, son long cou, sa bouche trop grande ne faisaient pas l'unanimité. Henry la désirait, soupirait, se sentait coupable... Il avait le sentiment paradoxal du péché : sa faute, désormais, ce ne fut pas ce désir illicite, mais un mariage qu'il traînait comme une calamité, une union dont il se convainquit qu'elle était incestueuse. Et contraire à la loi de Dieu.

Il fallait consulter. Consulter des prêtres, bien entendu. Voire, occasionnellement, quelques rabbins de la péninsule italienne sur le sens de la Torah. Et, parmi les experts amenés à se prononcer, Gabriel de Gramont, évêque de Tarbes. L'ambassadeur de François Ier contribua sans doute à jeter le trouble dans l'esprit du roi d'Angleterre en discréditant son mariage espagnol, que les services diplomatiques français avaient toujours perçu comme une menace [20]. L'union d'Henry VIII et de la tante de Charles Quint aurait été incestueuse, et Dieu aurait puni le roi en ne lui accordant pas de descendance masculine. Ne pouvait-on redouter une nouvelle guerre des Deux-Roses ? Catherine était certes, comme le nota un annaliste du siècle suivant, « de mœurs très saintes et de gravité espagnole », tandis que sa rivale dans l'affection du roi avait apparemment cette « gaillardise française » bien connue, qui « assaisonnait sa modestie [21] ». La pudeur ? Peut-être. Mais la pudeur au service du désir. La modestie, dernier refuge de la séduction.

Aguichante, aguicheuse Anne Boleyn ! Mais il fallait d'abord divorcer. On se contentera de résumer ici une argumentation théologique serrée, qui passionna la chrétienté du premier XVIe siècle. Les différentes universités furent appelées à se prononcer sur ce que les anthropologues actuels qualifient d'« inceste du deuxième type ». Elles le firent dans des sens contradictoires : Oxford, Cambridge, Paris, Orléans et même Bologne se prononcèrent en faveur du roi d'Angleterre ; Grenade, Séville et Valladolid s'opposèrent. Au cœur du débat, l'interprétation de prescriptions en apparence contradictoires, contenues dans le Lévitique et dans le Deutéronome :

« Tu ne découvriras pas la nudité de la femme de ton frère. C'est la nudité de ton frère. » (Lv 18, 16)

« Si un homme prend la femme de son frère, c'est une impureté ; il a découvert la nudité de son frère : ils seront sans enfants. » (Lv 20, 21)

Néanmoins, dans le cas du veuvage, on prévoit à l'inverse : « Lorsque des frères habiteront ensemble, si l'un d'eux meurt sans laisser de fils, la femme du défunt ne se mariera pas au-dehors avec un étranger, mais son beau-frère ira vers elle, la prendra pour femme et l'épousera comme beau-frère. » (Dt 25, 5)

Oui, mais Catherine d'Aragon était-elle veuve du prince Arthur ? L'avait-elle véritablement épousé ? Les jeunes gens avaient-ils entretenu un quelconque commerce charnel ? Henry VIII n'en douta plus : il avait découvert la nudité de son frère. Et l'Éternel détournait de lui sa face. Le divorce qu'il demanda à l'Église n'était pas un divorce au sens où nous l'entendons désormais, la dissolution des liens matrimoniaux. Non, le divorce dont il fut question était la reconnaissance de la nullité du mariage. Henry VIII et Catherine n'auraient jamais été unis devant Dieu, pour la simple raison qu'ils s'étaient mariés à des degrés prohibés. L'Église médiévale avait souvent eu recours à ce stratagème pour déclarer nulles des unions considérées comme gênantes. C'est ainsi, pour citer le cas le plus célèbre, qu'Aliénor d'Aquitaine avait été démariée de Louis VII avant d'épouser Henry II. Mais le pape en jugea tout autrement dans le cas d'Henry VIII et de la tante de Charles Quint. Wolsey, toujours inspiré, avait même pensé à une autre combinaison diplomatique : pourquoi Henry VIII n'épouserait-il pas Renée de France, fille de Louis XII, afin de sceller ainsi une alliance française bien utile pour contrer désormais l'Espagne et le Saint Empire ? L'étoile du cardinal, cependant, pâlissait de plus en plus. Son destin avait été trop lié à la première phase du règne de son maître, celle de l'alliance espagnole et de l'ascendant pontifical, pour survivre à une crise ecclésiastique majeure.

En 1527, Henry VIII engagea une procédure de divorce. Le droit canon, toujours en usage, distingue les empêchements dirimants, entraînant la nullité des unions, des empêchements prohibants, impliquant seulement un interdit, sans impliquer d'invalidité. Or le pape Jules II avait déjà octroyé une dispense pour permettre à Henry d'épouser la veuve d'Arthur. L'Église pouvait-elle se dédire ? Troublé en sa conscience, comme il l'avouait lui-même, Henry VIII se disait, se déclarait pécheur. Et il voulait sortir de cet état peccamineux. Le pape l'assurait que non, le condamnant par là même à ne pas avoir de descendance. Et à terminer ses jours dans les bras de Catherine. C'était intolérable pour un roi d'Angleterre ; Henry retrouva d'un seul coup le vieux fonds de suspicion anticléricale qui avait été celui des rois ses prédécesseurs.

Une révolution érastienne ?

À Rome, le pape Clément VII se sentait de plus en plus l'otage de l'empereur. La prise de Rome par les troupes impériales, en 1527, avait été un terrible coup de semonce. La France fut le grand bénéficiaire d'un retournement des alliances qui conduisit, en janvier 1528, Henry VIII à entrer en guerre contre Charles Quint aux côtés de François Ier. Mais quelques mois plus tard, le 3 août 1529, la paix des Dames, conclue entre Louise de Savoie, mère de François Ier, et Marguerite d'Autriche, tante de Charles Quint, mettait un terme définitif aux engagements français en Italie [22].

Henry VIII semblait avoir épuisé tous les recours internationaux. Il convoqua donc son parlement ; connu sous le nom de *Reformation Parliament*, cette assemblée célèbre devait siéger de 1529 à 1536. Elle entreprit la réforme religieuse du royaume. C'en était fini de l'ère Wolsey. La question du mariage et du divorce servit de révélateur ; elle recoupait un enjeu plus vaste, l'indépendance spirituelle et territoriale des États-nations par rapport au magistère romain. Cette tension n'était pas propre à l'Angleterre : la France, comme l'Allemagne, furent amenées à affirmer, quoique à des degrés moindres, leur indépendance face au Saint-Siège. Le cas anglais n'était point unique ; il rencontrait, dans sa singularité, des aspirations à l'indépendance religieuse et territoriale susceptibles de s'étendre à d'autres pays de l'Europe occidentale, et à la France en particulier. Le schisme anglican fut l'un des épisodes de « l'éternel conflit entre l'Église et l'État [23] ».

Un nouvel homme d'Église aida Henry VIII dans ces années difficiles, Thomas Cranmer. Avec l'autre Thomas, Thomas Cromwell, Cranmer fut l'artisan d'un bouleversement majeur, dans l'Église comme dans l'État. Ancien serviteur de Wolsey, Thomas Cromwell avait été formé à l'école de la *common law*. Loin d'aboutir à quelque laïcité fondée sur la séparation de l'Église et de l'État, la solution adoptée tendit, à l'inverse, à intégrer l'appareil d'Église dans l'État. Cette « révolution », pour reprendre un raccourci contesté aujourd'hui, mais néanmoins commode, reposa sur plusieurs piliers [24]. On parlera ici d'érastianisme, pour définir cette intégration de l'Église dans l'État, recommandée à la fin du XVIe siècle par le Suisse Thomas Erastus. Révolution « érastienne », donc, dont on perçoit mieux les effets dans la longue durée : la constitution d'une religion civile, plaçant l'Église et l'État sous une souveraineté unique.

En 1532, la position de l'Église fut considérablement fragilisée, en dépit de la résistance de l'archevêque de Cantorbéry, William Warham. De façon encore transitoire, l'on décida de mettre fin au versement des annates que devaient payer au pape les titulaires d'un nouveau bénéfice – environ 4 800 livres par an. Ce patriotisme fiscal s'accompagna d'une contestation accrue des tribunaux ecclésiastiques. L'Église d'Angleterre se soumit, en renonçant à son indépendance législative. Le droit canon était placé comme le droit parlementaire sous l'autorité du roi, qui ravit ainsi au pape sa souveraineté ecclésiastique [25]. Thomas More démissionnait de son poste de chancelier ; il devait être remplacé peu après par Thomas Audley. L'on était loin cependant de toute réforme doctrinale protestante. John Frith montait sur le bûcher, le 4 juillet 1532, pour avoir entretenu un point de vue sacramentaire sur l'eucharistie, en niant la transsubstantiation. Ce fut le beau temps de l'alliance française, contre Charles Quint et contre le pape. En octobre, Henry VIII et François Ier eurent une entrevue, non loin de l'ancien camp du Drap d'or. Devenue récemment marquise de Pembroke, Anne Boleyn accompagna le roi d'Angleterre sur le continent. Les deux souverains se retrouvèrent à Boulogne et à Calais – en territoire anglais. François Ier rêvait encore d'aventures italiennes, en songeant à voler au secours de Charles Quint contre les Turcs. Le pape Clément VII en tremblait déjà. Cette amitié franco-anglaise conduirait-elle à un schisme généralisé de l'Église d'Angleterre et de l'Église de France ? En tout cas, François Ier exprima sans attendre, depuis Étaples, sa solidarité avec son « bon frère » Henry VIII, dans cette sotte affaire de divorce : « L'entrevue de moi et du roi d'Angleterre, mon bon frère et perpétuel allié, a été faite, et au langage qu'il m'a tenu, j'ai très bien connu qu'il n'est pas pareillement content de la forme et manière dont icelle Sa Sainteté a procédé en l'affaire de son mariage. Et mêmement de ce qu'elle l'a fait appeler pour répondre à Rome sans lui vouloir bailler juges en son royaume. » L'internationale des rois jouait décidément en la défaveur du Saint-Siège. « L'on n'a point accoutumé de contraindre les rois de répondre à Rome », s'indignait François Ier [26]. Quant au pape, il songeait avec constance au salut de l'âme d'Henry VIII, qu'il exhortait à quitter sa maîtresse [27].

Mais il était déjà trop tard ; une cérémonie discrète aurait uni Henry VIII et Anne Boleyn autour du 14 novembre. La future reine Élisabeth devait être le fruit de cette union. Thomas Cranmer montait sur le siège primatial de Cantorbéry quelques semaines plus tard, en janvier 1533 [28]. Il fut le dernier archevêque de l'Église d'Angleterre à recevoir l'accréditation d'un pape.

En mars 1534, l'Acte sur les exemptions ecclésiastiques privait le pape de tout pouvoir de se prononcer sur les affaires internes à l'Église d'Angleterre. Mais, surtout, on y trouvait affirmée l'existence d'une souveraineté partagée entre la Couronne et les deux Chambres du parlement, lords et communes. Le *King-in-Parliament*, le « roi-en-son-parlement », cette sainte trinité législative, devenait au regard de la loi la plus haute instance du royaume [29]. Désormais, il ne fallait plus dire le roi *et* son parlement, mais bien le roi *en* son parlement [30]. À l'automne 1534, l'Acte de suprématie reconnaissait que le roi et ses héritiers auraient désormais droit à l'étiquette de « tête suprême de l'Église d'Angleterre [31] ». Le schisme était consommé ; le roi supplantait totalement le pape. Le crime de trahison fut redéfini en ce sens : il fut interdit par la loi de présenter le roi comme un hérétique, ou comme un usurpateur [32].

Le national-catholicisme d'Henry VIII

John Fisher, évêque de Rochester, et Thomas More, le grand humaniste, furent exécutés au début de l'été 1535, dotant le catholicisme anglais de ses plus célèbres martyrs. Leur sacrifice ne fut du reste pas unique : quelques dizaines d'hommes, attachés de façon héroïque à leur foi, encoururent un sort comparable. Parmi eux, les chartreux de Londres, prêts à admettre du bout des lèvres qu'Henry VIII était à la tête de l'Église « pour autant que la loi de Dieu le permettait ».

L'on aurait tort de croire, à l'aide de ce seul indice, que l'Angleterre s'était réformée dans un sens protestant. Henry VIII, sur le plan doctrinal, n'avait de cesse d'affirmer sa fidélité au catholicisme, tout en récusant le pape. Et catholiques romains et protestants firent tour à tour les frais de la détermination royale à ancrer, contre vents et marées, son pays dans une forme insulaire de catholicisme, aussi éloignée du luthéranisme du continent que de l'adhésion à l'autorité de « l'évêque de Rome », comme l'on dit désormais. Henry VIII « exerçait sa cruauté contre les papistes, les faisant pendre et mettre à quartiers, et contre les protestants, les faisant brûler tout vifs[33] ». Était-il cependant possible de maintenir le cap ? La même année, Miles Coverdale publiait à Zurich sa Bible anglaise. La Réforme protestante, en Angleterre comme ailleurs, fut tributaire de l'appropriation du texte par les fidèles. Henry VIII devait déplorer un jour que la Sainte Écriture fût « commentée, versifiée, chantée et fredonnée dans toutes les auberges et tavernes du royaume[34] ». Comme les meilleures choses ont une fin, Henry VIII se lassa d'Anne Boleyn. N'avait-il pas commis, là encore, un affreux péché en connaissant tour à tour les deux sœurs Boleyn, Mary et Anne ? Un nouveau divorce s'ensuivit ; mais, contrairement à Catherine d'Aragon, qui avait eu le bon goût de s'éteindre quelques mois auparavant, Anne fut exécutée en mai 1536 :

« Quand la reine eut elle-même baissé,
« Son blanc collet, et chaperon laissé
« Pour ne donner au coup empêchement
« Se vint jeter à genoux humblement
« En prononçant cette voix plusieurs fois :
« *Christ, je te prie, mon esprit reçois*[35]. »

Henry VIII, redevenu opportunément garçon, était amoureux. Jane Seymour, épousée sans tarder, devait donner à Henry VIII ce fils tant attendu. Le prince Édouard naquit sous césarienne l'année suivante. Sa mère ne survécut guère à l'accouchement.

Le pays connut durant cette période une double phase d'instabilité, doctrinale et politique. En juillet 1536, la convocation du clergé proposa une liste de Dix articles de foi, qui amorçaient un rapprochement encore prudent avec les protestants du continent. Désormais, on ne parlait plus que de trois sacrements – baptême, sainte Cène et pénitence – au lieu de sept précédemment. Des *Injonctions* de Thomas Cromwell imposèrent les Dix articles, en mettant hors la loi les prétentions de la papauté. Mais, à l'exception de ce rejet du pape, le futur cardinal Reginald Pole, exilé en Italie, ne trouvait rien à redire à ces articles, que l'on se gardera de qualifier de « luthériens [36] ». À l'été 1537, le *Livre des évêques* en revenait aux sept sacrements – sans recevoir, il est vrai, l'aval du roi.

Henry VIII témoignait, sur le plan de sa foi personnelle, d'un certain « éclectisme [37] ». Mais il ne suffisait pas d'être catholique schismatique pour se réveiller protestant. Des visites pastorales furent entreprises partout dans le pays pour évaluer les biens d'Église, et enquêter sur la moralité du clergé. Le souci éthique fut invoqué pour dissoudre les biens monastiques, de 1536 à 1540. Sous prétexte de lutter contre la paillardise, on ferma les établissements religieux – sans pour autant réduire à l'état laïc leurs occupants, toujours tenus, du moins théoriquement, au célibat. Cette nationalisation fut une bonne affaire pour la Couronne ; elle contribua au dynamisme du marché foncier, en déréglementant les transactions. La *gentry* fut le principal bénéficiaire d'un gigantesque transfert qui permit à abbayes et couvents de changer de mains. Quand on ne revendit pas purement et simplement leurs pierres. Globalement, la politique d'appropriation des biens ecclésiastiques suscita peu de résistances, à l'exception du moins d'une émeute dans le nord de l'Angleterre, connue sous le nom imagé de « pèlerinage de grâce », à l'automne 1536. En utilisant comme emblème les cinq plaies du Christ, ce mouvement populaire marquait son attachement à des formes de piété flamboyantes, remises en cause par la Réforme. Dès octobre, les rebelles parlèrent du reste de « pèlerinage » pour définir leur action. York fut occupée dès octobre. Henry VIII accepta une trêve, mais les mutins furent écrasés au bout de quelques mois.

Plus inquiétante était la réconciliation de la catholicité latine autour de Paul III. Charles Quint et François Ier se virent à Nice et à Aigues-Mortes durant le printemps et l'été 1538. L'union sacrée face aux Turcs risquait de se transformer en traque aux hérétiques et autres schismatiques, plus ou moins honteux. Henry VIII prit peur et, comme il était à nouveau disponible, l'on songea à un nouveau mariage, susceptible de renforcer le dispositif anti-papal. En janvier suivant, l'Angleterre, obsédée par l'idée d'une invasion maritime, tenta une alliance avec les princes luthériens du continent. Des contacts furent pris avec Jean-Frédéric de Saxe et Philippe de Hesse. Les ducs de Clèves, sans être luthériens pour autant, appartenaient à ces nobles d'Empire amenés, pour des raisons de considération stratégique, à s'allier aux protestants. Il n'en fallut pas plus pour qu'Henry épousât la princesse Anne de Clèves, outrageusement flattée par le portrait que le grand peintre Hans Holbein réalisa d'elle. En janvier 1540, Henry s'aperçut, mais un peu tard, que la promise le laissait de glace. Baptisée tristement la « jument des Flandres », Anne ne suscita aucun désir chez le roi, incapable de consommer ce quatrième (et avant-avant-dernier) mariage. Le clergé, docile, devait décréter la nullité de cette union, au bout de quelques tentatives laborieuses.

Henry VIII et ses femmes

Catherine d'Aragon, divorcée.
Anne Boleyn, exécutée.
Jane Seymour, morte après accouchement.
Anne de Clèves, répudiée.
Catherine Howard, exécutée.
Catherine Parr, veuve.

Ce fut le moment que choisit le roi pour réaffirmer son attachement doctrinal à un catholicisme sans pape. En juin 1539, le parlement adoptait Six articles, vite surnommés le « fouet à six lanières [38] ». On y réaffirmait, outre la confession auriculaire, la conception catholique du sacrement de l'autel et la nécessité du célibat des prêtres – dont un certain nombre s'étaient mariés sans attendre [39]. On pria donc les malheureuses épouses de quitter leur conjoint en juillet. Dans le même temps, un Acte sur les proclamations donnait aux déclarations officielles du roi la force de la loi, adoptée par le parlement [40]. On a parlé d'une poussée absolutiste. Mais rien n'est moins sûr [41]... Thomas Cromwell fut la principale victime d'un renforcement de la puissance exécutive. Henry VIII se tourna contre son principal serviteur. Sa chute, en juillet 1540, marqua le début d'un « règne personnel » de sept ans [42]. Le *Livre du roi – King's Book* – de 1543 renouait avec le conservatisme religieux des Six articles [43]. À un moment où le catholicisme lui-même effectuait son *aggiornamento* grâce au concile de Trente, les positions théologiques du roi d'Angleterre restaient attachées à une diversité des Églises nationales, irréductibles à l'unité romaine. Le national-catholicisme avait peu de rapports avec la Contre-Réforme.

Henry ne manqua pas de se marier encore deux fois, pendant les quelques années qui lui restaient à vivre. Le multirécidiviste matrimonial épousa Catherine Howard, vite exécutée pour inconduite, et la très pieuse, très affectionnée, très soumise et très évangélique Catherine Parr, qui eut le privilège insigne de lui survivre.

Ce bilan du règne serait incomplet si l'on passait sous silence l'extension de l'autorité royale au pays de Galles et à l'Irlande. De 1536 à 1543, le pays des Gaëls fut uni au royaume : extension des comtés, imposition de la *common law*, représentation parlementaire furent les ferments d'une anglicisation juridique. L'Irlande, elle, ne fut pas unie à l'Angleterre ; mais, alors que les rois d'Angleterre s'étaient contentés d'être seigneurs d'Irlande, ils en devinrent rois, à partir de 1541 [44]. Les chefs celtiques livrèrent leurs terres à la Couronne, qui les confirma dans leurs possessions en retour – *surrender and regrant*. En apparence, cela ne changeait pas grand-chose ; en réalité, la transformation était considérable : le transfert de souveraineté signifiait qu'une nouvelle « uniformité abstraite », celle du droit anglais, allait s'abattre sur l'Irlande [45]. Il appartenait sans doute à Alexis de Tocqueville de fournir la meilleure définition du règne d'Henry VIII dans son ensemble : « Nulle part en Europe, le despotisme ne s'y montra plus terrible, parce que nulle part il ne fut plus légal [46]. »

Chapitre XIV

ENTRE PROTESTANTISME ET PAPISME, LES ANNÉES MÉDIANES DU XVIe SIÈCLE

> « Le grand éclat de Luther, sa personnalité puissante, le succès de sa résistance rayonnèrent dans toute l'Europe, et la Réforme en fut encouragée. D'elle-même, elle était née partout.
>
> « Partout, en France, en Suisse, elle fut indigène, un fruit du sol et de circonstances diverses qui pourtant donnèrent un fruit identique [1]. »
>
> Jules Michelet.

Même limitée, la Réforme religieuse entreprise par Henry VIII mit un terme à l'Angleterre médiévale. Ce fut, entre autres, la fin des pèlerinages à Cantorbéry auprès de la châsse de Thomas Becket. Comment aurait-on pu maintenir cette commémoration rappelant la suprématie du pape sur le roi ? L'on détruisit méthodiquement la tombe, en triant les métaux précieux, et en brûlant le reste – afin d'éviter sans doute tout culte des reliques. Mais ce réflexe iconoclaste ne saurait résumer à lui seul une évolution religieuse complexe, dans laquelle on discernera aisément plusieurs phénomènes concordants. Le schisme ne se réduisit pas à une rupture diplomatique, il ouvrit des « lignes de faille doctrinale [2] ». La « décatholicisation » de l'Angleterre, le reflux des anciens rites et l'abandon de croyances traditionnelles n'équivalurent jamais totalement à la « protestantisation » du pays, l'adoption d'une confession de foi spécifique, ou d'une éthique particulière. La Réforme, en Angleterre, décrit une série à la fois discontinue et parallèle. Mieux vaut à ce compte-là parler au pluriel des Réformes religieuses – et souligner qu'elles s'étendirent sur plusieurs générations [3].

Dans son *Histoire de France*, Jules Michelet a posé une question qui concerne aussi l'Angleterre : pourquoi la Réforme protestante a-t-elle été chaque fois la même et chaque fois différente ? Qu'est-ce qui explique que le même terme « protestant » en vienne à être utilisé pour décrire un processus confessionnel qui concerne aussi bien l'Allemagne, la France, la Suisse et les îles Britanniques – pour ne rien dire des Provinces-Unies ou de la Suède [4] ? Le caractère insulaire du protestantisme anglais est étroitement lié à l'évaluation du lollardisme et de son impact. Il est patent que les survivants du lollardisme médiéval aidèrent à la diffusion des idées réformatrices. Celles-ci empruntèrent également les grandes routes commerciales, et en particulier l'axe anglo-flamand. C'est à Cologne et à Anvers que John Tyndale lança son édition du Nouveau Testament, nouvellement traduit en langue anglaise, de 1525 à 1534. On y trouve l'amorce d'une théologie contractuelle, qui fit les beaux jours du puritanisme ultérieur : l'homme s'engage à observer la loi et, en échange, Dieu lui prodigue ses bienfaits. Pour Tyndale, la Bible seule faisait autorité. Il était donc vain d'en appeler à la tradition, pour justifier un article de foi ou un rite. À l'inverse, Thomas More, en grand humaniste, avait réfléchi aux conditions dans lesquelles s'était élaboré le corpus des paroles de Jésus ; il maintenait que l'enseignement du Christ n'avait pas été intégralement consigné par écrit. L'autorité de l'Église reposait donc sur un témoignage institutionnel : « Je ne doute guère, déclarait le chancelier d'Henry VIII, que les évangélistes et les apôtres aient parlé beaucoup plus ouvertement et clairement de bien des grands mystères insondables en s'adressant directement aux gens qu'en écrivant [5]. »

Qui suivre ? Que croire ? À quel saint ne plus se vouer en ces temps où les frontières entre le religieusement correct et les dogmes traditionnels étaient remises en question ? Entre le prescrit et le proscrit, quelle liberté restait-il pour le croyant ? Une chose apparaît de plus en plus clairement : la Réforme n'est pas née en Angleterre d'une décadence de l'Église médiévale. Ni de la corruption du clergé ou de la déliquescence des mœurs. Ce n'est pas parce que les Anglais se seraient mis à croire ou ne pas croire qu'ils se seraient réformés : une part incommensurable d'indifférence confessionnelle brouille sans doute les pistes. Non, la Réforme en Angleterre fut d'abord politique. Elle fut le fait du prince. Et fut imposée d'en haut. Affaire de foi, si l'on veut. Mais aussi d'allégeance et de fidélité. Le clergé allait-il accepter de se laisser totalement fonctionnariser?

Le « nouveau » Josias

La Bible a consigné le souvenir de Josias, ce roi réformateur, « âgé de huit ans lors de son avènement [6] ». Le parallèle s'offrit de lui-même avec le nouvel enfant-roi. La National Portrait Gallery possède un tableau éclairant : Henry VIII, sur son lit de mort, tend un bras impératif et péremptoire vers son successeur Édouard VI. Le mort saisit le vif. À la droite de l'enfant-roi, diverses personnalités de son conseil, Edward Seymour, devenu protecteur Somerset, et John Dudley, duc de Northumberland. Auxquels s'adjoignaient l'archevêque de Cantorbéry, Thomas Cranmer, et le grand amiral John Russell, comte de Bedford. Plus haut, une scène de destruction d'images saintes. En contrebas, le pape est écrasé par un livre sur lequel on distingue ces mots, dans l'anglais du temps : *the worde of the Lord*. On estime que cette œuvre remonte à la fin des années 1560 ou au tout début des années 1570, sous le règne de la reine Élisabeth Ire. Il s'agissait de conférer rétrospectivement au règne d'Henry VIII et à celui de son fils Édouard une inflexion nettement protestante. Il est cependant révélateur que ce soit le père qui transmette au fils le flambeau de la Réforme. On inversera délibérément les termes de cette transmission patrimoniale pour se demander si, en fait, ce n'est pas le fils qui a contribué à façonner l'héritage. Au tout début de l'année 1547, au moment de la disparition d'Henry VIII, rien n'était réglé. L'Angleterre avait cessé d'être catholique romaine, elle avait perdu en particulier ses monastères et ses couvents, qui avaient façonné des siècles de civilisation. Mais elle ne s'était pas réformée pour autant. La Réforme dépendit d'un acte politique d'Édouard VI, ou plutôt de son entourage. Affaire d'État, sans doute. Édouard était le fils de Jane Seymour, troisième épouse de son père, et donc un enfant illégitime au regard de l'Église catholique. Si Édouard, comme sa sœur Élisabeth avant lui, était le fruit du péché, leur sœur Mary, elle et elle seule, procédait d'une union reconnue par Rome. Ses oncles Seymour n'eurent de cesse de renforcer l'ascendant de leur lignage. Le cadavre d'Henry VIII était encore chaud; Edward Seymour, comte de Hertford, mit l'enfant-roi en sécurité à la Tour de Londres [7]. C'est là que se tint une importante séance du Conseil, le 31 janvier : Hertford était nommé *lord protector* et sir William Paget devenait son principal ministre [8]. On put alors, alors seulement, déclarer qu'Henry VIII était mort et qu'Édouard était roi.

Si les absents ont toujours tort, les morts, par contre, ont souvent raison. On se « souvint » opportunément des derniers vœux d'Henry VIII qui aurait, avant de mourir, songé à la promotion de ses bons et loyaux serviteurs, qui eurent droit à un tour spécial. Ce testament « non écrit » permit à Hertford de prendre sans attendre le titre de duc de Somerset, tandis que William Parr, frère de Catherine, devenait marquis de Northampton, John Dudley-Lisle, comte de Warwick, et Thomas Wriothesley, comte de Southampton. Le grand sceau était cependant toujours entre les mains du *lord chancellor*, Thomas Wriothesley. De plus en plus mal à l'aise, il refusa d'entériner la nomination du protecteur et fut contraint de démissionner de son poste, confié à Richard, baron Rich. Quant à lui, le frère de Somerset, l'amiral Thomas Seymour, ne tarda pas à épouser Catherine Parr, la veuve d'Henry VIII. Tout en ayant des visées, vite jugées malséantes, sur la princesse Élisabeth. Parmi les dossiers les plus brûlants que trouvait le protecteur, celui des relations, rarement sereines, avec l'Écosse. Somerset en personne n'avait-il pas participé quelques années plus tôt à une expédition punitive contre Édimbourg ? Mais les combats entre les deux peuples n'étaient pas destinés à durer éternellement. Henry VIII avait bien prévu qu'un beau mariage entre Mary Stuart et le prince Édouard cimentât, sinon l'union des royaumes, du moins leur réconciliation [9]. L'idée d'une alliance anglo-écossaise faisait son chemin. Pourquoi ne pas promouvoir une union des deux royaumes, fondée sur la « vraie religion chrétienne », ainsi que l'on qualifiait la foi réformée ? Adressant de façon convenue à Somerset une *Exhortation aux Écossais*, James Harryson prenait ses compatriotes à témoin ; il jugeait qu'un conflit entre les deux pays constituait une authentique « guerre civile ». Rarement, avant le règne d'Édouard, on avait eu le pressentiment qu'entre les différents peuples habitant « l'île de Bretagne », il existait de multiples intérêts convergents [10]. Les auteurs de l'Antiquité n'avaient-ils pas eu conscience, poursuivait Harryson, de la communauté de destin des différentes composantes de la blanche Albion [11] ? Et Harryson d'évoquer la figure mythique de Brutus, roi des Bretons, qui aurait régné sur l'ensemble de l'île, avant que ses trois fils s'en partageassent les dépouilles [12]... En envahissant le royaume du nord en septembre, en battant les Écossais quelques jours plus tard à la bataille de Pinkie, Edward Seymour tua dans l'œuf cette politique astucieuse et pleine d'avenir.

Les premiers temps, le protecteur exerça un pouvoir absolu sur le Conseil. Sa chute n'en fut que plus spectaculaire. Parmi ses rivaux, outre son propre frère Thomas, qui souhaitait être « calife à la place du calife », il convient de mentionner dès à présent John Dudley, comte de Warwick, puis duc de Northumberland [13]. À l'inverse, le protecteur savait se montrer homme du monde, y compris avec la princesse Mary ; celle-ci était, après tout, l'héritière du trône, s'il arrivait quelque chose à son demi-frère Édouard. Somerset soigna également sa réputation auprès du peuple en se prononçant contre les augmentations de la rente foncière. Cela ne l'empêcha pas de dépenser des sommes élevées pour la construction de son hôtel londonien de Somerset House. Thomas Seymour, ne supportant plus son frère, eut l'initiative malheureuse de vouloir enlever le roi. Au printemps 1549, l'ardent homme paya son audace de sa vie. La chute de Somerset allait s'ensuivre peu après.

C'est sur le plan religieux, cependant, que ce règne de six ans devait laisser son empreinte la plus indélébile. Somerset était au centre d'un « *establishment* évangélique », bien décidé à poursuivre la Réforme du royaume [14]. Ne doutant guère que le pape fût l'Antéchrist, le jeune roi prenait très à cœur sa mission religieuse. Pieux et appliqué, Édouard reçut avec avidité la solide formation humaniste que lui prodiguèrent ses précepteurs, Richard Cox, John Cheke et Jean Bellemain. Lors du couronnement d'Édouard, Cranmer n'avait pas manqué de fixer le programme spirituel du règne : « Votre Majesté est le lieutenant de Dieu et le vicaire du Christ dans ses seigneuries ; il lui appartient, avec son prédécesseur Josias, de restituer le vrai culte de Dieu et de détruire l'idolâtrie, en bannissant la tyrannie des évêques de Rome et en enlevant les images. [15] » Jugé catholique pour la doctrine, l'Acte des six articles fut abrogé sans attendre [16]. Des *Injonctions royales* du 31 juillet 1547 interdirent les processions et limitèrent la liberté de prêcher. Il fut désormais interdit de se rendre en pèlerinage, d'allumer des cierges devant des reliques, de dire son chapelet ou d'embrasser des images. Les bâtiments devaient être expurgés des châsses, des tableaux, des vitraux ou, plus généralement, de tous les objets se prêtant à des dévotions jugées idolâtres. Si l'on voulait absolument dépenser son argent, on pouvait le faire en faveur des pauvres, pour lesquels des troncs furent réglementairement installés, mais il n'était plus question de tolérer ces « dévotions aveugles », qui dissipaient l'esprit. Les ministres mêmes se virent interdire de prêcher librement, à moins d'y avoir été autorisés par le roi, par le protecteur ou par l'archevêque de Cantorbéry. Les autres n'avaient qu'à lire les prédications prescrites dont ils recevaient la copie [17]. Il s'agissait, certes, d'une mesure provisoire en attendant qu'une liturgie unifiée s'imposât à tout le royaume. De même, l'on ordonna qu'un chapitre du Nouveau Testament et un autre de l'Ancien fussent lus lors des matines ou lors des vêpres, chaque dimanche. L'évangile et les épîtres étaient conservés pour le culte dominical, et il était recommandé de permettre aux fidèles de connaître par cœur le Notre Père, le Symbole des apôtres et les Dix Commandements. Deux livres, enfin, devaient figurer dans chaque église, la Bible en anglais, bien sûr, et les *Paraphrases des évangiles* d'Érasme. Si les injonctions furent dans l'ensemble suivies, si les images disparurent, faut-il y voir une approbation de la Réforme ou un simple réflexe d'obéissance [18] ? Les relations verticales entre les vivants et les morts furent perturbées par l'Acte sur les chapellenies – *chantries* – qui mit fin aux prières pour les défunts, liées à la croyance au purgatoire [19]. L'on imposa même la communion sous les deux espèces, par voie parlementaire [20].

Le premier Acte d'uniformité ordonna une liturgie unifiée à l'ensemble du royaume [21]. Un roi ? Édouard VI ; une foi ? la religion du roi ; une loi ? la *common law*. Et pourquoi ne pas y ajouter une même manière de célébrer Dieu le dimanche ou lors des prières, matines et vêpres, qui rythmaient la vie du chrétien ? Pourquoi ne pas instituer une façon unique de célébrer mariages, baptêmes, et communions, ces temps forts de la vie individuelle ou collective ? Il s'agissait bien, dans la langue du temps, de freiner les « innovations » qui avaient obscurci le sens premier des rites chrétiens, en leur ajoutant un élément païen. L'instrument de cette unification, l'agent de cette Réforme, ce fut d'abord un livre, le *Livre de prière publique*, ce *Book of Common Prayer*, toujours en usage, après bien des aménagements, dans la communion anglicane ou épiscopalienne du monde entier, de l'Amérique du Nord à l'Australie, ou à l'Afrique du Sud. Tout en recommandant la plus grande clémence envers les fidèles perturbés par les changements, l'on souhaitait en revenir aux « usages de la primitive Église », avec l'assistance du Saint-Esprit – explicitement mentionné par l'Acte d'uniformité. Si le terme « messe » était conservé, on recommandait l'appellation de sainte Cène, ou *Lord's Supper*, pour décrire le service de communion. On prévoyait aussi des peines lourdes, allant jusqu'à la prison à vie, en cas de refus d'utiliser la liturgie prescrite. Juges de paix et évêques se voyaient chargés de l'application.

Dans sa première version, ce *Livre de prière publique*, élaboré en grande partie sous le contrôle de Thomas Cranmer, ne fut utilisé que durant trois ans. Il fut d'emblée jugé insuffisant, timoré, en un sens on lui reprocha de ne pas être suffisamment protestant [22]. C'est là qu'intervint un élément décisif : la main tendue aux réformés du continent. Et, parmi eux, Martin Bucer, le réformateur de Strasbourg, venu vivre ses derniers jours en Angleterre où il rédigea son livre sur le règne de Jésus-Christ, le *De Regno Christi*, dédié opportunément à Édouard VI pour la Noël 1550. Le règne de Christ, le royaume d'Édouard, la fondation enfin d'une république chrétienne authentique : tel fut le bien le contenu programmatique de l'une des œuvres les plus inspirées qu'ait produites ce XVIe siècle, où l'on inventa l'utopie. La « république » est en effet ici l'un des noms du royaume de Jésus-Christ. Ce républicanisme monarchiste, tourné vers le trône, repose sur l'espérance que le roi d'Angleterre permette enfin à l'Évangile de prendre corps au sein des nations. Depuis Londres, le Lorrain Wolfgang Musculus appelait, de façon prophétique, « les fidèles épars », « détenus en la captivité papistique », à ne pas « temporiser », en se joignant sans tarder à une Église authentiquement réformée [23]. Était-ce l'aube d'un monde nouveau ?

Cette même année 1550, le noble polonais Jean a Lasco recevait une charte lui permettant d'établir à Londres même une « Église expérimentale », peuplée d'étrangers français, wallons, flamands ou italiens [24]. L'Angleterre, terre de refuge, devenait le point de mire de tous ceux qui désespéraient de voir enfin apparaître une société selon la grâce et l'Esprit. Espoir insensé, espoir évidemment déçu. Mais qui permit à Londres de se présenter comme une sorte d'anti-Rome. Après Wittenberg, avec

Genève, Londres était l'une des capitales de la Réforme, mais une Réforme qui trouvait ici l'appui du plus puissant de ses princes, un « roi d'Angleterre, de France et d'Irlande, défenseur de la foi, et suprême chef en terre sous Christ de l'Église d'Angleterre et Irlande [25] ». Ce qui n'empêcha pas l'exigeant Jean Calvin, à demi satisfait, d'exhorter Édouard VI à poursuivre ses efforts : « À grand-peine, Sire, pourrez-vous jamais déraciner entièrement tout le mal qui mériterait bien d'être corrigé [26]. »

Cette dimension internationale ne resta pas sans effet sur l'Église nationale. Bucer fut amené à donner son avis sur le *Livre de prière publique* de 1549, totalement refondu trois ans plus tard, et imposé par le second Acte d'uniformité du règne [27]. Dans la version de 1552, on ajouta le Décalogue au service de sainte Cène, en précisant que l'agenouillement requis au moment de la communion n'impliquait en aucune façon quelque adoration, dénoncée comme incongrue, des espèces. Il n'était plus, non plus, question de prière pour les morts lors des obsèques. On citera cette oraison après le sermon, en version française, destinée à montrer que le combat contre le diable et la superstition papiste n'avait fait que commencer : « Il t'a plu nous appeler à la connaissance de ton saint Évangile, nous retirant de la misérable servitude du diable où nous étions, nous délivrant de la maudite idolâtrie et des superstitions où nous étions plongés pour nous conduire en la lumière de ta vérité. [28] » La liturgie revêtait une valeur patriotique indéniable, en confortant la mission évangélique de l'Angleterre dans la régénération du christianisme.

Des moutons et des hommes

L'annonce évangélique se produisait dans une atmosphère troublée : révoltes populaires, menaces écossaise et française, révolution de palais, enfin. Appelant à une double Réforme politique et religieuse, Robert Crowley, éditeur de son état, dénonçait le sort misérable d'une partie des communes du royaume. La répression accrue du vagabondage culmina dans un Acte prévoyant, sur le mode antique, que l'on plaçât les oisifs en esclavage, après les avoir marqués au fer rouge [29]. Mesure plus théorique que pratique. La criminalisation de la pauvreté n'a jamais constitué une incitation efficace au plein emploi.

Deux rébellions distinctes éclatèrent au printemps 1549, dans l'ouest du pays et dans l'East Anglia, tout en se situant sur le plan idéologique aux antipodes [30]. La première est passée à la postérité sous l'étiquette imagée de « rébellion du *Livre de prière* », *Prayer Book Rebellion*. Le mécontentement local trouva sans doute ses motifs avoués dans la politique religieuse menée par le protecteur Somerset : en Cornouailles, l'archidiacre William Body, auteur de plusieurs actes d'iconoclasme, avait été le premier à payer de sa vie la défense de la Réforme entreprise [31]. Les habitants proclamaient leur attachement à l'héritage d'Henry VIII, et ils se révoltèrent lorsque l'on voulut imposer la nouvelle liturgie à l'occasion de la Pentecôte. Dans plusieurs paroisses, les fidèles exigèrent que l'on dît la messe en latin comme autrefois [32]. L'usage de l'anglais heurtait sans doute la susceptibilité de certains Cornouaillais, encore attachés à leur langue celtique ancestrale, maintenant disparue. Et la dissolution des monastères avait impliqué des transferts de propriété qui n'avaient pas rencontré l'unanimité. La rébellion fit tache d'huile, et le Devon fut touché, après la Cornouailles. La ville d'Exeter refusa d'ouvrir ses portes aux insurgés, qui portaient une bannière représentant les cinq plaies du Christ.

Ce fut la grande crainte des possédants, inquiets de devoir restituer les biens d'Église qu'ils avaient acquis. En août, les révoltés furent réprimés avec sauvagerie par John Russell. L'on s'interrogera longtemps encore sur le caractère religieux de cette insurrection. Ses adversaires ne manquèrent pas de dénoncer une machination, ourdie en sous-main par certains prêtres, « toujours prêts à entonner un cantique venu de Rome », selon la formule d'un témoin hostile [33]. Révolte conservatrice ou lutte des classes ? Sans doute un peu des deux. Le ressentiment envers la *gentry*, principal bénéficiaire du transfert des biens d'Église, s'explique également par un réflexe d'animosité sociale, en ces temps d'inquiétude spirituelle et d'inflation galopante – entre 400 et 500 % pour le siècle.

Tout autre fut le contexte de la révolte populaire qui éclata à peu près au même moment à l'est du pays. Au nombre des causes invoquées, les *enclosures*, ces haies et ces clôtures conférant à la campagne anglaise son aspect bocager prédominant. Les souverains Tudors, obsédés depuis Henry VII par les risques de dépeuplement, avaient tenté sans grand succès d'endiguer un phénomène directement lié au développement de l'industrie textile et à la production de la laine [34]. L'élevage bénéficiait de cette conjoncture, aux dépens de l'agriculture; mais, surtout, les plus humbles se voyaient privés de leur accès ancestral à certains communaux. Les enclosures sont le serpent de mer de l'histoire sociale anglaise; ils traversent les siècles, du XVe au XIXe siècle, tandis que s'effectue la lente transition entre une agriculture médiévale, soucieuse de maintenir les liens entre les hommes et la terre, et une agriculture purement capitaliste, confiée à un « fermier individuel », attaché à la rentabilité [35].

Thomas More avait conféré sa forme canonique à la protestation contre les enclosures dans son *Utopie*; les moutons, ces animaux que l'on croyait paisibles, étaient devenus mangeurs d'hommes [36]. La Couronne devait protéger ses sujets contre les excès d'une économie de marché, déjà fort développée dans le domaine lainier. La situation économique était complexe; l'inflation des prix ne s'était pas nécessairement étendue aux loyers, fixés par des baux antérieurs. La véritable pression fut démographique : la population passa en dix ans, de 1541 à 1551, de 2 777 000 habitants à plus de 3 000 000 – soit une augmentation de 10 % [37]. Une révolte agraire déferla sur l'East Anglia en 1549.

Connue sous le nom de la « rébellion de Kett » – du nom de son principal responsable –, l'émeute fut caractérisée par la destruction des clôtures et la mise à mort des moutons, soupçonnés de réduire indirectement les Anglais au chômage et à la famine. C'était une forme primitive de luddisme, ainsi que l'on allait appeler au XIXe siècle les mouvements sociaux dirigés contre les machines, les matières premières ou les instruments de travail, accusés de réduire les ouvriers au chômage. Le protecteur Somerset n'ignorait pas ces menaces qui pesaient sur la population; fidèle en cela à la politique menée par Henry VII, puis par Henry VIII, il souhaitait réduire la portée des enclosures; il nomma une commission chargée d'enquêter sur les abus, en dénonçant les propriétaires qui possédaient plus de 2 000 têtes de mouton. Mais ce fut peine perdue.

John Hales de Coventry, un humaniste soucieux du bien commun à l'antique, fut directement chargé par Somerset d'infléchir le cours des choses. Le réformateur social, lecteur de Platon et de Cicéron, rappelait dans un manifeste, rédigé cette année 1549, que chaque Anglais était aussi un compatriote et un citoyen. Il évoquait avec emphase les troubles liés aux enclosures, rendues responsables de la dépopulation, de la cherté des marchandises et des moyens de subsistance. Il mentionnait aussi, en intellectuel soucieux de ses prérogatives, que les savants devaient commander aux demi-savants – et plus encore, aux ignorants. Idéal rarement atteint depuis lors. Et qui se nourrissait de la maxime, strictement vaine, de Platon sur les philosophes rois et les rois philosophes. Hales d'insister pareillement sur ce grand souci de ses contemporains, l'inflation : « Maintenant une paire de souliers coûte douze deniers, alors que de mon temps elle en coûtait six [38]. » Tout en décrivant au passage les effets des manipulations monétaires par les souverains [39]. Texte étonnamment moderne de ton. Y compris dans l'illusion autarcique, toujours renouvelée, qui souhaite bannir les importations pour redresser l'économie. Quel besoin de faire venir de l'étranger verres, encriers, voire cure-dents [40] ? L'on parlait à l'époque de *common weal*, pour traduire la *respublica* latine – ce que le XVIIIe siècle allait appeler « l'intérêt général ». Mais les forces du marché étaient comme la mer qui monte. Ni Somerset, ni aucun autre de ces républicains d'autrefois ne parvinrent à endiguer le mouvement [41]. À l'inverse, même, Somerset ne suscita-t-il pas des espoirs insensés chez un peuple dont il n'avait pas les moyens d'exaucer les doléances [42] ? Une proclamation royale d'avril 1549 rappelait la charité qui devait exister entre les chrétiens, et plus encore entre les Anglais. Mais, en mai, ces exhortations laissaient place à un bref rappel ; la bienveillance royale n'autorisait pas les débordements. Et moins encore les bris de clôture ou les destructions de haies. Il ne restait plus au célèbre helléniste John Cheke, spécialiste de la prononciation restituée du grec, qu'à rappeler que la république n'était pas la chienlit. Et qu'il fallait se défier des partageux : « Qu'entendez-vous donc par égalité dans la république ? Si un homme est plus sage qu'un autre, devrions-nous le bannir, parce que selon vous l'égalité n'a pas de limite, comme vous le pensez sans doute, ou que dans votre folie vous n'êtes pas satisfait de votre état ? Il vous faut renoncer à cette fantaisie [43]. »

Rien n'y fit. Ce fut l'explosion. Des réunions clandestines se tinrent et, en plusieurs points du territoire, on abattit haies et clôtures. Le 20 juin, les habitants du village d'Attleborough, dans le Norfolk, se réapproprièrent leur pré communal. Le mouvement se dota au bout de quelques semaines de dirigeants, en la personne de Robert Kett, un ancien tanneur, et de son frère William, boucher de son état. Les deux hommes avaient sans doute renoncé à leur activité artisanale passée ; ils appartenaient à une élite rurale qui avait su bénéficier elle-même des enclosures, mais ils se joignirent néanmoins aux émeutiers. La terre n'appartenait-elle pas à tous les hommes susceptibles de la cultiver ? Le 10 juillet, le nouveau « Wat Tyler » et ses hommes assiégeaient la ville de Norwich. Le maire, Thomas Codd, était bien décidé à résister, tandis que Kett appelait à la solidarité entre bourgeois et paysans. Ils furent plusieurs milliers, venus des campagnes environnantes, à se joindre aux émeutiers. L'on écrivit même au roi pour supplier Sa Majesté d'accorder à ses pauvres sujets la fin des enclosures, des loyers décents, la restauration de leurs droits de pêche, des ministres du culte de qualité, capables de prêcher et d'instruire la jeunesse. Enfin l'élection de représentants chargés de veiller à l'application de la justice. Il fallait aussi que tous les hommes fussent libres, puisque le Christ Jésus avait versé son précieux sang pour chacun d'entre eux. On promit vaguement d'assembler le parlement, en demandant en retour aux jacques de rentrer chez eux. Le 22 juillet, Norwich était aux mains des insurgés. William Parr, marquis de Northampton, tenta vainement de reprendre le contrôle de la cité, de plus en plus exsangue. La ville de Yarmouth résista aux rebelles. Et fin août, John Dudley, comte de Warwick, entrait dans Norwich, où il procéda à plusieurs exécutions sans attendre. Les combats firent rage et, le mardi 27 août, ce fut la débâcle. Robert Kett et son frère s'enfuirent, pour être rattrapés. Ils devaient être pendus en décembre.

La situation internationale se détériorait aussi ; le roi de France Henri II déclara la guerre à l'Angleterre en août 1549. Boulogne, saisie par Henry VIII cinq ans auparavant, fit l'objet d'une tractation serrée : les Français exigeaient également la restitution de Calais. Les Anglais repoussèrent les Français, mais Henri II réalisa un coup de maître en préparant l'union de Mary Stuart et de son fils, le dauphin François. La menace française contraignit Somerset à dévaluer la monnaie – ce qui fut fort mal perçu à l'intérieur. Ces turbulences ne devaient pas épargner la Cour. Une révolution de palais balaya le protecteur Somerset, déjà affaibli par la chute de son frère Thomas Seymour of Sudeley. En dépit de tout ce qui les séparait, Thomas Wriotheley, comte de Southampton, et John Dudley, comte de

Warwick, mirent à profit la situation pour s'en prendre à Somerset, qui fut déclaré traître par le Conseil privé en octobre et arrêté sur le chemin de Windsor [44]. Querelle de personnes ? Ou conspiration religieuse conservatrice ? Il est difficile de trancher [45]. Édouard était âgé de douze ans à l'époque, et il reporta toute son admiration sur le comte de Warwick, selon l'ambassadeur de France, Boisdauphin [46].

Le nouvel homme fort, désormais, ce fut donc Warwick, devenu duc de Northumberland quelque temps plus tard [47]. Machiavélisme, duplicité, absence de convictions : tels sont quelques-uns des griefs les plus fréquents à l'encontre de Northumberland, par une historiographie volontiers moralisatrice. Il était de bon ton, encore au siècle dernier, d'opposer un Somerset convaincu de sa mission à un Northumberland cynique et opportuniste. Un observateur français, l'ambassadeur Boisdauphin, notait le soin que prenait Northumberland à influer sur le jugement du roi : « Quand il y avait chose d'importance qu'il voulait être faite ou dite par le roi sans qu'on sût qu'elle procédait de sa persuasion, venait la nuit secrètement en la chambre dudit seigneur après que tout était couché et n'était vu de personne. Le lendemain, ce jeune prince venait en son Conseil, et comme de soi-même, proposait des choses dont chacun s'ébahissait, pensant qu'elles procédassent de son esprit et invention [48]. » Northumberland mit son point d'honneur à développer les compétences du Conseil, qu'il présida, face en particulier à la crise financière du régime. Ainsi s'élaborait cet instrument de gouvernement qui allait se révéler tellement utile, ductile et efficace lors de la période élisabéthaine. C'est là que l'ancien secrétaire de Somerset, William Cecil, fit véritablement son apprentissage. Il fut ultérieurement l'un des plus grands serviteurs de la reine Élisabeth [49].

Le roi Édouard VI tomba gravement malade en février 1553 [50]. La reine Mary, fille de Catherine d'Aragon, était donc appelée à lui succéder. Mais qu'allait-il advenir alors de la Réforme religieuse, ou plus généralement du régime politique et social attaché au souvenir d'Henry VIII ? Dans un geste désespéré, Édouard et son entourage produisirent un « plan de succession » qui déshéritait Mary et Élisabeth, au profit des seuls descendants de Mary Rose, sœur d'Henry VIII [51]. Le Conseil donna son accord à contrecœur : lady Jane Grey allait-elle succéder à son cousin ? De façon opportune, elle avait elle-même épousé au printemps un fils de Northumberland, Guildford Dudley. Le coup d'État pouvait-il réussir ? Il ne restait plus qu'à prier. Et l'on pria pour que l'Éternel daigne sauver le roi d'une mort inévitable. « Seigneur tout puissant et miséricordieux [...], regarde avec bonté ton serviteur Édouard notre roi, et considère également notre royaume d'Angleterre, qui professe ta parole et ton saint nom, comme autrefois tu délivras le roi Ézéchias de la maladie la plus grave, et prolongeas sa vie, pour sauvegarder ton peuple, Israël, et les défendre, avec leur ville, de la tyrannie des Assyriens [52]. »

Édouard disparut le 6 juillet 1553. Quatre jours plus tard, la petite-fille d'Henry VII, lady Jane Grey, était proclamée reine à Londres. Mais son règne devait durer neuf jours à peine – en dépit de la déclaration, très régalienne de ton, qu'elle avait jugé bon d'adresser à ses fidèles sujets : « Avec l'aide de Dieu, serons très gracieuse et benoîte reine [53]. » Oui, mais tous, et toutes, ne l'entendirent pas ainsi. Aussi bien Mary que sa sœur Élisabeth auraient-elles pu admettre d'être dépossédées ? La succession à la Couronne reposa désormais sur ces femmes. Auxquelles il fallut ajouter cette autre descendante d'Henry VII, Mary Stuart...

La reine Mary et le roi Philippe

Mary Tudor se trouvait dans l'est du pays lorsque l'on apprit la disparition d'Édouard. Le duc de Northumberland voulut la capturer. Mais la nouvelle reine annonça son accession au trône, et reçut de nombreuses marques de soutien au château de Framlingham dans le Suffolk, où elle s'était réfugiée. Le Conseil comprit la situation, renonça au plan et déclara sa loyauté au nouveau souverain, qui marcha triomphalement sur Londres à partir du 24 juillet. La victoire de Mary fut celle de la province sur la capitale, de l'Angleterre d'en bas sur les professionnels de la politique à Westminster, empressés à se rallier à un règne qu'ils avaient redouté [54]. Parmi ces hommes à l'échine souple, William Paget, qui s'extasia, de façon désabusée, sur le nombre de partisans que comptait désormais la reine : « Ils sont tellement nombreux que l'Angleterre, qui avait toujours été une monarchie, ressemblait désormais à une république [55]. »

Élisabeth ne manqua pas de venir saluer sa sœur et caracola à ses côtés. Le 30 septembre 1553, lors de l'entrée solennelle dans Londres, Élisabeth et Anne de Clèves participèrent à la procession. Le couronnement se déroula le lendemain à Westminster Abbey, sous la houlette de Stephen Gardiner. Promu chancelier, l'évêque de Winchester avait défendu la suprématie d'Henry VIII quelques années auparavant, avant d'être emprisonné à la Tour de Londres sous Édouard VI ; il fut l'un des artisans de la nouvelle évolution religieuse. Il est piquant que la suprématie royale ait pu être utilisée à rebours pour ramener le royaume dans le catholicisme romain. Tel fut le sens de la réédition clandestine du sermon de Gardiner, *De vera obedientia*, prononcé quelques années plus tôt devant Henry VIII, et appelant à l'obéissance absolue au souverain. La préface, profondément hostile à Gardiner, évoquait la duplicité de certains hommes d'Église, prêts à entériner toutes les évolutions au nom de l'obéissance [56]. Le ressort loyaliste joua en faveur de Mary. Pourquoi ne pas être de la religion de la reine après avoir été de celle du roi ? Une reine de 37 ans était bien décidée à utiliser la voie législative pour défaire le travail accompli par son père Henry VIII. Jamais monarque n'eut aussi souvent recours au parlement, cinq parlements en cinq ans. Soit un nouveau parlement tous les ans. Le parlement, pour les Tudors, était un « instrument » politique [57]. Un premier Acte proclama que le mariage de feu le roi Henry avec Catherine d'Aragon était le seul valable. Mary était donc lavée des stigmates de la bâtardise. Une autre loi abolissait toutes les mesures passées sous le règne d'Édouard en matière de religion [58].

Encore fallait-il trouver un époux pour la nouvelle reine. Edward Courtenay, comte de Devon, bien qu'il fût plus jeune que Mary, était l'un des derniers descendants d'Édouard IV – et donc de la dynastie d'York. Et il présentait l'avantage insigne d'être papiste. Mais, pour des raisons sans doute plus dynastiques que territoriales, Charles Quint chargea son ambassadeur, Simon Renard, d'offrir la main de son fils, le presque roi Philippe d'Espagne. En novembre, la chambre des communes pria la reine de se marier dans son royaume – afin d'empêcher que l'Angleterre tombât dans l'allégeance d'un prince étranger. Mary, outrée, expliqua qu'en mariant une fille contre son gré, on risquait de provoquer sa mort. La reine d'Angleterre allait-elle donc épouser son Espagnol que l'on ne connaissait pas encore ? La rumeur alla bon train : pourquoi ne pas déposer Mary pour la remplacer par Élisabeth ? Un nouveau complot associa le poète Thomas Wyatt, ancien soupirant d'Anne Boleyn, et Henry Grey, duc de Suffolk, le père de l'infortunée lady Jane Grey, qui ne semble pas avoir directement participé à la conspiration [59].

Mary fit appel à la loyauté de ses sujets : « Cette affaire de mariage n'est qu'une cape espagnole destinée à masquer un attentat contre notre religion », déclara-t-elle, pleine de verve. Et surtout : « Si jamais il y eut prince ou gouverneur qui aima davantage et plus tendrement ses sujets que mère aime son enfant, alors vous devez savoir que suis votre mère et votre maîtresse, et que vous aime et affectionne en retour [60]. » Cette utilisation du registre marial permit à Mary, « mère » et « maîtresse », de capter l'obéissance des Anglais, rarement sourds au prestige patriotique. Élisabeth, quelques années plus tard, devait jouer à ravir du même registre. La rébellion s'arrêta aux portes de la Cité ; après avoir vainement tenté de franchir le London Bridge, depuis Southwark, ou d'entrer par l'est en passant par Charing Cross, Wyatt fut arrêté en compagnie d'autres conspirateurs près de Ludgate. Une centaine d'entre eux eurent droit à la corde. Quant à lady Jane Grey et à son mari, Guildford Dudley, cette fois-ci ils furent exécutés, le 12 février 1554, à la Tour de Londres. L'on se souvint longtemps encore de son courage face à la mort, la transformant en une icône féminine de résistance à l'oppression. D'autant plus que la jeune femme refusa jusqu'au bout de se convertir au catholicisme pour sauver sa tête [61]. Un médecin, Étienne Perlin, se montra très sensible au caractère sanguinaite des exécutions capitales, comparées par lui à une sorte de boucherie. Le Français notait combien, en Angleterre, la hache s'acharnait sur les hommes et les femmes de haute condition : « Vous verrez ces grands seigneurs en grande pompe et magnificence pour un temps ; tournez la main, vous les verrez entre les mains des bourreaux. Par quoi là-dessus pouvons alléguer un proverbe qui dit : *Que les temps passés ont été plusieurs qui si fussent demeurés humbles et en fortune basse et exil, ils eussent vécu sûrement et sans contraintes ; étant faits sublimes et grands seigneurs, sont tombés en périls et en grande confusion* – ce que nous voyons pratiquer principalement en ce royaume, autant qu'en royaume du monde. » Puis, songeur : « En France, on n'a point ouï parler qu'un prince soit tombé en telle confusion. Car un chacun, tant prince que noble qu'ignoble, paisiblement est sans contredit et obéit à son roi d'un bon zèle et affection, s'efforce aussi de secourir son prince jusqu'à la dernière goutte du sang de son corps, et lui aide de ses biens selon ses forces [62]. » L'Angleterre, terre de violence ? L'Angleterre, depuis au moins la guerre des Deux-Roses, terre de surmortalité aristocratique ? Cette impression ne concerne évidemment qu'une minorité ; mais l'Angleterre des Tudors offrait le spectacle consacré d'une alternance rapide d'ascensions fulgurantes et de chutes sanglantes – du moins dans les milieux proches du pouvoir. D'où cette impression de vertige qui n'épargnait aucun des protagonistes de l'Église et de la Cour. La métaphore antique de la roue de la fortune, commune à l'époque, rend compte de ces bouleversements [63].

La princesse Élisabeth fut provisoirement incarcérée. Révolte religieuse, ou révolte politique ? Fausse alternative, en un âge où le spectre doctrinal s'accompagnait de plus en plus de nuances nationales. La foi n'est jamais qu'un autre nom de la fidélité. Une chose est sûre : la défiance envers Philippe ne disparut jamais ; le traité de mariage ne précisait-il pas que, si Mary mourait sans enfant, les droits de Philippe sur l'Angleterre tombaient sans retour [64] ? En mars 1554, Mary épousait par procuration Philippe d'Espagne, remplacé pour la circonstance par le comte Lamoral d'Egmont, l'un des meilleurs capitaines de son temps. En juillet, Philippe était à Winchester où il rencontra son épouse, avec laquelle il engagea une conversation prolongée. Le mariage définitif eut lieu le 25 juillet, jour de la Saint-Jacques, patron de l'Espagne. Philippe et Mary devenaient, par la grâce de Dieu, roi et reine d'Angleterre, de France et de Naples, de Jérusalem et d'Irlande, princes d'Espagne et de Sicile, archiducs d'Autriche, ducs de Milan, Bourgogne et Brabant, comtes de Habsbourg, de Flandre et du Tyrol. En soi, toute une page de géographie, plus fastueuse encore l'année suivante, lorsqu'à l'abdication de son père Charles Quint, Philippe devint roi d'Espagne. Mais il était trop impopulaire pour que l'on pût le couronner roi d'Angleterre – et malgré qu'elle en eût, Mary ne parvint pas à écarter de l'ordre de la succession sa sœur Élisabeth [65]. La loyauté qui s'attachait à la dynastie des Tudors servit tour à tour tous les enfants d'Henry.

En septembre, on annonça que la reine était enceinte. Un héritier, si possible masculin, et l'avenir du catholicisme romain était assuré en Angleterre. Encore fallait-il rassurer les acquéreurs de biens d'Église, qui se virent confirmer dans leurs titres de propriété. Même si chacun était exhorté à rendre les objets pris dans les monastères. En novembre, le cardinal Pole arrivait en Angleterre, fort satisfait de l'heureux événement escompté ; la présence d'un légat du pape marquait ostensiblement le retour de l'Angleterre dans l'orbite romaine, devenu effectif en janvier 1555 [66]. Reginald Pole, par sa mère, se rattachait à la famille d'York ; il était resté fidèle à l'ancienne foi avec courage, en dépit des ouvertures personnelles d'Henry VIII, qui souhaitait l'amadouer. Mais un séjour d'une vingtaine d'années sur le continent l'avait transformé en une sorte d'émigré, coupé des réalités insulaires [67]. Ce qui lui permit, alors même qu'il n'était pas prêtre, de prononcer solennellement des paroles de pardon pour un schisme dont il put penser, avec candeur, qu'il n'avait été qu'une parenthèse. « Je suis venu pour construire et non pour détruire, pour réconcilier et non pour condamner, pour appeler et non pour contraindre [68]. » Pole était passionnément attaché à l'unité de l'Église, malmenée au XVIe siècle par la montée des États-nations. Quant aux Anglais, pragmatiques, ils souhaitaient qu'on respectât leur droit de propriété sur les anciens biens ecclésiastiques. Pole céda à contrecœur, quitte à préciser qu'en absence de toute poursuite civile ou ecclésiastique, les spoliateurs devraient répondre de leurs actes devant Dieu [69].

Signe des temps, on réactiva les lois médiévales contre les hérétiques – dont le *De Haeretico Comburendo*, de sinistre mémoire [70]. Les arrestations débutèrent ; l'ancien évêque de Gloucester, John Hooper, et plusieurs autres furent jugés et condamnés au bûcher, pour être suivis par environ 270 autres martyrs, dont le souvenir allait être pieusement consigné par John Foxe dans ses *Acts and Monuments* [71]. La reine y gagna l'épithète peu flatteuse de *Bloody Mary*, Mary la Sanglante.

Un extraordinaire ballet diplomatique se déroula alors : si Mary mourait en couches, la couronne passait à Élisabeth. Si l'on excluait Élisabeth, la couronne allait à Mary Stuart, *Queen of Scots*, dont on savait bien qu'elle allait épouser le dauphin. L'Espagne détestait plus que tout cette perspective, néfaste pour ses intérêts. Il ne restait plus alors qu'à transformer Élisabeth en princesse catholique. Et pour cela à la marier... à un catholique. Comment une femme eût-elle pu résister aux appas puissants d'une religion portée par de tels arguments ? Emmanuel-Philibert, duc de Savoie, semblait le parti idéal. Mary essaya d'amadouer sa sœur, en lui envoyant une riche robe qu'elle lui demanda de porter sur-le-champ. C'était le retour en grâce. On raconte que Philippe se cachait derrière une tenture lorsque les deux sœurs se rencontrèrent. Mary, cependant, n'avait toujours pas l'enfant escompté ; les médecins, perplexes devant ce ventre qui enflait, prédisaient avec l'assurance que donne la science un accouchement imminent. Grossesse nerveuse ? Fausse couche ? Maladie ? En tout cas, neuf mois, puis dix, puis onze, puis douze s'écoulèrent.

Philippe quitta l'Angleterre pour les Pays-Bas en août 1555. Les bûchers continuaient à s'allumer, tandis que Mary sombrait dans la dépression : Hugh Latimer, ancien évêque de Worcester, Nicholas Ridley, ancien évêque de Londres, Thomas Cranmer, que l'on ne présente plus, furent tour à tour victimes des flammes. Philippe s'en revint au printemps 1557. Avant d'attaquer la ville de Saint-Quentin, dans l'actuel département de l'Aisne. L'Angleterre, la France, l'Espagne étaient en guerre. Les Français vengèrent le sac de Saint-Quentin en reprenant Calais. En 1558, le port, qui était resté aux mains des Anglais depuis 1347, entrait définitivement dans les possessions du roi de France.

Et la reine, dans tout cela ? La reine se croyait à nouveau enceinte – en dépit de ses 42 printemps, âge avancé pour l'époque. Mais rien ne vint, cette fois encore. Mary fit son testament ; son état empirait. Elle fit semblant de croire que son successeur, la reine Élisabeth, allait poursuivre son travail de réintroduction du catholicisme en Angleterre. Elle se trompait, bien évidemment. Le 16 novembre, après avoir écouté la messe, Mary s'endormait pour l'éternité. C'est à Westminster Abbey qu'elle attend paisiblement le Jugement, en compagnie de sa sœur Élisabeth, unie à elle dans la même espérance, comme devait le préciser au XVIIe siècle le roi Jacques Ier.

« Partenaires sur le trône et dans la mort,
« Ci-gisent les deux sœurs, Élisabeth et Mary,
« Dans l'attente d'une même résurrection. »

Pour le meilleur et pour le pire, les deux sœurs firent les frais de la misogynie accentuée de la période. Le réformateur écossais John Knox en administra la preuve. Son brûlot sur le *Monstrueux gouvernement des femmes*, s'il visait Mary Tudor, la régente d'Écosse Marie de Guise et sa fille Mary Stuart, constituait une menace pour tout règne féminin. « Si Dieu désigne une fille, que peut-on rétorquer à ce choix [72] ? », grommela-t-elle.

Tous les protestants ne brûlèrent pas en Angleterre. Beaucoup, parmi la future « intelligentsia » élisabéthaine, s'en vinrent sur le continent pour trouver ce refuge qu'ils avaient eux-mêmes accordés à Bucer, à Jean a Lasco et à tant d'autres. Chez l'éditeur Jean Crespin, à Genève, Christopher Goodman publiait un essai patriotique assimilant l'Angleterre à Israël. Il fallait résister aux « nations lointaines [73] ». Philippe II, les Espagnols, étaient les principaux visés ; ils devinrent pour les Anglais le fer de lance d'une Contre-Réforme militante et agressive qu'ils combattirent avec ardeur. Depuis Francfort, depuis Strasbourg, depuis Genève, des Anglais parlaient aux Anglais, les exhortaient à la résistance. Et prêchaient ce message prophétique, peuplé de figures menaçantes tirées de la Bible : Jézabel, Athalie, ces femmes méchantes, allaient laisser place à une nouvelle Déborah, l'héroïne du livre des Juges [74].

Chapitre XV

LA REINE VIERGE

« Élisabeth est vierge, comme l'Angleterre est île [1]. »

Victor Hugo.

Rarement règne marqua autant l'imaginaire que l'âge d'or élisabéthain. Élisabeth fut à la fois Déborah, Astrée, Diane, Cynthia, Phébé. Ou la Vierge Marie, selon une mythologie renaissante accueillant tous les syncrétismes, et tous les métissages de l'imagination. Dans l'un de ses plus beaux livres, consacré à la figure républicaine de Marianne, Maurice Agulhon constatait le caractère volontiers féminin de l'allégorie patriotique ou religieuse [2].

Figure de femme. Élisabeth séduit encore ceux qui s'approchent d'elle, en dépit des yeux fardés et des paupières trop lourdes de ses derniers portraits. Elle sut donner à l'exercice du pouvoir un caractère emblématique, fort bien rendu par Shekhar Kapur dans son célèbre film *Elizabeth* de 1998, avec Cate Blanchett dans le rôle-titre. Comme au cinéma, la magie ne tient souvent qu'aux projecteurs. Ou aux cosmétiques. Le pouvoir royal, avec Élisabeth, fut d'abord représentation. Ou encore théâtre, comme dans le célèbre aphorisme de Shakespeare : *All the world is a stage*. C'est un théâtre que le monde, c'est un monde que le théâtre. Inspirant la crainte et l'amour, Élisabeth est une sorte de « Turandot anglaise [3] ». Le monde a des allures drolatiques de théâtre de la cruauté. Tous, on les voit passer. Les grands rôles : Robert Dudley, l'amour de la jeunesse, William Cecil, principal ministre du règne, le chancelier Nicholas Bacon. Il faut leur ajouter quelques preux : tels le comte de Sussex ou le comte d'Essex, emporté trop vite, pour avoir conspiré trop tôt.

Des corsaires qui ressemblent à des pirates. À moins que ce soit l'inverse. John Hawkins, Francis Drake ou Walter Raleigh, le très impétueux, très intempestif importateur du pétun en Angleterre. Du moins est-ce lui qui lança la mode du tabac, dont on a tant de mal à se défaire aujourd'hui.

Parmi tous ces personnages phares, commençons par un relativement obscur désormais. Il est difficile de se hisser au premier rang quand on s'appelle Thomas Smith. Et que l'on est de surcroît universitaire, dans un monde que l'on imagine d'ordinaire comme besogneux, frustré et digestif, peu propice en tout cas aux grands destins. Tel n'était pas le cas dans l'Angleterre des Tudors, pétrie de références humanistes. De Cambridge, où il enseigna la philosophie naturelle et le grec dans les années 1530, Smith se rendit en France et en Italie – où il étudia le droit à Padoue. De retour en Angleterre, il défendit la prononciation restituée du grec, au côté de John Cheke. Après avoir été professeur de droit civil, il entra au service du protecteur Somerset. Sous Élisabeth, il fut deux fois ambassadeur en France, de 1562 à 1566, et à nouveau en 1572. C'est à Toulouse que Smith aurait commencé la rédaction de son chef-d'œuvre, le *De Republica Anglorum*. La France et l'Angleterre : comme chez Bracton, comme chez Fortescue, cette dimension comparatiste est sans cesse présente. Mais elle reste implicite : l'Angleterre apparaît ici comme la réalisation effective de la sagesse antique [4]. En Grèce, à Rome, les Anglais se découvraient, grâce à l'humanisme, des ancêtres prestigieux.

Le terme même de « république » est clairement ici un emprunt à l'Antiquité et à la Rome de Cicéron. Smith écrit un *De Republica Anglorum* au moment, à peu près, où le Français Jean Bodin rédige sa *République* [5]. Le terme anglais *common weal*, au travers de toutes ses graphies, s'est imposé comme le terme le plus courant pour « désigner la nation ». On est ainsi passé, par « métonymie », du « bien public, au singulier, à ses bénéficiaires – le corps politique [6] ». De même, la monarchie, l'aristocratie, la démocratie, ces formes grecques, trouvent-elles leur illustration la plus parfaite outre-Manche, dans un régime mixte les associant. L'étude attentive de la stratification sociale permet à Smith de définir une double élite nobiliaire, pairs du royaume, seuls appelés à siéger dans la Chambre des lords, et gentry – ce qu'il appelle, toujours en latin, une *nobilitas major* et une *nobilitas minor*. Il détaille, du reste, les statuts : chevaliers, écuyers, *gentlemen*. Et enfin, bourgeois et *yeomen*, que nous appellerions des paysans aisés, des « laboureurs » dans le français du temps. Mais il distingue aussitôt un « quatrième état », celui des pauvres, des manouvriers, des prolétaires – le mot a ici un sens classique. Il y inclut les artisans. Ces gens-là n'ont pas accès à la parole publique ; ils sont là pour être gouvernés et non pour gouverner. Humaniste chrétien, favorable à la Réforme religieuse du royaume, Smith se montre également partisan du renoncement total à la servilité des conditions, présentée comme le reliquat d'un passé barbare. Quel chrétien, se demande Smith, peut véritablement maintenir son « frère » dans le servage ? Sans rompre avec la féodalité, tout en maintenant qu'il ne saurait y avoir de terre sans seigneur, l'auteur note que la rente foncière, désormais, supplante définitivement les obligations de service armé [7].

Mais c'est sans doute au sujet du parlement que Smith fournit les analyses les plus fines, en fondant son approche sur la doctrine de la représentation : « Chaque Anglais est ici présent, soit en personne soit par procuration et par la voix de ses représentants, quel que soit son rang, du prince [roi ou reine] au plus humble des habitants. Et le consentement du parlement apparaît comme le consentement de chacun [8]. »

Ainsi la diversité des conditions renvoie-t-elle à l'unité profonde du royaume. Belle démonstration de cet unanimisme élisabéthain, sans doute majoré par Smith, mais qui constitua l'un des ressorts d'un règne dont on soulignera sans doute le caractère de « république monarchique [9] ». On retrouve des expressions équivalentes chez un bourgeois d'Exeter, John Hooker, lorsqu'il lie étroitement représentation parlementaire et consentement : « Les communes du royaume tout entier sont représentées par les chevaliers, les bourgeois et les citoyens, et chacun d'entre eux ne donne pas son consentement uniquement en son nom propre, mais au nom de tous ceux qui l'ont envoyé [10]. » Pareillement, Thomas Wilson, à l'extrême fin du règne, pouvait observer qu'à sa façon chaque ville se comportait en république, en élisant elle-même son maire et ses échevins, sans en référer à la reine [11].

Le couronnement d'Élisabeth

Élisabeth avait vingt-cinq ans au moment de la disparition de sa sœur Mary. Mais elle avait été « tellement façonnée par l'adversité et l'expérience qui sont des maîtres très efficacieux, qu'elle avait acquis de la prudence au-dessus la portée de son âge [12] ». En janvier 1559, la nouvelle reine effectua sa joyeuse entrée dans sa bonne ville de Londres. Le spectre de la désastreuse guerre des Deux-Roses planait encore sur le pays, attaché à la paix civile que promettait le nouveau règne. « Tu es bénie huit fois, reine justement réputée [13]. »

Une religion nationale, aux contours encore indécis, trouvait dans la reine sa figure emblématique : « Comme vous souhaitez que je continue à être votre gente dame et votre reine, soyez assurés que je serai aussi bon pour vous que reine peut l'être pour son peuple. Ni la volonté ni la puissance ne m'en feront défaut. Et croyez bien, que pour votre sécurité et votre quiétude, je suis prête s'il le faut à verser mon sang. Dieu vous bénisse tous [14]. » Il s'agissait encore, comme le précisait un tableau, de remplacer une *Ruinosa Republica*, un « république ruinée », par une *Republica bene instituta*, une « république bien instituée [15] ».

Le lendemain 16 janvier, une reine de vingt-cinq ans était solennellement couronnée à Westminster. Ce fut la dernière fois que l'on eut recours en Angleterre au rituel latin du sacre, qui avait été celui des Plantagenêts. L'archevêque de Cantorbéry, le cardinal Pole, étant disparu, l'officiant aurait dû être Nicholas Heath, l'archevêque d'York, qui se récusa. Il fut remplacé par Owen Oglethorpe, l'évêque de Carlisle. Cinq ans seulement après le couronnement de Mary, une nouvelle reine montait sur le trône.

À la suite de Francis Bacon, juriste et philosophe, on a répété que la reine avait une conception très irénique de son Église d'État : il s'agissait, pour Élisabeth, de « ne pas percer de fenêtres dans les âmes de ses sujets [16] ». C'est-à-dire, en clair, qu'il convenait de laisser à Dieu seul le soin de scruter les cœurs et les reins. Le rétablissement de la religion nationale fut l'une des priorités du règne. Renouant avec la période édouardienne, Élisabeth commença par interdire provisoirement toute prédication, afin d'écarter toute occasion de querelle inutile entre ses sujets [17]. Puis vinrent les deux Actes, de suprématie et d'uniformité, en avril 1559 [18]. Élisabeth renonçait au titre de « tête suprême de l'Église d'Angleterre », qu'avait arboré Henry VIII avec magnificence, au profit de celui, plus modeste, de « suprême gouverneur ». L'on en revenait également au *Livre des prières communes* de 1552, avec quelques aménagements, écartant en particulier la polémique contre l'évêque de Rome. Cela n'empêcha guère une fronde des évêques autour de Nicholas Heath, brièvement emprisonné.

« Ce n'est pas la reine qui règne, ce sont les lois », devait préciser le protestant John Aylmer [19]. En matière ecclésiastique, Élisabeth était le successeur de Moïse et non d'Aaron ; elle exerçait, sur l'Église même, un ministère civil et non point ecclésiastique, seul compatible avec son état féminin. La monarchie, selon Aylmer, se trouvait ainsi clairement distinguée de la prêtrise. Ainsi l'Angleterre protestante prenait-elle, provisoirement, congé de plusieurs siècles de sacerdoce royal. Le pays ne s'était pas encore doté d'une doctrine religieuse spécifique. L'anglicanisme devait trouver son contenu le plus explicite quelques années plus tard, lorsqu'en 1563 la convocation du clergé rédigea *Trente-huit articles*, devenus *Trente-neuf* en 1571, lors de leur adoption par le parlement [20]. L'anglicanisme se dotait ainsi d'une liturgie et d'une discipline ecclésiastique spécifiques ; il acquérait aussi un contenu confessionnel précis, toujours actuel. Les *Trente-neuf articles* demeurent jusqu'à nos jours le texte de référence de la foi anglicane [21].

Pourtant cette permanence admirable est elle-même source de bien des confusions. En nos temps d'œcuménisme avoué et de concurrence perfide, que d'erreurs ne commet-on pas sur l'Église d'Angleterre ! Question de vocabulaire, tout d'abord. L'Église anglicane, à l'origine, revêt un sens géographique ; elle est celle qui se situe en Angleterre, tout comme du reste l'Église gallicane est celle qui se trouve en France. Ce n'est qu'au terme d'une évolution complexe que l'anglicanisme est devenu une confession particulière. En tout cas, Henry VIII n'a jamais été le créateur de l'Église anglicane, même si le schisme avec Rome a permis une évolution séparée. Le terme d'anglicanisme ne s'imposa que bien plus tard, après 1660, mais nous l'utilisons ici pour des raisons de commodité.

Autre erreur : on dit communément que l'anglicanisme serait un compromis entre catholicisme et protestantisme. À ce titre, les anglicans seraient semi-catholiques ou à demi protestants. On ne sait au juste. C'est un peu rapide : la *via media*, la « voie moyenne », traduit un choix singulier ; si la Réforme en Angleterre s'est imposée d'« en haut », cela a permis au pays de garder ses institutions ecclésiastiques : évêques, curés, vêtements sacerdotaux, mais tout en opérant un *aggiornamento* théologique, dont les *Trente-neuf articles* sont la manifestation la plus éclatante. Rien qui ne soit profondément protestant dans ce catalogue affirmant la justification par la foi, la prédestination, l'existence de deux sacrements ou la communion sous les deux espèces. Rien qui ne soit protestant, sans qu'il faille pour autant, comme on le fait parfois, y chercher une influence calviniste déterminante. Non, les *Trente-neuf articles* restent suffisamment ouverts pour que toutes les Églises nées de la Réforme puissent s'y retrouver. Ou à peu près.

Papistes et puritains

Le terme « protestant » ne s'imposa qu'avec lenteur pour définir la doctrine des Églises issues de la Réforme [22]. « Dieu est anglais », avertissait Aylmer, avec une pointe de forfanterie, au début de la période [23]. L'Angleterre apparut comme la citadelle de la vraie foi évangélique restituée, tandis qu'Élisabeth se complut dans ce rôle protecteur. On assista bien, à la période élisabéthaine, à une authentique confessionnalisation de la politique étrangère anglaise [24]. Les huguenots furent ses meilleurs alliés. Du moins au début du règne. Nicholas Throckmorton, ambassadeur anglais à Paris, comprit le parti que son pays pouvait tirer des guerres de Religion pour affaiblir une puissance continentale toujours prête à se liguer avec l'Écosse. Par le traité secret de Richmond, en septembre 1562, l'Angleterre s'engageait à aider les huguenots au Havre, à Rouen et à Dieppe, en échange de la restitution de Calais. Mais la défaite de Condé et de Coligny à Dreux le mois suivant, et surtout la perte du Havre en juillet 1563 mirent terme à une assistance militaire qui discréditait le parti protestant, présenté comme traître. Plus prudente désormais, Élisabeth prit grand soin d'apporter aux « gueux » révoltés de Hollande un soutien plus ou moins appuyé contre l'Espagne, au gré des relations bonnes ou mauvaises avec la péninsule Ibérique. La religion ne joua jamais un rôle politique déterminant ; l'existence d'une internationale calviniste semble être une fiction d'historiens. En tout cas, la religion ne fut jamais qu'un élément parmi beaucoup d'autres dans les relations entre les États.

La pire des menaces demeurait l'Écosse et sa reine, Mary Stuart, prête à entamer, disait-on, une reconquête catholique de l'ensemble de la Grande-Bretagne. Confrontée à de graves troubles intérieurs, Mary *Queen of Scots* se plaça opportunément sous la protection de sa rivale. Elle devait demeurer sa prisonnière pendant près de vingt ans, avant d'être finalement exécutée, y gagnant une aura romantique de martyre [25]. Comble de malchance, une rébellion éclata dans le Nord, à l'automne 1569. Tout en affirmant leur loyauté envers la reine Élisabeth, Thomas Percy, comte de Northumberland, et Charles Neville, comte de Westmorland, prirent la tête du mouvement, qui réclama la retour de l'ancienne religion et la libération de Mary Stuart. La dernière révolte catholique, qui n'était pas sans évoquer le Pèlerinage de grâce, devait être réprimée dans le sang, et plusieurs centaines d'insurgés furent mis à mort.

Sur le plan intérieur, le compromis anglican ne satisfit pas tout le monde. Cette Réforme venue d'en haut, cette Réforme magistérielle, cette Réforme menée conjointement par le magistère et par le magistrat, par le prince et par son administration, par la reine et par l'*establishment*, ne manqua pas d'exaspérer les purs, les idéalistes, les irréalistes qui souhaitaient que l'on fît un meilleur usage, en tout cas un usage moins utilitaire de la religion. Ces fervents, ces doctes, on les appela d'un sobriquet, appelé à devenir célèbre, des *puritains*. Il faut rendre à la base son rôle déterminant dans l'acculturation protestante du pays. Apparu en ces années, le terme « puritain » est une invention de catholiques exilés [26]. Il stigmatise les protestants, en voyant en eux des fondamentalistes, obsédés par la pureté de la doctrine, des rites ou des mœurs. Le puritanisme n'est donc pas une doctrine précise, il est un état d'esprit. Dès lors il n'y a pas un puritanisme, mais des puritains. Et l'étiquette se chargea d'un fort contenu émotionnel, et finalement politique.

Parmi les propagandistes les plus célèbres de ce courant de pensée, Thomas Cartwright, titulaire de la chaire de théologie de l'université de Cambridge. Suspendu en 1570, il se rendit brièvement auprès de Théodore de Bèze, successeur de Calvin à Genève. Et se fixa finalement à Anvers. Incarcéré à deux reprises en Angleterre, il peut être considéré comme l'un des piliers du puritanisme de langue anglaise. Autre théologien majeur, William Perkins insista pour sa part sur l'introspection ; quelle assurance les élus avaient-ils d'être sauvés ? Cette question obsédante prit en Angleterre, voire ultérieurement outre-Atlantique, une dimension que l'on chercherait en vain chez

Calvin [27]. Pour Perkins, la foi est déjà la marque de l'élection. Et donc croire, c'est être sauvé. Ou presque. Il faut ménager une part d'incertitude : « Comment savoir si l'on est justifié devant Dieu ? Ce n'est pas en montant au ciel pour scruter le conseil secret de Dieu, mais en descendant dans son cœur pour voir si l'on est ou non sanctifié » [28]. Dieu sensible au cœur. Ce caractère rassurant de la doctrine de la prédestination échappe à certains commentateurs. Dieu choisit ceux qu'il aime, et ceux qu'il a choisis l'aiment en retour. Il entre une part d'émotion, voire d'effusion dans cette théologie dont on souligne plus volontiers, trop volontiers, le caractère systématique, irréversible et péremptoire. Perkins même ne parle-t-il pas de « théorème » lorsqu'il déclare que tout homme n'a pas reçu la révélation [29] ? Le puritanisme est ferveur. Les puritains se désignaient eux-mêmes comme *godly*, craignant Dieu.

Le puritanisme n'est pourtant point la forme anglaise du calvinisme, comme on l'écrit trop souvent, même s'il en constitue l'un des aboutissements. Karl Marx a écrit en substance que le squelette de l'homme fournissait la clé du squelette du singe. Par sa rigueur théologique, par son amour de la clarté, par son souci de la cité, la pensée du Français Jean Calvin a influencé l'ensemble du protestantisme outre-Manche. Ou du moins a-t-elle influé sur son développement, ne serait-ce que par les débats contradictoires qu'elle a suscités.

L'Église d'Angleterre se heurta vite à une question majeure : jusqu'où pouvait-on, mais surtout voulait-on, réformer ? Fallait-il se réformer soi, réformer les autres, réformer l'Église, réformer la société ? Ne courait-on pas le risque du fondamentalisme ? En réponse, la *via media* anglicane trouva chez Richard Hooker son meilleur illustrateur. Son magistral ouvrage, *Des lois de la politique ecclésiastique*, illustre le travail du deuil qui s'accomplit au cœur même de l'Église : le temps des apôtres est révolu. On ne renouera jamais totalement avec le moment fondateur du christianisme [30]. Mieux vaut se faire une raison et admettre, contre les puritains, l'aspect relatif, voire indifférent des usages. D'où le caractère essentiellement « politique », au sens français, du compromis anglican : il revenait à la reine et à son parlement de fixer les règles, en définissant une double exclusion aux deux bouts du spectre doctrinal, les puritains et les papistes, également suspects de fanatisme.

Pauvres catholiques anglais ! Ces hommes et ces femmes courageux, attachés contre vents et marées à leur foi, et fidèles à leur reine, durent subir le contrecoup des initiatives diplomatiques désastreuses du Saint-Siège. Comme au Moyen Âge, le pape croyait encore que l'on pouvait excommunier et déposer princes, rois et empereurs. En avril 1570, la bulle *Regnans in excelsis* constitua, plus encore qu'une faute, une erreur impardonnable. Désormais le catholicisme apparut comme un facteur de déstabilisation politique. Et les prêtres catholiques, en particulier les bons pères jésuites, furent considérés comme des terroristes potentiels.

Pie V dénonçait l'assistance que la reine Élisabeth prêtait aux protestants qui trouvaient « refuge » dans l'île. Le terme de *refuge* s'applique de façon générale à tous les pays où les réformés trouvèrent asile, de Genève à Londres, en passant par Neuchâtel, Strasbourg et Francfort. L'Angleterre, plaque tournante du protestantisme international, renouait bien avec l'idéal évangélique édouardien, certes tempéré en permanence par ses intérêts économiques. L'accueil des réfugiés était une bonne affaire, en facilitant d'utiles transferts technologiques : en s'installant outre-Manche, les tisserands wallons et hollandais qui professaient la foi réformée renouaient avec une pratique ancestrale. Un afflux d'artisans avait permis à l'Angleterre, depuis le XIVe siècle au moins, de s'assurer une indépendance croissante dans le domaine des textiles [31]. Et, en particulier, dans celui des *new draperies*, ces tissus d'une incomparable finesse qui contribuèrent par leur qualité à la réputation des draps anglais. La grande loi sur les métiers – *Statute of Artificers* – venait de fixer les conditions de l'apprentissage et permettait désormais aux juges de paix ou aux maires d'établir un maximum des salaires [32]. L'implication de la Couronne dans la vie économique passait par le contrôle des flux migratoires ; à l'échelle de l'Europe du Nord-Ouest, on valorisa la réception d'une main-d'œuvre hautement qualifiée [33]. Cette ouverture s'accompagnait d'une surveillance accrue aux frontières. Il fut strictement interdit d'accueillir les prêtres catholiques, désignés pour les besoins de la cause par l'étiquette de *seminary priests*, ou, pire encore, les missionnaires jésuites, qui considéraient l'Angleterre avec autant d'appréhension que les terres lointaines.

Les grandes lois anticatholiques du règne s'enchaînèrent après 1570. Les Actes de suprématie et d'uniformité avaient fixé le cadre juridique d'une Église nationale à laquelle tous les Anglais se devaient d'appartenir. Quelques années plus tard, un premier ajout avait obligé tous les sujets à participer au culte dominical, sous peine d'acquitter à chaque fois une amende de 12 pence [34]. Mais qu'est-ce qui empêchait la conformité extérieure de ces *church papists*, restés fidèles dans le fond de leur cœur à la foi de leurs pères, tout en se rendant régulièrement dans leur église paroissiale ? Nul en Angleterre ne songeait à l'époque à forcer les consciences, pourvu que l'on vécût en paix avec l'Église établie. D'autant plus que, outre son rôle administratif, la paroisse était un lieu de sociabilité et d'échange indispensable. On allait à l'église pour voir et, peut-être plus encore, pour être vu, dans cette Angleterre pétrie de micro-solidarités locales. En 1571, tout changea. L'on interdit par la loi de prétendre, sous peine de haute trahison, que la reine était hérétique ou schismatique [35]. On proscrivit pareillement tous les gestes individuels de réconciliation avec l'Église de Rome [36]. Les papistes se virent interdire de trouver refuge sur le continent [37]. Le sort des catholiques anglais servit d'exemple sur le continent pour prêcher la guerre de religion à outrance contre les huguenots [38].

1588 : l'Invincible Armada

Troisième phase dans cette discrimination, la plus terrible, à partir des années 1580. La puissance espagnole inquiétait de plus en plus les Anglais. Avant même le déclenchement du conflit entre les deux pays, les insulaires entamèrent une guerre de course dévastatrice ; les navires assurant la jonction entre les Antilles, la Nouvelle-Espagne et la péninsule Ibérique en furent les principales victimes. L'empire espagnol et l'empire portugais n'étaient-ils pas désormais unis sous le même roi, Philippe II [39] ? Les Anglais ne cachaient pas leur sympathie pour les Hollandais révoltés. L'assassinat de leur chef Guillaume d'Orange, en juillet 1584, amena l'Angleterre à signer en août suivant un traité d'assistance avec les rebelles, au château de Nonsuch. Si la guerre avec l'Espagne ne fut jamais officiellement déclarée, le conflit dura jusqu'en 1604.

Cette guerre, dispendieuse en hommes et en moyens, amena la levée de plus de 100 000 soldats et des dépenses estimées à 4 500 000 livres – quand la Couronne disposait à peine, bon an mal an, de 300 000 livres. Avec ses 4 000 000 habitants à peu près et son territoire exigu, en l'absence de tout empire colonial – à l'exception de l'Irlande à demi-conquise-, l'Angleterre était un David face au Goliath ibérique. La religion joua un rôle majeur dans l'offensive patriotique. L'arsenal anticatholique sortit renforcé de l'épreuve. En 1581, un Acte pour « maintenir les sujets de Sa Majesté dans leur obéissance » mit hors la loi la célébration de la messe, tandis que l'amende encourue, quand on n'assistait pas au culte anglican, atteignit la somme, importante pour l'époque, de 20 livres sterling [40]. Il fallait être très riche désormais pour s'afficher comme catholique. Cela concourut peut-être au caractère distingué du catholicisme anglais. En 1585 le pays se dota de sa loi la plus répressive : les prêtres séculiers et les jésuites furent désormais passibles du crime de haute trahison [41]. Ils furent environ 150 ecclésiastiques à subir ainsi le martyre. Prêtres séculiers et membres de la Société de Jésus payèrent un très lourd tribut ; ils étaient soumis à la mort particulièrement cruelle et dégradante que l'on réservait en Angleterre aux condamnés pour le crime de haute trahison : pendaison, castration et éventration.

Un nouveau terme apparut désormais pour se référer aux catholiques – ou du moins à tous ceux qui ne se rendaient pas au culte paroissial. On parla de *recusants*. Les *recusants* furent tenus de ne pas s'éloigner de plus de quelques lieues de leur domicile [42]. Mais tout catholique n'était pas *recusant*, et tout *recusant* n'était pas catholique, vu la possibilité qu'avait chacun de se conformer extérieurement. La lourdeur de l'arsenal juridique contre les papistes doit être tempérée par la considération du caractère essentiellement politique de la mesure. Du reste, le clivage s'accentua entre les catholiques de l'intérieur et les papistes de l'étranger, entre laïcs et clercs, entre Anglais et missionnaires, venus prêcher l'autorité du pape [43]. L'intelligence d'Élisabeth fut précisément de jouer sur cette contradiction.

Les opérations maritimes allaient bon train. En 1587, Drake attaqua les bateaux dans le port de Cadix. Les Espagnols, lassés des pertes subies par leur flotte, lancèrent en mai 1588 la plus redoutable offensive de tous les temps contre les côtes anglaises : 130 bateaux, 18 000 hommes quittèrent Lisbonne. Harcelée par les corsaires, cette Armada était au large de Calais en août. Mais la résistance acharnée des Anglais et surtout les conditions climatiques eurent raison de la flotte espagnole qui, poussée vers le nord, perdit 15 000 hommes et une soixantaine de navires. C'est dans ce contexte que la reine aurait prononcé ces paroles célèbres que tous les enfants des écoles connaissaient naguère encore en Angleterre : « J'ai le cœur et l'estomac d'un roi et, qui plus est, d'un roi d'Angleterre ». L'expansion maritime de l'Angleterre allait se poursuivre, grâce en particulier à ses puissantes compagnies maritimes [44]. En 1596, Robert Devereux, comte d'Essex, prenait Cadix à son tour. Mais le bel Essex défia ouvertement sa souveraine à Londres en février 1601 – pour être finalement exécuté.

La gloire du règne fut à l'unisson du siècle des Tudors. Elle repose sur une unanimité nationale, à peine entamée par quelques démêlés bien secondaires. Ainsi en 1588-1589, au moment même où les Espagnols subissaient l'une de leurs pires défaites maritimes, une guerre pamphlétaire s'alluma contre les évêques. Martin Marprelate, que l'on traduira par un malicieux Martin-qui-fait-la-nique-aux-prélats, s'en prenait à l'*establishment* anglican. Mais une poignée de puritains décidèrent de se couper de l'Église nationale, pour fonder des communautés séparées. Ce « séparatisme » religieux demeura très exceptionnel. Que l'on songe que la France, à la même période, était plongée dans les guerres de Religion. Élisabeth, princesse protestante, ne manqua pas de s'affliger en apprenant la conversion de notre Henri IV au catholicisme : « Ah ! Quelles douleurs ! Et quels gémissements j'ai sentis en mon âme par le son de telles nouvelles [45]. » Si la religion du roi n'était pas celle du peuple, il était logique qu'elle le devînt. Élisabeth ne connut pas de tels problèmes : elle partagea la religion de son peuple. Et, plus encore, son sens patriotique. Au bilan de ces années, il faut verser également la gestion de la pauvreté. Récapitulant une partie de la législation antérieure, la grande loi sur les pauvres de 1601 systématise l'opposition entre le vice et la misère, posant ainsi les jalons d'une conception de l'assistance qui perdura jusqu'en 1834 [46]. L'on distingua désormais les bons pauvres, misérables mais honnêtes, des pauvres honteux. Ce n'était certes qu'un début modeste de ce que l'on n'ose pas encore appeler le traitement social du chômage. Un chemin considérable avait été parcouru depuis la conception purement répressive, qui avait été celle de la période édouardienne en 1547 [47].

L'assistance rimait ici avec le travail. La pauvreté en tant que telle, valorisée naguère encore par les ordres mendiants, était désormais considérée comme un fléau. Et non comme une bénédiction pour les bonnes âmes, en quête d'œuvres charitables à accomplir. Cette éthique protestante, pétrie d'idéal humaniste, déplaçait le problème de la pauvreté, sans nécessairement le résoudre totalement. Car, si l'emploi constitue l'un des remèdes à la misère, l'esprit d'entreprise ou la volonté ne suffisent pas toujours à rétablir la vie économique. Mais l'on trouvera déjà dans ce texte certains traits de la civilisation anglo-saxonne, et de sa capacité gestionnaire à envisager l'assistance comme un investissement.

L'Angleterre élisabéthaine n'était pas encore, à l'échelle internationale, la grande puissance qu'elle était appelée à devenir. Mais elle avait déjà acquis ce sens aigu des intérêts supérieurs de la nation, qui poursuivent depuis lors son histoire. Une dernière rébellion conduisit Essex à défier la souveraine en plein Londres. Son exécution finale semblait à l'unisson d'un âge héroïque, où la gloire et la mort frappaient alternativement les plus fortunés. Le Bâlois Thomas Platter vit passer la reine, en octobre 1599 : « Elle se tenait dans une galerie. Par une fenêtre, elle regardait son peuple dans la cour ; ils étaient tous agenouillés sur le sol. Elle leur dit en anglais : *God bless my people* – ce qui veut dire « Dieu bénisse mon peuple ». Et tous se mirent à crier en chœur : *God save the Queen !* Ils restèrent agenouillés longtemps, jusqu'à ce qu'elle leur fasse signe avec la main pour qu'ils se lèvent. Ils s'exécutèrent avec le maximum de révérence. » Et Thomas Platter, incrédule, de livrer quelques réflexions sur le contenu implicite de ces comportements respectueux. « Une triple interdiction est en vigueur sous peine de mort. D'abord, personne n'a le droit de remettre en question sa virginité, car sa sainteté leur paraît tellement immense que tout scepticisme est proscrit quant au caractère effectif du royal pucelage. Deuxièmement, nul n'a le droit de se livrer à une enquête sur son gouvernement et sur la société d'ordres de son royaume, tant est grande la confiance dont elle jouit parmi ses sujets. En dernier lieu, pour finir, la peine capitale est également prévue à l'encontre de tout individu qui chercherait à savoir quelle personne pourrait bien succéder à la reine après sa mort [48]. »

Chapitre XVI
DE GRANDES ESPÉRANCES, 1603-1637

> « Quelqu'un des nôtres [...] demandant à un Anglais pourquoi l'on nous traitait si cruellement en Angleterre : d'autant, dit-il que vous êtes étranger. Et comme il lui eut répliqué qu'on n'en usait pas de même à leur endroit en ce royaume, il répondit : si vous n'êtes point sages, sommes-nous tenus d'être fols [1] ? »
>
> A. de Montchrestien, Traicté de l'œconomie politique, *1615*.

C'est à l'occasion d'un exil en Angleterre, provoqué par un duel malencontreux, que le Normand Antoine de Montchrestien, sieur de Wateville, inventa l'« économie politique ». En tout cas, l'expression se fraie un passage, dans le traité qu'il en rapporta, pour le dédier à Marie de Médicis et à Louis XIII. Pourquoi ? C'est que l'Angleterre, plus encore que l'Espagne, grande rivale de la France en ce temps, lui parut annoncer une modernité, fondée sur la prospérité économique. Et sur le patriotisme commercial, et l'amour exclusif de ses intérêts. « Laissons à part l'Allemagne et la Suisse. Et prenons pour exemple l'Angleterre, qui nous est plus voisine [2]. » Et ce conseil, plein de bons sens : « Il y a des degrés en la charité même [3]. » Cela les Anglais le savaient de longue date. Leur système d'assistance aux pauvres, depuis la période élisabéthaine, était une aide à l'embauche. Et déjà au début du XVIIe siècle, à en croire Montchrestien, le pays aurait joui d'une prospérité fondée sur le travail et la concurrence la plus effrénée. La définition même qu'il fournissait de l'Église paraissait inspirée par l'anglicanisme, très politique, du temps : « Souvenez-vous toujours que l'Église est en l'État, non l'État en l'Église [4]. »

Jacques VI d'Écosse, Jacques Ier d'Angleterre

Mars 1603 : mort de la reine Élisabeth, accession au trône de Jacques Ier. Fallait-il s'en réjouir ou en pleurer? Sans doute les deux à la fois. Du moins à en croire le Révérend Gilbert Primrose, « pasteur de l'Église françoise de Londres », qui déclarait avec des réserves d'éloquence baroque : « Lors on eut vu deux passions violentes combattre en un chacun, la tristesse et la joie. La tristesse gémissait et envoyait un ruisseau de larmes aux yeux pour pleurer la mort de la plus courageuse, sainte et heureuse reine qui ait jamais été entre les femmes. En même temps la joie s'épanouissait, et essuyant les larmes des yeux, envoyait la liesse au visage, et le ris à la bouche. » Pour évoquer ces propos lénifiants qui couraient dans Londres : « Nous avons perdu la perle des femmes [...] Ne soyons point ingrats, mais bénissons Dieu qui nous a donné en sa place la perle des hommes. » Une perle en chasse une autre. Et cette péroraison, dans le patois de Canaan : « Consolons et réjouissons-nous de ce que les bénédictions de Dieu envers nous croissent et se multiplient car notre Salomon est plus sage qu'elle. Sous Élisabeth, nous vivions en paix, mais nous craignions la guerre avec la nation voisine. Sous Jacques Ier, qui des deux nations a fait une, il n'y a rien à craindre et beaucoup à espérer [5]. »

Le deuil fut rapide. On regretta peu Élisabeth, du moins au départ, avant que l'image nostalgique du règne passé ne s'imposât grâce au travail des annalistes. Mais dans l'immédiat, Primrose, comme tant d'autres, n'avait rien à perdre et beaucoup à espérer. Étant Écossais, le pasteur ne pouvait que se féliciter que ses compatriotes Stuarts accédassent au trône ; il croyait sincèrement que l'Angleterre et l'Écosse étaient appelées un jour proche à se fondre en une seule nation britannique ; il appartenait enfin à une internationale protestante, qui considérait la Grande-Bretagne comme le meilleur contrepoids possible, face au Saint-Siège ou aux puissances catholiques du continent.

Le droit divin des rois

Le roi Jacques fut l'un des rares rois vraiment intelligents que compta l'Angleterre moderne. En tout cas, l'un des plus cérébraux. Avec son accent rocailleux, ses jambes arquées, son esprit alerte et son penchant prophétique, il cultiva avec passion et talent une fibre littéraire, restée sans suite dans l'histoire insulaire. Se souvenant qu'il n'était pas Anglais mais Écossais, Jacques fut une figure d'exception. Roi théologien, il eut beau jeu de se transformer, non sans une certaine cuistrerie, en théoricien du droit divin des rois. De tous les rois, du reste, contre les prétentions des Églises. De toutes les Églises [6].

Pourquoi écrire ? Dès sa jeunesse, Jacques VI d'Écosse signa quelques vers sur la bataille de Lépante [7]. Mais c'est dans la prose qu'il excella, pour dresser le portrait du souverain idéal. Ou pour morigéner les fumeurs et lutter contre l'usage du tabac, grand pourvoyeur des affections des bronches et autres catarrhes. Avec cela, d'une propreté douteuse, il craignait les sorcières et les jeteurs de sorts, passibles d'une exposition au pilori à la première infraction et de la peine de mort à la seconde [8]. Son *Basilikon Doron* est bien tourné. On y apprend que Dieu même voit dans les rois d'autres dieux. Ou du moins ses lieutenants sur terre. Les rois sont liés à leurs sujets par un contrat, réciproque comme le sont toutes les alliances, d'aide et d'assistance mutuelle. Encore fallait-il préciser que Dieu seul était juge de ce contrat. Et que c'est à lui seul que le roi rendait compte de ses actes [9].

Il faut dire que Jacques VI d'Écosse dut vaincre bien des obstacles, pour devenir roi d'Angleterre sous le nom de Jacques Ier. Il craignait les jésuites, en particulier le père Parsons, auteur d'un remarquable essai sur la succession. Chaque république, écrivait en substance Parsons, est maîtresse de ses lois et de sa forme de gouvernement. L'hérédité, les droits du sang, précisait le père, étaient donc d'un faible recours pour asseoir une monarchie. Et Parsons de mentionner sans hésiter les différentes pannes de légitimité dynastique qui avaient affecté l'Angleterre, de la conquête normande en 1066 jusqu'à la guerre des Deux-Roses. Pour Parsons, « l'autorité temporelle » était au service de la « vérité catholique [10] ». À ce titre, le meilleur prétendant à la succession d'Élisabeth n'aurait été autre... que l'infante d'Espagne, fille de Philippe II, bonne à marier, que l'on pourrait caser le cas échéant avec le descendant d'une bonne famille anglaise [11].

Jacques Ier en voulut beaucoup à Parsons. Et aux jésuites. Il soupçonna toujours l'Église romaine de vouloir s'entremettre dans la vie des États [12]. L'assassinat de Henri IV, en 1610, parut donner corps à ses préventions de toujours ; le papisme rimait donc avec le tyrannicide. Dès lors, tous les rois, quelles que fussent leurs confessions religieuses, étaient menacés. Faute d'un internationale des peuples, allait-on vers une internationale des rois ? En tout cas, Jacques Ier prônait la fraternité des souverains : « Je mets mon sceptre et ma couronne aux pieds du roi des rois, prêt de le servir en une si juste querelle et de maintenir que mes frères et moi que Dieu a élevés sur le trône ne tenons que de sa seule majesté divine la dignité royale [13]. » Jacques Ier ne manquait pas non plus de flétrir les croisades : « Quant aux guerres que les Français, Anglais et Allemands allaient faire en Jérusalem, l'issue a montré que Dieu ne les avait pas agréables [14]. ». La « cause commune des rois », ainsi que la baptisait le pasteur Pierre Dumoulin, méritait bien ces quelques développements [15]. Jacques Ier fut assurément le « fol le plus sage de la chrétienté ». Ses favoris défrayèrent la chronique, depuis le ténébreux Robert Carr jusqu'au fringant Buckingham. « Jésus avait son Jean et j'ai mon Georges », disait affectueusement le roi Jacques en couvant son giton du regard [16].

Le bilan du règne tient en quelques traits saillants. Né en 1566, le fils de Mary Stuart avait quelques comptes à régler avec le sort. Sa mère avait laissé sa tête sur l'échafaud, son fils Charles Ier devait en faire autant en 1649. Entre ces deux tragédies, le règne de Jacques Ier en Angleterre a des allures de parenthèse – et pourtant que d'avancées majeures dans cette vingtaine d'années, de 1603 à 1625 ! Sur le plan religieux, sur le plan diplomatique, sur le plan international enfin, l'Angleterre fut durablement transformée. Après la gloire élisabéthaine, le règne du nouveau Salomon fut une ère de paix. Sir Walter Raleigh, grand pourfendeur d'Espagnols devant l'Éternel, fut sacrifié sur l'autel de la raison d'État. Condamné à mort en 1603, il ne fut exécuté que quinze ans plus tard [17]. En 1604, le traité de Londres avec l'Espagne marquait la fin de plusieurs décennies d'hostilité sur terre, et surtout sur mer. Un tableau célèbre a préservé l'image des négociateurs, assis en compagnie de Robert Cecil, comte de Salisbury, qui avait succédé à son père William Cecil dans les rouages compliqués de l'État. Quelques années plus tard, en 1609, l'Espagne et les Provinces-Unies signaient également une trêve de douze ans. Tout danger de déflagration européenne était-il écarté ? En mariant sa fille Élisabeth à Frédéric, électeur palatin, en février 1613, en envisageant l'union de son fils Charles avec l'infante d'Espagne, Jacques menait une politique conciliatrice avec les puissances catholiques ou protestantes de son temps. Son idée de chrétienté s'accommodait parfaitement de la diversité religieuse, pour peu que le pape renonçât à toute ambition hégémonique sur les différentes Églises nationales. L'accueil enthousiaste réservé à Marc' Antonio de Dominis, évêque de Spalato, sur la côte dalmate, témoigne assez de cette volonté de promouvoir un œcuménisme anti-romain, qui intégrât catholiques en rupture, protestants ou orthodoxes orientaux. Dominis saluait bien en Jacques Ier « le défenseur de la vraie, de l'ancienne, de la pure et sainte foi catholique et apostolique [18] ». Était-il possible d'adhérer à l'Église « catholique », au sens de l'Église universelle, tout en reconnaissant l'existence d'Églises locales singulières ? Tel était le programme de Jacques Ier, dont on a pu souligner avec humour qu'il joua parfois au « pape protestant [19] ». Et lorsque éclata la terrible guerre de Trente Ans, qui endeuilla l'Europe, et en particulier le Saint Empire de 1618 à 1648, le roi d'Angleterre évita tant qu'il put d'engager son pays dans le conflit, en dépit du rôle joué par son gendre Frédéric dans la Ligue évangélique.

Le véritable souci de Jacques Ier, ce n'était pas l'Europe, mais la Grande-Bretagne. Et l'impossible unité de ses deux royaumes d'Angleterre et d'Écosse. Une population inférieure à 5 000 000 habitants, dont les 4/5se trouvaient en Angleterre. Le 19 mars 1604, le roi Jacques avait prononcé un merveilleux discours devant le premier parlement de son règne. Il s'y comparait à un mari bigame, regrettant que ses deux épouses ne fussent pas une seule et même personne. « Si la paix en dehors était une grande bénédiction, précisait-il, il était plus important encore d'assurer la paix à l'intérieur, car les guerres civiles étaient les plus cruelles et les plus contraires à la nature [20]. » Guerres civiles, les guerres entre Anglais et Écossais ? À voir. Des deux côtés de la Tweed, on se regardait en chiens de faïence depuis plusieurs siècles. Et les Anglais, xénophobes, eurent bien du mal à considérer comme leurs compatriotes ces hommes du Nord, dont ils avaient tant redouté les razzias.

Jacques échoua dans son beau projet fédérateur. Malgré qu'il en eût, il ne fut jamais véritablement roi de la Grande-Bretagne, comme il le proclamait haut et fort, et comme il aimait à se l'entendre répéter par les ambassadeurs, mais roi d'Écosse et d'Angleterre. Deux royaumes distincts, donc. Deux parlements, Édimbourg et Westminster. Une double monarchie [21]. Un seul roi. Une union des couronnes sans union des royaumes. Une île, un archipel d'une incroyable diversité culturelle et linguistique. En dépit même de l'étroitesse, de l'exiguïté presque, du territoire [22]. Et un seul drapeau désormais pour la *navy*, mêlant la croix de saint Georges et celle de saint André [23]. Deux royaumes auxquels il fallait en ajouter un troisième, à peine conquis dès que l'on sortait de la région de Dublin : la couronne d'Irlande. Une royauté multiple, partagée. Le trait de génie de Jacques, ce fut de compter sur l'expansion coloniale pour parvenir enfin à fonder cette nation britannique introuvable. Face aux Irlandais, face au Nouveau Monde, face à ces univers peuplés de « sauvages », Anglais et Écossais étaient appelés à oublier leurs différences [24].

« Papistes » irlandais et sauvages d'Amérique

La pacification de l'Irlande, tout au long du XVIIe siècle, correspondit d'abord à cet objectif stratégique : libérer les tensions intérieures, canaliser les conflits, mettre à profit les contradictions internes pour se tailler un empire. L'entreprise coloniale britannique s'organisa autour d'un concept clé, la *plantation*, admirablement décrite par le philosophe Francis Bacon : « Lorsque le monde était jeune, il engendrait plus d'enfants ; mais maintenant qu'il est âgé, il en engendre moins ; et l'on peut dire que les nouvelles plantations sont les rejetons des anciens royaumes. » La plantation évoque pour nous les palmiers, la canne à sucre, le sable chaud. Voire le rhum pour les plus délurés, l'admirable punch qui vous coupe les jambes.

Tel n'était pas le sens du mot au XVIIe siècle. La plantation, c'était la colonie de peuplement. Mais une colonie de peuplement qui reposait, en pratique, sur l'éradication des populations indigènes [25]. En dépit des regrets empressés de Francis Bacon : « J'aime que la plantation s'opère sur une terre vierge, c'est-à-dire que l'on se dispense de chasser un peuple pour en installer un autre [26]. » Certes. Il existe de bien hypothétiques virginités. Et l'utopie de la terre vide ne s'appliqua ni à l'Irlande, ni à l'Amérique, qui comptaient leurs indigènes, dont on fit table rase. L'éradication, non point le génocide, un gigantesque « pousse-toi de là que je m'y mette », un incroyable transfert de population d'est en ouest, ce que dans l'espace américain on appelle la « frontière », furent la clé du peuplement. « On ne saurait détruire les hommes en respectant mieux les lois de l'humanité », devait commenter ultérieurement Tocqueville [27].

Les Anglais, donc, étaient bons chrétiens. Et protestants, soucieux de se distinguer des papistes espagnols, présentés comme des brutes dans leurs rapports avec les peuples autochtones. Écrite au départ pour demander aux catholiques de traiter les Amérindiens avec humanité, l'*Histoire des Indes* du dominicain Bartolomé de Las Casas fut amplement copiée, compilée, commentée et traduite pour illustrer la cruauté ibérique – et, par contrecoup, pour souligner l'admirable modération des Anglais. Les Espagnols, déclarait-on en substance, étaient pires que les Turcs. Et de quel droit le pape leur avait-il confié une partie notable de l'Amérique [28] ? La frontière exista d'abord en Irlande, et les natifs irlandais furent les premiers concernés, les premiers à subir de plein fouet l'extraordinaire, l'incroyable vitalité démographique britannique, qui s'est depuis étendue à l'ensemble du globe.

En Irlande, les premières « plantations » remontaient à la reine Mary et à sa sœur Élisabeth. Mais Jacques perfectionna le procédé, et dans l'actuelle Ulster abondèrent ses compatriotes écossais [29]. Les indigènes ne disparurent pas pour autant, mais ils se retrouvèrent en position subalterne. Et dominée. Catholiques et protestants se faisaient face désormais, et ce face à face dure toujours. On parlait dans la langue du temps d'*undertakers*, d'entrepreneurs, pour qualifier les colons [30]. La colonisation était bien une entreprise agraire, fondée sur la spoliation des indigènes, contraints à rester comme main-d'œuvre sur les terres qui leur avaient appartenu, ou à fuir vers l'ouest. Ou vers le continent. La terre, la terre plus encore que l'or et l'argent – que les Espagnols tiraient de leurs conquêtes – fut le principal ressort de l'expansion britannique. La terre, ce capital, la terre que l'on pouvait exploiter, vendre, louer et sous-louer, la terre inépuisable et providentielle, la terre donnée par Dieu à ceux qui le craignent, terre promise, terre dont il fallait chasser les Philistins. La bibliolâtrie puritaine accompagna inexorablement les revendications territoriales. En Irlande comme en Amérique, en Amérique plus encore qu'en Irlande.

Les deux entreprises furent concomitantes et parallèles : 1607, installation à Jamestown en Virginie ; 1610, plantation de l'Ulster ; 1620, épopée du Mayflower et fondation de Plymouth, amorce de la Nouvelle-Angleterre. Les deux colonies américaines, celle du nord, celle du sud des actuels États-Unis, ont laissé dans la mémoire des impacts fort dissemblables. Jamestown en Virginie, c'est d'abord un récit d'aventures, fort bien servi du reste par les souvenirs du capitaine Smith. Un tantinet mythomane, John Smith se croyait, se savait absolument irrésistible, et il a laissé une narration colorée de sa rencontre avec la jeune Pocahontas, la fille du chef Powhatan, qui aurait imploré son père de ne pas sacrifier le beau visage pâle, malheureusement capturé par ses frères algonquins [31]. En revanche, l'arrivée à Plymouth, dans l'actuel Massachusetts, relève de l'histoire sainte, plus que du conte de nourrice. On a voulu y trouver à tout prix les fondements mêmes de la démocratie américaine, au prix d'une idéalisation excessive du passé puritain [32]. Tel quel, le texte célèbre par lequel William Bradford rendait compte de l'installation des célèbres *Pilgrim Fathers* outre-Atlantique méritait bien d'être enfin publié en français. Lisons le texte de leur serment :

« Au nom du Seigneur, amen.

« Nous soussignés, loyaux sujets de notre redouté souverain Jacques, par la grâce de Dieu, roi d'Angleterre, de France et d'Irlande, défenseur de la foi, etc.

« Ayant entrepris pour la gloire de Dieu, le progrès de la foi chrétienne et l'honneur de notre roi et de notre pays une expédition aux fins d'implanter la première colonie dans les régions septentrionales de la Virginie [33], convenons et nous associons ensemble par les présentes, en toute solennité et réciprocité et en la présence de Dieu ainsi que de chacun d'entre nous, en un corps de société politique, afin de mieux ordonner, préserver et mener à bien les fins ci-dessus mentionnées. En vertu de quoi nous décidons de passer, promulguer et instituer les lois, ordonnances, actes, constitutions et offices les plus justes et les plus équitables qui seront jugés nécessaires au bien général de la colonie et nous engageons à nous y soumettre et y obéir pleinement. En foi de quoi, nous avons ci-dessous inscrit nos noms, en ce lieu de Cap Cod, en ce 11 novembre, 18e année du règne de notre souverain seigneur et roi Jacques en Angleterre, en France et en Irlande, et 54e en Écosse. *Anno Domini* 1620[34]. »

Pour Jacques Ier, ce départ des puritains était plutôt une bonne affaire. Il aimait mieux les savoir au loin que près de lui en Angleterre. Et puis, ils contribuaient ainsi à l'expansion d'une Grande-Bretagne qui n'existait pas encore tout à fait sur le plan politique. Loin des yeux, loin du cœur. À moins que ce soit le contraire. La France interdit, de façon absurde, à ses huguenots d'aller au Canada ; les rois d'Angleterre, plus inspirés, comprirent que la dissidence, politique et religieuse, présentait quelque intérêt lorsqu'on la conjuguait à l'entreprise coloniale. L'Amérique offrait aux *godly* la possibilité d'un renouveau spirituel, loin de l'emprise de Satan et de l'Ancien Monde. En même temps, ils posaient outre-Atlantique les jalons d'un empire fort utile pour la métropole.

Les puritains, entre le répit et le dépit

Il est arrivé un grand malheur aux puritains : ils ont été, au siècle dernier, la proie des sociologues. L'on ne s'approche qu'avec respect de la thèse vénérable de Max Weber sur l'*Éthique protestante et l'esprit du capitalisme*. On y découvre un remarquable portrait de ces « saints » puritains, « conscients d'eux-mêmes », et représentatifs des « temps héroïques du capitalisme[35] ». D'où la définition d'un protestantisme « ascétique », qui aurait encouragé l'investissement en différant la jouissance. N'est-ce pas dans l'action même que s'éprouve le salut ?

On ne s'arrache qu'avec regret à cette typologie astucieuse, qui risque à son insu de cacher le puritanisme réel, en surévaluant les facteurs économiques. Tel est sans doute le risque d'une modélisation, qui échappe largement à toute vérification empirique[36]. La « transfiguration des terreurs de l'âme solitaire en discipline consentie dans la dure société capitaliste a été au centre de la thèse de Weber, et elle en constitue la partie la plus connue, la plus fascinante et la plus fragile [37] ». Les puritains, hommes de progrès, social ou économique ? La prédestination, moteur de l'accumulation du capital et d'une morale de l'effort et du dépassement ? Les puritains furent d'abord des insatisfaits et des frustrés, plus encore que des ascètes, désireux de purifier les rites de l'Église d'Angleterre. Beaucoup d'entre eux n'évitèrent pas l'écueil d'un certain fondamentalisme psycho-rigide, dans leur hypothétique désir d'en revenir à la lettre des textes. Voire à la Loi, dans sa pureté biblique. On cherche des capitalistes et des entrepreneurs ; on découvre des pasteurs et des laïcs craignant Dieu, soucieux de lui rendre un culte libéré de toutes les scories de l'idolâtrie papiste. Les puritains, avant 1660, n'étaient pas des dissidents. Seuls quelques-uns d'entre eux avaient opté pour des communautés séparées et clandestines ; mais le gros des troupes restait au sein de l'Église d'Angleterre. Et c'est là qu'ils œuvraient pour l'édification de leurs compatriotes. Jacques n'aimait pas ces gens-là. Il les trouvait étroits, chimériques et absurdes ; il redoutait plus que tout leur appel au peuple et suspectait que leurs prédications cachaient des arrière-pensées politiques.

Au demeurant, Jacques Ier fut amené à défendre le calvinisme doctrinal contre les initiatives d'un Arminius qui, depuis la Hollande, avait tempéré le dogme de la prédestination. Ne le vit-on pas condamner vertement cette « gangrène [...] commencée ès provinces de nos plus proches voisins », suspecte de « se fourrer et glisser dans les entrailles de notre royaume [38] » ? Ce que Jacques reprochait aux puritains, ce n'était pas leur doctrine mais leur intransigeance, vraie ou supposée.

« En ce qui concerne ce nom de *puritains*, je ne suis pas sans savoir, avait-il mis en garde, qu'au sens strict il s'applique à cette vile secte d'anabaptistes que l'on appelle les familistes ; ils croient qu'eux seuls sont purs et, d'une certaine façon, sans péché ; eux seuls seraient la vraie Église, eux seuls pourraient participer aux sacrements, et le reste du monde serait abominable aux yeux de Dieu. » Mais il précisait qu'au sens large le puritanisme pouvait s'entendre de toutes les dérives sectaires : « Je donne ce nom de puritains à tous les prédicateurs malades du cerveau et entêtés, à leurs disciples et à leurs partisans qui, s'ils refusent d'appartenir à cette secte, cautionnent par leurs humeurs les erreurs ci-dessus [39]. » Le principal défaut de ces sectaires ? Le manque de discernement qui les conduisait à mettre sur le même plan l'essentiel et l'accessoire, les points fondamentaux de la foi chrétienne et les détails. Le puritain est celui pour lequel rien n'est indifférent, celui pour lequel tout fait sens. Y compris les gestes en apparence les plus anodins, ou les usages sanctionnés par l'habitude. Il fallait en revenir à l'enseignement primitif de l'Église, en le dépouillant de toutes les « innovations » qui en avaient obscurci le sens : signe de croix, confirmation, inclinaison de la tête au nom de Jésus, port obligatoire du surplis ecclésiastique. Tous ces rites établis devaient être révisés, « réformés » selon les pasteurs puritains, qui tentèrent de convaincre le roi que le titre de prêtre devait être remplacé par celui, plus protestant, de « ministre [40] ».

Nous sommes là bien loin de Max Weber. Le puritanisme ecclésiastique est avant tout une religion du scrupule, ennemie de toute forme d'idolâtrie, sans qu'il soit possible de lui attribuer un contenu économique précis. Jacques Ier craignait le puritanisme, aussi inconciliable avec les principes monarchiques que « Dieu et le diable [41] ». En revanche, Jacques, partisan d'un principe d'autorité dans l'Église comme dans l'État, prononça cette formule célèbre : *No bishop, no king* [42]. Sans évêque, y aurait-il encore des rois ? Jacques Ier antipuritain ? Jacques Ier favorable aux évêques [43] ? Sans doute. Mais il est révélateur que le roi soit à l'origine de la célèbre traduction de la Bible en anglais, publiée en 1611, à laquelle on donne toujours le nom de *King James'Bible*.

Plus tendues encore furent les relations avec les catholiques. En interdisant aux catholiques anglais de prêter serment d'allégeance à leur roi, le cardinal Bellarmin ouvrit une querelle pamphlétaire d'une rare virulence. « Droit divin royal » et « droit divin pontifical » s'opposaient [44]. Le nombre de prêtres exécutés n'en décrut pas moins sous le règne de Jacques Ier, moins d'une vingtaine, contre 124 pour la période élisabéthaine [45]. Il faut dire que l'arrestation, en novembre 1605, du catholique Guy Fawkes, alors qu'il allait, dit-on, mettre le feu à un baril de poudre placé opportunément sous la Chambre des lords, accrédita définitivement l'image du terroriste papiste, prêt à assassiner les Anglais protestants. Un antipapisme forcené s'exprima désormais chaque année lors de la commémoration, le 5 novembre, de la conspiration des Poudres, l'absurde *Gunpowder Plot*.

La Cour et le pays

Avant de disparaître en mars 1625, Jacques Ier était parvenu à amorcer une évolution décisive en préparant le mariage de son fils Charles et de la princesse Henriette-Marie, fille d'Henri IV. Cette union devait avoir des conséquences incalculables. À l'origine, elle ne fut rien d'autre qu'un changement d'alliance, la France supplantant l'Espagne dans le jeu géopolitique complexe accompagnant la guerre de Trente Ans. Les deux pays ne souhaitaient pas apparaître directement parmi les belligérants, mais tous deux avaient quelque intérêt à une victoire protestante contre les Habsbourg.

À court terme, la France, soucieuse de se concilier ses dévots, voulut apparaître comme la protectrice naturelle des catholiques anglais. Ceux-ci ne cachaient pas qu'ils auraient aimé bénéficier, à leur façon, d'un édit de Nantes. Si la France catholique tolérait sa minorité protestante depuis 1598, pourquoi l'Angleterre protestante n'en faisait-elle pas autant pour ses papistes ? Une *Remontrance au roi d'Angleterre sur la misérable condition des catholiques ses sujets* expliquait : « Voir les huguenots vivre doucement dans l'État sous la favorable protection du roi, y avoir exercice de leur religion en pleine liberté de conscience, y participer aux charges et honneurs, y être admis aux magistratures, même aux offices de la couronne, y avoir part sans aucune distinction aux gratifications et libéralités du Prince, être ses commensaux et domestiques, et jouir enfin paisiblement dans le royaume de leurs biens et fortunes, parmi leurs femmes et leurs enfants, n'est pas ce me semble un mauvais traitement. » Avant de préciser : « Car qui voudra faire comparaison de la douceur de leur repos avec la dure servitude sous laquelle les pauvres catholiques gémissent en Angleterre, il n'y trouvera pas moins de différence qu'il y a entre des roses et des épines [46]. » La recherche, déjà ancienne, que nous avions consacrée aux archives diplomatiques françaises témoigne de nombreux contacts entre les catholiques anglais et les services de Louis XIII, désireux de contrebalancer l'influence « puritaine ». L'on trouvait même cette crainte prémonitoire que la « faction puritaine » ne changeât « la monarchie d'Angleterre en une République [47]. »

Il est pourtant révolu le temps où le règne de Charles Ier était envisagé principalement comme le prologue de la Révolution [48]. La Révolution des années 1642-1660, que l'on hésitera désormais à qualifier de « révolution puritaine », n'est pas l'aboutissement inéluctable d'un régime de moins en moins respectueux des droits et des usages de ses peuples. Charles Ier, un temps présenté comme un autocrate décidé à se passer de parlements, a désormais repris son épaisseur politique [49]. On ne peut cependant pas renoncer pour autant au sentiment tenace d'une rupture, au moins culturelle, au sein du pays. La reine Henriette-Marie fut l'un des symptômes de cette coupure. Née en 1609, la princesse ne manquait pas de courage. En 1625, nouvelle Esther, nouvelle Iphigénie, elle avait été livrée en pâture aux hérétiques en recevant pour mission de sauver l'âme de son mari. Et, si elle en avait le temps, de ramener l'Angleterre dans le catholicisme. « Ma fille, lui avait confié sa mère Marie de Médicis, par l'entremise du bon cardinal Bérulle, souvenez-vous que vous êtes fille de l'Église. » La « petite fille de Saint Louis » était exhortée à ne pas hésiter à verser son sang le plus pur pour ses idées. Du reste ce grand saint n'avait pas hésité à aller lui-même parmi les infidèles. Un Sarrasin du Moyen Âge valait bien un Anglais des Temps modernes [50]. La présence d'une reine catholique accentua le divorce entre la Cour et le pays. L'entourage du roi fut suspect d'être à demi catholique. Ou semi-anglican. Buckingham lui-même, toujours là, ne cachait pas à qui savait l'entendre qu'il avait une mère catholique. Il encourut la haine qui s'attacha à tous les favoris du temps, de Concini, dans la France de la régence de Marie de Médicis, à Olivarès. Il devait payer de sa vie l'affection que lui avaient vouée deux rois. Il fut assassiné le 23 août 1628, alors qu'il préparait une expédition maritime pour soutenir les protestants de La Rochelle.

Le parlement était devenu de plus en plus ingouvernable. La *Petition of Right*, « présentée par les lords spirituels et temporels et les communes », fut l'un de ces textes mythiques dans lesquels on s'est complu par la suite à saluer le progrès de l'esprit public. Il ne manquait pas un bouton de guêtre à ce plaidoyer pour les libertés des sujets, où l'on trouvait même un hommage appuyé à la Grande Charte de 1215 : aucun impôt ne pouvait être levé sans le consentement du parlement, toute incarcération arbitraire était prohibée, et le logement des gens de guerre et des matelots supposait l'accord préalable des habitants [51]. Charles Ier, qui n'avait pas le sens de l'humour et encore moins celui du compromis, dissolut le parlement, en rappelant qu'il n'avait de compte à rendre qu'à Dieu et non aux hommes.

Un règne personnel de onze ans commençait. On l'a baptisé naguère, de façon un peu forcée, de « tyrannie des onze ans », *eleven years tyranny*. En fait, le recours au parlement, s'il s'était imposé au cours des siècles, n'avait encore aucun caractère d'obligation légale. Sans parlement, pourtant, il était difficile de voter l'impôt. Et, plutôt que d'exactions, il faut parler de bricolage ou plutôt d'expédients pour définir les mille et un subterfuges dont usa la Couronne pour s'assurer des rentrées d'argent. Parmi eux, le *shipmoney*, un impôt destiné à lutter efficacement contre les pirates. En refusant d'acquitter son dû, John Hampden gagna une image d'opposant, encore renforcée par les talents oratoires de son avocat, Oliver St John. Charles Ier l'emporta encore cette fois-là ; par sept voix contre cinq, les juges de l'Échiquier donnèrent tort à Hampden. Mais pour combien de temps encore ? En ce début du XVIIe siècle, l'Église demeurait une prodigieuse pépinière d'hommes d'État. La France eut son cardinal de Richelieu, l'Angleterre son William Laud, le très dynamique archevêque de Cantorbéry. Laud ne supportait pas les puritains ; comme ecclésiastique et plus encore comme homme d'État, il les jugeait néfastes pour l'unité du royaume. Or, c'est l'époque où depuis les Province-Unis, un vaste vent de révisionnisme doctrinal soufflait sur le protestantisme. On a baptisé ce courant l'arminianisme, du nom latinisé d'un théologien néerlandais, Jacobus Arminius. Les protestants français, réfugiés en Angleterre, craignaient eux-mêmes cette contagion : « Il vient ici d'outre-mer des pestiférés, et des sectateurs d'Arminius », rapporte le registre de leur consistoire, quitte à établir un strict parallèle entre la contagion et l'hérésie [52]. Fallait-il à ce titre voir à tout prix dans les défenseurs de Laud des « arminiens » ? Et chez ses détracteurs des « puritains » ? Cette utilisation extensive des étiquettes remonte à l'époque même ; elle n'est pas sans caractère polémique : tous les « puritains » politiques, tous les « arminiens » d'État n'étaient pas nécessairement des puritains théologiques ou des arminiens doctrinaux. Les puritains ne manquaient pas, il est vrai, d'une certaine verdeur, souvent à la limite de l'inconscience. Le pauvre Prynne, juriste de son état, était l'auteur prolixe d'une dissertation vengeresse sur l'arminianisme, accusé de renouer avec les erreurs de Pélage, ce moine breton combattu par saint Augustin, et dont le nom était devenu, abusivement, synonyme de laxisme [53]. Mais lorsqu'il s'en prit aux acteurs, et derrière eux à la reine, leur protectrice, il dépassa la mesure. Et on lui coupa les oreilles. Pour son insolence, le pauvre Prynne fut condamné une seconde fois, en 1637, à avoir les oreilles coupées en compagnie du révérend Henry Burton et du docteur John Bastwick, qui avaient osé comme lui s'en prendre aux évêques. La Chambre étoilée fut impitoyable. Prynne fut contraint le restant de ses jours à porter des rouflaquettes qui dissimulaient ses plaies aux regards. Quant à William Laud, il y acquit la réputation d'un ogre se nourrissant des appendices auditifs des puritains, ainsi que le représentait une caricature du temps.

Cet âge était sans pitié.

Chapitre XVII

RÉVOLUTION BRITANNIQUE OU GRANDE RÉBELLION, 1637-1660 ?

> « En Allemagne, au XVIe siècle, la révolution a été religieuse et point politique. En France, au XVIIIe, elle a été politique et point religieuse. Ce fut, au XVIIe siècle, la fortune de l'Angleterre que l'esprit de foi religieuse et l'esprit de liberté politique y régnaient ensemble, et qu'elle entreprit en même temps les deux révolutions [1]. »
>
> François Guizot, 1850.

Deux belles figures d'historiens ont durablement influencé la perception que l'on avait de la guerre civile et de l'interrègne. Ce sont respectivement le Français François Guizot (1787-1874) et l'Anglais Samuel Rawson Gardiner (1829-1902). Si Guizot inventa la « révolution d'Angleterre », Gardiner lui ajouta, subrepticement, le qualificatif « puritain », dans un recueil de textes [2]. Révolution d'Angleterre ? Révolution puritaine ? Voire révolution tout court ? Aucun de ces termes ne semble faire l'unanimité désormais. La « révolution » a longtemps été considérée outre-Manche comme un passe-temps inutile, cruel et dégradant. Mieux valait encore chasser le renard que de guillotiner des rois.

En baptisant les événements d'Angleterre « révolution », Guizot leur appliquait le droit commun des peuples. Ou du moins faisait-il entrer l'histoire d'Angleterre dans l'histoire européenne. Il y a eu une révolution en Angleterre pour des raisons rétrospectives, parce qu'il y a eu une révolution en France un siècle et demi plus tard. Si les événements d'Angleterre ont tout d'une révolution, comparables en cela aux événements qui se sont produits en France à partir de 1789, cela tient d'abord à des ressemblances formelles : protestation du parlement dans un cas, des états généraux de l'autre, exécution du roi, proclamation d'une république. Apparition enfin d'une dictature militaire, celle de Cromwell, celle de Napoléon [3].

Héritier paradoxal du libéralisme et de son sens de l'histoire, le marxisme devait systématiser, au XXe siècle, le caractère révolutionnaire de la guerre civile du parlement contre le roi. La grande rébellion devenait l'une de ces révolutions bourgeoises, victorieuses du féodalisme, qui devaient permettre à l'humanité, par étapes, de parvenir enfin à la révolution prolétarienne et au socialisme.

Cette histoire marxiste a eu en commun avec la *Whig history*, insulaire et libérale, de se prêter admirablement au récit. Elle trouve son accomplissement chez Christopher Hill, l'un des plus grands auteurs de l'après-guerre, éminemment prolixe et militant, prompt à partager sa passion pour les hommes et les choses du XVIIe siècle anglais. La révolution anglaise n'était pourtant pas un bloc. La révolution qui n'avait pas encore eu lieu finit par supplanter celle qui s'était effectivement produite : « Schématiquement, on peut dire qu'il exista deux révolutions dans l'Angleterre du milieu du XVIIe siècle. La première, celle qui réussit, établit les droits sacrés de la propriété (abolition des tenures féodales, disparition des impôts arbitraires), donna le pouvoir politique aux possédants (souveraineté du parlement et du droit commun, abolition de la juridiction ecclésiastique), et supprima tout ce qui pouvait faire obstacle au triomphe de leur idéologie, c'est-à-dire de l'éthique protestante. La seconde fut la révolution qui n'eut jamais lieu, bien qu'à plusieurs reprises elle menaçât d'éclater ; elle aurait pu instaurer la propriété collective et une démocratie beaucoup plus large dans le domaine des institutions juridiques et politiques, effectuer la séparation de l'Église et de l'État et rejeter l'éthique protestante [4]. »

Du Short au Long Parliament

La révolution anglaise fut bien une révolution britannique. Elle puisa ses origines dans une révolte écossaise contre l'uniformité ecclésiastique. William Laud, qui n'aimait pas la *Kirk of Scotland*, tenta d'imposer une liturgie calquée sur les rites anglicans. *Reformation is deformation*, disait en ricanant l'homme d'Église, adepte des belles liturgies solennelles qui réconcilient le culte divin et la beauté. Depuis la Réforme, les Écossais avaient, à la suite de John Knox, opté pour un protestantisme de type nettement réformé, ou calviniste, qui rejetait la *via media* anglicane, ses fastes inutiles et ses ornements. En juillet 1637, ce fut l'émeute à la cathédrale St Giles d'Édimbourg. L'année suivante, gentilshommes, pasteurs et bourgeois souscrivaient à un *covenant*, calqué sur une confession de foi du siècle passé : la théologie biblique de l'alliance débouchait ici sur l'association patriotique et populaire. Il s'agissait de « défendre le vrai culte de Dieu, la majesté du roi, et la paix du royaume [5] ». Mais, derrière ces protestations de loyauté envers Charles Ier, comment ne pas déceler une suspicion croissante à l'égard la Couronne ? Charles Ier envoya quelques troupes et, devant la détermination de ses sujets écossais, il préféra négocier. La pacification de Berwick, en juin 1639, mit provisoirement un terme à la crise ouverte par cette première « guerre des évêques » ; Charles Ier s'engagea à assembler le parlement d'Édimbourg et à convoquer un synode ecclésiastique écossais.

Le malaise n'allait pas tarder à s'étendre au royaume voisin. En Angleterre même, religion et politique allaient être inextricablement liées. Ou plutôt, comme le signalait François Furet, la révolution anglaise offrit « l'exemple de la mutation d'un contenu religieux en principes politiques [6] ». Surnommé le *Short Parliament*, un premier parlement ne siégea que quelques semaines à Westminster (13 avril-5 mai 1640). Les Communes commencèrent par s'indigner qu'on ne les ait pas convoquées depuis onze ans. Déjà par la bouche du « roi Pym », leader incontesté de l'assemblée, s'exprimaient quelques-uns des thèmes essentiels de la propagande pré-révolutionnaire : privilèges du parlement, « innovations » religieuses (le terme avait une valeur purement négative), défense de la propriété privée contre l'arbitraire, en particulier fiscal. Loin de remettre en cause le roi, on expliquait à qui voulait l'entendre qu'il était mal entouré.

Les Écossais ne s'étaient toujours pas assagis ; ils traversèrent la Tweed, séparant les deux royaumes, durant l'été. Le 14 octobre, Charles dut à nouveau traiter avec eux. Le roi fut contraint de convoquer un nouveau parlement pour résoudre la crise, en particulier fiscale, qu'entraînait leur présence dans le nord du pays. Le nouveau parlement, connu désormais sous le nom de *Long Parliament*, devait se réunir en novembre, pour ne s'autodissoudre totalement que vingt ans plus tard. On comptait dans ses rangs de nombreux opposants à la politique royale, de John Pym à John Hampden ou à Oliver St John – pour ne rien dire de ce *gentleman* de l'est du pays, appelé à un extraordinaire avenir, Oliver Cromwell. Dès décembre, les évêques furent remis en cause par une pétition sur les « branches et les racines », expliquant que l'épiscopat était contraire aux lois du royaume. La critique de l'Église établie puisa dans un anti-catholicisme véhément tout son répertoire polémique.

Le parlement légiféra sans attendre. L'Acte triennal, en février 1641, prévoyait que le parlement serait convoqué au moins tous les trois ans ; l'Acte sur le tonnage et l'appontage rappelait, en juin, que seul le parlement pouvait accorder des droits de douane ; la Chambre étoilée et la Cour de haute commission ecclésiastique étaient abolies en juillet 1641, le *shipmoney* était déclaré illégal en août. Ce n'était pas encore une révolution. Mais les parlementaires prenaient soudainement conscience de leur force. Deux personnages firent l'objet de leur ressentiment. Thomas Wentworth, comte de Strafford, fut exécuté dès le printemps 1641 pour avoir « mal conseillé » le roi ; quant à Laud, il devait connaître le même sort plusieurs années plus tard, en 1645. Si l'Écosse avait mis le feu aux poudres, l'Irlande fut la scène de massacres de colons protestants, immédiatement commentés avec passion en Angleterre [7]. Ces récits, pleins de bruit, de sang et de fureur, donnèrent corps aux récits les plus fous sur les exactions des papistes : décapitations, éventrations, noyades, pendaisons étaient apparemment le sort que les catholiques, abrutis par leurs femmes et leurs prêtres, réservaient à leurs adversaires.

Tel fut le contexte enflammé dans lequel le parlement examina, en novembre 1641, la *Grande Remontrance* par laquelle on mettait le roi en garde contre papistes, arminiens et libertins, appliqués à déstabiliser le royaume. Le 23 décembre, le roi eut beau jeu de répondre qu'il n'avait pas besoin de conseils, et qu'il répondait personnellement de son entourage – dont la reine, évidemment visée en tant que catholique et en tant qu'étrangère. Quelques jours plus tard, le peuple s'en prit effrontément aux évêques qui siégeaient à la Chambre des lords. Dix d'entre eux furent internés à la Tour.

La première guerre civile

Début janvier, Charles Ier n'eut plus aucun doute : après Strafford, après les évêques, ce serait le tour de la reine. Le roi chargea le procureur général, Edward Herbert, de procéder sans délai à l'arrestation de plusieurs parlementaires particulièrement remuants, dont John Pym. Ne les voyant pas venir, il serait allé en personne les cueillir à la Chambre des communes, pour prononcer cette phrase désormais célèbres : « Les oiseaux se sont envolés » (4 janvier 1642). Le roi devait quitter Londres pour ne plus y revenir que sept ans plus tard afin d'y être jugé, condamné à mort et exécuté. En février, le roi signait pour la dernière fois des lois votées par le parlement. Désormais, privé du recours à la Couronne, le parlement allait légiférer par ordonnances. Le 5 mars, la *militia ordinance* faisait passer théoriquement la force militaire sous le contrôle du parlement. Le pays était désormais divisé entre deux autorités, le roi, sans le parlement, et le parlement, sans le roi. En était-ce fini de l'idéal du *King-in-Parliament* dont nous avons précédemment souligné l'importance dès le règne d'Henry VIII ? Qui désormais incarnait la souveraineté ? La situation était d'autant plus complexe que, si la situation était *de facto* révolutionnaire, le pays restait *de jure* une monarchie. Plusieurs années furent encore nécessaires pour que l'on proclamât la république.

Le parlement, donc, se réclamait encore du roi, alors même qu'il avait rompu avec lui. Mais ces hommes, conservateurs pour la plupart, n'avaient pas renoncé au principe monarchique, loin de là. On en vint à affirmer, de façon paradoxale, la présence réelle, la présence cachée du roi, au travers des espèces des lords et des communes. Cette eucharistie royale fut l'un des traits les plus singuliers de l'ère révolutionnaire, du moins à ses débuts [8]. Tout en protestant de leur fidélité envers Charles Ier, les parlementaires lui firent parvenir le 1er juin *Dix-neuf propositions*, exigeant une participation accrue aux « affaires du royaume ». En réponse, le roi promulgua un édit de mobilisation rappelant qu'il était le chef des armées. Charles Ier tenta une manœuvre de la dernière chance pour empêcher le pays de basculer dans l'affrontement armé. Tel fut le sens de son célèbre « appel du 18 juin 1642 », œuvre de deux de ses conseillers les plus brillants, Lucius Cary, vicomte de Falkland, et John Culpeper. Charles proposait comme modèle une monarchie mixte, associant les trois formes pures de la politique, monarchie, aristocratie et démocratie : « Tant que l'équilibre demeure entre les trois états, et qu'ils suivent paisiblement leurs cours, ils répandent la fertilité et la fécondité sur leurs rives ; à l'inverse, tout débordement sème le déluge et la désolation. La monarchie absolue risque de déboucher sur la tyrannie, l'aristocratie sur les factions et les divisions, la démocratie sur le désordre, la violence et la licence. Par contre, l'avantage de la monarchie est qu'elle unifie la nation derrière un seul chef pour résister à l'invasion étrangère ou à la subversion dans le pays [9]. » Charles Ier, ultime rempart contre la subversion ? Il était déjà trop tard. Un comité de sûreté de quinze membres se constituait en juillet au sein du parlement ; Robert Devereux, 3e comte d'Essex, reçut sans tarder le commandement en chef de l'armée parlementaire. La cavalerie royale fut placée sous le commandement du prince Rupert, un fils de l'électeur palatin Frédéric V et de son épouse Élisabeth. Une première échauffourée, déjà, se produisait à Manchester le 15 juillet. Le 22 août 1642, le roi levait son étendard à Nottingham. La guerre civile commençait.

Le théâtre était interdit dans Londres, par une ordonnance du 2 septembre. C'en était provisoirement fini d'une brillante tradition littéraire. La bataille d'Edgehill, au nord-est de Banbury, se solda le 23 octobre par un léger avantage pour le roi [10]. Deux mois plus tard, le jour de Noël, les lieux étaient hantés par des fantômes. « Entre minuit et une heure du matin, plusieurs bergers, outre certains paysans et quelques voyageurs entendirent au loin des roulements de tambours, puis le râle des agonisants [11]. » Déjà l'on en avait assez de la guerre, déjà l'on demandait la paix. Oxford était devenu la capitale royale. Londres restait aux mains du parlement. Les deux camps poursuivaient un même objectif : s'assurer la maîtrise du centre du pays. Le parlement perdait ses nerfs ; il craignait la redoutable propagande royaliste et son discours de paix civile. En juin, on établit une censure des imprimés, qui encourut l'année suivante la repartie magistrale de John Milton, attaché à la liberté des choses de l'esprit. L'*Areopagitica* demeure l'un des textes manifestes les plus connus de la période. On y trouvait cette injonction radicale, il fallait « réformer la Réforme » elle-même.

Le camp parlementaire n'était pas uni, loin de là. Une première ligne de fracture, ecclésiastique, n'allait pas tarder à apparaître. Une assemblée de théologiens s'était réunie en juillet 1643 à Westminster. Ces doctes souhaitaient une Église réformée, sur le mode calviniste, comme à Genève, en France ou en Écosse. Oui, mais quelle allait être la place de chaque Église particulière, de chaque communauté, dans l'Église anglaise, voire à terme anglo-écossaise et britannique ? Les indépendants étaient favorable à l'autogestion des Églises ; les presbytériens souhaitaient, eux, que le dernier mot revînt à des synodes ; tous voulaient se débarrasser définitivement des évêques. Les indépendants ou congrégationalistes publièrent en janvier 1644 leur manifeste, sous le nom d'*Apologétique narration* [12]. C'est dans le texte sacré que ces hommes découvraient le fonctionnement de la primitive Église dont ils souhaitaient s'inspirer. Au lieu de parler d'Église au singulier, les auteurs parlaient naturellement des Églises au pluriel, y compris en Angleterre, où l'usage avait été de parler de l'Église d'Angleterre. Toutes les Églises d'Angleterre pouvaient être Églises du Christ, sans exclusive. L'idée de conformité et d'uniformité ecclésiastique, si importante depuis le XVIe siècle en Angleterre, s'effaçait donc au profit d'un idéal de charité et de tolérance.

L'heure était aux incertitudes, en particulier militaires, après la première bataille, indécise, de Newbury, non loin de Reading, en septembre 1643 [13]. Convaincu que le temps jouait pour lui, Charles Ier avait le triomphe modeste : « Toute victoire a fait couler le sang de nos propres sujets, toute rapine ou toute violence commises ont signifié l'appauvrissement et la ruine de notre peuple [14]. » Les opérations ponctuelles, la petite guerre importaient plus que la bataille rangée. Or, dans ces conflits de proximité, le facteur psychologique reste déterminant. Les théologiens, depuis Westminster, appelaient au jeûne et à la mortification ; ils demandaient dans de belles envolées qu'on luttât contre la fornication, l'adultère et l'inceste. Partout, les troupes parlementaires reculaient : « Nous avons pour but de faire triompher le royaume de Christ sur notre terre, et de rendre sa gloire à Jérusalem en tous lieux », protestait-on au sein du parlement. Le 25 septembre 1643, en présence des frères écossais, on leva solennellement le bras pour prêter le serment d'œuvrer à la Réformation des trois royaumes.

Pym mourut en décembre ; en janvier 1644, Oliver Cromwell était nommé lieutenant général ; il donna au parlement sa plus belle victoire à Marston Moor, le 2 juillet 1644. Le

Yorkshire échappait au roi. « L'Angleterre et l'Église de Dieu verront dans cette victoire, que l'Éternel nous a accordée, une marque de sa faveur : elle surpasse toutes les précédentes [15]. » Désormais, Dieu était dans le camp de Cromwell ; il n'allait plus le lâcher. L'armée elle-même connut son *aggiornamento.* Si le général Thomas Fairfax était nominalement le commandant en chef de la *New Model Army*, Cromwell en était l'âme. Il la conduisit à la victoire décisive de Naseby, au centre du pays, le 14 juin 1645. Plusieurs milliers de fantassins royalistes étaient faits prisonniers, tandis qu'une bonne partie de l'artillerie tombait entre les mains des parlementaires. Un an plus tard, la bonne ville d'Oxford était occupée, mettant ainsi un terme à la première guerre civile.

Le pays connaissait aussi une Réforme religieuse de grande ampleur ; l'épiscopat était aboli, tout comme la liturgie anglicane. Le *Livre des prières communes* était, théoriquement, remplacé par un *Guide des cultes publics*, d'inspiration presbytérienne [16]. La *Confession de foi* de Westminster fut adoptée en 1646, en lieu et place des célèbres *Trente-neuf articles* élisabéthains. Très calviniste, ce texte affirme avec force le dogme de la prédestination, tout en rassurant les fidèles sur le sentiment de leur élection : « Bien que les hypocrites et autres damnés puissent entretenir de faux espoirs, et penser selon la chair qu'ils sont dans la faveur de Dieu et dans l'état du salut, leur espoir se révèlera périssable. Cependant, ceux qui croient vraiment en notre Seigneur Jésus, et l'aiment sincèrement, en essayant de cheminer en toute bonne conscience devant lui peuvent, dans cette vie-ci, éprouver la certitude qu'ils sont en état de grâce, et se réjouir dans l'espérance de la gloire de Dieu dont ils n'auront pas à rougir. » Il ne suffit pas de croire pour être effectivement sauvé. Néanmoins, les élus de Dieu éprouvent le sentiment de leur salut. Ils connaissent cette « assurance infaillible de la foi », qui permet de relativiser le magistère des Églises. Le cœur, seul, est infaillible. Dieu, en effet, n'abandonne jamais ceux qu'il a mystérieusement choisis, sans égard pour leurs éventuels mérites.

Le radicalisme niveleur

Le révérend Thomas Edwards n'en croyait ni ses yeux ni ses oreilles. Le pasteur presbytérien, qui s'en était déjà pris vertement aux indépendants, dénonçait la gangrène de l'hérésie qui menaçait depuis quatre ans l'Angleterre [17]. À force de prêcher la tolérance et la liberté de conscience, on allait récolter la tempête. Presbytériens et indépendants offraient deux conceptions de l'Église, et bientôt de la société. Ces étiquettes, religieuses au départ, assumèrent un sens politique. Cromwell incarna la seconde de ces tendances. Mais un front radical distinct émergea au sein de l'armée, comme au milieu du pays. Les partisans d'une révolution plus totale apparurent à leurs adversaires comme des niveleurs ou *levellers*, suspects de vouloir aplanir toutes les distinctions fondées sur le rang ou sur la fortune.

À la longue, le parlement irritait même ses partisans ; John Lilburne ne tarda pas à remettre en cause son autorité, avec l'aide de ses acolytes William Walwyn et Richard Overton, prompts comme lui à tirer parti de l'effervescence intellectuelle du temps pour décocher quelques flèches contre l'ordre établi. John Lilburne payait de sa personne et il fut régulièrement emprisonné ; vivante icône des libertés publiques, il dota ainsi le radicalisme politique des premiers éléments de son martyrologe laïque. Chaque fois, il protestait, convaincu qu'il défendait les droits de ses compatriotes et les libertés du pays. Contre les évêques, contre le roi, contre les lords, contre le parlement, ou plus tard contre Cromwell. Lilburne se dressa, avec constance, contre toute forme de tyrannie [18].

Quant à Charles Ier, vaincu, il n'avait pas dit son dernier mot. Conscient des divisions qui empoisonnaient le camp parlementaire, il savait souffler le chaud et le froid, et se présenta habilement à son tour comme une victime de la tyrannie. Le despotisme, désormais, était parlementaire et non pas royal comme on l'avait un temps prétendu. Entre les Écossais, les presbytériens du parlement, voire les indépendants, qui accepterait de passer alliance avec le roi, cette pièce maîtresse de l'échiquier ? Et pourquoi pas, comme déjà on le susurrait, un axe Cromwell-Charles Ier ? Au printemps 1647, le parlement, inquiet, décida de dissoudre une grande partie de l'armée, et d'envoyer les hommes restants en Irlande « casser du papiste » pour se calmer un peu. Cela provoqua un mécontentement, d'autant plus grand que les soldes n'avaient pas été payées. Les combattants élirent des représentants, appelés justement des « agitateurs ». En juin, un conseil général de l'armée regroupait officiers généraux, ou *grandees*, officiers, sous-officiers et hommes du rang. Pétitions, tracts, débats : une extraordinaire ferveur militante saisit ces soldats, qui voulaient aussi être citoyens. Et abominaient les mercenaires.

L'armée faisait monter la pression ; en octobre-novembre 1647, l'*Accord du peuple* exigeait une réforme en profondeur : représentation parlementaire équitable, renouvellement du parlement tous les deux ans, élections populaires, liberté de conscience. Il faut, certes, s'entendre sur les termes ; cette liberté religieuse ne concernait pas les catholiques en tant que tels. Tout comme l'égalité formelle des Anglais n'allait pas jusqu'au suffrage universel, au sens où nous l'entendons. Serviteurs et assistés n'auraient sans doute pas figuré parmi les électeurs. Au même moment, du 28 octobre au 11 novembre, l'église paroissiale de Putney fut le lieu d'intenses débats – miraculeusement transcrits à l'époque. Le droit de propriété, la forme monarchique du gouvernement prêtèrent à des propos contradictoires, et si la république ne naquit pas ces jours-là, elle n'était pas très loin [19].

Ce fut précisément alors que Charles Ier s'enfuit d'Hampton Court, où il était en liberté surveillée, pour l'île de Wight. « Les rois, moins encore que les autres humains, ne sauraient endurer la captivité », laissa-t-il tomber, non sans une certaine ironie [20]. Les regards se tournèrent vers Cromwell. Le philosophe Thomas Hobbes accrédita la thèse d'un Cromwell manipulateur, qui n'aurait eu d'autre but que de « remplacer » le roi. « Il gardait, pensait-il, la restauration du roi en réserve contre le parlement ; lorsqu'il eut le parlement dans sa poche, il n'eut plus besoin du roi, qui le dérangeait plutôt qu'autre chose. » Cromwell, selon Hobbes, n'aurait pas enlevé le roi, mais il l'aurait laissé fuir afin de se débarrasser d'un fardeau, bien encombrant désormais [21]. Charles Ier s'entendit alors avec les Écossais, en leur promettant, en échange de leur soutien, d'imposer la confession presbytérienne au pays. Ainsi s'ouvrait l'acte II de la révolution, marqué par une seconde guerre civile.

La fin de la monarchie

À la fin du mois de décembre 1647, le parlement adressa au roi, pour la dernière fois, quatre *bills* ou textes de loi, en attente de ratification par la Couronne. Ces projets n'étaient pas anodins : ils privaient le roi du commandement de la milice pendant vingt ans. Charles Ier temporisa selon son habitude, et invoqua la misère du pays. En janvier, les ponts étaient définitivement coupés ; par un vote de *no addresses*, les Communes décidèrent que désormais on ne s'adresserait plus au roi. Cromwell, dans sa maison de King Street à Westminster, attendait son heure. Il reçut à sa table plusieurs républicains, qui lui remontrèrent que, selon le premier livre de Samuel, les rois sont une concession que l'Éternel accorde aux hommes, eu égard à leur faiblesse [22]. L'Angleterre serait-elle républicaine ? En février, le parlement approuva une motion déclarant que Charles Ier aurait empoisonné son père Jacques Ier. Mais ce fut pour rappeler en avril, devant la montée du sentiment royaliste dans le pays, que le gouvernement du pays était confié « au roi, aux lords et aux communes ».

Au printemps, les Écossais saisirent Berwick et Carlisle au nord du pays ; le pays de Galles s'insurgea également. Le Kent fut touché à son tour. Émeutes royalistes ? Ou bien émeutes locales ? Un peu des deux, sans doute. Un fort ressentiment provincial s'exprima dans ce rejet des directives parlementaires. Les Anglais, qui reprochaient à la Couronne son caractère centralisateur, éprouvaient les mêmes réticences ancestrales face au parlement. Le retournement de la situation fut militaire. Cromwell défit les Écossais à Preston, dans le Lancashire, le 17 août 1648. « Nous ne savons même pas combien nous en avons tué », annonça victorieusement Cromwell [23]. Le parlement décréta une journée d'action de grâces, mais chacun s'inquiéta de l'ascendant du lieutenant général. Cromwell, lui, fut désormais convaincu qu'il avait reçu une « grâce particulière » et qu'il était l'un des saints de Dieu. Le 4 octobre, Cromwell entrait dans Édimbourg. En novembre, l'armée remettait au parlement une remontrance rendant Charles Ier responsable de l'effusion de sang. Indépendants et niveleurs faisaient désormais cause commune ; Cromwell, lui, se sentait un nouveau Moïse : « La volonté de celui qui est apparu dans le buisson ardent s'est manifestée à nous [24]. » Était-ce le règne de la providence ou celui de la nécessité ? Il fallut purger *manu militari* le parlement de ses éléments modérés, pour pouvoir enfin instruire le procès du roi. Le colonel Thomas Pride se chargea de la besogne, début décembre. Il ne resta plus désormais que 80 députés à la Chambre des communes. Le pasteur Hugh Peter les exhortait, par une mâle prédication sur le procès de Jésus, à condamner Barabas. « Jésus ou Barabas ? » Barabas était évidemment une figure de Charles Ier. Mais qui était Jésus ? Nul ne le savait au juste.

Un parlement croupion, un *Rump Parliament* terrorisé, acquiesça. La pression continuait dans l'armée et dans le pays. Cromwell n'était pas démocrate ; mais il savait que la République était parfaitement conciliable, comme à Venise, avec une oligarchie. Le 28 décembre, une cour spéciale reçut la mission de se prononcer sur la culpabilité du roi ; l'ordonnance fut adoptée le 1er janvier 1649. Le 4 janvier enfin, les Communes déclarèrent :

« Le peuple est après Dieu la source de tout pouvoir. Les communes d'Angleterre, assemblées en parlement, représentent le peuple qui les a choisies : elles constituent le pouvoir suprême de la nation. Tout ce qu'elles promulguent comme loi a force de loi : tout le peuple de cette nation est engagé par leurs décisions, même si ni le roi ni la chambre des pairs ne donnent leur assentiment [25]. »

Souveraineté populaire, comme ultérieurement lors de la révolution américaine de 1776 ou la Révolution française de 1789 ? Pas véritablement. La souveraineté appartenait ici au parlement, un parlement, par la force des choses, privé de deux de ses éléments, la Chambre des lords et le roi. En bref, un parlement réduit aux seules Communes. Le lendemain, pour la première fois dans l'histoire constitutionnelle anglaise, un Acte du parlement était adopté sans être soumis aux Lords ou au roi. Il faut dire que cet Acte du 6 janvier 1649 constituait la haute cour chargée de juger Charles Ier, devenu Charles Stuart. Charles Ier comparut le 20 janvier. Il ne manquait pas d'allure : avec sa canne à pommeau d'argent et son chapeau, qu'il refusa d'ôter devant ses juges, il parvint encore à exprimer la grandeur de sa fonction. Cinquante-neuf « régicides », dont Cromwell, ratifièrent la sentence de mort, effective le 30 janvier / 9 février 1649 (il existait un décalage de dix jours entre le calendrier anglais et celui qui avait cours sur le continent). « J'échange une couronne périssable pour une couronne incorruptible », allait s'écrier le roi martyr [26]. Pour beaucoup, la mort de Charles Ier fut celle d'un Dieu. L'exécution du roi fut perçue par ses partisans comme le crime le plus abominable depuis la mort de Jésus-Christ. D'autant plus que l'on fit circuler sous le manteau un recueil étonnant d'oraisons prononcées par Charles Ier aux différents moments de sa passion. On s'emporta avec fureur; l'érudit huguenot Claude Saumaise, depuis la Hollande, dénonça l'horrible forfait; Peter Dumoulin en fit autant... Milton monta au créneau pour défendre le geste décisif qui avait accouché d'une république. Après tout, quel mal y avait-il à mettre à mort un tyran [27] ?

C'est ici qu'il faut situer l'une des expériences les plus émouvantes de la révolution anglaise. Nous voulons parler du petit groupe d'hommes qui tenta pendant quelques mois, à St George's Hill, dans le Surrey, l'expérience d'une forme agraire de communisme, fondée sur la propriété collective de la terre et des produits du travail. Ces « vrais niveleurs » ou piocheurs – ainsi qu'on les appelle – trouvèrent leur théoricien inspiré chez Gerrard Winstanley. Le *Drapeau déployé des vrais niveleurs* exprime, dans le patois de Canaan, un idéal de justice sociale où l'on ne sera pas surpris de retrouver le mythe du joug normand. Mais le choc historique initial – celui de la conquête de 1066 – s'accompagne d'une méditation sur la chute d'Adam. La propriété privée, comme ultérieurement chez Jean-Jacques Rousseau, apparaît ici comme la première marque de la dépossession qui rythme inexorablement l'histoire [28].

La république britannique

Suffisait-il d'exécuter un roi pour aboutir à une république ? Et que signifiait au juste ce mot? L'on parla en anglais de *commonwealth*, selon un usage fort ancien; mais le mot français de « république » s'imposa d'emblée comme traduction. Si la monarchie et la Chambre des lords furent abolies en mars, la république fut officiellement proclamée le 19 mai 1649. Le droit le plus ancien étant celui du peuple, il était normal que ce droit lui revînt. Et qu'il décidât désormais de se passer d'un roi. Une quarantaine de conseillers, dont Cromwell, remplirent la fonction exécutive laissée vacante par Charles Ier. Les Écossais ne l'entendaient pas de cette oreille; les états du parlement d'Édimbourg proclamèrent sans attendre Charles II, fils du défunt, roi de leur pays. Ou plutôt, de façon certes menaçante, « roi de la Grande-Bretagne », voire « roi de la Grande-Bretagne, etc. » Si la monarchie était britannique, la république devait l'être aussi.

Ce fut à nouveau la guerre. La guerre en Écosse, la guerre en Irlande, où elle n'avait jamais cessé. Cromwell devait être le grand bénéficiaire du conflit. Mais avant de se tourner, par ordre, contre les Irlandais et contre les Écossais, il fallait déjà en finir avec l'ennemi de l'intérieur. Cromwell liquida quelques niveleurs à Burford en mai, et calma les autres. La résistance ne disparut pas totalement, et l'on traita Cromwell et les siens « d'ours, de loups et de lions ». Peu importe. En juin, Cromwell se fit acclamer à Londres ; il reçut le titre de commandant en chef, gouverneur général d'Irlande. Cromwell n'aimait à vrai dire ni l'Irlande, trop humide pour la poudre, ni les Irlandais, trop papistes pour que l'on pût se fier à eux. Arrivé à Dublin en août, le général en chef prit d'assaut la ville de Drogheda, au nord de la capitale, un mois plus tard. Les habitants furent passés au fil de l'épée ou brûlés vifs dans l'église. Mieux valait ne pas remettre au lendemain ce que l'on pouvait faire le jour même. Du reste, les Irlandais étaient bien des damnés, puisque beaucoup étaient morts en s'écriant : « Je brûle, je brûle ». Et Cromwell d'enchaîner, sans remords : « C'est là le jugement de Dieu qui condamne justement les pauvres imbéciles qui ont trempé leurs mains dans l'effusion de tant de sang innocent [29]. » Un scénario comparable se déroula à Wexford, dans le Sud-Est, en octobre. À cette différence près que, cette fois-ci, hommes, femmes et enfants périrent noyés en tentant de s'enfuir. En mars 1650 avait lieu la capitulation de Limerick, à l'ouest. Fin mai, Cromwell était à Windsor ; le 26 juin, il recevait le commandement de toutes les forces de la République, avec le grade de capitaine-général. Fairfax avait décliné la responsabilité de l'offensive en Écosse, en faisant valoir une clause de conscience : était-il licite de tourner ses armes contre des frères en religion ? Environ 16 000 hommes, dont un tiers de cavaliers, fondirent sur l'Écosse. Cromwell tenta de convaincre ses frères presbytériens qu'il était bien envoyé par le Seigneur ; le 7 septembre, il entrait dans Édimbourg – la forteresse devait résister jusqu'à Noël. Les Écossais étaient appelés à l'aider à édifier la « nouvelle Jérusalem ». Mais rien n'y fit. Charles II fut quand même couronné à Scone, en janvier 1651. Les Écossais tentèrent leur baroud d'honneur en envahissant à leur tour l'Angleterre. Cromwell les rattrapa à Worcester en septembre, et Charles II, vaincu, s'enfuit en se cachant. Cromwell pouvait entrer triomphalement dans Londres le 12 septembre. La République avait désormais des prétentions de grande puissance, forte d'elle-même et de ses victoires. L'Acte de navigation d'octobre 1651 décrétait que toute marchandise importée en Angleterre devait l'être à bord d'un bateau national – la Hollande était la principale visée. La guerre avec les Provinces-Unies s'ensuivit l'année suivante [30].

En avril 1653, le parlement était dissous. De juillet à décembre, une nouvelle assemblée fut appelée à siéger. Nommée par dérision, du nom cocasse de l'un de ses membres, le parlement de « Barebone », littéralement « de l'os décharné », cette auguste institution reçut pour la première fois de l'histoire le mandat de représenter l'ensemble des îles Britanniques, Angleterre, Écosse et Irlande. En décembre, Cromwell était gratifié du titre de *lord protector*. Cette dictature de salut public renouait avec l'exercice d'un gouvernement mixte, associant monarchie, aristocratie et démocratie. Louis XIV pardonna à Cromwell son penchant conservateur : « Cromwell, à qui le génie, les occasions et le malheur de son pays avaient inspiré des pensées fort au-dessus de sa naissance, au commencement simple officier dans les troupes rebelles du parlement, puis général, puis protecteur de la République, et désirant en secret la qualité de roi qu'il refusait en public, enflé par le bon succès de ses entreprises, ne voyait rien de si grand, ni au-dedans, ni au-dehors de son île, à quoi il ne pensât pouvoir prétendre [31]. »

Cromwell pouvait-il devenir roi ?

Fin de la monarchie, monarchie de la fin

L'Angleterre s'était crue partie, en 1642, pour une réforme religieuse, lorsqu'elle effectua une révolution. Elle proclama en 1649 la république et faillit aboutir à une monarchie... Cromwell fut le héros improbable de cet introuvable scénario [32]. L'homme était né en 1599 à Huntingdon, dans l'East Anglia. Il y avait mené une existence modeste de *gentleman farmer* désabusé et désargenté. Le grand homme de la famille, c'était l'oncle, le célèbre Thomas Cromwell, un temps ministre d'Henry VIII, avant de mourir sous la hache du bourreau comme tant de bons et zélés serviteurs de leur roi.

Oliver Cromwell lisait la Bible, il dressait les chevaux : il plaça cette double compétence au service de son pays. Et passa d'instinct des chevaux aux êtres humains, qui ont plus en commun qu'on ne croit. Comme beaucoup d'hommes d'action, les débats au parlement, où il siégea dès 1640, l'ennuyaient ; il préféra les champs de bataille, et la rudesse un peu franche des soldats. Sa seule véritable Église, ce fut l'armée, devenue à sa façon l'instrument de la Providence. Ou de cette nécessité, de cette force des choses, de cette prédestination à l'œuvre dans les révolutions. Dieu avait choisi Cromwell au moins autant que Cromwell avait choisi Dieu. L'Éternel avait appelé Cromwell, lui donnant le sentiment très intime de sa vocation. « Ce n'est pas moi qui me suis mis à la place que j'occupe. Je le répète, ce n'est pas moi qui me suis mis à cette place ; Dieu m'en est témoin », tranchait-il avec un savant mélange de rouerie et de candeur. « Ce n'est pas moi qui témoigne mais bien Dieu et les peuples de ces nations qui peuvent témoigner [33]. » Entre le cynisme (parfois) et la piété (toujours), Cromwell aura été le roi sans couronne d'une impossible république. La couronne n'appartenait qu'à Dieu – ou à Jésus-Christ, dont certains attendaient avec fébrilité le retour pour son règne de mille ans. Quitte à reprocher à Cromwell d'occuper la place. « Seigneur, qui d'Oliver Cromwell ou de Jésus-Christ doit régner sur nous ? » s'exclama un prédicateur [34]. On insiste volontiers, peut-être trop volontiers, sur cet aspect eschatologique. Il demeura sans doute très marginal. Ce qui l'emporta, ce fut la raison d'État. Instauré en décembre 1653, le protectorat accentua la dérive autoritaire du régime. L'on renonçait totalement à la forme populaire de la souveraineté pour en revenir à une forme mixte de gouvernement, associant trois pouvoirs : exécutif, législatif et judiciaire. Mais ces trois fonctions étaient exercées par un seul, concurremment avec le peuple, représenté au parlement. C'est ce que déclare le premier article, bien elliptique, de l'*Instrument de gouvernement*, seule Constitution écrite de l'histoire d'Angleterre. Cromwell demeura modéré sur le plan ecclésiastique, en acceptant la pluralité des cultes, une pluralité certes limitée aux confessions protestantes, hormis en théorie l'anglicanisme.

On ne saurait en déduire un total monopole du religieux sur la pensée. En 1656, James Harrington dotait ses compatriotes de leur utopie républicaine. Il insistait pour sa part sur l'importance des phénomènes matériels, et tout particulièrement sur la répartition décisive de la terre, fondement du pouvoir politique. Ni Cromwell, son dédicataire, ni *a fortiori* les royalistes ne purent admettre des analyses qui remettaient en cause les assises du pouvoir. Et de la propriété. Mêlant la référence antique à Sparte, Lacédémone, à son grand législateur, Lycurgue, et au corpus biblique, Harrington pouvait affirmer : « Tant que Lacédémone conserva la division des terres, établie par Lycurgue, son empire fut immuable ; mais, cette division une fois détruite, cet empire ne dura pas longtemps. Cette sorte de loi fixant la balance des terres est appelée agraire, et fut introduite par Dieu lui-même qui partagea la terre de Canaan à son peuple [35]. »

La paix avec les Provinces-Unies, l'alliance avec la France, la guerre contre l'Espagne, le retour des Juifs, enfin, après une proscription remontant au XIIIe siècle : autant de réalisations notables du protectorat. Un rabbin d'Amsterdam, Menasseh Ben Israël, fut l'artisan de cette réadmission, qui dut vaincre pas mal de résistances, en dépit de la légende dorée d'une naturelle empathie entre Juifs et puritains [36].

Cromwell renonça définitivement au titre de roi en mai 1657 ; il s'éteignit en septembre 1658. Quelques mois à peine après sa disparition, son fils Richard déclarait forfait. Il n'était pas facile de succéder à un tel homme. Et pourquoi ne pas en revenir à la royauté, après tout ? Le général Monck, qui avait servi avec un égal bonheur la monarchie et la république, avait quelques atouts pour démêler la situation. Il jugea vite le retour des Stuarts inévitable, et mit sa personne au service de son roi. En février 1660, il occupa Londres et convoqua les membres du *Rump* encore vivants. Ceux-ci appelaient à de nouvelles élections ; la Convention qui se réunit alors négocia le retour des Stuarts. Par la Déclaration de Breda, dans les Provinces-Unies, datée du 4 avril, le roi s'engageait à pardonner à ses sujets, à l'exception de quelques régicides. Il promit également la liberté de conscience à tous les Anglais, revenus de bien de leurs illusions. En mai, Charles II était à Douvres. Il pouvait effectuer sa joyeuse entrée dans la capitale le mardi 29, dans la liesse générale. On ne manqua pas de souligner que c'était également un mardi que Charles Ier avait été exécuté [37]. L'histoire de la révolution aurait-elle été celle d'un rendez-vous manqué ? « À le bien prendre, le génie de cette nation est d'être fidèle à son roi », allait en conclure Pierre Bayle, journaliste, philosophe et homme de lettres [38].

Chapitre XVIII

RESTAURATION ET GLORIEUSE RÉVOLUTION

> « Nos amis ici [à Londres] pensent que les nobles et les principaux *gentlemen* de votre pays, qui jusqu'à présent ont été du parti du roi, doivent déclarer publiquement leur désir d'oublier le passé, et de renoncer à toute vengeance à l'avenir [1]. »
>
> Lettre à un ami de la campagne, *Londres, 12 avril 1660.*

Il y eut une double restauration : une restauration dans l'État, une restauration dans l'Église. Né en 1630, Charles II était théoriquement roi depuis la disparition tragique de son père en 1649 – d'où l'usage consistant à faire commencer son règne à ce moment-là, comme si la République n'avait jamais existé. L'on a prêté à l'époque une réputation de légèreté, marquée par la réouverture des théâtres et la libéralisation des mœurs. Trop frivole pour avoir une âme de persécuteur, le roi était, dit-on, fort porté sur la chose, en digne petit-fils du Vert Galant. Il entre évidemment dans ces poncifs aimables une part de polémique contre une ère puritaine accusée de noirceur et d'ennui. La Convention ne dura que 9 mois, mais elle ne manqua pas de décréter que l'on exhumât les restes de feu le lord protecteur et de divers autres régicides, condamnés *post mortem* à la pendaison au gibet de Tyburn. Une douzaine d'autres, encore vivants, furent coupés en morceaux selon un soigneux protocole devant Charing Cross, non loin de Whitehall où avait été exécuté un roi (on n'écartèle pas en Angleterre, on pend, on brûle et on découpe).

Une société divisée

Ce sang expiatoire fut celui de la réconciliation. Il faut bien trouver quelques boucs émissaires qui paient pour tous les autres. Une loi générale d'amnistie décrétait la réconciliation de tous les sujets. Et l'abolition des tenures féodales fut confirmée [2]. L'amnistie reposait sur l'oubli – selon une technique éprouvée qui avait été celle des paix de religion dans la France du siècle passé. Charles II renouait avec son grand-père Henri IV et avec son édit de Nantes, qui avait lui aussi proclamé : « Que la mémoire de toutes choses passées d'une part et d'autre [...] demeurera éteinte et assoupie, comme de chose non advenue [3]. »

La Restauration anglaise, une paix de religion ? En un sens [4]. Mais qui faillit échouer face au défi de la diversité confessionnelle. Presbytériens et anglicans allaient-ils s'entendre et parvenir à la concorde ? Pourquoi une seule Église, nationale, ne parviendrait-elle pas à « comprendre », c'est-à-dire à inclure, tous les fidèles dispersés, ne laissant plus que quelques marges catholiques, baptistes ou indépendantes ? Cette Église compréhensive échoua lors de la conférence œcuménique de la Savoy, en 1661. Le premier parlement de la Restauration, ce nouveau *Long Parliament* qui siégea de 1661 à 1679, resta souvent sourd aux vœux de la Couronne, désireuse de promouvoir une politique d'« indulgence » envers les non-conformistes. Un Charles II persécuteur ? Rien n'est moins sûr. Par contre, le parlement fut souvent plus royaliste que le roi, en voulant rassembler tous les Anglais dans une seule Église nationale. Mais ce fut peine perdue. La loi sur l'uniformité du 19 mai 1662 renouait avec l'unanimisme élisabéthain, mais dans un pays profondément divisé désormais. Du moins sur le plan religieux [5]. C'est à partir de ces années-là que l'on parla d'« anglicanisme » au sujet de l'Église d'Angleterre.

Historien et homme d'État, Edward Hyde fut le grand artisan de la période. Destiné à l'origine au saint ministère, le jeune gentleman originaire du Cheshire avait suivi des études de droit à Oxford. Élu membre du *Short*, puis du *Long Parliament* en 1640, cet homme d'une trentaine d'années s'était rallié, par raison plus encore que par passion, au parti royaliste. Charles Ier s'était défié de ce fidèle, que son fils Charles II nomma son chancelier dès 1658. Devenu comte de Clarendon en 1661, cet anglican de cœur et de conviction est longtemps resté la bête noire des *dissenters*, qui lui reprochèrent l'échec de la concorde ecclésiastique [6]. Une minorité de non-conformistes, moins de 10 % d'une population estimée à 5 000 000 d'habitants, fut exclue du compromis. Cette fracture s'accompagna d'une série de mesures humiliantes pesant sur les dissidents ou *dissenters*. On les connaît sous le nom générique de code Clarendon, du nom du chancelier. Tous les pasteurs qui refusèrent d'utiliser la liturgie anglicane eurent jusqu'au 24 août 1662 pour faire leurs bagages et quitter leurs paroisses. Déjà depuis un an, l'acte sur les corporations avait exclu les non-conformistes des municipalités. On leur interdit désormais, ainsi qu'aux maîtres d'école suspects, de se rapprocher de moins de cinq *miles* de leurs anciennes églises, ou encore l'on proscrivit par deux fois les *conventicles*, ou assemblées religieuses illicites [7]. À terme, le christianisme souffrit considérablement de ces mesures, qui faisaient de la religion le pilier de l'*establishment*, dans l'Église comme dans l'État. Le rationalisme et la tiédeur religieuse se développèrent au sein même de l'Église établie ; ils devaient marquer de leur empreinte le siècle des Lumières. Dieu allait devenir à son tour un monarque constitutionnel, et la chasse aux sorcières une chose du passé.

Une nouvelle guerre éclata avec les Hollandais, de 1665 à 1667. Londres même fut menacée par l'amiral De Ruyter. Mais les Anglais tirèrent leur épingle du jeu en Amérique, en prenant La Nouvelle-Amsterdam, *Nieuw Amsterdam*, rebaptisée New York, en hommage au duc d'York, frère de Charles II. La paix de Breda, en juillet 1667, entérinait ce remodelage majeur des colonies américaines : de la Nouvelle-Angleterre à la Virginie, toute la côte était désormais entre les mains des Anglais.

Ces années médianes de la décennie furent cependant plutôt moroses : peste de 1665, grand feu de Londres en 1666. La Cité fut durement éprouvée. L'incendie se déclencha dans le four d'une boulangerie : au moins 13 000 maisons furent détruites par le sinistre – et pas moins de 87 églises, dont la cathédrale Saint-Paul, admirablement reconstruite, parmi tant d'autres, selon les plans du grand architecte sir Christopher Wren. Cherchant un bouc émissaire, on ne manqua pas d'incriminer les papistes et les Français [8]. Samuel Pepys, le célèbre diariste, notait le 2 septembre : « À mesure que l'obscurité se faisait, il surgissait au-dessus des clochers, entre les maisons et les églises, aussi loin que le regard s'étendait sur la colline de la Cité, une horrible flamme maléfique, sanglante, bien différente de la claire flamme d'un feu ordinaire. Quand nous sommes partis, l'incendie ne formait plus qu'une vaste arche de feu de part et d'autre du pont et, sur la colline, une autre arche d'au moins un mille de longueur. Je fondis en larmes à cette vue. Les églises, les maisons, tout flambait à la fois. L'affreux bruit que faisaient les flammes et le craquement des maisons qui s'écroulaient [9] ! » Cette atmosphère, propice aux déchaînements des passions les plus irrationnelles, tira prétexte d'une situation internationale assez confuse. La France avait un comportement de grande puissance, achetant aussi bien la Cour que les milieux d'opposition. Le coup de maître de la diplomatie secrète, ce fut sans doute ce traité de Douvres, signé sans qu'on le sût entre Louis XIV et son cousin Charles II, en mai-juin 1670.

Le roi d'Angleterre reconnaissait la vérité de la religion catholique. Et il promettait son assistance à la France contre la Hollande. Le jeu était serré et, lors de la nouvelle guerre contre les Provinces-Unies, en 1672-1674, la collusion entre les deux cousins apparut comme une évidence, d'autant plus insoutenable que Charles II recevait les gratifications de Louis XIV, ravi de se payer un roi d'Angleterre. Et d'œuvrer ainsi pour le salut d'une âme et la plus grande gloire de la France. Charles II gouvernait, entouré d'un réseau d'hommes, surnommés la cabale. Ou plutôt *the cabal* en anglais. On n'avait pas manqué de remarquer que les premières lettres de leurs noms formaient ce mot évocateur : Thomas *C*lifford, Anthony *A*shley, George Villiers, 2ᵉ duc de *B*uckingham, Henry Bennet, comte d'*A*rlington, et John Maitland, comte de *L*auderdale. Le catholique Clifford avait peu de choses à voir avec le célèbre Anthony Ashley Cooper, mieux connu sous son titre ultérieur de comte de Shaftesbury. Le pragmatisme l'emportait.

Charles II était comme ces coquettes qui ne passent jamais à l'acte. Il différait en permanence sa conversion à la foi catholique – contrairement à son frère Jacques, le duc d'York, qui embrassa la vieille religion avec l'intrépidité que donne la conviction. Le pauvre Jacques dut encourir pour cela bien des avanies, à commencer par l'Acte du test qui, en mars 1673, institua la communion anglicane préalable à tout emploi public [10]. Catholiques, dissidents protestants ou Juifs étaient exclus de tout office dans l'administration et dans l'armée, réservé aux seuls anglicans. La mesure était dans la logique de l'Acte sur les corporations de 1661, en étendant à tout emploi public une règle édictée au départ pour les responsabilités municipales. Mais, cette fois-ci, les papistes étaient principalement visés. D'autant plus que le serment solennel précisait que l'on prêtait allégeance au roi et à ses héritiers et successeurs, tout en déclarant : « Je ne crois pas qu'il y ait transsubstantiation des espèces du pain et du vin dans le sacrement de la sainte Cène, ni pendant ni après leur consécration, et quel que soit le desservant. »

C'était rejeter la conception scolastique de l'eucharistie, qui s'était déjà prêtée aux sarcasmes de Wycliffe et de tous les réformateurs. Dès lors, pour un papiste, il fallut sauver son poste en sacrifiant son âme. Ou bien sauver son âme en sacrifiant sa carrière dans tous les emplois publics, de l'armée à l'administration. Sacrilège pour un catholique, une telle mesure ruinait un peu plus encore le prestige attaché au sacré. La participation des fidèles à la sainte Cène revêtait de toutes les façons, en Angleterre, un caractère exceptionnel. Et dans ce pays où l'on communiait si peu, transformer un sacrement en test de loyauté à la Couronne, c'était diminuer encore un peu plus le sens du mystère, déjà fort affecté par la montée du rationalisme.

En Hollande, Guillaume d'Orange ne se montra pas inactif. L'un de ses partisans, un Pierre Dumoulin, apparenté à la célèbre lignée pastorale française, publia directement en anglais un terrible brûlot, dénonçant comme absurde l'alliance anglo-française contre les Provinces-Unies. Depuis Henri IV, le roi de France ne souhaitait-il pas instaurer, à son profit, une monarchie universelle ? L'intérêt de l'Europe n'était-il pas alors de s'opposer à ce grand dessein [11] ? Qu'est-ce que les Anglais avaient à gagner au conflit ? Un renversement s'ensuivit. Mary, fille du duc d'York, épousa Guillaume d'Orange. Les Français, mécontents, voulurent compromettre leur ancien allié, Charles II, en organisant sciemment des fuites. Thomas Osborne, comte de Danby, alors même qu'il ignorait tout de ces menées secrètes, fut la principale victime de l'intrigue [12]. Le lord trésorier fut incarcéré à la Tour de Londres et mis en accusation en décembre 1678. Le parlement devait être dissous deux mois plus tard. En plus du roi d'Angleterre, Louis XIV avait acheté quelques opposants, Ralph Montagu, tout d'abord, le rival de Shaftesbury, homme intègre s'il en fût, passablement écœuré par la politique personnelle de Charles II. Ou encore William Russell et Algernon Sidney – qui tentait de convaincre l'ambassadeur de France, Paul de Barillon, que la France n'aurait rien à craindre d'une république en Angleterre [13]. Désormais, le pays était divisé entre whigs et tories, adversaires et partisans de la prérogative du souverain. Ces deux noms de partis politiques étaient au départ de simples sobriquets : un whig était un Écossais fanatique; un tory un bandit irlandais. Whigs et tories devinrent des adversaires acharnés; les whigs se dotèrent de leur club, le *Green Ribbon*, ou « ruban vert », qui se réunissait à la King's Head Tavern, à l'angle de Fleet Street et de Chancery Lane, à l'entrée de la Cité de Londres.

La crise de l'exclusion fut un authentique épisode prérévolutionnaire. Un individu interlope, répondant au doux nom de Titus Oates, mit le feu aux poudres en dénonçant une gigantesque conspiration jésuite. Les persécutions devaient durer trois ans, de 1678 à 1681. Environ trente-cinq ecclésiastiques souffrirent la mort ignominieuse promise aux coupables de haute trahison, ou moururent de mauvais traitements. Les jésuites auraient eu pour projet de lancer leurs légions démoniaques à l'assaut de l'Angleterre. Comment pouvait-on croire à ces contes de nourrice? Il y avait à cela au moins deux raisons. D'une part, Titus Oates avait effectivement séjourné à Saint-Omer dans le collège que tenaient les pères et il en avait été expulsé, sans doute pour mauvaises mœurs. Mais, plus fondamentalement, l'atmosphère de paranoïa anticatholique s'explique par la suspicion croissante envers Charles II, et plus encore envers son frère Jacques, duc d'York, logiquement appelé à lui succéder. Le pasteur Pierre Jurieu accordait un grand crédit à la thèse d'une conspiration des catholiques anglais : « Je ne suis pas trop bien persuadé non plus que vous que cette conjuration des catholiques anglais soit une fiction », déclarait-il. Afin de bien souligner que, si un roi catholique comme Louis XIV pouvait tolérer des sujets protestants, la réciproque n'était pas vraie. Un roi d'Angleterre ne devait pas tolérer la présence de papistes. Les catholiques étaient toujours des traîtres, parce qu'ils devaient obéissance au pape plus encore qu'au roi : « Les princes huguenots ne peuvent pas avoir la même tolérance pour les catholiques dans leurs États que les princes catholiques peuvent avoir pour les huguenots; parce que les princes protestants ne peuvent être assurés de la fidélité de leurs sujets catholiques, à cause qu'ils ont fait serment de fidélité à un autre prince qu'ils considèrent comme plus grand que tous les rois, c'est le pape [14]. »

C'est dans ce contexte troublé, cependant, que devait être adoptée l'une des lois les plus célèbres, qui fait justement date dans l'histoire du droit : l'*Habeas corpus*, littéralement « ton corps t'appartient ». Il s'agissait de permettre aux magistrats d'obtenir dans les trois jours la comparution de tous les prévenus, en empêchant ainsi les détentions arbitraires. Ce principe déjà ancien de la *common law* trouvait, en 1679, sa sanction législative, en étant adopté par le parlement [15].

Le pays était tout sauf serein. Le royaume protestant pouvait-il être gouverné par un roi catholique ? Ce fut là la grosse question sur laquelle butèrent les parlements qui se succédèrent : parlement de 1679, parlement de 1680-1681, parlement d'Oxford, enfin, en 1681. Avant l'absence d'assemblées, de 1681 à 1685, qui n'était pas sans évoquer la parenthèse de onze ans, de 1629 à 1640, à la veille de la guerre civile. C'est dans cette atmosphère de trouble que naquirent les partis politiques, ancêtres de leurs équivalents contemporains. Tories et whigs devaient accoucher au XIXe siècle des conservateurs et des libéraux. Les whigs, autour de Shaftesbury, étaient favorables à l'exclusion du duc d'York ; les tories, pour leur part, proclamaient leur attachement à l'ordre de la succession. Le parlement pouvait-il disposer de la Couronne ? Telle fut la question majeure qu'une nouvelle révolution allait régler par l'affirmative, en 1688-1689. Pour l'instant, rien n'était décidé. John Locke devait rédiger dans ce contexte ses *Traités sur le gouvernement civil*, publiés opportunément quelques années plus tard. On y prétendait que la société reposait sur un double contrat entre les hommes et entre les hommes et leur gouvernement [16]. Le médecin-philosophe, recruté par Shaftesbury, savait être révolutionnaire, mais avec modération, en distillant avec une audace calculée ses thèses les plus radicales.

C'est en Hollande que Shaftesbury comme Locke trouvèrent refuge [17]. Le prince d'Orange couvait d'un œil complice ces opposants, qui pouvaient lui être utiles. Locke y publia en latin sa célèbre *Lettre sur la tolérance*, dans laquelle l'Église comme l'État se trouvaient redéfinis de façon contractuelle et volontaire : « L'État est une société d'hommes constituée à seule fin de conserver et de promouvoir leurs biens civils. »

L'Église ? « Une société libre et volontaire. Nul ne naît membre d'une Église quelconque, sinon la religion du père et des grands-parents passerait aux enfants par droit héréditaire, en même temps que les terres [18]. » La tolérance philosophique lockienne, encensée par le siècle des Lumières, reposait cependant sur la double exclusion des catholiques et des athées. Si les papistes pouvaient jurer de tout, selon un préjugé anticatholique courant à l'époque, les athées par contre ne pouvaient jurer de rien. Aucun engagement qui tînt, en l'absence de châtiments dans l'au-delà, et des terreurs qu'ils inspirent. C'était placer la vertu sous liberté surveillée. Autrement plus intrépide fut le Français Pierre Bayle, dans son exil aux Pays-Bas, lorsqu'il défendit la thèse que les athées pussent être vertueux.

La diversité confessionnelle, entre l'indulgence et la compassion

L'heure n'était pas à l'apaisement. Ni la France ni l'Angleterre n'avaient admis au fond la diversité confessionnelle : protestants français et catholiques anglais étaient soumis à la même intolérance. La révocation de l'édit de Nantes par Louis XIV, en octobre 1685, en interdisant l'exercice du culte réformé pour les huguenots, eut d'importantes conséquences outre-Manche : on se demanda avec effroi si la pluralité religieuse était possible en Occident. Un roi catholique, quel qu'il fût, ne risquait-il pas de proscrire un jour ses sujets protestants ?

Or l'Angleterre, la même année, avait placé à sa tête un monarque catholique, en la personne de Jacques II. Non sans mal, du reste. Deux insurrections se produisirent au printemps. Archibald Campbell, comte d'Argyll, fut exécuté pour avoir tenté de soulever l'Écosse contre son roi – Jacques II était bien roi d'Angleterre et d'Écosse, les deux royaumes restant distincts. Mais c'est dans l'ouest de l'Angleterre, au même moment, qu'eurent lieu les épisodes les plus dramatiques : un fils naturel de Charles II, James Scott, duc de Monmouth, débarqua à Lyme Regis et tenta de se faire reconnaître comme roi. La répression fut terrible : le juge George Jeffreys y gagna une réputation de férocité en condamnant les insurgés à la mort ou à la déportation. Le duc lui-même dut à son sang royal d'avoir simplement la tête tranchée [19].

La réputation de Jacques II devait être durablement ternie par ces événements. Pourtant, ce ne fut pas faute d'avoir convoqué le parlement – qui n'avait pas siégé depuis 1681. Suspendu en novembre 1685, dissous un an et demi plus tard, ce seul parlement du règne risquait de renouer avec l'insolence de ses prédécesseurs. Du moins, la défense de l'Église d'Angleterre, ce mot d'ordre tory, s'accompagnait de menaces contre les papistes et les dissidents, accusés également de subversion. Pouvait-on alors s'appuyer sur ces exclus, les catholiques et les nonconformistes, pour imposer la reconnaissance officielle des différents cultes ? Le pari était arithmétiquement absurde : au moins neuf Anglais sur dix se rangeaient dans l'Église nationale. Mais c'était sans compter sur une politique de la grâce, grâce divine ou grâce royale, à laquelle croyait Jacques II.

Rien n'était impossible à Dieu. Dieu ne pouvait-il pas suspendre les lois de la nature par le miracle ? Le roi ne pouvait-il pas suspendre les lois du royaume ? Ou dispenser certains sujets de leur application ? Ce double pouvoir de « suspendre » et de « dispenser » fut au cœur de l'initiative royale. Jacques II promulgua par deux fois, en avril 1687 et en avril 1688, une *Déclaration d'indulgence*. Le monarque rappelait la « providence extraordinaire » de Dieu à son endroit. Comment expliquer autrement que le fils de Charles Ier soit parvenu à la couronne impériale des trois royaumes alors même qu'il était catholique ? Ce caractère « impérial » de la couronne remontait à Henry VIII, mais il se transmit aux souverains successifs, placés à la tête de l'Église comme de l'État. Jacques II ne cachait pas qu'il aurait aimé que tous ses sujets fussent catholiques, tout en affirmant son attachement à la liberté de conscience et son rejet de la contrainte ecclésiastique [20]. Aussi suspendit-il sans tarder les lois pénales pesant sur les catholiques et les dissidents. Sept évêques, dont le primat de Cantorbéry, William Sancroft, et l'évêque de Londres, Henry Compton, s'opposèrent à la mesure.

C'est alors que naquit Jacques-Édouard, fils héritier du roi. En ce 10 juin 1688, l'avenir du catholicisme paraissait assuré en Angleterre. De méchantes langues firent courir le bruit que le nourrisson avait été amené au dernier moment dans une bassinoire. Mais il n'était pas facile de faire accroire que Jacques II n'était pas le père de l'enfant [21]. Quel autre recours alors qu'une intervention extérieure ? Le 30 juin, ces Anglais, longtemps rétifs envers les Hollandais, se tournèrent vers Guillaume d'Orange, l'implorant pour leur « délivrance [22] ». La Glorieuse Révolution avait commencé.

La Révolution et la gloire

Cette révolution-là fut d'abord, dans ses modalités mêmes, une restauration. Si elle s'accompagna d'une équipée militaire, on gomma au maximum les aspects subversifs de l'événement. Le parlement se réunit lui-même en « Convention », comme il l'avait fait en 1660, pour offrir la couronne à Guillaume et à sa femme Mary, fille de Jacques II. Les apparences étaient sauves ; jamais putsch ne fut accompli de façon plus magnanime. Ce coup d'État fut d'abord un coup d'éclat. La Glorieuse Révolution reposa sur « l'alliance de trois partis, ou du moins de trois groupes politiques ou idéologiques : les whigs, qui lui fournirent ses mobiles ; les tories, qui lui donnèrent sa majorité parlementaire ; et les radicaux qui tentèrent de lui imposer une philosophie [23]. »

Le 5 novembre 1688, jour anniversaire de la conspiration des Poudres, Guillaume d'Orange débarquait à Torbay, à l'ouest de l'île. Il aurait pu alors se ruer vers Londres. Mais, en fin stratège, il se hâta avec lenteur, en encourageant les défections dans l'armée de son beau-père, le pauvre Jacques II, dépressif, et soumis à des saignements du nez aussi ridicules que malséants. Parmi les transfuges, l'impayable John Churchill, grand soldat au demeurant et ancêtre en ligne directe de sir Winston. Abandonné par ses filles, la princesse Anne et la princesse Mary, épouse du nouveau conquérant, délaissé par sa noblesse, Jacques II, nouveau roi Lear, n'eut d'autre issue que de s'enfuir. Ou plutôt, selon la version accréditée par ses ennemis, de délaisser le trône, resté « vacant » – ce qui équivalait, poursuivait-on, à une « abdication [24] ». La nature a horreur du vide. Il fallait remplir ce siège. Et on le remplit. En respectant au maximum les apparences. Guillaume et sa femme Mary se virent offrir la couronne par la Convention. Ils acceptèrent. « Stuart par le sang, et autocrate de tempérament », le Hollandais était vaguement inquiet [25]. Il n'aima jamais ses sujets anglais, et ce fut réciproque. L'État a ses raisons que le cœur ignore.

Quitte à avoir un roi, pourquoi pas celui-là ? La philosophie, pour la première fois dans l'histoire, réussissait sa mainmise sur la révolution. Depuis, on n'a cessé de les confondre. On crut la révolution philosophique, faute de toujours trouver la philosophie révolutionnaire ; on invoqua la raison, la tolérance. Et surtout les droits des Anglais, pour peu qu'ils fussent protestants, de s'armer contre les papistes. John Locke était un grand prestidigitateur. Il salua à temps en Guillaume d'Orange un libérateur providentiel. Ou plutôt, un « grand restaurateur » – toujours cette référence à la révolution comme restauration [26]. Il profita de l'occasion pour publier ses essais sur le *Gouvernement civil*, qui dormaient depuis dix ans dans un tiroir. On vit opportunément dans les événements de 1688-1689 l'application de ses idées : la monarchie contractuelle, la théorie de la tolérance. Il n'en est rien. Ou du moins pas grand-chose. Le *Bill of Rights* de 1689, qui demeure jusqu'aujourd'hui, avec la Grande Charte de 1215, l'un des fondements des libertés anglaises, puis britanniques, se contente de dresser la liste des infractions commises par Jacques II, en demandant leur redressement : « Il a assumé et exercé le pouvoir de dispenser des lois et de suspendre leur application sans le consentement du parlement [27]. »

Ces deux pouvoirs de suspendre et de dispenser étaient désormais honnis (voir annexe V : Le *Bill of Rights*). Le roi rentrait dans le droit. Dieu n'allait pas tarder à en faire autant. Le christianisme rationnel, le christianisme « raisonnable », pour reprendre cette expression à John Locke, le christianisme « sans mystère », comme devait le décréter John Toland, ne laissaient guère de place pour le miracle. Ou pour l'exception. Dieu n'intervenait plus dans le cours des choses, sinon par sa providence générale, trop générale pour daigner se préoccuper des petites misères de ses créatures. Dieu devint, selon l'admirable formule d'Alexandre Koyré, un « dieu fainéant [28] ». Ou encore un grand architecte, un horloger qui se contenterait de temps en temps de remonter le mécanisme de l'univers.

À quoi bon, à ce compte, tourmenter ses semblables au nom de spéculations de plus en plus vaines sur la « vraie » foi, le « vrai » Dieu, la « vraie » confession ? Le temps des persécutions était révolu. Il ne restait plus que celui de l'humiliation pour les religions perçues comme inférieures, et parmi elles le papisme des Irlandais, soumis au siècle suivant à des lois pénales visant à leur ôter tout pouvoir politique. La loi sur la tolérance ne dut rien à la philosophie. Le mot même de tolérance était absent de cet *Acte exemptant les sujets protestants de leurs Majestés séparés de l'Église d'Angleterre des peines encourues à la suite de certaines lois* [2]. Il suffisait d'admettre Guillaume d'Orange comme roi, de se prononcer contre le pouvoir du pape de déposer les rois, de croire à la Sainte-Trinité, Père, Fils et Saint-Esprit, et d'admettre la révélation de la Sainte Écriture, Ancien et Nouveau Testament, pour pouvoir vivre en paix. Mais, en l'absence d'une inquisition capable de sonder les cœurs, comment s'assurer que les fidèles souscrivaient bien à ces deux derniers articles ? Les milieux intellectuels émettaient des réserves de plus en plus fortes sur les dogmes reçus, en particulier quant à la nature divine de Jésus-Christ. Mais surtout, un schisme allait se produire à l'intérieur même de l'Église anglicane. Certains hommes d'Église avaient de la religion et se demandaient, avec angoisse, si l'on pouvait prêter serment à Guillaume après avoir juré fidélité à Jacques. L'archevêque de Cantorbéry, William Sancroft, fut destitué, et remplacé sur le siège primatial par John Tillotson. Une frange de non-jureurs se sépara de l'Église établie. S'ils étaient nombreux dans le pays à admettre que Guillaume III était roi « de fait », *de facto* comme on le disait à l'époque, parce que, comme un autre Guillaume bien avant lui, il avait été le conquérant de son royaume, combien étaient-ils à admettre qu'il le fût vraiment « de droit », *de jure ?* Une nouvelle fracture, conservatrice, devait s'ajouter aux anciennes plaies ; elle explique la rémanence d'une inquiétude religieuse dont les tories surent tirer avantage, en dénonçant en permanence la subversion des valeurs nationales par un parti de spéculateurs étrangers, vendus aux whigs.

Les îles Britanniques demeuraient instables, comme elles l'avaient été quarante ans plus tôt, après la mort de Charles Ier. L'Écosse et l'Irlande furent à nouveau pacifiées ; la bataille de la Boyne, au nord de Dublin, non loin de Drogheda, marqua l'anéantissement des partisans de Jacques II, en juillet 1690. L'Angleterre était engagée dans un conflit international majeur contre Louis XIV, la guerre de la Ligue d'Augsbourg. En développant la dette publique, la guerre accéléra une « révolution financière » qui favorisa, en 1694, la fondation de la Banque d'Angleterre, sur le modèle de la Banque d'Amsterdam [30]. Les whigs devaient être les principaux bénéficiaires de ce développement financier ; on parle couramment d'une « junte whig » pour désigner le cercle qui se réunit autour du chancelier de l'Échiquier, Charles Montagu, futur comte de Halifax [31].

À la paix de Rijswijk, en 1697, Guillaume fut même reconnu comme roi d'Angleterre par Versailles. Mais les difficultés s'accumulaient à l'intérieur. Devenu veuf, et donc privé de la légitimité qu'incarnait la reine Mary, Guillaume était de plus en plus isolé. Le révérend Jacques Abbadie, pasteur de l'église anglicane française de la Savoy, à Londres, n'avait pas manqué de saluer cette *autre* « Mary Stuart », « élevée au-dessus de son rang par ses vertus, et en quelque sorte au-dessus de ses vertus par sa modestie [32] ». On reprochait en particulier à Guillaume son favori, Hans Willem Bentinck, devenu comte de Portland. « Guillaume III, se souvinrent les historiens, était d'une taille mince, les cheveux d'un brun foncé, le teint blanc, les traits délicats, un nez aquilin, des yeux vifs et brillants, un grand front, l'air sérieux et imposant. Il conserva depuis sa jeunesse un asthme importun et une toux sèche, qui lui restèrent de la petite vérole. Ses manières étaient graves et majestueuses. Il n'avait l'air animé et gai que rarement et avec peu de personnes. Un jour de bataille pouvait seul le tirer de cette humeur sombre et retirée. Alors on le voyait plein de feu, actif, vigilant, ayant l'œil à la fois de tous côtés, affable, obligeant même et néanmoins sans passion apparente [33]. »

L'*Act of Settlement* de 1701 renouait avec l'esprit de 1688, en limitant à nouveau la prérogative du monarque. Le règlement de la succession prévoyait que, si la princesse Anne n'avait pas d'enfants, la Couronne serait dévolue aux descendants allemands d'Élisabeth Stuart, fille de Jacques Ier et épouse de Frédéric, électeur palatin. Les catholiques, et donc les Stuarts, réfugiés en France, étaient d'emblée exclus – à moins peut-être qu'ils ne se convertissent au protestantisme. Mais le texte précisait également que l'Angleterre ne devait pas déployer ses troupes au service d'un prince étranger, quand bien même ce dernier serait roi d'Angleterre [34]. Le message était clairement adressé à Guillaume III et à son entourage hollandais. Les tories, qui jusque-là avaient défendu la prérogative royale, se déchaînaient contre ce roi étranger. Cette fois-ci, Guillaume fut pris au piège qu'il avait précédemment tendu à son beau-père Jacques II. Le parlement le traitait sans ménagement. Il n'était décidément pas simple d'être roi. Encore moins d'être roi d'Angleterre.

Chapitre XIX

LE XVIIIe SIÈCLE ET LA RAGE DES PARTIS

« Si les idées que les whigs et les tories ont les uns des autres avaient autant de réalité qu'elles ont d'injustice et d'aigreur, l'Angleterre serait un pays où l'on vivrait avec moins de sûreté que parmi les nations les plus sauvages de l'Amérique [1]. »

E. de Cize, Histoire du whiggisme et du torysme, *1717*.

La Glorieuse Révolution n'avait pas aboli les clivages nés de la Restauration ; elle s'était contentée de les déplacer. Les partis politiques prirent le relais des confessions religieuses, comme facteurs de division. L'on était désormais whig ou tory, comme l'on avait été presbytérien, indépendant ou anglican. Le révérend Jonathan Swift en constitue la meilleure illustration. L'ancien whig, devenu opportunément tory pour poursuivre, pensait-il, une brillante carrière d'homme d'Église et de polygraphe distingué, ne manqua pas de présenter les fractures politiques comme autant de « schismes », mot d'ordinaire réservé au registre ecclésiastique. Le futur auteur des *Voyages de Gulliver* déplorait au passage qu'aucune autorité ne parvînt à mettre un terme à ces désordres – contrairement à ce qu'avaient fait les Pères de l'Église dans le domaine religieux [2]. Ah, l'heureux temps où saint Augustin avait eu raison des donatistes, des pélagiens et autres hérétiques !

Fallait-il le déplorer ou s'en réjouir ? La diversité anglaise égaya Voltaire. Contrairement à Swift. « C'est ici le pays des sectes, notait le Français. Un Anglais, comme homme libre, va au Ciel par le chemin qui lui plaît. » Avant de poursuivre : « La rage des sectes a fini en Angleterre avec les guerres civiles, et ce n'était plus, sous la reine Anne, que les bruits sourds d'une mer encore agitée longtemps après la tempête ». Pour enchaîner : « Quand les whigs et les tories déchirèrent leur pays [...], il fallut bien que la religion entrât dans les partis [3]. » La politique n'aurait-elle été que la religion continuée par d'autres moyens ?

Publicistes et philosophes étrangers s'émerveillèrent, au siècle des Lumières, de l'existence outre-Manche d'un esprit public associé à l'existence, depuis la Restauration, de nombreuses *coffee houses.* « C'est là que la pipe à la bouche, parmi les verres et les bouteilles, se débitent les nouvelles, que l'on traite la politique, et que l'on fait le portrait de tous les princes, et le procès à leurs ministres, avec tant d'ignorance et si peu de justice que la seule passion et l'intérêt concluent leurs délibérations, comme l'ivrognerie et la crapule leurs impertinentes et scandaleuses assemblées », avait déploré un ambassadeur de Louis XIV au siècle précédent. Et notre homme de recenser, dans le Londres de la Restauration, au moins deux cents de ces mauvais lieux où « débauchés et fainéants s'assemblent pour y prendre du tabac, de l'eau-de-vie, du thé, du café et du chocolat [4] ». La diffusion des journaux fut grandement facilitée, à partir de 1695, par l'absence officielle de la censure [5]. Une loi imposa en 1712 un timbre fiscal, afin de tirer profit de cette progression, faute de la contenir [6]. Tout un petit peuple d'écrivains à gages, mi-pamphlétaires, mi-journalistes, vendait sa plume au plus offrant, sur un marché où la vénalité équilibrait les appels à la vertu civique. Il fallait souvent écrire pour vivre, faute de pouvoir vivre pour écrire.

Le café et le chocolat, ces boissons exotiques, la fumée du tabac, cette addiction tranquille, furent indéniablement des facteurs de sociabilité, en facilitant les rassemblements dans des espaces confinés, propices aux discussions, au commentaire et à la lecture des potins du jour, grâce à une presse en constante expansion. En 1709, pas moins de dix-huit titres paraissaient à Londres. Le *Post Boy* fut suivi du *Lloyds News*, spécialisé dans les affaires maritimes, tandis qu'en 1702 apparaissait le premier quotidien régulier, le *Daily Courant*, qui devait durer jusqu'en 1735, suivi en 1727 du *London Evening Post*, qui exista jusqu'en 1797. Le phénomène n'était pas strictement londonien ; le *Bristol Post Boy* remontait à 1702. C'est avec une délectation compréhensible que Montesquieu se jetait sur les « papiers anglois », ces journaux dont il admirait la fougue, quitte à en recopier de longs extraits.

Réfugié outre-Manche pour sa foi protestante, Jacques Fontaine devait laisser à l'usage de ses enfants et petits-enfants, dont une partie importante se trouve désormais en Amérique, de merveilleux *Mémoires* familiaux, rédigé vers 1722, à Dublin. Qu'est-ce qui frappait notre compatriote en Angleterre et en Irlande ? La mobilité sociale. Ou du moins la porosité des conditions entre nobles et bourgeois. L'argent, en nivelant les conditions sociales, ne permettait-il pas de s'élever vers la noblesse ? À l'inverse, la noblesse en Angleterre ne demeurait-elle pas compatible avec l'exercice du négoce ? « Vous devez savoir, rapportait Fontaine, comme un chose curieuse, qu'en France nul noble ne peut s'employer à aucun trafic, ni marchandise, ni emploi mécanique, sans perdre son droit de noblesse, et redevenir simple bourgeois et roturier [7]. » Voltaire, quelques années plus tard, de surenchérir : « Le cadet d'un pair du royaume ne dédaigne pas le négoce [8]. » La clé de cette différence au sein des sociétés d'Ancien Régime tient sans doute à l'existence en Angleterre d'une *nobilitas minor*, la *gentry* que l'on dirait par certains côtés intermédiaire entre la bourgeoisie et l'aristocratie. Des bourgeois gentilshommes en quelque sorte. En ôtant la charge négative qui se trouve chez Molière.

Mais aux côtés des pairs emperruqués, admis à siéger auprès de leurs homologues ecclésiastiques à la Chambre des lords, une floraison de baronnets, de chevaliers, d'écuyers et de *gentlemen*. On y côtoie cadets des grandes familles et hommes de loi, tous attentifs à leur blason, et prêts à le redorer par des alliances bien conçues. La société anglaise, en dépit de ces apparences, ne fut certes pas aussi ouverte qu'on l'a longtemps cru [9]. Mais la distinction y fut moins absurde qu'ailleurs, fondée sur une utilité sociale. Et non sur le seul prestige de la naissance. Ou sur le privilège. La *gentry* fut sans conteste l'« élément le plus original de la structure sociale anglaise » : « Partageant avec moins de luxe la vie de la pairie, la *gentry* est ouverte des deux côtés : elle se renouvelle par des apports venus d'en haut – les fils cadets de pairs – et d'en bas – les marchands ou hommes de loi enrichis – mais elle fournit aussi des recrues aux groupes supérieur ou inférieur et noue avec eux des liens de famille, d'affaires ou de clientèle [10]. »

Ce que nous prenons, nous, pour un facteur de modernité – l'existence de whigs et de tories, ancêtres des libéraux et des conservateurs – , était perçu comme une maladie pour un corps social encore hanté par la nostalgie élisabéthaine du consensus. La reine Élisabeth, écrivait Bolingbroke, « choisissait un parti dans la nation. Elle s'arrangeait pour que le système de ce parti devînt celui de tous. De cette façon, les autres partis n'étaient plus que des factions ; et de la façon que nous avons dite, elle défaisait et désarmait ces factions [11] ». Comment passer des partis aux factions pour les réduire – comme l'on réduit une fracture ? La fiction élisabéthaine renvoyait à un consensus mythique, certes, mais qui permettait de mettre entre parenthèses les troubles du XVIIe siècle. Encore aujourd'hui, le siècle des Tudors, celui d'Henry VIII et de la reine Élisabeth, jouit d'une incroyable popularité outre-Manche.

La guerre de la Succession d'Espagne

Le XVIIIe siècle allait-il renouer avec la splendeur ? On put l'espérer lors du second grand règne féminin de l'histoire, celui de la reine Anne, de 1702 à 1714.

Jacques II était mort à Saint-Germain-en-Laye le 16 septembre 1701, se livrant *post mortem* à quelques miracles, dans l'attente d'une improbable canonisation. Paralysies, fièvres, convulsions, hémorragies, fistules, tumeurs et enflures : Jacques II guérissait les affections les plus variées. Le divin flux empruntait un axe sud-est depuis Paris : Melun, Joigny, Tournus, Saint-Pourçain, Moulins, Bourg-Saint-Andéol, Aix-en-Provence. C'est toute la misère du monde qu'un morceau de linge ou quelques cheveux du bon roi parvinrent à soulager. Jacques II accomplit des prodiges, à côté desquels les solutions médicales offraient leur dérisoire panoplie de remèdes inutiles : saignées, purges, ventouses, compresses, bains, toujours vains. Mieux valait encore une neuvaine à Jacques II, qui un temps détrôna saint Fiacre, sainte Restitue, saint Leu et sainte Berthe, que l'on sait pourtant si efficaces, dans les intercessions [12]. Guillaume III suivit son beau-père dans la tombe le 19 mars 1702, mais sans jamais prétendre être thaumaturge. En bon calviniste, ce roi à la légitimité douteuse avait évidemment renoncé à une mystique guérisseuse qui n'appartint désormais qu'aux Stuarts. La reine Anne, elle, renoua avec une pratique ancestrale qui remontait au XIIe siècle. À son tour, elle put toucher les écrouelles [13].

Guillaume était encore chaud, que la nouvelle reine fit une déclaration audacieuse : « Je sais que mon cœur est totalement anglais. » Sous-entendu : je ne suis pas un étranger comme Guillaume. Cela facilita le travail de deuil. Anne était la fille de Jacques II et de Mary Hyde, ; elle descendait donc par sa mère du célèbre lord Clarendon, et professait un attachement exclusif à l'Église anglicane, qu'elle aida directement de ses deniers, en créant une fondation pour les pasteurs les plus démunis, connue sous le nom de *Queen Anne's Bounty*. La dévote avait connu bien des malheurs ; souvent enceinte, grâce aux saillies régulières du prince George du Danemark, son légitime époux, elle ne réussissait jamais à conserver jusqu'au bout le fruit de ses entrailles [14]. Seul, William, duc de Gloucester, avait survécu jusqu'à 11 ans. Mais il était mort en 1700. Un émouvant portrait de sir Godfrey Kneller montre le garçonnet et sa mère vers 1694. Anne avait tenté d'oublier ses malheurs domestiques en jouant à la bourgeoise avec Sarah Churchill, née Jennings, la femme du grand Marlborough, que les enfants de France connaissent grâce à une célèbre comptine : « Malbrouk s'en va-t-en guerre [15] ». Le duc de Marlborough était un redoutable soldat. Les troupes de Louis XIV en firent l'amère expérience. Mais surtout, il avait une épouse une peu chipie, qui s'était attiré les faveurs de sa reine. Les deux femmes s'affublaient de noms ridicules pour se rencontrer tous les après-midi et correspondre entre elles, en dehors des règles du protocole. Anne devenait Mrs Morley, Sarah Mrs Freeman. Mrs Freeman, pardon, Sarah Churchill, avait une redoutable cousine, dont le nom sonnait comme un sobriquet, Abigail Masham. Or la terrible Abigail finit par éclipser totalement Sarah dans le cœur de la reine. En 1711, les époux Marlborough étaient disgraciés.

Sur le plan international, le nouveau règne se confondit presque totalement avec la guerre de la Succession d'Espagne. En 1700, un arrière-arrière-petit-fils de Charles Quint, Charles II d'Espagne, s'était éteint sans descendance, non sans désigner comme son successeur un Bourbon, Philippe d'Anjou, petit-fils de Louis XIV [16]. L'Espagne allait-elle échapper définitivement aux Habsbourg ? La France et l'Espagne, ces deux poids lourds de l'Europe, si souvent ennemis dans le passé, allaient-ils à l'avenir faire cause commune ? Un même roi régnerait-il de part et d'autre de la Bidassoa ? L'Angleterre, les Provinces-Unies, la Prusse et l'Autriche prirent peur ; la guerre éclata. Les opérations se déroulèrent un peu partout en Europe. À Blenheim, en Bavière, Marlborough remportait le 13 août 1704 sa plus belle victoire sur les Français. Il devait donner le nom de Blenheim au magnifique palais qu'il se fit construire au nord d'Oxford.

Les Anglais enlevèrent Gibraltar et Minorque ; s'appuyant sur la Catalogne, l'archiduc d'Autriche Charles de Habsbourg se fit reconnaître comme roi d'Espagne sous le nom de Charles III, en 1705. Mais les alliés ne s'entendirent pas jusqu'au bout : élu empereur à la mort de son frère Joseph Ier en 1711, « Charles III » ne risquait-il pas d'être un nouveau Charles Quint, en régnant conjointement en Allemagne et en Espagne [17] ? Les Anglais se désolidarisèrent d'une guerre onéreuse qui n'avait que trop duré. Des préliminaires de paix furent signés à Londres en octobre 1711. Henry St John, vicomte Bolingbroke, fut le principal négociateur du côté anglais. En avril 1713, la paix d'Utrecht marquait la victoire de sa diplomatie : Louis XIV consentait à ce que les couronnes de France et d'Espagne ne fussent jamais réunies, tout en acceptant l'ordre de succession établi en Angleterre. La Grande-Bretagne était désormais une très grande puissance. Elle obtenait également à Utrecht l'*asiento*, ou monopole de la traite des Noirs avec l'Amérique espagnole pendant trente ans [18]. La compagnie des Mers du Sud, ou *South Sea Company*, en bénéficia.

Le royaume désuni

Depuis 1707, l'Écosse s'était associée à l'Angleterre, en créant une nouvelle entité politique, un Royaume-Uni, qui garantit à chaque entité le maintien de sa religion et de son système juridique [19]. Mais Anglais et Écossais étaient appelés à convoler, accomplissant ainsi le vœu le plus cher de Jacques Ier, un siècle auparavant. Les deux peuples allaient-ils en faire un seul ? Le vieux mot de Breton, *Briton* en anglais, retrouva une nouvelle jeunesse. *Britannia*, la formule latine, devint indissociable d'une aspiration impériale renouvelée.

Les *Britons*, cependant, étaient plus désunis que jamais. La guerre des partis faisait rage. La reine Anne se désolait de la désunion de ses sujets. Les quatre élections parlementaires du règne, 1702, 1708, 1710 et 1713, furent marquées par une montée croissante des tensions entre whigs et tories, alors même que l'idée d'union nationale eût dû l'emporter face à l'ennemi [20]. Les élections se déroulaient encore selon des modalités complexes, qui seront unifiées en 1832 (voir chapitre 21). La première moitié du règne fut dominée par une coalition de whigs et de tories, rassemblés autour de Sidney Godolphin et de Marlborough. Mais, en 1708, une seconde « junte » whig, intraitable, se passa des services des tories, au grand dam de la reine [21]. Les whigs décrétèrent la naturalisation des étrangers protestants, tant huguenots que palatins, exilés d'Allemagne [22]. Jonathan Swift s'indigna de ce coup de main donné aux non-conformistes, souvent proches des réformés du continent. Ou du moins susceptibles de l'être. Les whigs, un parti de l'étranger ? Les whigs, meilleurs défenseurs des alliés contre la France ?

Le raz de marée tory de novembre 1710 s'expliqua par l'insatisfaction liée à la guerre, dont le poids fiscal pesait sur les propriétaires fonciers. Mais, également, par l'inquiétude religieuse de nombreux anglicans, qui dénoncèrent la pratique de la conformité occasionnelle, permettant à des non-conformistes de se prêter aux cérémonies de l'Église établie uniquement pour se qualifier pour certains emplois. L'Église était-elle « en danger », comme l'avait proféré du haut de la chaire le révérend Henry Sacheverell un an plus tôt ? La Chambre des lords n'était pas demeurée inactive devant la menace incarnée par le pétulant homme d'Église. En janvier 1710, la Chambre des communes avait demandé l'*impeachment* de l'ecclésiastique [23]. On faisait observer que si Guillaume d'Orange, de glorieuse mémoire, avait « délivré le royaume du papisme et d'un pouvoir arbitraire », cette « Révolution heureuse » avait permis aux sujets de Sa Majesté de bénéficier des « lumières de la vraie religion établie et des lois et libertés du royaume », en profitant entre autres de « l'indulgence ou tolérance » accordée aux *dissenters*. À ce titre, quiconque prétendait que « l'Église était en danger » devait être considéré comme un ennemi. Et les auteurs de ces propos scandaleux méritaient d'être punis.

L'on reprochait en particulier au Dr Sacheverell d'avoir prêché le 5 novembre 1709 un sermon à la cathédrale Saint-Paul visant à la subversion du gouvernement. Sous prétexte de célébrer l'échec de la conspiration des Poudres et le débarquement de Guillaume à Torbay, le prédicateur s'en serait pris à la liberté de conscience en décrétant que ses défenseurs étaient autant de « faux frères ». L'imputation était gravissime et fut perçue en mauvaise part comme une incitation à l'émeute ou au « pogrom » contre les *dissenters*. Le pasteur aurait même évoqué, de façon menaçante, les années 1640 pour mieux mettre en lumière les menaces que faisait peser sur l'Église et sur l'État l'existence de puritains séditieux. Ou de leurs descendants. Ne voulait-on pas s'en prendre à nouveau à ces deux piliers de la société britannique, la « constitution et l'*establishment* », l'une civile et l'autre ecclésiastique ? Et comme si ces paroles ne suffisaient pas, elles avaient été imprimées, afin d'avoir le maximum d'écho. L'affaire fut mise en délibéré le 21 mars. Sacheverell reçut l'interdiction de prêcher pendant trois ans. Quant aux écrits délictueux, ils furent condamnés à être brûlés solennellement par le bourreau devant le *Royal Exchange*, en présence du *lord Mayor* de Londres et de deux shérifs de Londres et du Middlesex.

On avait fait du prédicateur incendiaire une victime, presque un martyr. De violentes émeutes s'ensuivirent, pendant lesquelles on s'en prit aux temples des non-conformistes. Cette atmosphère de désordre fut propice aux tories, qui remportèrent les élections aux communes, bien décidés, comme le nota plus tard Bolingbroke, à ne rien laisser à leurs adversaires whigs. « Je crains que nous ne soyons arrivés à la Cour dans les mêmes dispositions que tous les partis, hier et aujourd'hui ; que le principal motif de nos actions était d'avoir le gouvernement de l'État entre nos mains ; que nous souhaitions le conserver, nous attribuer les meilleures places et profiter de toutes les opportunités pour remercier ceux qui nous avaient aidés, et pour punir ceux qui s'étaient opposés à nous [24]. » Certes, Bolingbroke admettait l'existence d'un doctrine tory et d'une doctrine whig clairement identifiables : les uns auraient été le parti des propriétaires, les autres des financiers, prêts à s'appuyer sur la Banque d'Angleterre et les *dissenters*. Mais il était prêt à relativiser ces aspects idéologiques. La politique ? Une affaire d'hommes, de coteries, d'oppositions insensées entre les personnes, plus que de visions du monde. Le personnel politique du règne tient à quelques individualités, particulièrement brillantes. Les Churchill, tout d'abord. Puis quelques politiciens professionnels, si l'on peut dire : Godolphin, Robert Harley, Henry St John. Il faut leur adjoindre des polygraphes talentueux comme Jonathan Swift et Daniel Defoe, mieux connus pour leurs grandes œuvres ultérieures [25]. St John fut mortifié d'être uniquement nommé vicomte Bolingbroke quand Harley recevait le titre de comte d'Oxford. La brouille entre Bolingbroke, et Oxford fut retentissante. Bolingbroke, en dépit de son penchant libertin, fut le plus intransigeant défenseur de l'Église établie ; l'Acte sur les schismes qu'il fit adopter en juin 1714 interdisait aux *dissenters* de tenir leurs propres écoles [26]...

L'hégémonie whig

La reine Anne disparut en août 1714. Elle fut la dernière des Stuarts à régner sur les îles Britanniques. Il s'en serait fallu de presque rien que son demi-frère, Jacques III, ne lui succédât. On se souvient de sa naissance controversée et de la légende de la bassinoire, en prélude à la Révolution de 1688. Jacques-Édouard ne parvint pas à oublier, et il refusa la main que ses compatriotes lui tendaient, en lui demandant simplement d'adopter le protestantisme. L'arrière-petit-fils d'Henri IV aurait pu se convaincre que, si Paris avait bien valu une messe, Londres valait au moins un culte. Mais rien n'y fit. Entre son salut et son royaume, Jacques III préféra encore son salut – comme son père Jacques II avant lui. C'était de l'entêtement. D'autant plus que l'époque ne manquait pas d'esprits compréhensifs prêts à autoriser quelques écarts ; on tenta vainement de convaincre le Stuart de se convertir à la religion de ses peuples – faute de parvenir à convertir ses peuples à la religion du roi. « Il est absolument nécessaire que vous dissimuliez votre religion, conseilla l'abbé Gaultier, ou que vous la changiez entièrement pour professer celle de votre pays établie par les lois. » Avant de poursuivre, un peu gêné : « Ce n'est pas moi qui vous donne ce conseil, le caractère que je porte me le défend et vous ne devez pas vous attendre qu'aucun catholique romain vous le donne, car suivant ses principes et sa créance, il ne le peut ni ne le doit ; c'est à vous à vous consulter et à demander au Seigneur qu'il vous fasse connaître le parti que vous devez prendre et ce que vous devez faire pour sa plus grande gloire, et pour sauver une nation qui sans vous ne saurait jamais être heureuse ni tranquille. » Le Prétendant se montra inflexible : « On sait [...] que ma religion est le principal empêchement à mon rétablissement, et on veut que j'y renonce, et en même temps aussi que je fasse dépendre mon rétablissement de la volonté du peuple, en renonçant à mes droits plutôt que d'inquiéter leur repos. » Pour rétorquer, inflexible : « Je vous laisse à deviner ce que je puis penser de tout ceci [27]. »

Jacques III resta ce roi d'au-delà des mers, ce *King-over-the-water* dont beaucoup d'insulaires souhaitaient plus ou moins ouvertement le retour. Il n'était pas rare qu'on lui portât un toast nostalgique et larmoyant, avec cette sincérité profonde que seule révèle l'ébriété [28]. Mais les Anglais s'avérèrent trop sobres à l'usage pour aller jusqu'au bout. L'hypothèque jacobite demeura. Les partisans des Stuarts étaient nulle part et partout à la fois. Les chants les plus désespérés sont les chants les plus beaux... On soupçonna en particulier les tories de toujours héberger en leur sein de nombreux fidèles de la cause perdue. Sans doute à juste titre. En tout cas, ce soupçon suffit à écarter définitivement les tories du pouvoir à partir de 1714 et de l'arrivée sur le trône de George Ier de Hanovre. Les tories n'avaient pas disparu du pays pour autant, tant s'en faut. Mais ils étaient condamnés à un rôle d'opposants, quitte à se battre avec une hardiesse et un courage exemplaires.

Minoritaires au parlement, les tories n'en conservèrent pas moins une remarquable assise dans le pays [29]. Si, dans la Grande-Bretagne actuelle, on gagne les élections d'abord, pour arriver aux affaires ensuite, l'ordre était inverse au XVIIIe siècle : une fois au pouvoir, on s'arrangeait pour gagner des élections [30]. Jusqu'à la grande réforme électorale de 1832, le système parlementaire était presque totalement verrouillé, vu le grand nombre de sièges dont disposait la Cour. La Cour, dans l'usage du temps, n'était pas un lieu ; elle désignait de moins en moins l'entourage privé du monarque pour s'appliquer à une équipe dirigeante de plus en plus contrôlée par un premier ministre, sorte de grand vizir ou de maire du palais, qui pouvait à son gré dispenser les faveurs [31]. Aux antipodes de la Cour, le Pays, ce pays réel paré de toutes les vertus. Or en anglais, un seul mot, *Country*, désigne à la fois le pays et la campagne. D'où l'espèce de ruralité fictive dont s'affublaient des opposants à la Cour, qui se paraient de leur qualité de *country gentlemen* pour exprimer leur rejet des puissances d'argent. Les représentants des comtés, à la Chambre des communes, étaient les « consuls » de micro-républiques locales, évidemment oligarchiques, soucieuses avant tout d'indépendance et de respectabilité [32]. La réalité était évidemment moins simple que les raccourcis commodes identifiant whigs et milieux d'affaires, tories et propriétaires terriens. Cette fracture entre Cour et Pays, *Court* et *Country*, se superposait souvent au découpage entre whigs et tories, permettant des nuances infinies. Il n'était pas rare qu'un whig d'opposition s'entendît avec un tory. D'où la difficulté que l'on éprouve parfois à établir qui est qui. Et plus encore qui est quoi, dans ce monde rythmé par les polémiques. Entre les whigs anciens devenus tories, et les tories devenus whigs, les étiquettes partisanes subirent une usure, une érosion proprement considérables [33]. C'était l'éternelle querelle des *in* et des *out*, de ceux qui étaient au pouvoir, et de ceux qui auraient tellement aimé y être. Dès 1722, deux publicistes whigs, John Trenchard et Thomas Gordon, précisaient : « Le climat anglais, célèbre pour les variations du temps, n'est pas moins célèbre pour ses variations politiques. » Pour en déduire : « Un tory persécuté, ou chassé du pouvoir, est un whig ; un whig qui peut persécuter les autres est un tory. » Et cette conclusion désabusée, en forme de boutade : « Les tories sont souvent des whigs qui s'ignorent, et les whigs sont des tories à leur insu [34]. »

On aurait, du reste, tort de croire que ces oppositions politiques et religieuses, en apparence irréductibles, empêchaient toute cohabitation, toute solidarité, toute entraide. En pratique, un certain degré de porosité existait entre les partis et entre les confessions chrétiennes. Tous les Anglais, ou presque, avaient en commun le sens de la rigueur et une certaine appétence pour l'ennui [35]. Après tout, anglicans et *dissenters* souscrivaient aux mêmes valeurs fondamentales. Depuis la fin du XVIIe siècle, les tribunaux ecclésiastiques avaient perdu leur importance au profit de la *common law*. Mais l'idée d'un contrôle des mœurs, mêlant la philanthropie et la croisade contre le vice, connut dès lors sa version plus laïque, grâce à d'innombrables *societies for the reformation of manners*, dans lesquelles se côtoyaient les bonnes âmes de toute dénomination, appliquées à faire régner une moralité publique proscrivant le théâtre, le travail du dimanche, le blasphème, les jurons, l'alcoolisme, la promiscuité sexuelle, la fornication, l'homosexualité et la prostitution. La lutte contre la débauche ou les spectacles licencieux occupait toute l'énergie de ces hommes vertueux, prompts à dénoncer à l'autorité publique tout manquement aux lois. Josiah Woodward, né en 1660, l'année même du retour des Stuarts, mort en 1712, à la veille de paix d'Utrecht, était représentatif de ces chrétiens évangéliques prêts à se lancer à corps perdu dans des croisades pour la vertu – dont il se fit l'humble historien, après en avoir été le plus dévoué des serviteurs [36].

George Ier, donc, débarqua. Au propre comme au figuré. On dirait de nos jours qu'il fut parachuté. Opération réussie. Et, du reste, conforme à l'*Act of Settlement* de 1701. Bolingbroke parla sans complaisance de « voyageurs allemands » pour caractériser la nouvelle dynastie ; John Toland, qui avait dans sa jeunesse jugé le christianisme sans mystère, s'avoua pour une fois impressionné. Ce nouveau roi avait toutes les qualités. Et même quelques vertus : « amabilité », « génie pénétrant », « esprit judicieux », « tempérance », « frugalité », « justice », « affabilité » et « application aux affaires [37] ». Arrivé à Greenwich le 29 septembre 1714, George Ier avait apporté dans ses bagages ses deux serviteurs, Mohamet et Mustapha, pris aux Turcs quelques années plus tôt, et ses deux maîtresses, Ehrengard Melusina von Schulenberg, surnommée par les Anglais le « grand échalas [38] », et Charlotte Sophia Kielmansegge, à qui son physique nettement plus avantageux valut l'appellation de l'« éléphante ». L'épouse de George était restée au pays, où elle était incarcérée du fait de son inconduite notoire. Au XIXe siècle, avec des dons incomparables d'humoriste, Thackeray devait évoquer cet autocrate allemand qui, ancien despote, aurait démontré sa modération en Angleterre [39]. Né en 1660, George Ier n'était plus tout à fait un jeune homme. De son mariage avec Sophie-Dorothée, princesse de Zelle, il avait même eu un fils, qu'il n'aimait guère, appelé à lui succéder en Angleterre en 1727 sous le nom de George II [40].

La situation était de plus en plus inconfortable pour les anciens serviteurs de la reine Anne. Swift rentra en Irlande, Bolingbroke s'enfuit en France. Les grands ministères whigs allaient désormais rythmer l'histoire britannique : James Stanhope, tout d'abord, sir Robert Walpole, ensuite, premier « premier ministre » de l'histoire anglaise. Sir Robert était ce que nous appellerions aujourd'hui une bête politique. Après des études à Eton College et à l'université de Cambridge, il avait fait ses débuts aux Communes en 1701, à l'âge de 25 ans. Puis il fut nommé, dans la foulée, secrétaire à la Guerre et trésorier de la Navy. Les tories n'encouragèrent pas son jeune talent en le remerciant, comme tant d'autres, en 1710. Sa revanche vint avec le retour des whigs, à partir de 1714. Les jacobites tentèrent bien une opération de la dernière chance en 1715. Jacques-Édouard, surnommé le Chevalier Saint-Georges, avait débarqué à Peterhead en Écosse, mais sans réussir à reconquérir son royaume.

L'heure était à la détente. Ni la France de la Régence, ni l'Angleterre des Hanovre, dans un premier temps, ne souhaitaient une reprise de la guerre chaude, qui avait caractérisé les règnes de Louis XIV, de Guillaume III ou de la reine Anne. L'abbé Dubois fut l'âme d'un retournement diplomatique, qui trouva son aboutissement dans la triple alliance de janvier 1717 entre la France, l'Angleterre et les Provinces-Unies ; l'Autriche s'y joignit en 1718. L'Europe occidentale était, provisoirement, en paix [41]. Un vent d'optimisme soufflait ; il aboutit, provisoirement, à une double faillite financière, en France et en Angleterre. Un banquier écossais, John Law, fut à l'origine de la Compagnie d'Occident, devenue la Compagnie des Indes, qui gérait le commerce avec la Louisiane. Les actions s'effondrèrent en 1720, provoquant un terrible krach boursier. La même chose se produisit outre-Manche avec la compagnie des Mers du Sud. La bulle gonfla, gonfla, gonfla... jusqu'à éclater. D'où le nom pittoresque de *South Sea Bubble*, qui est resté attaché à l'événement. L'effondrement se produisit à la fin de l'été. Le pire, c'est qu'une grande partie de la dette publique, plus de 50 millions de livres sterling, avait été convertie en parts de la compagnie. Robert Walpole acquit sa réputation d'habileté en négociant la sortie de crise. Et en limitant le scandale, du moins pour ses amis politiques – d'où le surnom de *screen-master*, de « grand paravent » qu'on lui prêta.

Walpole s'illustra par la hargne toute particulière qu'il vouait aux jacobites, en obtenant l'exil de Francis Atterbury, l'évêque tory de Rochester, accusé de conspiration. Pour Walpole, tout tory était du reste un jacobite, et tout jacobite devait être persécuté. Walpole, donc, bénéficia d'une extraordinaire longévité pour un ministre. Sous George II, il reçut le soutien de la reine Caroline. C'est en 1735 qu'il occupa le 10 Downing Street – où se sont succédé les premiers ministres depuis lors. Il s'agissait pour lui d'être toujours présent, dans une Chambre des communes dont l'importance allait croissant.

Le grand ennemi de Walpole, ce fut Bolingbroke, mal remis de son exil en France, et qui ne retrouva jamais son siège à la Chambre des lords. Personnalité étincelante, s'exprimant parfaitement en français, citant les auteurs latins avec éloquence, l'ancien ministre de la reine Anne, devenu pour Walpole « l'antiministre » par excellence, avait mis à profit son séjour dans notre pays pour acquérir une réputation de « philosophe anglois », qu'il avait soigneusement cultivée en recevant Voltaire à son château de la Source, siège actuel de l'université d'Orléans. De retour en Angleterre, Bolingbroke fut le fer de lance d'un *enlightenment* conservateur dont on a longtemps mésestimé l'importance. Dans la campagne de presse qu'il mena contre Walpole, son cadet d'à peine deux ans, il assuma un nombre impressionnant d'identités, signant ses articles de noms d'emprunt : William Briton, Civicus, Charles Freeport, ou R. Friendly. Voire Philocunos, cet ami des chiens, décidé à protéger la gent canine de l'arrogance du ministre. Le *Craftsman* devint le grand journal d'opposition à Walpole, à partir de son lancement en décembre 1726. Le titre devenait en mai suivant *The Country Journal or the Craftsman*. Le mot anglais *craft* est ici synonyme d'arcanes. Il s'agissait littéralement de percer au grand jour les mystères du gouvernement. Quant au « pays réel », celui qu'incarne le mot *country*, il s'inscrivait tout naturellement dans une polémique contre la Cour, permettant d'associer tories et whigs d'opposition – dits encore *country whigs*[4]. L'un d'entre eux, William Pulteney, épaula Bolingbroke dans son action. C'est alors que se fit jour un projet insensé : constituer un parti qui mît lui-même fin à tous les partis. Pourquoi ne pas créer un parti « patriote » qui, en englobant tous les autres, mît un terme à leurs agissements ? Cela n'a rien à voir avec le parti unique des idéologies totalitaires ultérieures ; non, le parti patriote de Bolingbroke permettait le dépérissement de tous les partis. Il s'agissait ainsi de rendre la société à elle-même et de renouer avec l'unanimisme élisabéthain, en se débarrassant une bonne fois pour toutes de tous les parasites qui, sous prétexte de défendre l'intérêt général, ne faisaient que satisfaire leurs intérêts particuliers.

Le Vaudois César de Saussure devait laisser un tableau édifiant des scènes de liesse populaire qui succédèrent au couronnement de George II, en octobre 1727. Après avoir festoyé au palais de Saint-James, le roi, la reine et leurs filles se retirèrent avec leurs hôtes et on laissa alors entrer la foule « qui put se rassasier des restes du festin ; le linge, la vaisselle et généralement tout ce qui était sur les deux tables des pairs et pairesses lui fut abandonné. Nous vîmes alors un beau pillage. La foule se jeta avec une avidité extraordinaire sur les viandes, sur les plats et sur tout ce qu'elle trouva. Il y eut bien des coups donnés et reçus et bien des disputes à qui emporterait le plus, il en résulta un tapage et une confusion que je ne saurais vous représenter, et qui fut assez amusante pour les spectateurs qui étaient sur les galeries. En moins d'une demi-heure, tout fut enlevé, jusqu'aux planches dont on avait bâti les tables et les bancs [43] ». Bolingbroke crut bien à un moment qu'il allait l'emporter. La pire crise du régime se produisit en 1733-1734, lorsque Walpole déchaîna les passions antifiscales de ses compatriotes en voulant imposer de nouveaux droits sur le sel, le tabac et les spiritueux. De gigantesques manifestations se déroulèrent dans Londres. Mais Walpole tint bon. Et il exploita à fond l'erreur politique de Bolingbroke, qui avait accepté de l'argent des services secrets français. Qu'importe. Percé à jour, Bolingbroke s'enfuit une nouvelle fois en France et il reporta ses espoirs sur un monarque idéal, susceptible de devenir un jour ce « roi patriote » réconciliant tous les Anglais [44]. L'idée patriotique était en l'air. Elle devait connaître des développements inédits outre-Atlantique, où Benjamin Franklin, le célèbre éditeur de Philadelphie, diffusa une pensée destinée à marquer durablement la génération révolutionnaire.

Au demeurant, Walpole se montra pacifique tant qu'il put sur le plan international. La guerre anglo-espagnole qui éclata en 1739 se solda par une crise de confiance qui l'amena en 1742 à démissionner, et à accepter, avec le titre de lord Orford, un siège à la Chambre des lords, coupé de sa chère Chambre des communes où il avait conservé si longtemps une majorité. La France et l'Angleterre se retrouvèrent aux prises de 1743 à 1748, lors de la guerre de la Succession d'Autriche. Plusieurs hommes politiques se partagèrent alors le pouvoir : Henry Pelham, son frère le duc de Newcastle, William Pitt enfin, en dépit de l'hostilité de George II [45]. Le roi n'aurait-il pas même remarqué, sans aménité, que l'Angleterre était « le pays où les ministres étaient rois [46] » ? George II, roi d'Angleterre et électeur de Hanovre, s'attira un franc succès, en participant à la bataille de Dettingen contre les Français, le 27 juin 1743. Le grand compositeur Georg Friedrich Haendel immortalisa la victoire en écrivant son superbe *Te Deum*. Une Angleterre, triomphante et sûre d'elle-même, avait raison de tous ses ennemis.

Dans ce contexte se déroula aussi la dernière grande rébellion jacobite, celle de 1745 en Écosse, marquée par le débarquement de Charles-Édouard Stuart et la féroce répression menée dans les Highlands après la boucherie de Culloden. Un nouveau conflit avec la France, la guerre de Sept Ans, éclatait en 1756 ; elle devait se solder par la conquête du Canada [47].

Si la France et l'Angleterre s'affrontèrent souvent sur le champ d'honneur, avec cependant une longue interruption de 1713 à 1743, l'anglomanie des Lumières se nourrissait des réussites exemplaires de la société britannique. Le plus grand historien de l'Angleterre au XVIIIe siècle était Français. Originaire de Castres, le huguenot Paul de Rapin de Thoyras rédigea l'histoire canonique du pays, maintes fois traduite, publiée et commentée [48]. Par son sens aigu de l'archive, il opérait un rapprochement entre le travail des antiquaires et celui des écrivains, dont est sortie l'histoire que nous connaissons encore aujourd'hui. Les protestants réfugiés en Angleterre ou aux Provinces-Unies furent de merveilleux intermédiaires culturels ; c'est grâce à leur action que l'on connut mieux partout en Europe, les œuvres de Locke, ou plus généralement les modes anglaises. Ils devaient faciliter le travail des philosophes ultérieurs, de Voltaire à Montesquieu. L'Angleterre attirait d'autant plus qu'elle conjuguait la réussite économique et l'audace scientifique. Nul n'a su mieux que Voltaire rendre l'importance des idées de Newton pour un large public cultivé, laissant à Mme du Châtelet le soin de traduire ses *Principia* : « Un Français qui arrive à Londres trouve les choses bien changées en philosophie comme dans tout le reste. Il a laissé le monde plein ; il le trouve vide. À Paris, on voit l'univers composé de tourbillons de matière subtile ; à Londres, on ne voit rien de cela. Chez nous, c'est la pression de la lune qui cause le flux de la mer ; chez les Anglais, c'est la mer qui gravite vers la lune, de façon que, quand vous croyez que la lune devrait nous donner marée haute, ces Messieurs croient qu'on doit avoir marée basse ; ce qui malheureusement ne peut se vérifier, car il aurait fallu, pour s'en éclaircir, examiner la lune et les marées au premier instant de la création. »

L'opposition entre la France et l'Angleterre renvoyait en creux à deux systèmes d'explication du monde : la physique de Descartes et ses tourbillons, la physique de Newton fondée sur la gravitation universelle. « Chez vos cartésiens, tout se fait par une impulsion qu'on ne comprend guère ; chez M. Newton, c'est par une attraction dont on ne connaît pas mieux la cause », écrivait encore Voltaire. Et, enfin, ce commentaire politique : « Ce fameux Newton, ce destructeur du système cartésien, mourut au mois de mars de l'an passé 1727. Il a vécu honoré de ses compatriotes, et a été enterré comme un roi qui aurait fait du bien à ses sujets[49]. » L'Angleterre savait rendre hommage à ses grands hommes. La France saurait-elle un jour en faire autant ?

Wesley ou la tentation de la « sainteté »

Le rationalisme dont on crédite généralement le XVIIIe siècle ne saurait faire oublier le réveil religieux qui secoua au même moment l'Angleterre et l'Amérique coloniale. Souvent méconnu en France, John Wesley (1703-1791) fut l'un des piliers du mouvement méthodiste. Qui était-il donc, ce pasteur anglican devenu sur le tard fondateur d'Église ? John Wesley, en effet, n'accepta que tardivement, et presque à son insu, la constitution d'une confession méthodiste distincte, rivale de l'Église anglicane à laquelle il tenta jusqu'au bout de rester fidèle. Le méthodisme ne fut à ses débuts qu'un mouvement de piété interne à l'Église établie. Un groupe de jeunes gens, étudiant à Oxford à la fin des années 1720, prit l'habitude de rencontres régulières – d'où le sobriquet de méthodistes qu'on leur accola. « Voilà bien un nouveau groupe de méthodistes en vérité », se serait écrié un jeune *gentleman*, non sans malice.

La dévotion avait assez mauvaise presse en Angleterre. Et c'est souvent sous les quolibets que les premiers méthodistes se rendaient dans les Églises, où ils communiaient régulièrement, contrairement à tous les usages du temps. En apparence, quoi de plus conforme à la sainteté que cette vie de louange, d'ascèse et de prière, tempérée par les exercices charitables ? Wesley jugea cependant avec sévérité ses années de jeunesse. Rétrospectivement, il avoue son exaspération : « En 1730, je commençais à visiter les prisons et à assister les pauvres et les malades en ville ; par ma présence, ou grâce à ma petite fortune, je faisais tout le bien possible aux âmes et aux corps de tous les hommes indifférenciés. À cette fin, je me privais de toutes les superfluités, et de nombre de ce que l'on appelle les choses nécessaires à l'existence. Cette réputation fut vite légendaire, et je me réjouissais que l'on rejetât mon nom comme mauvais. » Il ne suffisait pas de subir les outrages, d'encourir les sarcasmes ou de sacrifier aux rites pour être authentiquement chrétien : « Le printemps suivant, je commençai à observer les jeûnes du mercredi et du vendredi, comme dans l'Église ancienne ; je ne goûtai nulle nourriture avant trois heures de l'après-midi. Je ne savais ce qu'il était encore possible de faire. Je luttai avec diligence contre tout péché. Je n'omettais aucune forme d'abnégation lorsqu'elle me paraissait utile ; en public comme en privé, j'avais recours incessamment à tous les instruments de la grâce. Je n'omettais aucune occasion de faire le bien, et pour cette raison je souffrais du mal. »

Tout cela avait des allures de catalogue. Wesley en conclut qu'il s'était tout simplement trompé de sainteté. Il avait confondu les œuvres et la foi, la sainteté extérieure et la « sainteté intérieure » des puritains. À quoi servaient les privations, les prières et les manifestations de piété si l'on n'a pas la foi ? « Je savais que tout cela n'était rien à moins de conduire à la *sainteté intérieure*. Aussi, je n'avais d'autre but que l'image de Dieu, en accomplissant sa volonté et non la mienne. » Comme Luther au fond de son couvent, Wesley s'aperçoit que le dégoût était le fruit amer d'une religion des œuvres. Ou de l'observance : « Cependant, après plusieurs années dans cette voie, alors que je craignais d'être aux bords du trépas, je découvrais que tout cela ne me donnait aucun réconfort, et que je n'étais pas même sûr d'être agréable à Dieu. Cela me surprit grandement, car je ne pouvais pas m'avouer que pendant tout ce temps j'avais construit sur du sable, en oubliant qu'il n'y avait pas " d'autres fondations que celles que posait " Dieu, " même le Christ Jésus ". » Que fallait-il faire pour être sauvé ? La question rebondit, lancinante, alors qu'il fit le bilan de son échec missionnaire en Amérique, où il était allé, croyant convertir les Noirs et les Indiens. Sans même s'être converti lui-même. « Je suis allé en Amérique pour convertir les Indiens, déclara-t-il pensif, mais qui me convertira ? » Avant de poursuivre : « Qui donc me délivrera de la pesanteur de ce cœur qui ne croit pas ? J'ai une religion d'été. »

Le tournant décisif de la vie de Wesley se produisit quelques mois après son retour. Sa conversion s'opéra avec une précision chronométrique le 24 mai 1738, à neuf heures moins le quart. On lisait la préface de Luther à l'épître aux Romains.

« Entendant la description des transformations que Dieu opère dans nos cœurs par la foi en Christ, nous dit Wesley, je sentis une chaleur étrange s'emparer de mon cœur. Je sentis que je faisais confiance au Christ, au Christ seul pour mon salut ; et je reçus l'assurance qu'il avait enlevé mes péchés, même ceux que moi-même j'avais accomplis, et qu'il m'avait sauvé du péché et de la mort [50]. »

Sans doute faut-il à ce titre rendre au XVIIIe siècle de langue anglaise sa part de ferveur. Créé en 1742 à Dublin, le *Messie* de Haendel résume en trois temps d'une grande sobriété les grandes affirmations de la foi chrétienne : l'incarnation, la passion-résurrection, la gloire finale du Christ Jésus et des hommes [51]. Il n'est que d'entendre l'Alléluia qui clôt la seconde partie pour prendre la pleine mesure d'une religion qui trouva dans la musique l'une de ses expressions collectives les plus réussies.

Chapitre XX

RÉVOLUTIONS ET RÉACTION, VERS 1760-VERS 1800

> « À travers tout le XVIIIe siècle, le modèle anglais et le modèle français – l'un et l'autre définis lentement pendant la seconde moitié du XVIIe siècle – ont été les pôles de la réflexion et de l'expérimentation politiques à travers toute l'Europe [1]. »
>
> Robert Mandrou.

L'ennemi, c'était la France [2]. Qu'il pleuve, qu'il neige ou qu'il vente. Par tous les temps, en tous lieux, du nord au sud, d'est en ouest, sur tous les théâtres, Britanniques et Français s'affrontèrent, lors de cette seconde guerre de Cent Ans qui ne trouva véritablement son terme qu'à Waterloo, en 1815.

La guerre de Sept Ans, de 1757 à 1763, s'inscrit dans un vaste affrontement planétaire. Dans les « deux Indes », comme le disait l'abbé Raynal, celles d'Orient, celles d'Occident, en Asie comme en Amérique, les Britanniques se heurtèrent aux Français, appliqués eux aussi à étendre leur aire d'influence [3]. L'Inde, au sens où nous l'entendons désormais, avait été peu à peu dominée par une compagnie commerciale, l'*East India Company*, fondée un bon siècle et demi auparavant, et en concurrence constante avec la *Verenigde Oostindische Compagnie* hollandaise [4]. En juin 1757, Robert Clive avait remporté une victoire importante sur les autochtones à la bataille de Plassey, petit village situé entre Calcutta et Murshidabad [5]. Quelques années plus tard, la Compagnie levait même l'impôt au Bengale au nom de l'empereur moghol. La compagnie française des Indes orientales, grande rivale des Britanniques, ne parvint pas à conserver Pondichéry, qui tomba aux mains de l'ennemi en janvier 1761 [6].

Plus désastreuse encore, à long terme, avait été la chute de Québec, deux ans auparavant. Ce fut au Canada que la France subit, sans toujours s'en douter, son revers le plus important. « Il y a la France, l'Angleterre, et un reste du monde gris. On est Français, Anglais, ou Huron », écrivait Pierre Chaunu [7]. En février 1763, lors du traité de Paris, le Royaume-Uni était au faîte de sa splendeur. Une « paix chrétienne, universelle, et perpétuelle tant par mer que par terre » devait désormais régner entre George III, « par la « grâce de Dieu roi de la Grande-Bretagne, de France, et d'Irlande, duc de Brunswick et de Lunebourg, architrésorier et électeur du Saint Empire romain », et Louis XV, par la « grâce de Dieu roi très chrétien [8] ». « Une ligne tirée au milieu du fleuve Mississippi » marquait désormais la frontière entre les possessions françaises et l'Amérique anglaise. Du moins sur le continent [9]. Ce « premier empire » britannique, que l'on distinguera du second empire de l'ère victorienne, devait connaître vingt ans plus tard son plus cuisant échec, avec l'indépendance des États-Unis.

Le cœur vraiment britannique *de George III*

Tout avait plutôt bien commencé pour George III. Le petit-fils de George II était né en Angleterre – ce qui n'était pas arrivé depuis une éternité. Il put donc se prévaloir d'un fort sentiment patriotique, fondé sur une mystique royale qui avait pratiquement disparu depuis la reine Anne. À nouveau, il fut possible d'identifier le roi et la nation [10]. George III aurait presque pu s'exclamer, comme la reine Anne avant lui : « J'ai le cœur vraiment anglais. » Il se contenta, dans son discours inaugural du 25 novembre 1760, de souligner : « Né et éduqué dans ce pays-ci, je m'honore du nom de Britannique ; et je ne connaîtrai pas de plus grand bonheur dans ma vie que de promouvoir le bien-être d'un peuple, dont la loyauté et l'affection constituent à mes yeux les plus grandes garanties de la sécurité permanente de mon trône [11]. »

Cette logique unanimiste suffisait-elle à faire de George III ce « roi patriote » que Bolingbroke avait appelé de ses vœux ? Jusque-là ferment d'opposition, le patriotisme était devenu une idéologie affichée et dominante [12]. Désireux de gouverner au-dessus des partis, George III n'avait aucune sympathie pour

William Pitt, considéré par une majorité d'Anglais comme un héros providentiel dans le combat engagé avec la France. Il préféra se tourner vers John Stuart, comte de Bute, nommé secrétaire d'État en mars 1761, et premier lord du trésor l'année suivante [13]. Bute appartenait au cercle restreint des amis du roi. Il avait servi fidèlement son père, le prince Frédérick, mort en 1751, et avait témoigné d'une immense affection pour la veuve, la princesse Augusta. Les merveilleux jardins botaniques de Kew sont en partie leur œuvre à tous deux. Avec cela, le bon Écossais avait veillé aussi à l'éducation du futur George III qui, reconnaissant, le prit à son service dès qu'il fut roi.

Ses ennemis voyaient en lui une espèce d'aristocrate fier et pompeux, dont le principal *hobby* était la philosophie naturelle. En bref, une incarnation du ridicule dont on a facilement, trop facilement peut-être, crédité la société de Cour. Bute, politiquement isolé dans un pays où le parlement était devenu depuis quelques décennies le centre névralgique de la vie publique, tenta de mener une campagne de presse dans un journal appelé opportunément *The Briton*, littéralement le « Britannique ». Son rédacteur en chef n'était autre que Tobias Smollett, romancier et homme de lettres, comme Bute d'origine écossaise. Il n'en fallut pas plus pour déchaîner les passions, dans un pays qui a longtemps confondu l'esprit public et la xénophobie. Cette hostilité se nourrissait du poncif du « médecin écossais », en un temps où nombre de Calédoniens, de David Hume à Adam Smith ou à Tobias Smollett, étaient appelés à illustrer la fortune des belles-lettres, de la science économique ou de la philosophie britanniques [14]. Les Lumières écossaises furent particulièrement brillantes ; Édimbourg était devenu l'une des capitales financières et intellectuelles du Royaume-Uni. Écossais et Irlandais jouèrent aussi un rôle déterminant dans l'aventure impériale, au point que l'on a pu parler, sans exagération, d'un « partenariat celtique [15] ». Mais cela n'empêcha pas un fort ressentiment envers l'Écosse ou l'Irlande, encore laissée au dehors du Royaume-Uni.

Mi-publiciste, mi-farceur, déjà député d'Aylesbury dans le Buckinghamshire, un aventurier intelligent et sournois, John Wilkes, prétendit défendre les valeurs de son pays en montant une machine de guerre journalistique à laquelle il donna le nom de *The North Briton*. Le message était clair : toujours suspects de jacobitisme, les Écossais en voulaient aux Anglais, les

« Britanniques du Nord » tentaient de dominer les Britanniques du Sud. Dans le numéro 45, paru le 23 avril 1763, jour de la Saint-Georges, Wilkes s'en prit vertement au roi et à George Grenville, qui venait de remplacer Bute comme premier ministre. Mais, se demandait Wilkes, si le ministre écossais s'était retiré, était-ce bien la fin de son influence ? Et, confondant sciemment les registres, il soupçonnait George III de renouer avec l'absolutisme des Stuarts – ce qui eût bien été un comble pour un Hanovre. Mais il est vrai que tous les lecteurs savaient que lord Bute s'appelait Stuart de son nom de famille, patronyme du reste commun en Écosse. La médiocrité de ces attaques *ad hominem* n'empêchait pas quelques belles envolées : « Le roi d'Angleterre n'est jamais que le premier magistrat du pays ; mais la loi lui confère l'ensemble du pouvoir exécutif. Il est cependant responsable devant le peuple pour l'exécution correcte de ses fonctions régaliennes, le choix de ses ministres, etc., au même titre que le moindre de ses sujets dans l'exercice de ses droits. » Et finalement, citant le poète Dryden : « La liberté est la prérogative du sujet anglais [16]. »

Wilkes n'était sans doute qu'un démagogue, un aventurier à l'époque du tribunal de l'opinion, mais il était talentueux [17]. Et l'erreur de George III et de Grenville, en ce premier âge médiatique, fut de le transformer en héros. Défenseur de la liberté de la presse, Wilkes était incarcéré à la Tour de Londres, devenue pour l'occasion une sorte de Bastille pour gens de lettres un peu remuants. Mais les Anglais n'étaient pas des Français et ils supportèrent mal que l'on utilisât contre eux des mandats d'arrêt généraux, proches, jugeaient-ils, de ces lettres de cachet qui permettaient de mettre à l'ombre pour un temps Voltaire, Diderot et Latude, protestants et jansénistes, dévots ou libertins, et tant de fils de famille, défiant l'autorité de leur père et celle de leur roi [18].

Contrairement aux gens de lettres mis à la Bastille sans jugement, Wilkes eut droit au procès que garantissait l'*Habeas corpus* à tout Britannique. Il fut conduit de la Tour de Londres, à l'est de la Cité, à Westminster Hall pour y comparaître, tandis que la foule scandait : « Liberté, liberté ! Vive Wilkes [19] ! ». Acquitté, Wilkes mena une carrière pleine de rebondissements [20]. « Wilkes nous coûte beaucoup à nourrir », aurait déclaré le chevalier d'Éon, célèbre espion de Louis XV, amené à s'habiller en femme une partie du temps. Éclairante fraternité d'armes, celle du tribun plébéien et de l'agent travesti, dont le sexe précis fit l'objet de toutes sortes de conjectures et de paris spécieux dans le Londres du temps [21]. Le prédicateur évangélique John Wesley n'allait pas tarder à mettre en garde contre Wilkes, individu « dénué de toute religion, et sans aucune considération pour la vertu et pour la moralité [22]. »

La montée du radicalisme

L'heure était au radicalisme. Le caricaturiste Hogarth a laissé l'une des charges les plus féroces contre Wilkes : rictus sardonique, mâchoire carnassière, strabisme accentué, cornes diaboliques qui percent sous la perruque. Sans oublier, prémonitoire, un bonnet phrygien au bout d'une perche, qui ressemble déjà à une pique. Mais c'est évidemment en Amérique que devait se produire le pire des embrasements. La *Proclamation* royale du 7 octobre 1763 interdit maladroitement aux colons d'outre-Atlantique, avides d'expansion territoriale, de dépasser les Appalaches, le compas dans une main, la pétoire dans l'autre. C'était freiner cette poussée vers l'ouest qui fut le grand ressort de l'histoire américaine, en limitant le peuplement à une frange côtière, plus facile à contrôler. Allait-on transformer en rebelles ces pionniers, déjà dotés d'un fort patriotisme colonial ? Le dynamisme démographique de la colonie, dont la population doublait tous les vingt-cinq ou trente ans, fut la cause profonde de la révolution qui n'allait pas tarder à éclater [23]. Cet espace ouvert et mouvant, synonyme de mobilité, c'est ce que l'on appelle, en contexte américain, la « frontière ». Elle n'est pas tant une destination qu'un point d'origine. Il est symptomatique que le terme qui exprime en Europe les bornes territoriales entre les États soit devenu son antonyme dans le contexte américain [24].

George Grenville initia, par son *Stamp Act*, le calamiteux enchaînement qui devait conduire à l'indépendance américaine. Les colons refusèrent ce timbre fiscal sur les documents légaux, les journaux, les almanachs et les cartes à jouer. Après bien des désordres, les représentants de neuf colonies se réunirent à New York, du 7 au 25 octobre 1765. Ils exigèrent que les Américains jouissent des mêmes droits que les sujets de George III nés en Grande-Bretagne, et consentissent personnellement ou par la bouche de leurs députés à toute mesure fiscale. Pas d'imposition sans représentation : ce devait être l'un des mots d'ordre de la révolution américaine à ses débuts. Or, les Américains n'admettaient pas que le parlement, britannique, de Westminster parlât en leur nom. La crise devenait constitutionnelle. Ce devait être la fin de l'expérience. Charles Watson-Wentworth, marquis de Rockingham, avait succédé à Grenville en juillet 1765 comme premier lord du trésor [25]. Il abolit la mesure exécrée en mars 1766. Rockingham avait pour secrétaire un auteur irlandais appelé à devenir vite célèbre, Edmund Burke [26]. « Mon Dieu, nous avons bien le temps d'ouvrir le théâtre à la guerre civile », aurait dit Burke, excédé, lors de l'un de ses premiers discours aux Communes [27]. Par contre, et bien qu'il fût également opposé au *Stamp Act*, Rockingham ne reçut jamais le soutien de William Pitt, comte de Chatham, qui lui succéda aux affaires de 1766 à 1768 [28]. Mais, malade, Pitt déclina la fonction de premier lord du trésor, qui échut à Augustus Henry Fitzroy, duc de Grafton. Et en acceptant le titre de comte de Chatham, qui l'amenait à siéger à la Chambre des lords, il perdit l'extraordinaire tribune que constituait pour lui la Chambre des communes. Le titre de *Great Commoner* qu'on lui attribuait se vida de son sens. La France, sortie endolorie de la guerre de Sept Ans, voulait se venger de l'Angleterre. Les Britanniques s'étaient assurés, par la prise de Gibraltar en 1704, le contrôle des entrées en Méditerranée; les Français répliquèrent en 1768-1769 en annexant la Corse, objet elle aussi de la convoitise des Anglais. Jusqu'en Nouvelle-Angleterre, on s'intéressait à Pascal Paoli, *Babbu di a Patria,* le « père de la patrie » corse, qui lutta contre les Génois avant de se tourner contre Louis XV [29].

L'Angleterre s'enlisait en Amérique. Chancelier de l'Échiquier dans le ministère Pitt, Charles Townshend avait pris une série de mesures au printemps 1767. Connues sous le nom de *Townshend Acts*, ces dispositions avaient pour but avoué de contraindre les Américains à participer aux coûts, de plus en plus élevés, de la politique impériale [30]. Sa politique ne survécut que quelques années à Townshend, disparu en septembre. À l'exception de clauses sur le thé, destinées à enrayer la contrebande et à garantir le monopole de l'*East India Company*, les *Townshend Acts* furent tous abrogés en mars 1770. « L'homme de raison ne saurait qu'être surpris que le pouvoir législatif britannique ait pu accoucher de lois aussi ridicules », commentait froidement lord North en enterrant les mesures prises par son prédécesseur. D'abord chancelier de l'Échiquier, puis premier ministre de 1770 à 1782, Frederick North dut faire face à la déferlante révolutionnaire et à la guerre d'Indépendance [31].

L'agitation se poursuivait. La rhétorique de Wilkes devait peu aux Lumières ; elle s'inscrivait dans la tradition, insulaire, de la défense des droits et libertés des Anglais [32]. Une série de lettres énigmatiques, parues sous le nom de « Junius » dans le *London Public Advertiser*, de janvier 1769 à janvier 1772, renouait avec l'insolence de Wilkes. On reprocha à George III d'avoir renoncé au nom d'« Anglais », en se présentant ostensiblement comme Britannique [33]. L'auteur anonyme rappelait l'évolution du règne de George III depuis 1760 : « Quand notre respectable souverain monta sur le trône, nous étions un peuple florissant et satisfait. Si les vertus personnelles d'un roi pouvaient assurer le bonheur de ses sujets, la scène n'aurait pas changé aussi complètement que cela est arrivé. L'idée de réunir tous les partis, d'éprouver tous les caractères et de distribuer les hautes charges de l'État pour ainsi dire à tour de rôle, était bienveillante à l'extrême, quoiqu'elle n'ait pas produit tous les effets salutaires qu'on s'en était promis. » Et plus bas : « Non, Monsieur, ce système avait sa source dans une sollicitude constante du plus pur de tous les cœurs pour le bien général. Malheureusement pour nous, le résultat n'a pas répondu aux intentions. Après une succession rapide de changements, nous sommes réduits à un État qu'aucun changement nouveau ne pourrait guère améliorer [34] » (*Public Advertiser*, 21 janvier 1769)

Wilkes fut particulièrement populaire outre-Atlantique. Le gouvernement de Sa Majesté avait fort à faire avec les Américains. Il fallait dresser les uns contre les autres les Canadiens français et les anglophones, qui peuplaient les treize colonies, embryon des futurs États-Unis. L'*Acte du Québec* de 1774 fut un prodige de sagacité : les Anglais restituaient au Canada les territoires qui lui avaient été préalablement enlevés. Ils freinaient ainsi l'expansion du Massachusetts et de la colonie de New York en direction de l'Ohio et de l'Illinois actuels [35]. Cette loi ambiguë constitua bien « l'acte fondateur du Nouveau Canada », appelé à terme à préserver la présence britannique en Amérique du Nord pour faire contrepoids aux futurs États-Unis [36]. Les Canadiens français furent poussés à se réconcilier avec les Britanniques, face à la menace américaine. Le haut clergé, toujours prêt à prier pour un roi, fût-il anglais, fût-il George III, bénit avec émotion, reconnaissance, tendresse et ferveur cette main tendue. L'Acte du Québec n'était que l'une des mesures d'un arsenal répressif destiné, en théorie, à ramener la paix en Amérique, en autorisant le logement des gens de guerre chez l'habitant [37], en utilisant la troupe pour rétablir l'ordre, ou en renvoyant certains procès en Angleterre, pour éviter les pressions [38].

C'est l'époque où Jean-Paul Marat publiait à Londres ses *Chaînes de l'esclavage*. « Je ne suis pas un Anglais de naissance, je le suis de cœur. J'ai choisi l'Angleterre pour ma patrie, et dès lors je me suis regardé comme un de ses enfants », déclarait le Neuchâtelois. Il poursuivait : « Ami de la liberté jusqu'à l'enthousiasme, j'ai suivi attentivement vos démêlés avec les ministères et ses créatures, j'ai vu avec admiration vos généreux efforts pour la cause publique, et avec douleur le triomphe de vos ennemis [39]. » C'est avec un mélange de passion et d'inquiétude que l'on suivit en Angleterre les événements d'Amérique.

Un front conservateur se dessina dans l'opinion. Le « pays et le roi », le « roi et l'Église », *King and Country*, *Church and King* : ces mots d'ordre rallièrent les opposants à la révolution américaine, comme ultérieurement les adversaires de la Révolution française. Poète et lexicographe, l'un des personnages du tout-Londres du temps, le Dr Samuel Johnson publiait en 1775 son *Imposer n'est point tyranniser*. Wesley lui emboîta le pas avec son *Appel au calme, adressé à nos colonies d'Amérique*... Le pasteur rappelait le caractère esclavagiste des sociétés coloniales ; comment les Américains pouvaient-ils prétendre être asservis par la métropole quand on voyait la façon dont eux-mêmes traitaient les Africains « Où est l'esclave ? se demandait-il, gagné par la compassion. Regardez en Amérique et vous verrez. Imaginez ce noir, fouetté jusqu'au sang, qui défaille sous son fardeau. Il est esclave. Peut-on dire qu'il n'existe aucune différence entre son maître et lui ? Tandis que l'un s'écrie : *Tuez-le, réduisez-le à l'esclavage*, l'autre meurt silencieusement en perdant le sang [40]. »

Wesley, toute sa vie, occupa une position ambiguë. Apparu au XVIIIe siècle, longtemps après le presbytérianisme, le congrégationalisme et le baptisme, le méthodisme fut une nouvelle forme du *dissent*, destinée à jouer un rôle essentiel dans les régions ouvrières de l'Angleterre et du pays de Galles. Par sa tradition d'entraide, par son sens aigu de la sociabilité, par sa lutte contre l'ignorance et l'alcoolisme, il suscita l'adhésion militante d'une partie non négligeable des couches populaires. Or les non-conformistes, dans leur ensemble, éprouvaient plutôt de la sympathie pour la cause américaine. Et c'est dans ces franges presbytériennes ou indépendantes que Wesley trouva les pires de ses contradicteurs [41].

Le pays profond demeurait irascible. L'on n'était jamais à l'abri de ces émotions populaires, radicales ou conservatrices, qui défiaient les idéologies. Ainsi, le projet d'une naturalisation, encore limitée, des Juifs, avait été battu en brèche en 1753. Une poussée de fièvre antisémite parcourut l'ensemble du pays. Pareillement, en 1780, de terribles émeutes urbaines saisirent la ville de Londres lorsque l'on parla, timidement, de lever les discriminations qui pesaient encore sur les catholiques. Le mouvement partit d'Écosse ; des associations protestantes se créèrent, et mirent à leur tête lord George Gordon. Le 2 juin, Gordon alla présenter au parlement une pétition hostile à la mesure. Plusieurs milliers de personnes s'étaient jointes au mouvement. L'émeute devait durer une semaine : les chapelles des papistes et plusieurs logements furent mis à sac, sans excepter bien sûr une distillerie. Les prisons furent prises d'assaut également, et les détenus libérés. Le 9 juin, Gordon était conduit sous bonne escorte à la Tour [42].

L'indépendance américaine et l'empire des Indes

Comment lire, sans être gagné par le vertige et transporté d'enthousiasme, le préambule de la révolution américaine, l'admirable *Déclaration unanime des treize États Unis d'Amérique réunis en Congrès le 4 juillet 1776* ? Et cette phrase qui s'en détache : « Nous tenons pour totalement évidentes les vérités suivantes : tous les hommes sont créés égaux ; ils sont doués par le Créateur de certains droits inaliénables ; parmi ces droits se trouvent la vie, la liberté et la quête du bonheur [43]. »

1776 : l'année de la *Déclaration d'indépendance américaine* vit aussi la parution de deux œuvres majeures, le *Déclin et la chute de l'Empire romain*, de Gibbon, et la *Richesse des nations*, de l'Écossais Adam Smith. À leur insu, l'historien du monde antique et le moraliste, créateur de l'économie politique classique, jetaient un éclairage oblique sur l'actualité. Et disaient leur effarement ou leur espérance devant la nouvelle configuration qui se profilait avec l'émancipation du Nouveau Monde. Fallait-il redouter, avec Gibbon, un « véritable *Retour du Barbare*[4] » ? Ou bien se réjouir, avec Adam Smith, que de précieux mécanismes d'autorégulation économique se substituassent aux empires ? Entre conservatisme et libéralisme, le débat allait durer plusieurs décennies. Et en un sens, il dure encore.

La *Déclaration d'Indépendance* accoucha d'une nouvelle nation ; mais ce ne fut pas sans douleur. L'Anglo-Américain Thomas Paine publiait outre-Atlantique le *Sens commun,* la Bible de la Révolution, qui atteignit immédiatement les 120 000 exemplaires. Par son caractère libertaire, la réflexion de Paine donne aux événements d'Amérique une portée universelle : « La société, quelle qu'en soit la forme, est toujours un bienfait, mais le meilleur gouvernement n'est qu'un mal nécessaire et le plus mauvais un mal intolérable[45]. » Paine, témoin et acteur de la révolution américaine, puis ultérieurement témoin et acteur de la Révolution française, fut à l'origine d'une religion de la liberté, dont l'enthousiasme communicatif se transmit, pour un temps, à ses compatriotes.

S'il s'adressait prioritairement aux Américains, les Anglais, voire l'ensemble des Européens, étaient aussi concernés selon Paine. La « cause de l'Amérique » devint « la cause de l'humanité tout entière[46] ». Il y avait là de quoi inquiéter nombre d'Anglais. La guerre d'indépendance, par sa volonté de promouvoir une humanité nouvelle, fut bien une révolution. Le tournant décisif se situa en 1778, lorsque les Français, désireux de se venger de l'humiliation de 1763, volèrent au secours de leurs frères américains. Qu'avaient-ils à attendre, qu'avaient-ils à espérer, ces jeunes aristocrates venus, tel La Fayette, se battre par vocation, par idéal, en un mot pour l'honneur ? Le traité d'alliance entre les États-Unis et la France fut signé le 6 février. La France et la Grande-Bretagne entrèrent théoriquement en guerre au mois de juillet ; l'accord militaire avec les Américains s'accompagnait d'un traité d'amitié et de commerce.

L'Angleterre y perdit son incontestable supériorité maritime, qui lui permettait de déployer sans mal ses troupes, du nord au sud des États-Unis. La victoire finale eut lieu à Yorktown, le 19 octobre 1781, lorsque le général Cornwallis fut défait par les troupes franco-américaines. Lord North eut le bon goût de démissionner l'année suivante, tandis que George III, très éprouvé, rappelait Rockingham. Celui-ci s'entoura de William Petty Fitzmaurice, comte de Shelburne [47], et de Charles James Fox en mars 1782. Shelburne succéda à Rockingham lors du décès de ce dernier [48] ; en septembre 1783, à l'hôtel d'York, à Paris, était signé le traité par lequel la Grande-Bretagne reconnaissait l'indépendance des États-Unis [49].

Ce fut un coup terrible pour la fierté des Britanniques. Mais ils se ressaisirent, en particulier sur le plan commercial, en reprenant sans attendre leurs relations avec la nouvelle puissance. « L'Angleterre avait à peine signé le douloureux traité qui lui arrachait ses colonies de l'Amérique, déclarait Jacques-Pierre Brissot en 1787, que ses négociants et ses écrivains politiques s'occupaient des moyens de lui rendre par le commerce ce qu'elle venait de perdre par cette insurrection mémorable [50]. »

Business as usual. Les Anglais avaient, en ce dernier quart du XVIIIe siècle, une vision géopolitique à l'échelle planétaire. L'évolution de la situation américaine les amena, tout naturellement, à infléchir leur action au Canada. Elle eut aussi ses répercussions, à plusieurs milliers de kilomètres, en amenant les Britanniques à placer les richesses de l'Inde sous leur contrôle administratif. Elle berça enfin, à ses débuts l'expansion la plus lointaine, en destination du Pacifique et de l'Australie. Les historiens de l'empire ont insisté à juste titre sur les continuités de l'histoire impériale entre le règne de George III et celui de la reine Victoria [51].

Plus commerciale que politique à l'origine, la colonisation de l'Inde s'enracinait dans une longue histoire : l'*East India Company*, ou Compagnie des « Indes orientales » comme l'on disait à l'époque, s'était à elle seule façonné un empire, dont elle accepta d'assez mauvaise grâce de partager la tutelle avec le pouvoir civil. En 1767, le secrétaire de la compagnie se plaignait à la Chambre des communes : « Peu nous importent la conquête et le pouvoir ; nous n'avons d'yeux que pour notre intérêt commercial [52]. » Située à six mois de Londres, l'Inde était une planète lointaine. William Pitt, comte de Chatham, était décidé, en ces années 1760, à contrôler plus étroitement le sous-continent ; l'on aboutit à un compromis financier : l'*East*

India Company s'engageait à payer 400 000 livres par an à l'Échiquier. Dix ans plus tard, le parlement de Westminster s'avisa qu'il ne pouvait plus remettre à une compagnie commerciale, si prestigieuse fût-elle, la souveraineté politique sur plusieurs millions d'indigènes. Dès 1773, un *Regulating Act* confiait à la Couronne un droit de regard sur le Bengal, Bombay et Madras [53]. Le gouverneur du Bengale devenait gouverneur général de l'Inde. Le premier à exercer cette fonction fut Warren Hastings. De retour en Angleterre, il devait être mis en accusation devant la Chambre des communes, dix ans plus tard. Et finalement acquitté, en dépit de la vindicte toute particulière d'Edmund Burke. L'Irlandais insistait qu'il ne fallait pas confondre gouvernement et oppression, sous peine de perdre toute crédibilité. La sécurité des indigènes, selon Burke, était le meilleur rempart de l'empire.

La déconvenue américaine conduisit les Britanniques à accélérer le mouvement. Le premier pays à bénéficier de la situation nouvelle fut l'Irlande. Des légions de volontaires protestants s'étaient constituées, théoriquement pour défendre le pays [54]. Mais Londres redoutait l'agitation patriotique qui les secouait. Et Dublin eut, enfin, un parlement indépendant : les célèbres *Poyning's Laws*, qui restreignaient depuis le XVe siècle la marge de manœuvre législative du royaume, furent abolies – tout comme une mesure discriminatoire plus récente, qui proclamait la suprématie du parlement de Westminster [55]. En 1782, l'Irlande se retrouvait dans une situation proche de celle de l'Écosse à la veille de l'Union : elle avait le même roi que l'Angleterre. Mais, en théorie, elle était un royaume indépendant à part entière [56]. Cette situation allait durer moins de vingt ans [57].

En 1783, l'année de la paix avec les États-Unis, Fox proposa de soumettre directement la colonie, non pas à la Couronne, mais au parlement, chargé de nommer sept commissaires, irrévocables pendant quatre ans, pour superviser le destin de l'Inde. L'Anglo-Irlandais Edmund Burke n'avait pas manqué de s'impliquer dans ce courant de réformes. Il soulignait que « tout ce qui permettait de préserver l'Inde de l'oppression garantissait la constitution britannique, en la préservant de la pire des corruptions ». Il convenait, insistait-il, de garantir la prospérité des indigènes, avant de songer à s'enrichir grâce à eux. Mais cet *East India Bill* fut défait à la Chambre des lords en décembre.

George III, qui ne supportait pas Fox, médita rétrospectivement sur la menace qu'aurait fait peser sur sa prérogative une mesure privant le souverain de toute marge de manœuvre dans une affaire aussi grave que la politique en Inde.

Le grand tournant correspondit en 1784 à l'*India Act*, passé par le jeune William Pitt, fils de l'illustre lord Chatham, et successeur de Fox au poste de premier ministre [58]. On ne pouvait imaginer personnalités plus dissemblables que Fox et Pitt. Éminemment sociable, Fox était la coqueluche de ses admirateurs ; Pitt, à l'inverse, froid et réservé, n'inspirait pas une très grande sympathie. L'*India Act* fixa les choses jusqu'en 1858 [59]. La responsabilité de l'administration du pays était confiée à un *Board of Control*, incluant le chancelier de l'Échiquier et un secrétaire d'État, et d'autre part aux directeurs de l'*East India Company*. Conformément à la philosophie whig de séparation des pouvoirs, l'Inde dépendait d'un « double gouvernement » : aux uns revenaient la diplomatie, la guerre et les finances, aux autres le commerce, sur la base du partenariat [60]. La même année, Pitt baissait les taxes sur le thé, qui passèrent de 119 % à 12,5 %, grâce à son *Commutation Act*. C'était rendre la contrebande pratiquement inutile. En 1786, lord Cornwallis, l'un des grands vaincus de la guerre d'Amérique, arrivait à Calcutta, bien décidé à réformer l'administration du pays en sa qualité de gouverneur général.

Le choc américain avait été rude pour la Grande-Bretagne. Mais de nouvelles perspectives s'ouvraient. Un continent perdu, un autre retrouvé. En 1788, l'Australie offrait déjà d'exceptionnelles possibilités aux Britanniques, en mal de territoires à explorer. Découvert en 1770 par le capitaine Cook, *Botany Bay* fut d'abord un immense bagne où l'on pouvait tenir à l'écart les mauvais sujets. La version négative en quelque sorte de la quête paradisiaque de l'innocence. En 1791, enfin, l'Acte du Canada séparait un Haut-Canada d'un Bas-Canada, correspondant globalement à l'Ontario et au Québec. Ces deux entités survécurent jusqu'en 1840 [61].

La révolution américaine avait aussi familiarisé les Britanniques avec le sort peu enviable des Africains. Le mardi 12 mai 1789, un proche du jeune Pitt, converti au protestantisme évangélique, William Wilberforce lançait à la Chambre des communes une campagne contre l'esclavage, qui allait occuper plusieurs décennies. Désireux de se tenir à l'écart de toute passion, l'orateur voulait s'adresser à la seule raison : tous les Anglais étaient coupables d'avoir laissé cet horrible trafic de chair humaine se dérouler sous leur autorité [62]. Puis Wilberforce se livrait à quelques évaluations statistiques. « Imaginez un peu 700 de ces malheureux, enchaînés deux par deux, entourés d'ordures et de saletés, malades, et accablés de tous les maux. Comment pouvons-nous supporter cette pensée ? » Et Wilberforce d'évaluer la mortalité des esclaves à 50 %, entre leur capture, leur traversée et leur arrivée outre-Atlantique [63].

Un jacobinisme à l'anglaise ?

George III se préoccupait de la santé morale de son peuple. Le 1er juin 1787, il avait envoyé partout dans le pays sa proclamation « contre le vice et l'immoralité », afin d'extirper l'impiété des masses et les remettre dans le droit chemin. C'était renouer avec l'esprit des *Societies for the reformation of manners* du début du siècle. Wilberforce se révéla le meilleur allié du roi dans cette entreprise de salubrité publique. C'est à Bath que Wilberforce fit, cette même année 1787, la connaissance de Hannah More, l'égérie de la bienfaisance, membre d'un cercle de « bas bleus » ou *blue stockings*, ainsi qu'on les appelait à l'époque, qui jetaient les bases du féminisme ultérieur. Une *Proclamation Society* fut mise sur pied, en l'honneur du puissant monarque ; elle donna le jour, moins de vingt ans plus tard, à une *Society for the Suppression of Vice*, très huppée, qui familiarisa l'Angleterre-bien pensante avec les conditions de vie des plus malheureux. Au sud de Londres, à Clapham, mieux connu désormais pour son célèbre nœud ferroviaire, commencèrent à se réunir dans les années 1790 des anglicans évangéliques. Ces bonnes âmes figurent parmi les ancêtres du réformisme social ultérieur. La sainteté, chrétienne, venait au secours de la philanthropie, philosophique et utilitaire.

L'heure était à la morale. La lutte contre les tentations inopportunes et les appétits déréglés, comme le soulignait Wilberforce, constituait le fondement d'une éthique de la bienfaisance, destinée à permettre aux pauvres de rester propres, vertueux et honorables, sans embrasser pour autant les idées subversives qui se répandaient sur ce que l'on appela désormais, avec une nuance de désapprobation dans la voix, le

« continent », ce lieu de toutes les perditions [64]. Les classes dirigeantes insulaires saluèrent dans la Révolution française à ses débuts la juste punition de Louis XVI pour son aide aux Américains. Réciproquement, les milieux qui avaient été naguère favorables aux *insurgents* prirent fait et cause pour ces Français, qui abattaient l'Ancien Régime. Parmi eux, le révérend Richard Price qui, prêchant devant une assemblée de non-conformistes au temple de l'Old Jewry à Londres, le 4 novembre 1789, commémora en ces termes la Glorieuse Révolution : « Bien que la Révolution [de 1688] ait beaucoup accompli, elle n'avait pas encore atteint la perfection; et tout ne fut pas fait à l'époque pour placer ce royaume-ci dans la possession pleine et entière de la liberté. Souvenez-vous que la tolérance obtenue n'était pas parfaite. Elle supposait que l'on adhérât aux articles doctrinaux de l'Église d'Angleterre. » Et le pasteur d'évoquer également les lacunes d'un système parlementaire injuste, et de déplorer la corruption qui empoisonnait la vie publique. Pour retrouver les accents du *Nunc dimittis*, dans l'Évangile de Luc, lorsque Siméon s'exclame, en voyant l'enfant Jésus : « Laisse-moi désormais, Seigneur, aller en paix [65] » (*Sermon sur le patriotisme*).

Ce sauveur qui était né n'était autre que la Révolution, assimilée à l'espérance messianique. Cette théologie de la libération avant la lettre associait savamment la philosophie des Lumières, l'espérance biblique et l'exaltation patriotique. 1688 saluait en 1789 l'accomplissement des prophéties. Edmund Burke prit peur : quels grands fous ces ecclésiastiques, quand ils voulaient faire la révolution ! Il rédigea fébrilement ses *Réflexions sur la Révolution en France;* il fallait éviter toute confusion entre 1688 et 1789. Non seulement 1789 n'était pas le complément de 1688, mais il en était l'antonyme. Une révolution peut en cacher une autre; et c'était la Révolution anglaise de 1642 – et non la Glorieuse Révolution de 1688 – qui se profilait. Les Français allaient, c'était sûr, finir par tuer le roi. Et instituer une république. À quand le nouveau Cromwell ? Burke mettait en garde contre le dangereux « porridge » que servait le pasteur. À son tour, il s'attira la cinglante réponse de Thomas Paine, le vétéran de la révolution américaine, venu reprendre du service en France... Il rappelait, en bon Américain, qu'une Constitution était un fait d'institution – et non point de tradition comme le prétendait Burke [66]. Vive la Révolution ! Vive la

France ! Et bientôt – pourquoi pas ? – vive la République. Savant et théologien rationaliste, le révérend Joseph Priestley eut sa maison mise à sac en juillet 1791 par des émeutiers conservateurs. Début janvier 1792, quatre hommes, dont le savetier Thomas Hardy, se rencontrèrent à Londres pour former une association ouvrière. Le 25 janvier, ils étaient déjà huit à exiger une réforme du parlement et à se constituer en société de correspondance. Parmi eux, John Thelwall, le révérend John Horne Tooke, Joseph Gerrald et Maurice Margarot. Hardy fut nommé secrétaire et trésorier de l'association et, en mai 1793, ces hommes se montraient capables de recueillir par milliers les signatures. L'été de la même année, la *London Corresponding Society* était en contact avec des groupes réformateurs à Manchester, Sheffield, Nottingham, Derby, Stockport et Tewksbury. À la fin de l'année, Thomas Muir et ses camarades commencèrent à organiser une convention à Édimbourg. Mais Gerrald et Margarot furent arrêtés quelques mois plus tard, et condamnés à la déportation. Depuis février 1793, la France et l'Angleterre étaient en guerre. L'*Habeas corpus* fut suspendu l'année suivante. La sédition sociale s'identifiait à la trahison. D'autant plus que les Irlandais étaient désormais de la partie. Les Irlandais Unis tentèrent de réaliser la jonction entre catholiques et *dissenters* contre l'*establishment* politique et religieux qui dominait le royaume [67]. De l'autre côté, l'ordre d'Orange se constituait, en invoquant la victoire de la Boyne. En 1796, le général Hoche, conseillé par Wolfe Tone, tenta de débarquer dans la baie de Bantry, au sud-ouest de l'île. Au printemps 1798, une rébellion éclata pour de bon en Irlande. Le général Humbert vint en aide aux insurgés. Sans réussir. La répression fut terrible ; on parle d'une vingtaine de milliers de morts. Un nouvel Acte d'union, en 1800, mit un terme définitif au parlement de Dublin. Désormais, à compter du 1er janvier 1801, comme l'Écosse, l'Irlande appartenait au Royaume-Uni [68]. Elle y gagna un statut de « partenaire impérial » et de « nation subordonnée [69] ». Cette même année 1801 se déroula le premier recensement de l'histoire des îles Britanniques : l'Angleterre et le pays de Galles approchaient des 9 000 000 habitants, tandis que l'Écosse totalisait 1 600 000 personnes. L'Irlande n'était pas encore incluse [70].

Pitt, pour apaiser définitivement les consciences, souhaitait que l'on mît fin aux discriminations religieuses, qu'il s'agît des catholiques comme des protestants du *dissent*, mais il s'inclina devant l'intransigeance personnelle de George III [71]. La frilosité l'emportait ; les réformes parlementaires furent également différées *sine die* devant l'inquiétude soulevée par le jacobinisme. Avec l'assistance de l'euphonie, les jacobins avaient succédé aux jacobites dans l'imaginaire conspiratorial insulaire.

La légende philosophique de l'île fortunée, lancée par la Glorieuse Révolution, et outrageusement alimentée par les Lumières, avait commencé à trouver chez Rousseau son démenti. L'auteur du *Contrat social* s'était écrié en 1762 : « Le peuple anglais pense être libre, il se trompe fort, il ne l'est que durant l'élection des membres du parlement ; sitôt qu'ils sont élus, il est esclave, il n'est rien. Dans les courts moments de sa liberté, l'usage qu'il en fait mérite bien qu'il la perde [72]. » Dans son « Discours sur le marc d'argent », au printemps 1791, Robespierre devait poursuivre : « Que vous importe l'Angleterre et sa vicieuse constitution qui a pu vous paraître libre lorsque vous étiez descendus au dernier degré de la servitude, mais qu'il faut cesser enfin de vanter par ignorance ou par habitude ? » Objet de l'admiration de Voltaire, de Montesquieu ou de Louis-Sébastien Mercier, l'Angleterre était-elle désormais déchue du Panthéon philosophique ?

Le 1er janvier 1793, quelques semaines avant la déclaration de guerre de la France à l'Angleterre, l'on prononça à la Convention un important discours sur les îles Britanniques, dans lequel on soulignait la désunion du Royaume-Uni : « Nous sommes accoutumés à désigner sous le nom générique d'Anglais trois peuples différents que la nature avait séparés, que la force a réunis, que l'intérêt divise sans cesse, et que les principes de notre révolution ont très diversement affectés [73]. » Le 4 nivôse an VI, au théâtre de la Cité-Varié, à Paris, on produisit une *Descente en Angleterre*, qualifiée de façon un peu téméraire de « prophétie en deux actes et en prose ». Il s'agissait de convaincre les spectateurs qu'une invasion de l'Angleterre par la France n'était pas en soi plus irréaliste que la conquête de l'Italie que venait de réaliser Bonaparte : « Après une guerre aussi glorieuse, qui efface des pages de l'histoire ce que les batailles d'Alexandre avaient de merveilleux, quels rêves assez hardis peuvent se comparer aux imposantes réalités dont l'Europe est témoin [74]. » Vers 1803-1804, on entonnait, sur l'air du *Chant du départ*, ces mâles accents :

« C'est en vain qu'Albion, ivre de sa fortune,
« Insulte à la publique foi,

« Et dit dans son orgueil : « Le trident de Neptune,
« Les vents et les mers sont à moi. »
« Pour châtier son pavillon,
« N'avons-nous pas votre courage,
« La justice et NAPOLÉON. »

(Pierre Crouzet, Chant guerrier pour la descente en Angleterre, sl, nd).

Chapitre XXI

LA GRANDE-BRETAGNE ENTRE LIBÉRALISME ET CONSERVATISME, VERS 1800-VERS 1848

> « On observe généralement que c'est dans les classes moyennes que l'on trouve le plus d'aptitudes au travail, à la vertu et à l'épanouissement de toutes les sortes de talents. Mais il est évident que tout le monde ne peut pas appartenir aux classes moyennes : une classe supérieure et une classe inférieure sont nécessaires ; bien mieux, elles sont extrêmement utiles [1]. »
>
> T.R. Malthus, Essai sur le principe de population, *1798.*

Tories et whigs de la première modernité furent les chrysalides d'où émergèrent, tels des papillons, le parti conservateur et le parti libéral [2]. Leur alternance au pouvoir devait, jusqu'à la Première Guerre mondiale, rythmer la vie politique britannique. Ces nouvelles étiquettes, conservateur et libéral, s'imposèrent au tournant des années 1830. Si le mot « conservateur » fut apparemment utilisé par George Canning dès 1824, le terme fut popularisé par un article anonyme de la *Quarterly Review* de 1830 [3]. « Nous méprisons, nous abominons les complexités des luttes partisanes, mais nous sommes désormais, et comme toujours, profondément et consciemment favorables à ce que l'on appelle le parti tory, mais qu'il vaudrait mieux appeler maintenant le parti conservateur [4]. » En 1832 était fondé le célèbre Carlton Club, fer de lance de la sociabilité conservatrice [5].

Quelques années plus tard, lord John Russell parlait à son tour de parti libéral, pour définir un parti qui incluait désormais, aux côtés de l'ancienne aristocratie whig dont lui-même était issu, les classes moyennes, désireuses que l'on prît en compte les destinées de l'Angleterre industrielle. Lord Russell parvenait à s'adresser aux catholiques et aux *dissenters*, aux évangéliques et aux radicaux. Sans oublier les anciens whigs. Ou les Irlandais [6]. Le libéralisme était fils du whiggisme : à l'attention portée naguère aux libertés individuelles, il ajoutait la capacité d'entreprendre [7]. Le mot « libéral » se décline en une multitude d'acceptions complémentaires et contradictoires. Sans doute ne saurait-on totalement confondre libéralisme parlementaire et libéralisme économique, favorable au libre jeu du marché [8]. Même si le mot n'apparaît que nettement plus tard, on peut clairement repérer les prémices du libéralisme dans la pensée économique d'Adam Smith, ennemi des réglementations : « Toutes les fois que la loi a cherché à régler les salaires des ouvriers, c'est toujours pour les faire baisser plutôt que pour les élever [9] », avait observé finement le moraliste écossais.

S'il pouvait se prévaloir de l'héritage souriant d'Adam Smith, le libéralisme économique connaissait sa version la plus sombre chez le révérend Malthus, parti en guerre contre les philosophies du progrès indéfini de l'esprit humain, inspirées de Condorcet et de la Révolution française. Thomas Robert Malthus recommandait que l'on n'assistât pas inutilement les pauvres, pour éviter qu'ils ne croissent et se multiplient. « Si nous prenons quelquefois sur nous d'adoucir les châtiments que la nature inflige à l'imprudence, il faut que nous compensions cette attitude en accroissant les récompenses qu'elle accorde à ceux qui ont une bonne conduite. » Et le pasteur de citer l'apôtre Paul : « Si un homme ne veut pas travailler, il n'a pas le droit de manger [10]. »

Un scandale avait éclaté en Angleterre lorsque les juges de paix d'un comté rural, le Berkshire, avaient tenté de limiter la chute des revenus des journaliers agricoles en ajoutant à leurs maigres salaires des sommes prélevées sur l'allocation des pauvres [11]. Pouvait-on confondre impunément les revenus du travail et ceux de l'assistance ? Il fallait séparer les pauvres travailleurs de leurs homologues dans le besoin, sous peine de transformer le pays en un immense hospice – tel fut du moins l'argument des libéraux, effrayés par l'idée d'un minimum garanti. Dans le même temps, le Gallois Robert Owen posait les fondements d'un socialisme insulaire, fondé sur la solidarité ouvrière et l'idée coopérative. Ce patron social croyait en la participation. Et il était décidé à lutter contre la misère et l'ignorance. Le bonheur de tous était, selon lui, la clé du bonheur individuel [12].

Cependant, un mouvement, perçu comme inéluctable, conduisait la société vers le laisser faire, ou du moins vers une déréglementation généralisée. On cherchera en vain dans l'histoire anglaise un équivalent de la loi Le Chapelier mettant fin aux corporations en France en 1791 [13]. L'apprentissage déclina nettement avec l'entrée dans l'ère industrielle. Il reposait encore sur une conception patriarcale de l'économie, impliquant la proximité des maîtres et de leurs compagnons [14]. La fin de la loi élisabéthaine sur les métiers, en 1814, enregistra cette évolution plus qu'elle ne la provoqua [15]. Avec cela, l'Angleterre conservait malgré tout une allure agreste, qui n'échappa pas à la bonne Germaine de Staël, qui s'extasiait : « Les animaux eux-mêmes ont quelque chose de paisible et de prospère, comme s'il y avait des droits aussi pour eux dans ce grand édifice de l'ordre social [16]. »

Le massacre de Peterloo et l'agitation radicale

Le 2 mai 1816, moins d'un an après la terrible bataille, lord Byron foulait le sol de Waterloo. Né en 1788, le jeune aristocrate avait à peu près l'âge de la Révolution ; il éprouva toujours des sentiments mêlés face à Napoléon. L'Empereur constituait à la fois une menace et un motif d'espérance ; il était le fossoyeur de l'Europe monarchique mais aussi l'accoucheur d'un monde nouveau. Pour ses adversaires, n'incarnait-il pas toujours la Révolution, à laquelle il devait son « prodigieux destin [17] » ? Et Byron fit entendre sobrement, dans le troisième chant de son long poème lyrique *Childe Harold,* les inquiétudes qui désormais l'assaillaient :

« Est-ce que nous, qui abattîmes le Lion, est-ce que

« Nous rendrons hommage au Loup, en apportant nos regards soumis

« Et nos genoux serviles au pied des trônes ? Non, attendez l'épreuve avant de louer [18] ! »

Et deux ans plus tard, perplexe, dans le chant IV :

« Les tyrans ne peuvent-ils être vaincus que par les tyrans [19] ? »

Fallait-il vaincre un lion pour se mettre sous la dépendance d'un loup ? Les vieilles monarchies européennes valaient-elles mieux que cet empereur, auquel on reprochait suffisamment d'avoir été un parvenu, avant de le laisser, exilé sur son île océane, réunir les éléments de son impérissable légende ? Grand seigneur révolté, aristocrate passionné, Byron avait toujours cultivé l'ambivalence. La première génération romantique, celle des Southey, des Wordsworth et des Coleridge, avait commencé par s'enthousiasmer pour les événements de France. Avant de s'impatienter, de s'indigner, de se morfondre. Voire de brûler ce que l'on avait adoré [20]. À l'exception de la parenthèse constituée par la paix d'Amiens, de mars 1802 à mai 1803, l'Angleterre avait été constamment en guerre. Depuis 1793, il n'était pas facile de s'aventurer sur le continent. La Grande-Bretagne était livrée à la contre-révolution. Et ce pays, dont on chantait naguère encore la liberté, s'était enfermé dans l'immobilisme : Pitt comprit que sa politique d'ouverture envers les catholiques n'avait aucune chance avec un tel roi et, devant l'obstination de George III, il préféra présenter sa démission, laissant la place à Henry Addington. Addington, à son tour, s'effaça devant Grenville. Grenville devant Portland. Ce furent Aboukir, Trafalgar et Austerlitz, cette alternance de défaites et de victoires, de victoires et de défaites qui marquèrent l'épopée napoléonienne jusqu'à Waterloo en 1815 [21].

La France et l'Angleterre, 1793-1815

1792-1797 : première coalition contre la France

Février 1793 : déclaration de guerre de la France à la Grande-Bretagne

Août 1798 : victoire navale des Britanniques à Aboukir en Égypte

1799-1802 : seconde coalition contre la France

Mars 1802 : paix d'Amiens entre l'Angleterre et la France

Mai 1803 : déclaration de guerre de la Grande-Bretagne à la France

2 décembre 1804 : couronnement de Napoléon

1805 : troisième coalition contre la France

Octobre 1805 : victoire de Nelson à Trafalgar, au nord-ouest de Gibraltar ; il meurt au combat

2 décembre 1805 : victoire française d'Austerlitz

1806-1807 : quatrième coalition contre la France

Novembre 1806 : par le décret de Berlin, Napoléon tente d'imposer le blocus continental contre l'Angleterre

1809 : Arthur Wellesley, futur Wellington, attaque les Français dans la péninsule Ibérique

1812 : campagne de Russie

1812 : guerre entre la Grande-Bretagne et les États-Unis

1813 : défaites françaises de Vitoria en Espagne et de Leipzig en Allemagne

1814 : campagne de France

Avril 1814 : abdication de Napoléon; arrivée à Paris de Louis XVIII

Octobre 1814-juin 1815 : congrès de Vienne

Mars 1815 : retour de Napoléon

18 juin 1815 : les Français sont battus à Waterloo par Arthur Wellesley, futur duc de Wellington

Mai 1821 : mort de Napoléon à Sainte-Hélène

1840 : retour des cendres de Napoléon et inhumation aux Invalides

---

Nelson et Wellington assurèrent à l'Angleterre la maîtrise des mers, et finalement celle des théâtres continentaux. Napoléon se souvint, à Sainte-Hélène : « Je m'étais ménagé la possibilité du débarquement; je possédais la meilleure armée qui fut jamais, celle d'Austerlitz, c'est tout dire. Quatre jours m'eussent suffi pour me trouver dans Londres; je n'y serais point entré en conquérant, mais en libérateur; j'aurais renouvelé Guillaume III, mais avec plus de générosité et de désintéressement [22]. »

Napoléon n'eut pas l'occasion de jouer les Guillaume. À la veille de la défaite de Waterloo s'était tenu le célèbre congrès de Vienne qui redessinait la carte politique de l'Europe : la Russie conservait la Finlande et s'appropriait la majeure partie de la Pologne, la Prusse participait au dépeçage et gagnait la Rhénanie et la Westphalie, un grand royaume des Pays-Bas incluait la Belgique actuelle, la Norvège passait à la Suède, la neutralité de la Suisse était garantie, l'Autriche recouvrait le Tyrol et la Lombardie-Vénétie en Italie... Si le règlement était dirigé prioritairement contre la France, il s'agissait d'empêcher à l'avenir qu'une seule puissance dominât l'ensemble du continent européen [23]. L'Angleterre, représentée par Castlereagh, s'était faite la championne de cet équilibre, en souhaitant limiter pareillement la puissance de l'Autriche et celle de la Russie, et en conservant la maîtrise des mers [24]. La Grande-Bretagne se voyait exhortée par Wilberforce à ne pas se contenter des « bénédictions de la paix », mais d'y ajouter la fin du « trafic de chair humaine [25] ». Ces considérations humanitaires ne purent dissimuler le profond malaise de la société anglaise. La question des catholiques, nettement plus nombreux maintenant que l'Irlande appartenait au Royaume-Uni, restait irrésolue. Tout comme la réforme, nécessaire, du parlement et de la représentation politique était sans cesse différée. Sur ce fond réactionnaire, la Grande-Bretagne avait déjà pris une initiative heureuse, en abolissant, non pas l'esclavage, mais la traite. Ou du moins en la rendant illégale à bord des navires britanniques [26].

À l'exception de ce geste magnanime, le pays s'enfonçait dans un immobilisme sans lendemain [27]. Parmi les mesures les plus honnies, les moins comprises, les plus insupportables avec les années, les *Corn Laws*, tentant de soutenir les prix des denrées agricoles, et en particulier du blé, au-dessus des prix du marché international. La première de ces lois remontait à 1804. Elle avantageait nettement les propriétaires, qui dominaient le parlement. Il s'agissait de décourager les importations par l'imposition de droits dissuasifs. En 1815, la mesure prit un tour caricatural : avec la fin de la guerre et le retour des échanges, comment admettre un mécanisme compensatoire destiné à maintenir artificiellement le blé à un cours prohibitif? La révolte grondait devant la cherté du prix du pain. Patrons et ouvriers se retrouvaient au coude à coude pour condamner une mesure destinée à défendre les intérêts de quelques-uns au détriment du plus grand nombre. Au risque, qui plus est, d'un dérapage des prix et des salaires. « En Angleterre, les fortunes de l'aristocratie sont immenses, notait Auguste de Staël, le luxe est poussé à un excès inouï chez les hommes de la classe supérieure. La propriété foncière est concentrée dans un assez petit nombre de mains ; l'étendue des fermes est fort considérable ; l'exploitation des terres emploie d'énormes capitaux ; l'agriculture se fait en grand et selon des méthodes scientifiques. Des lois prohibitives ont porté le prix des grains à un taux exagéré. La classe des non-propriétaires est beaucoup plus nombreuse qu'en France ; près d'un dixième de la population est assisté par la taxe des pauvres [28]. »

La mauvaise récolte de 1816 porta l'exaspération à son comble. À Manchester, un groupe de réformateurs prit l'habitude de se réunir au domicile de John Potter. En mars 1819, Joseph Johnson, John Knight et James Wroe formaient la *Man-*

chester Patriotic Union Society, afin d'obtenir une juste réforme du parlement. Durant l'été, l'idée germa d'inviter le major Cartwright, Henry Hunt et Richard Carlile à un meeting en plein air à Manchester. Un grand rassemblement se tint même sur St Peter's Field, le 16 août 1819. Il donna lieu à l'un des massacres que consigne la mémoire ouvrière, relayée par un célèbre poème de Shelley, le « Masque de l'anarchie ». De façon imagée, on baptisa le lieu « Peterloo », en référence à cet autre carnage, celui de Waterloo. Peterloo fut le Waterloo du pauvre, en quelque sorte. Ils n'étaient que quelques centaines de manifestants le matin, mais leur nombre avait été grossi dans l'après-midi par l'arrivée de plusieurs milliers de personnes des environs. Parmi eux, plusieurs meneurs : Henry Hunt, John Knight, Joseph Johnson et John Moorhouse. Après leur avoir demandé de se disperser, en lisant comme il se doit le *Riot Act*, la troupe tira sur les manifestants [29]. Face aux manifestants, un déploiement considérable : 600 hommes du 15ᵉ Hussards, plusieurs centaines de fantassins, la cavalerie de la *Cheshire Yeomanry*, un détachement de l'artillerie de la cavalerie royale, munie de deux canons, la *Manchester and Salford Yeomanry*, sans oublier les forces de police spéciales, 400 *constables* de Manchester [30]. La presse était également bien représentée : le *Times*, le *Leeds Mercury*, le *Liverpool Mercury* et le *Manchester Observer* avaient envoyé leurs journalistes.

De quoi créer l'événement. On parla de 11 morts et de 400 blessés, dont une centaine de femmes. Il restait encore à faire comparaître les « meneurs » ; leur procès eut lieu à York en mars 1820. Accusés de s'être réunis illégalement et d'avoir porté des bannières interdites afin de semer le mécontentement, Henry Hunt fut envoyé à Ilchester Gaol pour y purger une peine de deux ans et six mois. Joseph Johnson, Samuel Bamford et Joseph Healey furent condamnés à un an dans la prison de Lincoln. Quant à John Saxton, John Moorhouse, George Swift et Robert Wild, ils furent acquittés. Le gouvernement de lord Liverpool était bien décidé à en finir dès l'automne avec ce qui lui apparaissait comme de la sédition. Six lois impopulaires, les *Six Acts*, y mirent bon ordre. La participation à une assemblée interdite pouvait être punie de sept ans de travaux forcés, les magistrats recevaient des pouvoirs accrus pour confisquer des armes, aucun rassemblement de plus de 50 personnes ne pouvait avoir lieu sans l'accord préalable des autorités, les publications blasphématoires ou séditieuses pouvaient être poursuivies, les journaux d'opinion devaient porter un timbre fiscal.

Le parti whig s'inquiétait de ces atteintes aux libertés. Une nouvelle affaire allait encore relancer cette atmosphère délétère, la conspiration de Cato Street. Une société philanthropique, telle que les affectionnait le siècle des Lumières finissant, avait donné naissance à un groupe d'agitateurs, partisans de l'action directe. Les adeptes de Thomas Spence, un maître d'école originaire de Newcastle disparu en 1814, eurent l'idée saugrenue, inspirée sans doute par certaines coutumes françaises, de mettre au bout d'une pique les têtes du ministre de l'Intérieur, lord Sidmouth, et de lord Castlereagh, dont le nom restait associé aux *Six Acts*. Le but était de les promener dans les quartiers insalubres de Londres pour provoquer une révolution immédiate. Sur les camarades qu'ils contactèrent pour le grand soir, beaucoup se récusèrent ; mais il se trouva quand même 27 « pieds-nickelés » pour accepter. Cette opération de commando, d'un genre un peu particulier, devait se dérouler lors d'un dîner en ville chez lord Harrowby, au numéro 39 de Grosvenor Square, dans l'un des quartiers les plus huppés de Londres. L'on trouva un logement dans Cato Street, transformé en base arrière pour cette opération spectaculaire. Mais la police londonienne avait déjà pénétré le réseau, et une arrestation un peu musclée permit de coffrer tout ce beau monde [31]. Les condamnations à mort tombèrent à verse : 5 furent exécutées, 5 autres furent transformées en bagne à perpétuité.

La montée du libéralisme

En un sens, il est vain de parler de libéralisme en Angleterre avant les années 1820. Comme « ancien régime » et tant d'autres mots du lexique historique, le concept de libéralisme est rétrospectif. Voire anachronique quand on l'utilise pour une période antérieure. Et Jonathan Clark avait raison de s'interroger, avec une ironie toute swiftienne, sur ce que donnerait une histoire de l'automobile au XVIIIe siècle [32].

Malgré qu'il en eût, George III, gravement indisposé depuis des années, avait laissé son fils occuper la régence. Le roi souffrait d'une maladie héréditaire assez grave, la porphyrie, qui s'accompagnait d'un syndrome dépressif et d'hallucinations.

En 1820, le Régent succéda à son père sous le nom de George IV. On ne comptait plus les aventures féminines de ce dandy extravagant, dont on raconte qu'il coupait une mèche de cheveux à chacune de ses conquêtes [33]. Il devait lui-même disparaître en 1830, laissant la place à son frère, Guillaume IV. Un terrible scandale matrimonial défraya la chronique, lorsque Caroline de Brunswick, épouse de George IV, résista vaillamment à son mari. Le roi souhaitait annuler leur mariage, en prétextant l'inconduite de sa femme. Après la mort de la reine et celle de George IV, la respectabilité de la famille royale devint un modèle pour l'ensemble de la société, qui cherchait au sommet des exemples de vertu, en particulier féminine [34]. Par ses excès mêmes, l'atmosphère tendue du premier quart du XIXe siècle prépara la double victoire du libéralisme politique et économique. Ce fut pourtant un gouvernement tory, dirigé par Wellington, le vainqueur de Waterloo, qui le premier lâcha du lest sur la question décisive des discriminations religieuses. En mai 1828, les non-conformistes protestants devenaient des citoyens à part entière. Il n'était plus utile de communier selon le rite anglican pour se qualifier pour une charge ou un office [35]. Le tour des catholiques vint officiellement l'année suivante [36].

La mort de George IV, l'accession au pouvoir de Guillaume IV ne mirent pas tout de suite un terme au ministère de Wellington. Mais lorsque Wellington se trouva en minorité aux Communes, en novembre 1830, le nouveau roi n'hésita pas à appeler Charles Grey. Pour la première fois depuis 1783 et le court ministère de Rockingham, les whigs formaient un gouvernement réformateur [37]. Le journaliste radical William Cobbett, dans son *Political Register*, décrivait à l'automne la « guerre » qui s'était emparée des campagnes : destruction de récoltes et de matériel agricole, accusé de priver les journaliers de leur pain quotidien. Les paysans en colère signaient leurs exploits vengeurs d'un cinglant *Captain Swing* [38]. Il fallait faire vite. Grey entama ses réformes, mais pour se heurter à une opposition invincible à la Chambre des lords. De nouvelles élections aux Communes renforcèrent encore son pouvoir, mais sans parvenir à faire sauter le verrou des Lords. Le pays s'agitait ; des émeutes éclatèrent en particulier à Nottingham et à Bristol. En 1832, Guillaume IV sortit le pays de la crise. Il fallait donner une majorité à Grey ? Eh bien, on la lui donna en créant le nombre requis de lords whigs.

Ce fut d'abord le grand Acte de réforme, signé par la Couronne le 7 juin. Il fut suivi par l'abolition de l'esclavage dans les colonies, et par l'Acte sur les usines de 1833, avant l'importante loi sur les pauvres de 1834 [39]. Son travail accompli, Grey put démissionner, et s'éteindre en 1835. Appelé à former le prochain gouvernement, Robert Peel, pour les conservateurs, estimait que la réforme du parlement était désormais acquise, et que nul ne saurait revenir sur ce point [40]. La loi de 1832 mettait fin à un ancien régime parlementaire, fruit d'une lente sédimentation de droits et de privilèges. Ni les modes d'élection, ni la nature du corps électoral n'avaient été jusque-là unifiés. La Chambre des communes comprenait traditionnellement deux types de représentants : les chevaliers des comtés, élus par les *shires* ; les bourgeois, représentant les villes [41]. Dans le premier cas, le cens avait été porté à 40 shillings ; dans le second, on distinguait, à la veille de la réforme, au moins cinq types différents d'élection, qui allaient pratiquement du suffrage universel masculin à la désignation par quelques familles [42]. Désormais, 56 « bourgs pourris », qui envoyaient un total de 111 bourgeois, perdirent toute représentation ; 30 autres, dont la population était inférieure à 4 000 habitants, n'en envoyèrent plus qu'un seul, au lieu de deux antérieurement. Weymouth et Melcombe Regis perdirent deux de leurs députés sur quatre. Par ailleurs, les comtés acquirent 65 sièges et plusieurs grandes villes se répartirent 44 autres sièges, dont Birmingham, Manchester, Leeds, Sheffield, hauts lieux de la révolution industrielle, ainsi que la conurbation londonienne ; 21 petites villes eurent leur député, l'Écosse et l'Irlande gagnèrent respectivement 8 et 5 sièges supplémentaires [43]. Le corps électoral fut également unifié et l'on appliqua un suffrage censitaire encore complexe, mais plus lisible désormais que l'ancien système, qui remontait au Moyen Âge [44].

L'Acte sur les usines de 1833 restreignait le travail des enfants dans le textile ; la mesure fut étendue aux mines, neuf ans plus tard [45]. Mais le plus spectaculaire était encore à venir. La loi sur les pauvres, en août 1834, accomplissait une véritable révolution mentale. Au carrefour de l'éthique et de l'économie, le traitement de la misère constitue l'un des plus grands révélateurs des mentalités anglaises au XIXe siècle. L'Acte avait pour but d'introduire davantage de rigueur, à tous les sens du terme, en dissuadant les pauvres d'avoir recours à l'assistance, sauf dans les cas les plus extrêmes. Pour ne pas dire les plus désespérés. En bref, et pour reprendre le titre du livre justement célèbre de Michel Foucault, il s'agissait bien de « surveiller » et de « punir [46] ». Votée opportunément l'année de la disparition de Malthus, la loi succédait à un important travail parlementaire. Le rapport préalable reposait sur une vaste enquête ; on dressait un soigneux état des lieux avant de proposer quelques remèdes, dont l'« éducation religieuse et morale des classes laborieuses [47] ». L'unité chargée de gérer la bourse des pauvres, depuis la période élisabéthaine, c'était la paroisse. Certes, on avait encouragé les regroupements au XVIIIe siècle, afin de « mutualiser les moyens », comme le disent nos actuels technocrates. Et surtout d'introduire une plus grande flexibilité, en permettant aux pauvres capables de travailler de se présenter sur le marché du travail en dehors du ressort de leur paroisse. La loi de 1834 allait rompre totalement avec cette conception, en postulant que les conditions de vie des moins favorisés d'entre les salariés devaient être nettement supérieures à celle des assistés. « En abolissant la punition, n'abolit-on pas la récompense ? », avait remarqué le rapport préalable [48]. La souffrance, si elle n'avait plus de valeur rédemptrice, gardait une louable vertu incitatrice sur le plan économique, en encourageant l'effort, l'épargne et la chasteté. Un bon pauvre, selon Malthus, mangeait peu. Il était sobre, il était chaste. Et évitait ces gratifications des sens qui accroissent inexorablement le nombre des bouches à nourrir. L'on s'employa, avec ingéniosité, à faire travailler les assistés dans des *workhouses*, salués par leurs détracteurs comme de nouvelles « bastilles ». La promiscuité entre les sexes, mariés ou pas, était bannie dans ces établissements, régis de façon patriarcale par un maître et une matrone. Le règlement interne de 1841 prévoyait une liste de délits, durement sanctionnés : interdiction d'employer de vilains mots, de se battre, de manquer à la propreté, de mal se comporter durant le culte et les prières, de se laisser aller à des actes indécents, ou de se saouler. Les réfractaires pouvaient être mis au pain et à l'eau, ou aux pommes de terre, sans beurre, sans thé et sans sucre. Dans les cas les plus graves, on prévoyait même l'internement, voire la comparution devant un juge de paix [49]. Un bon pauvre était courtois, propre sur lui, et bien élevé ; il craignait le Seigneur et respectait les puissants.

Dans tel *workhouse* du Hampshire, depuis transformé en hospice, une fenêtre centrale, en verre dépoli, portait un regard glauque sur la cour, de façon à ce que les habitants se sentissent en permanence observés. Cela tenait de *Big Brother* et du Sur-Moi freudien. Parmi les détracteurs les plus courageux de ce système, Charles Dickens qui, par ses romans, attirait en permanence l'attention du public sur la dureté du sort des miséreux, ceux que Victor Hugo à peu près à la même époque allait appeler les « misérables », en mettant l'accent sur les effets destructeurs de la pauvreté. Pourtant, les apparences étaient sauves. « Un *workhouse* d'Angleterre est une vaste maison, qui a même souvent des prétentions à l'élégance architecturale », notait un observateur français en 1840. Pour préciser : « Cette maison est un hospice ouvert aux vieillards, aux incurables et aux infirmes, un refuge pour les orphelins, un asile pour les idiots et les fous, et un dépôt de mendicité pour les vagabonds et les indigents valides ; il n'y manque que des criminels pour qu'elle réunisse sous le même toit toutes les misères humaines [50]. » La charité était ainsi devenue un « épouvantail », destiné à écarter les profiteurs [51]. Certes, concluait l'auteur, admiratif des mœurs anglaises, « si la loi n'avait pas fait les conditions de la charité si dures, la charité aurait ruiné la nation ». Il fallait donc rompre avec l'ancienne charité, la « vieille charité, celle dont le christianisme avait fait un besoin et un devoir [52]. » Et transformer désormais l'assistance en « châtiment [53] ».

Les Anglais, philanthropes, étaient passés maîtres dans l'art du *social engineering* [5]. Quelques décennies plus tard, le Français Jules Vallès insistait sur les effets à long terme de cet enfermement des pauvres : « J'ai traversé ce purgatoire, et l'ai trouvé plus affreux, dans sa sérénité, que l'enfer monstrueux de Dante. » Et, rejetant l'esprit comptable des géomètres : « Les pauvres ont leur dû, dans les proportions qu'a tracées la loi, dont le glaive s'est fait couteau de cuisine pour dépecer les parts. » Lyrique, enfin : « Ne grognez pas les bêtes... chaque encagé a sa ration ! Oui, chacun a son compte de provisions contre la faim, mais point son compte de munitions contre le spleen, la honte, le dégoût. Mieux vaudrait avoir l'occasion de pleurer, le droit vrai de se plaindre, mieux vaudrait être mordu par tous les chiens du vice et de la misère, que de rester là, en face de journées qui ont toujours le même visage, sinistre et muet, fantômes du temps qui passent et repassent autour de l'assisté immobile [55] ! »

L'anglicanisme flamboyant

Au milieu de l'abondance et de la misère, une effervescence spirituelle inconnue gagna benoîtement certains milieux ecclésiastiques anglicans. Généralement quiets et placides, ces hommes de bon sens rassis et d'un flegme serein, à l'élocution facile et à la diction impeccable, exprimèrent soudain leur insondable fascination pour un catholicisme naguère encore honni, raillé et refoulé par plusieurs générations de prédication protestante. Le mouvement trouva l'un de ses actes fondateurs dans le sermon que John Keble prononça en 1833 à l'église St. Mary's d'Oxford, sous le titre provoquant de l'« apostasie nationale ».

Le protestantisme, une apostasie ? Les Anglais avaient-ils donc renoncé à la foi candide de leur enfance, en épousant la Réforme [56] ? Mettant un comble à l'exaspération de leurs compatriotes, certains esprits, et non des moindres, allaient rallier à terme le catholicisme romain. John Henry Newman finit sa carrière, brillamment commencée au sein de l'Église d'Angleterre, dans la pourpre cardinalice que Rome réserve généralement aux plus illustres de ses enfants [57]. Newman ne manqua pas de condamner le libéralisme, au moment même où il triomphait dans le pays. Et cette thèse, parmi tant d'autres, qui eut droit à tous ses sarcasmes : « Personne ne peut croire ce qu'il ne comprend pas [58]. » Mais avait-on besoin de comprendre pour croire ? Comment avait-on pu chasser le mystère ? Pourquoi cette arrogance de la raison ? Libéralisme théologique, libéralisme économique, libéralisme politique, libéralisme éthique, enfin, allaient faire l'objet des assauts conjugués de tous les conservatismes. L'Église catholique romaine avait pris une longueur d'avance en condamnant, dès 1791, les droits de l'homme. Avant de dénoncer la liberté d'entreprendre [59]. La France révolutionnaire, avait précisé le pape Pie VI, renouait avec le schisme d'Henry VIII.

Pouvait-on en revenir à l'Église d'avant la Renaissance et la Réforme ? Certains anglicans, hommes de compromis, voulurent garder du catholicisme ce qu'il avait de meilleur selon eux – ses dogmes impeccables, la précision de ses rites, ses pompes et son sens du sacré – tout en réfutant la primauté romaine. Ce catholicisme sans pape demeura interne à l'Église d'Angleterre, en dépit des préventions innombrables qui l'entourèrent [60]. Pouvait-on se dire catholique et rester anglican ? Était-il possible d'être catholique sans reconnaître le pape ? L'anglo-catholicisme victorien s'empressa de relever le défi, quitte à endurer une brève phase de persécution [61]. Cet anglo-catholicisme, d'une assez haute subtilité doctrinale, reprit finalement certaines pratiques liturgiques prohibées ; ce fut à terme le retour de la messe, une célébration eucharistique centrée sur le mystère, là où le culte dominical anglican mettait généralement les fidèles à l'abri de toute surprise. L'utilisation de cierges, le lavement des mains, l'élévation des espèces après la consécration, la disposition des autels vers l'orient, les sonneries de clochettes : autant de motifs d'inquiétude pour les braves troupeaux anglicans, brusquement confrontés à ces pratiques qu'ils jugeaient idolâtres. Et, pour tout dire, exotiques et sauvages. Mais c'était ignorer l'attrait du fruit défendu, et l'anglo-catholicisme compta immédiatement ses adeptes, soucieux de doctrine et d'esthétique. La vogue du gothique fut largement parallèle à cette volonté affichée de renouer avec le Moyen Âge. Certes, l'on pouvait aimer les croisées d'ogives sans être catholique pour autant. L'architecte catholique Augustus Pugin, qui participa aux côtés de Charles Barry à la conception du parlement si célèbre de Westminster, ne cachait pas son attachement à la vieille religion. N'allait-il pas jusqu'à affirmer : « L'on ne saurait trouver l'excellence artistique que dans le catholicisme [62] » ?

Le renouvellement religieux ne concerna pas uniquement les formes catholiques de spiritualité, que celles-ci fussent romaines ou purement insulaires. Un authentique réveil évangélique se produisit également, tant au sein de l'anglicanisme que dans les Églises dissidentes, de plus en plus qualifiées d'« Églises libres », maintenant que la conformité ecclésiastique avait perdu son caractère hégémonique. En 1836, il devenait même licite de se marier dans l'Église de son choix, voire à l'extérieur de toute Église [63]. Vingt ans plus tard, le divorce civil s'ensuivit [64]. La sécularisation des mœurs, la crise religieuse et le scepticisme, liés au développement des sciences, n'empêchèrent pas la poussée d'un néopuritanisme rigoriste, attaché à lutter contre la prostitution, l'alcoolisme et l'immoralité sous toutes ses formes. Cette « révolution silencieuse » a laissé sa trace sur la vie anglaise, de plus en plus pétrie de moralisme [65]. L'évangélisme protestant et l'utilitarisme défendirent à leur insu les mêmes valeurs fondées sur le travail, l'épargne et la déférence. Quitte à exalter le patriarcalisme des maîtres, appelés à réunir leur maisonnée le soir pour la prière et la lecture de la Bible. Du reste, il convient de souligner qu'au moment du recensement de 1851, 61 % de la population se rendait encore à un culte dominical.

Les femmes elles-mêmes se virent offrir des exemples de vertu, souvent poussées jusqu'à l'héroïsme, comme dans l'exaltation de la figure de Florence Nightingale, la « dame à la lanterne », infirmière dévouée associant le souci humanitaire, la propreté et un sens prépasteurien de la prophylaxie [66]. Au nombre des causes que l'on défendit avec candeur, le respect du « sabbat », ce septième jour prescrit par l'Éternel pour le repos et qui, chez les chrétiens, était devenu le dimanche, jour de la résurrection du Crucifié. Le dimanche, il était de bon ton de rester en famille, en se livrant à des lectures graves et austères. Il fallait bannir impitoyablement les divertissements profanes. Suffisait-il de s'ennuyer pour être justifié devant Dieu ? Après avoir prêché la justification par le Christ, l'évangélisme mit l'accent sur la sanctification éthique. « La justification est un acte de Dieu à notre égard, c'est pourquoi il est difficile aux autres de savoir si nous l'avons reçue, déclarait le Très Révérend John Charles Ryle, évêque de Liverpool, et l'une des têtes pensantes de l'évangélisme anglican. La sanctification, en revanche, est une œuvre que Dieu accomplit en nous et qui ne peut être cachée aux yeux des hommes, dans ses manifestations extérieures du moins [67]. » Scrupules, sentiments de culpabilité, introspection, désespérante quête des marques de l'élection par Dieu. Tout un inconfort spirituel trouva son accomplissement à l'âge victorien, beaucoup plus qu'au temps des réformes religieuses, ces XVIe-XVIIe siècles où l'on savait que croire, c'était être sauvé. Ou du moins que les élus ressentaient ici-bas l'« assurance infaillible de la foi », selon les termes de la Confession de foi de Westminster (voir chapitre 17).

Le conformisme social et la diffusion des codes de l'urbanité expliquèrent la démocratisation relative du terme *gentleman*, désormais délié de ses origines patriciennes. « Depuis plusieurs siècles le mot de *gentilhomme* a entièrement changé de sens en Angleterre, et le mot de *roturier* n'existe plus », avait noté Tocqueville à l'époque. « Voulez-vous faire une autre application encore de la science des langues à la science de l'histoire : suivez à travers le temps et l'espace la destinée de ce mot de *gentleman*, dont notre mot de gentilhomme était le père. Vous verrez sa signification s'étendre en Angleterre à mesure que les conditions se rapprochent et se mêlent. À chaque siècle on l'applique à des hommes placés un peu plus bas dans l'échelle sociale. Il passe enfin en Amérique avec les Anglais. Là on s'en sert pour désigner indistinctement tous les citoyens. Son histoire est celle même de la démocratie [68]. » Tout Anglais se croyait déjà seigneur chez lui, selon l'adage *An Englishman's home is his castle*. Il aspirait à être *gentleman*, quel que fût son niveau de fortune. Bourgeois et petits bourgeois étaient appelés à communier naïvement dans le même souci de la respectabilité. Avec cela, une sentimentalité un peu mièvre, souvent au bord du pathos, sur un fond de délicate hypocrisie, comme dans ces romans populaires ou ces tableaux destinés à exalter la bienfaisance et la vertu.

Les débuts de l'ère victorienne

La grand-mère de l'Europe, aux neuf enfants princiers, aux formes épanouies et au front fier, a éclipsé les débuts du règne dans le souvenir [69]. On a souvent oublié la jeune fille un peu frêle, montée sur le trône à 18 ans, en 1837, au profit de l'impératrice des Indes, emblématique du XIXe siècle conquérant [70]. À cet âge encore tendre, Victoria s'en remit à lord Melbourne, son premier ministre whig, excellent homme au demeurant, dont l'épouse disparue avait cédé, dit-on, aux instances empressées de lord Byron. Heureusement pour elle, devait écrire méchamment Louis Blanc, Victoria avait toute l'inanité requise pour occuper adéquatement sa fonction. « Elle lit comme personne les discours de la couronne, et les journaux n'ont jamais manqué de remarquer combien sa prononciation est distincte, combien sa voix est claire, et quelle justesse il y a dans ses intonations [71]. »

La situation demeurait tendue en Angleterre. La libéralisation politique, incarnée par le *Great Reform Act* de 1832, avait été perçue comme insuffisante du côté de l'Angleterre industrielle. On avait le sentiment que les anciennes oligarchies terriennes étaient toujours au pouvoir, et maintenaient leurs acquis, grâce en particulier aux *Corn Laws*. En 1839, un effondrement commercial et une série de mauvaises récoltes accentuèrent le mécontentement des ouvriers. Une ligue contre les *Corn Laws* se constitua ; Richard Cobden, l'un des *self-made men* de la révolution industrielle, devenu chef d'entreprise, parvint à se faire élire localement dans le conseil municipal de Manchester, avant d'être député en 1841. Il trouva l'assistance du quaker John Bright, formidable orateur, élu à son tour au parlement deux ans plus tard. Le libre-échange apparut vite à ces hommes comme « un don de Dieu à l'humanité », destiné à permettre son bonheur. Et l'on pourrait dire, pour reprendre la formule d'un industriel de Manchester, que « Jésus-Christ était le libre-échange et que le libre-échange était Jésus-Christ [72] ».

L'agitation repartit de plus belle ; la ligue mit à profit la crise économique de 1840-1842 pour gonfler le nombre de ses membres. D'immenses meetings se tinrent pour écouter Richard Cobden et John Bright. En 1845, en plein XIXe siècle, l'Irlande fut touchée par un épisode insensé de famine, dû à la maladie de la pomme de terre, devenue l'élément de base de l'alimentation [73]. Sir Robert Peel, bien qu'il fût à la tête d'un gouvernement conservateur, ne put rester sans réagir ; lié par ses origines familiales aux milieux industriels du Lancashire, Peel ne manqua pas d'utiliser la situation irlandaise pour défendre sa politique de libéralisation douanière [74]. Le nationalisme montait en Irlande, autour de Daniel O'Connell, adversaire de l'Acte d'union. En janvier 1846, une nouvelle *Corn Law* abaissa les droits sur l'avoine, l'orge et le froment. Benjamin Disraeli, un député promis à un brillant avenir, monta au créneau contre le premier ministre. En mai, Peel obtint finalement la disparition des *Corn Laws*. Mais il dut en payer le prix en perdant le soutien de la majorité du parti conservateur, en dépit de l'appui de Wellington, son ami de toujours, à la Chambre des lords. Aux Communes, 231 députés conservateurs avaient voté contre la mesure ; seuls 112 avaient soutenu le gouvernement. En juin, Peel était défait sur la question irlandaise, après avoir prêché une plus grande rigueur répressive contre les mécontents [75]. George Hamilton Gordon, comte d'Aberdeen, avait mené une politique de conciliation aux Affaires étrangères : accord frontalier avec les États-Unis, au sujet de l'Orégon ; sympathie pour Guizot, permettant à la France d'étendre son protectorat sur Tahiti, également revendiqué par la Grande-Bretagne.

Peel laissait la place à John Russell et à ses amis whigs lors des élections de juillet 1847. Les partisans des *Corn Laws* avaient trouvé un porte-parole dans l'étoile montante du parti conservateur, Benjamin Disraeli. Ce dernier avait défié ouvertement Peel, en le présentant comme un traître qui aurait volé les idées de ses adversaires pour les tourner contre son camp. « Comme le disait Swift, au sujet de quelque autre ministre : *C'est un gentleman qui a l'infortune de toujours se tromper* [7]. » La rupture entre les conservateurs libéraux, partisans de Peel, et les conservateurs protectionnistes, proches de Disraeli, était consommée. Dans la Chambre des communes, les conservateurs hostiles à Peel se regroupaient autour de George Bentinck ; ils suivirent lord Stanley of Bickerstaff, futur comte de Derby, à la chambre haute [77]. En 1849 furent abolis les *Navigation Acts*, qui remontaient au XVIIe siècle. La fin des barrières douanières, le renoncement au protectionnisme eurent pour effet une baisse des prix alimentaires. Les *tories* eux-mêmes ne purent rester insensibles à ces attraits ; autour de William Gladstone, un certain nombre de transfuges, issus du parti conservateur, passèrent au parti libéral qui, fort de ce soutien, parvint à se maintenir, presque sans discontinuer, pendant une vingtaine d'années. Était-ce la victoire définitive du libéralisme ? Le républicain-socialiste Ledru-Rollin saluait la « victoire des seigneurs de la manufacture sur les seigneurs de la terre » (voir annexe VI : L'antilibéralisme aux origines de l'anglophobie) [78].

Une figure semble résumer à elle seule l'ensemble de la période, celle de lord Palmerston [79]. Le vicomte occupa le portefeuille des Affaires étrangères de façon presque continue de 1830 à 1841. Et à nouveau, de 1846 à 1852. Nul ne sut mieux que cet ancien tory exprimer l'hégémonie des valeurs libérales. C'est lui qui accueillit Louis-Philippe après la révolution de 1848, lui encore qui approuva le coup d'État de Louis-Napoléon Bonaparte en décembre 1851, lui enfin qui regarda avec d'autant plus de sympathie les projets d'unification allemande et italienne qu'il pensait qu'ils avaient peu de chance de réussir. Il eut une grande formule : *civis romanus sum*. Les Britanniques comme lui étaient appelés à devenir d'authentiques citoyens romains, en appartenant à cet empire où le soleil ne se couchait jamais. La *pax britannica* remplaçait désormais la *pax romana* [8].

Le réformisme populaire

D'autres forces étaient apparues. Et, parmi elles, un puissant mouvement populaire. Les ouvriers, contrairement aux classes moyennes qui bénéficièrent de la réforme de 1832, n'étaient toujours pas représentés au parlement. Au lieu d'être révolutionnaires comme en France ou dans d'autres pays du continent, les chartistes furent profondément réformistes. « Bien que, par essence, écrivait l'un des historiens du mouvement, le chartisme ait été un mouvement social, pendant la plus grande partie de son existence, il limita ses objectifs immédiats à la réalisation d'un programme politique [81]. » La *Charte du Peuple* avait été publiée en 1838. Elle exigeait six réformes : suffrage universel masculin, vote à bulletins secrets, abolition du cens pour les députés, rétribution de ceux-ci, circonscriptions égales, élections annuelles. Les chartistes utilisèrent massivement la pétition comme mode d'action politique ; en 1848, ils obtinrent 6 000 000 signatures. Sur une population totale de 20 000 000 habitants pour la Grande-Bretagne... Du moins le prétendirent-ils. Parmi les dirigeants les plus actifs du mouvement, William Lovett, très attaché à l'idée qu'il fallait permettre aux enfants du peuple d'accéder à tout âge à la culture par l'éducation. Feargus O'Connor était pour sa part favorable à des méthodes plus musclées pour se faire entendre, et il utilisait le journal *Northern Star* pour mener campagne. Il y gagna le surnom de « Lion de la liberté ». Le recours à la force restait exceptionnel ; dans l'insurrection chartiste de Newport, au pays de Galles, en novembre 1839, on ne compta pas moins de 22 morts parmi les manifestants. Mais globalement, le réformisme l'emporta ; O'Connor lui-même parvint à se faire élire au parlement en juillet 1847.

En 1848, alors que la France, la Hongrie, la Rhénanie, l'Autriche, la Prusse, le Milanais, la Vénétie... étaient secoués par la révolution ou l'émeute, l'Angleterre resta à l'écart de l'insurrection [82]. Marx et Engels, auteurs, la même année, du célèbre *Manifeste du parti communiste*, s'impatientaient. « La révolution française de 1848 sauva la bourgeoisie anglaise », devait écrire le vieux Friedrich Engels en 1885. Avant de poursuivre : « Les proclamations socialistes des ouvriers français victorieux effrayèrent la petite bourgeoisie anglaise et désorganisèrent le mouvement des ouvriers anglais, qui se développait dans un cadre plus étroit, mais plus directement pratique. Au moment même où le chartisme devait déployer toute sa vigueur, il s'effondra de l'intérieur, avant même de s'écrouler extérieurement, le 10 avril 1848. L'activité politique de la classe ouvrière fut reléguée à l'arrière-plan. La classe capitaliste avait vaincu sur toute la ligne [83] ».

En février de la même année, à Paris, Louis-Philippe avait été chassé du pouvoir. Et la République proclamée. Rien d'équivalent à Londres. Les Anglais n'étaient décidément pas des Français. La révolution industrielle leur avait-elle tenu lieu de révolution politique ?

Chapitre XXII

PENSER LA RÉVOLUTION INDUSTRIELLE

> « La classe ouvrière n'est pas apparue comme le soleil à un moment donné. Elle a été partie prenante de sa propre formation [1]. »
>
> E.P. Thompson.

Il paraît qu'après une amputation du bras ou de la jambe, l'on continue à sentir le membre manquant. L'on pourrait dire la même chose de la révolution : elle a longtemps été le membre manquant de l'histoire anglaise. Ou, du moins, on s'est complu à analyser son absence à la jonction des Temps modernes et de la période contemporaine. Le Royaume-Uni n'aura connu ni révolution de 1789, ni révolution de 1848, ni Commune de 1870, ni *a fortiori* révolution bolchevique de 1917. Les révolutions, soupirait l'un des meilleurs historiens anglais, sont des « choses dont nous apprenons l'existence par les livres ». Et le même auteur de constater le caractère « gradualiste » de l'évolution politique et sociale de son pays [2].

L'Angleterre a une longue tradition réformiste, façonnée par des générations de sociabilité ouvrière et de vie associative [3]. En dépit même des pronostics de Marx, qui s'attendait à y voir éclater une révolution prolétarienne, le peuple a eu la sagesse, la prévoyance ou l'insouciance, comme on veut, de s'en remettre à la politique pour résoudre ses crises. Ernest Labrousse, l'un des artisans du renouvellement de l'histoire économique et sociale de l'après-guerre, pouvait s'étonner, dans un cours en Sorbonne, de l'« avance de l'économie anglaise », et du « retard de l'idéologie ». Entre l'Angleterre et la France, un curieux parallélisme inversé : « L'évolution économique anglaise au XIXe siècle, c'est la rencontre de la machine à vapeur et du libre-échange. » Alors qu'à l'inverse, « l'évolution sociale » de la France paraîtrait « dominée par la rencontre de la machine à vapeur et de la Révolution française [4] ».

Une invention française

« Révolution » industrielle ? La métaphore est pour le moins ambiguë : si elle se prête à la commémoration attendue, au mythe entendu et à l'exercice de style, elle postule aussi à l'inverse un processus discontinu, imprévisible et surprenant [5]. En France, on avait peut-être moins de vapeur qu'en Angleterre. Mais on avait des idées. Et des brevets d'invention, garantis par l'État, là où l'Angleterre, s'en remettant à la société civile et à la sphère publique, développait les *patentes*, garantes d'un monopole d'invention. Ce parallélisme fatidique entre révolution politique à la française et révolution industrielle anglaise avait une assez longue histoire. On pouvait déplorer l'absence de révolution en Angleterre ou s'en réjouir. L'on pouvait aussi déplacer le problème et inventer une « autre » révolution, parallèle à la Révolution française, et accoucheuse elle aussi de progrès. Ce fut la révolution industrielle. Ou, pour reprendre une formule récente, un *Industrial Enlightenment*, marqué par des mentalités nouvelles, pétries de pragmatisme et d'utilitarisme.

La révolution industrielle fut l'invention d'un économiste français, sous la monarchie de Juillet, le libéral Adolphe Blanqui [6]. « Tandis que la révolution française faisait ses grandes expériences sociales sur un volcan, déclarait Blanqui, l'Angleterre commençait les siennes sur le terrain de l'industrie. La fin du XVIIIe siècle y était signalée par des découvertes admirables, destinées à changer la face du monde et à accroître d'une manière inespérée la puissance de leurs inventeurs. Les conditions du travail subissaient la plus profonde modification qu'elles aient éprouvée depuis l'origine des sociétés. Deux machines, désormais immortelles, la machine à vapeur et la machine à filer, bouleversaient le vieux système commercial et faisaient naître presque au même moment des produits matériels et des questions sociales, inconnus à nos pères [7]. »

Cette supériorité anglaise, selon Blanqui, aurait été antérieure à la Révolution. La philosophie de l'*Enlightenment* aurait été à bien des égards préférable aux Lumières françaises. « Il n'a pas été donné aux mêmes hommes de poser les questions et de les résoudre [8] », écrivait sobrement Blanqui. Cette faiblesse théorique était celle de la France face à l'Angleterre ; le premier pays avait des philosophes, le second se contentait d'économistes et de savants, adeptes de la méthode expérimentale : « Les philosophes du XVIIIe siècle, disait Blanqui, n'ont entrevu la solution du problème social qu'au travers du prisme de leur imagination et comme en poètes : les économistes seuls y ont appliqué la méthode expérimentale, et ce n'est réellement qu'entre leurs mains que l'économie politique est devenue une science d'observation [9]. » Blanqui appliquait les mêmes critiques à Rousseau, dont la doctrine économique conduisait « au régime de Sparte et aux lois de Lycurgue [10] ». Quant à Voltaire, il se serait contenté de « jeter le vernis de sa prose élégante sur les lieux communs les plus surannés de son époque [11] ». La supériorité anglaise aurait éclaté dès le XVIIIe siècle sur le terrain des idées. Les philosophes ont cependant préparé les esprits à accueillir Adam Smith, en les familiarisant avec les « discussions d'intérêt social ». Même les encyclopédistes auraient été de « hardis frondeurs », « plus occupés de détruire que de réformer ». Aussi la « révolution politique dont ils furent les premiers apôtres a-t-elle eu le temps de faire le tour du monde, avant que la révolution économique ait seulement choisi ses premiers champs de bataille [12] ». Des deux révolutions, la sociale et l'économique – Blanqui parlait de révolution économique plus qu'industrielle –, la seconde n'avait que trop tardé [13].

Une étape universelle ?

La modernité économique compte, elle aussi, ses revenants. Ou ses fantômes. Au nombre des momies dont a accouché l'âge scientifique, il faut citer le philosophe Jeremy Bentham, dont le corps a été préservé dans une châsse de bois et de verre à l'université de Londres. L'on peut encore aller, Gower Street, méditer en présence de l'homme illustre avant l'heure du thé. Malheureusement, depuis la mort de l'impétrant en 1832, la tête a été remplacée par un artefact de cire ; l'originale, pieusement conservée désormais en lieu sûr, aurait fait l'objet de multiples larcins et autres canulars plus ou moins macabres qui l'auraient conduite, après bien des détournements, jusqu'à la consigne de la gare d'Aberdeen. Mais cette autocélébration pharaonique conserve un caractère immodeste et touchant, conformément à des dispositions testamentaires spécifiant que le corps du penseur serait amené à siéger *post mortem* dans toutes les réunions visant à célébrer le bienfaiteur de l'humanité [14]. Quel titre avait ainsi le *de cujus* pour entrer de plain-pied dans l'immortalité ? Son idée que la morale n'avait d'autre but que de permettre au plus grand nombre d'accéder au bonheur, par une juste arithmétique des plaisirs et des peines. S'il ne croyait pas en Dieu, est-on bien sûr que Bentham ne croyait pas en la divinité ? La sienne propre. Celle de son système [15]. Le terme utilitarisme s'appliqua à la nouvelle philosophie, désireuse de promouvoir l'utilité sociale par le libre jeu des intérêts privés.

Ce prosaïsme conduisit nos compatriotes à écarter pendant plusieurs décennies la philosophie politique anglaise du XIXe siècle de leurs études, au profit essentiellement de Hegel et de Marx, ou de leur postérité [16]. « La révolution industrielle a pour l'Angleterre la signification qu'a pour la France la révolution politique et la révolution philosophique pour l'Allemagne », s'était précisément exclamé Friedrich Engels [17]. La révolution industrielle aurait constitué une étape inéluctable dans le développement des civilisations. Mais derrière ce terme unique, posé comme universel, comment ne pas déceler plusieurs révolutions distinctes : une avancée technique, une restructuration économique et financière, un phénomène social enfin, marqué par l'apparition de nouvelles classes ? Et singulièrement par ce prolétariat qui provoqua tour à tour l'admiration, puis l'exaspération des révolutionnaires socialistes. Friedrich Engels donna sa formulation canonique à cette conviction ; il vit, dans la révolution industrielle, beaucoup plus qu'un phénomène économique ou technique, une transformation en profondeur de l'humanité, par l'émergence d'une nouvelle classe, le prolétariat, appelé à régénérer le monde, en absorbant tous les hommes en son sein : « L'histoire de la classe ouvrière en Angleterre commence dans la seconde moitié du siècle passé, avec l'invention de la machine à vapeur et des machines destinées au travail du coton. On sait que ces inventions déclenchèrent une révolution industrielle qui, simultanément, transforma la société bourgeoise dans son ensemble et dont on commence seulement maintenant à saisir l'importance dans l'histoire du monde. »

Et Engels d'enchaîner : « L'Angleterre est la terre classique de cette révolution qui fut d'autant plus puissante qu'elle s'est faite plus silencieusement. C'est pourquoi l'Angleterre est aussi la terre d'élection où se développe son résultat essentiel, le prolétariat. C'est seulement en Angleterre que le prolétariat peut être étudié dans tous ses tenants et ses aboutissants [18]. » Ainsi la révolution industrielle se voyait-elle attribuer un état civil ; elle avait un lieu et une date de naissance : l'Angleterre de la seconde moitié du XVIIIe siècle. Elle était dotée également d'une postérité : ses enfants étaient les prolétaires, appelés à terme à couvrir la terre entière. L'Angleterre recevait par là même une mission inédite : une révolution silencieuse, et moins audible que la Révolution française, l'avait transformée en terre du futur.

L'avenir de l'humanité ?

Sans doute est-ce là la raison pour laquelle le voyage en Angleterre, comme ultérieurement le voyage en Amérique, s'apparenta à la futurologie. Le phénomène précéda même de quelques années la Révolution de 1789, à une époque où la France jouissait également d'une exceptionnelle croissance, lui permettant de rattraper son puissant voisin [19]. Barthélemy Faujas de Saint-Fond, géologue et homme de science, accomplit en 1784 son périple dans les îles Britanniques. Il fut saisi par l'atmosphère qui régnait à Birmingham, « une des villes les plus curieuses de l'Angleterre par l'activité de ses manufactures et de son commerce ». Il poursuivait : « Là, tous les moyens de l'industrie soutenus par le génie de l'invention et par des connaissances mécaniques dans tous les genres, se sont tournés du côté des arts et semblent s'être donné la main pour concourir respectivement à la perfection des uns et des autres. Je sais que quelques voyageurs qui ne se sont pas donné la peine de réfléchir sur l'importance et l'avantage de ces sortes de manufactures dans un pays tel que l'Angleterre ont désapprouvé la plupart de ces établissements d'industrie et d'utilité. » Et le Français de s'extasier devant « ces vastes ateliers où l'on fabrique des pompes à vapeur, ces machines étonnantes dont le perfectionnement fait tant d'honneur au talent et aux connaissances de M. Watt. » Ou encore « sur les lamineries de cuivre sans cesse en activité pour le doublage des vaisseaux », sur celles de « tôles et de fer blanc qui rendent la France tributaire de l'Angleterre ». Pour ne pas oublier cette « partie si étendue, si variée de quincaillerie qui occupe avec tant d'avantages plus de trente mille bras et oblige l'Europe entière et une partie du Nouveau Monde à s'approvisionner ici, parce que tout est fait avec plus de perfection, avec plus d'économie et en plus grande abondance que partout ailleurs ». Et Faujas de Saint-Fond de conclure : « C'est encore ici, je le dis avec complaisance, et il faut le dire aux Français jusqu'à satiété, c'est l'abondance de charbon de terre qui a fait ce nouveau miracle et a produit au milieu d'un désert aride une ville de quarante mille habitants qui vivent au sein de l'aisance et de toutes les commodités de la vie. [20] »

Faujas de Saint-Fond était bon observateur. Il avait mis le doigt sur le miracle du charbon. Et son couplage avec la pompe à vapeur. Une chose est sûre : l'Angleterre fut confrontée à une accélération des découvertes techniques inégalée. En 1709, Abraham Darby découvrait que l'on pouvait purifier le charbon de terre pour produire du coke, permettant plus facilement d'obtenir de la fonte [21]. La métallurgie allait changer d'échelle. Et le charbon devenir la principale source d'énergie, avant l'électricité un siècle après, et enfin le pétrole et le nucléaire...

Cinquante ans après Faujas de Saint-Fond, deux célèbres observateurs allaient à leur tour décrire l'Angleterre. Alexis de Tocqueville et Friedrich Engels se rendirent à Manchester, respectivement en 1835 et en 1842. Depuis quelques années déjà, la ville s'était dotée du premier chemin de fer, surnommé « la fusée », qui avait effectué la jonction avec Liverpool ; Londres et Birmingham allaient suivre [22]. En juillet 1835, donc, ce fut le choc pour le Français Tocqueville, confronté à la puissante « ville manufacturière des tissus, fils, cotons... comme Birmingham l'est des ouvrages de fer, de cuivre et d'acier ». Si on la compare à Birmingham, Manchester jouit des avantages que lui procure, à quelque dix lieues, le « plus grand port de l'Angleterre », Liverpool, « lequel est le port de l'Europe le mieux placé pour recevoir sûrement et en peu de temps les matières premières d'Amérique ». Ou encore la proximité de grandes mines de charbon « pour faire marcher à bas prix ses machines ». Et puis, il y a la main-d'œuvre, les Irlandais, qui « arrivent d'un pays où les besoins de l'homme se réduisent presque à ceux du sauvage, et qui travaillent à très bas prix ». Ils parviennent à baisser ainsi le prix de la force de travail, en forçant « les ouvriers anglais qui veulent établir une concurrence, à faire à peu près comme eux ». Ainsi se trouvent réunis, note stoïquement Tocqueville, les

« avantages d'un peuple pauvre et d'un peuple riche, d'un peuple éclairé et d'un peuple ignorant, de la civilisation et de la barbarie [23] ».

Tocqueville excelle dans la description, comme lorsqu'il croque sur le vif cette « plaine ondulée » ou, plutôt « cette réunion de petites collines. Au bas de ces collines, un fleuve de peu de largeur (l'Irwell), qui coule lentement vers la mer d'Irlande. Deux ruisseaux (le Medlock et l'Irk) qui circulent au milieu des inégalités du sol, et, après mille circuits, viennent se décharger dans le fleuve. Trois canaux, faits de main d'homme, et qui viennent unir sur ce même point leurs eaux tranquilles et paresseuses. Sur ce terrain aquatique, que la nature et l'art ont contribué à arroser, sont jetés comme au hasard des palais et des chaumières. Tout dans l'apparence extérieure de la cité, atteste la puissance individuelle de l'homme ; rien, le pouvoir régulier de la société. La liberté humaine y révèle à chaque pas sa force capricieuse et créatrice. Nulle part ne se montre l'action lente et continue du gouvernement [24] ».

L'humanité était entrée à l'âge de la manufacture : « Trente ou quarante manufactures s'élèvent au sommet des collines que je viens de décrire. Leurs six étages montent dans les airs, leur immense enceinte annonce au loin la centralisation de l'industrie. Autour d'elles ont été semées comme au gré des volontés les chétives demeures du pauvre. Entre elles s'étendent des terrains incultes, qui n'ont plus les charmes de la nature champêtre. » C'est la découverte de cette caractéristique des pays développés, la friche industrielle, le terrain vague : « Ce sont les landes de l'industrie. Les rues qui attachent les uns aux autres les membres encore mal joints de la grande cité présentent, comme tout le reste, l'image d'une œuvre hâtive et encore incomplète ; effort passager d'une population ardente au gain, qui cherche à amasser de l'or, pour avoir d'un seul coup tout le reste, et, en attendant, méprise les agréments de la vie. Quelques-unes de ces rues sont pavées, mais le plus grand nombre présente un terrain inégal et fangeux, dans lequel s'enfonce le pied du passant ou le char du voyageur. » Comment dresser un hymne désormais à ces « tas d'ordures », à ces « débris d'édifices », à ces « flaques d'eau dormantes et croupies », qui s'étalaient sans pudeur « le long de la demeure des habitants ou sur la surface bosselée et trouée des places publiques » ? Un nouveau type de ville était né, « labyrinthe infect », au milieu d'une « vaste et sombre carrière de briques ». Il est vrai que s'élancent par endroits « de beaux édifices de pierre dont les colonnes corinthiennes surprennent les regards de l'étranger ». Dieu y reconnaîtra-t-il les siens ? La chronologie même s'embrouille : « On dirait une ville du Moyen Âge, au milieu de laquelle se déploient les merveilles du XIXe siècle [25]. »

Une étrange beauté était apparue ; elle renouait avec les grotesques des cavernes : « Levez la tête, et tout autour de cette place, vous verrez s'élever les immenses palais de l'industrie. Vous entendez le bruit des fourneaux, les sifflements de la vapeur. Ces vastes demeures empêchent l'air et la lumière de pénétrer dans les demeures humaines qu'elles dominent ; elles les enveloppent d'un perpétuel brouillard ; ici est l'esclave, là est le maître ; là, les richesses de quelques-uns ; ici, la misère du plus grand nombre ; là, les forces organisées d'une multitude produisent, au profit d'un seul, ce que la société n'avait pas encore su donner ; ici, la faiblesse individuelle se montre plus débile et plus dépourvue encore qu'au milieu des déserts ; ici les effets, là les causes [26]. »

Se pouvait-il que cette misère et cette opulence fussent liées, comme le maître et l'esclave, par quelque dialectique d'or et d'ordure, d'obscurité et de lumière ? « C'est au milieu de ce cloaque infect que le plus grand fleuve de l'industrie humaine prend sa source et va féconder l'univers. De cet égout immonde, l'or pur s'écoule. C'est là que l'esprit humain se perfectionne et s'abrutit ; que la civilisation produit ses merveilles et que l'homme civilisé redevient presque sauvage [27]. » Tocqueville était trop appliqué à décrire pour laisser percer le moindre sentiment de révolte. Mais il laisse de Manchester une image presque aussi implacable que celle que l'on trouve, quelques années plus tard, en 1845, dans un essai paru à Leipzig en langue allemande. La situation de la classe ouvrière en Angleterre a retenu toute l'attention d'Engels, jeune bourgeois fortuné parti séjourner pour affaires en Angleterre [28].

« Classe ouvrière » ou « classes laborieuses », au pluriel ? Si, en allemand, Engels choisit le singulier, dans sa préface anglaise il opte pour la formule, du reste plus anglaise, de classes laborieuses [29] : « Il y a soixante ou quatre-vingts ans, l'Angleterre était un pays comme les autres, avec de petites villes, une industrie peu importante, une population rurale clairsemée ; c'est maintenant un pays sans pareil, avec des villes industrielles colossales, une industrie qui alimente le monde entier, une population dense qui se compose de classes toutes différentes de celles d'autrefois. » Engels enchaînait : « Le prolétariat est né de l'introduction du machinisme ; la rapide expansion de l'industrie exigeait des bras ; des troupes compactes de travailleurs, venues des régions agricoles, émigrèrent vers les villes. La population s'accrut à une cadence folle. C'est ainsi que naquirent les grandes villes industrielles, où au moins les trois quarts de la population font partie de la classe ouvrière et où la petite bourgeoisie se compose de commerçants et de très peu d'artisans. La nouvelle industrie a transformé les outils en machines, les ateliers en usines et par là la classe laborieuse moyenne en prolétariat, les négociants d'autrefois en industriels ; la petite classe moyenne fut refoulée et la population ramenée à la seule opposition entre capitalistes et ouvriers. Les petits artisans, qui ne pouvaient concurrencer les grands établissements, furent rejetés dans les rangs de la classe prolétarienne. La suppression de cet artisanat, l'anéantissement de la petite bourgeoisie ôtèrent à l'ouvrier la possibilité de devenir lui-même un bourgeois. À présent le prolétariat est devenu une classe stable de la population, alors qu'autrefois il n'était souvent qu'une transition pour l'accès à la bourgeoisie. Désormais, quiconque naît ouvrier n'a d'autre perspective que celle de rester toute sa vie un prolétaire. Désormais donc, pour la première fois, le prolétariat est capable d'entreprendre des actions autonomes. C'est de cette façon que fut rassemblée l'immense masse d'ouvriers qui emplit actuellement l'Empire britannique et dont la situation sociale s'impose chaque jour davantage à l'attention du monde civilisé [30]. » Et cette formule éclairante : « Manchester est le type classique de la ville industrielle moderne [31]. »

Une conscience de classe ?

L'Angleterre passa en l'espace d'un siècle, de 1750 à 1850, d'une économie de caractère organique à une économie de type minéral, reposant sur l'exploitation du sous-sol. Comment définir la révolution économique ? Remplacement du travail à domicile, division du travail, constitution de marchés internationaux, urbanisation accélérée... Création d'un prolétariat, distinct par ses conditions de vie et par sa culture des compagnons qui l'ont précédé. Mais, aussi, émergence d'une bourgeoisie industrielle spécifique, « d'artisans habiles et aisés », parmi lesquels se recrutèrent « inventeurs et innovateurs [32] ». Ces *new men* de l'industrie ne provenaient ni directement des classes populaires, ni des élites traditionnelles de la terre et de la finance, encore moins des milieux du grand négoce colonial. Ils se recrutaient essentiellement dans les rangs d'une bourgeoisie laborieuse, géographiquement et socialement proche des milieux de la production [33]. Ces hommes et ces femmes se montraient férus de stratégies familiales, tout en privilégiant des répartitions relativement égalitaires entre les frères, contrairement aux habitudes de la *gentry*, traditionnellement acquise au droit d'aînesse. Il appartenait à chaque génération de faire à nouveau ses preuves, par son travail et son sens de l'effort, quitte à avoir occasionnellement recours à une famille élargie, attentive aux cycles naturels de la vie. Les femmes elles-mêmes avaient leur mot à dire dans cette gestion [34].

Le terme de « classe », au sens de classe sociale, se diffusa dans la seconde moitié du XVIIIe siècle. C'est dans le domaine de la botanique et de la zoologie que l'on classe les espèces [35]. À côté des notions d'ordre, de rang ou de statut, mêlant distinction sociale et niveau de richesse, la classe permet d'instituer de subtiles gradations, qui vont des classes laborieuses aux classes élevées, la notion de classes moyennes étant la plus longue à s'imposer (on parle dès cette époque, en anglais, de *lower*, *upper* et *middle class*). Loin d'impliquer une lutte, le terme « classe » était consensuel à l'origine : il impliquait une harmonie du corps social, parallèle à l'équilibre de la création. Le caractère compétitif de la nature ne fut souligné qu'au siècle suivant par le darwinisme. Au XVIIIe siècle, la reconnaissance de classes distinctes permettait d'assigner à chacun sa place dans un ordre du monde, pétri par l'idée d'intérêt général. Il appartenait au XIXe siècle d'accentuer le caractère conflictuel des classes sociales. Le concept même de « lutte des classes » trouva, dans l'*Histoire de la révolution d'Angleterre* de Guizot, l'une de ses applications [36]. L'existence des classes sociales a toujours été reconnue par la pensée conservatrice outre-Manche. Disraeli, le futur premier ministre de la reine Victoria, déplorait la division du pays, en prônant cette *one-country tradition* qui remontait à Bolingbroke. En 1845, dans son roman *Sibyl*, Disraeli allait jusqu'à parler de « deux nations » au sein de l'Angleterre, les « riches » et les

« pauvres », définis par un statut économique qui n'était pas sans incidence sur leur culture. Mais ce constat de l'âge industriel ne renouait-il pas avec le mythe ancestral des Saxons et des Normands, revivifié au moment de la révolution anglaise ?

Faut-il maintenir l'expression « révolution industrielle » ? Pourquoi pas ? Mais à condition de se prémunir contre l'idée que l'on serait passé d'un « système relativement stable à un nouveau système équivalent [37] ». Sans doute peut-on rappeler également que le phénomène affecta la société globale, loin de se cantonner au seul domaine de la production des biens matériels. Cette révolution se produisit au moment où la population des îles Britanniques s'accroissait de façon considérable. On estime la poussée démographique anglaise, de 1550 à 1820, à 280 % contre seulement 50 à 80 % pour le reste de l'Europe occidentale. Dans le même temps, le pays connaissait une urbanisation massive, alors même qu'il comptait peu de villes importantes auparavant, à l'exception de Londres. Si l'on se résigne à conserver le terme de « révolution industrielle », sanctifié par plusieurs décennies d'historiographie révérencieuse, sans doute convient-il de rappeler, avec Jonathan Clark, qu'elle demeure une « catégorie historiographique » et non pas un événement [38]. En tout cas, rétablissant le hasard dans la chaîne des nécessités, il faut souligner les discontinuités, que ne percevaient pas toujours les voyageurs étrangers comme Engels et Tocqueville, entre progrès technique, développement démographique et grande production. L'obsession de l'Angleterre noire ne saurait dérober plus longtemps au regard la persistance, pendant une bonne première moitié du XIXe siècle, d'une Angleterre rurale et conservatrice. Il n'est pas sûr, non plus, que le capitalisme industriel ait été le plus productif dans un pays qui a toujours privilégié les investissements financiers en dehors de son territoire – ce que l'on appellera, d'un terme contemporain, l'« impérialisme ». Ou théorie de l'empire.

Emmanuel Le Roy Ladurie a décrit, dans la longue durée, les mutations qui ont gagné les sociétés traditionnelles. En Angleterre plus tôt qu'ailleurs, l'humanité est sortie de ces temps heureux ou malheureux, en tout cas objets d'une constante mélancolie, jusque dans l'actuel discours des écologistes et autres altermondialistes, où « l'économie était servante plutôt que maîtresse », et « menée plutôt que meneuse [39] ».

Chapitre XXIII

BRITANNIA À L'ÈRE DES IMPÉRIALISMES, 1848-1914

> « Ces îles sont petites, et leur population est débordante. Il nous faut des colonies pour nous multiplier sans risque, et le peuple commence à s'en apercevoir [1]. »
>
> James Froude, Océana, *1877*.

Historien et grand voyageur, Froude avait quelque raison de craindre les effets pernicieux de l'urbanisation et, plus généralement, de la révolution industrielle sur la santé de ses compatriotes. Les habitants de la Grande-Bretagne, enfumés par les usines, n'étaient-ils pas emportés par une inéluctable décadence physique, guettés qu'ils étaient par l'asphyxie et l'atrophie dans leurs villes trop noires, de Birmingham à Glasgow ? Cette dilection se prêta à une longue méditation impériale sur la « race », associant le républicanisme de Harrington et l'exaltation plébéienne des vertus des Anglais ou de leurs cousins d'Amérique. Il était révolu, selon Froude, le temps où l'on pouvait penser que le commerce et les flux du capitalisme financier permettraient à la Grande-Bretagne d'assurer sa suprématie au-delà des mers. Le libéralisme libre-échangiste, hérité peu ou prou d'Adam Smith, avait droit à quelques lignes désabusées : « On a cru que, là où est la liberté, la vertu suivra, et l'on s'aperçoit, à l'épreuve des faits, qu'il n'en est pas ainsi. » Et Froude d'en revenir au traumatisme de la perte des treize colonies, sacrifiées selon lui par des aristocrates éloignés du peuple : « Les patriciens d'Angleterre n'avaient rien en commun avec les colons d'Amérique. Ces colons venaient du peuple. Ils étaient plébéiens ; beaucoup étaient des *dissenters* ; ils héritèrent des principes de la république ; ils étaient indépendants, et souhaitaient gérer eux-mêmes leurs affaires. Les classes dirigeantes, chez eux, essayèrent de les dominer, et ils échouèrent. » Et d'en tirer la morale pour le présent : « Depuis cinquante ans, c'est la même chose, la classe qui nous gouverne est incapable de gérer intelligemment nos colonies actuelles [2]. »

Théorie de la « race », crainte de sa dégénérescence, populisme, sympathie pour les États-Unis : voilà quelques-uns des ingrédients du renouveau impérial qui se manifesta à partir des années 70 du XIXe siècle [3]. Et qui se baptisa lui-même du nom d'impérialisme, sans que ce mot, à l'origine, eût la moindre valeur négative. « Notre passé est le leur, leur avenir est le nôtre [4] », dit-on au sujet des Américains. Originaire du Yorkshire, installé en Nouvelle-Zélande, Josiah Firth appartenait à la génération conquérante qui associait sa foi chrétienne et l'expansion territoriale aux dépens des peuples premiers. Nonconformiste sur le plan religieux, il n'hésita pas à affirmer que la formule d'une « destinée manifeste », utilisée par les Américains dans leur guerre contre le Mexique, méritait d'être reprise par les Anglais pour définir le caractère providentiel de leur action dans le monde [5].

Impérialistes et fiers de l'être, les sujets de la reine Victoria étaient convaincus du rôle qui leur était imparti. Sans atermoiements. Sans états d'âme. Sans sanglots. Sans remords. Sans *mea culpa*. Avec le sentiment du devoir accompli. Et une foi inébranlable dans la mission civilisatrice de l'homme blanc. Et de l'Anglo-Saxon en particulier, autre terme que l'époque diffusa, et qui faisait écho à l'idée de la race. Froude croyait au peuple ; il se voulait démocrate.

L'exportation des hommes

Les îles Britanniques furent les pouponnières de l'empire. Le dynamisme démographique du Royaume-Uni ressort de quelques chiffres : une population, qui avait déjà doublé de 1801 à 1851, doubla à nouveau de 1861 à 1911. Les habitants de l'Angleterre et du pays de Galles étaient 20 000 000 en 1861, 36 000 000 en 1911 ; l'Écosse passa de 3 000 000 à 5 000 000 habitants ; l'Irlande, elle, déclina à partir de 1846. Mais l'essentiel demeura un fort solde migratoire. Sur les 20 000 000 migrants qui quittèrent les îles Britanniques de 1812 à 1914, beaucoup s'installèrent même ailleurs que dans l'empire. Et en particulier, pour les deux tiers d'entre eux, aux États-Unis. L'installation en Australie et en Nouvelle-Zélande fut grandement facilitée par le système original mis au point par Edward Gibbon Wakefield, directeur d'une compagnie maritime, dénommée de façon révélatrice la New Zealand Company [6]. La colonisation systématique, baptisée plus tard émigration assistée, consistait à acquérir de nouvelles terres pour permettre les départs et les installations sélectives de main-d'œuvre dans le monde austral. Le capital et le travail, l'investisseur et le colon demeuraient distincts [7]. Selon Wakefield, il convenait « d'étendre aux zones inoccupées du globe une nationalité authentiquement britannique par la langue, la religion, les lois, les institutions et l'attachement à l'empire [8] ». L'exportation des hommes, autant que celle des capitaux, contribua à la fabuleuse expansion britannique [9]. Et à la diffusion de ces deux termes intraduisibles et rarement synonymes jusqu'au bout : *Englishness* et *Britishness* [1]. L'« anglicité » était symbole de civilisation, de distinction, de porridge et de marmelade, de l'odeur des toasts le matin, et de thé brûlant obtenu selon une recette familière, mais qui défie toujours les étrangers : chauffer préalablement la théière, une cuiller par tasse, une autre pour le *teapot*, une eau frémissante. Sans oublier ce *bacon and eggs* aigrelet, que l'on a traduit malencontreusement par des œufs au bacon, ou les sandwiches au concombre, la bière, tiède, les petits pois, impertinents, et les haricots verts, impitoyables. L'Angleterre avait une couleur, une odeur, une sapidité reconnaissables. Ancien communard exilé à Londres, Jules Vallès ne parvenait pas à s'y faire : « L'Angleterre est le pays du mal vivre, du mal loger, du mal manger, du mal s'asseoir, et du mal dormir [11]. » Et sur le mode de la déploration feinte : « Musulmans sans soleil, ces fils de la Grande-Bretagne ! Ils ont la résignation muette des Orientaux, sous leur ciel de fer. Ils sont fiers d'être Anglais, c'est assez – et ils se consolent de n'avoir pas de chemise en regardant flotter un lambeau de drapeau : l'*Union Jack* ; et ils se consolent de n'avoir pas de souliers en regardant la patte du lion britannique posée sur la boule du monde [12]. » Taine avait été à peine moins aimable quelques années plus tôt, en décrivant le dimanche anglais : « Boutiques fermées, rues presque vides ; c'est l'aspect d'un cimetière immense et décent [13]. »

L'Angleterre, c'était aussi un style, un humour, un sens du raccourci, fondé sur des codes sociaux peu faits pour séduire Jules Vallès [14]. L'on connaît la formule célèbre, digne d'un club londonien, par laquelle John Rowlands, dit Stanley, apostropha le 10 novembre 1870 Livingstone, porté disparu : *Dr Livingstone, I presume ?* Sur les rives du lac Tanganyika, des explorateurs et des missionnaires, très *British,* se souvenaient de leur éducation [15]. Et du laconisme des expressions que l'on utilise quand on n'a pas été préalablement présenté.

Les impérialistes gyrovagues furent les fils spirituels de Thomas More et de son *Utopie.* Et plus encore de Harrington et de sa république d'*Océana.* Leurs aventures ne sont pas sans évoquer le *Tour du monde en 80 jours* de Jules Verne. Phileas Fogg, l'un des deux principaux personnages du livre, ne pouvait qu'être Anglais. Grand voyageur, Dilke évoqua non sans fierté cette « grande » Grande-Bretagne, désormais à la taille du monde : « En 1866 et 1867, j'ai suivi l'Angleterre autour du monde : où que j'allasse, la langue ou le gouvernement étaient anglais. Si je m'apercevais que le climat, le sol, les coutumes ou les mélanges avec les autres peuples avaient modifié le sang, néanmoins, pour l'essentiel, la race demeurait identique à elle-même [16]. » Latiniste distingué et historien, John Seeley se fit prophète, en évoquant la mission messianique que révélait à l'observateur l'histoire de l'Angleterre [17]. Un autre historien, Edward E. Freeman évoquait le destin comparé de la Grande-Bretagne et de la Grande-Grèce [18]. Ce n'est que plus tard, bien plus tard, sous l'influence de Hobson, et plus encore sous celle de Lénine, que le mot « impérialisme » prit ses contours sinistres ou inquiétants.

En fait, le souci impérial n'avait jamais disparu. Il se solda par plusieurs conflits : avec la Chine en 1839-1842, lors de la guerre de l'Opium. Ou encore en 1860, avec l'occupation de Pékin. Avec l'Afghanistan, en 1839-1842 et à nouveau de 1878 à 1881. Avec les Maoris de Nouvelle-Zélande en 1843-1848. Puis en 1860-1870. Avec la Perse en 1856-1857. Ou avec les Zoulous en 1879... L'impérialisme fut-il la négation du libéralisme ? Ou bien l'un de ses accomplissements ? N'est-ce pas dans les rangs des libéraux, et non chez les seuls tories, que l'empire recruta une partie de ses adeptes les plus forcenés [19] ? Dans ses *Principes d'économie politique* de 1848, John Stuart Mill consacrait plusieurs pages justement célèbres aux colonies et à la colonisation. Il défendait l'intervention des gouvernements dans cette expansion, et insistait déjà sur ses effets démographiques : « Le transport de la population d'un pays trop peuplé dans un pays inoccupé est un de ces travaux d'une utilité éminemment sociale qui appellent le plus, et qui par suite paient le mieux, l'intervention du gouvernement [20]. » La crainte, exprimée par l'économiste David Ricardo plusieurs années auparavant, d'une baisse tendancielle du taux de profit expliquait cette valorisation de l'outre-mer. Mill était déjà le chantre d'une première mondialisation : il ne s'agissait pas uniquement, selon lui, d'importer les marchandises au tarif le plus avantageux, il fallait également exporter des capitaux pour les produire au meilleur coût. La colonisation équivalait à une première forme de délocalisation. D'où cette formule qui devait être celle de l'impérialisme triomphant : « L'exportation des travailleurs et des capitaux des vieux pays dans les pays neufs, des lieux où leur puissance productive est moindre aux lieux où elle est plus grande, augmente d'autant la somme des produits du travail et des capitaux de l'humanité [21]. »

Une dizaine d'années plus tard, Charles Darwin montrait le parti que la science de son temps pouvait tirer de la vocation mondiale des Anglais. Son essai sur l'*Origine des espèces*, paru initialement en 1859, allait révolutionner la biologie moderne, en mettant la sélection au cœur du système. On ne saurait rêver meilleure illustration de l'Angleterre du temps que cette application à la nature des principes à l'œuvre dans la société. En dépit des dénégations de Marx, Darwin admettait sa dette considérable envers Malthus, dont il avait, disait-il, appliqué « la doctrine » aux végétaux et aux animaux [22]. La tortue des Galápagos était appelée à occuper sa niche dans la chaîne de l'évolution, tout comme le prolétaire de Manchester devait occuper la sienne, dans un monde dominé par la lutte pour la survie. Le monde était-il fait pour l'homme, ou l'homme pour le monde [23] ?

Libéraux et conservateurs

De mai à octobre 1851 se tint à Londres la première des expositions universelles. Il s'agissait de « réaliser la trilogie de l'Utile, du Beau et du Bien ». Dès l'entrée, le visiteur était

« accueilli par deux figures symboliques : d'un côté une statue géante de Richard Cœur de Lion, héros national et preux chevalier, personnification du Courage ; de l'autre, un énorme bloc de charbon de 24 tonnes représentant la Puissance [24] ». En 1852, Aberdeen fut appelé aux affaires, et proposa un gouvernement libéral conservateur, en s'appuyant sur lord Russell aux Affaires étrangères et Palmerston à l'Intérieur. Cet homme, que Disraeli jugeait arrogant et timide, insolent et obscur, n'hésita pas à entraîner son pays dans la guerre contre la Russie, aux côtés des Ottomans et des Français. Le 25 octobre 1854 eut lieu à Balaklava, à une dizaine de kilomètres au sud de Sébastopol, ce fait d'armes connu sous le nom de charge de la brigade légère. Six cents hussards, lanciers et dragons légers chargèrent l'artillerie russe, et souffrirent d'énormes pertes : 118 morts, 127 blessés, et 362 chevaux tués. Cet acte héroïque acquit une énorme popularité grâce au poème immortel que le poète Alfred Tennyson consacra à cette contre-performance, pour exalter la grandeur du sacrifice inutile : « Ils n'étaient pas là pour raisonner, mais pour agir et pour mourir [25]. » En janvier 1855, Aberdeen fut conduit à démissionner avec son gouvernement devant les critiques entourant sa gestion de la guerre de Crimée. Palmerston lui succéda.

Tout n'allait pas pour le mieux dans le meilleur des mondes, dans cet empire désormais à la taille de la planète. Quelques craquements se firent entendre. Et tout d'abord aux Indes, parcourues en 1857-1858 par une terrible rébellion. Les cipayes indigènes qui servaient dans l'armée britannique furent les premiers à s'insurger, vite rejoints par plusieurs chefs hindouistes ou musulmans. La répression fut sans appel, et se solda par plusieurs milliers de morts. En juillet 1858, Charles John Canning, le nouveau gouverneur général, pouvait proclamer que la paix était rétablie. Le premier ministre, Henry John Temple, vicomte Palmerston, perdit cependant provisoirement le pouvoir, et dut laisser place à un gouvernement conservateur.

Sans que son nom fût encore pour l'heure officiel, le parti libéral devait naître le 6 juin 1859 d'un événement mondain. Whigs, anciens partisans de Peel et radicaux se rencontrèrent à Willis Rooms, dans le quartier de Saint-James, dans ce qui avait été tour à tour un club, une salle de bal ou de conférences. Ils étaient près de trois cents à participer dans la bonne humeur à ce mariage de raison, qui les conduisit à soutenir Palmerston contre les conservateurs. « Johnny » et « Pam », comme on appelait familièrement Russell et Palmerston, étaient décidé à unir leurs efforts. Les deux hommes s'étaient brouillés quelques années auparavant, lorsque Palmerston avait complimenté Louis-Napoléon Bonaparte pour le coup d'État qui avait donné naissance chez nous au Second Empire. Le *Times* du 7 juin couvrait la réunion de Willis' Rooms. Il insistait sur la volonté des libéraux de s'entendre avec la France de Napoléon III, tout en évitant de s'engager dans toute guerre sur le continent [26]. Fort de ce soutien, Palmerston disposa d'une majorité. De 1859 à 1865, Palmerston fut le premier ministre réussi d'un pays prospère et victorieux. Le chancelier de l'Échiquier, William Gladstone, exprima sa conviction en 1862 que, dans la guerre de Sécession qui endeuillait l'Amérique, une nouvelle nation sudiste était apparue. Propos maladroit en un sens. Mais qui témoignait bien de la sympathie pour les confédérés qu'éprouvaient beaucoup de Britanniques.

Du reste, les Anglais avaient-ils encore besoin d'empire ? Un historien d'Oxford, Goldwin Smith, envoya une série de lettres au *Daily News*, en 1862-1863, pour proclamer que l'empire était désormais une réalité du passé. À l'exception de la France, qu'il pensait toujours agressive, les nations développées lui paraissaient dorénavant gagnées à la cause de la paix. À l'heure du chemin de fer, dont Smith était un chaud partisan, pourquoi les Britanniques conservaient-ils Gibraltar ? En quelques heures, les Français pouvaient envoyer leurs troupes et leur matériel de la façade atlantique à la Méditerranée sans passer par la voie maritime. L'Inde était inutile, inconfortable et dispendieuse. Quant à l'Australie et au Canada, il fallait souhaiter qu'au plus vite leurs habitants prissent leur destin en mains. Toute l'Amérique du Nord britannique était-elle soumise ? Les Canadiens français résistaient à l'anglicisation forcée, recommandée par lord Durham, soucieux d'en finir avec des sujets toujours suspects d'héberger en leur sein de dangereux révolutionnaires, à l'instar de leurs cousins européens [27]. Faute de lutte des classes, la lutte des races, selon Durham, aurait joué un rôle déterminant dans la colonisation de l'Amérique [28]. En 1865, la Jamaïque s'insurgeait à son tour. Le progrès décisif fut accompli au Canada en 1867, lorsque le pays reçut le statut de *dominion*, créé pour la circonstance. Le Canada fut doté d'une immense autonomie, reconnaissant en outre son statut fédéral. Était-ce là une voie d'avenir pour l'empire ?

L'heure était à l'ouverture. Y compris en Grande-Bretagne même. En dépit de l'Acte de 1832, un homme adulte sur six, uniquement, était en mesure de voter en 1860. En 1867, à l'initiative des conservateurs et de Disraeli, le droit de vote était concédé en Angleterre à tous les habitants acquittant des impôts locaux, pour peu que leur logement fût estimé à 10 livres par an. Le tour de l'Écosse et celui de l'Irlande vinrent l'année suivante. Qu'est-ce qui avait conduit Disraeli à une mesure aussi avancée ? Une volonté purement tacticienne, ou la conviction qu'il fallait œuvrer à la constitution d'une « démocratie tory », associant les classes dirigeantes et les élites ouvrières [29] ? Le nombre d'électeurs, dans l'Angleterre urbaine, passa de 514 000 à 1 225 000 ; dans les campagnes, de 542 000 à près de 800 000. Pour l'ensemble du Royaume-Uni, les électeurs firent plus que doubler, de 1 056 000 à 2 470 000 [30]. Le mouvement était lancé ; il allait aboutir à terme au suffrage universel [31].

Deux personnalités contrastées se relayèrent désormais au pouvoir, le libéral William Ewart Gladstone et le conservateur Benjamin Disraeli [32]. Disraeli fut brièvement aux affaires de février à novembre 1868 ; Gladstone lui succéda alors. C'est à partir de cette année-là que l'on parla officiellement de parti « libéral », reprenant un usage consacré. La même année se tint à Manchester la première réunion des syndicats. Les ouvriers du nord du pays et des Midlands avaient dépêché leurs 334 délégués pour participer à la création de ce *Trade Unions Congress*, appelé à révolutionner les conditions de vie et de travail des classes laborieuses en Angleterre [33]. Dans sa volonté de pacifier l'Irlande, Gladstone mit fin au monopole ecclésiastique anglican dans ce pays. Plutôt que de parler, comme on le fait en France, de séparation de l'Église et de l'État, utilisons le terme anglais de « désétablissement ». Ce n'était qu'un premier pas et les années qui suivirent furent dominées par le débat sur l'autonomie irlandaise, *Home Rule*, que ses adversaires qualifiaient, d'un piètre jeu de mots, de *Rome Rule*. Autrement dit l'étendard de l'antipapisme fut à nouveau brandi contre toute velléité d'indépendance irlandaise [34]. En 1874, Disraeli revenait au pouvoir. Gladstone devait lui succéder à nouveau en 1880. Puis la soigneuse alternance des libéraux et des conservateurs, après le décès de Disraeli, continua, en opposant désormais Gladstone à Robert Gascoyne-Cecil, marquis de Salisbury.

La longue marche vers la démocratie

Le Royaume-Uni était un pays sage, emporté par un progrès indéfini. L'un des meilleurs journalistes du temps, Walter Bagehot, rédigea un remarquable traité sur la *Constitution anglaise*, qui fait toujours autorité. Il y distinguait soigneusement les « éléments de prestige » des « éléments d'efficacité ». Le cabinet, la monarchie, la Chambre des lords, celle des communes, les ministres, les contre-pouvoirs supposés, tout était passé au crible de l'analyse. Dans la seconde édition, Bagehot parvenait à une excellente évaluation des transformations introduites par le *Great Reform Act* de 1832 et parachevées en 1867. Désormais, selon Bagehot, les deux Chambres étaient totalement séparées, alors que naguère l'élément aristocratique avait été prédominant tant aux Lords qu'aux Communes. La conclusion, c'est que le peuple avait besoin de croire, d'admirer. Et que la déférence demeurait l'un des ressorts de la société anglaise. Mais pour combien de temps ? « Il est encore trop tôt pour envisager les effets de la réforme de 1867. Les gens qui votent désormais n'ont pas encore pris conscience de leur pouvoir [35]. » Qu'allait-il advenir, maintenant que le peuple même pouvait voter ? Il avait été rassurant d'invoquer quelque inaptitude foncière des classes subalternes à la raison pour les maintenir dans leur sujétion, mais grâce à Disraeli et à sa réforme électorale de 1867, tout changea radicalement.

À la fin du XIXe siècle, on parla même, timidement, de démocratie pour définir un régime qui avait su concilier la monarchie et un système représentatif de plus en plus ouvert [36]. Professeur de droit à Oxford, puis à la London School of Economics, Albert Venn Dicey fut le théoricien de cet âge d'or de la « démocratie parlementaire ». L'auteur aurait, l'un des premiers, distingué la « souveraineté législative », confiée au parlement, de la « souveraineté politique », confiée au peuple. Certes, tout en insistant sur la composition du parlement, associant de façon classique le roi, les lords et les communes, Dicey écrivait : « Il faut encore préciser que le terme de *souveraineté*, pour peu qu'on l'emploie correctement, a un sens législatif, et implique seulement une faculté de légiférer sans restrictions. À ce titre, le souverain selon la constitution anglaise est clairement le *parlement*. Mais il arrive que l'on utilise le mot *souveraineté* dans un sens politique et non pas strictement législatif. On dira d'un corps qu'il est *politiquement* souverain ou qu'il exerce un pouvoir suprême lorsque sa volonté s'impose aux citoyens de l'État. En ce sens, on peut dire que les électeurs de Grande-Bretagne, concurremment avec la Couronne et les lords, ou peut-être devrions-nous dire, pour être plus précis, indépendamment du Roi et des Pairs, constituent le corps où réside le pouvoir souverain. Les choses étant ce qu'elle sont, la volonté de l'électorat, en tout cas de l'électorat associé aux lords et à la Couronne, doit finalement l'emporter sur tous les sujets que détermine le gouvernement britannique. » Il poursuivait : « L'on pourrait même aller plus loin, et déclarer que les arrangements prévus par la constitution sont maintenant tels que la volonté des électeurs, par des voies constitutionnelles et régulières, finit par s'imposer comme l'influence prédominante dans le pays. *Mais c'est là un point de vue politique et non pas législatif*. Les électeurs peuvent toujours, en dernier ressort, imposer leur volonté, mais la justice ne tiendra pas compte de la volonté des électeurs. Les juges n'ont pas à connaître la volonté des électeurs, jusqu'au moment où elle s'exprime dans un Acte du parlement, et ils n'ont pas à admettre que la validité de la loi puisse être remise en cause sous prétexte qu'elle heurte les vœux des électeurs ou qu'elle se maintient contre leur gré. » Enfin, « le sens politique de la souveraineté est aussi important que son sens législatif. Et même davantage. Mais ces deux significations, bien qu'elles soient intimement liées, sont fondamentalement différentes [37] ». D'où la formule ultérieure de Dicey, qui en vint à admettre que la « constitution anglaise ait été transformée en quelque chose qui ressemblât à une démocratie [38] ».

Sous la plume de Bagehot comme sous celle de Dicey, la constitution était anglaise. Anglaise, plus encore que britannique. Dans son discours du 24 juin 1872 au Crystal Palace de Londres, Disraeli précisait clairement le rôle historique qui revenait au parti conservateur dans la défense de l'« empire de l'Angleterre ». Empire de l'« Angleterre » en effet et non pas empire britannique comme on le dit et comme on le pense généralement. Il s'opposait, par là même, aux efforts des libéraux qui, depuis quarante ans précisait-il, n'avaient eu de cesse d'œuvrer à sa désintégration. Ces hommes n'auraient considéré les choses que d'un simple point de vue financier et mercantile, en oubliant au passage « les considérations politiques et morales qui font la grandeur des nations », et qui, par là, même distinguent « l'homme de l'animal [39] ». S'il condamnait le caractère « bestial » des libéraux, accusés de donner de l'humanité une vision réductrice, en ne considérant que les ressorts économiques ou utilitaires des actions, l'homme d'État insistait réciproquement sur la tendre affection des colonies pour la métropole.

Le commerce et le drapeau

Le parti conservateur aurait bien été, à ce titre, celui de l'empire. Les libéraux n'allaient pas tarder à se prendre au jeu en se présentant comme les ardents défenseurs de valeurs coloniales, devenues dans le dernier quart du siècle de plus en plus consensuelles. Mais Disraeli, soucieux du sort des masses laborieuses, ne manqua pas au passage de saluer chez l'Anglais le plus humble un fier pilier de cet empire, qui rendait son sort plus enviable que celui des aristocrates du monde entier [40].

Ce n'est qu'en 1880 et au-delà que l'impérialisme s'opposa par principe au libre-échange [41]. Que « le commerce suivît désormais le drapeau », comme le clamaient les contemporains, voilà qui était vrai en très gros. Mais une analyse plus subtile montre que la poussée impériale ne se confondit pas toujours avec la conquête de nouveaux marchés. Ainsi le dépeçage de l'Afrique, dans le dernier quart du XIXe siècle, ne s'accompagna guère de ces migrations de population ou de ces mouvements de capitaux qui avaient caractérisé l'annexion de l'Australie, de la Nouvelle-Zélande ou du Canada. Il s'agissait essentiellement désormais pour les politiques de protéger la route des Indes plus que de construire un nouvel empire africain [42]. « Loin que l'expansion commerciale ait requis l'extension des visées territoriales, c'est l'extension des visées territoriales qui, à son tour, a entraîné l'expansion commerciale. » L'impérialisme s'est en quelque sorte nourri de lui-même ; il a répondu à sa propre logique interne et, après 1900, il fallut bien affirmer sur « le terrain » ces lignes tracées sur une carte [43].

Le chantre politique de cet impérialisme, ce fut incontestablement Joseph Chamberlain [44]. Né à Londres en 1836, Joseph Chamberlain s'était installé à Birmingham, où ses convictions unitariennes l'avaient prédisposé à s'engager aux côtés des libéraux dans le combat pour l'éducation populaire. En 1873, il était élu maire de sa ville, puis député au parlement trois ans plus tard. Réforme agraire, désétablissement de l'Église anglicane, suffrage universel masculin, protection des syndicats ouvriers, tels furent quelques-uns des thèmes qu'il défendit. Mais il se sépara des libéraux sur la question irlandaise, et participa au lancement d'une nouvelle formation, le parti unioniste libéral. En 1895, le gouvernement conservateur de lord Salisbury le prit comme secrétaire aux Colonies. Il devait devenir un des porte-parole les plus véhéments de l'empire, en défendant l'idée d'une barrière douanière protégeant le monde britannique et son immense empire des pays extérieurs. La mesure fut connue sous le nom de *Tariff Reform*. Elle eût impliqué la renonciation à plusieurs décennies de libre-échange. Et l'on peut douter qu'elle aurait véritablement avantagé une économie qui trouvait déjà dans le capitalisme financier, plus encore que dans la production industrielle, son véritable ressort. Le temps des *Corn Laws* semblait bien révolu [45].

Le formidable orateur souffrit d'une attaque en 1906, qui l'écarta définitivement de la politique active. Il mourut en 1914. L'on pourrait dire, sans sacrifier à la tautologie, qu'il y eut impérialisme parce qu'il y eut empire. L'impérialisme affiché répondait clairement au défi posé par le libre-échange. Les États-Unis d'Amérique, en dépit de leur indépendance, n'étaient-ils pas demeurés des partenaires privilégiés ? Suivant leur exemple, les colonies n'étaient-elles pas toutes appelées à tomber de leur arbre comme des fruits mûrs ? Ne suffisait-il pas de pratiquer le commerce et l'échange pour parvenir, pacifiquement, à dominer les marchés mondiaux ? Le terme impérialiste, devenu négatif depuis lors, était à l'origine favorable, et relativement peu marqué. Était impérialiste, dans l'Angleterre victorienne ou édouardienne, quiconque se montrait favorable à l'expansion territoriale de la puissance britannique pour garantir ses capitaux et ses marchés. Alors que l'on avait un temps cru, selon l'adage, que le « drapeau suivait le commerce », l'on s'aperçut soudainement, à la suite de la montée de la puissance économique de la France, et plus encore de l'Allemagne ou des États-Unis, que le « commerce suivait le drapeau ». *Trade follows the flag*, disait-on. D'autant plus qu'en ce dernier quart du XIXe siècle, l'heure était de plus en plus au protectionnisme dans le monde.

Il fallait conquérir d'abord, et discuter ensuite. Ou, du moins, les affaires supposaient la constitution de marchés bien encadrés, contrairement à l'illusion libérale qui avait prévalu à la mi-temps du siècle. Selon Cobden, Bright et leurs partisans à Manchester, rejoints en cela par une majorité des Britanniques, l'unité économique pertinente était la planète. Les frontières entre les États ne constituaient plus des barrières pour la civilisation ou le commerce. Le monde entier semblait appelé à court terme à embrasser les principes du libre-échange [46]. De façon moins ostensible, le libéralisme économique s'accompagnait d'un réel expansionnisme, y compris de façon informelle, sans que la domination économique impliquât une souveraineté politique. Si l'on s'en tenait uniquement aux colonies en tant que telles pour analyser le phénomène complexe de l'impérialisme, ce serait un peu comme si l'on ne considérait que la partie émergée d'un iceberg [47]. L'exportation des capitaux, avec celle des hommes, fut l'une des caractéristiques les plus exemplaires de l'impérialisme britannique, qui consacrait en moyenne au moins 5 % de son produit national brut à des investissements outre-mer. Les taux pour la France et l'Allemagne de la même période étaient respectivement de 2 ou 3 % pour la France et de 2 % pour l'Allemagne [48]. L'Amérique latine fut, du reste, l'une des destinations préférées des capitaux britanniques.

Un tournant ne s'en produisit pas moins dans les trois dernières décennies du XIXe siècle. Le 17 novembre 1869 était inauguré le canal de Suez, en présence de l'impératrice Eugénie, épouse de Napoléon III, et de l'empereur d'Autriche François-Joseph. Cette réalisation avait été menée à bien grâce à l'action de Ferdinand de Lesseps. La route des Indes, de l'Extrême-Orient et de l'Australie s'en trouva considérablement raccourcie. Depuis l'intervention de Bonaparte en Égypte, les Anglais souhaitaient concurrencer activement la France dans cette partie du monde. Les Britanniques avaient perdu la première manche ; ils rachetèrent aux Égyptiens leurs actions dans la Compagnie de Suez, qui fut ainsi dominée par les deux pays. L'Égypte, quelques décennies plus tard, était un protectorat britannique [49].

L'Afrique australe fut le théâtre d'un terrible conflit entre les Britanniques et les Boers, d'origine néerlandaise. Ceux-ci étaient remontés, lors du Grand Trek de 1835-1842, depuis la région située à l'est du Cap, pour fonder plus au nord le libre État d'Orange et la république d'Afrique du Sud, au Transvaal.

En 1877, la Grande-Bretagne annexait le Transvaal ; en décembre 1880, les Boers déclaraient leur indépendance, et remportaient, en février 1881, la bataille de Majuba sur le général George Colley. Un armistice s'ensuivit en mars, et la paix fut signée en avril. Les Boers conservaient leur indépendance sous suzeraineté britannique. Une seconde guerre éclata en 1899. La capitale des Boers, Pretoria, fut prise en juin 1900, mais les combats se déroulèrent jusqu'en 1902. Que ce conflit se soit accompagné d'un déferlement de nationalisme ou, pour lui donner son nom de l'époque, de « jingoisme » paraît assuré [50]. Que les classes populaires se soient retrouvées unanimes derrière ce mouvement paraît moins établi désormais [51]. En France, une campagne de pétitions « pour la paix » s'organisa. Le monde entier n'allait pas tarder à découvrir dans ce conflit colonial les signes avant-coureurs d'une barbarie qui serait celle du XXe siècle triomphant. Si les camps de concentration où on les parqua n'avaient pas pour but avoué le génocide des Boers, la mortalité y était épouvantable. On estima à 25 000 le nombre des victimes hommes, femmes et enfants [52]. *L'Assiette au beurre*, célèbre magazine satirique, portait ce gros titre en première page : « Les camps de reconcentration au Transvaal ». La douleur des Boers était incarnée par une femme en deuil, seule devant une charrue. L'image était destinée à émouvoir des Français qui se sentaient encore l'âme paysanne, face à la puissance industrielle britannique [53].

L'exaspération des rivalités coloniales n'épargna pas les relations franco-britanniques. Le 18 septembre 1898, une armée anglo-égyptienne, sous le commandement de Horatio Herbert Kitchener, rencontra les Français à Fachoda, sur les bords du Nil blanc, au Soudan. Les tirailleurs sénégalais étaient placés sous les ordres du capitaine Jean-Baptiste Marchand. La France et le Royaume-Uni étaient au bord de la guerre [54]. Dans l'*Intransigeant* du 13 octobre, le journaliste Henri de Rochefort s'écriait : « Nous ne cessons d'être souffletés par l'Allemagne. Ne tendons pas l'autre joue à l'Angleterre [55]. » Marchand n'en était pas moins promu chef de bataillon, et un bas-relief de 10 mètres de long, narrant ses exploits, fut dressé trente ans plus tard, face à l'ancien musée des Arts africains, porte Dorée à Paris. Publicistes et écrivains participaient à l'épopée impériale. On diffusa à Paris, le 4 décembre 1899, une méchante brochure anglophobe, le *Testament olographe et soûlographe de la vieille mère Victoria, reine des poires d'Angleterre* [5]. La reine allait bouder la Côte d'Azur et refuser d'inaugurer l'Exposition universelle en avril 1900. On assista à un déchaînement pro-Boer dans la presse française, aussi bien à Paris qu'en province [57]. De l'autre côté de la Manche, Rudyard Kipling composait son célèbre poème le « Fardeau de l'homme blanc », *White Man's Burden* :

« Blanc, reprend ton lourd fardeau :
« Envoie au loin ta forte race,
« Plonge tes fils dans l'exil
« Pour servir les besoins de tes captifs. »

C'était l'époque où les États-Unis se heurtaient à l'Espagne pour la possession des Philippines, et le contrôle de Cuba et de Porto-Rico [58]. L'homme blanc, appelé à apporter les bienfaits de la civilisation à l'ensemble du monde, était prioritairement l'Anglo-Saxon. La France, désireuse de s'attirer les bonnes grâces de la Grande-Bretagne, renonça au Soudan. Les Français et les Anglais signaient le 8 avril 1904 l'Entente cordiale, dix ans avant qu'éclatât la Grande Guerre.

L'impérialisme était-il un facteur de paix ? Ou un fauteur de guerre ? Un économiste libéral, John Hobson, devait s'avouer profondément troublé par la guerre des Boers. Avec nombre de ses compatriotes, Hobson avait conscience que l'ère du laisser faire était révolue. Il croyait que l'intervention des États était inévitable ; de nombreux impérialistes libéraux, à l'instar d'Archibald Philip Primrose, comte de Rosebery, successeur de Gladstone, voyaient dans l'impérialisme un élément de stabilité et de progrès social. Les républicains disaient à peu près la même chose dans la France du temps. Le livre que Hobson publia en 1902, sous le titre de l'*Impérialisme, une étude*, est en grande partie une répudiation de ces thèses. Mais une lecture attentive révèle un point de vue plus nuancé. Reprenant les déclarations de lord Rosebery en 1896 – « L'Empire britannique [...] a besoin de la paix » –, il s'exclamait : l'impérialisme « implique le militarisme dans l'immédiat et de lourdes guerres à l'avenir ». Mais il ne s'en montrait pas moins convaincu que les Britanniques avaient un certain nombre de devoirs moraux envers les « races inférieures [59] ». La partie la plus originale de l'essai de Hobson reste son analyse de la sous-consommation des produits britanniques sur le marché intérieur. Et sa réciproque, la dénonciation du parasitisme des milieux d'affaires, qui bénéficieraient de l'empire. Lénine devait revenir sur les mérites de Hobson dans son livre *L'Impérialisme, stade suprême du capitalisme*. Certes, il trouvait, non sans raison d'ailleurs, que son auteur était un petit bourgeois, « pacifiste et réformiste déclaré [60] ». Peu importe : Lénine tenait son explication de l'impérialisme, la domination du capitalisme financier. Le rêve impérial était-il destiné à virer au cauchemar ? En tout cas, le mot « impérialisme » prenait désormais sa coloration menaçante [61].

Les impérialistes fournissaient leur réponse. Face aux critiques que l'on adressait à leur soigneuse construction impériale, ils suscitèrent dans la jeunesse un puissant esprit d'aventure. Le 1er mai 1908 parut l'un des *best sellers* de la littérature pour enfants, *Scouting for Boys*, traduit en français sous le titre *Éclaireurs* ; longtemps avant le succès actuel de *Harry Potter*, l'Angleterre avait su développer un large rayon de titres pour la jeunesse. Son auteur, le général Baden-Powell, était un vétéran des guerres coloniales ; il souhaitait enseigner aux *boys* ces valeurs de courage, d'observation et d'esprit de corps qui ont permis de tout temps le succès des armes britanniques, tout en s'inspirant de l'idée initiatique. D'où sans doute le succès de sa pensée dans les milieux maçonniques, avant que le scoutisme ne connaisse d'innombrables adaptations dans le monde. BP, comme on le surnommait affectueusement, voulait développer le « civisme à l'école de la nature et par la science des bois ». Les enfants de l'empire devaient respirer profondément, se laver à l'eau froide, apprendre par cœur les paroles du *God Save the King*, et s'habituer à utiliser sans cesse leurs mains, de façon à chasser l'indolence et la mollesse [62]. Au nombre des jeux sains, la capture du capitaine John Smith et sa délivrance par Pocahontas, l'un des épisodes phares des premiers contacts entre Anglais et Amérindiens en Virginie [63].

L'avant-guerre

« Entente cordiale » ? L'expression remontait sans doute à 1843, quand les rapports entre Guizot et Aberdeen étaient au beau fixe [64]. L'Entente cordiale fut portée personnellement par Édouard VII, qui avait succédé à sa mère, la reine Victoria, en 1901. Mettant un terme à plusieurs années de « splendide isolement » britannique, l'alliance franco-britannique avait été négociée par notre ministre des Affaires étrangères, Théophile Delcassé, et son homologue, Henry Petty-Fitzmaurice, marquis de Lansdowne. Avec les traités d'amitié croisés entre la Russie et la Grande-Bretagne, et la Russie et la France, cet accord posait les fondements d'une Triple-Entente entre les trois pays, effective en 1908 [65]. Sir Eyre Crowe, chargé de réogarniser le ministère des Affaires étrangères à l'époque, est l'auteur d'un important *Mémorandum sur l'état présent des relations britanniques avec la France et l'Allemagne*. L'Angleterre y était présentée, pour des raisons géopolitiques, comme l'alliée de tous les pays attachés à leur indépendance, contre l'expansionnisme allemand [66].

À la mort de la reine Victoria, on entreprit l'édification d'un monument devant Buckingham Palace, inauguré par George V et le Kaiser, Guillaume II, le 29 mai 1911. Victoria jetait ses derniers feux dans un monde menacé. Déjà nostalgique, ce mémorial emblématique valait pour l'Europe comme pour l'empire, permettant à l'Irlandais George Bernard Shaw, une fois de plus, d'exercer sa causticité, en remarquant le caractère inélégant de ce « monstre trop grand ». La statue de Thomas Brock se composait de plusieurs parties, surplombée par une « reine-impératrice » : une figure de la Vérité, une autre de la Justice, une troisième, plus originale, de la Maternité – pour montrer l'importance de cette fonction matricielle dans la conception de l'empire [67]. Le prestige international n'était pas parvenu à éclipser durablement les éléments de crise de la société anglaise. Le parti libéral, en dépit de son ouverture politique à la classe ouvrière, ne put contenir la montée des idées socialistes. Aux élections de 1885, plusieurs candidats se présentèrent sous l'étiquette « libérale-travailliste » – *Lib-Lab* en anglais.

Un groupe de réflexion s'était constitué, les mêmes années, autour d'Edith Nesbit et Hubert Bland, un couple d'intellectuels acquis aux nouvelles idées. Ils furent rejoints dans leur combat par une partie de l'intelligentsia de l'époque, dont Sidney et Beatrice Webb, George Bernard Shaw, ou le romancier d'anticipation H.G. Wells. Ils atteignirent vite une bonne soixantaine de membres ; le siège de l'organisation fut fixé au 14 Dean's Yard, Westminster, résidence de Frank Podmore, célèbre spécialiste de l'occultisme et de la télépathie. À la suggestion de

Podmore, ils prirent le nom de *Fabian Society*, pour mieux insister sur le caractère réformiste de leur mouvement ; Fabius, ce général romain du IIIe siècle avant notre ère, n'avait-il pas toujours préféré les opérations de harcèlement aux batailles rangées ? Ces partisans de Fabius, très fin de siècle, étaient aimables, intelligents, distingués, courtois et assez peu pressés d'effectuer une révolution. Il fallait se hâter mais le faire avec lenteur, afin d'éviter tout catastrophisme [68]. La politique se dissolvait dans l'administration, confiée à une « aristocratie d'experts [69] ». À l'autre extrême du spectre doctrinal, la *Social Democratic Federation* d'Henry Hyndman professait des thèses radicales, inspirées par la pensée de Karl Marx. Mais il appartint à un « travailliste indépendant », Keir Hardie, d'être le premier ouvrier socialiste à entrer aux communes, en arborant fièrement une casquette pour témoigner de ses origines plébéiennes [70]. En 1893, un parti travailliste indépendant, *Independent Labour Party*, voyait le jour [71].

En 1900, une centaine de socialistes et de syndicalistes se rencontraient au Memorial Hall, dans Farringdon Street, au nord de la Cité de Londres. Le lieu n'était pas anodin : le bâtiment commémorait le sort des pasteurs indépendants, exclus de l'Église anglicane sous la Restauration en 1662. Le travaillisme a parfois été, comme le syndicalisme d'ailleurs, l'émanation profane d'une sociabilité façonnée par le *dissent*, et ses traditions d'entraide [72]. L'on a pu parfois aller jusqu'à prétendre, sous forme de boutade, que le travaillisme des débuts devait « plus au méthodisme qu'au marxisme [73] ». Les délégués décidaient, à l'initiative de Hardie, de créer un parti du travail, ou *Labour Party*, susceptible d'envoyer des députés au parlement. L'année suivante, un comité représentatif tentait de fédérer les différentes composantes du mouvement : *Fabian Society*, *Social Democratic Federation* et *Independent Labour Party*. Son premier secrétaire fut Ramsay MacDonald, que la fortune personnelle de son épouse mettait en dehors du besoin. Une célèbre affaire allait renforcer les liens entre les syndicats ouvriers et les socialistes. Une compagnie de chemins de fer, la Taff Vale, poursuivit pour dommages et intérêts le syndicat des cheminots, qui s'était mis en grève. La riposte fut d'envergure ; le comité représentatif se constitua en parti travailliste en 1906, forçant les libéraux, dépassés, à réagir sans tarder. Le *Trade Disputes Act* garantit désormais le droit de grève [74]. Si, depuis 1871, les syndicats voyaient leur existence légalement reconnue, la question demeurait de savoir s'ils pouvaient entraver la production, et jusqu'où, sans risquer de procédures [75]. Fraîchement élus, les libéraux se sentirent tenus de donner quelques gages à des syndicats, où leur crédit s'effritait inexorablement, au profit des nouveaux travaillistes.

Le parti libéral n'avait pas dit son dernier mot. Il devait à la veille de la guerre connaître une période particulièrement faste, grâce en particulier à la personnalité exceptionnelle de David Lloyd George [76]. Le Gallois avait fait ses débuts à la Chambre des communes à l'âge encore tendre de 27 ans. Il s'était également opposé, au sein même de son parti, à lord Rosebery, au moment de la guerre des Boers. La déferlante libérale de 1906 mit fin à vingt longues années de pouvoir conservateur presque ininterrompu [77]. On s'interrogera longtemps encore sur la question de savoir si cette victoire exprimait un réel enthousiasme pour les libéraux, ou une profonde insatisfaction envers les conservateurs. Henry Campbell-Bannerman, en lançant la campagne de son parti, avait exprimé clairement sa volonté d'en finir avec les privilèges de quelques-uns au profit de l'intérêt de tous. Lloyd George se vit confier le portefeuille du Commerce par Henry Campbell-Bannerman ; deux ans plus tard, un nouveau premier ministre, Henry Asquith, le nommait chancelier de l'Échiquier. Lloyd George détestait la loi sur les pauvres, et il était bien décidé à introduire une nouvelle forme de solidarité sociale, en garantissant aux personnes âgées de plus de 70 ans un complément minimum de 5 shillings par semaine, lorsque leurs ressources annuelles étaient inférieures à 31 livres 10 shillings [78]. Ces pensions entraînèrent une hausse prévisible de la pression fiscale, qui mécontenta en particulier le parti conservateur. En 1909, Lloyd George annonçait son « budget du peuple », ainsi qu'on le surnomma. Il incluait un impôt progressif sur le revenu, et des droits de succession accrus. Une célèbre caricature de *Punch*, le grand journal satirique, le montre en nouveau John Knox, attaquant les riches du haut de sa chaire.

Le combat ne tarda pas à s'engager avec la Chambre des lords, qui avait encore la possibilité de bloquer totalement un projet de loi voté par les Communes. Le débat prit une tournure institutionnelle. Le *Parliament Act* de 1911 réduisit considérablement la capacité de nuisance de la chambre haute, qui ne pouvait plus suspendre une loi que l'espace de trois sessions [79].

Et encore, cette mesure ne concernait-elle pas les questions financières. Le *Parliament Act* ne fut du reste adopté à la hussarde que grâce à un subterfuge ; George V, à la demande du premier ministre Herbert Asquith, s'engagea à créer autant de nouveaux pairs qu'il le faudrait pour faire passer la mesure. Cela eût installé à la Chambre des lords une majorité inamovible de libéraux. Les conservateurs prirent peur et acceptèrent de se rallier au *Parliament Act* qu'ils détestaient. La dernière réforme majeure patronnée par Lloyd George fut le *National Insurance Act* de 1911 [80]. La couverture sociale s'étendait désormais à la maladie et au chômage, du moins pour les classes populaires, car la bourgeoisie n'était pas incluse [81] ; tous les travailleurs et leurs employeurs étaient tenus désormais de contribuer à ce système d'assurance [82]. « Il y a peu de premiers ministres que l'on souhaiterait ressusciter des morts, écrivait son biographe. Celui-ci en est un [83]. »

Chapitre XXIV

LAND OF HOPE AND GLORY, DE 1914 À 1945

« Terre d'espoir et de gloire,
« Mère des hommes libres,
« Comment pourrons-nous chanter tes louanges,
« Nous qui sommes tes enfants [1] ? »

A.C. Benson.

On ne saurait fournir de meilleure illustration musicale du siècle écoulé que le célèbre *Pomp and Circumstance* de sir Edward Elgar, composé en 1902. Et son refrain bien connu : « Terre d'espoir et de gloire », dont la réminiscence a accompagné les Britanniques aux heures les plus sombres de leur histoire [2]. Encore aujourd'hui, lors des concerts estivaux connus sous le nom de *proms*, ce grand tube patriotique jouit d'une incroyable popularité [3]. Le patriotisme, il en fallut beaucoup pour affronter le ciel lourd de l'été 1914.

Le 23 juin 1914, la *navy* effectuait une (dernière) visite de courtoisie à Kiel, dans le nord de l'Allemagne. Le Kaiser Guillaume II montait même à bord du *George V*, l'un des plus beaux cuirassés de la flotte britannique. Cinq jours plus tard, l'archiduc François-Ferdinand d'Autriche était assassiné à Sarajevo, en Bosnie.

It's a long way to Tipperary

C'est une chanson de 1912 qui symbolise le mieux l'esprit des *tommies* partis se battre sur le continent. Il y est question de l'amour de Paddy, l'Irlandais, pour Molly, sa fiancée lointaine, restée au pays. La belle menace de quitter son soupirant pour se réfugier dans les bras de Mike Maloney. D'où ce rythme lancinant : « Que c'est loin Tipperary ». Les soldats se retrouvaient naturellement dans cette ritournelle qui évoquait l'inconstance des femmes. Et les risques encourus en restant au front. Ils poursuivaient de façon grivoise, pour narguer les infidèles :

« Hourrah, les Français !
« Adieu l'Angleterre,
« Nous ne savions pas chatouiller Mary,
« Mais nous l'avons bien appris ici [4]. »

Le 4 août, la Grande-Bretagne avait déclaré la guerre à l'Allemagne. Le 6, le premier ministre, Herbert Asquith, s'adressait aux Communes : « À son corps défendant, et avec d'infinis regrets, le gouvernement de Sa Majesté a été contraint de mettre ce pays en état de guerre contre une puissance qui, depuis des années, voire plusieurs générations, était considérée comme amie [5]. »

Le corps expéditionnaire britannique livrait bataille le 23 à la hauteur de Mons, en Belgique. Mais les Français et les Britanniques, confrontés à la puissance allemande, durent effectuer un mouvement de repli. Ils auraient été placés, dit la légende, sous la protection d'un ange qui serait apparu, muni d'un glaive de feu pour retenir les Allemands et protéger les Britanniques [6]. Les belligérants descendirent jusqu'à la Marne où l'offensive allemande fut arrêtée début septembre. Commença alors une terrible guerre de position à la hauteur du Chemin des Dames, dans l'Aisne. Les Britanniques subirent de terribles pertes à Ypres. Le nouveau ministre de la Guerre, lord Kitchener, se tourna vers l'empire. Cette Grande Guerre qui reste par excellence pour nous une « guerre française », par les sacrifices et les souffrances qu'elle suscita sur notre sol, par le caractère charnel des commémorations, par l'émotion qui encore nous étreint quand nous lisons, dans le moindre petit village, les listes interminables des morts et des disparus, cette guerre-là a laissé une trace indélébile dans les mémoires britanniques [7]. Qui n'a vu les flots de collégiens anglais, dans leurs uniformes soignés, se précipiter dans les cimetières du nord de la France ne peut le comprendre. Cette guerre a été également une expérience spirituelle, littéraire, et poétique absolument bouleversante, comme l'a si bien vu Annette Becker, en repoussant sans cesse la frontière entre les vivants et les morts, le présent et le passé, le patriotisme et l'universalité [8]. Décédé en 1915, à l'âge de 27 ans, au large de l'île de Skyros, alors qu'il allait combattre, Rupert Brooke était l'un des plus doués de ces soldats poètes, chantres de leur patrie :

« Si je meurs, souviens-toi simplement
« Qu'il existe un coin dans un pays étranger,
« Qui demeure à jamais un morceau d'Angleterre... »

Wilfred Owen n'en revint pas, fauché par un tir de mitrailleuse en novembre 1918. Quant à Geoffrey Sassoon, il devait rentrer en Angleterre, convaincu de l'absurdité du conflit. Et porter le regard le plus impitoyable sur les cicatrices, physiques et spirituelles, de cette inhumanité.

Le proche et le lointain. Pour les Français, pour les Britanniques, ce fut l'empire, pourvoyeur de ses Canadiens, de ses Indiens, de ses Néo-Zélandais, de ses Australiens, de ses Sénégalais, de ses Marocains, de ses Kabyles ou de ses Malgaches, la liste reste infinie..., qui gisent à jamais terrassés dans la terre argileuse ou crayeuse de nos collines et de nos plaines. Une fleur est restée, pour les Anglais, emblématique du conflit, le coquelicot, *poppy* en anglais, que l'on arbore toujours en se rendant sur les champs de bataille, pour se réciter mentalement les poèmes du front. Le coquelicot, couleur de l'été, couleur du sang, couleur de la passion, de la jeunesse, de l'amour irrémédiablement gaspillés. Ce message s'adresse aux vivants. Il faut laisser les morts enterrer les morts. Le savant dispositif des cimetières sépare radicalement les croix de bois des Français, d'un blanc impeccable, du noir des croix allemandes, ou des pierres tombales de l'empire britannique, dominées par un unique autel de pierre, qui dit au monde le caractère liturgique des combats [9].

Indiens et Canadiens affluèrent. Les Britanniques alignaient, au bout d'un an, 28 divisions d'infanterie. Ypres fut une seconde fois au cœur de la tourmente. Au printemps 1915, les Allemands utilisaient leur nouvelle arme redoutable, le gaz moutarde, également surnommé « ypérite » à l'époque. Le haut commandement allemand se voulait rassurant pour ses soldats, en les incitant à entrer dès que possible dans les espaces soumis à ces attaques chimiques, munis d'un masque. Ne garantissait-on pas que « les sensations déplaisantes au niveau du nez et de la gorge n'étaient guère dangereuses, et n'entraînaient aucun effet durable [10] » ? Les alliés, eux, crièrent au cynisme et à la barbarie. Sir John French, commandant l'armée d'intervention britannique en France, dénonçait la sauvagerie de l'ennemi : « En tant que soldat, je ne puis manquer de déplorer qu'une armée, qui s'est jusqu'à aujourd'hui présentée comme le principal défenseur des principes chevaleresques, puisse avoir recours à de telles méthodes contre des adversaires courageux et distingués [11] » (15 juin 1915). Cette guerre n'était pas faite par des *gentlemen*. Les Anglais le déploraient d'autant plus que, pendant de longues décennies, ils avaient exalté des vertus saxonnes, héritées des Germains. Là où les Français, de très longue date, avaient perçu des barbares, les Anglais avaient vu des cousins un peu frustes, mais assez bons garçons au demeurant, plus sympathiques que profonds, à l'image d'une famille royale britannique contrainte de changer de nom. C'est pendant la guerre que la dynastie de Saxe-Cobourg devint maison de Windsor, et que les braves bergers allemands furent rebaptisés en anglais des Alsaciens ! Mais un nouveau front s'était ouvert entre-temps en Mésopotamie, en Palestine, et dans les Dardanelles, où les Britanniques attaquaient les Ottomans. Australiens et Néo-Zélandais fournissaient d'importants contingents.

En mai 1915, un gouvernement de coalition se constituait ; pour la première fois de l'histoire, les travaillistes étaient appelés à participer aux affaires [12]. Lloyd George occupait le portefeuille essentiel des munitions. Deux Actes de conscription se succédèrent en janvier-avril 1916, appelant tous les hommes valides au combat [13]. Le départ des hommes sur le front allait entraîner une intense mobilisation des femmes dans l'industrie. En janvier 1916, les forces britanniques totalisaient un million d'hommes, répartis en 38 divisions d'infanterie et 5 de cavalerie. Les Français subirent de terribles assauts à Verdun à compter de février. Au printemps, Français et Anglais se battirent au coude à coude dans la Somme. Le 1er juillet 1916 fut un jour noir, avec des pertes estimées à 60 000 hommes du côté britannique, dont 20 000 tués. Le général Haig persévéra jusqu'en novembre dans ses offensives suicidaires, face aux mitrailleuses allemandes. Pour la première fois, les chars d'assaut intervinrent en septembre. Ces engins de 30 tonnes, encore peu maniables, semèrent l'effroi chez l'ennemi. Pour les stratèges du temps, ces redoutables pachydermes chenillés devaient sortir les combats de l'enlisement des tranchées, en rendant sa mobilité à l'infanterie, toujours considérée comme la reine des batailles. Relevant le défi de la mitrailleuse, cette invention anglaise devait à terme transformer radicalement les conditions de la guerre moderne. Désormais, des canassons d'acier allaient impulser leur rythme au champ de bataille. Les Allemands devaient en tirer toutes les leçons une vingtaine d'années plus tard.

En avril 1916, durant la semaine sainte, un soulèvement se produisait à Dublin [14]. La République irlandaise fut proclamée le lundi de Pâques devant la Grande Poste de la capitale : « Irlandais, Irlandaises, au nom de Dieu et des générations qui nous ont précédés, et qui nous ont transmis les traditions nationales, l'Irlande, à travers nous, appelle ses enfants sous son drapeau, et se bat pour sa liberté [15]. » On ne manqua pas, du côté des opposants au mouvement, d'évoquer le spectre de la trahison : « Ces hommes-là étaient sortis, non pas pour libérer l'Irlande, mais pour venir au secours de l'Allemagne », déclarait l'*Irish Independent* du 4 mai. Les Britanniques craignaient que les États-Unis, où vivaient de nombreux Irlandais, ne fussent confortés dans leur réflexe isolationniste. Une quinzaine d'exécutions eurent lieu, dotant la cause irlandaise de ses martyrs. Le poète William Butler Yeats écrivit qu'une « terrible beauté était née ».

En décembre, Lloyd George devenait premier ministre à son tour. En avril 1917, les Britanniques lançaient une grande offensive sur Arras. Les Canadiens furent victorieux à Vimy, et une troisième bataille d'Ypres s'engageait durant l'été. Alors que le président des États-Unis Woodrow Wilson suppliait encore les belligérants de conclure la paix sans attendre la victoire, dans son discours au Sénat du 22 janvier 1917, les Allemands proclamaient leur intention d'accentuer leur guerre sous-marine. Se souvenant du naufrage scandaleux du *Lusitania* au printemps 1915, les Américains ne purent accepter la menace allemande. Ils entrèrent en guerre en avril 1917, venant opportunément au secours des Alliés, au moment où l'ouverture de négociations avec les bolcheviques libérait les Allemands de leur front est [16]. Les Allemands purent donc attaquer à nouveau sur la Somme au printemps suivant et descendre vers le sud – deuxième bataille de la Marne. Les alliés étaient victorieux à Amiens durant l'été 1918. Le 11 novembre intervenait l'armistice. Les Britanniques étaient également vainqueurs au Proche-Orient où Damas et Jérusalem étaient occupés. Un personnage légendaire, Thomas Edward Lawrence, mieux connu sous le nom de Lawrence d'Arabie, fut le grand artisan de la résistance des Arabes face aux Turcs. Dans son grand discours du 5 janvier 1918, Lloyd George avait clairement défini les objectifs de la paix :

« Si donc on nous demande pourquoi nous combattons, nous répondons, comme nous avons souvent répondu : nous combattons pour une paix juste et durable, et nous croyons qu'avant de pouvoir espérer une paix permanente, trois conditions doivent être remplies. Premièrement, il faut que la sainteté des traités soit rétablie ; secondement, il faut qu'un règlement territorial soit fait sur la base du droit de la disposition de soi-même ou du consentement des gouvernés ; troisièmement, il faut que nous nous efforcions, par la création d'une organisation internationale quelconque, de limiter le fardeau des armements et de diminuer les probabilités de guerre [17]. »

L'unité politique du pays vola en éclats, l'année de la victoire. L'ancien premier ministre libéral, Asquith, s'en prit effrontément à Lloyd George, auquel il reprocha son comportement, en citant le témoignage du général sir Francis Maurice. On déclara en particulier que le premier ministre aurait caché au parlement l'état précis des troupes. Ce combat des chefs devait se révéler suicidaire pour le parti libéral. La Chambre des communes était dissoute le 14 novembre, trois jours après l'armistice ; une coalition de libéraux et de conservateurs, restés fidèles à Lloyd George, remporta les élections, dans une atmosphère de revanche. Le surnom de *Coupon election*, qui s'attache à l'épisode, se réfère à la lettre de désignation, encore appelée *coupon*, par laquelle Lloyd George et le dirigeant conservateur Bonar Law accréditaient les candidats de la coalition. S'il avait gagné à court terme, en s'assurant près de 75 % des sièges pour sa coalition, Lloyd George devait enregistrer également la montée inexorable du nouveau parti travailliste, qui remportait désormais 8 % des sièges [18].

L'entre-deux-guerres

En janvier 1919, Lloyd George arrivait à Paris. Il y retrouvait le président Wilson et Georges Clemenceau. Lloyd George œuvra à un compromis entre la France et les États-Unis. Aux Américains, il concéda l'idée d'une Ligue des nations, tout en acceptant l'idée française de réparations. Mais il s'opposa à tout démembrement de l'Allemagne, tout en entérinant la dilapidation de son empire colonial au profit de la Grande-Bretagne et de la France. En avril, deux cents députés britanniques envoyaient un télégramme à leur premier ministre pour lui rappeler qu'il fallait « faire payer l'Allemagne [19] ». Le 15, Lloyd George affrontait la Chambre des communes. Quand on lui demanda s'il était satisfait de son action, il répondit qu'il ne s'en était pas trop mal sorti, entre Jésus-Christ (Woodrow Wilson) et Napoléon (Clemenceau). Une voix s'éleva dès 1919 en Angleterre, celle de John Maynard Keynes, pour condamner une logique « carthaginoise » des réparations de guerre, qui risquait de mettre l'Allemagne vaincue sur les genoux [20]. Le ressentiment contre l'Allemagne fut d'autant plus fort que l'on avait, naguère encore, célébré avec faste les racines communes des Saxons et des Germains. La théorie de la race en fut affectée ; en 1921, le président Wyatt Wyatt-Paine, de la société huguenote de Londres, s'était livré à une longue divagation sur les « vagues teutoniques », dont aurait découlé, « dégénérée, la race germanique actuelle ». Mais l'eugénisme britannique, loin de reposer sur l'idée de pureté de sang, valorisait à l'inverse un sage métissage : « Dans notre propre île, le Breton, le Celte, le Romain, l'Anglo-Saxon, le Normand, en se mélangeant, ont édifié une race vigoureuse par le corps et l'esprit qui, en dépit de ses limites et de ses imperfections, est cependant l'une des plus saines et des plus progressistes au monde [21]. »

Tout le monde n'appréciait pas également cette vocation impériale de l'Angleterre. L'Irlande traversait une situation insurrectionnelle. Lors des élections de 1918, le Sinn Fein, qui demandait la sécession du pays, recueillit 73 sièges sur les 106 dévolus à l'Irlande. En janvier 1919, les députés avaient refusé de siéger à Westminster, se constituant en assemblée irlandaise. Eamon de Valera fut proclamé président ; l'armée républicaine irlandaise, ou IRA, attaqua les forces britanniques. En 1920, à Westminster, un *Home Rule Bill* fut adopté, instaurant deux parlements distincts en Irlande, l'un pour l'Ulster, au nord, et l'autre pour le reste de l'île. Les affrontements durèrent jusqu'en juillet 1921. En décembre, enfin, un traité de paix fut signé entre le gouvernement britannique et l'assemblée irlandaise. En janvier 1922, l'État libre d'Irlande était institué ; la guerre civile s'ensuivit. Techniquement, le pays était désormais un *dominion*, tout comme le Canada. De nombreux liens existaient encore avec la Grande-Bretagne ou avec l'empire [22].

En Grande-Bretagne, le parti libéral, héritier d'une longue tradition, allait s'effondrer, victime de ses querelles internes. Et sans doute plus encore de la montée du travaillisme. Lloyd George, fort de sa réputation de réformateur intransigeant, acquise avant guerre, s'attira la réputation inverse. Keynes ne se montra pas tendre envers lui dans ses essais biographiques ultérieurs ; il le décrivait, en mêlant les métaphores, comme une sorte de faune celtique androgyne, qui aurait tenu de la sorcière galloise et de la *femme fatale*, en français dans le texte [23]. Ce ton irrévérencieux était à l'unisson du « Bloomsbury group » informel auquel appartenait Keynes. Avant guerre, un certain nombre de jeunes gens, souvent issus de l'université de Cambridge, avaient pris l'habitude de se rencontrer dans le quartier de Bloomsbury à Londres, non loin du British Museum. Adeptes d'une extrême liberté de mœurs, ils connurent une grande notoriété dans les années 1920 et 1930. Parmi eux, Edward Morgan Forster, auteur de la *Route des Indes*, ou la romancière Virginia Woolf, qui allait révolutionner l'écriture romanesque par sa technique du monologue intérieur, sa sœur, le peintre Vanessa Bell, le critique d'art Roger Fry. Ou encore l'historien Lytton Strachey, connu pour ses portraits sans complaisance de la période élisabéthaine ou victorienne.

Lloyd George, immoral ? L'accusation reposait, entre autres, sur la vente de titres nobiliaires à laquelle eut recours l'ancien pourfendeur de l'aristocratie [24]. Certes, les pensions de retraite étaient augmentées dans le même temps, et le gouvernement dut faire face à une augmentation du chômage, qui passa le cap des 2 000 000 en décembre 1921. Mais rien n'y fit. Ni à droite ni à gauche, on ne put pardonner au radical d'antan sa volonté d'aboutir à une fusion des libéraux et des conservateurs. Les plus conservateurs criaient à la gabegie et la nouvelle « ligue contre le gâchis », *Anti-Waste League*, protesta contre la pression fiscale, jugée excessive. Le temps de la coalition conservateurs-libéraux semblait révolu ; la révolte grondait chez les conservateurs. Lloyd George était contraint de remettre sa démission en octobre 1922.

Les élections qui s'ensuivirent virent la victoire, prévisible, des conservateurs, 344 sièges sur un total désormais de 615, depuis la partition irlandaise. Le nouveau premier ministre conservateur, Bonar Law, frappé par la maladie, dut passer la main à Stanley Baldwin. Le gouvernement parvint à éviter une nouvelle guerre avec la Turquie, en signant le traité de Lausanne, en juillet 1923 [25]. Les conservateurs s'étaient engagés à introduire des droits de douane, rompant avec une politique canonique de libre-échange. Mais ils souhaitaient avoir pour cela l'aval de l'électorat. Ce fut un désaveu. Les nouvelles élections permirent, pour la première fois de l'histoire, au parti travailliste d'arriver, très brièvement, au pouvoir. Les droits de douane, déjà réclamés à la fin du XIXe siècle par Joseph Chamberlain, attendirent encore quelques années. Ramsay MacDonald devait rester premier ministre une dizaine de mois, de janvier à octobre 1924 [26]. Le parti travailliste du temps venait de se doter, en 1918, d'une constitution affirmant clairement des objectifs socialistes, reniés par la suite. En particulier, la célèbre clause IV affirmait les liens organiques du parti avec les syndicats ouvriers. Contrairement à la France, où l'indépendance syndicale, vraie ou supposée, a toujours été proclamée, la Grande-Bretagne a constamment admis que les organisations syndicales eussent une expression authentiquement politique. Le but du travaillisme était clairement de parvenir à une juste redistribution des richesses par l'appropriation des moyens de production. Ce collectivisme affirmé s'accompagnait de visées internationales, sinon clairement internationalistes au sens communiste du terme. Il s'agissait de veiller au respect des droits des peuples du monde entier – ce qui, dans le contexte de l'après-guerre, s'expliquait aussi par l'indignation attachée à la boucherie de 1914-1918 [27].

Ce n'était pas du bolchevisme, mais cela suffit à inquiéter une partie importante de l'opinion outre-Manche, d'autant plus qu'une prétendue « lettre de Grigori Zinoviev », du 15 septembre 1924, fut largement diffusée dans la presse le mois suivant. Le très sérieux *Times* de Londres la reproduisit intégralement le 25 octobre. Adressée à ses camarades du parti communiste britannique, cette missive envisageait la constitution de soviets dans l'armée et la *navy*. Ce faux, d'excellente facture, était destiné à discréditer totalement le parti travailliste. Il émanait des milieux du contre-espionnage britannique, peu suspects de sympathie pour la révolution russe. L'ouverture des archives, tant dans l'ex-URSS qu'aux États-Unis et en Grande-Bretagne, a permis un passionnant travail d'enquête, démontrant la complicité des milieux russes blancs dans cette remarquable falsification qui a, sinon changé, du moins infléchi le cours de l'histoire [28]. Les travaillistes n'acceptaient certes pas que des communistes figurassent dans leurs rangs. Mais la référence socialiste commune pouvait cimenter, à défaut d'une réelle camaraderie prolétarienne, du moins cette sympathie qui a toujours entouré, à gauche, les espérances déçues. Et encouragé, à droite, les réflexes immunitaires suscités par la crainte. La correspondance authentique entre le parti communiste britannique et le Comintern retentit par contre des pires dénonciations du parti travailliste, accusé de vouloir arrêter la marche historique du prolétariat vers les lendemains qui chantent. Le « vrai » Zinoviev était en réalité autrement plus révolutionnaire que le « faux », dont la figure composite était un ramassis fantasque de lieux communs. Il s'agissait, selon Zinoviev, de porter les travaillistes au pouvoir, mais pour les dénoncer aussitôt comme des traîtres, suppôts de l'impérialisme. Dans les élections qui s'ensuivirent, le parti travailliste perdit un bon quart de ses sièges [29]. Les conservateurs tirèrent pleinement avantage de la panique suscitée par la menace révolutionnaire supposée. C'en était fini, provisoirement du moins, des chances du parti travailliste. Comme plus généralement de l'idéologie socialiste, assimilée à une trahison.

À nouveau premier ministre, Baldwin nomma les deux frères Chamberlain, Austen et Neville, fils du célèbre Joseph, aux portefeuilles des Affaires étrangères et de la Santé, tandis que l'Échiquier allait à un transfuge du parti libéral, Winston Churchill. Le descendant du duc de Marlborough s'était nouvellement rallié au conservatisme, par haine du communisme assimilé à la tyrannie, à la terreur et à la persécution. Neville Chamberlain était vaguement jaloux de ce fougueux confrère. Churchill était au demeurant attaché à la tradition ; et il en revint en 1925 à l'étalon-or, quitte à déprécier la livre sterling. Il s'agissait en fait de rassurer les milieux financiers, en s'accrochant à une valeur moins susceptible de fluctuations. Keynes, avec les yeux de l'économiste plus que du politique, devait souligner l'erreur du chancelier, appliqué par ailleurs à baisser les impôts [30].

L'épreuve de force s'engagea avec les syndicats, lors de la grande grève de mai 1926 : mineurs, cheminots, sidérurgistes, dockers, imprimeurs, tous se retrouvèrent au coude à coude contre le gouvernement. Les ouvriers prirent le soin de rassurer sur leurs intentions : il n'était pas question de remettre en cause les institutions du pays, mais il s'agissait plus simplement d'exiger de meilleures conditions de travail et des salaires plus élevés. Le 12 mai, le roi George V pouvait cependant annoncer la fin de la grève générale. Seuls quelques secteurs restèrent mobilisés, comme les mineurs. Le gouvernement conservateur passa son *Trade Disputes and Trade Unions Act*, proscrivant le recours à la grève générale. Toute grève de solidarité était également frappée d'illégalité ; l'on interdit aux fonctionnaires d'appartenir à des syndicats affiliés au Trade Unions Congress. Le parti travailliste était touché par une autre mesure stipulant que toute souscription politique, payée sur la cotisation syndicale, devait faire l'objet d'un choix clairement exprimé. Depuis 1913, il fallait à l'inverse préciser que l'on ne voulait pas verser d'argent au parti travailliste, qui bénéficiait donc automatiquement de la manne syndicale [31].

Le parti travailliste ne s'en renforça pas moins. En 1929, MacDonald devenait premier ministre – comme il l'avait déjà été quelques années plus tôt, en 1924. Son parti n'avait pas obtenu la majorité absolue, mais, avec 288 sièges contre 260 aux conservateurs et 59 aux libéraux, il forma le gouvernement. Ce furent des années noires, du fait essentiellement du krach boursier et de la crise. Le « Jeudi noir » du 29 octobre 1929, à la Bourse de New York, affecta toutes les économies. Le budget de 1930 se traduisit au Royaume-Uni par une augmentation, très impopulaire, de l'impôt. On parla également de réduire les dépenses, tout en se trouvant confronté à un effondrement de la livre sterling. MacDonald formait en août 1931 un gouvernement de coalition nationale. Il devait y gagner son expulsion du parti travailliste, où il fut désormais considéré comme un opportuniste sans conviction. Le gouvernement national obtenait 556 sièges cette année-là, le parti travailliste en tant que tel n'avait plus que 52 sièges [32].

En décembre 1931 était adopté le statut de Westminster, sorte de *Magna Carta* de l'empire [33]. Les délégués des gouvernements du Royaume-Uni, du dominion du Canada, du commonwealth d'Australie, du dominion de Nouvelle-Zélande, de l'Union sud-africaine, de l'État libre d'Irlande et de Terre-Neuve déclaraient que la Couronne était le « symbole de la libre association de tous les membres du Commonwealth britannique ». Ils se déclaraient « unis par une commune allégeance à celle-ci », et mentionnaient « l'obligation d'assujettir désormais toute modification des règles de succession au trône et de présentation des titres royaux à l'assentiment des parlements des *dominions* comme à celui du parlement du Royaume-Uni ». En outre, les lois adoptées à l'avenir par le parlement du Royaume-Uni n'entraient dans le droit d'un *dominion* « qu'à la demande et avec le consentement de celui-ci ». Cette liberté législative incluait même la possibilité pour les parlements des *dominions* d'édicter, pour leur usage, des lois incompatibles « soit avec le droit de l'Angleterre, soit avec les lois passées ou à venir du parlement du Royaume-Uni ou leurs textes d'application [34] ». La diversité de ce qui s'appelait désormais le *Commonwealth* renforçait en un sens le prestige de la Couronne. Ce n'était plus le *King-in-Parliament* mais bien le roi qui devenait la pierre de voûte de l'empire. On notera aussi que ce précieux statut de *dominion* n'était encore accordé, avec parcimonie, qu'aux colonies de peuplement composées de Blancs. Ou du moins dirigées par eux [35].

Au Royaume-Uni, l'union nationale allait durer jusqu'à la guerre. Refusant tout compromis avec l'idéologie socialiste, ou ce qu'il prenait pour telle, Winston Churchill entamait sa traversée du désert : « Les dirigeants conservateurs ont décidé que nous devions travailler avec les socialistes, et qu'il fallait que nous mettions nos pas dans les leurs. Nous avons désormais contre nous les appareils des trois grands partis de l'État [36]. » Le nouveau gouvernement décrocha la livre de l'étalon-or, ce qui eut pour effet de doper les exportations britanniques. Et, en 1932, des droits de douane uniformes de 10 % furent introduits. L'année suivante, à la conférence d'Ottawa, on adopta le principe de la préférence impériale pour les produits alimentaires provenant des *dominions*, et réciproquement sur les articles manufacturés de Grande-Bretagne. En 1935, un nouveau gouvernement national arriva au pouvoir, mais cette fois-ci sous la direction du conservateur Baldwin.

Les travaillistes avaient mené une campagne désastreuse, en stigmatisant l'utilisation de la tension internationale par leurs adversaires. Leur manifeste ne manquait pas de dénoncer la « course aux armements », selon eux suicidaire, menée par le gouvernement britannique. Il fallait à l'inverse, grâce à la Société des Nations, mettre un terme à l'action du *signor*

Mussolini en Afrique. Parler, parler encore et ne pas songer à se battre : cette antienne pacifiste s'expliquait certes par les stigmates laissés par la guerre de 1914. Mais comment prendre au sérieux l'idée que les différentes nations pourraient désarmer de façon spécifique leurs armées de l'air, et les placer sous contrôle international ? Ou encore la thèse, pleine de candeur, qu'il suffisait d'interdire la production et le commerce des armes pour empêcher les guerres ? L'enfer est pavé de bonnes intentions. La conclusion tenait en quelques mots : le socialisme en Grande-Bretagne, et la paix au dehors. L'Allemagne, pour sa part, réarmait. Au printemps 1935, des pourparlers séparés se déroulèrent à Berlin entre Britanniques et Allemands [37]. Il s'agissait, comme le déclaraient les services secrets de Sa Majesté, d'éviter que, renvoyés dos à dos, Français et Italiens ne prissent prétexte de l'accroissement de la *Kriegsmarine* pour augmenter à leur tour leurs flottes respectives [38]. Le Quai d'Orsay était mis devant le fait accompli en juin [39].

C'est dans le domaine de la théorie économique que l'Angleterre accomplit en 1936 une révolution tranquille. La *Théorie générale de l'emploi, de l'intérêt et de la monnaie* était l'œuvre d'un *fellow* de King's College, Cambridge, dont il a été question précédemment : John Maynard Keynes. Déjà auteur de plusieurs essais sur la monnaie, passionné par les calculs de probabilité, Keynes s'opposait au laisser faire antérieur, en prônant une intervention publique qui s'accommodât du déficit. Il fut vertement critiqué en retour par un universitaire autrichien, Friedrich von Hayek, qui enseignait, pour sa part, à la London School of Economics [40]. Keynes ne manquait pas de tirer les conséquences sociales de son système : « Les deux vices marquants du monde économique où nous vivons sont le premier que le plein emploi n'y est pas assuré, le second que la répartition de la fortune et du revenu y est arbitraire et manque d'équité. Le rapport entre la théorie qui précède et le premier de ces vices est évident [41]. » Il se situait bien là dans la tradition réformiste prônée par le libéralisme politique anglais [42]. Le recours à l'impôt apparaissait comme un instrument de redistribution des richesses, destiné à corriger les inégalités. Tout comme la relance de la consommation constituait un remède au sous-emploi selon Keynes, également adepte de la baisse des taux d'intérêt.

Il ne s'agissait, certes, pas de promouvoir une totale égalité. Mais de corriger des excès : « Nous pensons qu'on peut justifier par des raisons sociales et psychologiques de notables inégalités de fortune, mais non des disproportions aussi marquées qu'à l'heure actuelle. » Quitte à admettre avec humour : « Il vaut mieux que l'homme exerce son despotisme sur son compte en banque que sur ses concitoyens [43]. » Les pauvres riches seraient-ils condamnés à perdre leur contrôle sur la politique et l'économie pour ne plus pouvoir gérer que leurs comptes en banque ? Keynes devenait moraliste et prophète : « Le monde ne supportera plus très longtemps l'état de chômage qui, en dehors de courts intervalles d'emballement, est une conséquence, et à notre avis une conséquence inévitable, de l'individualisme tel qu'il apparaît dans le régime capitaliste moderne [44]. » Keynes avait le mérite, ou la naïveté, de croire encore à la puissance des idées. Il pensait, trois ans avant qu'éclatât le second conflit mondial, que les politiques économiques pouvaient empêcher la réédition du choc des impérialismes qui avait précédé la guerre de 1914. Se trompait-il totalement en affirmant : « Or, si les nations pouvaient apprendre à maintenir le plein emploi au moyen de leur seule politique intérieure [...], il ne devrait plus y avoir de force économique importante capable de dresser les intérêts des divers pays les uns contre les autres [45] » ? En 1936, cette utopie paraissait condamnée.

L'Angleterre traversait au même moment une curieuse crise dynastique. Édouard VIII succéda à son père en janvier 1936. Le roi, resté célibataire, était amoureux d'une dame qui cumulait tous les handicaps : Mrs Wallis Simpson était une roturière, elle était américaine et elle était divorcée. Ou plus précisément, elle en était à son deuxième divorce. L'on dit même qu'elle aurait eu pour l'Allemagne des années 1930 les yeux de Chimène. Voire, sans que cela ait été retenu par les historiens, qu'elle aurait entretenu une liaison avec Joachim von Ribbentrop, tout particulièrement chargé, avant guerre, d'entretenir l'amitié des élites sociales britanniques [46]. Ne reculant devant aucun sacrifice, Ribbentrop essaya même, sans succès, de fourguer son fils Rudolph à Eton College, quitte à se rabattre sur la Westminster School, où l'on n'apprécia guère son habitude de tendre bruyamment le bras droit en manière de salut. Aristocrates, politiciens, généraux en retraite ou magnats de la presse, comme le célèbre Harold Sidney Harmsworth, vicomte Rothermere, couvaient avec amour une amitié germano-britannique dont devait sortir, faisait-on mine de penser, une Europe nouvelle, débarrassée des conflits. Les nazis se cherchaient des alliés dans un conflit contre la Russie communiste, qu'ils pensaient inévitable [47]. Même Lloyd George devait s'avouer, très brièvement, fasciné par le dynamisme de Herr Hitler, qui le reçut familièrement au Berghof en 1936 [48]. Dans *Mein Kampf*, le *Führer* avait réservé une place ambiguë aux Anglais et aux Italiens, alors que les Français lui paraissaient condamnés à disparaître dans un « État mulâtre africano-européen », s'étendant du Rhin au Congo [49]. Le 10 décembre, Édouard VIII abdiqua par amour, au profit de son frère cadet, qui monta sur le trône sous le nom de George VI. Devenu duc de Windsor, l'ancien monarque eut le bon goût de s'installer en France. Et le mauvais de se rendre outre-Rhin, où il rencontra le chancelier Hitler, avant de dîner avec Rudolf Hess.

Baldwin démissionna de son poste de premier ministre au lendemain du couronnement de George VI, en mai 1937. Le désastreux Neville Chamberlain lui succéda. L'homme à l'éternel parapluie, qui allait incarner le compromis face à Hitler, avait acquis une réputation inverse de fermeté en se montrant partisan du réarmement. Les travaillistes, naguère encore englués dans le pacifisme, ne demeurèrent pas inactifs. En s'opposant à Chamberlain, ils devenaient chaque jour plus conscients de la menace qui guettait l'Europe et le monde. Une évolution notable se produisit chez les travaillistes. En mars 1937, une poignée d'entre eux prit conscience de la gravité de la situation espagnole, où se jouait le premier acte de l'offensive fasciste contre les démocraties occidentales. Ernest Bevin et Hugh Dalton demandèrent le réarmement ; d'autres travaillistes, autour de Stafford Cripps, défendirent une stratégie de « front uni », inspirée par le Front populaire, tout en recommandant des sanctions économiques. En octobre de la même année, à la conférence annuelle du parti, à Bournemouth, la thèse du réarmement l'emporta. Cripps parvint à obtenir la création d'un comité de campagne pour l'Espagne, cantonné dans des activités de soutien, humanitaire ou politique. Le 28 octobre, pareillement, à la Chambre des communes, Lloyd George défendait la cause de la République espagnole, et morigénait ses compatriotes pour leur lâcheté. Il lâchait avec superbe : « Si le fascisme sortait vainqueur, le gouvernement de Sa Majesté pourrait revendiquer également cette victoire [50]. » Et pourtant, s'il condamnait le fascisme et sa variété franquiste avec ardeur, le Clemenceau anglais ne croyait pas, ne pouvait pas croire, ne voulait pas croire à la possibilité d'une nouvelle guerre avec l'Allemagne [51].

Chamberlain s'était embarqué pour sa part dans une politique d'*appeasement ;* le premier ministre, compréhensif, entérina le fait accompli. L'Autriche, puis les franges germanophones du nord de la Tchécoslovaquie étaient annexées au troisième Reich. À Munich, en septembre 1938, sûr de ses atouts, Chamberlain crut qu'il arrachait à Hitler une grande victoire diplomatique, en empêchant, très provisoirement, la guerre. Tandis que l'on fêtait le héros, Churchill ironisait : « On vous demande 1 livre sterling, en tenant un pistolet. Puis deux livres, en tenant toujours un pistolet. Finalement, le dictateur consent une réduction, en ne demandant plus que 1 livre 17 shillings et 6 pence, et le solde à crédit [52] ». Lorsque les Allemands pénétrèrent dans Prague, en mars 1939, Chamberlain se demanda, pensif : « Est-ce là la fin d'une vieille aventure, ou le début d'une nouvelle ? Est-ce là la dernière attaque d'un petit État, ou d'autres attaques vont-elles s'ensuivre ? S'agirait-il à terme de dominer le monde par la force [53] ? »

Par avance, Churchill avait déjà répondu [54].

La guerre de 1939-1945

À Berlin paraissait pendant la guerre une collection de textes spécifiquement anti-anglais, sous le titre explicite de *England ohne Mask,* l'« Angleterre démasquée ». Le principe éditorial était assez simple : il s'agissait d'opposer le *Lebensraum* allemand, l'espace vital germanique, parfaitement légitime, à l'« impérialisme » britannique, conquérant par nature. La question des empires fut au cœur du conflit – tout comme leur extinction progressive, la décolonisation, occupa les années de l'après-guerre.

Publié durant la guerre, *l'Angleterre et l'Europe* de John Amery délivrait son message de haine contre l'Angleterre, l'Union soviétique, les Juifs, Churchill et les États-Unis : « Winston Churchill apparaît semblable à un alchimiste qui, ayant conjuré toutes les forces occultes inconnues et puissantes de la juiverie mondiale et du bolchevisme mondial pour réaliser un impossible dessein, doit maintenant assister, impuissant, aux ravages qu'elles produisent, parce que, s'il a su trouver la formule qui déchaîne ces forces, pareil au génie de la lampe d'Aladin, il n'a pas celle qui lui permettrait de les dominer. Pis encore : il est entraîné par elles sur un chemin glissant, obscur et mystérieux, et dans ses moments de lucidité, il doit se demander avec angoisse où ce chemin le conduit, lui, ses amis et son pays. » Avant d'enchaîner : « Quoi qu'il en soit, la Grande-Bretagne et l'Empire britannique se trouvent, en 1943, en face d'un problème que peu de nations ont connu : ou les Allemands vaincront – et alors ils dicteront leurs conditions à Whitehall ; ou le bolchevisme, l'Amérique et M. Churchill gagneront la guerre, et dans ce cas le communisme ne manquera pas de s'installer dans la métropole, pendant que l'Empire passera à l'Amérique ou s'effondrera dans l'anarchie. Victoire ou défaite : de toutes parts, les portes sont marquées par la fatale formule : *Britannia requiescat in pace.* » Et pour conclure ce requiem prématuré : « Peut-être l'éventualité de la défaite est-elle moins redoutable que celle de la victoire. L'Allemagne, après tout, ne désire que l'expansion, non la domination mondiale, et à l'issue d'une conférence de la paix, chacun ayant reçu sa part, peut-être nous resterait-il encore quelque chose, ne serait-ce que dix pour cent [55]. » Il faut dire que l'auteur de ce texte se donnait pour un Anglais, authentiquement attaché aux intérêts de son pays que seule une victoire nazie était censée garantir. L'Angleterre avait bien connu ses fascistes, ses chemises noires, sur le modèle italien, et ses admirateurs du miracle allemand. Ancien député travailliste, ancien ministre conservateur, sir Oswald Mosley avait créé sa ligue, la *British Union of Fascists*, mais sans jamais obtenir de députés dans un parlement qui a toujours refusé, avec constance, le principe de la représentation proportionnelle [56].

À chaque fois qu'ils se sentent menacés, les Britanniques renouent avec les ressorts du patriotisme le plus profond. L'année 1939 ne fit pas exception. Le 1er septembre, Chamberlain prenait la parole : « Nous entrerons dans le conflit avec une conscience pure. Nous n'avons aucun grief contre le peuple allemand ; nous lui reprochons seulement d'accepter d'être gouverné par des nazis [57]. » Deux jours plus tard, à quelques heures d'intervalle, la Grande-Bretagne et la France déclaraient la guerre à l'Allemagne, qui venait d'envahir la Pologne. Après une drôle de guerre baptisée en Angleterre *phoney war*, la

« guerre au téléphone », l'avancée allemande fut irrésistible aux Pays-Bas, en Belgique, et en France. Si les Anglais avaient inventé le char d'assaut, la *Wehrmacht* en avait tiré toutes les applications, en se dotant de 6 divisions blindées. Un colonel français, Charles de Gaulle, avait prévu l'importance de cette arme redoutable, garante d'une mobilité qui empêcha la réédition de la précédente guerre. Rien de plus opposé à la guerre éclair de 1940 que l'enlisement des tranchées.

D'importants changements politiques se produisirent. À la Chambre des communes, le cher Lloyd George avait prié Chamberlain d'avoir le bon goût de renoncer à ses fonctions de premier ministre le 8 mai. Le 10 mai, Winston Churchill acceptait de le remplacer, à l'âge de 64 ans. L'état d'urgence était décrété le 22. Les Français libres s'installèrent à Londres, aux côtés du général de Gaulle, au 3 Carlton Gardens, près de Saint James' Park, dans une demeure qui avait été occupée précédemment par Palmerston [58]. Fondées sur une estime réciproque et sur la rage de vaincre, les relations entre de Gaulle et Churchill furent souvent orageuses. Le célèbre appel du 18 juin affirmait la solidarité franco-britannique, en soulignant de part et d'autre le rôle des empires : « La France n'est pas seule ! Elle n'est pas seule ! Elle n'est pas seule ! Elle a un vaste empire derrière elle. Elle peut faire bloc avec l'empire britannique qui tient la mer et continue la lutte. Elle peut, comme l'Angleterre, utiliser sans limites l'immense industrie des États-Unis. Cette guerre n'est pas limitée au territoire malheureux de notre pays. Cette guerre n'est pas tranchée par la bataille de France. Cette guerre est une guerre mondiale. Toutes les fautes, tous les retards, toutes les souffrances n'empêchent pas qu'il y a, dans l'univers, tous les moyens nécessaires pour écraser un jour nos ennemis. Foudroyés aujourd'hui par la force mécanique, nous pourrons vaincre dans l'avenir par une force mécanique supérieure. Le destin du monde est là [59]. »

Churchill n'avait pas dit autre chose, quelques jours auparavant, en prévoyant que, si par malheur l'Angleterre même en venait à être envahie et occupée, l'empire poursuivrait la lutte. Il avait prononcé ces paroles mémorables : « Nous nous battrons sur les plages, nous nous battrons sur les lieux du débarquement, nous nous battrons dans les champs et dans les rues, nous nous battrons sur les collines ; nous ne nous rendrons jamais. » Avant de conclure que, dans le pire des cas, l'empire, la flotte et le « nouveau monde » viendraient au secours de l'« ancien » – allusion à peine déguisée aux États-Unis, sommés de sortir de leur neutralité [60]. Tout le monde ne partageait pas les analyses de Churchill, tant s'en faut. Le ministre des Affaires étrangères, lord Halifax, demeurait fidèle à la ligne de l'*appeasement*, qui avait été celle de Neville Chamberlain, auquel il aurait aimé succéder comme premier ministre. Fort heureusement, Anthony Eden obtint à son tour le portefeuille des Affaires étrangères. Ce conservateur, profondément hostile à Chamberlain depuis 1938, seconda utilement Churchill dans sa détermination à conduire la guerre jusqu'à la victoire [61].

Les Britanniques disposaient toujours d'une redoutable *navy*, bien que nombre de ses bâtiments fussent vétustes. Quelques jours à peine après l'armistice du 22 juin 1940, à Mers el-Kébir, s'écrivit l'une des pages les plus absurdes de la guerre. La flotte française, dont on craignait qu'elle tombât entre les mains de l'ennemi, fut anéantie dans la rade d'Oran, en Algérie : 4 cuirassés, 6 contre-torpilleurs, un porte-avions, plusieurs sous-marins et quelques torpilleurs. Sans compter 1 300 hommes tués sans pouvoir riposter : la facture fut lourde. Elle ne cessa d'être utilisée dans la France occupée, ou par Vichy, pour discréditer la perfide Albion. Les Anglais avaient aussi la capacité de produire rapidement un nombre important de chasseurs et de bombardiers qui répondissent aux attaques de l'ennemi. Depuis plusieurs années, le budget de la Royal Air Force avait été prioritaire [62]. La *Battle of Britain,* en août et septembre 1940, permit aux Britanniques de conserver la maîtrise de leur espace aérien. En une seule journée, la *Luftwaffe* perdit 60 appareils. Hitler renonçait en octobre à l'invasion de la Grande-Bretagne [63].

Les Allemands prirent leur revanche en rasant Coventry le 14 novembre. Deux jours plus tard, Hambourg en Allemagne fit l'objet à son tour d'une attaque aérienne. Les civils britanniques avaient montré leur courage et leur ténacité proverbiale, en refusant jusqu'au bout de se laisser démoraliser. Qui n'a pas présent à la mémoire le cliché, pris le 29 décembre 1940, montrant la cathédrale Saint-Paul cernée par les flammes ? Dans la nuit de 10 au 11 mai 1941, Londres traversa l'un des pires assauts : 507 avions, 711 tonnes de bombes, plusieurs milliers de morts. De nombreuses villes connurent, elles aussi, leurs nuits d'enfer. Le roi George VI et la reine, directement visés par l'attaque de Buckingham Palace, montrèrent leur courage et leur détermination en incitant tous les Britanniques à poursuivre inlassablement le combat.

L'invasion de l'Union soviétique par Hitler en juin 1941, l'entrée en guerre des États-Unis en décembre transformèrent le conflit. En 1942, les Britanniques menèrent de lourds combats en Afrique du Nord, jusqu'à la victoire décisive d'El Alamein en octobre. Le général Montgomery, surnommé affectueusement Monty, acquit une stature de héros aux yeux de ses compatriotes britanniques, Puis ce furent la campagne d'Italie et des Balkans. Le 6 juin 1944 intervenait enfin le débarquement en Normandie. La Grande-Bretagne subit alors les assauts terrifiants des bombes volantes, V1 et V2, ancêtres des missiles. Mais les chasseurs de la Royal Air Force, dotés pour la première fois de moteurs à réaction, ou la défense anti-aérienne, grâce au radar, parvinrent à riposter avec une remarquable efficacité, empêchant dès le mois d'août 80 % des V1 d'atteindre leurs objectifs. Plus redoutables encore, les V2, de funeste mémoire, avaient été mis au point par Wernher von Braun, appelé à devenir l'un des pères du programme spatial américain. Leurs attaques cessèrent en mars 1945, lorsque les Alliés détruisirent leurs rampes de lancement.

En Europe, la guerre devait se terminer le 8 mai 1945 et, dans le Pacifique, en août suivant, après le terrible bombardement atomique d'Hiroshima et de Nagasaki. Les pertes britanniques peuvent être estimées à un demi-million de morts, dont 150 000 à peu près pour le seul Royaume-Uni. Le 13 mai 1940, Churchill avait bien annoncé à ses compatriotes qu'il ne pouvait leur offrir que « du sang, du labeur, des larmes et de la sueur ».

Chapitre XXV

L'ÉTAT PROVIDENCE DANS TOUS SES ÉTATS, DE 1945 À NOS JOURS

> « Nous souhaitons reconstruire la Grande-Bretagne sur les principes assurés qui font sa force. D'énormes progrès matériels ont été accomplis récemment. Ce progrès doit être étendu et accéléré, non par la subordination de l'individu à l'autorité de l'État, mais en permettant à chacun de ne pas être empêché par la pauvreté, l'ignorance, l'insécurité ou l'égoïsme des autres de faire fructifier au mieux les talents que lui a donnés la Providence [1]. »
>
> Manifeste électoral travailliste, *1945*.

Le démenti électoral fut pénible pour Winston Churchill : dans l'euphorie de la victoire sur l'Allemagne et l'anxiété de la guerre encore en cours avec le Japon, le vieux Lion avait décidé de se tourner vers le pays. La litote est explicite en anglais : se « tourner vers le pays », *go to the country*, c'est consulter les électeurs. Et les électeurs signifièrent clairement que le parti travailliste avait leur préférence. Avec 48 % des voix, les travaillistes s'adjugèrent 393 sièges. Le 26 juillet, George VI appelait Clement Attlee à former le gouvernement. Au milieu de son whisky et de ses cigares, Churchill avait aussi une réserve de bons mots : « Un taxi vide s'arrête au 10 Downing Street. Clement Attlee en sort. »

L'immédiat après-guerre

Le manifeste conservateur, pourtant, ne manquait pas d'allure. Churchill exhortait les Anglais à songer à leur grandeur et à lui renouveler leur confiance. La coalition qu'il dirigeait leur assurerait la victoire définitive sur la tyrannie, elle s'appuierait sur les forces vives du peuple britannique, toutes classes et tous partis politiques confondus. C'était le principe du rassemblement, dans la tradition tory la plus pure. Les adversaires travaillistes de Churchill se voyaient clairement désignés comme « socialistes », étiquette infamante dans sa bouche.

Quel fut le sens de ce socialisme *made in Britain*, qui façonna l'après-guerre ? Il trouve l'une de ses origines avouées dans le rapport qu'un libéral, sir William Beveridge, consacra en 1942 aux *Services sociaux et assimilés*[2]. « Véritable matrice » dont sortit l'État providence, le texte nommait de façon allégorique les cinq géants qu'il fallait terrasser pour parvenir au progrès social : ignorance, besoin, maladie, insalubrité et oisiveté[3]. Trois ans plus tard, le fameux rapport fit l'objet des analyses lumineuses d'un observateur français de l'Institut de science économique appliquée. Entre capitalisme sauvage et socialisme autoritaire, l'Angleterre semblait ouvrir une troisième voie : « Pendant des siècles, la mission de l'État tient tout entière dans ces deux mots : *Pax* et *Justitia*. Ainsi réduit à sa formule la plus étroite, l'État est déjà un instrument de garantie sociale. Il n'en est pas autrement aux époques où il prétend devenir l'organe de l'utilité publique ou de la recherche du bien-être général et de la prospérité publique. Ce qui change, ce sont les procédures, les techniques, c'est surtout la part qu'assure l'État dans la protection du risque social[4]. » Ainsi, l'État se trouvait doté de nouvelles missions ; outre la fonction régalienne de « sécurité extérieure », il lui incombait un devoir d'assistance et d'entraide, échappant aux « lois de la rentabilité économique ». À ce titre, la « garantie sociale » aurait constitué l'un des « objets essentiels de la puissance publique ». Beveridge lui-même aurait été favorable à une « politique de plein emploi », sur laquelle ce rapport-ci restait délibérément circonspect[5]. Beveridge souhaitait que chacun bénéficiât d'un « minimum vital » ; loin de se limiter aux seuls salariés, il étendait également la mesure aux femmes, en tant qu'épouses et mères de famille. Mais surtout, il souhaitait une « redistribution des revenus » et une « rationalisation du système ».

Or, poursuivait l'observateur, ces avancées sociales majeures ne s'accompagnaient d'aucun débordement : « Non content de moderniser une trop vieille législation et de faire un tout d'une multitude de mesures et de réglementations juxtaposées, sir William Beveridge établit les principes d'une *politique de sécurité sociale substituée à une législation d'assurances sociales et d'assistance* et axe cette politique sur une idée directrice originale dont il tire logiquement toutes les conséquences : assurer à chacun un niveau de vie minimum grâce à une équitable répartition des revenus [...] Un examen attentif du plan révèle cependant une contradiction profonde : ce plan est à la fois conservateur et révolutionnaire. Révolutionnaire, il l'est tout d'abord, sir William Beveridge ne le cèle pas. Il entend, dit-il, faire l'œuvre que commande une époque révolutionnaire, et il ajoute : une époque révolutionnaire de l'histoire du monde est le temps des révolutions et non plus celui des rapiéçages. Il n'est pas douteux que le rapport fait des concessions aux revendications socialistes : la notion de base elle-même, celle de redistribution des revenus, est socialiste. Sir William Beveridge précise, il est vrai, que cette redistribution pourrait se faire seulement à l'intérieur de la classe ouvrière et suffirait ainsi à assurer à tous un minimum vital ; mais nous sentons bien que ces affirmations ne sont chez lui qu'un jeu et que, dans son esprit, c'est avant tout la redistribution des gros revenus qui doit être accomplie. Peut-être même pourrait-on affirmer que sir William Beveridge ne serait pas hostile à une redistribution des revenus tendant à une plus large égalisation des niveaux de vie. Socialistes, telles sont aussi les propositions qui tendent à la nationalisation des assurances, des sources d'énergie et des moyens de transport, et abandonnent délibérément le libéralisme traditionnel de la Grande-Bretagne. »

Et enfin, de guerre lasse : « Ce plan constitue, à n'en pas douter, moins un essai de socialisation qu'une véritable révolution britannique. L'esprit de système, de standardisation, de rationalisation qu'il manifeste, la bureaucratie qu'il institue, l'abandon du libéralisme économique qu'il postule, l'emprise étatique qu'il suppose sont autant d'éléments aptes à porter atteinte à la manière d'être, au particularisme, à l'empirisme anglais, voire à bouleverser l'armature traditionnelle de la Grande-Bretagne. La réforme de structure que l'on voulait éviter tend ainsi à se réaliser [6]. » Les Anglais auraient-ils donc été des révolutionnaires malgré eux ? Ou les Français, en dépit de leur réputation de coupeurs de têtes, déjà ancienne, des conservateurs qui s'ignorent ?

Le parti travailliste pouvait s'installer paisiblement dans son rôle de parti de l'avenir. Il tirait une partie de son inspiration du socialisme de guerre qui avait prévalu dans une situation de rationnement et d'adversité. William Beveridge y gagna le titre enviable de « baron » Beveridge. Certains conservateurs même avaient pu alimenter cette foi en l'avenir, comme Richard A. Butler, auteur d'une célèbre loi sur l'éducation de 1944, qui porta l'âge de la scolarité obligatoire jusqu'à 15 ans [7]. Plus polémique fut la décision de revenir en mai 1946 au prélèvement automatique d'une quote-part politique sur les cotisations syndicales. La pièce majeure du dispositif demeura cependant la socialisation de la médecine. Elle déboucha en 1948 sur la création d'un secteur nationalisé de la santé, *National Health Service*, objet de constantes polémiques. Mais, en application de la clause 4 de la constitution du parti travailliste, ne fallait-il pas songer à nationaliser les instruments de production ? La Banque d'Angleterre, l'aviation civile, les câbles et le téléphone, les charbonnages précédèrent sur cette voie les chemins de fer, l'électricité et le gaz, de 1946 à 1948. On peut estimer que, quelques années plus tard, 20 % de l'économie relevaient du secteur public, qui employait 2 000 000 personnes.

Le parti travailliste devait cependant remporter difficilement les élections de 1950, et Attlee fut contraint de demander de nouvelles élections en octobre 1951. La Grande-Bretagne n'avait pas renoncé à son image héroïque. Le 2 juin 1953, le *Times* rapportait qu'une expédition britannique avait atteint le sommet de l'Everest, au moment du couronnement de la reine Élisabeth II [8]. Les travaillistes restèrent dans l'opposition jusqu'en 1964, au travers de trois nouvelles élections. Le socialisme avait-il encore un avenir ? Le nouveau dirigeant du parti, Hugh Gaitskell, essaya vainement d'obtenir l'abandon de toute mention de collectivisation des moyens de production en 1959 [9]. L'année suivante, les travaillistes se déclaraient favorables au désarmement nucléaire unilatéral – ce qui équivalait pour la Grande-Bretagne à sortir de la course aux armements engagée entre les États-Unis et l'Union soviétique. Gaitskell désavoua cette initiative.

Le « vent du changement »

Le 3 février 1960, au Cap, en Afrique du Sud, Harold Macmillan prononçait un important discours, prenant acte du caractère irréversible de la décolonisation. « Depuis l'éclatement de l'Empire romain », notait le premier ministre conservateur, en évoquant irrésistiblement Gibbon, « l'une des constantes de l'histoire européenne a été l'émergence de nations indépendantes [10]. » Le temps venait pour l'Asie et l'Afrique d'en faire autant. Mais il convenait par-dessus tout, précisait Macmillan, que les nations émergentes se détournassent du modèle communiste.

Mission accomplie. Les anciennes colonies britanniques se tinrent généralement à l'écart de l'Union soviétique. En 1948, les Indes et la Palestine furent les premiers pays d'où se retirèrent les Britanniques. La séparation entre l'Inde et le Pakistan, l'apparition de l'État d'Israël s'accompagnèrent de multiples tensions entre hindous et musulmans, entre Juifs et Arabes. En 1956, Britanniques et Français menèrent une opération désastreuse contre l'Égypte de Nasser, coupable à leurs yeux d'avoir nationalisé le canal de Suez. Et de s'entendre avec les puissances communistes. Le premier ministre conservateur, Anthony Eden, dut s'incliner devant les pressions de l'Organisation des Nations unies. Les Britanniques et leurs alliés se retirèrent au bout de quelques jours. Le 9 janvier 1957, l'ancien lieutenant de Churchill face aux nazis démissionnait, pour être remplacé par Harold Macmillan.

Le repli des anciennes colonies devait se poursuivre. Le Ghana devenait indépendant en 1957, le Nigeria en 1960, la Sierra Leone et la Tanzanie en 1961, l'Ouganda en 1962, le Kenya en 1963, la Zambie en 1964, la Gambie en 1965. Deux colonies, dominées par les Blancs, résistaient encore, rompant leurs amarres avec le Royaume-Uni, la Rhodésie devenue depuis le Zimbabwe, et l'Afrique du Sud [11]. En 1967, le départ des derniers soldats britanniques stationnés à Aden, au Yémen, semblait marquer un tournant définitif dans l'histoire du monde. Ce fut le printemps des peuples, anciennement soumis. Les pays sous-développés, comme on les appelait alors, avant d'opter pour l'expression plus flatteuse de pays en voie de développement, entretinrent avec les anciens colonisateurs des relations ambivalentes, encore amplifiées par des migrations massives. Le concept de citoyenneté britannique, très extensif, permettait de multiples installations en Grande-Bretagne : Antillais, Africains, Indiens, Pakistanais jouissaient en théorie des mêmes droits que les Canadiens, les Australiens ou les Néo-Zélandais, également membres d'un *Commonwealth* appelé à succéder à l'ancien empire. Tous étaient britanniques, tous pouvaient s'installer librement au Royaume-Uni. Et participer à la vie publique. Du moins dans les vingt ans de l'après-guerre [12].

Les *sixties* furent marquées, tout particulièrement en Angleterre, par une libéralisation des mœurs, à l'unisson de ces espérances. En 1960, Anthony Wedgwood Benn succédait, contre son gré, à son père à la Chambre des lords. Or, le ci-devant appartenait à l'aile gauche du parti travailliste, et il mena un combat de plusieurs années pour pouvoir renoncer à son titre héréditaire, ce legs « absurde de la féodalité », selon ses propres termes, et siéger à la Chambre des communes [13]. Combat emblématique de la profonde modification qui s'abattit sur la société britannique du temps.

Fumeur de pipe légendaire, le travailliste Harold Wilson accéda au pouvoir en 1964. Entre deux bouffées, Harold Wilson avait exprimé sa foi inébranlable en un progrès social, intimement lié aux avancées de la science et de la technologie. C'est l'époque où la Grande-Bretagne s'interrogeait encore sur la distance croissante entre les « deux cultures », les sciences dures et les humanités, à la suite du cri d'alarme poussé par Charles Percy Snow quelques années auparavant [14]. Pour Harold Wilson, il s'agissait de rejeter les archaïsmes du capitalisme familial, tout en refusant le collectivisme dans sa version communiste. La fée technologie était chargée de réconcilier les différentes classes sociales en présence, en promouvant une société fondée sur le mérite. La compétence supplantait la naissance, selon cet idéal méritocratique, désireux de promouvoir l'apprentissage avec l'aide de l'État. Partisan d'une planification souple, Harold Wilson marquait nettement sa différence avec l'antimodèle soviétique [15].

Ne disposant que d'une assez faible majorité en 1964, Harold Wilson organisa de nouvelles élections deux ans plus tard. Il gagna son pari en disposant désormais de 99 sièges de plus que ses adversaires, au lieu de 5 précédemment. Un air de liberté soufflait sur l'Angleterre. Les Beatles, un groupe originaire de Liverpool, imposèrent un type de musique profondément original et plein de fantaisie ; les adolescents, partout dans le monde, adoptèrent ou tentèrent d'adopter leur allure et en particulier leurs cheveux longs, qui indignaient la génération de leurs parents [16]. L'Angleterre, naguère perçue comme la patrie du conformisme social ou vestimentaire, devenait l'un des centres de la mode : les boutiques de Carnaby Street, ou de Chelsea, à Londres, recevaient la visite de nombreux jeunes continentaux, adeptes de la minijupe et de ses émois. En 1965, la peine de mort était abolie. L'idée de permissivité gagnait du terrain ; deux ans plus tard, les relations homosexuelles devenaient licites entre deux adultes consentants, en Angleterre et au pays de Galles [17]. L'avortement fut pareillement autorisé, tandis que se développait un puissant mouvement féministe dans l'ensemble du monde anglophone [18]. La majorité électorale, enfin, fut abaissée à 18 ans en 1969 [19]. La mode était également au cannabis, mais le débat sur la légalisation des drogues douces, lancé par le *Times* du 24 juillet 1967 sous forme de placard publicitaire, tourna court [20]. Le ministre de l'Intérieur, James Callaghan, énonça les plus expresses réserves. L'ouverture de la société anglaise au reste du monde provoqua également des réticences croissantes : en avril 1968, un député conservateur doté d'un prénom biblique, Enoch Powell, promit à ses compatriotes des « flots de sang » si un terme rapide n'était pas porté à l'immigration [21].

L'adhésion au Marché commun occupa la scène diplomatique de la décennie. La Communauté économique européenne remontait au traité de Rome de 1957. En signant la convention de Stockholm en janvier 1960, le Royaume-Uni avait commencé par créer sa propre Association européenne de libre-échange, aux côtés de l'Autriche, du Danemark, de la Norvège, de la Suède, et de la Suisse. Cela ne l'empêcha pas, l'année suivante, d'entamer des négociations longues et douloureuses pour adhérer aux différentes communautés européennes : Communauté économique européenne (CEE), Communauté européenne du charbon et de l'acier (CECA), Communauté atomique européenne (Euratom) [22]. Tout le problème, pour les Britanniques, était de faire admettre leurs liens privilégiés avec le Commonwealth, et de ne participer que de façon réduite à la politique agricole commune. De Gaulle s'opposa une première fois en janvier 1963, et une seconde en mai 1967, à l'entrée du Royaume-Uni, en mettant clairement en avant la relation spéciale entre la Grande-Bretagne et les États-Unis, en particulier sur le plan militaire [23]. Contre toute attente, Harold Wilson ne remporta pas les élections en 1970. Il appartenait au premier ministre conservateur Edward Heath de reprendre les négociations. Le 23 janvier 1972, le Royaume-Uni signait formellement son adhésion à la Communauté. L'optimisme des années 1960 laissa cependant place à la morosité, soigneusement entretenue par un parti travailliste hostile à l'entrée dans l'Europe, et désireux de renégocier les conditions de l'adhésion. Organiste de formation, le très chaste Edward Heath fut méchamment surnommé l'« épicier » par ses détracteurs, qui se gaussaient de ses origines modestes et de son accent affecté. Rompant avec son image aristocratique, le parti conservateur semblait emporté par une dérive plébéienne, du moins à son sommet. Toujours cette obsession anglaise de la classe sociale.

Les hivers furent, politiquement, longs et rigoureux ; en janvier 1972, les mineurs menèrent une action extrêmement dure, dans un pays où une partie notable de l'électricité provenait encore des centrales au charbon. La crise de l'énergie fut encore accrue l'année suivante lorsque le conflit israélo-arabe déboucha sur une augmentation sans précédent du prix du pétrole. Les mineurs maintenaient la pression, contraignant Edward Heath, excédé, à organiser des élections. En mars 1974, les travaillistes, minoritaires en voix, obtinrent une majorité électorale. La poussée des libéraux explique ce tassement des deux principaux partis [24].

Dès qu'il revint au pouvoir, Harold Wilson eut un seul but : convoquer de nouvelles élections. En octobre, il obtint 18 sièges supplémentaires. Maigre gain, mais qui n'empêcha pas les travaillistes de se maintenir jusqu'en 1979. Dans le même temps, le parti nationaliste gallois, le Plaid Cymru, et son équivalent écossais, le SNP, bénéficiaient de votes protestataires qui les dotaient respectivement de 3 et de 11 élus. En 1975, le référendum sur l'Europe confirma massivement l'adhésion britannique. Wilson, victime de sérieux troubles de santé, dut laisser la place à James Callaghan en 1976 [25]. La livre s'effondrait, l'inflation restait élevée, les syndicats s'impatientaient, le chômage augmentait... L'Angleterre était au bord du gouffre. Elle demanda l'aide du Fonds monétaire international. Celui-ci assortit son assistance d'une exigence drastique de changement d'orientation économique : les travaillistes allaient-ils appliquer une rigueur monétaire qu'ils avaient tant critiquée alors qu'ils étaient dans l'opposition ? On ne croyait plus, désormais, à la possibilité, préconisée par Keynes une trentaine d'années auparavant, d'une relance de l'économie par une augmentation, inflationniste, des dépenses de l'État [26]. Le consensus social démocrate de l'après-guerre avait vécu. Et beaucoup en éprouvèrent, en éprouvent encore de la nostalgie [27]. Il fallut effectuer des coupes claires dans les investissements publics, au prix de conflits sociaux de plus en plus durs, de plus en plus tendus, de plus en plus désespérés. Les services publics furent particulièrement affectés par les grèves durant l'hiver de tous les mécontentements, en 1978-1979.

Les temps étaient difficiles. La morosité s'exprima dans les urnes, lorsque l'occasion se présenta. Dès 1974, le gouvernement travailliste avait publié un livre blanc, suggérant que l'Écosse et le pays de Galles fussent dotés d'assemblées distinctes du parlement de Westminster. Sans doute faut-il y voir, comme l'a écrit un historien récent, un « expédient plus qu'une conviction [28] ». Il s'agissait bien pour le *Labour*, inquiet de la montée ininterrompue des partis nationalistes qui mordaient sur son électorat, de gagner du temps. La mesure fut reprise en 1976, mais cette fois-ci les libéraux obtinrent la promesse d'un référendum en échange de leur appui. Le 1er mars 1979, le référendum fut défait au pays de Galles et ne l'emporta qu'à une très courte majorité en Écosse, mais sans atteindre le seuil fatidique des 40 % de l'électorat exigé pour l'application de la nouvelle loi. Ce fut le commencement de la fin pour les travaillistes, qui perdirent une motion de confiance au parlement, avant de se tourner vers les électeurs. Les conservateurs l'emportèrent en mai, retardant de près de vingt ans la dévolution annoncée.

De Maggie à Tony

En mai 1979, Margaret Thatcher prenait ses fonctions au 10, Downing Street. Plus inspirée qu'on ne le croit généralement, elle prononça les paroles de la belle prière de François d'Assise : « Là où est la discorde, que je mette l'union. » On n'en attendait pas moins de la première femme à assumer les fonctions de premier ministre. Deux phrases retinrent particulièrement son attention : « Là où est l'erreur, que je mette la vérité. » Et enfin, « Là où est le doute, que je mette la foi. » Mission accomplie : il n'y eut plus place désormais que pour les certitudes. Ce qui plut d'emblée à la fille de petits commerçants, comme elle le confia plus tard dans ses *Mémoires*, ce fut la possibilité de vivre « au-dessus de la boutique [29] ». C'est là qu'elle installa sans attendre son buste de Winston Churchill, appelé à présider désormais les rencontres. Maniant la carotte et le bâton, Maggie ne démérita pas : politique sociale musclée, relance de l'économie, défense de la livre, enfin. C'en était fini de Keynes ; Friedrich von Hayek triomphait. Il trouvait outre-Atlantique le soutien de Milton Friedman, pape du monétarisme [30]. Il fallait abandonner les politiques budgétaires, l'intervention intempestive de l'État, diminuer les dépenses, privatiser les entreprises publiques, et développer la flexibilité des emplois et des salaires. En bref, en finir avec le retour du tribalisme qu'incarnaient, selon Hayek, les formes socialistes de la redistribution des richesses [31]. Mrs Thatcher pour le Royaume-Uni, Ronald Reagan, président des États-Unis à partir de 1981, se firent les adeptes du nouvel évangile. « Le programme thatchérien axé sur la réhabilitation de l'individu en tant que sujet économique et social contenait en germe la réduction du rôle des corps intermédiaires, tant au niveau économique – les syndicats – qu'administratif – les collectivités locales. Un autre argument, politique celui-là, justifiait cette réforme des pouvoirs intermédiaires. Liés institutionnellement au parti travailliste, les syndicats étaient perçus comme l'adversaire [32]. »

L'un des dossiers brûlants était celui de l'immigration. L'entrée dans le Marché commun, en permettant à tous les ressortissants européens de venir s'installer au Royaume-Uni, impliquait nécessairement un choix douloureux en matière de nationalité. L'Acte de 1981 définit trois degrés de citoyenneté britannique, dissociant désormais l'appartenance au Commonwealth et le droit de résider au Royaume-Uni [33]. Ce n'était ni notre droit du sol, ni le droit du sang, car un nombre considérable d'hommes et de femmes partout dans le monde eussent autrement risqué de faire valoir des ancêtres venus de Grande-Bretagne pour s'installer au pays de leurs aïeux [34].

Autre chantier essentiel pour le nouveau gouvernement, celui des syndicats. Ou plus généralement de la législation du travail et du droit de grève. Une série de lois se succéda à partir de 1980, avec pour but avoué de restreindre les capacités d'intervention des puissants Trade Unions, qui avaient fait chuter les conservateurs, comme les travaillistes quelques années plus tôt. En 1980, les piquets de grève, les monopoles d'embauche, les actions de solidarité furent considérablement limités. Deux ans plus tard était clairement affirmée la possibilité pour les employeurs de poursuivre en justice les syndicats, en exigeant des dommages et intérêts. En 1984, enfin, les grèves devaient être précédées de consultations à bulletins secrets. L'État providence avait vécu. La dame de fer mérita bien son surnom. Elle avait un sens très victorien de l'effort : il fallait, comme le dit le proverbe, commencer par s'aider soi-même. Au printemps 1984, dix ans après l'hiver de tous les mécontentements, les mineurs s'engageaient à nouveau dans la grève [35]. Celle-ci dura un an, et fut émaillée d'épisodes d'une extrême violence de part et d'autre : la dispersion de certains piquets de grève prit de véritables allures de bataille rangée, en particulier en juin, à Orgreaves, près de Sheffield dans le Yorkshire, lorsque la police chargea à cheval, en utilisant des chiens. La solidarité ouvrière joua à plein également, lors des collectes de fonds destinées à permettre aux grévistes de poursuivre leur mouvement. On prétendit, avec l'aide des services secrets, qu'Arthur Scargill, le dirigeant du syndicat des mineurs, avait reçu l'aide du colonel libyen Muammar al Kadhafi. Le *Sunday Times* ne manqua pas de relayer la rumeur [36]. Mrs Thatcher précisait dans ses *Mémoires* que, parmi les bienfaiteurs de Scargill, figurait aussi la CGT, le syndicat français bien connu [37].

Le travaillisme, discrédité, ne parvint pas à tirer avantage du mécontentement qu'engendrait la politique menée par Mrs Thatcher. La tentation d'une troisième voie gagnait du terrain; un parti social-démocrate émergea en 1981. L'ancien ministre de l'Intérieur travailliste, Roy Jenkins, voulait en finir, comme il le déclarait en substance, avec le dogmatisme de gauche et la lutte des classes. Était-ce la fin du bipartisme ? Y avait-il place pour un parti du centre sur l'échiquier politique britannique ? Lors du congrès travailliste de Wembley, en janvier 1981, on avait renforcé le poids des syndicats dans la désignation du dirigeant du parti. C'est la raison pour laquelle une « bande des quatre » mécontente fit sécession : outre Roy Jenkins, Shirley Williams, David Owen et Bill Rodgers apparurent comme les chefs naturels d'un parti social-démocrate, qui n'allait pas tarder à conclure des alliances avec les libéraux de David Steel. Quitte, en 1988, à se fondre avec eux en une nouvelle formation appelée désormais parti libéral-démocrate. Victorieuse en 1979, puis à nouveau en 1983, Mrs Thatcher remporta en 1987 des élections qui avaient des allures de référendum. Ou de plébiscite.

Méthodiste d'éducation et anglicane d'adoption, Maggie était bonne chrétienne. Elle n'hésita pas à professer sa foi devant le synode de l'Église presbytérienne d'Écosse en mai 1988. Elle croyait, disait-elle, au bien et au mal ; elle pensait que l'homme était à l'image de Dieu ; elle se montrait convaincue que Jésus était mort pour nos péchés. Elle poursuivait qu'il fallait aimer son prochain, et surtout produire des richesses avant de songer à les partager. La démocratie était du reste l'accomplissement du christianisme. C'est à peine si l'on ose parler d'idéologie dans le cas de Margaret Thatcher, il manqua toujours au thatchérisme la « primauté de l'abstraction ». Malgré sa formation intellectuelle, Margaret Thatcher faisait « passer l'intime conviction, fondée sur l'intuition, avant le concept [38] ».

La Révolution française, en revanche, eut droit à moins d'égards. Appelée par François Mitterrand à venir se réjouir à ses côtés des commémorations superbes, planifiées par Jack Lang en juillet 1989, Mrs Thatcher, laconique, laissa tomber que tout cela ne valait ni la Bible, ni la Magna Carta et que les Français, somme toute, n'avaient jamais rien inventé. L'historien marxiste anglais Christopher Hill, qui avait en commun avec le premier ministre anglais une solide culture méthodiste, présenta dans le *Guardian* du 15 juillet 1989 ses excuses au peuple de France. Il notait sans aménité que la théologie de Mrs Thatcher n'avait d'égale que sa méconnaissance de l'histoire. Et ne valait pas grand-chose. Mrs Thatcher possédait une immense vertu : elle parlait une langue accessible à tous ; son absence d'imagination, son prosaïsme petit-bourgeois furent souvent à l'unisson de son pays. On se souvient encore de sa protestation contre la contribution britannique au budget de la Communauté européenne, en novembre 1979 : *I want my money back* – « Rendez-moi mon argent ». Voilà une expression que tout Britannique pouvait comprendre. Et approuver [39]. D'autant plus qu'en 1984, la dame de fer obtenait gain de cause : la Grande- Bretagne voyait sa contribution réduite de moitié.

En 1982, au moment de la guerre des îles Malouines, la popularité de Mrs Thatcher était au zénith. Ces quelques îlots dépeuplés de l'extrême Sud, sous mandat britannique, furent occupés *manu militari* par l'Argentine en mars-avril. Tout règlement diplomatique ayant échoué, Mrs Thatcher envoya la *navy*, renouant avec une pratique séculaire. Tout était terminé le 20 juin. Les Britanniques déplorèrent la perte de plusieurs centaines d'hommes, et lorsque leur destroyer, le *Sheffield*, fut détruit par un Exocet de fabrication française, ce fut la consternation. Mais le sentiment de la victoire l'emporta sur tous les désagréments. Mrs Thatcher avait gagné la partie devant son opinion publique. Même le vieux Michael Foot, à la gauche du parti travailliste, avait exprimé son soutien. Il ne s'agissait pas de cautionner une nouvelle aventure coloniale, mais de porter secours aux habitants des îles Malouines, sauvagement agressés par le régime du général Leopoldo Galtieri [40]. Maggie perdit cependant la face, en 1990, sur une stupide affaire de réforme des impôts locaux. Sa capitation, ou *Poll Tax*, reposait en substance, non pas sur la valeur du bien détenu, mais sur le nombre d'habitants, tous imposés également. Plusieurs villes d'Angleterre étaient au bord de l'émeute. Se sentant désavouée, la dame de fer démissionnait en novembre.

Quelques années auparavant, Peter Jenkins, l'un des meilleurs journalistes de l'époque, avait laissé tomber, au sujet de Mrs Thatcher : « Il se peut que l'avenir ne lui appartienne pas. Mais elle aura tracé la voie [41]. » La succession n'était pas facile. On vit dans le départ de Mrs Thatcher une révolution de palais, destinée à se débarrasser d'un premier ministre devenu encombrant [42]. John Major devait remplir la fonction de 1990 à 1997. Il était un enfant de la balle ; ce *self-made man*, fils d'artistes de music-hall, avait dû quitter l'école à 16 ans, et son choix comme premier ministre conservateur confirma l'orientation plébéienne de son antique formation. Employé d'assurance, fabricant de nains de jardin, directeur de banque enfin, il incarnait le penchant méritocratique de son parti. Conformément à l'idéal proclamé de Disraeli, il ne manquait pas d'exprimer le vœu que l'Angleterre renonçât enfin à ses multiples stratifications et devînt une société où il n'y aurait plus qu'une seule classe sociale – *a one-class society*. Il y revint dans son *Autobiographie* : « Pour moi, la distinction de classe est comme la distinction de race. J'ai toujours détesté, depuis ma plus petite enfance, les préjugés raciaux. Je ne supporte pas le mépris ou la haine. Je veux être éternellement aveugle aux différences de classe ou de race, et ne jamais mépriser ou éviter quelqu'un pour ces raisons-là. Le mépris mène à la haine. Il faut le remplacer par la compréhension [43]. » Le 1er mai 1997, il devait cependant se retirer devant la victoire de Tony Blair et des travaillistes [44]. « Ce qui compte est ce qui marche », avait mis en garde le manifeste électoral travailliste. « Nos objectifs sont radicaux, nos moyens sont modernes. » Ou encore : « Je crois en la Grande-Bretagne. C'est un grand pays avec une grande histoire [45]. » Le « nouveau » travaillisme était arrivé ; s'il ne brillait pas par l'originalité de ses slogans, il se révéla redoutablement efficace. Blair et ses disciples avaient définitivement renoncé aux nationalisations, au grand dam de la gauche du parti, regroupée autour d'Arthur Scargill [46]. Désormais, pouvait-on lire, il s'agissait de promouvoir « une économie dynamique, au service de l'intérêt général, dans laquelle l'esprit d'entreprise du marché et la rigueur de la concurrence s'allient aux forces du partenariat et de la coopération pour produire les richesses dont le pays a besoin et donner à tous la chance de travailler et de prospérer dans le cadre d'un secteur privé florissant et d'un secteur public de grande qualité, où tout ce qui est essentiel à l'intérêt général doit appartenir à la collectivité ou être responsable devant elle [47]. »

Tony Blair, à bien des égards, s'est montré le meilleur héritier de Margaret Thatcher [48]. « Les principes économiques du thatchérisme étaient devenus évidents ; la réforme du service public, les privatisations, et la limitation du pouvoir syndical avaient été généralement acceptés. Blair renonça à sa menace de renationaliser le chemin de fer, en prétextant qu'il n'avait pas l'argent pour cela [49]. » Le reflux de la puissance syndicale n'était pas uniquement le fait de la politique conservatrice de Mrs Thatcher ; il s'expliquait aussi par une désindustrialisation inéluctable. De moins en moins d'Anglais se reconnaissaient dans l'ancienne classe ouvrière. Les classes sociales britanniques avaient considérablement changé depuis les années 1930. En particulier, 50 % des salariés étaient désormais dans des services ou dans le secteur public [50]. Reprenant l'antienne de Disraeli au XIXe siècle sur les « deux nations », Tony Blair parlait, pour sa part, de « deux sociétés » distinctes : les salariés aisés, dans des secteurs bien protégés, et les chômeurs ou les salariés, dans des domaines où n'existait pas de puissance syndicale [51]. Si l'on s'adressait à l'une de ces catégories, cela risquait d'être au détriment de l'autre. L'illustration la plus parfaite de ce clivage était géographique ; Blair souhaitait renoncer à l'archétype d'un travaillisme enraciné dans le nord de l'Angleterre, et peu susceptible de concerner le Sud-Est [52]. Les deux Angleterre, l'Angleterre noire issue de la révolution industrielle, frappée de plein fouet par le chômage, et l'Angleterre prospère du capitalisme financier pouvaient-elles se retrouver ?

En dépit de l'alternance, les continuités l'emportèrent largement durant la décennie, surtout en matière de politique européenne. S'il signait le traité de Maastricht, le 7 février 1992, le Royaume-Uni annonçait en octobre 1997 qu'il ne participerait pas à l'euro dans l'immédiat. Et, en 2005, Tony Blair devait renouer avec la phraséologie thatchérienne, en refusant toute augmentation de la contribution britannique et en s'opposant vertement au président de la République française, Jacques Chirac, sur la question de la politique économique commune. Blair fit merveille également aux obsèques de la princesse Diana, ancienne épouse du prince Charles, héritier de la Couronne. Morte tragiquement dans un accident de voiture, le 31 août 1997 à Paris, Lady Di fut l'objet d'un véritable culte que Tony Blair, « télégénique en diable », sut très bien capter à son avantage, en prononçant l'éloge funèbre de cette « princesse du peuple [53] ». Une « princesse du peuple » n'est pas nécessairement une fille du peuple pour autant ; loin d'être quelque cendrillon, lady Diana Spencer descendait d'une des plus anciennes familles du pays, les Despenser, arrivés en Angleterre avec Guillaume le Conquérant.

Ordre de la succession au trône [54] :

1) Charles, prince de Galles, fils de la reine Élisabeth, né en 1948, ép. Diana Spencer en 1981, ép. Camilla Parker Bowles en 2005.

2) William, duc de Cambridge, fils aîné de Charles, né en 1982.

3) George de Cambridge, fils de William, né en 2013.

4) Charlotte de Cambridge, fille de William, née en 2015.

5) Louis de Cambridge, fils de William, né en 2018.

6) Harry, duc de Sussex, fils puîné de Charles, né en 1984.
7) Archie Harrison, fils de Harry, né en 2019.
8) Prince Andrew, duc d'York, frère cadet de Charles, né en 1960.
9) Béatrice d'York, fille aînée du prince Andrew, née en 1988.
10) Eugénie d'York, fille puînée du prince Andrew, née en 1988.

S'il demeure à bien des égards un homme de tradition, Tony Blair a néanmoins entrepris deux importantes réformes intérieures. La première concerne la Chambre des lords, objet de critiques qui semblent faire écho au combat mené par Lloyd George avant 1914. Si les 667 lords héréditaires ont été privés de leur voix, ils ont pu élire en leur sein 92 membres, chargés d'assumer cette fonction. À terme, on peut imaginer une chambre haute élue ou bien nommée, ou encore cooptée… La dévolution a permis l'élection d'un nouveau parlement d'Écosse à Édimbourg, ainsi que d'une assemblée du pays de Galles. Tony Blair avait su tirer les leçons du référendum de 1979, désastreux pour les travaillistes. Il procéda à l'inverse ; alors que, vingt ans auparavant, la loi de dévolution avait précédé le référendum, il consulta d'abord l'électorat gallois et écossais, avant de promouvoir son *Government of Wales Act* et son *Scotland Act* en 1998 [55]. L'assemblée nationale galloise exerce des pouvoirs législatifs limités à des questions subalternes ; le parle- ment écossais, lui, jouit d'un véritable pouvoir législatif, mais uniquement dans les domaines qui lui sont concédés : éducation, santé, agriculture et justice [56]. Un exécutif, dirigé par un *first minister*, est responsable devant les 129 députés du parlement écossais. Par contre, dans le pays de Galles, il n'existe pas de séparation des pouvoirs aussi stricte entre l'exécutif et le législatif, bien que l'assemblée se soit dotée elle aussi d'un *first minister*, entouré de son cabinet [57]. Le parlement écossais connaît une « dévolution législative » ; l'assemblée nationale du pays de Galles doit se contenter d'une « dévolution exécutive », assortie de pouvoirs législatifs très secondaires [58].

La situation en Irlande du Nord s'est également détendue après l'accord du « Vendredi saint », le 10 avril 1998. Au cœur du dispositif, l'existence d'une assemblée et d'un exécutif distincts. Mieux valait encore, comme le déclarait Tony Blair, une paix imparfaite que pas de paix du tout. Deux consultations référendaires séparées furent organisées conjointement dans la république d'Irlande et en Irlande du Nord, le 22 mai, afin d'entériner le processus. Le gouvernement fut alors en mesure de passer son *Northern Ireland Act*, parachevant le processus de dévolution [59]. Malheureusement, les désaccords persistants entre catholiques et protestants au sujet du désarmement ont conduit le gouvernement britannique à suspendre l'assemblée d'Irlande du Nord en février 2000. Et à placer, deux ans plus tard, la province sous l'administration directe de Westminster [60].

Mais c'est surtout sur le plan international que Tony Blair a su renouer avec un passé que l'on aurait pu croire révolu. L'émotion soulevée par l'attaque terroriste sur les États-Unis du 11 septembre 2001 a permis la résurgence d'un fort sentiment de solidarité entre les deux pays, directement né de la fraternité des combats menés en Afghanistan et en Irak. Le chancelier de l'Échiquier, Gordon Brown, a pu ainsi déclarer, encore récemment : « Il est bien fini le temps où la Grande-Bretagne devait présenter des excuses pour son passé colonial » (*Daily Mail*, 5 janvier 2005). Les Britanniques avaient-ils jamais entretenu le moindre doute à ce sujet ?

De 1997 à 2010, un « nouveau » parti travailliste profondément modifié, d'aucuns diront rénové, est parvenu à se maintenir au pouvoir. En 2007, Gordon Brown succédait à Tony Blair. Il dut faire face à une menace terroriste accrue et à la crise financière de 2008 qui le conduisit à mener une politique de relance et de soutien des établissements bancaires. Celle-ci inspira d'autres pays de l'Union européenne, dont la France. Réduction d'impôts et augmentation des dépenses publiques ont entraîné de façon prévisible un déficit accru, supérieur à 10 % du produit intérieur brut. C'est dans un contexte de mécontentement provoqué par cette crise financière que Gordon Brown a dû affronter le pays dans l'élection anticipée de mai 2010. Les travaillistes sont arrivés cette fois-ci en seconde position, derrière le parti conservateur. Ils sont talonnés par les libéraux-démocrates.

Aucun des trois partis ne s'adjugera les 326 sièges requis sur 650 pour parvenir à une majorité absolue. Cela faisait des années que l'on redoutait cette éventualité, en parlant avec insistance depuis trente ans de la menace d'un *hung parliament*, expression calquée sur le *hung jury*, pour décrire ces jurys indécis qui ne permettent pas de boucler un procès. Si les conservateurs étaient en tête avec 306 sièges, cela ne suffisait pas pour former un gouvernement. Qui choisir comme partenaire dans une coalition, entre les travaillistes (258 sièges) et les libéraux-démocrates (57 sièges) ? Le système électoral britannique accorde un avantage incontestable au vainqueur puisque les trois partis totalisent en nombres de voix 10 703 754, 8 609 527 et 6 836 824 électeurs, en chiffres arrondis. Au lendemain du jeudi 6 mai, rien n'était réglé.

Les libéraux-démocrates, héritiers des libéraux, devenaient ainsi les arbitres de la situation. On a parlé de « Nouvelle politique » pour décrire la situation inédite née de ces élections. Le 11 mai 2010, sur les écrans de télévision du monde entier, on assista à une scène révélatrice. Le nouveau Premier ministre, David Cameron, annonça son intention de former une coalition avec les libéraux-démocrates. « Sa Majesté la reine m'a demandé de former un nouveau gouvernement et j'ai accepté. » Après avoir rendu hommage à Gordon Brown, il laissa tomber un verdict sans appel : « Nous devons faire face à des problèmes pressants : un énorme déficit, un profond malaise social et un système politique qu'il faut réformer ». Avant de préciser : « Nick Clegg et moi-même avons décidé d'oublier nos différences partisanes et de travailler ensemble pour le bien commun et l'intérêt national ». Ce programme réformiste reçut le soutien appuyé du dirigeant libéral-démocrate qui déclara quelques jours plus tard : « Je souhaite préciser que ce gouvernement sera comme aucun autre ». Avant de passer en revue les réformes électorales du XIXe siècle, dont le *Great Reform Act* de 1832, dont il fallait retrouver l'esprit. L'Angleterre renouait ainsi avec un unanimisme patriotique, ancré dans l'histoire.

Épilogue

UNE RÉVOLUTION PAISIBLE

L'alternance des conservateurs et des travaillistes a vécu. L'abandon définitif par Tony Blair de la célèbre clause IV, qui prévoyait à terme la collectivisation des moyens de production, a officiellement modifié les perspectives du parti travailliste : la nationalisation avait de longue date cessé de représenter une perspective crédible dans une Europe attachée au principe d'une économie de marché ouverte, fondée sur la libre concurrence (voir p. 377) [1]. Il s'agit selon les vœux de l'OCDE d'éviter les distorsions de concurrence liées à un secteur public trop important [2]. Renonçant à l'étatisme, les gouvernements successifs du Royaume-Uni semblent s'être ralliés sans difficultés majeures à ce néo-libéralisme.

Le dynamisme de la Grande-Bretagne ne se limite pas à l'économie ou à un urbanisme de plus en plus novateur : le centre de Londres est redevenu respirable grâce à la taxe sur les transports. Contrairement à ce que l'on dit parfois abusivement, la Grande-Bretagne n'est pas restée à l'écart du reste de l'Europe, en particulier sur le plan législatif. Depuis 1972 et l'entrée du Royaume-Uni dans la Communauté économique européenne, un Acte voté par le Parlement du Royaume-Uni précise que toutes les lois nationales doivent être compatibles avec les lois européennes. À l'heure actuelle, le principe de la souveraineté du Parlement, sans cesse réaffirmé par les constitutionnalistes britanniques depuis l'ère victorienne, trouve là sa principale limitation [3]. De plus en plus d'Actes du Parlement sont directement inspirés par les directives européennes [4]. Au nombre de ces mesures, toutes les lois ayant trait à l'égalité entre les hommes et les femmes ou à l'absence de discrimination. Cela culmine pour la Grande-Bretagne dans la grande loi sur l'égalité de 2010 [5]. Si elle semble avoir renoncé en grande partie à l'État providence et plus généralement au socle idéologique de l'après-guerre, la société anglaise connaît au tournant du XXe et du XXIe siècle une plus grande libéralisation des mœurs. L'on citera bien évidemment le mariage pour tous dans sa version anglaise, ou plutôt le « mariage entre personnes d'un même sexe » pour nous en tenir à une formulation moins flamboyante que dans le cas français. Son adoption par le parlement du Royaume-Uni en 2013-2014 succède à une forme de PACS ou *civil partnership*, remontant à 2004-2005.

L'Église d'Angleterre, tout en demeurant l'un des piliers de l'*establishment*, a accompagné cette évolution. Les débats nourris qu'elle a suscités en son sein ont permis de désamorcer un certain nombre de questions brûlantes concernant l'égalité entre les sexes. Les Églises de la Réforme avaient pour la plupart admis dans le courant du XXe siècle un ministère pastoral féminin. L'ordination des femmes par l'Église d'Angleterre remonte aux années 1990 ; elle a connu un succès considérable, en dépit des réticences avouées d'une partie du clergé et des fidèles. L'accès à l'épiscopat s'ensuit logiquement et la première femme évêque a été consacrée dans la cathédrale d'York début 2015. L'émouvante cérémonie s'est déroulée le lundi 26 janvier en présence du mari et des enfants de l'impétrante. Comme l'a déclaré une spécialiste de la sociologie des religions : « Les femmes en exerçant leur ministère devraient s'ouvrir davantage à la société, en étant moins cléricales et plus pastorales [6]. » Née en 1966, ordonnée diacre en 1993 et prêtre l'année d'après, mariée à un ecclésiastique, la révérende Libby Lane a eu un parcours exemplaire. David Cameron n'a pas manqué de saluer le caractère « historique » de ce destin et sa valeur prémonitoire pour une société qui entend lutter contre toutes les formes de ségrégation. Est-il utile de préciser également que l'archevêque d'York qui a, comme il se doit, présidé l'émouvante cérémonie, John Sentamu, est lui-même issu de la diversité, puisqu'il est d'origine ougandaise ?

Cette profonde évolution se déroule sur un arrière-plan international complexe puisque l'Église d'Angleterre est l'une des composantes d'une communion anglicane qui s'étend aux États-Unis, au Canada, à l'Australie et à la Nouvelle-Zélande, pour ne rien dire de l'Inde et de l'Afrique du Sud. L'ouverture officielle de l'épiscopat aux homosexuels devrait s'ensuivre ; l'Église épiscopalienne américaine a devancé les autres Églises sœurs en admettant officiellement Gene Robinson comme évêque du New Hampshire en 2004. L'on ne saurait dire que ces changements sociétaux fassent l'unanimité en Angleterre ; l'ancien archevêque de Cantorbéry, Rowan Williams, a été amené à démissionner en 2012. Remarquable théologien, homme de la synthèse, Williams a cherché à trouver des accommodements entre les différents courants de son Église sans nécessairement y parvenir. Son hostilité personnelle au mariage homosexuel ou à l'euthanasie, son approche multiculturaliste des relations avec l'Islam, sa défiance avouée envers la franc-maçonnerie, sa critique de l'économie de marché ont contribué à l'isoler. Son successeur Justin Welby est un pragmatique qui vient des affaires ; il a travaillé plusieurs années pour Elf Aquitaine et s'intéresse tout particulièrement aux questions d'éthique dans le monde de la finance, en plus de ses soucis pastoraux classiques. Au nom de l'épiscopat, il a réaffirmé en juin 2013 son opposition au mariage homosexuel à la Chambre des lords, alors même qu'une partie du clergé défie la position officielle en se montrant favorable à des bénédictions nuptiales pour des couples du même sexe.

En dépit de son caractère immuable, du moins en apparence, la monarchie elle-même a été appelée à effectuer son aggiornamento. L'accession au trône a été modifiée en 2013 par une loi au titre éclairant *Acte rendant la succession à la couronne indépendante du genre*. Cette version très britannique de la théorie du genre prévoit qu'à l'avenir les filles nées après la promulgation de la loi aient les mêmes chances que leurs homologues masculins à régner un jour. Désormais il sera également licite pour un héritier d'avoir un conjoint catholique, et l'absence de consentement de la couronne à la célébration d'une union, obligatoire pour un prince du sang depuis le XVIIIe siècle, n'entraîne plus la nullité du mariage. Les rois et les reines entreraient-ils dans l'humanité commune ? La religion du roi ou de la reine demeure cependant inchangée puisqu'ils sont à la tête de leur Église nationale depuis Henry VIII. Il ne saurait donc être question pour un roi ou une reine d'être « papiste » comme avait tenté de le faire ce pauvre Jacques II au XVIIe siècle.

Des tendances conservatrices continuent à s'exprimer dans un certain nombre de domaines. En 2014, le référendum écossais a conforté l'existence du Royaume-Uni par une majorité de plus de 5 %. L'Écosse reste donc pour l'instant liée à l'Angleterre. Les électeurs devaient tous être résidents en Écosse, et les membres de la communauté européenne ou du Commonwealth qui relevaient de ce cadre étaient invités à participer, soit un total supérieur à 4 millions d'habitants [8].

Brexit or no Brexit, that is the question...

« L'Europe est-elle l'avenir de l'Angleterre, ou bien est-ce l'Angleterre qui est l'avenir de l'Europe ? », m'étais-je demandé lors d'une précédente réédition de cet ouvrage en 2015.

Grisé par son succès lors du référendum sur l'appartenance de l'Écosse au Royaume-Uni, le premier ministre conservateur David Cameron a planifié un autre référendum, cette fois-ci sur l'appartenance du Royaume-Uni à l'Union européenne. C'était une forme de pari sur l'avenir...

David Cameron a joué, il a perdu. Ce qui devait être une promenade de santé s'est transformé en cauchemar : le Brexit, abréviation de *British exit*, « sortie des Britanniques » de l'Union européenne, l'a emporté ce 23 juin 2016, encore gravé dans toutes les mémoires, avec près de 52 % des voix (soit 17,4 millions de voix, contre 16,1 millions). Après près d'un demi-siècle (en fait quarante-six ans) de vie commune, ce rejet de l'Europe s'expliquait essentiellement par une forte tradition d'indépendance en matière économique et politique. Le pays entrait néanmoins dans une ère d'instabilité en dépit de la ténacité du nouveau premier ministre conservateur Theresa May qui entama dès juillet son parcours du combattant, quitte à annoncer trois ans plus tard, en mai 2019, sa démission, effective à partir du 7 juin 2019.

Rien n'était réglé en effet. L'article 50 du traité de Lisbonne signé le 13 décembre 2007 entre les vingt-sept États membres de l'Union européenne prévoyait simplement que tout État pût décider, « conformément à ses règles constitutionnelles, de se retirer de l'Union ». Le texte précisait que cet État notifierait son intention au Conseil européen. En outre, il appartenait à l'Union de fixer avec lui les modalités de son retrait...

Le référendum n'aura été qu'une première étape. Pour devenir contraignant selon le droit britannique (*binding* en anglais), le résultat de la consultation doit dans un second temps être entériné par le Parlement, seule instance souveraine selon la Constitution britannique (voir la remarquable analyse de Pauline Schnapper,

« L'impasse du référendum sur le Brexit », fondation Singer-Polignac, 14 mars 2018) [9].

Le référendum est encore une idée neuve en Angleterre en cette seconde décennie du XXIe siècle. Le premier référendum de l'histoire britannique se tint de façon encore relativement récente en 1975 ; il portait déjà sur l'Europe (voir p. 397). Contrairement aux États-Unis ou à la France, où l'idée de souveraineté populaire remonte aux révolutions du XVIIIe siècle, l'Angleterre puis le Royaume-Uni ont été historiquement et sont encore régis par une conception parlementaire, et non pas populaire, de la souveraineté. Rappelons que le Parlement se compose outre-Manche de trois éléments : une chambre basse ou chambre des Communes, une chambre haute ou chambre des Lords, et la Couronne. C'est ce que l'on appelle aussi le *King-in-Parliament* ou, dans le cas présent, le *Queen-in-Parliament*, plus haute autorité du royaume (voir p. 191). Il convenait ainsi de fixer avec les partenaires européens les conditions d'un accord, à moins que l'on ne s'engageât, comme le souhaitaient les adversaires de Mme May, tant à l'intérieur qu'à l'extérieur de son propre parti, vers un *hard Brexit*, un Brexit dur, une sortie sans accord d'aucune sorte. Les téléspectateurs du monde entier ont pu assister en direct au chemin de croix du premier ministre britannique, pratiquement aphone devant des députés déchaînés qui avaient perdu le flegme dont on crédite (faussement) leurs compatriotes. Le dirigeant de l'opposition, le travailliste Jeremy Corbyn, s'est fait reprendre vertement en décembre 2018 par le modérateur de la chambre des Communes, John Bercow, pour avoir laissé tomber, de manière pratiquement inaudible semble-t-il, que Mme May était une « idiote » (*a stupid woman*). Qu'elle ait ou non été prononcée, cette formule choquante et considérée d'emblée comme sexiste en dit long sur le climat de tension extrême qui a entouré les débats.

Plusieurs problèmes restent en suspens, à commencer par la dette du Royaume-Uni vis-à-vis de ses partenaires. Par ailleurs, de nombreux sujets de Sa Majesté vivent et travaillent désormais dans les pays de l'Union tout comme beaucoup de continentaux se sont installés en Grande-Bretagne pour y poursuivre leurs activités. Et c'est sans compter le délicat problème de la frontière irlandaise entre la République au Sud et le Royaume-Uni au Nord. Le fragile équilibre qui avait fini par se réinstaurer entre les frères ennemis est à son tour menacé ; pareillement, l'Écosse ne risque-t-elle pas de réaffirmer ses velléités d'indépendance afin de rester dans l'Union ? À terme, ce serait le Royaume-Uni tout entier qui serait concerné, avec son soigneux équilibre entre l'Angleterre, l'Écosse et l'Irlande du Nord. La complexité de la situation explique sans doute le nombre élevé de défaites du gouvernement de Sa Majesté aux Communes à partir de l'automne 2017. On mentionnera l'amendement introduit par le député conservateur Caroline Spelman exigeant que le Royaume-Uni ne puisse pas quitter l'Union sans un accord avec ses partenaires, ou, plus grave encore, en mars 2019, l'amendement retirant au gouvernement l'initiative des débats du mercredi pour la confier aux députés qui purent librement procéder à des votes indicatifs. Le 27 mars au soir, force était de constater que le Parlement était toujours dans l'impasse puisqu'aucune motion n'obtenait de majorité. Tout en votant contre le maintien dans l'Union, les députés rejetaient toutes les solutions proposées (sortie sans accord, adhésion au marché unique européen, adhésion à l'Espace économique européen, union douanière permanente, nouveau référendum confirmant le premier…).

Les Britanniques ne parvenant pas entre eux à un accord clair et définitif, les vingt-sept ont permis au Royaume-Uni de surseoir à la séparation avec l'Europe. Prévue initialement pour le 29 mars, et prorogée une première fois jusqu'au 12 avril, la séparation est finalement prévue pour le 31 octobre au moment où un nouveau Parlement européen, réélu en mai, entamera ses travaux. Ce nouveau délai qui avait pour but avoué de préserver l'unité de l'Union a été salué par le président Macron comme « le meilleur compromis possible » (*Le Figaro*, 11 avril 2019). Comme je l'avais moi-même écrit dans un article de presse, « mieux vaut un bon Brexit qu'un mauvais mariage » (*Réforme*, 28 mars 2019). Nos amis d'outre-Manche peuvent compter sur notre indéfectible attachement, né d'une passion commune pour la liberté, hier et aujourd'hui.

Mai 2019

ANNEXES

Annexe I

LES SAXONS, ENTRE MYTHE ET LÉGENDE

Ce n'était pas la première fois, en 1066, que l'Angleterre était conquise, ni qu'elle connaissait un mouvement de population. L'île avait été romanisée au début de notre ère, du moins dans sa partie sud, limitée par le mur d'Hadrien, qui sépare grossièrement l'Écosse actuelle du reste du territoire [1]. Elle avait connu également ses afflux germaniques et scandinaves. Angles, Jutes, Saxons et Frisons étaient venus au Ve siècle, refoulant les Bretons vers l'ouest, voire au-delà de la mer, dans l'Armorique, l'actuelle Bretagne. Tandis que les Vikings n'avaient pas manqué de consteller ce pays de côtes innombrables de leurs établissements [2]. Ce furent les Angles et les Saxons qui léguèrent leur langue aux habitants de la Grande-Bretagne. Ou plutôt, au terme d'une évolution complexe, une langue germanique, parente de l'allemand actuel et du néerlandais, accueillit des influences diverses, en particulier sur le plan lexical. Mais, par sa structure, par la syntaxe, par son vocabulaire le plus courant, l'anglais que l'on parle aujourd'hui à New York, à Dublin ou à Londres, comme à Canberra ou au Cap, demeure une langue germanique.

L'Angleterre, creuset ethnique et linguistique, l'Angleterre dont l'histoire est pétrie par les migrations, cette Angleterre-là subit avec Guillaume de Normandie sa conquête la plus drastique [3]. Moins nombreux que ne l'avaient été leurs précurseurs germaniques ou scandinaves, les Normands étaient bien décidés à en découdre, en dépit de la fiction juridique qui faisait de Guillaume le successeur de son cousin saxon, Édouard le Confesseur [4]. Un imaginaire légendaire, soigneusement entretenu par le roman ou désormais par le cinéma et les séries télévisuelles, conserve pieusement l'écho des relations conflictuelles des Normands et des Saxons ou de leurs successeurs. La figure de Robin des Bois, le brave Saxon vivant dans les bois, n'est que l'expression populaire de cette très longue histoire [5]. Que sait-on au juste de ces Saxons que découvrirent les Normands en 1066 ? À la fin du ve siècle, ces envahisseurs venus du continent établirent un premier royaume, le Sussex, dans le sud de la Grande-Bretagne. À une date imprécise, entre 490 et 516, leur expansion connut un premier revers, à la bataille du mont Badon, *Mons Badonicus,* que l'on localise généralement près de la ville de Bath [6]. Le vainqueur aurait été le célèbre roi Arthur, à la tête des valeureux Romano-Bretons, équivalents insulaires de nos Gallo-Romains.

L'installation en Grande-Bretagne ne fut pas de tout repos. Et il est probable qu'une partie des envahisseurs saxons s'en retournèrent chez eux, abandonnant l'île de *Brittia* à son mystère [7]. Le moine Gildas a laissé au VIe siècle un récit coloré des exactions saxonnes contre les Bretons, promus nouvel Israël sous sa plume prophétique : « Cette violence, assurait-il, était comparable à celle exercée, jadis, par les Assyriens contre la Judée [8] » (*Décadence de la Bretagne*). Une chronique galloise s'exclamait : « Par le fils de Marie, dont la parole est sacrée, maudit soit le jour où nous ne nous sommes point armés pour repousser la domination des Saxons, où nous les avons aimés. » Avant de conclure, sur le mode apocalyptique : « Un temps viendra où les guerriers s'assembleront avec un seul dessein, un seul cœur. » Puis : « Les étrangers seront mis en fuite avant la fin du jour. » Enfin : « Que les guerriers se précipitent comme l'ours des montagnes pour venger la mort de leurs ancêtres ; qu'ils serrent en faisceaux leurs lances aiguës ; que l'ami ne songe pas à protéger le corps de son ami ; qu'il y ait beaucoup de crânes vides de cervelle, beaucoup de femmes veuves, beaucoup de coursiers sans cavaliers, beaucoup de corbeaux avides devant les guerriers terribles, et beaucoup de bras coupés, dispersés devant l'armée [9]. »

Cette époque troublée fut également celle de la christianisation définitive de l'Angleterre. Certes, l'île avait déjà été mise au contact de l'Évangile, grâce en particulier aux missions de saint Patrick. Mais, en 597, le pape Grégoire le Grand envoya une mission dirigée par le moine Augustin, en compagnie de quarante de ses frères. Le roi de Kent, Éthelbert, avait une épouse franque, déjà convertie au catholicisme. Il accueillit de bonne grâce les émissaires de Rome, qui s'installèrent à Kentwara-Byrig, devenu depuis Cantorbéry [10].

Au VIIe siècle, la plus grande partie de l'Angleterre actuelle était peuplée d'Anglo-Saxons. Le pays fut divisé en sept royaumes, formant une « Heptarchie » : Wessex, Essex, Kent, Mercie, Est-Anglie, Sussex et Northumbrie. La toponymie fournit encore à l'heure actuelle de précieuses indications sur l'ampleur de cette présentation : elle témoigne du maintien de noms de lieux celtiques dans tout l'ouest de l'Angleterre. Cette distinction entre un Est fortement anglicisé et un Ouest resté breton se maintient jusqu'à nos jours ; elle trouve son illustration la plus nette dans le pays de Galles, où s'est maintenue une langue proche de l'irlandais, et plus encore du breton d'Armorique. La présence saxonne n'a vraisemblablement pas totalement éradiqué la population autochtone. Même dans le Kent, l'un des royaumes les plus précocement touchés par l'invasion germanique, les Bretons semblent s'être maintenus dans un état servile. Dans d'autres cas, il s'agit plus vraisemblablement de populations enclavées au milieu de territoires sous domination saxonne. Dans son *Histoire ecclésiastique du peuple anglais*, écrite au VIIIe siècle, Bède le Vénérable décrit la survie des pauvres celtes :

« Les ennemis [saxons] dévastèrent d'abord les villes les plus proches et la campagne qui s'étendait autour ; après quoi, de l'océan oriental jusqu'à l'océan occidental et sans jamais rencontrer de résistance, ils répandirent la désolation, saccageant presque entièrement l'île agonisante. Ils abattirent aussi bien les bâtiments publics que les demeures privées ; ils massacrèrent les prêtres au picd des autels ; l'épée ou le feu exterminèrent les évêques et leurs ouailles, sans respect de leur dignité, et il n'y avait personne pour enterrer les victimes de ces exécutions cruelles. Quelques malheureux survivants, capturés dans les montagnes, furent cruellement égorgés. D'autres, que la faim tenaillait, se rendirent à l'ennemi pour obtenir un peu de nourriture en échange d'une servitude définitive, quand ils n'étaient pas aussitôt abattus. Certains, le cœur brisé, cherchèrent à joindre les terres au-delà de la mer. D'autres enfin subsistèrent dans leur propre pays, menant une pauvre vie à travers bois, rochers et montagnes, ayant à peine de quoi survivre et l'esprit toujours en proie à la crainte[11]. »

Annexe II

CONQUÊTE ET FÉODALISATION DE L'ANGLETERRE ?

Quelle fut la place respective de l'ordre et du désordre dans les transformations qui s'abattirent outre-Manche autour de 1066 [1] ? L'Angleterre se présente-t-elle comme un cas particulier, ou ne fournit-elle que l'illustration d'une tendance plus générale à la féodalisation de la société [2] ? L'un des tenants de la « révolution » de l'an mil, fortement contestée aujourd'hui, reconnaissait que la question de la « *féodalisation* de l'Angleterre normande » avait été l'un des « champs clos les plus meurtriers de l'historiographie [3] ». En Normandie comme en Angleterre, la féodalité aurait acquis ses caractéristiques les plus exemplaires, au point de constituer un véritable « modèle [4] ». « Peu d'envahisseurs, après s'être heurtés à une opposition aussi nourrie, se seront autant évertués à cacher le fait de la conquête », a-t-on pu écrire [5]. Guillaume aurait souhaité maintenir l'idée d'une Angleterre anglo-normande, même si la redistribution des terres se fit au bénéfice des compagnons du conquérant. L'entreprise de Guillaume de Normandie se situe à une double confluence ; à son insu, ce récit d'invasion est étroitement associé à un autre paradigme historiographique : la mutation de l'an mil, cette « révolution » féodale dont on n'est plus sûr désormais qu'elle se soit produite[6].

La perception que les historiens ont eue de la féodalité a longtemps été tributaire du schéma donné par saint Augustin, celui de la bande de brigands élisant un chef en son sein. Dans son livre *La Cité de Dieu*, l'évêque d'Hippone fournissait la version canonique de ce mythe ; il n'est pas sans évoquer cette horde sauvage qui hante encore l'imaginaire du marquis de Sade ou de la psychanalyse [7]. Les rois ne seraient-ils jamais que des chefs de bande qui ont réussi ? Tout pouvoir tirerait-il sa légitimité de la seule force ? Comment analyser la violence de cet état de civilisation ? Le « mythe du brigandage féodal », avant d'être repris par le chœur des commentateurs, a servi aux hommes d'Église à diaboliser les pactes laïcs – et à valoriser à l'inverse le rôle pacificateur du clergé [8]. Quelques années plus tard, le pape Grégoire VII ne manqua pas de souligner l'importance de cette violence initiale et fondatrice. « Qui ignore encore, déclarait le souverain pontife, que les rois et les princes sont au départ des hommes ignorants Dieu qui se sont élevés au-dessus des autres hommes par l'orgueil, la rapine, la perfidie et l'homicide [9] ? » Face à cette impéritie, l'Église, l'Église qui se présentait comme une puissance pacificatrice. Et qui ne craignit pas, occasionnellement, d'émettre des critiques d'une rare virulence. Le thème récurrent de « l'anarchie féodale » a servi à valoriser, par contraste, les « bienfaits » apportés par l'Église [10].

Pourtant, le terme « féodal » est tard venu. Du moins ne concerne-t-il à l'origine que le fief. C'est aux XVIIe-XVIIIe siècles qu'il caractérisa un état de civilisation, en partie révolu. Dans ce qui demeure son meilleur livre, J. G. A. Pocock s'est livré à une reconstitution minutieuse et passionnante de cette découverte de la féodalité dans la France, l'Écosse et l'Angleterre de la première modernité [11]. L'histoire ultérieure du concept le démontre ; l'on pourrait dire que la « féodalité » est l'un de ces idéaux types que forgent les historiens pour définir la complexité du réel, quitte à donner parfois un contenu substantiel à leurs reconstitutions [12]. L'un des plus grands historiens du droit le disait sans ambages : « *Féodalité* est un mot utile ; il dissimule de multiples ignorances [13] ». Ou encore, plus récemment, une spécialiste de l'invasion normande notait avec philosophie : « Si la féodalité n'existait pas, il faudrait l'inventer [14]. » La féodalité était-elle bien une relation entre les hommes ? N'était-elle pas davantage une relation entre les hommes et les choses ? Ou plus précisément encore, une relation entre les hommes et la terre [15] ? À l'adjectif « féodal » correspondent cependant deux substantifs distincts, *féodalité*, qui désigne le système dans son ensemble, *féodalisme*, plus attentif à l'économie et au prélèvement seigneurial. Précisons cependant que la distinction n'existe pas en anglais, où l'on emploie le terme *feudalism* dans les deux sens [16]. Le féodalisme envisagerait un mode de production, à l'instar de l'esclavagisme et du capitalisme. D'où la critique formulée par le marxiste anglais R. Hilton, qui trouvait que Marc Bloch, dans ses analyses, survalorisait les relations d'hommes aux dépens des rapports de production, en d'autres termes la féodalité médiévale et non le féodalisme [17]. Le féodalisme est un système, comme le rappelait justement Jacques Le Goff. Et d'une certaine façon, un néologisme, toujours suspect d'anachronisme [18]. L'usage actuel en Angleterre, terre de nominalisme avéré, consiste à utiliser l'adjectif de préférence au substantif : « féodal » paraît plus recevable, désormais, que « féodalité » ou *a fortiori* que « féodalisme [19] ».

Annexe III

MARTYRE DE THOMAS BECKET, 29 DÉCEMBRE 1170

Source : E. GRIM, *Vita S. Thomae*, *RBMAS* 67, pp. 435-438. (C'est nous qui traduisons.)

Un certain sous-diacre, Hugo *Malus-Clericus*, appelé ainsi du fait de sa forfaiture et de sa malice, les accompagnait, sans témoigner le moindre égard pour Dieu ou pour ses saints car, en les suivant, il semblait approuver leur action. Lorsque le saint évêque entra dans la cathédrale, les moines, qui glorifiaient Dieu, arrêtèrent leurs vêpres – qu'ils avaient commencé à célébrer – et se précipitèrent vers leur père, dont on leur avait dit qu'il était mort mais qu'ils voyaient vivant et sans armes. Ils se ruèrent vers les portes de l'église afin de contenir les ennemis qui voulaient assassiner l'évêque, mais le merveilleux champion se tourna vers eux, et leur ordonna d'ouvrir. *Il ne convient pas qu'une église, une église du Christ se transforme en forteresse, car si elle n'est pas fermée, elle sert de refuge à son peuple ; c'est en souffrant et non pas en combattant, que nous triompherons de l'ennemi, et nous sommes là pour souffrir et non point pour résister*.

Sans attendre, les hommes sacrilèges entrèrent dans la maison de paix et de réconciliation, l'épée au clair ; ce spectacle, le cliquetis des armes inspirèrent une bonne dose d'horreur aux spectateurs. Et les chevaliers s'approchèrent du groupe désordonné et confus qui, ayant assisté aux vêpres, s'était précipité vers eux. *Où est Thomas Becket, traître à son roi et à son royaume ?* s'exclamèrent-ils. Personne ne répondant, ils reprirent, en élevant le ton : *Où est l'archevêque ?* Sans s'émouvoir, ce dernier répondit : *Le juste sera comme un lion téméraire, qui ne craint rien.* Et il descendit les marches que lui avaient fait gravir les moines, effarouchés par les chevaliers, et déclara de façon parfaitement audible : *Me voici, non pas traître à mon *roi, mais prêtre ; pourquoi me cherchez-vous ?* Et Thomas, qui les avait informés précédemment qu'il n'avait pas peur d'eux, ajouta : *Me voici, prêt à souffrir pour le nom de celui qui m'a racheté par son sang ; que Dieu me garde de fuir devant vous, ou de renoncer à la justice.*

À ces mots, aux pieds d'une colonne, il tourna sur sa droite. D'un côté se trouvait l'autel de la sainte Mère de Dieu, de l'autre l'autel du saint confesseur Benoît, dont l'exemple et les prières lui avaient permis d'être crucifié pour le monde et ses désirs ; il souffrit les tourments que lui administrèrent ses assassins avec un telle constance d'âme que c'est à peine s'il avait un corps. Les assassins le poursuivaient, lui demandant : *Absous et admets à la communion ceux que tu as excommuniés et réintègre ceux que tu as suspendus.* Thomas leur rétorqua : *Aucune absolution ne leur sera accordée sans pénitence.*

– Alors, meurs, et reçois ton dû.

– Je suis prêt, dit-il, à mourir pour mon Seigneur, afin que par mon sang l'Église obtienne la liberté et la paix. Mais au nom du Dieu tout-puissant, je vous interdis de toucher à mes hommes, clercs ou laïcs.

Le glorieux martyr agissait consciemment, en songeant prudemment à ses hommes et à lui-même, afin que nul auprès de lui ne souffrît, tandis qu'il allait vers le Christ. Il convenait que le soldat du Seigneur et le martyr du Sauveur reprît ces mots lorsque les impies le recherchaient : *Si c'est moi que vous cherchez, laissez-les partir.*

Avec des gestes saccadés, ils posèrent leurs mains sacrilèges sur lui, le malmenant et tentant de l'entraîner hors de l'église afin de l'y achever ou de le capturer, comme ils l'avouèrent plus tard. Mais, comme ils ne parvenaient pas à le détacher de la colonne, il repoussa avec bravoure l'un de ses assaillants, le traitant de vil flatteur : *Ne me touche pas, Rainaldus, toi qui me dois foi et obéissance, toi qui suis tes complices dans leur folie.* À ces mots, le chevalier s'enflamma et, dans sa rage, il leva son épée et frappa le crâne sacré en criant : *Je ne dois ni foi ni obéissance à quiconque s'oppose à mon seigneur le roi.* Le martyr invincible, voyant qu'était venue l'heure qui allait mettre un terme à son existence mortelle et misérable, sachant qu'il allait recevoir dans l'autre monde la couronne de l'immortalité, courba la tête comme dans la prière, et les mains jointes au-dessus du corps, il remit sa vie et la cause de l'Église à Dieu, à la Vierge Marie, et à saint Denis, le saint martyr. Il avait à peine achevé ces mots que le chevalier impie, craignant que le peuple ne le secourût et qu'il parvînt à s'échapper vivant, fondit sur lui, et versant sur son crâne le saint chrême consacré à Dieu, il blessa l'agneau du sacrifice à la tête. Le présent auteur fut touché à l'avant-bras par le même coup. Mais il resta fermement aux côtés du saint archevêque, qu'il tenait dans ses bras, tandis que tous, clercs et moines s'étaient enfuis. Son avant-bras finit par tomber lui aussi.

Admirez la simplicité de la colombe, admirez la prudence du serpent chez ce martyr qui présenta son corps aux tueurs afin de garder à l'abri la tête, c'est-à-dire son âme et l'Église. Loin de trouver un expédient ou une ruse qui lui permissent d'échapper aux assassins de son corps, il préféra être libéré de cette nature. Ô bon berger, qui si vaillamment as su t'offrir aux assauts des loups afin d'épargner ton troupeau ! Et parce qu'il renonça au monde, le monde en voulant l'abaisser l'éleva involontairement. Au second coup reçu à la tête, il ne fléchit pas, mais au troisième, il se mit sur ses genoux et sur ses coudes, il s'offrit en vivant sacrifice, en proférant ces mots à voix basse : *Au nom de Jésus et pour la protection de l'Église, je suis prêt à embrasser la mort*. Mais le troisième chevalier lui infligea un coup mortel, en brisant presque son épée sur la dalle et sur son crâne qui se sépara du corps, tandis que le sang blanchi par le cerveau se répandait sur le sol, qui prit l'apparence du lys et de la rose, couleurs de la Vierge et Mère, couleurs de la vie et de la mort du confesseur et du martyr. Le quatrième chevalier repoussa ceux qui s'approchaient afin que ses complices pussent terminer leur forfait sans entraves. Le cinquième, non pas un chevalier, mais un clerc, venu avec les chevaliers, afin de porter un cinquième coup à celui qui avait en toutes choses imité le Christ, plaça son pied sur le cou du saint prêtre et du précieux martyr, et, quelque horrible que soit le détail, mêla le sang à la cervelle, en disant aux autres : *Nous pouvons partir maintenant, il ne se lèvera plus*.

Pendant toutes ces choses incroyables, le martyr fit preuve de la vertu de persévérance. Ni ses mains ni ses vêtements ne témoignaient de la moindre résistance devant ses assassins – comme la faiblesse humaine nous y pousse généralement. Il est mort sans une parole tandis qu'on le frappait ; aucun cri, aucun soupir, aucun gémissement qui trahissent la douleur ; à l'inverse, il présenta sa tête au glaive tendu. Son corps, plein de sang et de morceaux de cerveau, était étendu sur le sol, comme dans la prière ; il avait placé son âme dans le sein d'Abraham. Après s'être élevé au-dessus de lui-même par amour pour le Créateur, aspirant aux douceurs célestes, il reçut sans broncher tous les tourments, tous les outrages que ses sanglants assassins purent lui infliger. Et c'est avec courage, avec intrépidité, avec dévotion, qu'il offrit sa vie quand il comprit que par son martyre, son salut et sa foi, il luttait pour la protection des autres afin que les affaires de l'Église pussent être menées en accord avec ses traditions paternelles et ses décrets.

Annexe IV

GRANDE CHARTE DE JEAN SANS TERRE, 15 JUIN 1215

Source : « Concordia inter Regem Johannem et Barones pro concessione libertatum ecclesie et regni Anglię », *Bémont*, pp. 26-39. (C'est nous qui traduisons.)

Jean, par la grâce de Dieu, roi d'Angleterre, seigneur d'Irlande, duc de Normandie et d'Aquitaine et comte d'Anjou, aux archevêques, évêques, abbés, comtes, barons, juges, forestiers, shérifs, baillis, serviteurs et à tous ses bons et féaux sujets, Salut.

Oyez que devant Dieu, pour le salut de notre âme et de celles de nos ancêtres et héritiers, pour l'honneur de Dieu, la gloire de la sainte Église, et l'ordre de notre Royaume, suivant le conseil de nos vénérables pères Étienne, archevêque de Cantorbéry, primat d'Angleterre et cardinal de la sainte Église romaine, Henri, archevêque de Dublin, Guillaume, évêque de Londres, Pierre, évêque de Winchester, Jocelyn, évêque de Bath et Glastonbury, Hugues, évêque de Lincoln, Walter, évêque de Worcester, Guillaume, évêque de Coventry, Bénédict, évêque de Rochester ; de maître Pandolphe, sous-diacre et membre de la maison de notre seigneur le pape, de frère Alméric, maître des chevaliers du Temple en Angleterre, et de Guillaume Maréchal, comte de Pembroke, de Guillaume, comte de Salisbury, de Guillaume, comte de Warren, de Guillaume, comte d'Arundel, d'Alain de Galloway, prévôt d'Écosse, de Warin Fitz Herbert, d'Hugues de Nevil, de Matthieu Fitz Herbert, de Thomas Basset, d'Alain Basset, de Philippe d'Albiniac, de Robert de Roppel, de Jean Mareschal, de Jean Fitz Hugh, et d'autres féaux sujets.

(1) Nous déclarons devant Dieu et confirmons à perpétuité par la présente charte, en notre nom et en celui de nos héritiers, que l'Église d'Angleterre sera libre et jouira de tous ses droits et

libertés, sans la moindre restriction. Nous rappelons qu'avant même la présente dispute, nous avons librement consenti à la liberté des élections au sein de l'Église, droit nécessaire et imprescriptible, que nous avons demandé au pape Innocent III de confirmer. Nous observons, sans hésiter, cette liberté, et désirons que nos héritiers l'observent à perpétuité. Nous accordons aussi pour toujours à tous les hommes libres de notre royaume, et à tous leurs héritiers, en notre nom et en celui de nos héritiers, toutes les libertés ci-dessous.

(2) Si certains, comtes, barons ou autres qui détiennent leur terre directement de la couronne en échange d'un service armé, venaient à mourir, et qu'au moment de leurs morts leurs héritiers étaient majeurs et devaient nous acquitter un droit de mutation, ils obtiendraient leurs héritages après avoir acquitté ce droit selon les taux anciennement en vigueur, c'est-à-dire 100 livres pour l'héritier ou les héritiers d'un comte, afin d'entrer en possession de l'intégralité de leur baronnie ; 100 sous au maximum pour l'héritier ou les héritiers d'un chevalier pour l'ensemble du fief, et ceux qui ont encore moins donneront moins, selon l'ancienne coutume.

(3) Mais si l'héritier est mineur, et qu'il est sous tutelle, il obtiendra son héritage, quand il aura atteint sa maturité, sans acquitter ni relief ni amende.

(4) Le tuteur d'un tel héritier mineur ne tirera des terres confiées à ses soins que des revenus, des droits coutumiers et des services féodaux raisonnables, et sans porter en quelque façon atteinte aux hommes et aux choses. Et si l'on confie la garde et les revenus de ces terres à un shérif, ou à toute autre personne responsable devant nous, et qu'il endommage ou dilapide ces biens, nous exigerons de lui des compensations, et ces terres seront alors confiées à deux personnes honnêtes et loyales, responsables devant nous, ou ceux que nous aurons mandatés à cette fin. Et si nous confiions ou vendions la garde de ces terres à une personne qui viendrait à les dilapider, il en perdrait la garde, et celles-ci seraient confiées à deux personnes discrètes et loyales, pareillement responsables devant nous.

(5) Mais tant que le tuteur conservera le soin des terres d'un tel héritier, il assurera, grâce à leurs revenus, l'entretien des bâtiments, des parcs, des réserves de chasse, des étangs, des moulins et autres biens attenants. Lorsque l'héritier sera majeur, il lui transmettra son domaine dans sa totalité, tel qu'il l'a reçu,

avec les charrues et tous les outils agricoles nécessaires pour les travaux des champs, en fonction des saisons et des revenus susdits.

(6) Les héritiers pourront être donnés en mariage, à condition de ne pas enfreindre leur rang, et que leurs parents les plus proches en soient avisés avant la cérémonie.

(7) À la mort de son époux, la veuve recouvrera immédiatement et sans difficulté sa dot et son héritage. Elle ne donnera rien pour son douaire, sa dot, ou son héritage sur les biens qu'elle et son mari possédaient en communauté le jour de son décès. Elle pourra demeurer dans la maison de son mari quarante jours après sa mort, et son douaire lui sera assigné pendant ce temps-là.

(8) Aucune veuve ne sera obligée de se marier, si elle désire vivre sans mari, pourvu qu'elle s'engage à ne pas contracter mariage sans notre assentiment, si elle tient ses biens directement de nous, ni sans l'assentiment du seigneur dont elle dépendrait.

(9) Ni nous ni aucun de nos baillis ne saisirons aucune terre ou rente pour acquitter une dette, si les biens meubles du débiteur sont suffisants pour acquitter ladite dette, ou si le débiteur lui-même est en mesure de satisfaire la dette [1]. Si le débiteur n'a pas le nécessaire pour acquitter la dette, la dette sera alors payée par son garant. Si le garant le désire, il prendra possession des terres et des rentes du débiteur, jusqu'à l'épuration de la dette, à moins que le débiteur lui-même puisse démontrer qu'il s'est acquitté envers son garant.

(10) Quiconque aura emprunté à des Juifs, et décédera avant l'apuration de sa dette, n'encourra aucun intérêt pendant la minorité de ses héritiers, indépendamment de l'identité de leur tuteur ; et si cette créance nous revenait, nous ne prendrions rien d'autre que les biens inscrits dans l'engagement.

(11) Et si quiconque décédait en étant le débiteur d'un Juif, son épouse conserverait sa dot sans devoir l'entamer pour acquitter la dette ; pareillement, si les enfants survivants sont mineurs, leurs besoins seront couverts sur les biens du défunt. La dette sera alors payée avec le reliquat, afin de préserver les droits du seigneur feudataire. Il en ira de même pour des dettes contractées avec d'autres personnes qu'avec des Juifs.

(12) Aucun écuage et aucune aide [2] ne seront levés dans notre royaume, sans le commun conseil de notre royaume, à

moins que ce ne soit pour la rançon de notre personne, pour armer notre fils aîné chevalier ou pour le premier mariage de notre fille aînée. Et encore ne sera-t-il levé qu'une aide raisonnable. Il en ira de même pour les aides de la Cité de Londres.

(13) Et la Cité de Londres aura toutes ses anciennes libertés et libres coutumes, autant sur terre que sur l'eau. En outre, nous voulons et concédons que tous les autres cités, villages, villes et ports, auront leurs entières libertés et libres coutumes.

(14) À l'exception des trois cas susdits, afin de déterminer le montant de tout écuage ou de toute aide, nous ferons convoquer individuellement par écrit les archevêques, évêques, abbés, comtes et hauts barons du royaume. Et, au moins quarante jours à l'avance, nous ferons convoquer par nos shérifs et baillis, de façon générale, à une certaine date et en un certain lieu, ceux qui tiennent de nous en chef. Toutes ces lettres de convocation préciseront le motif de la convocation. Et, la convocation étant ainsi envoyée, l'on procédera à la détermination de l'affaire au jour indiqué, selon la résolution de ceux qui seront présents, même en l'absence de certains qui avaient été convoqués.

(15) Nous ne donnerons dorénavant à personne la permission de lever une aide de ses hommes libres, à moins que ce ne soit pour la rançon de sa personne, pour armer chevalier son fils aîné ou pour le premier mariage de sa fille aînée. Et encore ne sera-t-il levé qu'une aide raisonnable.

(16) Nul ne sera obligé de faire plus de service qu'il n'en doit pour un fief de chevalier, ou pour toute autre libre tenure.

(17) Les plaidoyers ordinaires ne seront pas entendus à notre Cour itinérante, mais en un endroit fixe.

(18) Les reconnaissances de *nouvelle dessaisine*, *mort d'ancêtre* et *dernière présentation* [3] ne seront examinées que dans leurs comtés, de la manière qui suit : nous, ou notre grand justicier si nous étions absent du royaume, enverrons deux juges quatre fois l'an dans chaque comté qui, avec quatre chevaliers dudit comté, choisis par le comté, tiendront dans le comté les assises susdites, à la date et à l'endroit prévus.

(19) Et si lesdites assises ne peuvent pas être tenues le jour prévu pour ce comté, dans la mesure du possible, les chevaliers et les francs tenanciers présents resteront sur place en nombre suffisant pour juger des affaires, grandes ou petites, portées à leur connaissance.

(20) Pour une infraction mineure accomplie par un homme libre, l'amende imposée sera proportionnelle à la gravité de

l'infraction, et il en ira de même pour une infraction plus grave, mais sans le priver de ses moyens d'existence. Le marchand conservera sa marchandise, le vilain ses instruments agraires, s'ils venaient à comparaître devant notre Cour. Aucunes des susdites amendes ne seront imposées sans le témoignage sous serment d'hommes du voisinage connus pour leur probité.

(21) Les comtes et les barons ne se verront imposer d'amendes que par leurs pairs, et cela en fonction de la gravité de leur offense.

(22) Aucun ecclésiastique ne sera condamné à une amende pour une tenure laïque autrement que dans les formes indiquées précédemment, quelle que soit l'importance de son bénéfice ecclésiastique.

(23) Aucune ville, et aucune personne, ne sera tenue de construire un pont sur une rivière, à moins d'y être légalement obligée par d'anciens usages.

(24) Aucun shérif, aucun connétable, aucun coroner, ni aucun autre de nos baillis, ne tiendra les plaids de notre couronne.

(25) Tous les comtés, centaines, *wapentacks* et dizaines resteront aux anciennes rentes sans accroissement, sauf pour les terres de notre domaine.

(26) Si quiconque meurt alors qu'il tient de nous un fief laïque, et si notre shérif présente nos lettres patentes d'assignation pour la dette qui nous était due par le défunt, il sera légal, pour notre shérif ou notre bailli, de placer sous séquestre ou de saisir tous les biens et les propriétés du défunt contenus dans ledit fief, afin que rien ne soit enlevé avant que la dette ait été acquittée, d'après le témoignage d'hommes loyaux. Le reste sera ensuite remis aux exécuteurs du testament. Si rien ne nous est dû, tous les biens seront distribués conformément au testament du défunt, tout en gardant une part raisonnable pour son épouse et ses enfants.

(27) Si un homme libre meurt sans testament, ses biens seront distribués par ses proches et ses amis, sous la surveillance de l'Église, après que les dettes du défunt auront été payées à ses créditeurs.

(28) Aucun de nos connétables ou baillis ne prendra de qui que ce soit du grain ou d'autres provisions sans payer immédiatement, à moins que le vendeur ne lui accorde un crédit de son plein gré.

(29) Aucun connétable n'obligera un chevalier à le payer pour la garde de son château, s'il peut en assurer la garde lui-même ou, si cela lui est vraiment impossible, il devra confier cette tâche à un homme approprié. Et si nous requérons sa présence les armes à la main, il sera libéré de la garde de son château pendant le temps où il est à notre service.

(30) Aucun de nos shérifs ou baillis ou autres ne prendra les chevaux ou les chariots d'un homme libre pour faire le charroi, sans l'assentiment de cet homme.

(31) Ni nous, ni nos baillis ne prendront le bois d'autrui à l'usage de nos châteaux ou à quelque autre usage, sans la volonté de son propriétaire.

(32) Nous ne détiendrons pas les terres de ceux qui ont été condamnés pour félonie plus d'un an et un jour et, par la suite, cette tenure sera restituée au seigneur du fief.

(33) Dorénavant tous les barrages seront enlevés de la Tamise, de la Medway, comme de toute l'Angleterre, sauf sur les côtes.

(34) Aucun acte de *praecipe* ne sera dorénavant émis à l'encontre d'un propriétaire, si ledit acte pouvait empêcher un homme libre de comparaître devant sa propre cour [seigneuriale [4]].

(35) Il n'y aura qu'une seule mesure pour le vin, une seule mesure pour la bière et une seule mesure pour le grain dans tout notre royaume, à savoir le *quarter* de Londres, et il n'y aura qu'une seule largeur pour les draps teints, pour la bure et pour la toile, à savoir deux aunes entre les lisières. Il en ira de même pour les poids et mesures.

(36) On ne donnera et on ne prendra rien à l'avenir pour une enquête sur la vie ou les membres, mais elle sera gratuite et sans réserves.

(37) Si quelqu'un tient de nous un fief en *fee farm*, en *socage*, ou en *burgage* [5], et garde les terres d'un autre durant le service des armes, nous n'exercerons pas la tutelle de ses héritiers, ni des terres qui appartiennent à cet autre. Nous n'aurons pas non plus la tutelle de telles tenures en *fee farm*, en *socage*, ou en *burgage*, sauf si le service des armes nous était dû pour ledit fief. Nous n'aurons pas la tutelle des héritiers, ni des terres de quelqu'un qui les garde pour nous, en considération de quelques menus services qu'il nous doit, tel que la fourniture de poignards, de flèches ou autres.

(38) Aucun bailli ne soumettra dorénavant quiconque à sa loi, sans preuves ni témoins fiables, dûment convoqués.

(39) Aucun homme libre ne sera arrêté, ni emprisonné ou dépossédé, déclaré hors-la-loi, exilé ou lésé de quelque manière, ni condamné ni emprisonné par nous, sans être jugé loyalement par ses pairs, ou par la loi du pays.

(40) L'accès à la justice ne sera ni vendu, ni refusé, ni retardé pour quiconque.

(41) Tous les marchands (si on ne leur a pas interdit auparavant) pourront sortir et entrer en Angleterre sans entrave, y demeurer et circuler librement en toute sécurité, par terre et par mer, pour acheter ou vendre, d'après les anciens droits et coutumes, sans prélèvements excessifs, excepté en temps de guerre. S'ils proviennent d'un pays qui est en guerre contre nous et s'ils sont découverts dans notre royaume au début de la guerre, ces marchands seront détenus, sans dommage à leur personne ou à leurs biens, jusqu'à ce que nous ou notre chef justicier sachions de quelle façon nos marchands sont traités lorsqu'ils sont découverts dans leur pays. Et s'ils sont bien traités, nous en ferons de même chez nous.

(42) Il sera dorénavant légal pour toute personne loyale de sortir de notre royaume et d'y revenir, librement et en toute sécurité, par terre et par mer, sauf brièvement, en temps de guerre, pour le bien commun du royaume. Seront exceptés les prisonniers et les hors-la-loi, qui seront traités d'après les lois du pays, et le peuple de la nation en guerre contre nous. Les marchands seront traités comme nous l'avons précisé ci-dessus.

(43) Si quiconque détient de nous une tenure, telle que Wallingford, Nottingham, Boulogne ou toute autre baronnie, et vient à décéder, les héritiers ne nous devront pas d'autres compensations ou services que ceux qui auraient été dus au baron, si cette tenure était entre les mains d'un baron, et nous la maintiendrons dans l'état où le baron l'aurait conservée.

(44) Les personnes résidant à l'extérieur de notre forêt ne seront pas appelés à comparaître devant nos juges de la forêt, à moins d'être impliqués ou de devoir témoigner pour l'un ou l'autre des habitants de la forêt.

(45) Nous ne nommerons aucune personne comme juges, constables, shérifs ou baillis, à moins qu'ils connaissent les lois du pays, et qu'ils aient l'intention de bien les observer.

(46) Tous les barons qui ont fondé des abbayes, pour lesquelles ils auront reçu des chartes des rois d'Angleterre, ou qui

se trouveront sur une ancienne tenure, auront la tenure de ces abbayes, lorsqu'elles deviendront vacantes.

(47) Toutes les forêts récemment constituées seront rendues à leur ancien usage, ainsi que les berges des rivières qui ont été réquisitionnées par nous.

(48) Toutes les usages abusifs concernant forêts et réserves de chasse, perpétrés par les forestiers et les gardes de chasse, les shérifs et leurs officiers, ou encore concernant les berges des rivières et leur gardiens, feront sans tarder l'objet dans chaque comté d'une enquête, menée par douze chevaliers assermentés de ce comté. Quarante jours après l'enquête, les abus seront entièrement abolis pour ne jamais être rétablis, sous peine que nous ou notre juge (si nous ne sommes pas en Angleterre) en soyons toujours préalablement avisé.

(49) Tous les otages et toutes les chartes qui nous ont été livrés par les Anglais, en gage de paix et de leur fidèle service, seront restitués.

(50) Nous expulserons de leurs bailliages les membres du lignage de Gérard d'Athys, afin qu'ils n'aient dorénavant aucun bailliage en Angleterre, c'est-à-dire Engelard de Cygony, Geoffroy de Martin et ses frères, Philippe Marc et ses frères, et Geoffroy son neveu, sans en oublier un seul.

(51) Et dès que la paix aura été conclue, nous bannirons du royaume tous les chevaliers, archers et mercenaires étrangers, venus ici avec leurs chevaux et leurs armes au détriment du royaume.

(52) Si quiconque a été, de notre fait, spolié ou dépossédé de ses terres, de son château ou de ses droits et libertés sans un jugement légal de ses pairs, il rentrera sans tarder dans ses droits. En cas de contestation, la dispute serait portée devant les vingt-cinq barons mentionnés ci-dessous pour veiller à la paix. Quant à ceux qui auraient été spoliés par le roi Henry notre père ou le roi Richard notre frère, sans le jugement de ses pairs, et dont les biens seraient en notre possession ou entre les mains de nos féaux, nous les conserverions jusqu'au terme du croisement, sauf s'ils avaient introduit un recours ou demandé une enquête, avant que nous ayons pris la croix. Aussitôt que nous serons rentrés de notre pèlerinage, ou dès que possible si nous n'allions pas en pèlerinage, nous leur restituerions leur bien.

(53) Nous accorderons la même clémence, et jugerons de la même façon les questions concernant les forêts qui restent à

défricher ou qui l'ont déjà été, et que le roi Henry notre père ou Richard notre frère aurait plantées ; il en ira de même pour les tenures qui se trouveraient dans le fief d'un autre, et dont nous aurions eu la jouissance auparavant du fait du service armé qui nous était dû ; et aussi pour les abbayes fondées dans tout autre fief, pour lesquelles le seigneur réclame un droit. Nous répondrions immédiatement à toutes ces demandes, et le cas échéant, lors de notre retour de pèlerinage.

(54) Nul ne sera arrêté ou emprisonné pour la mort d'un homme à la demande d'une femme, à moins que cet homme ne soit son mari.

(55) Toutes les amendes perçues injustement par nous ou contraires aux lois du pays seront totalement restituées, ou selon le verdict des vingt-cinq barons, mentionnés ci-dessous, et chargés de faire régner la paix, ou d'une majorité d'entre eux, après avoir pris si possible l'avis d'Étienne, archevêque de Cantorbéry, s'il peut être présent, ou d'autres encore ; autrement, une solution sera malgré tout trouvée ; si l'un ou l'autre des vingt-cinq ne pouvait pas se présenter, il serait excusé et on lui désignerait un remplaçant, uniquement pour l'affaire en cours.

(56) Si quelque Gallois s'estimait privé de ses terres, de ses libertés ou de ses droits sans l'avis de ses pairs, en Angleterre comme au pays de Galles, ils lui seraient immédiatement restitués ; et en cas de litige, l'affaire sera portée dans les Marches du pays de Galles devant ses pairs, en appliquant le cas échéant le droit anglais pour une tenure située en Angleterre, ou le droit gallois pour une tenure située au pays de Galles, ou encore le droit des Marches, pour une tenure qui s'y trouverait. Les Gallois nous rendront la pareille à nous et à nos sujets.

(57) Mais si ces biens, qui avaient été saisis ou dérobés à un Gallois sans l'avis de ses pairs par le roi Henry notre père ou le roi Richard notre frère, se trouvaient en notre possession, ou en celle de quelque autre, nous attendrons la fin de la croisade pour régler l'affaire, sauf si la requête en avait été déposée avant que nous ne prenions la croix. Mais dès notre retour, ou par défaut, dès que serait prise la décision de ne pas nous embarquer, nous accorderions justice aux plaignants d'après les lois du pays de Galles.

(58) Nous libérerons immédiatement le fils de Llewelin, et tous les otages gallois, ainsi que les chartes que nous avions saisies en gage.

(59) Nous en ferons de même pour Alexandre, roi d'Écosse, en rendant la liberté à ses sœurs et autres otages, et en lui restituant ses droits et ses libertés, et nous le traiterons comme nous traitons nos autres barons en Angleterre, à moins que les chartes reçues de son père Guillaume, précédent roi d'Écosse, prévoient d'autres mesures ; et ceci suivant l'avis de ses pairs à notre Cour.

(60) Nous ordonnons en conséquence que tous nos sujets, clercs et laïcs, observent envers leurs obligés les usages et les libertés, que nous nous engageons nous-même à suivre dans notre royaume.

(61) Puisque nous avons accordé tous les susdits droits et libertés pour l'amour de Dieu et pour la réforme de notre royaume, et pour mieux guérir la discorde survenue entre nous et nos barons, nous souhaitons que les susdits droits et libertés aient un caractère perpétuel, et nous accordons à cet effet les garanties suivantes : les barons pourront élire en leur sein vingt-cinq barons, chargés de veiller à l'observation de la paix et des libertés que nous leur accordons et confirmons par notre charte. Si d'aventure, nous-même, notre justicier, nos baillis ou certains de nos officiers transgressions certains articles, et si l'offense était constatée par au moins quatre des susdits vingt-cinq barons, ces quatre barons viendraient devant nous ou notre justicier, si nous sommes absent du royaume, et nous feraient part des abus commis, exigeant une réparation rapide. Et si l'abus n'était pas réparé, ou que nous étions absent du royaume, et que notre justicier n'y portait pas remède dans les quarante jours, depuis le moment où nous ou notre justicier en aurait été informé, les susdits quatre barons présenteraient leur requête devant les barons restants, et toute la communauté du royaume pourrait s'en prendre à nous de toutes les façons possibles, saisissant nos châteaux, nos terres et nos biens jusqu'à ce qu'ils obtiennent réparation. Seules notre personne, celle de la reine et celles de nos proches seraient épargnées. Une fois restitution obtenue, tout rentrerait dans l'ordre ; quiconque adopterait ces mesures devrait le faire en accord avec les vingt-cinq barons, afin de nous poursuivre par tous les moyens. Nous autorisons tous les serments s'y rapportant. Nous n'interdirons jamais à personne de prêter ce serment. Mais nous déclarons expressément que tous ceux qui hésiteraient à prêter serment aux vingt-cinq barons contre nous, devraient le faire. Si l'un ou l'autre des vingt-cinq en venait à trépasser, sortir du pays, ou s'il se trou-

vait empêché de quelque façon d'accomplir son devoir, le restant des vingt-cinq pourrait en élire un autre selon son gré, et ce dernier prêterait serment de la même façon que les autres. En cas de désaccord entre les vingt-cinq barons, ou si certains d'entre eux émettaient des avis différents sur un sujet quelconque ou, après avoir été convoqué, ne voulaient pas ou ne pouvaient pas être présents, la majorité des présents jugerait de façon aussi péremptoire que si les vingt-cinq avaient été d'accord. Et les susdits vingt-cinq jureront d'observer et de faire observer fidèlement, de tous leurs pouvoirs, tous les principes indiqués. Et nous n'obtiendrons jamais de quiconque, en notre nom ou par l'intermédiaire d'un autre, quoi que ce soit qui pourrait attenter à ces droits et libertés. Et si une telle révocation ou une telle abrogation se produisait, elle serait considérée comme nulle et non avenue. Et nous ne saurions en faire usage, ni par nous-même, ni par quelque intermédiaire.

(62) À tous nous avons pleinement remis leurs fautes et pardonné la mauvaise volonté, la rancœur et les ressentiments qui ont surgi entre nous et nos sujets, clercs et laïcs, depuis le début des troubles. De plus, nous remettons et pardonnons, pour ce qui est de notre pouvoir, toutes les offenses nous concernant et qui ont été occasionnés par ces troubles, tant du côté du clergé que des laïcs, depuis la Pâque de la seizième année de notre règne jusqu'à la conclusion de la paix. Et, de plus, nous demandons au seigneur Étienne, archevêque de Cantorbéry, au seigneur Henry, archevêque de Dublin, aux susdits évêques, et à maître Pandolphe [6] de se montrer garants de notre décision par des lettres patentes, enregistrant nos garanties et concessions.

(63) Aussi nous décrétons et ordonnons fermement que l'Église d'Angleterre est libre et que les hommes de notre royaume pourront jouir librement et paisiblement de la totalité des susdites libertés, droits et concessions, tout comme leurs héritiers, en tous temps et en tous lieux. Nous nous y engageons, nous et nos héritiers. Nous jurons également, nous et nos barons, que toutes ces conditions seront observées de bonne foi, et sans mauvaises intentions.

Donné de notre main, en présence des susdits témoins et de plusieurs autres, au lieu dit Runnymede, entre Windsor et Staines, le 15e jour de juin [1215], la 17e année de notre règne.

Annexe V

LE *BILL OF RIGHTS*, 1689 (EXTRAITS)

Source : *HRU*, pp. 157-158. (C'est nous qui traduisons.)

Assemblés à Westminster, les lords spirituels et temporels et les communes représentant légalement, pleinement et librement toutes les états du peuple de ce royaume ont, le 13 février de l'an de grâce 1688, présenté à leurs Majestés, alors désignées et connues sous les noms de Guillaume et Marie, prince et princesse d'Orange, une déclaration par écrit, dont les termes s'ensuivent [...]

Considérant que le dernier roi Jacques II avait abdiqué le gouvernement et que le trône était par là même vacant, son Altesse le prince d'Orange, choisi par le Dieu Tout-Puissant pour devenir le glorieux instrument chargé de délivrer ce royaume du papisme et du pouvoir arbitraire, a selon le conseil des lords spirituels et temporels et de plusieurs membres des communes adressé un avis aux lords spirituels et temporels de religion protestante et aux différents comtés, cités, universités, villes et aux cinq-ports, pour qu'ils choisissent des représentants, aptes à siéger dans le Parlement appelé à s'assembler à Westminster, le 22e jour de janvier 1689, afin de défendre la religion, les lois et les libertés du royaume contre toute tentative de subversion; lesdites élections ayant bien eu lieu et lesdits lords spirituels et temporels, et les communes s'étant aujourd'hui assemblés pour représenter pleinement et librement la Nation, ils considèrent les meilleurs moyens d'atteindre le but susdit, et déclarent, comme leurs ancêtres l'ont toujours fait avant eux, que pour défendre leurs anciens droits et libertés, il est arrêté :

1°, que le prétendu pouvoir de suspendre les lois ou leur application par autorité royale, sans le consentement du parlement, est illégal;

2°, que le prétendu pouvoir de dispenser des lois ou de leur application par autorité royale, comme on a récemment tenté de le faire, est illégal ;

3°, que la commission des affaires ecclésiastiques, ou toute autre commission de même nature, sont illégales et pernicieuses ;

4°, qu'il est illégal d'invoquer la prérogative royale pour lever des impôts à l'usage de la Couronne, sans le consentement du parlement, ou de continuer à le faire sans son accord et selon des modalités différentes de celles qui ont été prescrites ;

5°, que tous les sujets ont le droit d'adresser des placets au roi, et il est illégal de poursuivre ceux qui usent de ce droit ;

6°, qu'il est contraire à la loi de lever ou d'entretenir une armée permanente en temps de paix, à moins que le parlement ait donné son assentiment ;

7°, que les sujets protestants peuvent avoir des armes pour se défendre, à condition qu'elles soient conformes à leur condition sociale et n'enfreignent pas la loi ;

8°, que l'élection des membres du parlement doit être libre ;

9°, que la liberté de parole et de débat au parlement ne saurait être remise en cause par une autre juridiction que celle du parlement lui-même ;

10°, que l'on ne devra imposer ni cautions ni amendes excessives, et que les châtiments cruels ou inhabituels seront prohibés ;

11°, que les jurys seront constitués normalement lors des procès, et que nul ne sera juré s'il n'est propriétaire ;

12°, que toutes les amendes et confiscations précédant un jugement sont nulles et illégales ;

13°, que des parlements seront convoqués régulièrement afin de corriger tous les abus et d'amender, renforcer ou préserver les lois.

Annexe VI

L'ANTILIBÉRALISME AUX ORIGINES DE L'ANGLOPHOBIE

Source : A.-A. Ledru-Rollin, *De la décadence de l'Angleterre*, Paris, Escudier frères, 1850, I, pp. 10-11.

Ainsi le monopole des capitaux fait ici le jeu du privilège féodal dans la production agricole ; il aspire toute la richesse de l'industrie, du commerce et des manufactures, comme le droit du fief aspire tous les sucs du domaine terrien et toutes les sueurs de ses prolétaires : des deux côtés, partout et toujours, c'est Shylock, grand seigneur ou bourgeois, qui suce le sang des travailleurs.

Qu'on ne se révolte point à cette comparaison qu'on retrouvera mille fois plus énergique dans l'enquête, quand je ferai la preuve de cette terrible institution de la faim, organisée dans les industries comme dans les terres ; car ici, je ne pose encore que les faits et les problèmes.

Voilà donc le résultat suprême de ce grand système de l'aristocratie britannique, de ce puissant mécanisme social, fondé sur le droit exorbitant de la terre, sur ce droit absolu de l'argent, deux privilèges inexorables, voyant s'agiter au-dessous d'eux des myriades de générations qui disparaissent dans le combat à mort d'une concurrence sans frein.

Et ce n'est pas seulement le prolétariat de l'Angleterre qui souffre de ce régime mis en œuvre par ses deux aristocraties ; non, la cupidité britannique a ses terres de plaisance, ses peuples vassaux, ses comptoirs dépendants, ses innombrables colonies au-delà des mers, et là ses lèvres avides épuisent avec fureur les trésors de la terre, les forces de l'homme, toutes les richesses de la nature et du travail, toutes les énergies du sang et du sol.

Depuis que la Grande-Bretagne a perdu l'Amérique, elle s'est jetée sur les Indes, qu'elle a saccagées en un siècle, et la voilà qui cherche maintenant à s'ouvrir les ressources d'un monde nouveau, la Chine ; car elle a stérilisé ses anciens domaines par la prodigalité de ses administrations et par la voracité de ses monopoles. Les colonies nous ruinent, s'écrie-t-on de toutes parts, il nous faut des marchés, il nous faut des débouchés, et non des royaumes mendiants à gouverner, à nourrir !

En effet, vos compagnies souveraines ont fait l'œuvre de la pompe à haute pression ; le travail de vos millions d'esclaves ne paye plus le budget de vos armées et de vos flottes ; tout est dévoré par vos états-majors de guerre et comptoir, par les chenilles maigres de votre arbre féodal, comme a dit un poète, par les cadets de vos deux noblesses. Mais qu'y faire ? C'est la loi fatale de l'aristocratie et du privilège, c'est le droit anglais qui le veut ainsi.

Et que deviendraient les déshérités de vos familles patriciennes, que deviendraient les fils de vos riches juiveries bourgeoises, s'il n'y avait plus, là-bas, de forteresse à garder, d'administrations à conduire, de tributs à lever, de populations à tenir asservies, s'il n'y avait plus de fonctionnaires civils ou politiques, de capitaines de place ou de haut-bord, de nababs et de gouverneurs ?

GÉNÉALOGIES ROYALES

MAISON DES NORMANDS ET DES PLANTAGENÊTS

- Guillaume Ier († 1087)
  - Robert Courteheuse
  - Guillaume II († 1100)
  - Henry Ier († 1135)
    - Mathilde = Geoffroy Plantagenêt
      - Henry II († 1189)
        - Richard Cœur de Lion (1189)
        - Jean sans Terre († 1216)
          - Henry III († 1272)
            - Édouard Ier († 1307)
              - Édouard II († 1327)
                - Édouard III († 1377)
                  - Édouard, Prince Noir
                    - Richard II (dép. 1399)
  - Adèle
    - Étienne († 1154)

MAISON D'YORK ET DE LANCASTRE

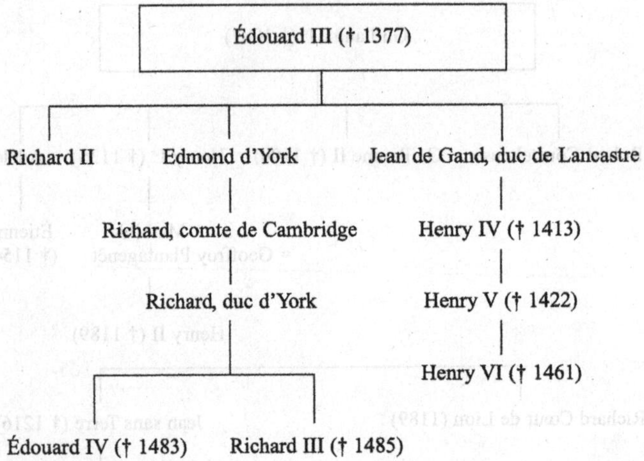

MAISON DES TUDORS

Henry VII († 1509) = Élisabeth d'York

Henry VIII († 1547)

Édouard VI († 1553) Mary Ire († 1558) Élisabeth Ire († 1603)

MAISON DES STUARTS

Jacques Ier († 1625)

Charles Ier († 1649)

Interrègne

Charles II († 1685) Jacques II († 1701)

Guillaume († 1702) = Marie Anne († 1714) Jacques-Édouard († 1765)

Charles-Édouard († 1778)

MAISON DE HANOVRE ET DE SAXE-COBOURG (WINDSOR)

George Ier († 1727)

George II († 1760)

Frédéric, prince de Galles († 1751)

George III († 1820)

George IV († 1830) Guillaume IV († 1837) Édouard, duc de Kent († 1829)

Victoria († 1901)

Édouard VII († 1910)

George V († 1936)

Édouard VIII (abd. 1936) George VI († 1952)

Élisabeth II

CHRONOLOGIE

1066 : invasion normande.
1087 : mort de Guillaume le Conquérant.
1135 : disparition d'Henry Ier. Anarchie féodale.
1154 : arrivée sur le trône d'Henry II Plantagenêt.
1170 : meurtre de Thomas Becket à Cantorbéry.
1171 : début de la conquête de l'Irlande.
1189 : sacre de Richard Cœur de Lion à Westminster.
1204 : perte de la Normandie par Jean sans Terre.
1214 : victoire française de Bouvines.
1215 : Grande Charte.
1217 : défaite de Louis de France en Angleterre.
1265 : réunion du parlement incluant des représentants des villes et des comtés.
1284 : division du pays de Galles en comtés et extension de la *common law*.
1327 : déposition d'Édouard II.
1337-1453 : guerre de Cent Ans.
1340 : Édouard III se proclame roi de France, depuis Gand.
1346 : désastre de Crécy.
1347 : reddition de Calais.
1348 : arrivée de la peste noire en Angleterre.
1356 : défaite française de Poitiers.
1370 : sac de Limoges par le Prince Noir.
1381 : révolte de Wat Tyler.
1384 : mort de Wycliffe.
1395 : « Douze Conclusions » des lollards.
1399 : abdication de Richard II, remplacé par Henry de Lancastre sous le nom d'Henry IV.
1401 : Acte *De Haeretico Comburendo*.
1415 : bataille d'Azincourt.
1420 : traité de Troyes livrant la France aux Anglais.
1453 : reconquête de la Guyenne par les Français.
1455-1485 : guerre des Deux-Roses.

1485 : bataille de Bosworth. Henry VII Tudor devient roi.
1516 : *Utopie* de Thomas More.
1520 : Camp du Drap d'or.
1533 : naissance de la future reine Élisabeth.
1534 : Acte de suprématie.
1536 : annexion du pays de Galles.
1541 : les rois d'Angleterre deviennent rois d'Irlande.
1547 : Disparition d'Henry VIII, arrivée sur le trône d'Édouard VI.
1549 : premier Acte d'uniformité.
1552 : second Acte d'uniformité.
1553-1558 : règne de Mary Tudor. Retour du catholicisme.
1558 : perte de Calais par l'Angleterre.
1558-1603 : règne d'Élisabeth Ire.
1559 : Actes de suprématie et d'uniformité.
1587 : exécution de Mary Stuart.
1588 : défaite de l'Invincible Armada.
1603 : arrivée sur le trône de Jacques VI d'Écosse, devenu Jacques Ier d'Angleterre.
1620 : arrivée des Pères pèlerins en Amérique.
1642-1660 : première révolution anglaise.
1649 : exécution de Charles Ier. Proclamation de la république.
1653 : protectorat d'Oliver Cromwell.
1660 : Restauration des Stuarts.
1688-1689 : Glorious Revolution.
1689 : Guillaume d'Orange et Mary, roi et reine d'Angleterre.
1701 : *Act of Settlement.*
1707 : Acte d'union avec l'Écosse.
1713 : traité d'Utrecht mettant un terme à la guerre de la Succession d'Espagne.
1715 : mort de la reine Anne. Couronnement de George Ier de Hanovre.
1720-1742 : ministère de Robert Walpole.
1738 : conversion de John Wesley.
1745 : rébellion jacobite en Écosse.
1760-1820 : règne de George III.
1776 : déclaration d'Indépendance américaine.
1793 : guerre avec la France révolutionnaire.
1801 : Acte d'union avec l'Irlande.
1815 : bataille de Waterloo.
1832 : *Great Reform Act.*
1837-1901 : règne de la reine Victoria.
1845 : famine d'Irlande.
1846 : abolition des *Corn Laws.*
1867 : extension du droit de vote par Disraeli.
1868 : création du *Trade Unions Congress.*

1898 : incident de Fachoda mettant aux prises l'Angleterre et la France, au Soudan.
1899-1902 : guerre contre les Boers.
1904 : Entente cordiale.
1909 : « budget du peuple » de Lloyd George.
1911 : Parliament Act réduisant les pouvoirs de la Chambre des lords.
1914-1918 : Première Guerre mondiale.
1916 : soulèvement de Dublin.
1922 : naissance de l'État libre d'Irlande.
1924 : ministère du travailliste MacDonald. Fausse lettre de Zinoviev.
1938 : accords de Munich.
1939-1945 : Seconde Guerre mondiale.
1956 : offensive franco-britannique sur le canal de Suez.
1960 : discours de Macmillan, au Cap, sur la décolonisation.
1972 : adhésion de la Grande-Bretagne à la Communauté économique européenne.
1978-1979 : hiver de tous les mécontentements.
1979-1990 : Mrs Thatcher, premier ministre.
1998 : dévolutions galloise et écossaise.
2014 : référendum sur le maintien de l'Écosse dans le Royaume-Uni.
2019 : référendum sur la sortie du Royaume-Uni de l'Union européenne.

BIBLIOGRAPHIE

Ouvrages généraux

ALBERIGO (Giuseppe) (éd.), *Les Conciles œcuméniques*, Paris, Le Cerf, 1994, 3 vol.

AUGUSTIN (saint), *La Cité de Dieu*, Paris, Gallimard, « Pléiade », 2000.

BARBER (N.W.), « Sovereigny Re-examined : The Courts, Parliament, and Statutes », *Oxford Journal of Legal Studies*, 20 (2000), pp. 131-154.

BECKETT (J.C.), *The Making of Modern Ireland* (1966), Londres, Faber & Faber, 1981.

BÉDARIDA (François), GENET (Jean-Philippe), *Histoire de la Grande-Bretagne*, Paris, Larousse, 1978.

BLACK (Jeremy), *A History of the British Isles*, Basingstoke, Palgrave, 2003.

BLACKSTONE (William), *Commentaries on the Laws of England* (1765-1769), Chicago, Chicago University Press, 1979, 4 vol.

BLAICHER (Günther), *Merry England. Zur Bedeutung und Funktion eines englischen Autosterotyps*, Tübingen, G. Narr, 2000.

BLAKE (Robert) (éd.), *The English World : History, Character and People*, Londres, Thames & Hudson, 1982.

BRIDGE (Carl), FEDOROWICH (Kent) (éd.), *The British World : Diaspora, Culture, and Identity*, Londres, F. Cass, 2003.

BURGUIÈRE (André) (éd.), *Dictionnaire des sciences historiques*, Paris, PUF, 1986.

CHANDLER (John), COLLOMP (Catherine), COTTRET (Bernard), LEDRU (Raymond), SAVIN (Ada), *Histoire de l'Amérique du Nord. Une anthologie*, Montreuil, Bréal, 2001.

CHASSAIGNE (Philippe), *Histoire de l'Angleterre des origines à nos jours*, Paris, Flammarion, « Champs », 2001.

COBBETT (William) (éd.), *The Parliamentary History of England,* Londres, T.C. Hansard, 1806-1820, 36 vol.

COOK (Chris), STEVENSON (John), *The Longman Handbook of Modern British History*, Londres, Longman, 1983.

COTTRET (Bernard), HEARN (Michael), LEMOSSE (Michel), MIOCHE (Antoine), *Histoire du Royaume-Uni. Une anthologie*, Montreuil, Bréal, 2000.

CURTIS (Edmund), MCDOWELL (R.B.), *Irish Historical Documents 1172-1922*, Londres, Methuen, 1943.

DAVIES (Norman), *The Isles : A History*, Basingstoke, Macmillan, 1999.

DOUGLAS (David C.) *et al.*, *English Historical Documents*, Londres, Methuen, 1955-1981, 10 vol. parus.

DUCHEIN (Michel), *Histoire de l'Écosse*, Paris, Fayard, 1998.

DURAND (David), DUPARD, *Histoire d'Angleterre de M. de Rapin Thoyras, continuée jusqu'à l'avènement de George I à la Couronne La Haye*, J. Van Duren, P. de Hondt, 1735-1736, 13 vol.

FOSTER (R.F.), *Modern Ireland*, Londres, Allen Lane, 1988.

FURET (François), *La Gauche et la Révolution au milieu du* XIX*e siècle*, Paris, Hachette, 1986.

GILLE (Bertrand) (éd.), *Histoire des techniques*, Paris, Gallimard, « Pléiade », 1978.

GRANT (Charles), STRINGER (Keith J.), *Uniting the Kingdom ? The Making of British History*, Londres, Routledge, 1995.

GURY (Jacques) (éd.), *Le Voyage outre-Manche*, Paris, R. Laffont, 1999.

HECHTER (Michael), *Internal Colonialism. The Celtic Fringe*, Berkeley, University of California Press, 1982.

HÉRITIER (Françoise), *Masculin / Féminin*, Paris, Odile Jacob, 1996.

HÉRITIER (Françoise), *Masculin / Féminin II*, Paris, Odile Jacob, 2002.

HUME (David), *The History of England*, Indianapolis, Liberty Classics, 1983, 6 vol.

IZARD (Michel), SMITH (Pierre) (éd.), *La Fonction symbolique*, Paris, Gallimard, 1979.

KAYE (Harvey J.), *The British Marxist Historians*, Cambridge, Polity Press, 1984.

KEARNEY (Hugh), *The British Isles. À History of Four Nations*, Cambridge, Cambridge University Press, 1989.

KEYNES (John Maynard), *The Collected Writings*, Londres, Macmillan, 1971-1990, 30 vol.

KUHN (Ortwin) (éd.), *Größritannien und Deutschland. Festschrift für J.W.P. Bourke*, Munich, W. Goldmann, 1974.

LE BRETON (Guillaume), *La Philippide*, Paris, Brière, 1825.

LES CAHIERS DE L'IDIM REVISITÉS, *Les Îles malgré l'Europe*, Bastia, Materia Scritta, 2006.

LOUIS (William Roger) (éd.), *The Oxford History of the British Empire*, Oxford, Oxford University Press, 1998-1999, 5 vol.

LÜTHY (Herbert), *Werke*, Zurich, Neue Zürcher Zeitung, 2003 – , 7 vol. prévus.

MAITLAND (Frederic William), *The Constitutional History of England*, Cambridge, Cambridge University Press, (1908), 1977.

MAITLAND (Frederic William), *Collected Papers*, (éd.) H.A.L. Fisher, Cambridge, Cambridge University Press, 1911, Online Library, 3 vol.

MARX (Karl) *Œuvres*, (éd.) M. Rubel, Paris, Gallimard, « Pléiade », 1965-1968, 2 vol.

MARX (Karl), ENGELS, Friedrich, *Collected Works*, Londres, Lawrence & Wishart, 1975-2005, 50 vol.

MARX (Roland), *Histoire de la Grande-Bretagne*, Paris, A. Colin, 1980, 1992.

MARX (Roland), *Histoire de l'Angleterre*, Paris, Fayard, 1993.

MAUROIS (André), *Histoire d'Angleterre*, Paris, Fayard, 1978.

MICHELET (Jules), *Histoire de France*, Lausanne, Éditions Rencontre, 1965-1966, 12 vol.

MIOCHE (Antoine), *Les Grandes Dates de l'histoire britannique*, Paris, Hachette, 2003.

MORGAN (Kenneth Owen) (éd.), *Histoire de la Grande-Bretagne*, Paris, A. Colin, 1985.

MORVAN (Alain), GOURNAY (Jean-François), LESSAY (Franck), *Histoire des idées dans les îles Britanniques*, Paris, PUF, 1996.

NIEDHART (Gottfried) (éd.), *Das kontinentale Europa und die britischen Inseln*, Mannheim, Palatium Verlag, 1993.

ORLÉANS (Père d'), *Histoire des révolutions d'Angleterre* (1693), La Haye, I. Van der Kloot, 1729.

POCOCK (John Greville Agard), « The Limits and Divisions of British History », *American Historical Review*, 87 (1982), pp. 311-336.

RAPIN DE THOYRAS (Paul), *Histoire d'Angleterre*, La Haye, A. de Rogissart, 1724-1727, 10 vol.

SCHRAMM (Percy Ernst), *A History of the English Coronation*, (éd.) L.G.Wickham Legg, Oxford, Clarendon Press, 1937.

SELLAR (W.C.), YEATMAN (R.J.), *1066 and All That*, Londres, Methuen, 1930 (sur le mode parodique).

TAINE (Hippolyte Adolphe), *Histoire de la littérature anglaise*, Paris, Hachette, 1866-1878, 5 vol.

VOLTAIRE, *Œuvres complètes*, Paris, Garnier, 1883-1885, 52 vol.

Le Moyen Âge, 1066-1485

ABERTH (John), *From the Brink of the Apocalypse*, Londres, Routledge, 2001.

AINSWORTH (Peter F.), *Jean Froissart and the Fabric of History*, Oxford, Clarendon Press, 1990.

ALEMANY (Véronique), COTTRET (Bernard), COTTRET (Monique) (éd.), *Saintes ou sorcières ? L'héroïsme chrétien au féminin*, Paris, Éditions de Paris, 2006.

Anglo-Saxon Chronicle, The, (éd.) G.N. Garmonsway, Londres, Dent, 1953.

APPLEBY (John T.), *England without Richard, 1189-1199*, Londres, G. Bell, 1965.

AUBÉ (Pierre), *Thomas Becket*, Paris, Fayard, 1988.

AURELL (Martin), *L'Empire des Plantagenêts 1154-1224*, Paris, Perrin, 2003.

BACQUET Gérard, *Azincourt*, Bellegarde, Scop-Sadag, 1977.

BALE (John), *A brefe chronycle concernynge the examinacyon and death of the blessed martyr of Christ syr Iohan Oldecastell the lorde Cobham*, Anvers, 1544.

BARLOW (Frank), *The Feudal Kingdom of England, 1042-1216*, Londres, Longman, 1961.

BARLOW (Frank), *The English Church, 1000-1066*, Londres, Longman, 1963.

BARLOW (Frank), *The English Church, 1066-1154*, Londres, Longman, 1979.

BARLOW (Frank), *The Norman Conquest and Beyond*, Londres, Hambledon, 1983.

BARNAVI (Élie), « Mythes et réalité historique : le cas de la loi salique », *Histoire, économie et société*, 3 (1984), pp. 323-337.

BARTHÉLEMY (Dominique), *La mutation de l'an mil a-t-elle eu lieu ?*, Paris, Fayard, 1997.

BARTHÉLEMY (Dominique), *L'An mil et la paix de Dieu*, Paris, Fayard, 1999.

BARTHÉLEMY (Dominique), *Chevaliers et miracles. La violence et le sacré dans la société féodale*, Paris, A. Colin, 2004.

BARTLETT (Robert), *England under the Norman and Angevin Kings, 1075-1225*, Oxford, Clarendon Press, 2000.

BATES (David), CURRY (Anne) (éd.), *England and Normandy in the Middle Ages*, Londres, Hambledon Press, 1994.

BATES (David), *William the Conqueror*, Stroud, Tempus, 2001.

BATES (David), « 1066 : Does the Date still Matter ? », *Historical Research*, 78 (2005), pp. 443-464.

BAUERSCHMIDT (Frederick Christian), *Julian of Norwich and the Mystical Body Politic of Christ*, Notre Dame, Notre Dame University Press, 1999.

BEAUNE (Colette), *Naissance de la nation France*, Paris, Gallimard, 1985.

BEAUNE (Colette), *Jeanne d'Arc*, Paris, Perrin, 2004.

BÈDE LE VÉNÉRABLE, *Histoire ecclésiastique du peuple anglais*, Paris, Gallimard, 1995.

BELLAGUET (Louis-François), GUENÉE (Bernard) (éd.), *Chronique du religieux de Saint-Denys contenant le règne de Charles VI*, Paris, Éditions du comité des travaux historiques et scientifiques, 1994, 6 vol. en 3.

BÉMONT (Charles), *Simon de Montfort, comte de Leicester*, Paris, A. Picard, 1884.

BÉMONT (Charles), *Chartes des libertés anglaises (1100-1305)*, Paris, A. Picard, 1892.

BÉRIAC-LAINÉ (Françoise), GIVEN-WILSON (Chris), *Les Prisonniers de la bataille de Poitiers*, Paris, Champion, 2002.

BERINGTON (Joseph), *The History of the Reign of Henry II*, Bâle, Tourneisen, 1793, 3 vol.

BIDDICK (Kathleen A.), « The Historiographic Unconscious and the Return of Robin Hood », *The Salt of Common Life*, Kalamazoo, Western Michigan University, 1995, pp. 449-483.

BIDDICK (Kathleen A.), *The Shock of Medievalism*, Durham, Duke University Press, 1988.
BINGHAM (Caroline), *The Life and Times of Edward II*, Londres, Weidenfeld and Nicolson, 1973,
BISSON (Thomas N.), « The Feudal Revolution », *Past & Present*, n° 142 (1994), pp. 6-42.
BLETON-RUGET (Annie) *et al.* (éd.), *Georges Duby. Regards croisés sur l'œuvre. Femmes et féodalité*, Lyon, Presses universitaires, 2000.
BLOCH (Marc), *Les Rois thaumaturges* (1927), Paris, Gallimard, 1983.
BLOCH (Marc), *Seigneurie française et manoir anglais* (1936), Paris, A. Colin, « Cahier des Annales », 1967.
BLOCH (Marc), *La Société féodale* (1939), Paris, A. Michel, « L'évolution de l'humanité », 1994.
BOIS (Guy), *Crise du féodalisme*, Paris, Presses de la fondation nationale des sciences politiques, 1976.
BOIS (Guy), *La Mutation de l'an mil*, Paris, Fayard, 1989.
BOIS (Guy), *La Grande Dépression médiévale, XIVe et XVe siècles*, Paris, PUF, « Actuel Marx », 2000.
BOÜARD (Michel de), *Guillaume le Conquérant*, Paris, PUF, « Que sais-je ? », 1958.
BOÜARD (Michel de), *Guillaume le Conquérant*, Paris, Fayard, 1984.
BOUET (Pierre), GAZEAU (Véronique) (éd.), *La Normandie et l'Angleterre au Moyen Âge*, Caen, CRAHM, 2003.
BOUREAU (Alain), *La Loi du royaume. Les moines, le droit et la construction de la nation anglaise (XIe-XIIIe siècles)*, Paris, Les Belles Lettres, 2004.
BOUSSARD (Jacques(, *Le Comté d'Anjou sous Henri Plantagenêt et ses fils (1151-1204)*, Paris, H. Champion, 1938.
BRACTON (Henry), *Bracton on the Laws and Customs of England*, (éd.) G.E. Woodbine, S.E. Thorne, Cambridge, Mass, Harvard University Press, 1968-1977, 4 vol.
BRAND (Paul), *Kings, Barons and Justices. The Making and Enforcement of Legislation in Thirteenth-Century England*, Cambridge, Cambridge University Press, 2003.
BRUCE (Marie-Louise), *The Usurper King. Henry of Bolingbroke*, Londres, Rubicon, 1986.
CARPENTER (David Arscott), *The Minority of Henry III*, Berkeley, University of California Press, 1990.
CARPENTER (David Arscott), *The Reign of Henry III*, Londres, Hambledon Press, 1996.
CASSAGNES-BROUQUET (Sophie), *Histoire de l'Angleterre médiévale*, Ophrys, Gap, 2000.
CAXTON (William), *The cronycles of Englond*, Londres, 1482.
CHAMPION (Pierre), *Procès de condamnation de Jeanne d'Arc*, Genève, Slatkine, 1976, 2 vol. en 1.
CHAREYRON (Nicole), *Jean Le Bel*, Bruxelles, De Boeck, 1996.
CHARLES D'ORLÉANS *En la forêt de longue attente et autres poèmes*, Paris, Gallimard, 2001.

CHASSAIGNE (Philippe), GENET (Jean-Philippe) (éd.), *Droit et société en France et en Grande-Bretagne (XIIe-XXe siècles). Fonction, usage et représentations*, Paris, Publications de la Sorbonne, 2003.

CHAUOU (Amaury), *L'idéologie Plantagenêt. Royauté arthurienne et monarchie politique dans l'espace Plantagenêt (XIIe-XIIIe siècles)*, Rennes, Presses Universitaires de Rennes, 2001.

CHIBNALL (Marjorie), *Anglo-Norman England 1066-1166*, Oxford, B. Blackwell, 1986.

CHIBNALL (Marjorie), *The Debate on the Norman Conquest*, Manchester, Manchester University Press, 1999.

CHILDS (Wendy R.), TAYLOR (John) (éd.), *The Anonimalle Chronicle, 1307 to 1334*, Leeds, Yorkshire Archaeological Society, 1991.

CHRIMES (S.B.), *English Constitutional History*, Londres, Oxford University Press, 1949.

CHRIMES (S.B.), *An Introduction to the Administrative History of England*, Oxford, B. Blackwell, 1949.

CHURCH (S.D.) (éd.), *King John. New Interpretations*, Woodbridge, Boydell Press, 1999.

CLANCHY (M.T.), *From Memory to Written Record. England 1066-1307*, Londres, E. Arnold, 1979.

COHEN (Gustave), *La Grande Clarté du Moyen Âge* (1945), Paris, Gallimard, « Idées », 1967.

COLLINS (Hugh E.L.), *The Order of the Garter 1348-1461*, Oxford, Clarendon Press, 2000.

COMMYNES (Philippe de), *Mémoires*, (éd.) P. Contamine, Paris, Imprimerie nationale, 1994.

CONTAMINE (Philippe), *La Vie quotidienne pendant la guerre de Cent Ans*, Paris, Hachette, 1976.

CONTAMINE (Philippe) (éd.), *L'État et les aristocraties (France, Angleterre, Écosse), XIIe-XVIIe siècle*, Paris, Presses de l'ENS, 1989.

CONTAMINE (Philippe), GIRY-DELOISON (Charles), KEEN (Maurice H.) (éd.), *Guerre et société en France, en Angleterre et en Bourgogne XIVe-XVe siècle*, Villeneuve d'Ascq, Presses de l'Université Charles-de-Gaulle, 1991.

CONTAMINE (Philippe), BOMPAIRE (Marc), LEBECQ (Stéphane), SARRAZIN (Jean-Luc), *L'Économie médiévale*, Paris, A. Colin, 1997.

CONTAMINE (Philippe), *La Guerre au Moyen Âge*, Paris, PUF, « Nouvelle Clio », 1999.

CORLEY (Thomas Anthony Buchanan), « George Unwin : A Manchester Economic Historian Extraordinary », Reading, University of Reading, Centre for International Business History, *Discussion Paper* n° 435, 2002.

CORNETTE (Joël), *Histoire de la Bretagne et des Bretons*, Paris, Le Seuil, 2005.

COSS (Peter R.), « Bastard Feudalism Revised », *Past & Present*, n° 125 (1989), pp. 26-64.

COSS (Peter), *The Origins of the English Gentry*, Cambridge, Cambridge University Press, 2003.

Cronycles of the londe of Englond, Anvers, 1493.
CROUCH (David(, *William Marshal. Court, Career and Chivalry in the Angevin Empire 1147-1219*, Londres, Longman, 1990.
CURRY (Anne), HUGHES (Michael), *Arms, Armies and Fortifications in the Hundred Years War*, Woodbridge, Boydell Press, 1994.
CURRY (Anne), *The Hundred Years' War*, Oxford, Osprey, 2003.
DAVIS (Norman) (éd.), *Paston Letters and Papers of the Fifteenth Century*, Oxford, Clarendon Press, 1971-1976, 3 vol. Réédition, 2004.
Débat des hérauts d'armes de France et d'Angleterre (Le), (éd.) L. Pannier, P. Meyer, Paris, Firmin Didot, 1877.
DENHOLM-YOUNG (Noel) (éd.), *The Life of Edward the Second by the So-called Monk of Malmesbury*, Londres, Nelson, 1957.
DODD (Gwilym Dodd), BIGGS (Douglas) (éd.), *Henry IV : The Establishment of the Regime, 1399-1406*. Rochester, York Medieval Press, 2003.
DUBY (Georges), *Le Dimanche de Bouvines*, Paris, Gallimard, 1973.
DUBY (Georges), *Le Chevalier, la femme et le prêtre*, Paris, Hachette, 1981.
DUBY (Georges), *Guillaume le Maréchal ou le meilleur chevalier du monde*, Paris, Fayard, 1984.
DUBY (Georges), *Dames du XII*e *siècle*, Paris, Gallimard, 1995-1996, 3 vol.
DUBY (Georges), *Féodalité*, Paris, Gallimard, 1996.
DUGGAN (Anne), *Thomas Becket. À Textual History of his Letters*, Oxford, Clarendon Press, 1980.
ELIOT (Thomas Stearns,) *Meurtre dans la cathédrale*, (éd.) H. Fluchère (1946), Paris, Le Seuil, 1964.
FAVIER (Jean), *La Guerre de Cent Ans*, Paris, Fayard, 1980.
FAVIER (Jean), *Les Plantagenêts*, Paris, Fayard, 2004.
FEBVRE (Lucien), *Le Problème de l'incroyance au XVI*e *siècle* (1942), Paris, A. Michel, 1968.
FITZNIGEL (Richard), *Dialogus de Scaccario*, (éd.) C. Johnson, Oxford, Clarendon Press, « Oxford Medieval Texts », 1983.
FLEMING (Robert), *Kings and Lords in Conquest England*, Cambridge, Cambridge University Press, 1991.
FLETCHER (Christopher), « Manhood and Politics in the Reign of Richard II », *Past & Present*, n° 189 (2005), pp. 3-39.
FOREVILLE (Raymonde), *L'Église et la Royauté en Angleterre sous Henri II Plantagenêt (1154-1189)*, Paris, Bloud & Gay, 1943.
FORTESCUE (John), *De Laudibus Legum Angliae*, (éd.) J. Selden (1616), Londres, Abel Raper, 1660.
FOSSIER (Robert), *Enfance de l'Europe* (1982), Paris, PUF, « Nouvelle Clio », 1989, 2 vol.
FRAME (Robin), *The Political Development of the British Isles, 1100-1400*, Oxford, Oxford University Press, 1970.
FREEMAN (Edward) A., *History of the Norman Conquest*, Oxford, Clarendon Press, 1877-1879, 2e éd., 6 vol.
FROISSART (Jean), *Chroniques* (éd.) S. Luce, A. Mirot, Paris, Renouard et Klincksieck, 1869-1975, 15 vol.

GAIRDNER (James) (éd.), *Letters and Papers Illustrative of the Reigns of Richard III and Henry VII*, Londres, Green & Longman, 1861, 2 vol.

GALBRAITH (Vivian Hunter), *The Making of Domesday Book*, Oxford, Clarendon Press, 1961.

GALBRAITH (Vivian Hunter), *Domesday Book. Its Place in Administrative History*, Oxford, Clarendon Press, 1974.

GALBRAITH (Vivian Hunter), *Kings and Chroniclers. Essays in English Medieval History*, Londres, Hambledon Press, 1982.

GEE (Loveday Lewes), *Women, Art and Patronage from Henry II to Edward III 1216-1377*, Woodbridge, Boydell Press, 2002.

GENET (Jean-Philippe) (éd.), *Four English Political Tracts of the Later Middle Ages*, Londres, Royal Historical Society, « Camden Fourth Series 18 », 1977.

GENET (Jean-Philippe), « Féodalisme et naissance de l'État moderne », *Villes, bonnes villes, cités et capitales,* (éd.) M. Bourin, Caen, Paradigme, 1993, pp. 239-246.

GENET (Jean-Philippe), « La monarchie anglaise : une image brouillée », *Représentation, pouvoir et royauté à la fin du Moyen Âge*, (éd.) J. Blanchard, Paris, Picard, 1995, pp. 93-107.

GENET (Jean-Philippe), *La Genèse de l'État moderne. Culture et société politique en Angleterre*, Paris, PUF, 2003.

GENET (Jean-Philippe), *Les Îles Britanniques au Moyen Âge*, Paris, Hachette, 2005.

GEOFFREY LE BAKER *Chronicon Galfridi Le Baker,* (éd.) Edward Maunde Thompson, Oxford, Clarendon Press, 1889.

GERMAIN (Alexandre-Charles) (éd.), *Lettre de Manuel de Fiesque*, Montpellier, J. Martel aîné, 1878.

GILDAS LE SAGE *Vies et Œuvres,* (éd.) C. M.-J. Kerboul-Vilhon, Sautron, Éditions du Pontig, 1997.

GILLINGHAM (John), *Richard Cœur de Lion*, Paris, Noësis, 1996.

GLASSON (Ernest), *Histoire du droit et des institutions politiques, civiles et judiciaires de l'Angleterre*, Paris, A. Durand, 1882, 6 vol.

GOLDING (Brian), *Conquest and Colonisation : The Normans in Britain, 1066-1100*, Basingstoke, Palgrave, 2001.

GOODY (Jack), *L'Évolution de la famille et du mariage en Europe*, Paris, A. Colin, 1985.

Grande-Charte d'Angleterre (La), ouvrage précédé d'un précis historique et philosophique sur les révolutions de la Grande-Bretagne, suivi de la constitution des treize États-Unis de l'Amérique, Paris, Debarle, an II.

GRANSDEN (Antonia) (éd.), *The Chronicle of Bury St Edmunds, 1212-1301*, Londres, Nelson, 1964.

GRANSDEN (Antonia), *Historical Writing in England*, Ithaca, Cornell University Press, 1974-1982, 2 vol.

GRIFFITHS (Ralph A.), *The Reign of King Henry VI*, Londres, E. Benn, 1981.

GRIGSBY (John L.), LACY (Norris L.) (éd.), *The Vows of the Heron*, New York, Garland, 1992.

GROSJEAN (Georges), *Le Sentiment national dans la guerre de Cent Ans*, Paris, Bossard, 1927.

GROSS (Anthony), *The Dissolution of the Lancastrian Kingship. Sir John Fortescue and the Crisis of Monarchy in Fifteenth-Century England*, Stamford, P. Watkins, 1996.

GUENÉE (Bernard), *Histoire et culture historique dans l'Occident médiéval*, Paris, Aubier, 1980.

GUERREAU (Alain), *Le Féodalisme, un horizon théorique*, Paris, Le Sycomore, 1980.

GUERREAU (Alain), « Un tournant de l'historiographie médiévale », *Annales ESC*, 41 (1986), pp. 1161-1176.

GUILLAUME DE JUMIÈGES, *Histoire des Normands*, (éd.) F. Guizot, Paris, J.-L. Brière, 1826.

GUILLAUME DE JUMIÈGES, *Gesta Normannorum Ducum*, (éd.) E. Van Houts, Oxford, Clarendon Press, « Oxford Medieval Texts », 1992, 2 vol.

GUILLAUME DE POITIERS, *Histoire de Guillaume le Conquérant*, (éd.) R. Foreville, Paris, Les Belles Lettres, 1952.

GUY, Évêque d'Amiens, *Carmen de Hastingae Proelio*, (éd.) C. Morton, H. Muntz, Oxford, Clarendon Press, 1972.

GUY, Évêque d'Amiens, *The Carmen de Hastingae Proelio of Guy Bishop of Amiens*, (éd.) F. Barlow, Oxford, Clarendon Press, « Oxford Medieval Texts », 1999.

HALL (Edward), *The Union of the two noble and illustrate famelies of Lancastre and Yorke*, Londres, R. Grafton, 1548.

HALLIWELL (James Orchard) (éd.), *The Chronicle of William de Rishanger of the Barons' War. The Miracles of Simon de Montfort*, Londres, Camden Society, 1840.

HEWITT (Herbert James), *The Black Prince's Expedition of 1355-1357*, Manchester, Manchester University Press, 1958.

HEWITT (Herbert James), *The Organization of War under Edward III, 1338-1362*, Manchester, Manchester University Press, 1966.

HICKS (Michael), *Bastard Feudalism*, Londres, Longman, 1995.

HILL (Christopher), HOBSBAWM (Eric J.), POSTAN (Michael), *Histoire économique et sociale de la Grande-Bretagne*, Paris, Le Seuil, 1977, 2 vol.

HILTON (Rodney Howard) (éd.), *Peasants, Knights, and Heretics*, Cambridge, Cambridge University Press, 1976.

HILTON (Rodney Howard), *Les Mouvements paysans du Moyen Âge et la révolte anglaise de 1381*, Paris, Flammarion, 1979.

HILTON (Rodney), *The Transition from Feudalism to Capitalism*, Londres, New Left Books, 1976.

HILTON (Rodney), *Class Conflict and the Crisis of Feudalism*, Londres, Hambledon Press, 1985.

HINDE (Andrew), *England's Population. À History Since the Domesday Survey*, Londres, H. Arnold, 2003.

Historiens et chroniqueurs du Moyen Âge, Paris, Gallimard, « Pléiade », 1952.

HOLMES (George), *The Good Parliament*, Oxford, Clarendon Press, 1975.

HOLT (James C.), *The Northeners. À Study in the Reign of King John*, Oxford, Clarendon Press, 1961.

HOLT (James C.), *Magna Carta and Medieval Government*, Londres, Hambledon Press, 1985.

HOLT (James C.), *Magna Carta*, Cambridge, Cambridge University Press, 1992.

HOLT (James C.), *Colonial England, 1066-1215*, Londres, Hambledon Press, 1997.

HUDSON (John), *The Formation of the English Common Law. Law and Society in England from the Norman Conquest to Magna Carta*, Londres, Longman, 1996.

HUDSON (John) (éd.), *History of English Law. Centenary Essays on « Pollock and Maitland »*, Oxford, Oxford University Press, « Proceedings of the British Academy », nº 89, 1996.

HUIZINGA (Johan), *L'Automne du Moyen Âge*, Paris, Payot, 2002.

HUTCHISON (Harold F.), *The Hollow Crown. À Life of Richard II*, Londres, Eyre & Spottiswoode, 1961.

Istore et croniques de Flandres, Bruxelles, Hayez, 1879-1880, 2 vol.

JEAN LE BEL, *Chronique*, Paris, Champion, 1977.

JEAN DE SALISBURY, *Le Policratique*, (éd.) C. Bruckner, Genève, Droz, 1994.

JURIEU (Pierre), *La Politique du Clergé de France*, 1681.

KEEN (Maurice), *England in the Later Middle Ages*, Londres, Methuen, 1973.

KENDALL (Paul Murray), *Warwick, le faiseur de rois*, Paris, Fayard, 1981.

KENDALL (Paul Murray), *L'Angleterre au temps de la guerre des Deux-Roses*, Paris, Fayard, 1984.

KERN (Fritz), *Kingship and the Law in the Middle Ages*, Oxford, B. Blackwell, 1956.

KIBBEE (Douglas) A., *For to Speke Frenche Trewely*, Amsterdam, Philadelphie, J.Benjamins, 1991.

KINGSFORD (C.L.) (éd.), *The Song of Lewes*, Oxford, Clarendon Press, 1890.

KIRBY (John Lavan), *Henry IV of England*, Londres, Constable, 1970.

LECUPPRE (Gilles), *L'Imposture politique au Moyen Âge. La seconde vie des rois*, Paris, PUF, 2005.

LE GOFF (Jacques), *Saint Louis*, Paris, Gallimard, 1996.

LE GOFF (Jacques), *L'Europe est-elle née au Moyen Âge ?*, Paris, Le Seuil, 2003.

LEGOHÉREL, *Les Plantagenêts*, Paris, PUF, « Que sais-je ? », 1999.

LE PATOUREL, (John), *The Norman Empire*, Oxford, Clarendon Press, 1976.

LE PATOUREL, (John, *Feudal Empires. Norman and Plantagenet*, Londres, Hambledon Press, 1984.

LESSAY (Franck), « Joug normand et guerre des races : de l'effet de vérité au trompe-l'œil », *Cités* 2/2000, pp. 57-74.

Loyn (H.R.), *Anglo-Saxon England and the Norman Conquest*, Londres, Longman, 1962.

Lurbe (Pierre), « Le mythe de Robin des Bois », *Cités*, 2/2000, pp. 71-81.

Lurbe (Pierre), Burgess (Glenn), Lessay (Franck), Borot (Luc) (éd.), *Le Joug normand*, Caen, Presses Universitaires de Caen, 2004.

Macdougall (Norman), *An Antidote to the English : The Auld Alliance, 1295-1560*, East Linton, Tuckwell Press, 2001.

McFarlane (K.B.), « Bastard Feudalism », *Bulletin of the Institute of Historical Research*, 20 (1943-1945), pp. 161-180.

McKechnie (William Sharp), *Magna Carta*, Glasgow, MacLehose, 1914.

Maddicott (John Robert), « Magna Carta and the Local Community », *Past & Present* n° 102 (1984), pp. 25-65.

Maddicott (John Robert), *Simon de Montfort*, Cambridge, Cambridge University Press, 1994.

Magdinier (Louise) (éd.), *Le Livre de Margerie Kempe*, Paris, Le Cerf, 1989.

Malden (Henry Elliot) (éd.), *Magna Carta Commemoration Essays*, Londres, Royal Historical Society, 1917.

Matthew (Donald), *The English and the Community of Europe in the Thirteenth Century*, Reading, University of Reading, « Stenton Lectures », 1997.

Matthieu Paris, *Grande Chronique*, Paris, Paulin, 1841, 9 vol.

Matthieu Paris, *La Grande Chronique d'Angleterre*, Clermont-Ferrand, Paléo, 2001-2004, 5 vol.

Meyer (Paul) (éd.), *L'Histoire de Guillaume le Maréchal, comte de Striguil et de Pembroke, régent d'Angleterre de 1216 à 1219*, Paris, Renouard, « Société de l'histoire de France », 1891-1901, 3 vol.

Moeglin (Jean-Marie), *Les Bourgeois de Calais. Essai sur un mythe historique*, Paris, A. Michel, 2002.

Mortimer (Ian), *The Greatest Traitor : The Life of Sir Roger Mortimer*, Londres, Jonathan Cape, 2003.

Mortimer (Ian), « The Death of Edward II in Berkeley Castle », *English Historical Review*, 120 (2005), pp. 1175-1214).

Mortimer (Richard), *Angevin England, 1154-1258*, Oxford, Blackwell, 1994.

Mosse (Fernand), *Manuel de l'anglais du Moyen Âge*, Paris, Aubier-Montaigne, 1945-1959, 4 vol.

Munro (John H.A.), *Textiles, Towns and Trade : Essays in the Economic History of Late-Medieval England and the Low Countries*, Aldershot, Variorum, 1994.

Myres (J.L.N.), *The English Settlements*, Oxford, Clarendon Press, 1986.

Neillands (Robin), *The Hundred Years War*, Londres, Routledge, 1990.

Neveux (François), *L'Aventure des Normands, VIIIe-XIIIe siècle*, Paris, Perrin, 2006.

Orderic Vital, *Histoire de Normandie* (éd.) F. Guizot, Caen, Mancel, 1826, 4 vol.

Ormrod (William Mark), *The Reign of Edward III*, New Haven, Yale University Press, 1990.

ORMROD (William Mark), BARTA (János), « The Feudal Sructure and the Beginnings of State Finance », *Economic Systems and State Finance*, (éd.) R. Bonney, Oxford, Clarendon Press, 1995, pp. 53-79.

PAINTER (Sidney), *William Marshall, Knight-Errant, Baron, and Regent of England* (1933), Toronto, University of Toronto Press, 1982.

PALADILHE (Dominique), *La Bataille d'Azincourt : 25 octobre 1415*, Paris, Perrin, 2002.

PALMER (John Joseph Norman), « The Authorship, Date and Historical Value of the French Chronicles on the Lancastrian Revolution », *Bulletin of the John Rylands University Library of Manchester*, 61 (1978-1979), pp. 145-181 et pp. 398-421.

PETIT-DUTAILLIS (Charles), *Le Déshéritement de Jean sans Terre*, Paris, F. Alcan, 1925.

PETIT-DUTAILLIS (Charles), *La Monarchie féodale en France et en Angleterre (Xe-XIIIe siècle)* (1933), Paris, Albin Michel, « L'Évolution de l'Humanité », 1971.

PICOT (Georges), *Histoire des états généraux* (1872), Genève, Mégariotis Reprint, 1979, 4 vol.

PLUCKNETT (T.F.T.), *Edward I and Criminal Law*, Cambridge, Cambridge University Press, 1960.

POCOCK (John Greville Agard), *L'Ancienne Constitution et le droit féodal*, Paris, PUF, 2000.

POLLARD (Alfred William) (éd.), *Fifteenth Century Prose and Verse*, Westminster, Constable, 1903.

POLY (Jean-Pierre), BOURNAZEL (Éric), *La Mutation féodale, Xe-XIIe siècles* (1980), Paris, PUF, « Nouvelle Clio », 1991.

POLY (Jean-Pierre), *Le Chemin des amours barbares. Genèse médiévale de la sexualité européenne*, Paris, Perrin, 2003.

PONS (Nicole) (éd.), « L'honneur de la Couronne de France ». Quatre libelles contre les Anglais (v. 1418-v. 1429), Paris, Klincksieck, 1990.

POOLE (Austin Lane), *From Domesday Book to Magna Carta 1087-1216* (1951), Oxford, Clarendon Press, 1987.

POTTS (Cassandra), « *Atque unum ex diversis gentibus populum effecit* : Historical tradition and the Norman identity », *Anglo-Norman Studies*, 18 (1996), pp. 139-152.

POWER (Eileen), *The Wool Trade in English Medieval History* (1941), Westport, Greenwood Press, 1987.

POWICKE (Frederic Maurice), *King Henry III and the Lord Edward*, Oxford, 1947, 2 vol.

POWICKE (Frederic Maurice), *Stephen Langton*, Oxford, Clarendon, 1929.

POWICKE (Maurice), *The Thirteenth Century, 1216-1307*, Oxford, Clarendon Press, 1962.

PRESTWICH (John O.), « Anglo-Norman Feudalism and the Problem of Continuity », *Past & Present* nº 26 (1963), pp. 39-57.

PRESTWICH (Michael), *The Three Edwards. War and State in England 1272-1377* (1980), Londres, Routledge, 2001.

PRESTWICH (Michael), *Edward I*, Londres, Methuen, 1988.

PRESTWICH (Michael), *English Politics in the Thirteenth Century*, Londres, Macmillan, 1990.

PREVOST (abbé Antoine-François), *Histoire de Guillaume le Conquérant*, Paris, Prault fils, 1762.

PROCOPIUS, *History of the Wars*, Cambridge, Mass, Harvard University Press, 1992, 5 vol.

PRONAY (Nicholas), TAYLOR (John) (éd.), *Parliamentary Texts of the Later Middle Ages*, Oxford, Clarendon Press, 1980.

RAINE (James), *The Historians of the Church of York and its Archbishops*, Londres, Longman & Eyre, 1879-1894, 3 vol.

REES (David), *The Son of Prophecy : Henry Tudor's Road to Bosworth* (1985), Ruthin, J. Jones, 1997.

Rerum Britannicarum Medii Aevi Scriptores, (éd.) E.M. Thompson, Londres, Kraus Reprint, 1966, 98 vol.

RICHARDSON (Henry Gerald), SAYLES (George Osborne), « The Earliest Known Official Use of the Term « Parliament », *English Historical Review*, 82 (1967), pp. 747-750).

ROFFE (David), *Domesday. The Inquest and the Book*, Oxford, Oxford University Press, 2000.

ROGER DE WENDOVER, *Flowers of History* (éd.) J.A. Giles, Londres, G. Bohn, 1849, 2 vol.

ROUCHE (Michel), « Des mariages païens au mariage chrétien », *le Choc des cultures. Romanité, Germanité, Chrétienté durant le haut Moyen Âge*, Villeneuve d'Ascq, Septentrion, 2003, pp. 251-282.

ROUSSET (Camille), *La Grande Charte ou l'établissement du régime constitutionnel en Angleterre. Ouvrage revu par M. Guizot*, Paris, Hachette, « Bibliothèque des chemins de fer », 1853.

SALWAY (Peter), *Roman Britain*, Oxford, Oxford University Press, 1981.

SAUL (Nigel), *Medieval England*, Londres, Batsford, 1983.

SAYLES (George Osborne), *The Functions of the Medieval Parliament of England*, Londres, Hambledon Press, 1988.

SCHNERB (Bertrand), *L'État bourguignon, 1363-1477*, Paris, Perrin, 2005.

SCHRAMM (Percy Ernst), *A History of the English Coronation*, Oxford, Clarendon Press, 1937.

SEDAINE (Michel), *Richard Cœur de Lion*, Paris, Brunet, 1786.

SMITH (J. Beverley), « The Treaty of Lambeth, 1217 », *English Historical Review*, 94, 1979, pp. 562-579.

SPRY (J.H.), « A Brief Account of the Examination of the Tomb of Henry IV in the Cathedral of Canterbury, August 2l, 1832 », *Archeologia*, 26 (1836), pp. 440-445.

STACEY (Robert), *Politics, Policy and Finance under Henry III, 1216-1245*, Oxford, Clarendon Press, 1987.

STAFFORD (Pauline), *Unification and Conquest. À Political and Social History of England in the Tenth and Eleventh Centuries*, Londres, E. Arnold, 1989.

STAPLETON (Thomas) (éd.), *Cronica majorum et vicecomitum Londoniarum*, Londres, Camden Society, 1846.

STAUNTON (Michael), *The Lives of Thomas Becket*, Manchester, Manchester University Press, 2001.
STENTON (Frank), *et al.*, *The Bayeux Tapestry*, Londres, Phaidon Press, 1957.
STENTON (Frank), *The First Century of English Feudalism*, Oxford, Clarendon Press, 1961.
STENTON (Frank), *Anglo-Saxon England* (1943), Oxford, Clarendon Press, 1985.
STEVENSON (Joseph) (éd.), *Letters and Papers Illustrative of the Wars of the English in France during the reign of Henry VI, king of England*, Londres, Green & Longman, 1861, 3 vol.
STRICKLAND (Matthew), *War and Chivalry*, Cambridge, Cambridge University Press, 1996.
STRICKLAND (Matthew) (éd.), *Armies, Chivalry and Warfare in Medieval Britain and France*, Stamford, P. Watkins, 1998.
STROHM (Paul), *England's Empty Throne*, New Haven, Yale University Press, 1998.
SUMPTION (Jonathan), *The Hundred Years War*, Londres, Faber & Faber, 1990-1999, 2 vol.
TACITE, *Vie d'Agricola, La Germanie*, Paris, Les Belles Lettres, « Classiques en poche », 1997.
THEIS (Laurent), *L'Avènement d'Hugues Capet*, Paris, Gallimard, 1984.
THEIS (Laurent), *Histoire du Moyen Âge français. Chronologie commentée*, Paris, Perrin, 1992.
THEIS (Laurent), *Robert le Pieux*, Paris, Perrin, 1999.
THIERRY (Augustin), *Histoire de la conquête de l'Angleterre par les Normands* (1825-1830), Paris, Furne, 1860, 2 vol.
THIERRY (Augustin), *Vie et mort de T. Becket*, Paris, Table Ronde, 2002, p. 115.
THOMSON (John A.F.), *Towns and Townspeople in the Fifteenth Century*, Gloucester, A. Sutton, 1988.
TRAUTZ (Fritz), *Die Könige von England und das Reich 1272-1377*, Heidelberg, C. Winter, 1961.
TREHARNE (Reginald Francis) (éd.), *Documents of the Baronial Movement of Reform and Rebellion*, Oxford, Clarendon Press, 1973.
TREHARNE (Reginald Francis), *Simon de Montfort and Baronial Reform*, Londres, Hambledon Press, 1986.
TRONCHE (Nathalie), « Henry de Monmouth (1399-1413) », maîtrise d'histoire dirigée par F. Bériac, Université Michel de Montaigne-Bordeaux III, 1995.
TUCK (Anthony), *Crown and Nobility, 1272-1461*, Londres, Fontana, 1985.
TYERMAN (Christopher J.), *England and the Crusades,* Chicago, University of Chicago Press, 1988.
UNWIN (George) (éd.), *Finance and Trade under Edward III* (1918), New York, A. M. Kelley, 1965.
VALIN (Lucien), *Le Duc de Normandie et sa Cour*, Paris, Larose & Tenin, 1910.

VALENTE (Claire), « The Deposition and Abdication of Edward II », *English Historical Review*, 113 (1998), pp. 852-881.
VAN HOUTS (Elisabeth), « The Norman Conquest through European Eyes », *English Historical Review*, 110 (1995), pp. 832-853.
VAN HOUTS (Elisabeth), « The Memory of 1066 in Written and Oral Traditions », *Anglo-Norman Studies*, 19 (1997), pp. 167-180.
VERGIL (Polydore), *Anglica Historia, Books 23-25*, Londres, J. B. Nichols, 1846.
VINCENT (Nicholas), *Peter Des Roches. An Alien in English Politics, 1205-1238*, Cambridge, Cambridge University Press, 1996.
WALKER (Simon), *The Lancastrian Affinity 1361-1399*, Oxford, Clarendon Press, 1990.
WALTER OF COVENTRY, *The Historical Collections of Walter of Coventry* (éd.) William Stubbs, Londres, Longman, 1872-1873, 2 vol.
WARREN (Wilfrid Lewis), *Henry II*, Londres, Eyre Methuen, 1973.
WARREN (Wilfrid Lewis), *King John* (1961), Berkeley, University of California Press, 1978.
WARREN (Wilfrid Lewis), *The Governance of Norman and Angevin England 1086-1272*, Londres, E. Arnold, 1987.
WEILER (Björrn K.U.), ROWLANDS, Ifor W. (éd.), *England and Europe in the Reign of Henry III (1216-1272)*, Aldershot, Hants, Ashgate, 2002.
WILKINSON (Bertie), *The Constitutional History of England, 1216-1399*, Londres, Longmans, Green & Co, 1948-1958, 3 vol.
WILKINSON (Bertie), *Constitutional History of England in the Fifteenth Century*, Londres, Longman, 1964.
WILKINSON (Bertie), *The Later Middle Ages in England, 1216-1485*, Londres, Longman, 1969.
WILLIAMS (Benjamin) (éd.), *Chronicque de la traison et mort de Richard II roy d'Engleterre*, Londres, 1846.
WILSON (David Mackenzie), *The Anglo-Saxons*, Londres, Thames & Hudson, 1966.
WILSON (David Mackenzie), *La Tapisserie de Bayeux*, Paris, Flammarion, 2005.
WYCLIFFE (John), *Tracts and Treatises*, (éd.) R. Vaughan, Londres, Blackburn and Pardon, 1845.
ZINK (Michel), *Froissart et le temps*, Paris, PUF, 1998.
ZUMTHOR (Paul), *Guillaume le Conquérant*, Paris, Tallandier, 1978.

Les Temps modernes, 1485-1800

ABBADIE (Jacques), *Panégyrique de Marie Reine*, Londres, avril 1695.
ABBEY (Charles J.), OVERTON (John H.), *The English Church in the Eighteenth Century*, Londres, Longmans, Green & Co, 1896.
Admonition, An, to the Parliament, 1572.
ALFORD (Stephen), *Kingship and Politics in the Reign of Edward VI*, Cambridge, Cambridge University Press, 2002.

ANDERSON (Fred), *The War that Made America*, New York, Viking, 2005.
ARMITAGE (David) (éd.), *Theories of Empire, 1450-1800*, Aldershot, Ashgate, 1998.
ARMITAGE (David), *The Ideological Origins of the British Empire*, Cambridge, Cambridge University Press, 2000.
ARMITAGE (David), BRADDICK (Michael J.), *The British Atlantic world, 1500-1800*, Basingstoke, Palgrave, 2002.
ARMITAGE (David), *Greater Britain, 1516-1776 : Essays in Atlantic History*, Aldershot, Ashgate, 2004.
ARTHURSON (Ian), *The Perkin-Warbeck Conspiracy*, Stroud, A. Sutton, 1997.
AYLMER (John), *An harborowe for faithfull and trewe subiectes*, Strasbourg, J. Day, 1559.
BAKER (Keith Michael), *Au tribunal de l'opinion*, Paris, Payot, 1993.
BARANGER (Denis), *Parlementarisme des origines*, Paris, PUF, 1999.
BARIDON (Michel), *Edward Gibbon et le mythe de Rome*, Paris, Champion, 1977.
BARIDON (Michel), « Lumières et Enlightenment », *Dix-Huitième Siècle*, 10 (1978), pp. 45-69.
BARLOW (William), *The Summe and Substance of the Conference [...] at Hampton Court*, Londres, 1604.
BARLOW (William), *La Conference tenue à Hamptoncour*, Londres, R. Barker, 1604.
BAXTER (Stephen B.), *William III*, Londres, Longman, 1966.
BAYLY (C. A.), *Indian Society and the Making of the British Empire*, Cambridge, Cambridge University Press, « The New Cambrige History of India », 1988.
BEN ISRAEL (Menasseh), *Justice pour les juifs*, (éd.) L. Ifrah, Paris, Le Cerf, 1995.
BENNASSAR (Bartolomé), *Histoire des Espagnols*, Paris, Robert Laffont, 1992.
BICKHAM (Troy), *Savages within the Empire*, Oxford, Clarendon Press, 2005.
BIGAND (Karine), « L'insurrection catholique d'Irlande de 1641 », thèse dirigée par F. Lessay, Université de Paris III-Sorbonne nouvelle, 2004.
BIRKE (Adolf M.), KLUXEN (Kurt) (éd.), *Viktorianisches England in deutscher Perspektive,* Munich, K. G. Saur, 1983.
BIRKE (Adolf M.), KLUXEN (Kurt) (éd.), *England und Hannover*, Munich, K.G. Saur, 1986
BLACK (Jeremy) (éd.), *Britain in the Age of Walpole*, Londres, Macmillan, 1984.
BLACK (Jeremy), *British Foreign Policy in the Age of Walpole*, Édimbourg, J. Donald, 1985.
BLACK (Jeremy), *The British and the Grand Tour*, New York, St Martin's Press, 1985.
BLACK (Jeremy), *Natural and Necessary Enemies. Anglo-French Relations in the Eighteenth Century* Londres, Duckworth, 1986.

BLACK (Jeremy), *The Collapse of the Anglo-French Alliance, 1727-31*, Gloucester, A.Sutton, 1987.

BLACK (Jeremy), *The English Press in the Eighteenth Century*, Aldershot, Gregg Revivals, 1991.

BLACK (Jeremy), *Convergence or Divergence : Britain and the Continent*, Basingstoke, Macmillan, 1994.

BLACK (Jeremy), « Empire and Enlightenment in Edward Gibbon's Treatment of International Relations », *The International History Review*, 17 (1995), pp. 441-458.

BLACK (Jeremy), *America or Europe ? : British Foreign Policy, 1739-63*, Londres, UCL Press, 1998.

BLACK (Jeremy), *La Guerre au XVIIIe siècle*, Paris, Autrement, 2003.

BLACK (Jeremy), *Kings, Nobles and Commoners*, Londres, I.B. Tauris, 2004.

BLACK (Jeremy), *The British Seaborne Empire*, New Haven, Yale University Press, 2004.

BLACK (Jeremy), *The Hanoverians*, Londres, Hambledon, 2004.

BLACK (Jeremy), *The Continental Commitment : Britain, Hanover and Intervention 1714-1793*, Londres, Routledge, 2005.

BLOUNT (Thomas), *Nomolexicon : A Law Dictionary*, Londres, Herringman, 1691.

BODIN (Jean), *Les Six livres de la République*, Paris, J. Du Puys, 1577.

BONNET (Audrey), *Pocahontas, princesse des deux mondes*, Rennes, Les Perséides, « Le Monde atlantique », 2006.

BORE (Isabelle), « Vérité et liberté chez sir Thomas More, 1478-1535 », thèse dirigée par F. Lessay, Université de Paris III-Sorbonne nouvelle, 2004.

BOROT (Luc) (éd.), *James Harrington and the Notion of Commonwealth*, Montpellier, Publications de l'Université Paul-Valéry, 1998.

BOSSY (John), *The English Catholic Community 1570-1850*, Londres, Darton, Longman & Todd, 1975.

BOST (Hubert), *Pierre Bayle*, Paris, Fayard, 2006.

BOURDIN (Bernard), *La Genèse théologico-politique de l'État moderne*, Paris, PUF, 2004.

BRADFORD (William), *Histoire de la colonie de Plymouth* (éd.) L. Henneton *et al.*, Genève, Labor et Fides, 2004.

BRAY (Gerald) éd., *Documents of the English Reformation*, Cambridge, James Clark & Co, 1994.

BREWER (John Sherren), GAIRDNER (James), BRODIE (R.H.) (éd.), *Letters and Papers, Foreign and Domestic of the Reign of Henry VIII*, Londres, Green & Longman, 1862-1932, 21 tomes + *Addenda*, 35 vol.

BRUNDAGE (Anthony), *The English Poor Laws, 1700-1930*, Basingstoke, Palgrave, 2002.

BURKE (Edmund), *Appel des whigs modernes aux whigs anciens,* (éd.) N. Col, Rennes, Presses universitaires de Rennes, 1996.

BURKE (Edmund), *Réflexions sur la révolution en France*, Paris, Hachette, 1989.

BURKE (Edmund), *Reflections on the Revolution in France,* (éd.) J.C.D. Clark, Stanford, Stanford University Press, 2001.

BUSH (Michael Loccahee), *The Government Policy of Protector Somerset,* Londres, E. Arnold, 1975.

By the Quene. The Quenes Maiestie vnderstanding that there be certaine persons, hauing in times past the office of ministery in the churche, Londres, R. Jugge, 1558.

CALVIN (Jean), *Lettres françaises,* (éd.) J. Bonnet, Paris, C.Meyrueis, 1854, 2 vol.

CAMDEN (William), *Annales des choses qui se sont passees en Angleterre et Irlande soubs le regne de Elizabeth*, Londres, R. Field, 1624.

CAMDEN (William), *Annals, or, The historie of the most renowned and victorious princesse Elizabeth, late Queen of England*, Londres, T.Harper, B. Fisher, 1635.

CANNON (John Ashton), *Aristocratic Century : The Peerage of Eighteenth-Century England*, Cambridge, Cambridge University Press, 1987.

CANNY (Nicholas Patrick), *Kingdom and Colony. Ireland in the Atlantic World, 1560-1800*, Baltimore, Johns Hopkins University Press, 1988.

CANNY (Nicholas Patrick), *Making Ireland British, 1580-1560,* Oxford, Oxford University Press, 2001.

CARBONI (Pierre), « La culture des belles-lettres en Écosse après 1707 : du modèle de Cour à l'élitisme républicain », *XVII-XVII,* 46 (juin 1998), pp. 109-122.

CARILE (Sergio), *I Metodisti nell'Inghilterra della Rivoluzione industriale*, Turin, Claudiana, 1989.

CARLES (Lancelot de), *Épistre contenant le procès criminel faict à l'encontre de la royne Anne Boullant d'Angleterre*, Lyon, 1545.

CAZENOVE (Raoul de), *Rapin-Thoyras*, Paris, A. Aubry, 1866.

CHARLES Ier, *His Majesties Most Gracious Declaration, Left by Him at Hampton-Court, 11 nov. 1647*, Londres, R. Royston, 1647.

CHARLES Ier, *His Maiesties reason vvhy he cannot in conscience consent to abolish the Episcopall government*, Londres, W. Wilson, 1648.

CHARLES Ier, *Eikon basiliké*, Londres, 1649.

CHAUNU (Pierre), *Le Temps des Réformes*, Paris, Fayard, 1975.

CHAUNU (Pierre), *La Civilisation de l'Europe des Lumières* (1971), Paris, Flammarion, 1982.

CHEKE (John), *The hurt of sedicion*, Londres, J. Day, 1549.

CHILDS (John), *The British Army of William III, 1689-1702*, Manchester, Manchester University Press, 1987.

CHRIMES (S.B.), *Henry VII*, New Haven, Yale University Press, 1999.

CHRISTIN (Olivier), *La Paix de religion*, Paris, Le Seuil, 1997.

CLARK (Anna), « The Chevalier d'Eon and Wilkes : Masculinity an Politics in the Eighteenth Century », *Eighteenth-Century Studies*, 32-1 (1998), pp. 19-48.

CLARK (Jonathan Charles Douglas), « A General Theory of Party, Opposition and Government 1688-1832 », *History Journal,* 23 (1980), pp. 295-325.

CLARK (Jonathan Charles Douglas), *Revolution and Rebellion*, Cambridge, Cambridge University Press, 1986.

CLARK (Jonathan Charles Douglas), *English Society 1660-1832*, Cambridge, Cambridge University Press, 2000.

CLARK (Jonathan Charles Douglas), ERSKINE-HILL, Howard (éd.), *Samuel Johnson in Historical Context*, Basingstoke. Palgrave, 2002.

CLARK (Peter), SMITH (Alan G.R.), TYACKE (Nicholas) (éd.), *The English Commonwealth 1547-1640*, Leicester, Leicester University Press, 1979.

COL (Norbert), *Burke, le contrat social et les révolutions*, Rennes, Presses universitaires de Rennes, 2001.

COLLEY (Linda), *In Defiance of Oligarchy. The Tory Party 1714-1760*, Cambridge, Cambridge University Press, 1982.

COLLEY (Linda), « The Apotheosis of George III », *Past & Present*, n° 102 (1984), pp. 94-129.

COLLEY (Linda), *Britons : Forging the Nation 1707-1837* (1992), New Haven, Yale University Press, 2005.

COLLEY (Linda), *Captives : Britain, Empire and the World 1600-1850*, Londres, Jonathan Cape, 2002.

COLLIER (John Payne) (éd.), *Bull of Pope Innocent VIII*, Londres, Camden Society, 1847.

COLLINSON (Patrick), *The Elizabethan Puritan Movement* (1967), Oxford, Clarendon Press, 1990.

COLLINSON (Patrick), *Archbishop Grindal, 1519-1583*, Londres, Jonathan Cape, 1979.

COLLINSON (Patrick), *The Religion of Protestants*, Oxford, Clarendon Press, 1982.

COLLINSON (Patrick), *Godly People*, Londres, Hambledon Press, 1983.

COLLINSON (Patrick), *The Birthpangs of Protestant England*, Londres, Macmillan, 1989.

COLLINSON (Patrick), « Elizabeth I and the Verdicts of History », *Historical Research*, 2003 (76), pp. 469-491.

CONLIN (Jonathan), « Wilkes, the Chevalier D'Eon and 'the Dregs of Liberty' : An Anglo-French Perspective », *English Historical Review*, 2005 (120), pp. 1251-1288.

CONSTANT (Gustave), *La Réforme en Angleterre*, Paris, Perrin, 1930, 2 vol.

CORNWALL (Julian), *Revolt of the Peasantry 1549*, Londres, Routledge & Kegan, 1977.

CORP (Edward T.) (éd.), *L'Autre Exil*, Paris et Montpellier, Presses du Languedoc, 1993.

CORP (Edward T.), CRUICKSHANKS Eveline (éd.), *The Stuart Court in Exile and the Jacobites*, Londres, Hambledon Press, 1995.

CORP (Edward T.) (éd.), *A Court in Exile : The Stuarts in France, 1689-1718*, Cambridge, Cambridge University Press, 2003.

COTTRET (Bernard), « La France et l'Angleterre en 1665 », *Revue d'Histoire Moderne et Contemporaine*, 25 (1978), pp. 619-624.

COTTRET (Bernard), « Traducteurs et divulgateurs de la Réforme », *Revue d'Histoire Moderne et Contemporaine*, 28 (1981), pp. 464-480.

COTTRET (Bernard), « Diplomatie et éthique de l'État », *L'État baroque*, (éd.) H. Méchoulan, Paris, Vrin, 1985, pp. 221-242.

COTTRET (Bernard), « Le Roi, les Lords et les Communes », *Annales ESC*, 41 (1986), pp. 127-150.

COTTRET (Bernard), *Le Christ des Lumières. Jésus de Newton à Voltaire*, Paris, Le Cerf, 1990.

COTTRET (Bernard), « Les Fils des hommes », *Études Théologiques et Religieuse*, 67 (1991), pp. 43-66.

COTTRET (Bernard), COTTRET (Monique), « La sainteté de Jacques II ou les miracles d'un roi défunt », *Revue de la Bibliothèque Nationale*, 1992-4, pp. 22-31.

COTTRET (Bernard), MARTINET (Marie-Madeleine), *Partis et factions*, Paris, PUPS, 1991.

COTTRET (Bernard), *Cromwell*, Paris, Fayard, 1992.

COTTRET (Bernard), *Bolingbroke*, Paris, Klincksieck, 1992, 2 vol.

COTTRET (Bernard), GIRY-DELOISON (Charles), CRUICKSHANKS (Eveline), *Histoire des îles Britanniques, XVIe-XVIIIe siècles*, Paris, Nathan, 1994.

COTTRET (Bernard), VAN RUYMBEKE (Bertrand), « Le destin huguenot entre l'universel et le singulier », *L'Image de l'autre dans l'Europe du Nord-Ouest*, (éd.) J.-P. Jessenne, Lille, PUL, 1996, pp. 149-162.

COTTRET (Bernard), *Histoire d'Angleterre, XVIe-VIIIe siècles*, Paris, PUF, « Nouvelle Clio », 1996.

COTTRET (Bernard) (éd.), *Bolingbroke's Political Writings*, Basingstoke, Macmillan 1997.

COTTRET (Bernard), *1598, l'Édit de Nantes*, Paris, Perrin, 1997.

COTTRET (Bernard), *Histoire de la Réforme protestante*, Paris, Perrin, 2001.

COTTRET (Bernard) (éd.), *Du patriotisme aux nationalismes*, Paris, Créaphis, 2002,

COTTRET (Bernard), RAKOTO (André), « Le patriotisme dans tous ses états », *Revue des Deux Mondes*, février 2003, pp. 73-77.

COTTRET (Bernard), *Henri VIII*, Paris, Payot, 1999, rééd. 2005.

COTTRET (Monique), *La Bastille à prendre*, Paris, PUF, 1986.

COTTRET (Monique), COTTRET (Bernard), *J.-J. Rousseau en son temps*, Paris, Perrin, 2005.

COWELL (John), *Institutiones iuris Anglicani*, Cambridge, J. Legate, 1605.

COWELL (John), *The institutes of the lawes of England*, Londres, J. Ridley, 1651.

COWELL (John), *The interpreter*, Cambridge, J. Legate, 1607.

CRESSY (David), FERRELL (Lori Anne) (éd.), *Religion and Society in Early Modern England*, Londres, Routledge, 1996.

CRÉTÉ (Liliane), « John Cotton : de la théologie de l'alliance à la religion du cœur », thèse dirigée par B. Cottret, Université de Versailles-Saint-Quentin, 2006.

CROSS (Claire), *Church and People (1450-1660)*, Londres, Fontana, 2e éd., 1987.

CROSS (Claire), VICKERS (Noreen), *Monks, Friars and Nuns in Sixteenth-Century Yorkshire*, Leeds, Yorkshire Archeological Society, 1995.

CROWLEY (Robert), *An informacion and peticion agaynst the oppressours of the poore commons of thys realme*, Londres, J. Daye, 1548.
CROWLEY (Robert), *The voyce of the laste trumpet,* Londres, R. Crowley, 1549.
CROWLEY (Robert), *The way to wealth*, Londres, R. Crowley, 1550.
CRUICKSHANK (C.G.), *Henry VIII and the Invasion of France*, Stroude, A. Sutton, 1979.
CRUICKSHANKS (Eveline), *Political Untouchables : The Tories and the '45*, Édimbourg, J.Donald, 1982.
CRUICKSHANKS (Eveline), (éd.), *Ideology and Conspiracy : Aspects of Jacobitism (1689-1759)*, Édimbourg, J. Donald, 1982.
CRUICKSHANKS (Eveline) (éd.), *The Stuart Courts*, Stroud, Sutton, 2000.
CRUICKSHANKS (Eveline), *The Glorious Revolution*, Basingstoke, Macmillan, 2000.
CRUICKSHANKS (Eveline), ERSKINE-HILL (Howard), *The Atterbury Plot*, Basingstoke, Palgrave, 2004.
CURRIN (John M.), « Persuasions to peace : the Luxembourg-Marigny-Gaguin Embassy and the state of Anglo-French relations, 1489-90 », *English Historical Review* 113 (1998), pp. 882-904.
CURRIN (John M.), «« The King's Army into the Partes of Bretaign » : Henry VII and the Breton Wars, 1489-1492« », *War in History*, 7 (2000), pp. 379-412.
CURTIS (Mark H.), « Hampton Court Conference and its Aftermath », *History,* 46 (1961), pp. 1-16.
CUST (Richard), *Charles I : A Political Life*, Londres, Longman, 2005.
DANIELL (David) (éd.), *Tyndale's New Testament*, New Haven (Conn.), Londres, Yale University Press, 1989.
DANIELL (David) (éd.), *Tyndale's Old Testament*, New Haven (Conn.), Londres, Yale University Press, 1992.
DAVIES (C.S.L.), *Peace, Print and Protestantism 1450-1558*, St Albans, Paladin, 1977.
De Christlicke ordinancie, Emden, N. Hill, 1554.
DEFOE (Daniel), *Political and Economic Writings*, (éd.) W.R. Owens, P.N. Furbank, Londres, Pickering & Chatto, 2000, 8 vol.
DE GROOT (Jerome), *Royalist Identities*, Basingstoke, Palgrave, 2004.
DELUMEAU (Jean), *La Peur en Occident*, Paris, Fayard, 1978.
DELUMEAU (Jean), *Le Péché et la Peur*, Paris, Fayard, 1983.
DELUMEAU (Jean), *Rassurer et protéger*, Paris, Fayard, 1989.
DELUMEAU (Jean), *Mille ans de bonheur*, Paris, Fayard, 1995.
DELUMEAU (Jean), COTTRET (Monique), *Le Catholicisme entre Luther et Voltaire,* Paris, PUF, « Nouvelle Clio », nouvelle édition, 1996.
DELUMEAU (Jean), WANEGFFELEN (Thierry), *Naissance et affirmation de la Réforme*, Paris, PUF, « Nouvelle Clio », nouvelle édition, 1997.
DEWAR (Mary), *Sir Thomas Smith : a Tudor Intellectual in Office*, Londres, Athlone, 1964.
DICKENS (A.G.), *Lollards and Protestants in the Diocese of York* (1959), Londres, Hambledon Press, 1982.

DICKENS (A.G.), *Thomas Cromwell and the English Reformation*, Londres, English University Press, 1959.
DICKENS (A.G.), *The English Reformation*, Glasgow, Fontana, 2e éd., 1967.
DICKINSON (Henry Thomas), *Bolingbroke*, Londres, Constable, 1970.
DICKINSON (Henry Thomas), *Walpole and the Whig Supremacy*, Londres, The English Universities Press, 1973.
DICKINSON H(enry Thomas) (éd.), *British Radicalism and the French Revolution*, Oxford, Basil Blackwell, 1985.
DICKINSON (Henry Thomas), *The Politics of the People in Eighteenth-Century Britain*, Basingstoke, Macmillan, 1995.
DICKINSON (Henry Thomas) (éd.), *Britain and the American Revolution*, Londres, Longman, 1998.
DICKSON (Peter George Muir), *The Financial Revolution in England* (1967), Aldershot, Gregg Revivals, 1993.
Doctrine de la pénitence publique et la forme d'icelle, ainsi comme elle se pratique en l'Église des estrangiers à Londres, Londres, 1552.
DODDS (Madeleine Hope), DODDS, Ruth, *The Pilgrimage of Grace*, Cambrige, Cambridge University Press, 1915, 2 vol.
DOLAN (Frances E.), *Whores of Babylon : Catholicism, Gender and Seventeenth-Century Print Culture*, Ithaca, Cornell University Press, 1999.
DOMINIS (Marc' Antonio de), *A Sermon Preached in Italian*, Londres, J. Bill, 1617,
DORAN (Susan), *Elizabeth I and Religion 1558-1603*, Londres, Routledge, 1994.
DORAN (Susan), *Monarchy and Matrimony*, Londres, Routledge. 1996.
DORAN (Susan), *England and Europe in the Sixteenth Century*, Basingstoke, Macmillan, « British History in Perspective », 1999.
DORAN (Susan), *Elizabeth I and Foreign Policy*, Londres, Routledge. 2000.
DORAN (Susan), FREEMAN, Thomas S. (éd.), *The Myth of Elizabeth*, Basingstoke, Palgrave, 2003.
DORAN (Susan), *Queen Elizabeth I*, Londres, British Library, « Historic Lives Series », 2003.
DORLÉANS (Louis), *Advertissement des catholiques Anglois, aux François catholiques*, Paris, 1586.
DOUGHTY (Arthur G.), SHORTT (Adam), *Documents concernant l'histoire constitutionnelle du Canada, 1759-1791*, Ottawa, C. H. Parmelee, 1911.
DUBOIS-NAYT (Armelle), « Gynécocratie et tyrannie dans l'œuvre de John Knox », thèse dirigée par B. Cottret, Université de Versailles-Saint-Quentin, 2002.
DUBOIS-NAYT (Armelle), « Les atermoiements de la pensée politique de John Knox », *Études écossaises*, (2005), pp. 217-227.
DUCHEIN (Michel), *Jacques Ier Stuart*, Paris, Presses de la Renaissance, 1985.
DUCHEIN (Michel), *Marie Stuart*, Paris, Fayard, 1987.
DUCHEIN (Michel), *Élisabeth Ire*, Paris, Fayard, 1992.
DUCHEIN (Michel), *Charles Ier. L'honneur et la fidélité*, Paris, Payot, 2000.

DUCHEIN (Michel), *Le Duc de Buckingham*, Paris, Fayard, 2001.
DUCHEIN (Michel), *Jacques Ier Stuart. Le roi de la paix*, Paris, Fayard, 2003.
DUCHEIN (Michel), *Les Derniers Stuarts, 1660-1807*, Paris, Fayard, 2006.
DUFFY (Eamon), « Devotion to the Crucifix and Related Images in England on the Eve of the Reformation », *Bilder und Bildersturm in Spätmittelalter* (éd.) R.W.Scribner, Wiesbaden, 1990, pp.21-36.
DUFFY (Eamon), « Holy Maydens, Holy Wyfes », *Studies in Church History*, 23 (1990), pp.175-196.
DUFFY (Eamon), *The Stripping of the Altars*, New Haven, Yale University Press, 1992.
DUFFY (Eamon), *The Voices of Morebath : Reformation and Rebellion in an English Village*, New Haven, Yale University Press, 2001.
DUMOULIN (Peter), *Regii sanguinis clamor ad coelum adversus paricidas Anglicanos*, La Haye, A. Vlac, 1652.
DZIEMBOWSKI (Edmond), *Un nouveau patriotisme français, 1750-1770*, Oxford, Voltaire Foundation, 1998.
DZIEMBOWSKI (Edmond), *Les Pitt. L'Angleterre face à la France, 1708-1806*, Paris, Perrin, 2006.
EDWARDS (Thomas), *Reasons against the independant government of particular congregations*, Londres, J. Bellamie & R. Smith, 1641.
EDWARDS (Thomas), *Gangraena*, Londres, Ralph Smith, 1646.
ELLIOTT (Marianne), *Partners in Revolution. The United Irishmen and France*, New Haven, Yale University Press, 1982.
ELLIS (Steven G.), *Frontiers and Noble Power. The Making of the British State*, Oxford, Clarendon Press, 1995.
ELLIS (Steven G.), BARBER (Sarah Barber) (éd.), *Conquest and Union; Fashioning a British State, 1485-1725*, Londres, Longman, 1995.
ELLIS (Steven G.), *Tudor Ireland*, Londres, Longman, 1997.
ELTON (Geoffrey Rudolph), *The Tudor Revolution in Government*, Cambridge, Cambridge University Press, 1953.
ELTON (Geoffrey Rudolph), *England under the Tudors*, Londres, Methuen, (1955), 1962.
ELTON (Geoffrey Rudolph), « A High Road to Civil War? », *From the Renaissance to the Reformation*, (éd.) C.H.Carter, New York, Random House, 1965, pp. 325-347.
ELTON (Geoffrey Rudolph), *Modern Historians on British History*, Londres, Methuen, 1970.
ELTON (Geoffrey Rudolph), *Policy and Police*, Cambridge, Cambridge University Press, 1972.
ELTON (Geoffrey Rudolph), *Studies in Tudor and Stuart Politics*, Cambridge, Cambridge University Press, 1974-1992, 4 vol.
ELTON (Geoffrey Rudolph), *Reform and Reformation. England 1509-1558*, Londres, E. Arnold, 1977.
ELTON (Geoffrey Rudolph), *F.W. Maitland*, Londres, Weidenfeld & Nicolson, 1985.
ELTON (Geoffrey Rudolph), *The Parliament of England, 1559-1581*, Cambridge, Cambridge University Press, 1986.

ELTON (Geoffrey Rudolph), *The Reformation (1529-1559)*, Cambridge, Cambridge University Press, nouvelle éd., 1990.
ELTON (Geoffrey Rudolph) (éd.), *The New Cambridge Modern History*, vol. II, *The Reformation*, Cambridge, Cambridge University Press, 1990.
England's Gratulation at the Landing of Charles II, Londres, W. Gilbertson, 1660.
ERICKSON (Amy Louise), *Women and Property in Early Modern England*, Londres, Routledge, 1993.
FARIGOUX (Joëlle), « Le regard porté par les voyageurs élisabéthains sur les cultures extraeuropéennes », thèse dirigée par B. Cottret, Université de Limoges, 1996.
FERNANDÈS (Isabelle), « Le sang et l'encre. Le Théâtre de la religion dans *The Acts and Monuments* de John Foxe », thèse dirigée par B. Cottret, Université de Versailles-Saint-Quentin, 2004.
FIGGIS (John Neville), *The Divine Right of Kings*, Cambridge, Cambridge University Press, 1914.
FITZPATRICK (Brendan), *Seventeenth-Century Ireland*, Dublin, Gill and Macmillan, 1988.
FLETCHER (Anthony J.), *Tudor Rebellions*, Londres, Longman, 2e édition, 1973.
FLETCHER (Anthony J.), *A County Community in Peace and War : Sussex 1600-1660*, Londres, Longman, 1975.
FLETCHER (Anthony J.), *The Outbreak of the English Civil War*, Londres, E. Arnold, 1981.
FLETCHER (Anthony J.), STEVENSON J., *Order and Disorder in Early Modern England*, Cambridge, Cambridge University Press, 1985.
FLETCHER (Anthony J.), *Reform in the Provinces*, New Haven (Conn.), Londres, Yale University Press, 1986.
FLETCHER (Anthony J.), *Gender, Sex and Subordination in England, 1500-1800*, New Haven (Conn.), Londres, Yale University Press, 1995.
FLETCHER (Anthony J.), MACCULLOCH Diarmaid, *Tudor Rebellions*, Londres, Longman, 1997.
FOHLEN (Claude), HEFFER (Jean), WEIL (François), *Canada et États-Unis depuis 1770*, Paris, PUF, « Nouvelle Clio », 1997.
FONTAINE (Jacques), *Mémoires d'une famille huguenote*, Montpellier, Presses du Languedoc, 1992.
Forma ac ratio, Francfort, 1554.
Forma, La, delle publiche orationi, Zurich, A. Gesner, 1551.
La Forme des prières ecclésiastiques, Londres, 1552.
FOWLER (William M.), *Empires at War*, New York, Walker & Company, 2005.
GAILLARDET (Frédéric), *Mémoires du chevalier d'Éon* (1836), Paris, Éditions de Saint-Clair, 1967, 2 vol.
GAIRDNER (James), *Henry VII*, Londres, Macmillan, 1899.
GARDINER (Stephen), *De vera obediencia*, Rouen (?), 1553.
GHEERAERT-GRAFFEUILLE (Claire), *La Cuisine et le forum*, Paris, L'Harmattan, 2005.

GILBERT (Humphrey), *A discourse of a discouerie for a new passage to Cataia*, Londres, R. Jhones, 1576.
GIRARD D'ALBISSIN (Nelly), *Un précurseur de Montesquieu : Rapin-Thoyras*, Paris, Klincksieck, 1969.
GOODMAN (Christopher), *How superior powers oght to be obeyd*, Genève, J. Crespin, 1558.
GOODWIN (Albert), *The Friends of Liberty*, Londres, Hutchinson, 1979.
GOODWIN (Thomas) *et al*, *An apologeticall narration*, Londres, R. Dawlman, 1643.
GOULD (Eliga H.), *The Persistence of Empire*, Chapel Hill, University of North Carolina Press, 2000.
GRAUNT (John), *Observations naturelles et politiques,* (éd.) É. Vilquin, Paris, INED, 1977.
GRAVES (Michael Arthur Roy), *Elizabethan Parliaments 1559-1601*, Londres, Longman, « Seminar Studies in History », 1996.
GRAVES (Michael Arthur Roy), *William Cecil, Lord Burghley*, Londres, Longman, 1998.
GRAVES (Michael Arthur Roy), *The Parliaments of Early Modern Europe*, Harlow, Longman, 2001.
GREGG (Edward), *Queen Anne*, Londres, RKP, 1980.
GREGORY (Jeremy), STEVENSON John, *Britain in the Eighteenth Century*, Londres, Longman, 2000.
GRIFFIN (Dustin), *Patriotism and Poetry in Eighteenth-Century Britain*, Cambridge, Cambridge University Press, 2002.
GRUMMIT (David) (éd.), *The English Experiencee in France, 1450-1558*, Londres, RKP, 2000.
GUIZOT (François), *Histoire des origines du gouvernement représentatif en Europe*, Paris, Didier, 1851, 2 vol.
GUIZOT (François), *Histoire de la révolution d'Angleterre* (éd.) L. Theis, Paris, Robert Laffont, « Bouquins », 1997.
GUTTRIDGE (G.H.), *The Colonial Policy of William III* (1922), Londres, F. Cass, 1966.
HACKETT (Helen), *Virgin Mother, Maiden Queen*, Basingstoke, Macmillan, 1995.
HAIGH (Christopher) (éd.), *The Reign of Elizabeth I*, Basingstoke, Macmillan, 1984.
HAIGH (Christopher) (éd.), *The English Reformation Revised*, Cambridge, Cambridge University Press, 1987.
HAIGH (Christopher) (éd.), *Elizabeth I*, Londres, Longman, 1988.
HAIGH (Christopher), *English Reformations*, Oxford, Clarendon Press, 1993.
HALES (John), *A compendious or briefe examination of certayne ordinary complaints,* Londres, Thomas Marshe, 1581.
HALES (John), *A Discourse of the commonweal* (éd.) M. Dewar, Charlottesville, University Press of Virginia, Folger Shakespeare Library, 1969.
HAMMER (Paul E. J.), *The Polarisation of Elizabethan Politics*, Cambridge, Cambridge University Press, 1999.

HANSON (Neil), *The Confident Hope of a Miracle : The True Story of the Spanish Armada*, New York, Alfred A. Knopf, 2005.

HARRINGTON (James), *Océana*, (éd.) J. G. A. Pocock, Paris, Belin, 1995.

HARRIS (Richard), *London Newspapers in the Age of Walpole*, Cranbury, NJ, Associated University Press, 1993.

HARRIS (Robert), *A Patriot Press*, Oxford, Clarendon Press, 1993.

HARRISON (John), LASLETT Peter, *The Library of John Locke*, Oxford, Oxford Bilbiographical Society, 1965.

HARRYSON (James), *An Exhortation to the Scotts*, Londres, R. Grafton, 1547.

HENNETON (Lauric), « Pour en finir avec le mythe des origines : le *Mayflower Compact* », *Études théologiques et religieuses,* 77 (2002-2), pp. 235-255.

HENRY VIII, *Défense des sept sacrements*, (éd.) R.-J. Pottier, Angers, Lainé, 1850.

HERRMANN (Frédéric), « L'Angleterre et les Juifs (1640-1660) », thèse dirigée par J.-L. Breteau, Université de Toulouse-Le Mirail, novembre 2005.

HILAIRE-PEREZ (Liliane), *L'Invention des techniques au siècle des Lumières*, Paris, A. Michel, 2000.

HILL (Christopher), *Puritanism and Revolution*, Londres, Secker & Warburg, 1958.

HILL (Christopher), « La Révolution anglaise du XVIIe siècle », *Revue historique*, 221 (1959), pp. 5-32.

HILL (Christopher), *Society and Puritanism* (1964), Londres, Panther, 1969.

HILL (Christopher), *Intellectual Origins of the English Revolution*, Londres, Parker, 1966.

HILL (Christopher), *Antichrist in Seventeenth-Century England*, Londres, Oxford University Press, 1971.

HILL (Christopher), *Milton and the English Revolution*, Londres, Faber & Faber, 1977.

HILL (Christopher), *Le Monde à l'envers*, Paris, Payot, 1977.

HILL (Christopher), *Some Intellectual Consequences of the English Revolution*, Londres, Weidenfeld & Nicolson, 1980.

HILL (Christopher), *Collected Essays*, Brighton, Harvester Press, 1985-1986, 3 vol.

HILL (Christopher), *A Century of Revolution, 1603-1714*, Londres, Routledge, 1991. Nlle édition.

HILL (Christopher), *God's Englishman : Oliver Cromwell and the English Revolution* (1970), Harmondsworth, Penguin, 1979.

HILL (Christopher), *The Experience of Defeat. Milton and Some Contemporaries* (1984), Harmondsworth, Penguin, 1985.

HILL (Christopher), *Liberty against the Law*, Londres, Penguin Books, 1997.

HOAK (Dale E.), *The King's Council in the Reign of Edward VI*, Cambridge, Cambridge University Press, 1976.

HOBSBAWM (Eric J.), POSTAN, Michael, *Histoire économique et sociale de la Grande-Bretagne*, Paris, Le Seuil, 1977, 2 vols.
HOOKER (Richard), *Of the Lawes of Ecclesiastical Politie*, Londres, W. Stansby, 1611.
HOUSTON (S.J.), *James I*, Londres, Longman, 1995.
HUGHES (Ann), *Gangraena and the Struggle for the English Revolution*, Oxford, Clarendon, 2004.
HURSTFIELD (Joel), *The Queen's Wards. Wardship and Marriage under Elizabeth*, Londres, Longmans, 1958.
HURSTFIELD (Joel), *Elizabeth I and the Unity of England* (1960), Harmondsworth, Penguin, 1971.
HURSTFIELD (Joel), *Freedom, Corruption and Government in Elizabethan England*, Cambridge (Mass.), Harvard University Press, 1973.
HUTTON (Ronald E.), *The Royalist War Effort, 1642-1646*, Londres, Routledge, 1999.
HUTTON (Ronald E.), *Debates in Stuart History*,Basingstoke, Palgrave, 2004.
IFRAH (Lionel), *L'Aigle d'Amsterdam : Menasseh ben Israël*, Paris, H. Champion, 2001.
IFRAH (Lionel), *Sion et Albion. Juifs et puritains attendent le Messie*, Paris, H. Champion, 2006.
Îles Britanniques (Les) et la Révolution française, *Annales historiques de la Révolution française,* 342 (2005).
ISRAEL (Jonathan) (éd.), *The Anglo-Dutch Moment*, Cambridge, Cambridge University Press, 1992.
JACQUES Ier, *Déclaration du sérénissime roy Jacques I roy de la Grand'Bretaigne, France et Irlane, défenseur de la foy, pour le droit des rois, & independance de leurs couronnes*, Londres, J. Bill, 1615.
JACQUES Ier, *Déclaration du sérénissime roy de la Grand'Bretagne sur ses actions devans les Estats Généraux des Pays Bas unis, touchant le faict de Conradus Vorstius*, Londres, J. Norton, 1612.
JACQUES Ier, *The Political Works*, Cambridge, Mass, Harvard University Press, 1918.
JAMES (Susan E.), *Kateryn Parr : The Making of a Queen*, Aldershot, Ashgate Publishing, 1999.
Jane by the grace of God Quene of England, Londres, R. Grafton, 1553.
JONES (Clyve) (éd.), *Party and Management in Parliament 1660-1784*, New York, Leicester University Press, 1984.
JONES (Clyve), *Britain in the First Age of Party 1680-1750*, Londres, Hambledon Press, 1987.
JONES (Clyve) (éd.), *A Pillar of the Constitution : The House of Lords in British Politics, 1640-1784*, Londres, Hambledon Press, 1989.
JONES (J.R.), *The First Whigs*, Oxford, Oxford University Press, 1970.
JONES (J.R.), *The Revolution of 1688,* Londres, Weidenfeld & Nicolson, 1972.
JONES (J.R.), *Country and Court. England (1658-1714)*, Londres, E.Arnold, 1978.

JONES (J.R.) (éd.), *Liberty Secured ? Britain before and after 1688*, Stanford (Calif.), Stanford University Press, 1992.
JONES-DAVIES (Marie-Thérèse), *Victimes et rebelles*, Paris, Aubier, 1980.
JORDAN (Wilbur Kitchener) (éd.), *The Chronicle and Political Papers of King Edward VI*, Londres, Allen & Unwin, 1966.
JORDAN (Wilbur Kitchener), *Edward VI : The Threshold of Power*, Londres, Allen & Unwin, 1970.
KANTOROWICZ (Ernst H.), *Œuvres*, Paris, Gallimard, 2000.
KATES (Gary), *Monsieur d'Eon is a Woman*, New York, Basic Books, 1995.
KAUFMAN (Peter Iver), *Thinking of the Laity in Late Tudor England*, Notre Dame, University of Notre Dame Press, 2004.
KENYON (John Peter), *Robert Spencer, Earl of Sunderland*, Londres, Longman, 1958.
KENYON (John Peter), *Revolution Principles. The Politics of Party 1689-1720*, Cambridge, Cambridge University Press, 1977.
KENYON (John Peter), *Stuart England*, Harmondsworth, Penguin, 1978.
KENYON (John Peter), *The Civil Wars of England*, Londres, Weidenfeld & Nicolson, 1989.
KERSAINT (Armand Guy de), *Discours sur l'état de l'Angleterre*, Paris, 1793.
KISHLANSKY (Mark A.), *The Rise of the New Model Army*, Cambridge, Cambridge University Press, 1979.
KISHLANSKY (Mark A.), *Parliamentary Selection : Social and Political Choice in Early Modern England*, Cambridge, Cambridge University Press, 1986.
KLUXEN (Kurt), *Das Problem der politischen Opposition, Entwicklung und Wesen der englischen Zweiparteienpolitik im 18. Jahrhundert*, Fribourg, K. Alber, 1956.
KNOX (John), *The first blast of the trumpet*, Genève, J. Poullain, A. Rebul, 1558.
KOYRÉ (Alexandre), *Du Monde clos à l'Univers infini*, Paris, PUF, 1962.
KUNST (Christiane), *Römische Tradition und englische Politik*, Hildesheim, Olms Verlag, 1994.
LAKE (Peter), DOWLINGS (Maria) (éd.), *Protestantism and the National Church in Sixteenth-Century England*, Londres, Croom Helm, 1987.
LANGFORD (Paul), *The Excise Crisis*, Oxford, Clarendon Press, 1975.
LANGFORD (Paul), *A Polite and Commercial People. England 1727-1783*, Oxford, Clarendon Press, (1989), 1992.
LAROQUE (François), *Shakespeare et la fête*, Paris, PUF, 1988.
LAROQUE (François), LESSAY (Franck) (éd.), *Innovation et tradition de la Renaissance aux Lumières*, Paris, Presses de la Sorbonne nouvelle, 2002.
LAS CASAS (Bartolomé de), *The Spanish colonie*, Londres, W. Brome, 1583.
LÉONARD (Émile G.), *Histoire générale du protestantisme*, Paris, PUF, 1961-1964, 3 vol.

LE ROY LADURIE (Emmanuel), « *L'histoire immobile* », *Annales ESC*, 29 (1974), pp. 673-692.
LE ROY LADURIE (Emmanuel), LIECHTENHAN (Francine-Dominique), *L'Europe de Thomas Platter*, Paris, Fayard, 2006.
LESSAY (Franck), *Le Débat Locke-Filmer*, Paris, PUF, 1998.
LEVIN (Carole), *The Heart and Stomach of a King*, Philadelphie, University of Pennsylvania Press, 1994.
LEVIN (Carole), *Elizabeth I, Queen of England 1533-1603*, Basingstoke, Palgrave, 2002.
Life (The) death and actions of the most chaste, learned and religious lady, the Lady Jane Gray, Londres, J. Wright, 1615.
LILBURNE (John), *The Christian mans triall*, Londres, W. Larnar, 1641.
LILBURNE (John), *England's birth-right justified*, Londres, Larner's Press, 1645.
LILBURNE (John), *An Anatomy of the Lords Tyranny and iniustice*, Londres, 1646.
LILBURNE (John), *The charters of London*, Londres, 1649.
LOACH (Jennifer), TITTLER (Robert) (éd.), *The Mid-Tudor Polity c. 1540-1560*, Basingstoke, Macmillan, 1980.
LOACH (Jennifer), *Parliament and the Crown in the Reign of Mary Tudor*, Oxford, Clarendon Press, 1986.
LOACH (Jennifer), *Parliament under the Tudors*, Oxford, Clarendon Press, 1991.
LOACH (Jennifer), *Protector Somerset : A Reassessment*, Bangor, Headstart History Papers, 1994.
LOACH (Jennifer), *Edward VI*, New Haven, Yale University Press, « Yale English Monarchs », 1999.
LOADES (David Michael), *Mary Tudor. À Life*, Oxford, Blackwell, 1989.
LOADES (David Michael), *Revolution in Religion : The English Reformation, 1530-1560*, Cardiff, University of Wales Press, 1992.
LOADES (David Michael), *John Dudley, Duke of Northumberland, 1504-1553*, Oxford, Clarendon Press, 1996
LOADES (David Michael), *Tudor Government*, Oxford, Blackwell, 1997.
LOADES (David Michael), *England's Maritime Empire*, Londres, Longman, 2001.
LOADES (David Michael), *The Reign of Philip and Mary*, Oxford, Davenant, 2001.
LOADES (David Michael) (éd.), *Chronicles of the Tudor Queens*, Stroud, Sutton, 2002.
LOADES (David Michael), *Elizabeth I*, Londres, Hambledon, 2003.
LOCKE (John), *Lettre sur la tolérance* (éd.) R. Polin, Paris, PUF, 1965.
LOCKE (John), *Two Treatises of Government*, (éd.) P. Laslett, Cambridge, Cambridge University Press (1960), 1988.
LOCKYER (Roger), THRUSH (Andrew), *Henry VII*, Londres, Longman, 1997.
LOCKYER (Roger), *James VI and I*, Londres, Longman, 1998.
LOTTES (Günther), *Politische Aufklärung und plebejisches Publikum : zur Theorie und Praxis des englischen Radikalismus im späten 18. Jahrhundert*, Munich, R. Oldenbourg, 1979.

LOTTES (Günther), *Elisabeth I : eine politische Biographie*, Göttingen, Zürich, Muster-Schmidt, 1981.
LOYER (Olivier), *L'Anglicanisme de Richard Hooker*, Lille, Atelier de Reproduction des Thèses, 1979, 2 vol.
LUTAUD (Olivier), *Winstanley. Socialisme et christianisme sous Cromwell*, Paris, Didier, 1976.
LUTAUD (Olivier) (éd.), *Les Deux Révolutions d'Angleterre*, Paris, Aubier, 1978.
LUTAUD (Olivier), *Cromwell, les niveleurs et la République*, Paris, Aubier, 1978.
LÜTHY (Herbert), *La Banque protestante en France*, Paris, SEVPEN, 1959-1961, 2 vol.
MCCONICA (James Kelsey), *English Humanists and Reformation Politics*, Oxford, Clarendon Press, 1965.
MCDERMOTT (James), *England and the Spanish Armada : The Necessary Quarrel*, New Haven, Yale University Press, 2005.
MCINTOSH (Marjorie Keniston), *A Community Transformed. The Manor and Liberty of Havering, 1500-1620*, Cambridge, Cambridge University Press, 1991.
MCLAREN (Anne), *Political Culture in the Reign of Elizabeth I*, Cambridge, Cambridge University Press, 1999.
MCMAHON (Marie P.), *The Radical Whigs : John Trenchard and Thomas Gordon*, Lanham, University Press of America, 1990.
MACCAFFREY (Wallace T.), *Elizabeth I*, Princeton, NJ, Princeton University Press, 1992, 3 vol.
MACCLEOD *Inventing the Industrial Revolution*, Cambridge, Cambridge University Press, 2002.
MACCULLOCH (Diarmaid) (éd.), *The Reign of Henry VIII*, Basingstoke, Macmillan, 1995.
MACCULLOCH (Diarmaid), *Thomas Cranmer : A Life*, New Haven, Yale University Press, 1996.
MACCULLOCH (Diarmaid), *The Boy King : Edward VI and the Protestant Reformation*, New York, St. Martin's Press, 1999.
MACCULLOCH (Diarmaid), *The Reformation : A History*, New York, Viking, 2003.
MACDONALD (Michael), MURPHY (Terence R.), *Sleepless Souls. Suicide in Early Modern England*, Oxford, Clarendon Press, 1990.
MACKIE (J.D.) *The Earlier Tudors (1485-1558)*, Oxford, Clarendon Press, 1952.
MAGUIN (Jean-Marie), MAGUIN (Angela), *William Shakespeare*, Paris, Fayard, 1996.
MANDROU (Robert), *L'Europe « absolutiste ». Raison et raison d'État, 1649-1775*, Paris, Fayard, 1977.
MANNING (Roger Burrow), *Village Revolts*, Oxford, Clarendon Press, 1988.
MARAT (Jean-Paul), *Les Chaînes de l'esclavage*, Bruxelles, Pôle Nord, 1995.

Marc'hadour (Germain), *Thomas More*, Paris, Éditions ouvrières, 1992.
Marienstras (Richard), *Le Proche et le lointain*, Paris, Minuit, 1981.
Marius (Richard), *Thomas More. À Biography*, New York, A.A. Knopf, 1985.
Marshall (Dorothy), *Eighteenth-Century England*, Londres, Longman, 1975.
Marshall (Peter), *The Catholic Priesthood and the English Reformation*, Oxford, Clarendon Press, 1994.
Marshall (Peter) (éd.), *The Impact of the English Reformation 1500-1640*, Londres, Arnold, 1997.
Marshall (P. J.), *Bengal : The British Bridgehead. Eastern India 1740-1828*, Cambridge, Cambridge University Press, « The New Cambrige History of India », 1988.
Marshall (P. J.), *The Eighteenth Century in India History : Evolution or Revolution ?*, Oxford, Oxford University Press, 2003.
Martinet (Marie-Madeleine), *Art et nature en Grande-Bretagne*, Paris, Aubier-Montaigne, 1980.
Martinet (Marie-Madeleine), *Le Miroir de l'esprit dans le théâtre élisabéthain*, Paris, Didier, 1982.
Mayer (Jean-Christophe) (éd.), *Breaking the Silence on the Succession*, Université Paul-Valéry, Montpellier III, 2003.
Mayer (Jean-Christophe) (éd.), *The Struggle for the Succession in Late Elizabethan England*, Université Paul-Valéry, Montpellier III, 2004.
Mayer (Thomas F.), « Faction and Ideology : Thomas Starkey's *Dialogue* », *Historical Journal* 28-1 (1985), pp. 1-25.
Metcalf (Thomas R.), *Ideologies of the Raj*, Cambridge, Cambridge University Press, « The New Cambrige History of India », 1995.
Miller (Helen), *Henry VIII and the English Nobility*, Oxford, Basil Blackwell, 1986.
Milton (John), *The tenure of kings and magistrates*, Londres, M.Simmons, 1649.
Milton (John), *Pro populo Anglicano defensio contra Claudii anonymi, alias Salmasii, Defensionem regiam.*, Londres, Du Gardianis, 1651.
Milton (John), *Écrits politiques,* (éd.) M.-M. Martinet, Paris, Belin, 1993.
Milton (John), *Doctrine et discipline du divorce,* (éd.) C. Tournu *et al.*, Paris, Belin, 2005.
Mingay (G.E.), *The Gentry. The Rise and Fall of a Ruling Class*, Londres, Longman, 1976.
Minois (Georges), *Le Couteau et le poison. L'assassinat politique en Europe (1400-1800)*, Paris, Fayard, 1997.
Mittié (Jean), *Descente en Angleterre : prophétie en deux actes et en prose*, Paris, an VI.
Montchrestien (Antoine de), *La Reine d'Escosse*, La Haye, Mouton, 1975.
Montchrestien (Antoine de), *Traicté de l'œconomie politique* (1615), (éd.) F. Billacois, Genève, Droz, 1999.
More (Thomas), *The Workes of Sir T. More wryten by him in the Englysh tonge*, Londres, 1557.

MORE (Thomas), *L'Utopie* (éd.) S.Goyard-Fabre, Paris, GF, 1987.
MOREAU (Jean-Pierre), *Rome ou l'Angleterre ? Les réactions politiques des catholiques anglais au moment du schisme (1529-1535)*, Paris, PUF, 1984.
MOREAU (Jean-Pierre), *Henri VIII et le schisme anglican,* Paris, PUF, « Que sais-je ? », 1994.
MOREAU (Jean-Pierre), *L'Angleterre des Tudors, 1485-1603*, Paris et Gap, Ophrys-Ploton, 2000.
MORRILL (John), *The Revolt of the Provinces*, Londres, Longman, 1980.
MORRILL (John) (éd.), *Reactions to the English Civil War*, Londres, Macmillan, 1982.
MORRILL (John) (éd.), *The Nature of the English Revolution*, Londres, Longman, 1992.
MORTIMER (Ian), « The Death of Edward II in Berkeley Castle », *English Historical Review,* 120 (2005), pp. 1175-1214.
MORTON (Arthur Leslie), *L'Utopie anglaise*, Paris, Maspero, 1964.
MOUSNIER (Roland), LABROUSSE, Ernest, *Le XVIIIe siècle. Révolution intellectuelle, technique et politique (1715-1815)*, Paris, PUF, 1953.
MUSCULUS (Wolfgang), *Le Temporiseur*, Londres, É. Mierdman, 1550.
MYERS (Nicholas), « L'image du souverain et le problème de l'autorité en France et en Angleterre (1570-1625) », thèse dirigée par B. Cottret, Université de Paris IV, 1997.
NAMIER (Lewis), *The Structure of Politics at the Accession of George III* (1929), Londres, Macmillan, 1957.
NEALE (John E.), *The Elizabethan House of Commons*, Londres, Jonathan Cape, 1949.
NENNER (Howard), *The Right to be King : The Succession to the Crown of England. 1603-1714*, Basingstoke, Macmillan, 1995.
NEVEUX (Hugues), *Les Révoltes paysannes en Europe XVe-XVIIe siècles*, Paris, Albin Michel, 1997.
NEWCOMBE (David Gordon), *Henry VIII and the English Reformation*, Londres, Routledge, 1995.
NEWMAN (Gerald), *The Rise of English Nationalism*, Londres, Weidenfeld & Nicolson, 1987.
OBERMAN (Heiko A.), *Luther : Man Between God and the Devil*, New York, Image Books, 1992.
O'BRIEN (Patrick), « Agriculture and the Industrial Revolution », *Economic History Review*, 2nd Series, 30 (1977), pp. 166-181.
O'DAY (Rosemary), HEAL, Felicity (éd.), *Continuity and Change. Personnel and Administration of the Church of England 1500-1642*, Leicester, Leicester University Press, 1976.
O'DAY (Rosemary), HEAL, Felicity (éd.), *Princes and Paupers in the English Church 1500-1800*, Leicester, Leicester University Press, 1981.
O'GORMAN (Frank), *The Emergence of the British Two-Party System 1760-1832*, Londres, E. Arnold, 1982.
O'GORMAN (Frank), *The Long Eighteenth Century : British Political and Social History, 1688-1832*, Londres, E. Arnold, 1997.

Ordre (L') des prieres et ministere ecclesiastique, Londres, S. Mierdman, 1552.

PAINE (Thomas), *Le Sens Commun*, Paris, Aubier, 1983.

PALMER (Michael D.), *Henry VIII*, Londres, Longman, « Seminar Studies in History », 2e édition, 1983.

PARISOT (Jacques-Théodore) (éd.), *Lettres de Junius*, Paris, Éditions Champ Libre, 1977,

PARMITER (Geoffrey de C.), *The King's Great Matter : A Study of Anglo-Papal Relations 1527-1534*, Londres, Longman, 1967.

PARSONS (Robert), *A conference about the next succession to the crowne of Ingland [...] Published by R. Doleman*, Anvers, A. Conincx, 1595.

Passage (The) of our most drad Soueraigne Lady Quene Elyzabeth through the citie of London, Londres, R. Tottill, 1558/9.

PEPYS (Samuel), *Journal*, Paris, Mercure de France, 1987.

PERKINS (William), *The Fundation of Christian Religion*, sl, 1588.

PERKINS (William), *A Christian and Plaine Treatise of the manner and order of Predestination*, Londres, M. Clarke, 1606.

PERLIN (Étienne), *Description des royaulmes d'Angleterre et d'Escosse*, Paris, F. Trépeau, 1558.

PERRY (Maria), *Sisters to the King. The Tumultuous Lives of Henry VIIII's Sisters -Margaret of Scotland and Mary of France*, Londres, A.Deutsch, 1998.

PETERS (Christine), *Patterns of Piety : Women, Gender and Religion in Late Medieval and Reformation England*, Cambridge, Cambridge University Press, 2003.

PETT (Peter), *The Happy Future State of England /.../ with Observations of the Number of the People of England, and of its Growth in Populousness and Trade*, Londres, R. Taylor, 1688.

PICHARDIE (Jean-Paul) (éd.), *La Naissance de l'idée de tolérance*, Rouen, Publications de l'Université de Rouen, 1999.

PILLORGET (René), *La Tige et le Rameau. Familles anglaises et françaises XVIe-XVIIIe siècles*, Paris, Calmann-Lévy, 1979.

PINKHAM (Lucile), *William III and the Respectable Revolution*, Cambridge (Mass.), Harvard University Press, 1954.

PLUMB (John Harold), *Sir Robert Walpole. The Making of a Statesman*, Londres, Cresset, 1956-1960, 2 vols.

PLUMB (John Harold), *The Growth of Political Stability in England* (1967), Londres, Macmillan, 1980.

POLLARD (Alfred Frederick), *Henry VIII* (1902), Londres, Longmans, Green & Co, 1905.

POUSSOU (Jean-Pierre), « Les villes anglaises, du milieu du XVIIe siècle à la fin du XVIIIe siècle », *Études sur les villes en Europe Occidentale*, Paris, Sedes-CDU, 1983, II, pp. 7-212.

POWICKE (F.M.), FRYDE (E.B.), *Handbook of British Chronology*, Londres, Royal Historical Society, 1961.

PREST (Wilfrid Robert) (éd.), *The Professions in Early Modern England*, Londres, Croom Helm, 1987.

Prayer (A) sayd in the Kinges Chappell in the tyme of his graces sickness, Londres, W. Copland, 1553.
PRENTICE (Archibald), *Historical Sketches and Personal Recollections of Manchester* (1851), Londres, F. Cass, 1970.
PRIMROSE (Gilbert), *Panegyrique*, Paris, P. Auvray, 1624.
PRIOR (Mary) (éd.), *Women in English Society, 1500-1800*, Londres, New York, Methuen, 1985.
PRYNNE (William), *The Church of Englands old antithesis to new Arminianisme*, Londres, M. Sparke, 1629.
PRYNNE (William), *Anti-Arminianisme*, Londres, M. Sparke, 1630.
PRYNNE (William), *Histrio-mastix*, Londres, M. Sparke, 1633.
QUINN (David Beers), *England and the Discovery of America, 1481-1620*, Londres, Allen & Unwin, 1974.
RAAB (Felix), *The English Face of Machiavelli*, Londres, University of Toronto Press, 1964.
RAMSEY (Peter H.), *Tudor Economic Problems*, Londres, Gollancz, 1963.
RANDELL (Keith), *Henry VIII and the Government of England*, Londres, Hodder & Stoughton, 1991.
RAPPAPORT (S.), *World within Worlds : Structures of Life in Sixteenth-Century London*, Cambridge, Cambridge University Press, 1989.
RASTELL (William) (éd.), *A colleccion of all the statutes (from the begynning of Magna Carta vnto the yere of our Lorde, 1557)*, Londres, R. Tottell, 1559.
RAYNAL (Guillaume-Thomas-François), *Histoire philosophique et politique des établissemens et du commerce des Européens dans les deux Indes*, Genève, J.-L. Pellet, 1780, 5 vol.
REDWORTH (Glyn), *In Defence of the Church Catholic. À Life of Stephen Gardiner*, Oxford, Basil Blackwell, 1990.
REINHARD (Wolfgang), *Papauté, confessions, modernité*, Paris, EHESS, 1998.
Relation (A) of the battaile lately fought between Keynton and Edghill by His Majesties army and that of the rebells, Oxford, L. Lichfield, 1642.
Remonstrance au roy d'Angleterre sur la misérable condition des Catholiques ses subjects, en comparaison du favorable traictement que les Huguenots reçoivent en France, Paris, J. Brisson, 1628.
REX (Richard), *The Theology of John Fisher*, Cambridge, Cambridge University Press, 1991.
REX (Richard), *The Lollards*, Basingstoke, Palgrave, 2002.
RICHARDS (James O.), *Party Propaganda under Queen Anne : The General Elections of 1702-1713*, Athens, University of Georgia Press, 1972.
RIDLEY (Jasper), *Henry VIII*, Londres, Constable, 1987.
ROGERS (Nicholas), *Whigs and Cities*, Oxford, Clarendon Press, 1989.
ROUSSEAU (Jean-Jacques), *Œuvres complètes*, Paris, Gallimard, « Pléiade », 1959-1995, 5 vol. parus.
RUBLACK (Ulinka), *Die Reformation in Europa*, Francfort, Fischer Taschenbuch Verlag, 2003.
RUDÉ (George), *Wilkes and Liberty*, Oxford, Clarendon Press, 1962.

RUDÉ (George), *The Crowd in History*, New York, J. Wiley, 1964.

RUGGIU (François-Joseph), *Les Élites et les villes moyennes en France et en Angleterre*, Paris, L'Harmattan, 1997.

RUSSELL (Jocelyne R.), *The Field of the Cloth of Gold. Men and Manners in 1520*, Londres, Routlege, 1969.

RUSSELL (Jocelyne R.), « The Search for Universal Peace : The Conferences of Calais and Bruges in 1521 », *Bulletin of the Institute of Historical Research*, 44 (1971), pp.162-193.

SAALER (Mary), *Anne of Cleves, Fourth Wife of Henry VIII* (1995), Londres, Rubicon Press, 1997.

SAUMAISE (Claude), *Defensio regia, pro Carolo I*, sl, 1649.

SAUSSURE (César de), *Lettres et voyages en Allemagne, en Hollande et en Angleterre, 1725-1729*, Paris, Fischbacher, 1903.

SCARISBRICK (J.J.), *Henry VIII* (1968), Berkeley, University of California Press, 1970.

SCARISBRICK (J.J.), *The Reformation and the English People*, Oxford, Blackwell, 1984.

SCHULTE (Regina) (éd.), *Der Körper der Königin*, Francfort, Frankfurt Campus Verlag, 2002.

SCHWYZER (Philip), *Literature, Nationalism and Memory*, Cambridge, Cambridge University Press, 2004.

SCOULOUDI (Irene) (éd.), *Huguenots in Britain*, Basingstoke, Macmillan, 1987.

Seasonable (A) Advertisement to all that desire a happy settlement, sl, sn, 1660.

SEAWARD (Paul), *The Cavalier Parliament*, Cambridge, Cambridge University Press, 1989.

Second admonitio (A) to the parliament, 1572.

SHAGAN (Ethan H.), *Popular Politics and the English Reformation*, Cambridge, Cambridge University Press, 2003.

SHARPE (Kevin) (éd.), *Faction and Parliament*, Oxford, Clarendon Press, 1978.

SHARPE (Kevin), *The Personal Rule of Charles I*, New Haven, Yale University Press, 1992.

SHARPE (Kevin), LAKE Peter (éd.), *Culture and Politics in Early Stuart England*, Londres, Macmillan, 1994.

SILBEY (David), *The British Working Class and Enthusiasm for War, 1914-1916*, Londres, F. Cass, 2005.

SMITH (Adam), *Recherche sur la nature et les causes de la richesse des nations* (1776), Paris, 1881. Édition électronique.

SMITH (David L.), *A History of the Modern British Isles, 1603-1707*, Oxford, Blackwell, 1998.

SMITH (David L.) (éd.), *Cromwell and the Interregnum*, Oxford, Blackwell, 2003.

SMITH (Lacey Baldwin), *Elizabeth Tudor. Portrait of a Queen*, Boston, Little, Brown & Co, 1975.

SMITH (Thomas), *De Republica Anglorum*, Londres, G. Seton, 1583.

SMITH (Thomas), *Voyage and Entertainement in Rushia*, Londres, N. Butter, 1605.
SNOW (Vernon F.) (éd.), *Parliament in Elizabethan England*, New Haven, Yale University Press, 1977.
SPECK (William Arthur), *Tory and Whig : The Struggle in the Constituencies*, Londres, Macmillan, 1970.
SPECK (William Arthur), *Stability and Strife. England 1714-1760*, Londres, E. Arnold, 1977.
STAFFORD (Helen Georgia), *James VI of Scotland and the Throne of England*, New York, D. Appleton, 1940.
STARKEY (David), *The Reign of Henry VIII. Personalities and Politics*, New York, G.Philip, 1985.
STARKEY (David) (éd.), *The English Court. From the Wars of the Roses to the Civil War*, Londres, Longman, 1987.
STARKEY (David) (éd.), *Henry VIII. À European Court in England*, Londres, Collins & Brown, 1991.
STARKEY (David), *Elizabeth. The Struggle for the Throne*, New York, Harper Collins, 2001.
State tracts being a collection of several treatises relating to the government privately printed in the reign of K. Charles II, Londres, 1689.
State tracts, being a farther collection of several choice treaties relating to the government from the year 1660 to 1689, Londres, R. Baldwin, 1692.
STONE (Lawrence), *The Crisis of the Aristocracy (1558-1641)*, Oxford, Oxford University Press, 1965.
STONE (Lawrence), « Social Mobility in England 1500-1700 », *Past & Present*, n° 33 (1966), pp.16-55.
STONE (Lawrence) (éd.), *Social Change and Revolution in England 1540-1640*, Londres, Longman, 1965.
STONE (Lawrence), *Family and Fortune. Studies in Aristocratic Finance in the Sixteenth and Seventeenth Centuries*, Oxford, Clarendon Press, 1973.
STONE (Lawrence), *The Family, Sex and Marriage*, Londres, Weidenfeld & Nicolson, 1977.
STONE (Lawrence), STONE (Jeanne C. Fawtier), *An Open Elite? England 1540-1880*, Oxford, Clarendon Press, 1984.
STONE (Lawrence), « La noblesse anglaise, une élite ouverte ? », *Annales ESC*, 40 (1985), pp. 71-94.
STRONG (Roy), *Painting in England 1540-1620. The Elizabethan Image*, Londres, Tate Gallery, 1969.
STRONG (Roy), *The Cult of Elizabeth I*, Londres, Thames & Hudson, 1977.
STRONG (Roy), *The Portraits of Queen Elizabeth I*, Londres, Thames & Hudson, 1987.
SZECHI (Daniel), *Jacobitism and Tory Politics 1710-1714*, Édimbourg, J. Donald, 1984.
TANNER (J.R.), *Constitutional Documents of the Reign of James I, 1603-1625*, Cambridge, Cambridge University Press, 1960.
TAWNEY (Richard Henry), « Harrington's Interpretation of his Age », *Proceedings of the British Academy*, 27 (1941), pp.199-223.

TAWNEY (Richard Henry), *The Agrarian Problem in the Sixteenth Century* (1912), Harper Torchbooks, 1967.

TAYLOR (John A.), *British Empiricism and Early Political Economy*, Westport (Conn.), Praeger, 2005.

THIRSK (Joan), *The Agrarian History of England and Wales*, vol.IV, *1500-1640*, Cambridge, Cambridge University Press, 1967.

THOMAS (Peter D.G.), *George III. King and Politician 1760-1770*, Manchester, Manchester University Press, 2002.

THOMPSON (Edward Palmer), « Time, Work, Discipline, and Industrial Capitalism », *Past & Present,* n° 38 (1967), pp. 56-97.

THOMPSON (Edward Palmer), « The Moral Economy of the English Crowd in the Eighteenth Century », *Past & Present,* n° 50 (1971), pp. 76-136.

THOMPSON (Edward Palmer), *Whigs and Hunters. The Origin of the Black Act*, Londres, Allen Lane, 1975.

THOMPSON (Edward Palmer), *La Formation de la classe ouvrière anglaise*, Paris, Gallimard-Le Seuil, 1988.

TOMBS (Robert), TOMBS (Isabelle), *That Sweet Enemy : The British and the French from the Sun King to the Present*, Londres, Heinemann, 2006.

TOURNU (Christophe), *Théologie et politique dans l'œuvre en prose de John Milton*, Villeneuve d'Ascq, Presses Universitaires du Septentrion, 2000.

TOURNU (Christophe), *Milton et Mirabeau. Rencontre révolutionnaire*, Paris, EDIMAF, 2002.

TOURNU (Christophe), « Du droit au divorce au *Jus populi* : la Logique démocratique miltonienne », *Études théologiques et religieuses,* 2002 (77), pp. 37-60.

TREVOR-ROPER (Hugh Redwald), Lord Dacre of Glanton, *Archbishop Laud 1573-1645* (1940), Londres, Macmillan, 1983.

TRINTERUD (Leonard J.) (éd.), *Elizabethan puritanism*, New York, Oxford University Press, 1971).

TROOST (Wout), *Stadhouder-koning Willem III*, Hilversum, Verloren, 2001.

TUCKER BROOKE (C.F.) (éd.), *The Works of C. Marlowe*, Oxford, Clarendon Press, 1910.

TYLER (John.W.), *Smugglers and Patriots*, Boston, Northeastern University Press, 1986.

ULLMANN (Walter), *Law and Politics in the Middle Ages*, Cambridge, Cambridge University Press, 1975.

ULLMANN (Walter), « This Realm of England is an Empire », *Journal of Ecclesiastical History,* 30 (1979), pp. 175-203.

USHER (Roland Greene), *The Reconstruction of the English Church* (1910), Farnborough, 1969, 2 vol.

VAN RUYMBEKE (Bertrand), *From New Babylon to Eden The Huguenots and Their Migration to Colonial South Carolina*, Columbia, University of South Carolina Press, 2005.

VAUCHER (Paul), *La Crise du ministère Walpole en 1733-1734*, Paris, Plon-Nourrit, 1924.

VAUCHER (Paul), *Robert Walpole et la politique de Fleury (1731-1742)*, Paris, Plon-Nourrit, 1924.

VERGÉ-FRANCESCHI (Michel), *Paoli, un Corse des Lumières*, Paris, Fayard, 2005.

VERGÉ-FRANCESCHI (Michel) (éd.), *La Corse et l'Angleterre, XVIe-XIXe siècle*, Bonifacio, Piazzola, 2005.

VOLTAIRE, *Lettres philosophiques,* (éd.) R. Pomeau, Paris, GF, 1964.

WALKER (Julia M.) (éd.), *Dissing Elizabeth : Negative Representations of Gloriana*, Durham, NC, Duke University Press, 1998.

WALSHAM (Alexandra), « Translating Trent ? English Catholicism and the Counter Reformation », *Historical Research,* 78 (2005), pp. 288-310.

WEBER (Max) *L'Éthique protestante et l'esprit du capitalisme*, Paris, Plon, 1964.

WESLEY (John), *Works*, Londres, Wesleyan Conference Office, 1872, 14 vol.

WHITTINGHAM (William), *A brieff discours off the troubles begonne at Franckford in Germany Anno Domini 1554*, Heidelberg, M. Schirat, 1574.

WILLIAMSON (Hugh Ross), *The Gunpowder Plot*, Londres, Faber & Faber, 1951.

WILSON (Thomas), *The State of England Anno Dom. 1600,* (éd.) F.J. Fisher, Londres, Camden Miscellany XVI, Camden 3rd Series LII, 1936.

WOODHOUSE (Arthur Sutherland Piggott), *Puritanism and Liberty* (1938), Londres, Dent, 1992.

WOODWARD (Josiah), *An account of the societies for reformation of manners*, Londres, sn, 1699.

YATT (Michael), *The Italian Encounter with Tudor England*, Cambridge, Cambridge University Press, 2005.

YUNGBLUT (Laura Hunt), *Strangers Settled Here Amongst Us*, Londres, Routledge, 1996.

Le monde contemporain

ACHCAR (Joseph), *La France et l'Angleterre dans le Proche-Orient*, Lyon, M. Martin, 1934.

AGULHON (Maurice), *Marianne au combat*, Paris, Le Seuil, 1979.

ALBERT (Charles), *L'Angleterre contre l'Europe*, Paris, Denoël, 1941.

ALLEN (Martin), *Le roi qui a trahi,* Paris, Plon, 2000.

AMERY (John), *L'Angleterre et l'Europe*, Paris, « Documents et témoignages », 1943.

ANDRÉ (Jean d'), *L'Angleterre et ses colonies autonomes*, Paris, 1910.

Angleterre 1947, Paris, Éditions du Monde Nouveau, 1947.

ARJUZON (Antoine d'), *Édouard VII. Le prince de l'Entente cordiale*, Paris, Perrin, 2004.

ASHTON (Thomas Southcliffe), *La Révolution industrielle*, Paris, Plon, 1955.

AUGÉ (Marc) (éd.), *Diana Crash*, Paris, Descartes & Cie, 1998.
AVICE (André), *Mésentente cordiale*, Paris, Éditions du Scorpion, 1964.
AVRIL (Emmanuelle), DAVIS Richard, *Comprendre la Grande-Bretagne de Tony Blair*, Paris, Septentrion, 2001.
BADEN-POWELL (Robert), *Scouting for Boys* (1908), Oxford, Oxford University Press, 2004.
BAGEHOT (Walter), *The English Constitution* (1867-1872), Glasgow, Fontana, 1975.
BARDOUX (Jacques), *Angleterre et France : leurs politiques étrangères. Essai d'une définition psychologique*, Oxford, Clarendon Press, 1937.
BAUBÉROT (Jean), MATHIEU (Séverine), *Religion, modernité et culture au Royaume-Uni et en France, 1800-1914*, Paris, Le Seuil, « Points Histoire », 2002.
BECKER (Annette), *Les monuments aux morts*, Paris, Errance, 1989.
BECKER (Annette), *La guerre et la foi*, Paris, A. Colin, 1994.
Histories, 1915-1948, Londres, Frank Cass, 2003.
BECKER (Jean-Jacques), *L'Europe dans la Grande Guerre*, Paris, Belin, 1996.
BECKER (Jean-Jacques), *La Première Guerre mondiale*, Paris, Belin, 2003.
BÉDARIDA (François), *La société anglaise du milieu du XIX*e *siècle à nos jours*, Paris, Le Seuil, 1990.
BEER (Max), *Geschichte des Sozialismus in England*, Stuttgart, Dietz, 1913.
BENN (Tony), *The New Politics : A Socialist Reconnaissance*, Londres, Fabian society, 1970.
BENN (Tony), *Arguments for Socialism* (éd.) C. Mullin, Harmondsworth, Penguin, 1980.
BENN (Tony), *The End of an Era. Diaries 1980-90*, Londres, Hutchinson, 1992.
BENNET (George), *The Concept of Empire : Burke to Attlee, 1774-1947*, Londres, Adam & Charles Black, 1953.
BENNETT (Gill), « A Most Extraordinary and Mysterious Busines : The Zinoviev's Letter of 1924 », *History Notes* 14, Londres, Foreign and Commonwealth Office, 1999.
BENSIMON (Fabrice), *Les Britanniques face à la Révolution française de 1848*, Paris, L'Harmattan, « L'Aire anglophone », 2000.
BENSIMON (Fabrice), « La culture populaire au Royaume-Uni, 1800-1914 », *Revue d'Histoire Moderne et Contemporaine* 48-4 bis (2001), pp. 75-91.
BENTHAM (Jeremy), *Auto-Icon*, Bristol, Thoemmes Press, 2002.
BENTLEY (Michael), *Politics without Democracy. Great Britain, 1815-1914*, Oxford, Blackwell, 1985.
BEVERIDGE (William), *Social Insurance and Allied Services*, Londres, HMSO, 1942.
BLACK (Jeremy), *Britain since the Seventies*, Londres, Reaktion books, 2004.

BLAKE (Robert), *The Conservative Pary from Peel to Thatcher*, Londres, Fontana, 1985.

BLANC (Louis), *Lettres d'Angleterre, 1861-1865* (éd.) G. Bonifas, M. Faraut, Paris, L'Harmattan, 2001.

BLANQUI (Jérôme Adolphe), *Histoire de l'économie politique en Europe* (1837), Paris, Guillaumin, 1860, 2 vol.

BLANQUI (Jérôme Adolphe), *Cours d'économie industrielle*, Paris, J. Angé, L. Hachette, 1837-1839, 3 vol.

BLOCH (Michael), *Ribbentrop*, Paris, Plon, 1996.

BODELSEN (C. A.), *Studies in Mid-Victorian Imperialism*, Kjbenhaun, Gyldendals Forlagstrykheri, 1924.

BOGDANOR (Vernon), *Devolution in the United Kingdom*, Oxofrd, Oxford University Press, 2006.

BOGHARDT (Thomas), *Spies of the Kaiser*, Basingstoke, Palgrave Macmillan, 2004.

BOIS (Jean-Pierre), *De la paix des rois à l'ordre des empereurs, 1714-1815*, Paris, Le Seuil, 2003.

BONIFAS (Gilbert), FARAUT (Martine), *Pouvoir, classes et nation en Grande-Bretagne au XIXe siècle*, Paris, Masson, 1994.

BONIFAS (Gilbert), FARAUT (Martine), *Victorian and Edwardian England*, Paris, Masson, 1995.

BONNAUD (Laurent) (éd.), *France-Angleterre : un siècle d'entente cordiale, 1904-2004. Deux nations, un seul but?,* Paris, L'Harmattan, 2004.

BONNET (Christian), *Le Royaume-Uni de 1837 à 1914,* Paris, Nathan, 1997.

BOURNE (Kenneth), *Palmerston : The Early Years 1783-1841*, Londres, A. Lane, 1982.

BOYD (William), MOUGEL (François-Charles) (éd.), *France – Grande-Bretagne. L'Entente Cordiale*, Paris, ADPF, 2004.

BRIGGS (Asa), *The Age of Improvement 1783-1867*, Londres, Longman, (1959), 1979.

BRYANT (Christopher) (éd.), *Reclaiming the Ground : Christianity and Socialism*, Londres, Spire, 1993.

BUCKNER (Phillip A.)*, The Transition to Responsible Government : British Policy in British North America*, 1815-1850, Westport, Greenwood Press, 1985.

BUCKNER (Phillip A.) (éd.)*, Canada and the End of Empire*, Vancouver, UBC Press, 2005.

BURET (Émile), *De la misère des classes laborieuses en Angleterre et en France*, Paris, Paulin, 1840, 2 vol.

BUTLER (James Ramsay Montagu) (éd.), *Grand Strategy*, Londres, HMSO, 1953-1958, 9 vol.

BYRON, *Le pèlerinage du chevalier Harold*, Paris, Mazenod, 1959.

CAIN (P.J.), HOPKINS (A.G.), *British Imperialism : Innovation and Expansion 1688-1914*, Londres, Longman, 1993.

CANNADINE (David), *The Rise and Fall of Class in Britain*, New York, Columbia University Press, 1999.

CAPET (Antoine), PICHARDIE (Jean-Paul) (éd.), *Les années Wilson*, Mont-Saint-Aignan, Université de Rouen, 1999.

CARON (François), *Les deux révolutions industrielles du XXe siècle*, Paris, A. Michel, 1997.

CARRÉ (Jacques), *La Grande-Bretagne au XIXe siècle*, Paris, Hachette, 1997.

CARRÉ (Jacques), REVAUGER (Jean-Paul), *Écrire la pauvreté*, Paris, L'Harmattan, 1995.

CHALINE (Claude), PAPIN (Delphine), *Le Royaume-Uni ou l'Exception britannique*, Paris, Ellipses, 2004

CHARLOT (Monica), *L'Angleterre 1945-1980*, Paris, Imprimerie nationale, 1981.

CHARLOT (Monica), *The Wilson Years 1964-1970*, Gap, Ophrys, 1998.

CHASSAIGNE (Philippe), *La société anglaise en guerre 1939-1945*, Paris, Messenne, 1996.

CHASSAIGNE (Philippe), *Démocratie et société dans l'Angleterre en guerre*, Paris, Messenne, 1999.

CHASSAIGNE (Philippe), *Pauvreté et inégalités en Grande-Bretagne de 1942 à 1990*, Paris, Messenne, 2000.

CHASSAIGNE (Philippe), *La Grande-Bretagne et le monde de 1815 à nos jours*, Paris, A. Colin, 2003.

CHECKLAND (S.G.), CHECKLAND (E.O.A.) (éd.), *The Poor Law. Report of 1834*, Harmondsworth, Penguin, 1974.

CLAEYS (Gregory), *The Chartist Movement in Britain*, Londres, Pickering & Chatto, 2001, 6 vol.

CLARK (George Norman), *The Idea of the Industrial Revolution*, Glasgow, Jackson, 1953.

CLIFF (Tony), GLUCKSTEIN (Donny), *The Labour Party, a Marxist History*, Londres, Bookmarks, 1996.

COATES (David), LAWLER (Peter) (éd.), *New Labour in Power*, Manchester, Manchester University Press, 2000.

CORDERY (Simon), *British Friendly Societies, 1750-1914*, Basingstoke, Macmillan, 2003.

CORP (Edward T.), CROWE (Sibyl), *Our Ablest Public Servant, Sir Eyre Crowe*, Braunton, Merlin Books, 1993.

CORRIGAN (Gordon), *Mud, Blood and Poppycock Britain and the First World War*, Londres, Cassell, 2003.

COWLING (Maurice), *1867 : Disraeli, Gladstone and Revolution*, Cambridge, Cambridge University Press, 1967.

CROUZET (François), *L'économie du Commonwealth*, Paris, PUF, « Que sais-je ? », 1950.

CROUZET (François), *De la supériorité de l'Angleterre sur la France*, Paris, Perrin, 1985.

CROUZET (François), *L'économie britannique et le blocus continental* (1958), Paris, Economica, 1987.

CROUZET (François), *The First Industrialists*, Cambridge, Cambridge University Press, 1985.

Crouzet (Pierre), *Chant guerrier pour la descente en Angleterre*, sl, nd.

Daunton, (Martin James), *Progress and Poverty. An Economic and Social History of Britain 1700-1850*, Oxford, Oxford University Press, 1995.

Daunton, (Martin James), « Payment and Participation : Welfare and State-Formation in Britain 1900-1951 », *Past & Present* n° 150 (1996), pp. 169-216.

Daunton (Martin), *Trusting Leviathan*, Cambridge, Cambridge University Press, 2001.

Davidoff (Leonore), HALL, Catherine, *Men and Women of the English Middle Class 1780-1850*, Londres, Routledge, 2002.

Dearlove (John), Saunders (Peter), *Introduction to British Politics*, Cambridge, Polity, 2000.

De Gaulle (Charles), *Discours et messages*, Paris, Plon, 1970, 5 vol.

De Gaulle (Charles), *Mémoires de guerre*, Paris, Plon, 1994.

De Gaulle (Charles), *Mémoires d'espoir*, Paris, Plon, 1999.

Deist (Wilhelm) *et al.*, *Das Deutsche Reich und der Zweite Weltkrieg*, Stuttgart, Deutsche Verlags-Anstalt, 1979-2001, 7 vol.

Dicey (Albert Venn), *Introduction to the Study of the Law of the Constitution* (1885), Indianapolis, Liberty Fund, 1982.

Dilke (Charles Wentworth), *Greater Britain* (1868), Londres, Macmillan, 1890.

Dilke (Charles Wentworth), *Problems of Greater Britain*, Londres, Macmillan, 1890, 2 vol.

Dixon (Keith), *Un digne héritier : Blair et le thatchérisme*, Paris, Raisons d'agir, 1999.

Dixon (Keith), *La mule de Troie : Blair, l'Europe et le nouvel ordre américain*, Bellecombe-en-Bauges, éditions du Croquant, 2003.

Dixon (Keith), *Un abécédaire du blairisme : pour une critique du néolibéralisme guerrier*, Bellecombe-en-Bauges, éditions du Croquant, 2003.

Dodd (Philip), *Englishness : Politics and Culture 1880-1920*, Londres, RKP, 1986.

Dolléans (Édouard), *Le chartisme, 1831-1848* (1912-1913), Paris, Les Nuits rouges, 2003.

Driver (Felix), Gilbert (David) (éd.), *Imperial Cities*, Manchester, Manchester University Press, 1999,

Driver (Stephen), Martell (Luke), *New Labour*, Londres, Polity Press, 1999.

Dumont (Louis), *Homo aequalis II*, Paris, Gallimard, 1991.

Edelstein (Michael), *Overseas Investment in the Age of High Imperialism. The United Kingdom, 1850-1914*, Londres, Methuen, 1982.

Elkington (Margery E.), *Les relations de société entre l'Angleterre et la France sous la restauration*, Paris, H. Champion, 1929.

Engels (Friedrich), *La situation de la classe laborieuse en Angleterre*, Paris, Éditions Sociales, 1960. Édition électronique.

Farnetti (Richard), *Le déclin de l'économie britannique de Victoria à Thatcher*, Paris, Éditions de l'espace européen, 1991.

FARNETTI (Richard), *L'Économie britannique de 1873 à nos jours*, Paris, A. Colin, 1994.

FARNETTI (Richard), WARDE, Ibrahim, *Le modèle anglo-saxon en question*, Paris, Economica, 1997.

FAUJAS DE SAINT-FOND (Barthélemy), *Voyage en Angleterre, en Écosse et aux îles Hébrides*, Paris, H.-J. Jansen, 1797, 2 vol.

FIELD (Frank), *British and French Writers of the First World War*, Cambridge, Cambridge University Press, 1991.

FIRTH (Josiah Clifton), *Our Kin across the Sea*, Londres, Longmans, Green & Co, 1888.

FLOUD (Roderick), JOHNSON (Paul) (éd.), *The Cambridge Economic History of Modern Britain*, Londres, Cambridge University Press, 2004, 3 vol.

FONTANEY (Pierre) (éd.), *Le renouveau gothique en Angleterre*, Bordeaux, Presses Universitaires, 1989.

FOOTE (Geoffrey), *The Labour Party's Political Thought*, New York, St Martin's Press, 1997.

FOUCAULT (Michel), *Surveiller et punir*, Paris, Gallimard, 1976.

FOWLER (Peter J.), *The Past in Contemporary Society. Then, Now*, Londres, Routledge, 1992.

FREEMAN (Edward A.), *Greater Greece and Greater Britain*, Londres, Macmillan, 1889.

FROUDE (James Anthony), *Two Lectures on South Africa*, Londres, Longmans, Green & Co, 1880.

GASH (Norman), *The Age of Peel*, Londres, Edward Arnold, 1973.

GASH (Norman), *Aristocracy and People. Britain 1815-1865*, Londres, E. Arnold, 1979.

GEELHOED (E. Bruce), *Margaret Thatcher*, New York, Praeger, 1987.

GEOFFROY (Christine), *Les coulisses de l'Entente cordiale*, Paris, Grasset, 2004.

GERBOD (Paul), *Voyages au pays des mangeurs de grenouilles*, Paris, Albin Michel, 1991.

GILBERT (Martin), *Churchill : A Life*, New York, H. Holt, 1991.

GILBERT (Martin), *Winston S. Churchill*, Londres, Heinemann, 1966-1988, 8 vol.

GOURNAY (Jean-François), *Richard F. Burton : ambre et lumière de l'Orient*, Paris, DDB, 1991.

GRAYZEL (Susan R.), *Women's Identities at War*, Chapel Hill, University of North Carolina Press, 1999.

GREEN (Andrew), *Writing the Great War : Sir James Edmonds and the Official Histories, 1915-1948*, Londres, Frank Cass, 2003.

GROSS (Jean-Pierre), *Fair Shares for all. Jacobin Egalitarianism in Practice*, Cambridge, Cambridge University Press, 1997.

GROSS (Jean-Pierre), *Égalitarisme jacobin et droits de l'homme, 1793-1794*, Paris, Arcantères, 2000.

GUILLAUME (André), *Lawrence d'Arabie*, Paris, Fayard, 2000.

GUY (Stéphane), « Vocation et provocation dans le socialisme shavien. L'expert fabien à l'épreuve de la démocratie », *Cercles*, 7 (2003), pp. 59-72.

Halévy (Élie), *La Formation du radicalisme philosophique* (1901), Paris, PUF, 1995, 3 vol.

Hall (Catherine), McClelland (Keith), Rendall (Jane), *Defining the Victorian Nation*, Cambridge, Cambridge University Press, 2000.

Harmer (Harry), *The Labour Party 1900-1998*, Londres, Longman, 1999.

Hay (William Anthony), *The Whig Revival, 1808-1830*, Basingstoke, Palgrave Macmillan, 2005.

Hayek (Friedrich A. von), *Droit, législation et liberté*, Paris, PUF, 1976.

Hayek (Friedrich A. von), *La Route de la servitude*, Paris, PUF, 1985.

Hayek (Friedrich A. von), *Contra Keynes*, Londres, Routledge, 1995.

Himmelfarb (Gertrude), *Victorian Minds*, Londres, Weidenfeld & Nicolson, 1968.

Hirst (Francis W.), *Free Trade and Other Fundamental Doctrines of the Manchester School*, Londres, Harper, 1903.

Hobhouse (Leonard Trelawny), *Liberalism* (1911), Londres, Oxford University Press, 1964.

Hobsbawm (Eric J.), Rude George, *Captain Swing* (1969), Harmondsworth, Penguin, 1973.

Hobsbawm (Eric J.), *L'Ère des révolutions 1789-1848*, Paris, Fayard, 1969.

Hobson (John Atkinson), *Imperialism. À Study* (1902), Londres, Unwin Hyman, 1988.

Horn (D.B.), Ransome (Mary) (éd.), *English Historical Documents, 1714-1783*, Londres, Eyre and Spottiswoode, 1957.

Horne (Charles F.) (éd.), *Source Records of World War I*, Lewiston, NY, Edwin Mellen Press, 1998, 7 vol.

Houghton (Walter E.), *The Victorian Frame of Mind*, New Haven, Yale University Press, 1957.

Hovell (Mark), *The Chartist Movement*, Manchester, Manchester University Press, 1918.

Howe (Anthony), *Free Trade and Liberal England*, Oxford, Clarendon Press, 1997.

Hyam (Ronald), *Elgin and Churchill at the Colonial Office, 1905-1908*, Londres, Macmillan, 1968.

Hyam (Ronald), *The Failure of South African Expansion, 1908-1948*, Londres, Macmillan, 1972.

Hyam (Ronald), *Britain's Imperial Century 1815-1914 : A Study of Empire and Expansion*, Londres, B.T. Batsford, 1976.

Hyam (Ronald), *Empire and Sexuality : The British Experience*, Manchester, Manchester University Press, 1990.

Hyam (Ronald), *The Labour Government and the End of Empire, 1945-1951*, Londres, HMSO, 1992, 4 vol.

Institut de science économique appliquée, *Cahiers. Série C. La Sécurité sociale. Les plans anglo-saxons de sécurité sociale*, Paris, ISEA, 1945, 2 vol.

Jenkins (Peter), *Mrs Thatcher's Revolution*, Cambridge, Mass, Harvard University Press, 1987.

JONES (Moya), *Le Royaume désuni*, Paris, Ellipses, 2003.

JOURNÈS (Hugues), *Une littérature révolutionnaire en Grande-Bretagne : la poésie chartiste*, Paris, Publisud, 1991.

JUDD (Denis), *Radical Joe. À Life of Joseph Chamberlain*, Londres, H. Hamilton, 1977.

JUDD (Denis), *Empire. The British Imperial Experience from 1765 to the Present*, Londres, HarperCollins, 1996.

JUDD (Denis), SURRIDGE (Keith), *The Boer War*, Basingstoke, Palgrave, 2003.

JUMEAU (Alain), *L'Angleterre victorienne*, Paris, PUF, 2001.

KAHLER (Miles), *Decolonization in Britain and France*, Princeton, Princeton University Press, 1984.

KASPI (André), *Le Temps des Américains, 1917-1918*, Paris, Publications de la Sorbonne, 1976.

KAVANAGH (Dennis), *Thatcherism and British Politics. The End of Consensus*, Oxford, Oxford University Press, 1990.

KAVANAGH (Dennis), *British Politics. Continuities and Change*, Oxford, Oxford University Press, 1990.

KEYNES (John Maynard), *Théorie générale de l'emploi, de l'intérêt et de la monnaie*, Paris, Payot, 1990.

KEYNES (John Maynard), *Les Conséquences économiques de la paix*, Paris, Gallimard, 2002.

LANDES (David S.), *L'Europe technicienne ou le Prométhée libéré*, Paris, Gallimard, 2000.

LAS CASES (Emmanuel), *Mémorial de Sainte-Hélène*, Paris, Le Seuil, 1968, 2 vol.

LAVAL (Christian), *Jeremy Bentham*, Paris, PUF, 1994.

LEDRU-ROLLIN (Alexandre-Auguste), *De la décadence de l'Angleterre*, Paris, Escudier frères, 1850, 2 vol.

LEFEBVRE (Georges), *Napoléon*, Paris, PUF, (1936) 1969.

LEMONNIER (Bertrand), *L'Angleterre des Beatles*, Paris, Kimé, 1995.

LEMOSSE (Michel), *Le Système éducatif anglais depuis 1944*, Paris, PUF, 2000.

LÉNINE, *L'Impérialisme, stade suprême du capitalisme* (1917), *Œuvres*, XXII, Paris, Éditions sociales, 1960.

LENTIN (Antony), *Lloyd George and the Lost Peace*, Basingstoke, Palgrave, 2001.

LERUEZ (Jacques), *Gouvernement et politique en Grande-Bretagne*, Paris, Presses de la Fondation des sciences politiques, 1989.

LERUEZ (Jacques), *Le Système politique britannique, de W. Churchill à T. Blair*, Paris, A. Colin, 2001.

LLOYD (Trevor Owen), *Empire to Welfare State. English History 1906-1985*, Oxford, Oxford University Press, 1989.

LLOYD GEORGE (David), *Les Buts de guerre de la Grande-Bretagne... 5 janvier 1918*, Londres, Hayman, 1918.

LLOYD GEORGE (David), *Spain and Britain*, Londres, « The Friends of Spain », 1937.

Lucas (Charles P.) (éd.), *Lord Durham's Report on the Affairs of British North America*, Oxford, Clarendon Press, 1912.
Luneau (Aurélie), *Radio Londres 1940-1944*, Paris, Perrin, 2005.
McBriar (Alan Marne), *Fabian Socialism and English Politics 1884-1918*, Cambridge, Cambridge University Press, 1962.
Maguire (Gloria), « Notre mal de tête commun », Churchill, Roosevelt et de Gaulle », *Revue d'histoire moderne et contemporaine,* 42 (1995), pp. 593-608.
Major (John), *The Autobiography*, Londres, HarperCollins, 1999.
Malthus (Thomas Robert), *Essai sur le principe de population* (1798), Paris, Gonthier, 1963. Édition électronique.
Mandler (Peter), *Aristocratic Government in the Age of Reform*, Oxford, Clarendon Press, 1990.
Mantoux (Paul), *La Révolution industrielle au XVIIIe siècle*, Paris, Société nouvelle de librairie et d'édition, 1906.
Marmoy (C.F.A.), « The Auto-Icon of Jeremy Bentham at University College London », *Medical History,* 2-2 (1958), pp. 77-86.
Marshall (Alan), *Intelligence and Espionage in the Reign of Charles II*, Cambridge, Cambridge University Press, 1994.
Marwick (Arthur), *British Society since 1945*, Harmondsworth, Pelican Books, 1982.
Marx (Roland), *La Révolution industrielle en Grande-Bretagne*, Paris, A. Colin, 1970.
Marx (Roland), *La Reine Victoria*, Paris, Fayard, 2000.
Mathias (Peter), *The First Industrial Nation,* Londres, Methuen, 1969.
Mathias (Peter), « La révolution industrielle en Angleterre : un cas unique ? », *Annales E.S.C.,* 27 (1972), pp. 33-45.
Mathias (Peter), O'brien (Patrick), « Taxation in Britain and France, 1715-1810 », *Journal of European Economic History,* 5 (1976), pp. 601-650.
Matthew (Henry Colin Gray), *The Liberal Imperialists*, Oxford, Oxford University Press, 1973.
Michalka (Wolfgang), *Ribbentrop und die Deutsche Weltpolitik 1933-1940*, Munich, W. Fink, 1980.
Mill (John Stuart), *Principes d'économie politique,* Paris, Guillaumin, 1873, 2 vol.
Milne (Seumas), *The Enemy Within : The Secret War against the Miners,* Londres, Verso, 2004.
Mioche (Antoine), *Hong Kong. L'Empire des contresens*, Paris, PUF, 1998.
Miquel (Pierre), *La Grande Guerre*, Paris, Fayard, 1983.
Mitchell (B.R.), Deane (Phyllis M.), *Abstract of British Historical Statistics*, Cambridge, Cambridge University Press, 1962.
Mollier (Jean-Yves), *Le Camelot et la rue*, Paris, Fayard, 2004.
Mommsen (Wolfgang J.) *et al.* (éd.), *Kultur und Krieg*, Munich, R. Oldenbourg, 1996.
Moore (David C.), *The Politics of Deference*, Hassocks, Harvester Press, 1976.

MORGAN (Kenneth Owen), *Lloyd George*, Londres, Weidenfeld & Nicolson, 1974.

MORGAN (Kenneth Owen), *Consensus and Disunity : The Lloyd George Coalition Government, 1918-1922*, Oxford, Clarendon Press, 1979.

MORGAN, Kenneth Owen, *Britain since 1945. The People's Peace*, Oxford, Oxford University Press, 2001.

MORRIS, Robert John, *Class and Class Consciousness in the Industrial Revolution 1780-1850*, Londres, Macmillan, 1979.

MORRIS, Robert John, *Men, Women and Property in England, 1780-1870 : A Social and Economic History of Family Strategies amongst the Leeds Middle Classes*, Cambridge, Cambridge University Press, 2005.

MOUGEL (François-Charles), *La Vie politique en Grande-Bretagne 1945-1970*, Paris, Sedes, 1984.

MOUGEL (François-Charles), *L'Angleterre au XXe siècle*, Paris, Ellipses, 2000.

MOUGEL (François-Charles), *Royaume-Uni, les années Blair*, Paris, La Documentation française, 2005.

MULLIGAN (Kevin), ROTH (Robert) (éd.), *Regards sur Bentham et l'utilitarisme*, Genève, Droz, 1993.

NOVION (François), *L'Angleterre et sa politique étrangère et intérieure, 1900-1914*, Paris, F. Alcan, 1924.

NOVION (François), *La Presse anglaise contemporaine et ses grands quotidiens*, Paris, F. Alcan, 1925.

O'BRIEN (Patrick), « Agriculture and the Industrial Revolution », *Economic History Review*, 2nd Series, 30 (1977), pp. 166-181.

OWEN (Robert), *A New View of Society* (1813), Londres, Everyman, 1972.

PACKER (Ian), *Lloyd George, Liberalism and the Land*, Woodbridge, Boydell Press, 2001.

Parliamentary Debates, 1st Series, Londres, Hansard, 1803-1820, 41 vol.

Parliamentary Debates, New Series, Londres, Hansard, 1820-1830, 27 vol.

Parliamentary Debates, 3d Series, Londres, Hansard, 1830-1891, 356 vol.

Parliamentary Debates, 4th Series, Londres, Hansard, 1892-1908, 199 vol.

PARRY (Jonathan P.), *Democrary and Religion. Gladstone and the Liberal Party, 1867-1875*, Cambridge, Cambridge University Press, 1986.

PARRY (Jonathan P.), *The Rise and Fall of Liberal Government in Victorian Britain*, New Haven, Yale University Press, 1993.

PEARCE (Malcom), STEWART (Geoffrey), *British Political History, 1867-2001*, Londres, Routledge, 2002.

PÉRÈS (Rémi), *Chronologie de la Grande-Bretagne au XXe siècle*, Paris, Vuibert, 2001.

PERROT (Jean-Claude), *Une histoire intellectuelle de l'économie politique*, Paris, EHESS, 1992.

PÉTRÉ-GRENOUILLEAU (Olivier), *Les Traites négrières*, Paris, Gallimard, 2004.

PICHARDIE (Jean-Paul) (éd.), *La Société anglaise en guerre, septembre 1939-août 1945*, Mont-Saint-Aignan, Université de Rouen, 1997.

PICKERING (Paul A.), *Chartism and the Chartists in Manchester and Salford*, Basingstoke, Macmillan, 1995.
POIRIER (François), *Génération Thatcher*, Saint-Denis, PUV, 1992.
POUSSOU (Jean-Pierre), *La Croissance des villes au* XIXe *siècle*, Paris, SEDES-CDU, 1992.
POWELL (David), *Nationhood and Identity. The British State since 1800*, Londres, I.B. Tauris, 2002.
PRICE (Richard), *An Imperial War and the British Working Class*, Londres, RKP, 1972.
PROST (Antoine), WINTER (Jay), *Penser la Grande Guerre*, Paris, Le Seuil, 2004.
RADICE (Lisanne), *Beatrice and Sidney Webb*, Basingstoke, Macmillan, 1984.
RATCLIFFE (Barrie M.), CHALONER (W.H.) (éd), *A French Sociologist Looks at Britain. Gustave d'Eichthal and British Society in 1828*, Manchester, Manchester University Press, 1977.
REBOUL (Marc), *Naissance du chartisme*, Paris, Bordas, 1979.
REIFELD (Helmut), *Zwischen Empire und Parlament*, Göttingen, Vandenhoeck & Ruprecht, 1987.
REITAN (Earl A.), *The Thatcher Revolution*, Lanham, Maryland, Rowman & Littlefield, 2003.
RENTOUL (John), *Tony Blair. Prime Minister*, Londres, Time Warner, 2003.
RÉVAUGER (Jean-Paul) (éd.), *Pauvreté et inégalités en Grande-Bretagne, de 1942 à 1990*, Paris, Éditions du Temps, 2000.
RICARDO (David), *On the Principles of Political Economy and Taxation* (1817), Harmondsworth, Penguin, 1971.
RICHARDS (Paul) (éd.), *Tony Blair in His Own Words*, Londres, Methuen, 2004.
RINTALA (Marvin), *Lloyd George and Churchill*, Lanham, Maryland, 1995.
ROBINSON (Ronald), GALLAGHER (John), « The Imperialism of Free Trade », *Economic History Review*, 2nd ser., 6 (1953), pp. 1-15.
ROBINSON (Ronald), GALLAGHER (John), *Africa and the Victorians. The Official Mind of Imperialism* (1961), Londres, Macmillan, 1967.
ROHE (Karl) (éd.), *Englischer Liberalismus im 19. und frühen 20. Jahrhundert*, Bochum, Studienverlag Dr. N. Brockmeyer, 1987.
ROTH (Andrew), *Heath and the Heathmen*, Londres, RKP, 1972.
SAVILLE (John), *1848. The British State and the Chartist Movement*, Cambridge, Cambridge University Press, 1987.
SCHLOSSBERG (Herbert), *The Silent Revolution and the Making of Victorian England*, Columbuq, Ohio State University Press, 2000,
SEELEY (John Robert), *The Expansion of England* (1883), Chicago, Chicago University Press, 1971.
SEELEY (John Robert), *L'Expansion de l'Angleterre*, Paris, A. Colin, 1901.
SEMMEL (Stuart), *Napoleon and the British*, New Haven, Yale University Press, 2004.
SEN (Sudpita), *Distant Sovereignty. National Imperialism and the Origins of British India*, Londres, Routledge, 2002.

SERGEANT (Jean-Claude), *La Grande-Bretagne de Margaret Thatcher 1979-1990*, Paris, PUF, 1994.
SHANNON (Richard), *The Crisis of Imperialism 1865-1915*, Londres, Hart-Davis, 1974.
SKED (Alan) (éd.), *Europe's Balance of Power 1815-1848*, Basingstoke, Macmillan, 1979.
SMITH (Leonard V.), AUDOIN-ROUZEAU (Stéphane), BECKER (Annette), *France and the Great War*, Cambridge, Cambridge University Press, 2003.
SNOW (Charles Percy), *The Two Cultures*, Cambridge, Cambridge University Press, 1993.
SOUTOU (Georges-Henri), *La Guerre de cinquante ans. Les relations Est-Ouest 1943-1990*, Paris, Fayard, 2001.
STAEL-HOLSTEIN (Auguste-Louis), *Lettres sur l'Angleterre*, Paris, Treuttel et Würtz, 1829.
SYKES (Alan), *The Rise and Fall of British Liberalism, 1776-1988*, Londres, Longman, 1997.
TAINE (Hippolyte Adolphe), *Notes sur l'Angleterre*, Paris, Hachette, 1899.
TARDE (Gabriel), *Les Lois de l'imitation* (1890), Paris, Le Seuil, 2001.
TAYLOR (Andrew), *The NUM and British Politics*, Aldershot, Ashgate, 2003-2005, 2 vol.
THACKERAY (William Makepeace), *Works*, Londres, Smith, Elder & Co, 1883-1886, 26 vol.
THATCHER (Margaret), *Mémoires*, Paris, A. Michel, 1993-1995, 2 vol.
THOMPSON (Andrew S.), *Imperial Britain*, Londres, Longman, 2000.
THOMPSON (Andrew S.), *The Empire Strikes Back*, Londres, Longman, 2005.
THOMPSON (James), « The Genesis of the 1906 Trades Disputes Act », *Twentieth Century British History,* 1998 (9), pp. 175-200.
THOMSON (David), *England in the Nineteenth Century*, Harmondsworth, Penguin, 1950.
TOCQUEVILLE (Alexis de), *Œuvres complètes*, Paris, Gallimard, 1951-2003, 18 tomes.
TOCQUEVILLE (Alexis de), *L'Ancien Régime et la Révolution*, Paris, Gallimard, « Idées », 1967.
TOYNBEE (Arnold), *Lectures on the Industrial Revolution of the Eighteenth Century in England* (1884), Londres, Longmans, Green & Co, 1894.
VAISS (Paul), *Newman*, Paris, L'Harmattan, 1991.
VAÏSSE (Maurice) (éd.), *L'Entente cordiale. De Fachoda à la Grande Guerre,* Bruxelles, Complexe, 2004.
VALLÈS (Jules), *Œuvres complètes*, Paris, Livre club Diderot, 1969, 4 vol.
VAN DEN HAUWE (Ludwig), « The Hayek-Keynes Debate », *Quarterly Journal of Austrian Economics,* 3-2 (2000), pp. 63-79.
VAROUXAKIS (Georgios), *Mill on Nationality*, Londres, Routledge, PSA, 2002.
VAROUXAKIS (Georgios), *Victorian Political Thought on France and the French*, Basingstoke, Palgrave, 2002.

VERLEY (Patrick), *La Révolution industrielle*, Paris, MA Éditions, 1985.
VINCENT (John), *The Formation of the Liberal Party 1857-1868*, Londres, Constable, 1966.
WAKEFIELD (Edward Gibbon), *A View of the Art of Colonization* (1849), Kitchener, Ontario, Batoche Books, 2001.
WALKER (Eric), *The British Empire* (1943), Oxford, Oxford University Press, 1944.
WARD (Stuart) (éd.), *British Culture and the End of Empire*, Manchester, Manchester University Press, 2001.
WATKINS (Alans), *A Conservative Coup*, Londres, Duckworth, 1991.
WATSON (Janet S. K.), *Fighting Different Wars : Experience, Memory, and the First World War in Britain*, Cambridge, Cambridge University Press, 2004.
WEBB (Sidney), WEBB (Beatrice), *Histoire du Trade Unionisme* (1897), Genève, Slatkine, 1985.
WESSELING (Henri), *Le Partage de l'Afrique*, Paris, Denoël, 1991.
WHITTON (Timothy), *Le New Labour, rupture ou continuité ?*, Rennes, PUR, 2000.
WILLIAMS (Shirley), *Politics is for People*, Cambridge, Mass, Harvard University Press, 1981.
WILSON (Harold), *The Labour Government 1964-1970*, Londres, Weidenfeld & Nicolson, 1971.
WINDER (Robert), *Bloody Foreigners. The Story of Immigration to Britain*, Londres, Little, Brown, 2004.
WINTER (Jay), *Sites of Memory, Sites of Mourning*, Cambridge, Cambridge University Press, 1995.
WRIGLEY (Edward Anthony), *Continuity, Chance and Change. The Character of the Industrial Revolution in England*, Cambridge, Cambridge University Press (1988), 1990.
YATES (Nigel), *Anglican Ritualism in Victorian Britain, 1830-1910*, Oxford, Clarendon Press, 1999.

DU MÊME AUTEUR

L.S. Mercier, *Parallèle de Paris et de Londres*, Paris, Didier Érudition, 1982 (avec C. Bruneteau).
Terre d'exil, Paris, Aubier, 1985.
Partis et factions, Paris, PUPS, 1987. Nlle édition mise à jour, 1991 (avec M.-M. Martinet).
La Glorieuse Révolution d'Angleterre, Gallimard, 1988.
Le Christ des Lumières, Le Cerf, 1990 (version italienne).
The Huguenots in England, Cambridge University Press, 1991.
W. Hogarth, *Analyse de la beauté*, Paris, Ensb-a, 1991.
Bolingbroke, Klincksieck, 1992.
Cromwell, Fayard, 1992. Médaille d'argent de l'Académie Française, prix Monseigneur Marcel.
J. Fontaine, *Mémoires d'une famille huguenote*, M. Chaleil, 1992, réédition, Éditions de Paris, 2003.
Histoire des îles Britanniques, XVIe-XVIIIe siècles, Nathan, 1994 (en collaboration).
Histoire d'Angleterre, XVIe-XVIIIe siècles, PUF, « Nouvelle Clio », 1996, réédition, 2003.
The Civilisation of Modern Britain, Bréal, 1991, rééditions, 1992, 2004 (en collaboration).
Calvin, Paris, J.C. Lattès, 1995, réédition Payot, 1999. Prix Budget, janvier 1997, de l'Académie des inscriptions et belles-lettres (version américaine, version allemande, version espagnole, version géorgienne, version polonaise, version néerlandaise).
L'Europe politique, XVIe-XVIIIe siècles, Ophrys, 1996. Avec M. Cottret.
Bolingbroke's Political Writings, Basingstoke, Macmillan 1997.
1598 : l'édit de Nantes, Perrin, 1997.
Henri VIII, Payot, 1999, rééd. 2005.
La Renaissance, Éditions de Paris, 2000.
Histoire du Royaume-Uni. Une anthologie, Montreuil, Bréal, 2000 (en collaboration).
Histoire de l'Amérique du Nord. Une anthologie, Montreuil, Bréal, 2001 (en collaboration).

Histoire de la Réforme protestante, Paris, Perrin, 2001 (version coréenne).
Du patriotisme aux nationalismes, Créaphis, 2002 (en collaboration).
Jansénisme et puritanisme, Nolin, 2002 (en collaboration).
La Révolution américaine, Perrin, 2003, réédition Tempus, 2004. Prix F. Millepierres de l'Académie française, 2003.
Jean-Jacques Rousseau en son temps, Perrin, 2005. Avec M. Cottret. Prix P.-G. Castex 2006 de l'Académie des sciences morales et politiques.
Cosmopolitismes, patriotismes, Rennes, Les Perséides, 2005 (en collaboration avec M. Belissa *et al.*).
Le Jardin. Figures et métamorphoses, Dijon, EUD, 2005 (en collaboration avec A.-M. Brenot).
Convertir/Se convertir. Regards croisés sur l'histoire des missions chrétiennes, Nolin, 2006 (en collaboration avec J. Borm, J.-F. Zorn).
Sainte ou sorcière ? L'héroïsme chrétien au féminin, Éditions de Paris, 2006 (en collaboration avec V. Alemany, M. Cottret).
Naissance de l'Amérique du Nord, Indes savantes, 2008 (en collaboration).
La République et le Royaume, Éditions de Paris, 2008.
Calvin. Traité des reliques, Éditions de Paris, 2008.
La Royauté au féminin. Élisabeth Ire d'Angleterre, Fayard, 2009.
Karl Marx, une vie entre romantisme et révolution, Perrin, 2010.
Christentum und der natürliche Mensch, Marbourg, Curupira, 2010 (en collaboration avec J. Borm *et al.*).
Savoir et pouvoir au siècle des Lumières, Éditions de Paris, 2011 (en collaboration avec J. Borm *et al.*).
Thomas More. La Face cachée des Tudors, Tallandier, 2012.
Naissance et affirmation de la Réforme, PUF, 2012 (en collaboration avec J. Delumeau et T. Wanegffelen).
J.-J. Rousseau, Lettre à Christophe de Beaumont, Gollion, 2012 (en collaboration avec M. Cottret).
J.-.P. Gaberel, *Rousseau et les Genevois*, Ampelos, 2012 (en collaboration avec M. Cottret).
La Révolution anglaise, Perrin, 2015.
Ces Reines qui ont fait l'Angleterre, Tallandier, 2016 ; « Texto », 2017.
Le Siècle de l'édit de Nantes, CNRS-éditions, 2018.
Les Tudors, Perrin, 2019.

Principales participations :

Dictionnaire critique du marxisme, PUF, 1982 (version allemande).
Le Refuge huguenot, A. Colin, 1985 (version allemande).

L'État baroque, Vrin, 1985.
Mélanges R. Mandrou, PUF, 1985.
Réformes et Révocation en Béarn, Pau, J.D., 1986.
Exil, migration, et minorités ethniques, Université de Paris XII, 1990.
La Liberté de conscience, Droz, 1991.
Histoire de la démocratie en Europe, Paris, Le Monde Éditions, 1991.
Le Sentiment national à l'époque moderne, PUPS, 1991.
Évolution et révolution(s) dans la Grande-Bretagne du XVIIIe siècle, Presses de la Sorbonne, 1991.
L'Esprit de l'Europe, Flammarion, 1993.
L'Autre Exil. Les jacobites en France, Presses du Languedoc, 1993.
Le Christ entre orthodoxie et Lumières, Droz, 1994.
Encyclopédie du protestantisme, Labor et Fides, 1995. Rééd. PUF, 2006.
De l'humanisme aux Lumières, Mélanges en l'honneur d'É. Labrousse, Voltaire Foundation, 1996.
L'Historien et la foi, Fayard 1996.
L'Autre dans l'Europe du Nord-Ouest, PUL, 1996.
L'État classique, Vrin, 1996.
Dictionnaire de l'Ancien Régime, PUF, 1996.
L'Histoire grande ouverte. Hommages à E. Le Roy Ladurie, Fayard, 1997.
Homo religiosus. Autour de J. Delumeau, Fayard, 1997.
Histoire du christianisme. L'âge de raison, Desclée, 1997 (version allemande).
Coexister dans l'intolérance, Labor et Fides, 1998.
Shakespeare, la Renaissance et l'amitié, Université de Picardie, 1998.
La naissance de l'idée de tolérance, Publications de l'Université de Rouen, 1999.
Révolution et Rébellion, Artois Presses Université, 2000.
Memory and Identity, University of South Carolina Press, 2003.
Toleration and Religious Identity, Four Courts Press, 2003.
Bible et Littérature, Champion, 2003.
Mélanges Peyronnet, Presse de l'Université de Montpellier, 2003.
L'Héritage religieux et spirituel de l'identité européenne, L'Harmattan, 2004.
Terre humaine, BNF, 2005.
Les Sociétés anglaise, espagnole et Française au XVIIe siècle, Ellipses, 2006.
Calvinisnus, Deutsches Historisches Museum, Sandstein Verlag, 2009.
Vergeben und Vergessen? Pardonner et oublier ?, Munich, Oldenbourg, 2009.
Les Huguenots et l'Atlantique, Indes Savantes, 2012.
Le Siècle de Louis XIV, Figaro Histoire/Perrin, 2015.
Les Grands Duels qui ont fait le monde, Perrin, Figaro Magazine, 2016.
Les Grandes décisions de l'histoire de France, Le Point/Perrin, 2018.

ABRÉVIATIONS

Azincourt : G. BACQUET, *Azincourt*, Bellegarde, Scop-Sadag, 1977.
Aurell : M. AURELL, *L'Empire des Plantagenêts*, Paris, Perrin, 2003.
Bémont 1884 : C. BÉMONT, *Simon de Montfort, comte de Leicester*, Paris, A. Picard, 1884.
Bémont 1892 : C. BÉMONT, *Chartes des libertés anglaises (1100-1305)*, Paris, A. Picard, 1892.
Blair 2004 : P. RICHARDS (éd.), *Tony Blair in His Own Words*, Londres, Methuen, 2004.
Blanqui : J.-A. BLANQUI, *Histoire de l'économie politique en Europe* (1837), Paris, Guillaumin, 1860, 2 vol.
BPH : M. PEARCE, G. STEWART, *British Political History, 1867-2001*, Londres, Routledge, 2002.
Briggs : A. BRIGGS, *The Age of Improvement 1783-1867*, Londres, Longman, 1979.
CEHMB : R. FLOUD, P. JOHNSON (éd.), *The Cambridge Economic History of Modern Britain*, Londres, Cambridge University Press, 2004, 3 vol.
Carpenter 1990 : D.A. CARPENTER, *The Minority of Henry III*, Berkeley, University of California Press, 1990.
Carpenter 1996 : D.A. CARPENTER, *The Reign of Henry III*, Londres, Hambledon Press, 1996.
Chauou : A. CHAUOU, *L'Idéologie Plantagenêt*, Rennes, Presses universitaires de Rennes, 2001.
Chibnall : M. CHIBNALL, *The Debate on the Norman Conquest*, Manchester, Manchester University Press, 1999.
Church : S.D. CHURCH (éd.), *King John. New Interpretations*, Woodbridge, Boydell Press, 1999.
Cromwell : B. COTTRET, *Cromwell*, Paris, Fayard, 1992.
Cottret 1985 : B. COTTRET, *Terre d'exil*, Paris, Aubier, 1985.
Cottret 1988 : B. COTTRET *La Glorieuse Révolution d'Angleterre, 1688*, Paris, Gallimard, 1988.
Cottret 1994 : B. COTTRET, C. GIRY-DELOISON, E. CRUICKSHANKS, *Histoire des îles Britanniques*, Paris, Nathan, 1994.

Cottret 1999 : B. Cottret, *Henri VIII*, Paris, Payot, 1999, rééd. 2005.

Cottret 2003 : B. Cottret, *Histoire d'Angleterre, XVIe-XVIIIe siècles*, Paris, PUF, « Nouvelle Clio », 2003.

CRSD : Chronique du religieux de Saint-Denys, (éd.) L.F. Bellaguet, B. Guenée, Paris, ÉCTHS, 1994, 6 vol en 3.

DBMRR : *Documents of the Baronial Movement of Reform and Rebellion,* (éd.) R.F. Treharne, Oxford, Clarendon Press, 1973.

EHD : D. C. Douglas *et al.*, *English Historical Documents*, Londres, Methuen, 1955-1981, 9 vol. parus.

Engels : F. Engels, *La situation de la classe laborieuse en Angleterre*, Paris, Éditions sociales, 1960. Édition électronique.

Favier : J. Favier, *Les Plantagenêts*, Paris, Fayard, 2004.

Froissart : J. Froissart, *Chroniques*, Paris, Renouard et Klincksieck, 1869-1975, 15 vol.

GCA : M. Paris, *La Grande Chronique d'Angleterre*, Clermont-Ferrand, Paléo, 2001-2004, 5 vol.

Genet 2003 : J.-P. Genet, *La Genèse de l'État moderne*, Paris, PUF, 2003.

Genet 2005 : J.-P. Genet, *Les Îles Britanniques au Moyen Âge*, Paris, Hachette, 2005.

GS : J.R.M. Butler (éd.), *Grand Strategy*, Londres, HMSO, 1953-1958, 9 vol.

Guerre et société : P. Contamine, C. Giry-Deloison, M.H. Keen (éd.), *Guerre et société en France, en Angleterre et en Bourgogne*, Villeneuve d'Ascq, Presses de l'université Charles-de-Gaulle, 1991.

HAN : *Histoire de l'Amérique du Nord. Une anthologie du XVIIe au XXe siècle*, Montreuil, Bréal, 2001.

HCMA : *Historiens et chroniqueurs du Moyen Âge*, Paris, Gallimard, 1952.

Himmelfarb : G. Himmelfarb, *Victorian Minds*, Londres, Weidenfeld & Nicolson, 1968.

Holt 1992 : J.C. Holt, *Magna Carta*, Cambridge, Cambridge University Press, 1992.

HRU : *Histoire du Royaume-Uni. Une anthologie du XVIe au XXe siècle*, Montreuil, Bréal, 2000.

IHD : E. Curtis, R.B. McDowell (éd.), *Irish Historical Documents*, Londres, Methuen, 1943.

Judd : D. Judd, *Empire. The British Imperial Experience from 1765 to the Present*, Londres, Harper Collins, 1996.

Langford 1989 : P. Langford, *A Polite and Commercial People. England 1727-1783*, Oxford, Clarendon Press (1989), 1992.

Lecuppre : G. Lecuppre, *L'Imposture politique au Moyen Âge*, Paris, PUF, 2005.

Le Goff 1996 : J. Le Goff, *Saint Louis*, Paris, Gallimard, 1996.

L&P 1861 : J. GAIRDNER (éd.), *Letters and Papers Illustrative of the Reigns of Richard III and Henry VII*, Londres, Green & Longman, 1861, 2 vol.

L&P 1862-1910 : J.S. BREWER *et al.* (éd.), *Letters and Papers, Foreign and Domestic of the Reign of Henry VIII*, Londres, GREEN & LONGMAN, 1862-1932, 21 tomes + *Addenda*, 35 vol.

L&PI : J. Stevenson (éd.), *Letters and Papers Illustrative of the Wars of the English in France during the reign of Henry VI*, Londres, Green & Longman, 1861, 3 vol.

Loach 1986 : J. LOACH, *Parliament and the Crown in the Reign of Mary Tudor*, Oxford, Clarendon Press, 1986.

Loach 1999 : J. LOACH, *Edward VI*, New Haven, Yale University Press, 1999.

Loades 1997 : D.M. Loades, *Tudor Government*, Oxford, Blackwell, 1997.

Maitland : F.W. MAITLAND, *The Constitutional History of England* (1908), Cambridge, Cambridge University Press, 1977.

OHBE :W.R. LOUIS (éd.), *The Oxford History of the British Empire*, Oxford, Oxford University Press, 1998-1999, 5 vol.

Petit-Dutaillis : C. PETIT-DUTAILLIS, *La Monarchie féodale en France et en Angleterre* (1933), Paris, Albin Michel, 1971.

Picot : G. PICOT, *Histoire des états généraux* (1872), Genève, Mégariotis Reprint, 1979, 4 vol.

PMK : P.M. KENDALL, *Warwick, le faiseur de rois*, Paris, Fayard, 1981.

Prestwich 1980 : M. PRESTWICH, *The Three Edwards. War and State in England 1272-1377* (1980), Londres, Routledge, 2001.

Prestwich 1988 : M. PRESTWICH, *Edward I*, Londres, Methuen, 1988.

RBMAS : *Rerum Britannicarum Medii Aevi Scriptores*, (éd.) E.M. Thompson, Londres, Kraus Reprint, 1966, 98 vol.

RA : B. COTTRET, *La Révolution américaine. La quête du bonheur*, Paris, Perrin, 2003.

SRWWI : C.F. HORNE (éd.), *Source Records of World War I*, Lewiston, NY, Edwin Mellen Press, 1998, 7 vol.

Sumption : J. SUMPTION, *The Hundred Years War*, Londres, Faber & Faber, 1990-1999, 2 vol.

Thierry : A. THIERRY, *Histoire de la conquête de l'Angleterre*, Paris, Furne, 1860, 2 vol.

Tuck : A. TUCK, *Crown and Nobility, 1272-1461*, Londres, Fontana, 1985.

Wilkinson 1969 : B. WILKINSON, *The Later Middle Ages in England*, Londres, Longman, 1969.

NOTES

AVANT-PROPOS

1. Cela s'applique particulièrement aux marges celtiques, comme l'avait montré en son temps M. Hechter (*Internal Colonialism*, Berkeley, University of California Press, 1982). Je remercie E. Le Roy Ladurie, qui avait le premier attiré mon attention sur ce titre lors de nos conversations passionnées dans notre vieille BN de la rue de Richelieu dans les années 1980. Je souhaiterais également m'acquitter ici de la dette immense que j'ai contractée auprès de Laurent Theis, qui a relu ce livre comme la plupart des précédents depuis une dizaine d'années avec un rare degré de compétence et de gentillesse. Cet ouvrage lui doit beaucoup.

2. Le grand historien suisse H. Lüthy a eu raison de ce mythe insulaire dans son essai de 1969 *Rule Britannia*, dans lequel il déclarait que l'Angleterre, si elle n'avait pas de voisins du fait de la mer, était la voisine du monde entier : *Kein Nachbar zu Lande, doch als Nachbar zur See die Welt* (*Werke*, Zurich, Neue Zürcher Zeitung, 2004, IV, p. 254). Il est intéressant de noter que pour, l'Union européenne, la Grande-Bretagne et l'Irlande ne sont pas considérées « comme des îles mais comme des États » – contrairement à la Sicile, à la Corse, à la Sardaigne, ou encore à l'île de Man ou aux îles Shetland (*Les Îles malgré l'Europe*, Bastia, Materia Scritta, 2006, p. 29).

3. C'est là la formule de style que l'on appelle par ailleurs une synecdoque.

4. Si le volume collectif dirigé par R. Blake semblait en 1982 mettre l'accent sur l'ascendant anglais (*The English World*, Londres, Thames & Hudson, 1982), J.G.A. Pocock la même année insistait à l'inverse sur le caractère pluriel des îles Britanniques, et sur la difficulté même d'écrire une histoire britannique unifiée (« The Limits and Divisions of British History », *American Historical Review*, 87 (1982), pp. 311-336).

5. Un peu comme en France, si l'on veut. Mais notre concept de nation est plus inclusif, et en un sens moins extensible, en minimisant délibérément les origines patrimoniales : on est français par la culture comme par la volonté. On peut ne pas être anglais tout en restant britannique.

6. R. Winder, *Bloody Foreigners*, Londres, Little, Brown, 2004.

7. N. Davies, *The Isles :A History*, Basingstoke, Macmillan, 1999.

8. J.-P. Genet, « Un problème européen », *Droit et société en France et en Grande-Bretagne*, Paris, Publications de la Sorbonne, 2003, p. 238.

9. Et se prête à une multitude de réalisations parlementaires à géométrie variable : chacun a vu au moins en carte postale ou à la télévision les bâtiments gothiques du parlement de Westminster, ornés de la célèbre horloge, *Big Ben*, dont le carillon garde un timbre inimitable, et sans cesse imité pourtant. Mais la dévolution a doté à la fin du siècle dernier l'Écosse et le pays de Galles de leurs assemblées – parlement d'Édimbourg, assemblée galloise, tandis que l'Irlande du Nord connaît elle aussi ses institutions parlementaires à Stormont. Parmi les derniers développements de cette nature, citons le *British Irish Council*, ou BIC, appelé, selon les termes de l'accord du vendredi saint 1998 – *Good Friday Agreement* – à se prononcer de façon consultative sur l'ensemble d'un archipel qui comprend, outre la Grande-Bretagne et l'Irlande, les îles Anglo-Normandes et l'île de Man (voir chapitre 24).

10. En 1871, l'Angleterre et l'Écosse s'affrontèrent au rugby ; dix ans plus tard, le pays de Galles et l'Irlande entrèrent dans la compétition, suivis officiellement par la France en 1910.

11. C. Grant, K.J. Stringer, *Uniting the Kingdom*, Londres, Routledge, 1995, p. 3.

12. Parmi les entreprises éditoriales les plus stimulantes de ces dernières années, citons cependant les ANALYSES de L. Colley sur la constitution, dans un contexte impérial, d'une identité nationale britannique (*Britons : Forging the Nation*, New Haven, Yale University Press, 2005 ; *Captives : Britain, Empire and the World*, Londres, Jonathan Cape, 2002).

13. M. Jones, *Le royaume désuni*, Paris, Ellipse, 2003, p. 3.

14. Le malade est mort guéri. Échappant à ce consensus, François Crouzet proclamait très *tongue in cheek* la robuste santé de la Grande-Bretagne en évoquant « la supériorité de l'Angleterre sur la France » (*De la supériorité de l'Angleterre*, Paris, Perrin, 1985).

15. Tel est du reste l'objet du livre récent de R. et I. Tombs, *That Sweet Enemy*, Londres, Heinemann, 2006.

16. J.-J. Rousseau, *Considérations sur le gouvernement de Pologne*, *Œuvres complètes*, Paris, Gallimard, 1959-1995, III, p. 960.

17. Rappelons également pour mémoire que l'accusation d'être anti-européenne à l'adresse de l'Angleterre avait été proférée en France par les milieux collaborationnistes. On citera ici Charles Albert, un proche de Marcel Déat, auteur de l'*Angleterre contre l'Europe*, Paris, Denoël, 1941. L'auteur utilisait le témoignage des théoriciens britanniques de l'impérialisme de la fin du XIXe siècle, en particulier J.R. Seeley. Albert maintenait l'existence d'une Grande-Bretagne « extra-continentale », « puissance asiatique plus qu'européenne » (*Id.*, p. 31). Il mettait également en garde contre l'existence d'un « impérialisme anglo-saxon », associant étroitement Britanniques et Américains (*Id.*, p. 87). Il terminait en appelant à la destruction de la Nouvelle Carthage : « Pour que l'Europe vive, il faut que l'Angleterre meure » (*Id.*, p. 114).

18. R. Aron, « France-Angleterre dans la reconstruction européenne », *Angleterre 1947*, Paris, Éditions du monde nouveau, 1947, p. 123. Il est vrai que le même volume collectif déclarait en introduction :« À l'ère des nationalités a désormais succédé l'âge des empires » (*Id.*, p. 7). Ces empires-là étaient, non point les empires coloniaux, britanniques, français, portugais ou autres, mais l'Union soviétique et les États-Unis, qualifiés de « mastodontes ». Une autre publication de la même série, consacrée la même année à la *Bataille*

de la paix, appelait clairement de ses vœux le développement du fédéralisme à l'échelon européen, voire mondial.

19. *HRU*, pp. 391-392. On pense évidemment à la conférence du presse du général de Gaulle, le 15 mai 1962 :« La France avec ses Français, l'Allemagne avec ses Allemands, l'Italie avec ses Italiens » (*Mémoires d'espoir*, Paris, Plon, 1999, p. 792). Il est vrai que la formule servait alors à écarter la candidature britannique au Marché commun. Le propos de Mrs Thatcher reposait certes sur un tout autre socle que le discours du général de Gaulle, et les revendications financières étaient essentielles dans ce plaidoyer pour une Europe libérale qui ne reconduise pas en son sein la bureaucratie des États. L'antigaullisme et l'anglophobie, une anglophobie étendue aux États-Unis, se retrouvent étroitement imbriqués dans le livre qu'A. Avice publiait au lendemain de la guerre d'Algérie sous le titre explicite de *Mésentente cordiale. La Politique séculaire de l'Angleterre*, Paris, Éditions du Scorpion, 1964. Évoquant Fachoda, et une solide tradition familiale d'opposition à l'Angleterre, l'auteur se déchaîne également contre Mers el-Kébir, Churchill, de Gaulle, et les protestants français, alliés des puritains d'Angleterre, « anti-papistes » et « anti-Français » (p. 370).

CHAPITRE Ier

L'INVASION NORMANDE DE 1066

1. Ce propos du ministre des Affaires étrangères à son homologue français, Dominique de Villepin, remonte à février 2003 et aux débats de l'ONU sur l'intervention en Irak. On citera encore Clemenceau, qui aurait dit lors de la conférence de Paix, à Paris, que l'Angleterre était « une colonie qui aurait mal tourné » (D. Bates, « 1066 : Does the Date still Matter ? », *Historical Research,* 78 (2005), p. 445).

2. C. Sellar, R.J. Yeatman, *1066 and All That*, Londres, Methuen, 1930. Les articles étaient parus à l'origine dans le magazine satirique *Punch*.

3. Comme l'écrivait déjà l'historien victorien E.A. Freeman, la conquête normande ne fut pas tant un « commencement qu'un tournant majeur dans l'histoire insulaire, un tournant sans égal chez les autres peuples germaniques » (*History of the Norman Conquest*, Oxford, Clarendon Press, 1877-1879, I, p. 1).

4. F. Lessay, « Joug normand et guerre des races », *Cités* 2/2000, pp. 57-74 ; P. Lurbe *et al*, *Le Joug normand*, Caen, Presses universitaires de Caen, 2004.

5. M. Bloch, *Seigneurie française et manoir anglais*, Paris, A. Colin, 1967, pp. 15-16.

6. Si la France abolit son système seigneurial le 4 août 1789, l'Angleterre attendit 1922 pour que toutes les terres fussent transformées en libres tenures – *freeholds* – par le *Property Act* (12 & 13 Geo. 5, c. 16). Pour sa part, l'historien moderniste mettra peut-être l'accent sur la loi de 1660 (12 Car. II., c. 24, 1660) abolissant les tenures féodales, ou plutôt confirmant une abolition qui avait été ordonnée par le parlement durant la première révolution anglaise, le 24 février 1646 (C. Hill, *Some Intellectual Consequences of the English Revolution*, Londres, Weidenfeld & Nicolson, 1980, pp. 34-35). J.-P. Genet paraît

se rallier à cette seconde périodisation : « L'adieu définitif au féodalisme se situe au milieu du XVIIe siècle » (*Genet* 2003, p. 11).

7. Cela n'empêcha pas les évolutions contrastées. Marc Bloch se montrait sensible à l'une des différences majeures entre la France et l'Angleterre : « La France est un pays où la petite ou moyenne propriété paysanne coexiste largement avec la grande propriété ; l'Angleterre est, fondamentalement, un pays de grande propriété » (M. BLOCH, *Seigneurie française*, *op. cit.*, p. 69). Si l'Angleterre que Marc Bloch aperçoit de son train a été façonnée par le conquête normande, il faut aussi évoquer une évolution largement ultérieure. Après 1680, les grands domaines se sont encore accrus, aux dépens de la propriété paysanne, non pas du reste en raison de quelque expropriation des paysans, mais par des achats massifs, opérés à la faveur de la baisse des prix et des profits agricoles, et de l'alourdissement de la fiscalité. À la fin du XVIIIe siècle, la disparition du paysan anglais aurait été presque consommée, moins de 20 % du sol restant aux mains de propriétaires exploitants. À partir du milieu du XVIIIe siècle, la hausse des prix agricoles et des rentes consolida la position des grands propriétaires (F. CROUZET, *De la supériorité*, *op. cit.*, pp. 12-13). Beaucoup de choses ont changé depuis M. Bloch. La France a cessé d'être aussi massivement paysanne depuis un demi-siècle. Mais il suffit de prendre l'Eurostar pour s'en convaincre. L'Angleterre rurale a encore et toujours des allures de vaste parc paysagé. « Le choc visuel est de ceux qui instruisent » (*Seigneurie française*, *op. cit.*, p. 13).

8. *Id.*, pp. 54-55 ; H.R. Loyn, *op. cit.*, p. 316.

9. Dans la réédition du texte en 1960, G. Duby notait que nombre de ses conclusions étaient désormais forcloses.

10. O. VITAL, *Histoire de Normandie*, Caen, Mancel, 1826, II, p. 111.

11. Rollon avait obtenu en 911 le comté de Rouen des mains de Charles le Simple par la convention orale de Saint-Clair-sur-Epte. Né à Falaise, Guillaume Ier, duc de Normandie, roi d'Angleterre (1028-1087), était le fils de Robert, duc de Normandie († 1035), et d'une jeune fille dénommée Herleue, ou Arlette, à laquelle il s'était uni *more danico* – d'où le sobriquet négatif de « bâtard » parfois accolé au nom de Guillaume. Cette Herleue devait épouser par la suite Herluin de Conteville, dont elle eut plusieurs enfants, dont le célèbre Eudes, évêque de Bayeux, demi-frère de Guillaume le Conquérant. Guillaume, pour sa part, devait s'unir à Mathilde, fille de Baudouin V, comte de Flandre ; elle descendait du roi saxon Alfred le Grand, renforçant ainsi les titres de son époux sur la couronne d'Angleterre. Par ailleurs, la mère d'Édouard le Confesseur avait été une grand-tante de Guillaume, Emma de Normandie – ce qui en soi constituait un titre assez mince pour succéder au roi d'Angleterre.

12. C. POTTS, « *Atque unum ex diversis gentibus populum effecit* », *Anglo-Norman Studies*, 18 (1996), pp. 139-152 ; *Chibnall*, p. 127.

13. *Petit-Dutaillis*, p. 60.

14. Les troupes du Saint-Siège avaient été défaites par les Normands en 1053 à la bataille de Civitate ; le pape Léon IX fut captif durant plusieurs mois.

15. L. VALIN, *Le Duc de Normandie*, Paris, Larose & Tenin, 1910, p. 9.

16. Édouard le Confesseur devait être le dernier roi anglo-saxon à régner effectivement sur l'Angleterre. Après une enfance normande, il conserva toujours de nombreux Normands dans son entourage – d'où le mécontentement de nombre de ses sujets. Édouard avait également entrepris la

construction de l'abbaye de Westminster. Il fut canonisé par le pape Alexandre III en 1161.

17. *Genet* 2005, p. 84.

18. La *Chronique saxonne* rapporte ces événements au début des années 1050.

19. *Thierry* I, pp. 267-272

20. *Thierry* I, p. 276.

21. *Thierry* I, p. 277.

22. Il existait plusieurs prétendants au trône d'Angleterre. Édouard le Confesseur n'avait pas eu de descendance de son épouse Édith. Parmi eux, Harold Godwineson, beau-frère du roi, Harold Hardrada, roi de Norvège, et enfin Guillaume de Normandie, cousin du feu roi.

23. *Thierry* I, p. 292 *sq*.

24. Parmi ces Normands, Robert Guiscard († 1085 à Céphalonie), fils de Tancrède de Hauteville, qui combattit avec ses frères, Guillaume, Dreux et Onfroi en Calabre. Après s'en être pris au pape Léon IX, Guiscard s'entendit avec Nicolas II, qui concéda aux Normands la Pouille, la Calabre et la Sicile.

25. Hildebrand († 1085) devait devenir pape à son tour sous le nom de Grégoire VII. Son pontificat devait être marqué par la célèbre réforme « grégorienne ». Il fut canonisé.

26. *Thierry* I, p. 291.

27. *Thierry* I, pp. 295-296.

28. *La estoire de seint Aedward le rei*, *RBMAS* 3, p. 153.

29. P. Zumthor, *Guillaume le Conquérant*, Paris, Tallandier, 1978, p. 306.

30. F. Stenton *et al.*, *The Bayeux Tapestry*, Londres, Phaidon Press, 1957, p. 15.

31. D. Barthélemy, *L'An mil et la paix de Dieu*, Paris, Fayard, 1999, p. 530.

32. R. Wace, « Roman de Rou et des ducs de Normandie », *Thierry* I, p. 366.

33. *Id.*, *Thierry* I, p. 381. C'était bien évidemment un humoriste que ce Taillefer. Un récit nous le représente en train de jongler avec son épée avant de tuer un Anglais d'un coup de lance et de découper délicatement sa tête pour la montrer aux Normands, afin de les égayer un peu (Guy d'Amiens, *The Carmen de Hastingae*, Oxford, Clarendon Press, 1999, p. 24).

34. Guillaume de Poitiers, *Histoire de Guillaume le Conquérant*, Paris, Les Belles Lettres, 1952, p. 189.

35. *Id.*, *ibid.*., p. 191.

36. *Id.*, p. 199.

37. *Id.*, p. 207.

38. R. Wace, *op. cit.*, *Thierry* I, p. 399.

39. En novembre, l'armée d'invasion souffrit de dysenterie – ce qui n'empêcha plusieurs détachements de pousser leur avancée vers l'ouest jusqu'à Winchester avant de remonter vers la Tamise. Londres se rendit en décembre, non sans une certaine résistance. On tenta sans succès d'opposer à Guillaume un nouveau roi saxon, Édouard *Etheling*, Édouard « l'Illustre », qui n'eut malheureusement d'illustre que le nom.

40. Guillaume DE POITIERS, *op. cit.*, p. 221. L'archevêque de Cantorbéry, Stigand, qui aurait dû officier, fut écarté par Guillaume qui le jugeait peu fiable.

41. O. VITAL, *op. cit.*, p. 148.

42. Édouard le Confesseur avait fait le vœu de se rendre en pèlerinage sur le tombe de saint Pierre à Rome, mais incapable de l'accomplir, il avait construit cette église, à l'ouest de Londres – d'où le nom de Westminster. Il fut du reste enterré au pied du maître-autel; une plaque montre toujours l'emplacement probable de son cercueil. Rien ne reste malheureusement de ce bâtiment saxon dans l'actuelle abbaye de Westminster, où sont toujours couronnés les rois et reines d'Angleterre depuis Guillaume. Le bâtiment actuel, œuvre de Henry de Reims, remonte en grande partie au XIIIe siècle.

43. O. VITAL, *op. cit.*, II, p. 140.

44. *Thierry* II, p. 22.

45. « Liste extraite de la chronique de Bromton », *Thierry* II, p. 322.

46. Ce fils devait devenir duc de Normandie à son tour, sous le nom de Robert II.

47. Les Anglo-Saxons parvinrent à se maintenir un peu plus tard dans l'Église (*Genet* 2005, p. 90).

48. J. Le Patourel donne la liste révélatrice des évêques, en indiquant leur provenance, de 1066 à 1144. Le nombre de Normands est évidemment écrasant (*The Norman Empire*, *op. cit.*, pp. 49-51).

49. *Thierry* II, p. 130.

50. Adèle, fille de Guillaume et comtesse de Blois, devait être à l'origine de la fondation de l'abbaye de Reading en 1121. L'influence de Cluny se heurta alors à l'ordre de Cîteaux. Les templiers s'installèrent en Angleterre en 1137.

CHAPITRE II

LA FÉODALITÉ, CONTINUITÉS ET RUPTURES

1. *Petit-Dutaillis*, p. 9.

2. J.C. HOLT, *Colonial England, 1066-1215*, Londres, Hambledon Press, 1997. L'auteur prend soin de préciser qu'il utilise le mot « colonisation » au sens actuel et non pas uniquement pour définir un processus d'installation – *settlement*. Il précise sa dette envers la théorie de la frontière de Turner, tout en admettant les différences considérables qui ont pu séparer la colonisation de l'Angleterre de la colonisation de l'Amérique (pp. 1-2). Voir également B. GOLDING, *Conquest and Colonisation*, Basingstoke, Palgrave, 2001. Nous faisons également état ici de nos conversations avec B. Van Ruymbeke sur la question coloniale en Amérique.

3. R. Fossier nuance du reste son propos en soulignant que si la société saxonne ne « connaissait pas la tenure chargée d'obligations militaires », elle pratiquait cependant la « recommandation personnelle » et « la levée d'hommes armés », tous traits que la conquête normande put utiliser à son profit (*op. cit.*, II, p. 962). Dans sa note critique, A. Guerreau était conduit, tout en soulignant les mérites de l'ouvrage, à réfuter le terme de « révolution du XIe siècle » (« Un tournant de l'historiographie médiévale », *Annales ESC* 41 (1986), p. 1167).

4. M. Bloch, *La Société féodale*, Paris, A. Michel, 1994, p. 209.

5. Cette cérémonie ne se produit plus qu'une ou deux fois par règne outre-Manche. Lors du Couronnement, un représentant des différents rangs parmi les lords prête hommage au nom de ses pairs ; de même, on retrouve l'hommage vassalique lorsque le prince héritier est présenté comme prince de Galles à Caernavon Castle (R. Neillands, *The Hundred Years War*, Londres, Routledge, 1990, p. 16).

6. Jusqu'à la conquête, hommage et fidélité n'avaient pas nécessairement impliqué la tenure d'un fief (J. Le Patourel, *The Norman Empire*, Oxford, Clarendon Press, 1976, p. 207).

7. H.R. Loyn, *Anglo-Saxon England and the Norman Conquest*, Londres, Longman, 1962, p. 329.

8. *Bémont* 1884, p. 53.

9. Évidemment, la question demeure de savoir s'il faut pour autant parler de féodalité avant la conquête. F. Stenton avoue ses réticences (*The First Century of English Feudalism*, Oxford, Clarendon Press, 1961, p. VII).

10. Le *Danegeld* fut apparemment prélevé jusqu'en 1163.

11. W.M. Ormrod, J. Barta, « The Feudal Sructure and the Beginnings of State Finance », *Economic Systems and State Finance* (éd.) R. Bonney, Oxford, Clarendon Press, 1995, p. 61.

12. S.B. Chrimes, *English Constitutional History*, *op. cit.*, p. 82.

13. J. Hudson, *The Formation of the English Common Law*, Londres, Longman, 1996, p. 90.

14. Id., *ibid.*, p. 71. Même observation pour la France du xe siècle chez L. Theis, *L'Avènement d'Hugues Capet*, Paris, Gallimard, 1984, p. 68.

15. A. Hinde, *England's Population*, Londres, H. Arnold, 2003, p. 18.

16. Le chiffre auquel parvient le *Domesday Book* serait de 25 000 esclaves – *servi*. Encore en 1102, le concile de Londres devait répéter l'interdiction de vendre des esclaves ; c'est qu'il y avait des degrés dans la servilité (M. Chibnal, *Anglo-Norman England,* Oxford, B. Blackwell, 1986, pp. 187-188).

17. Lanfranc (v. 1005-1089) était originaire de Pavie. En 1080, il se rendit à Rome pour obtenir une dispense pour le mariage de Guillaume avec Mathilde. Il y combattit, devant un concile, l'hérésie de Bérenger de Tours. Il est l'auteur du *De Corpore et sanguine Domini*.

18. H.R. Loyn, *Anglo-Saxon England*, Londres, Longman, 1962, p. 351.

19. Id., *ibid.*, p. 329 et p. 337.

20. Ou *Witenagemot*.

21. E. Van Houts, « The Memory of 1066 », *Anglo-Norman Studies,* 19 (1997), pp. 167-180.

22. M. Chibnal, *Anglo-Norman England, op. cit.*, p. 16.

23. W.L. Warren, *The Governance of Norman and Angevin England*, Londres, E. Arnold, 1987, p. 55.

24. La reine Mathilde devait s'éteindre le 3 novembre 1083.

25. M.T. Clanchy, *From Memory to Written Record*, Londres, E. Arnold, 1979, pp. 11-12.

26. *The Anglo-Saxon Chronicle,* Londres, Dent, 1953, E, Ms Peterborough, p. 216. Cette chronique saxonne, d'origine monastique, se compose de six versions manuscrites, cotées de A à F. Elles sont l'œuvre de plusieurs auteurs.

27. R. Fitznigel, *Dialogus de Scaccario*, Oxford, Clarendon Press, 1983, p. 64.

28. H.A. Taine, *Histoire de la littérature anglaise*, Paris, Hachette, 1866-1878, I, p. 126.

29. Les comtés actuels du Durham, du Northumberland, du Cumberland, du Westmoreland et du Lancashire ne furent pas concernés.

30. « Chaque époque se fabrique mentalement son univers [...] Pareillement chaque époque se fabrique mentalement sa représentation du passé historique. Sa Rome et son Athènes, son Moyen Âge et sa Renaissance » (L. Febvre, *Le Problème de l'incroyance au XVIe siècle*, Paris, A. Michel, 1968, p. 12). Il y a eu un *Domesday Book* des Victoriens qui, au XIXe siècle, saluaient le génie administratif des Normands (V.H. Galbraith, *Domesday Book*, Oxford, Clarendon Press, 1974, p. XIII *sq.*). Il y a eu pareillement un *Domesday Book* du siècle dernier, celui des années 1960, encore volontariste dans sa conception de la politique (V.H. Galbraith, *The Making of Domesday Book*, Oxford, Clarendon Press, 1961). Il est arrivé au *Domesday Book* la même mésaventure qu'aux certitudes nées de l'après-guerre : il a éclaté. Désormais, l'on distinguera l'enquête préalable de la rédaction, le projet initial du livre définitif. L'enquête, ordonnée par Guillaume le Conquérant, aurait été une réponse apportée à la menace d'une offensive danoise en 1085. Il s'agissait bien alors de pourvoir à la levée de l'impôt et de veiller à la défense du territoire. À l'inverse, le *Domesday Book* aurait été entrepris quelques années plus tard, au lendemain de la rébellion contre Guillaume le Roux de 1088. Il se serait agi alors d'asseoir l'autorité du roi sur le consentement de ses sujets. Telle fut la thèse, iconoclaste, proposée en 2000 par David Roffe, un historien de Sheffield (*Domesday*, Oxford, Oxford University Press, 2000).

31. Ceux-ci pouvaient du reste prêter directement serment auprès du shérif du comté.

32. C. Petit-Dutaillis voit dans cet événement le maintien d'une tradition anglo-saxonne et danoise, « fort analogue elle-même à la tradition carolingienne éteinte en France » (*Petit-Dutaillis*, p. 67).

33. *Thierry* II, pp. 229-230.

34. D.M. Wilson, *La Tapisserie de Bayeux*, Paris, Flammarion, 2005, p. 15.

35. Le marc valait 13 sous et 4 deniers, soit le 1/3 de la livre sterling (*Prestwich* 1980, p. 3).

36. J. Gillingham, « Le Moyen Âge classique », *Histoire de la Grande-Bretagne,* (éd.) K.O. Morgan, Paris, A. Colin, 1985, p. 112. Je remercie Lauric Henneton pour ce détail.

37. La situation est fort bien décrite par Guillaume de Jumièges (*Gesta Normanorum Ducum*, Oxford, Clarendon Press, 1992, II, p. 186). Robert Courteheuse (Courte-Botte), duc de Normandie, devait passer de longues années en captivité à Cardiff, au pays de Galles, où il s'éteignit en 1134. Environ cinq ans après l'invasion, les Normands composèrent plusieurs récits de leur invasion. Les *Gesta Normanorum Ducum* furent composées à partir de 1070 ; puis vinrent peu après les *Gesta Willemi Ducis Normanorum et Regis Anglorum*, de Guillaume de Poitiers. Citons également le poème composé par Guy, évêque d'Amiens, sous le nom de *Carmen de Hastingae proelio*. Plus tard, il faut mentionner les *Gesta Regum Anglorum*, terminés vers 1125, par Guillaume de Malmesbury, et *l'Historia Anglorum* d'Henry, archidoyen de

Huntingdon. La *Chronicon ex chronicis*, la « chronique des chroniques », qui couvre la période 750-1117, est attribuée à Florence de Worcester. L'on mentionnera enfin, du côté anglais, la *Chronique anglo-saxonne*.

38. Un second fils, Richard, était déjà mort une dizaine d'années auparavant.

39. Né en 1036, Eudes de Bayeux termina ses jours en 1097.

40. Ce Renouf Flambard fut emprisonné à la Tour de Londres en 1100. On lui reprocha, à la mort de Guillaume le Roux, son administration des finances. Il devait cependant s'échapper de sa prison et rentrer en Normandie, où il incita Robert Courteheuse à reconquérir l'Angleterre. Il put cependant rentrer en Angleterre et retrouver son évêché.

41. Henry Ier était né en 1068 à Selby, dans le Yorkshire.

42. « Institutiones Henryci Regis », *Bémont* 1892, pp. 3-6.

43. *Holt* 1992, p. 37 *sq.*

44. Né dans le Val d'Aoste, Anselme de Cantorbéry (1033 – 1109) avait été abbé de l'abbaye normande du Bec, avant de succéder à Lanfranc comme archevêque de Cantorbéry. Il devait s'exiler deux fois d'Angleterre avant de revenir triomphalement en 1106. Il fut proclamé docteur de l'Église en 1720.

45. Étienne de Blois (1097-1154) était né à Douvres.

46. Robert de Caen, comte de Gloucester (v.1090-1147), était le fils bâtard de Henry Ier.

47. Née en 1102, Mathilde finit ses jours à côté de Rouen en 1167.

48. *Petit-Dutaillis*, p. 103.

CHAPITRE III

L'EMPIRE PLANTAGENÊT

1. *Aurell*, p. 9.

2. L. Theis, *Robert le Pieux*, Paris, Perrin, 1999.

3. W.L. Warren, *Henry II*, Londres, Eyre Methuen, 1973, p. 10.

4. Fils de Bertrade de Montfort et de Foulques IV le Réchin, Foulques le jeune, comte d'Anjou, était né vers 1092, et il devait mourir à Saint-Jean-d'Acre, en Terre sainte, en 1142, après avoir pris le titre de roi de Jérusalem. Il avait épousé Ermengarde du Maine.

5. D. Matthew, *The English and the Community of Europe in the Thirteenth Century*, Reading, University of Reading, 1997 ; J. Le Goff, *L'Europe est-elle née au Moyen Âge ?*, Paris, Le Seuil, 2003.

6. Fille de Guillaume X, duc d'Aquitaine et du Poitou, Aliénor avait épousé en 1137 le futur Louis VII. Elle apporta ainsi au royaume de France la Guyenne, la Gascogne, la Saintonge et le Poitou.

7. La situation empira lorsque le couple partit pour la croisade de 1147 à 1149. Le bruit d'une liaison entre Aliénor et le prince d'Antioche ne fit qu'aviver les disputes au sein du couple royal.

8. G. Duby, *Dames du XIIe siècle*, Paris, Gallimard, 1995-1996, I, p. 16.

9. *Favier*, p. 216.

10. G. Duby, *Dames*, *op. cit.*, p. 19.

11. Il s'agissait d'un second mariage pour Jean sans Terre, qui avait divorcé précédemment d'Isabelle de Gloucester.

12. *Chauou*, p. 13.

13. *Chauou*, pp. 13-14. Formé à la Sorbonne, Pierre de Blois (v. 1135-v. 1203) avait été le précepteur de Guillaume II de Sicile, avant de passer au service d'Henry II. Il fut également l'auteur de certaines des chansons connues sous le nom de *Carmina Burana*.

14. *Aurell*, p. 37.

15. *Chauou*, p. 14.

16. Pièce majeure de cet édifice, la traduction-adaptation de l'*Historia Regum Britanniae* de Geoffroy de Monmouth par Wace, connue sous le nom de *Roman de Brut* (l'original remontait à 1138). L'on y découvrait un tableau saisissant de l'histoire de la Bretagne depuis le siège de Troie jusqu'à la fin du VIe siècle.

17. L. HARF-LANCNER, « L'Enfer de la Cour », *L'État et les aristocraties*, (éd.) P. Contamine, Paris, Presses de l'ENS, 1989, pp. 27-50.

18. Né au pays de Galles, Gautier Map (v. 1137-v. 1209) fit ses études à Paris, avant de devenir juge itinérant du roi, puis archidiacre d'Oxford en 1197. Il est l'auteur du *De Nugis Curialium*, qui inspira le *Policraticus* de Jean de Salisbury. On ne sait pratiquement rien de Marie de France, qui était présente auprès d'Aliénor d'Aquitaine et d'Henry II en Angleterre.

19. Thomas Becket (1118-1170) était le fils d'un riche bourgeois normand installé à Londres. Formé en Angleterre et en Italie, il avait été pris au service de Théobald, archevêque de Cantorbéry. C'est sur la recommandation de ce dernier qu'Henry II l'avait nommé son chancelier et, tout naturellement, il avait succédé à Théobald, à sa mort en 1162, sur le siège primatial, après avoir été ordonné prêtre. L'homme avait une réputation de luxe, qu'il contredit aussitôt en s'intéressant aux pauvres, dont il lavait les pieds tous les matins. Il renonça également à tous les riches atours de sa fonction au profit de la simple bure, et se fit administrer quotidiennement la discipline. Le saint homme fut surtout un défenseur intransigeant des biens d'Église et des privilèges ecclésiastiques.

20. W.L. WARREN, *Henry II*, *op. cit.*, p. 509. Ces quatre hommes avaient pour noms Hugues de Morville, Guillaume de Tracy, Reginald Fitz Urse, et Richard Le Bret.

21. P. AUBÉ, *Thomas Becket*, Paris, Fayard, 1988, p. 313.

22. *Favier*, p. 275.

23. *Favier*, p. 276.

24. « The bull *Laudabiliter* », v. 1155, *IHD*, pp. 17-18.

25. W.L. WARREN, *Henry II*, *op. cit.*, p. 197.

26. « The three letters of pope Alexander III », 1172, *IHD*, pp. 19-22.

27. F. HÉRITIER, « Symbolique de l'inceste », *La Fonction symbolique* (éd.) M. Izard, P. Smith, Paris, Gallimard, 1979, p. 219.

28. *Favier*, p. 254.

29. *Cottret* 1988, p. 124.

30. « The constitutions of the synod of Cashel, 1172 », *IHD*, pp. 18-19.

31. A. THIERRY, *Vie et mort de T. Becket*, Paris, Table ronde, 2002, p. 115.

32. R. FOREVILLE, *op. cit.*, p. 347.

33. *Petit-Dutaillis*, p. 146.

34. R. FOREVILLE, *L'Église et la Royauté en Angleterre*, Paris, Bloud & Gay, 1943, p. VIII.

35. M. Staunton, *The Lives of T. Becket*, Manchester, Manchester University Press, 2001, p. 1.

36. T.S. Eliot, *Meurtre dans la cathédrale*, Paris, Le Seuil, 1964, p. 168.

37. *RBMAS* 67, pp. XXXIII-XXXIV.

38. *RBMAS* 67, p. XXXVII.

39. *Miracula sancti Thomae, RBMAS* 67, pp. 21-298.

40. *Favier*, p. 261 *sq.*

41. J. de Salisbury, *Le Policratique*, Genève, Droz, 1994, pp. 247-248. La version française de 1372 de ce texte latin était l'œuvre de D. Foulechat.

42. Richard, connu ultérieurement sous le nom de Richard Cœur de Lion, résista tant qu'il put, avant de s'humilier finalement devant son père, en septembre 1174 (J. Boussard, *Le Comté d'Anjou*, Paris, H. Champion, 1977, p. 82).

43. Des peines de proscription par-delà la mer pouvaient également être prononcées, et le vagabondage fut considéré comme suspect. Pour la postérité, c'est surtout le moment où le principe du jury s'affirma, aux dépens des anciennes ordalies qui, si elles ne disparaissent pas, étaient minimisées. Les jurés étaient encore essentiellement des témoins. À l'origine, il s'agissait bien d'invoquer le témoignage de l'entourage et des voisins pour s'assurer que l'accusé était en mesure de combattre, mais petit à petit, le jury en vint à assumer un rôle déterminant (*Maitland*, pp. 129-130).

44. Cette ordonnance n'était pas sans évoquer les capitulaires de Charlemagne (*Petit-Dutaillis*, p. 145).

45. Autre assise importante pour Henry II, celle des forêts, passée à Woodstock en 1184, en présence à nouveau des archevêques, évêques, barons, comtes et nobles du royaume. Le roi réaffirmait son monopole de chasse sur ses forêts.

46. *Maitland*, p. 10.

47. Natif du Suffolk, R. de Glanville occupa le poste de shérif du Lancashire, et participa à ce titre à la guerre contre les Écossais. En 1190, il mourut à Acre, où il avait accompagné le roi Richard en croisade.

48. S.B. Chrimes, *English Constitutional History*, *op. cit.*, p. 69. C. Petit-Dutaillis insiste sur la « forte monarchie » anglaise dans une perspective comparée (*Petit-Dutaillis*, p. 65). La subtile dialectique liant féodalité et émergence de l'État moderne a été bien mise en valeur par J.-P. Genet dans son essai « Féodalisme et naissance de l'État moderne », *Villes, bonnes villes, cités et capitales,* (éd.) M. Bourin, Caen, Paradigme, 1993, pp. 239-246.

49. *Bémont* 1884, p. 260.

50. Cela justifie que l'on préfère, comme le fait J.-P. Genet, utiliser le mot saxon *eorl* ou plus tard le mot anglais *earl* pour le titre de noblesse que l'on traduit généralement par comte. Du moins pour la période médiévale. Mais, dans une étude couvrant l'ensemble de l'histoire insulaire, nous avons préféré unifier et utiliser en français le mot « comte », même si un comte a plus de pouvoirs au Moyen Age qu'en *earl* anglais.

51. Les « pipes » en question seraient les membranes de parchemin, cousues bout à bout.

52. R. Fitzneal ou Fitznigel (v. 1130-1198) fut le trésorier d'Henry II et de Richard Cœur de Lion. Son grand-oncle Roger, évêque de Salisbury, avait servi Henry Ier ; son père Nigel, évêque d'Ely, lui avait succédé aux finances.

Richard devait occuper, lui aussi, d'importantes fonctions ecclésiastiques en tant que doyen de Lincoln, puis comme évêque de Londres.

53. Le premier était composé d'un trésorier, de son clerc, de deux chambellans et de deux chevaliers. Ils conservaient le *Domesday Book* et les *pipe rolls*. Le trésorier et les deux chambellans étaient membres de droit du second; ils s'y retrouvaient en compagnie du grand justicier, du connétable, du maréchal et de diverses personnalités choisies par le roi.

54. R. Fitznigel, *Dialogus, op. cit.*, p. 6.

55. *Favier*, p. 370.

56. R. Fitznigel, *op. cit.*, p. 7.

57. Id., *ibid.*., p. 24.

58. *Id.*, p. 26.

59. Sous Jean sans Terre une autre cour se mit en place, la cour des plaids communs, *Court of Common Pleas*.

60. *Petit-Dutaillis*, p. 137.

61. M. Bloch, *Les Rois thaumaturges*, Paris, Gallimard, 1983, pp. 41-49.

62. Id., *ibid.*, p. 41.

63. M. Bloch pensait du reste qu'Henry Ier avait été le premier à exercer ce pouvoir thaumaturgique (*op. cit.*, p. 49).

CHAPITRE IV

DE LA GLOIRE AU DÉSHONNEUR, 1189-1215

1. M. Sedaine, *Richard Cœur de Lion*, Paris, Brunet, 1786, p. 8. L'opéra-comique fut créé à Paris, le 21 octobre 1784, par les comédiens-italiens, et quatre jours plus tard à Fontainebleau, devant le roi et la reine.

2. *Wilkinson* 1969, p. 19.

3. Philippe II (1165-1223), dit Philippe Auguste, roi de France à partir de 1180, était le fils d'Adèle de Champagne et de Louis VII. Il eut pour petit-fils Louis IX, le roi saint.

4. M. Prestwich, *English Politics in the Thirteenth Century*, Londres, Macmillan, 1990, p. 1.

5. J. Gillingham, *Richard Cœur de Lion*, Paris, Noësis, 1996, p. 25.

6. Id., *ibid.*., p. 26.

7. *Id.*, pp. 29-30.

8. *Favier*, p. 642 *sq.*

9. G. Le Breton, *op. cit.*, p. 179.

10. *Istore et croniques de Flandres*, Bruxelles, Hayez, 1879-1880, I, p. 77.

11. Un brave paysan du Limousin, ayant découvert un trésor, l'aurait apporté à son seigneur, lequel aurait refusé de le céder à son suzerain Richard. D'où la suspicion qui entoure cet épisode, dans lequel on a vu un effet de la propagande capétienne contre les Anglais, transformés en prédateurs cupides (J. Gillingham, *op. cit.*, pp. 31-48).

12. Ces découvertes remontaient à 1191 (*Chauou*, pp. 203-230).

13. *Chauou*, p. 209.

14. *Chauou*, p. 230.

15. Huitième et dernier enfant de Henry II, Jean sans Terre était né à Oxford le 24 décembre 1166. Il avait pour frères aînés Guillaume, comte de

Poitiers, mort en bas âge, Henry le jeune, Richard, et Geoffroy – d'où le surnom de « sans Terre » dont on l'affubla. À l'âge de 18 ans, il fut envoyé pour gouverner l'Irlande. En 1193, lorsque Richard Cœur de Lion fut emprisonné par Léopold d'Autriche, il s'empara du pouvoir et s'enfuit en France au retour de son frère. Il y resta 5 ans. Il rentra en Angleterre à la disparition de Richard et fut roi jusqu'à sa mort en 1216. Geoffroy, deuxième fils d'Henry II, avait été placé à la tête de la Bretagne par son père. Son fils Arthur aurait très bien pu succéder sur le trône en lieu et place de son oncle.

16. J.L. Bolton, « The English Economy in the Early Thirteenth Century », *Church*, p. 40.

17. N. Barratt, « The Revenues of John and Philip Augustus Revisited », *Church*, pp. 75-99.

18. Faisant assaut d'objectivité, les historiens d'après-guerre ont vainement tenté de réhabiliter Jean sans Terre, du moins au début de son malheureux règne. N'aurait-on pas surévalué le témoignage des chroniqueurs, en particulier ecclésiastiques, aux dépens des données plus objectives que recèlent les archives ? (J.C. Holt, « King John », *Magna Carta and Medieval Government*, Londres, Hambledon Press, 1985, p. 87). Ils semblent, pour certains d'entre eux, avoir renoncé à cette perspective désormais. J. Gillingham résume ces interprétations plus positives du début du règne pour s'en éloigner, en reprenant le témoignage des chroniqueurs (« Historians without Hindsight », *Church*, pp. 1-26).

19. G. Le Breton, *La Philippide*, Paris, Brière, 1825, p. 177.

20. En particulier, les seigneuries d'Issoudun, de Graçay et de Châteauroux. Cette paix succédait elle-même à la trêve de Vernon de janvier 1199. En 1200, Arthur était le grand perdant ; il dut même prêter hommage à son oncle Jean sans Terre pour le duché de Bretagne. Un mariage scella l'entente :le futur Louis VIII fut fiancé à Blanche de Castille, nièce de Jean sans Terre. Louis VIII allait régner de 1223 à 1226.

21. Du moins, les communications entre, d'une part, la Normandie, le Maine et l'Anjou, et, d'autre part, l'Aquitaine étaient-elles désormais tributaires des seigneurs de la Marche, de l'Angoumois et du Limousin. Les relations d'Henry II et de Richard Cœur de Lion avec les comtes d'Angoulême et les vicomtes d'Angoulême avaient été exécrables. Les Plantagenêts avaient mis la main sur le comté de la Marche, au grand dam des comtes d'Angoulême. L'Angoumois faisait du reste l'objet d'un litige entre deux maisons, les Lusignan de Poitou, et les Taillefer d'Angoulême. La France appuyait les Taillefer, les Anglais avaient pris position en faveur des Lusignan. En 1199, Philippe Auguste avait signé un pacte avec Audemar, comte d'Angoulême, et avec son frère Aymar, vicomte de Limoges. Mais les anciens ennemis se réconcilièrent sur le dos de leurs alliés. Hugues Le Brun de Lusignan, comte de la Marche, se fiança avec Isabelle d'Angoulême. Jean sans Terre le prit de vitesse, et il épousa la belle en août 1200, grâce à la connivence de l'évêque d'Angoulême, qui bénit leur union en lieu et place de l'autre mariage. Ce manquement grave à tous les usages devait se retourner contre le roi d'Angleterre. Les Lusignan auraient bien aimé recevoir quelque dédommagement en échange de ce qui s'apparentait bien au rapt d'une héritière. Rien n'y fit. Philippe Auguste, dans le fond ravi, saisit cette aubaine.

22. G. Le Breton, *op. cit.*, pp. 174-175.

23. Lettre du 31 octobre 1203 (C. Petit-Dutaillis, *Le Déshéritement de Jean sans Terre*, Paris, F. Alcan, 1925, p. 9).

24. C'était le moment où la IVe croisade détournait beaucoup de guerriers des luttes intestines. Baudouin IX, comte de Flandre, allait devenir empereur de Constantinople. Philippe Auguste pouvait compter sur nombre de ses vassaux : Eudes III (1166-1218), duc de Bourgogne, Renaud de Dammartin (1165 -1227), comte de Boulogne, le soutinrent. Fort de cet appui, Philippe Auguste put même prier Sa Sainteté Innocent III de ne pas se mêler des questions relevant de la féodalité.

25. De terribles scènes se déroulèrent, se prêtant à une toile célèbre de Francis Tattegrain au XIXe siècle, désormais exposée à la mairie des Andelys.

26. Il restait à Saint Louis à parachever l'œuvre de son grand-père, en juillet 1242, en battant les Anglais et leurs alliés féodaux à Taillebourg, dans le Poitou, et à Saintes.

27. *Genet* 2005, p. 167.

28. D'origine poitevine, P. des Roches († 1238) avait été consacré évêque de Winchester à Rome en 1205. Son attachement sans faille au roi d'Angleterre lui valut de succéder à Guillaume le Maréchal comme régent du jeune Henry III. Il partit pour la croisade en 1226. De retour après 5 ans, il participa à la chute d'Hubert de Burgh.

29. Étienne Langton (v. 1155-1228) fit ses études à Paris avant d'être appelé à Rome par Innocent III, qui le fit cardinal.

30. C. Harper-Bill, « John and the Church of Rome », *Church*, p. 304. Cette règle fut assouplie pour les moines qui purent célébrer la messe une fois par semaine à partir de 1209, et le viatique fut rétabli pour les malades en 1212. Il semble pareillement que l'on ait incité les fidèles à avoir recours au sacrement de la pénitence.

31. Id., *ibid.*, p. 305.

32. Un seigneur de la région de Londres, Robert Fitzgautier († 1235), se réfugia en France en 1212. Il devait se battre aux côtés de Louis de France et être capturé par Guillaume le Maréchal avant de partir pour la croisade.

33. *Petit-Dutaillis*, pp. 317-318.

34. Finalement, en novembre, le roi reconnut le droit, pour les chapitres des couvents ou des cathédrales, d'élire librement leurs prélats. Cette paix de l'Église ne fit pas que des heureux. Les Français furent les grands perdants, alors même qu'ils se proposaient vaillamment de conquérir l'Angleterre.

35. G. Duby, *Le Dimanche de Bouvines*, Paris, Gallimard, 1973.

36. Le pape venait tout juste d'excommunier Othon, qui avait eu l'audace de prétendre s'approprier le royaume des Deux-Siciles.

37. *Holt* 1992, p. 21.

38. Début août, une première réunion se tint à Saint-Albans, suivie peu après par une seconde à Londres, sans doute à l'initiative de l'archevêque de Cantorbéry. Le 25 août 1213, Langton assembla un grand nombre de barons et de prélat à Saint-Paul. Les hommes jurèrent de combattre pour des libertés, énoncées dans une charte, reprenant les engagements antérieurs d'Henry Ier lors de son avènement, en l'an 1100. Ce projet devait trouver son accomplissement deux ans à peine plus tard, avec la Grande Charte.

39. Cette enquête remontait à juin 1212.

40. Combien y avait-il de baronnies en Angleterre à l'époque ? On estime leur nombre à 236, dont 39 ecclésiastiques (16 %). Ces 197 baronnies

laïques (84 %) étaient elles-mêmes détenues par 45 barons, possesseurs d'un total de 140 châteaux. Il faut leur ajouter entre 6 500 et 7 000 chevaliers, pourvus d'une tenure. Sur ces 45 barons, 24 seulement se révoltèrent.

41. J.C. Holt, *The Northeners*, Oxford, Clarendon Press, 1961, p. 8 *sq.*

42. Selon une interprétation erronée, portée par une plaque de 1834, le lieu de la signature aurait été une île de la Tamise.

43. *Bémont* 1892, pp. 15-23.

44. *Carpenter* 1996, pp. 1-16.

45. Étienne Langton fut sans doute l'un des principaux rédacteurs du texte, avec Guillaume le Maréchal, du côté du roi.

46. *Bémont* 1892, pp. 41-44. Innocent III avait condamné les barons par une lettre au roi du 18 juin, rédigée au moment même où était signée la Grande Charte.

47. Ce pape devait, heureusement en un sens, disparaître le 16 juillet 1216, laissant place à Honorius, nettement moins prêt à en découdre.

48. *Holt* 1992, p. 2.

49. *Carpenter* 1990, p. 9.

50. *Holt* 1992, p. 4 *sq.*

51. *Holt* 1992, p. 18.

52. *Holt* 1992, p. 278.

53. *Genet 2003*, p. 89.

54. Tel est le sens de l'expression latine d'*universitas* fréquemment utilisée quelques années plus tard (M. Prestwich, *English Politics*, *op. cit.*, p. 129). L'auteur insiste à juste titre sur l'affirmation du mouvement communal à la même époque en Italie. La Grande Charte était visiblement tributaire, dans son vocabulaire même, des libertés communales octroyées à Londres et à d'autres villes d'Angleterre (*Holt* 1992, p. 55).

55. *Holt* 1992, p. 1.

56. *GCA* IV, pp. 234-236 pour l'ensemble des descriptions.

57. *GCA* IV, p. 249.

58. *GCA* IV, pp. 250-251.

59. *GCA* IV, p. 271. Matthieu Paris († 1259) était moine à Saint-Albans, où il succéda vers 1236 à Roger de Wendover dans la fonction d'historiographe.

60. *Le Goff* 1996, pp. 433-450.

CHAPITRE V

1216-1234 : UN ROI ET SES FÉAUX

1. G. Duby, *Guillaume le Maréchal*, Paris, Fayard, 1984, p. 49.

2. R. Stacey précise qu'il fallut attendre George III pour battre un record de 56 ans de règne (*Politics, Policy and Finance under Henry III*, Oxford, Clarendon Press, 1987, p. VII).

3. *GCA* V, p. 6.

4. C'est l'une des hypothèses que retient J.C. Holt, peu convaincu par le récit généralement accepté de trésors enfouis dans les sables mouvants lors de la mort de Jean sans Terre (« King John's Disaster in the Wash », *Magna Carta and Medieval Government*, Londres, Hambledon Press, 1985, p. 121).

5. Le cardinal Bicchieri avait été envoyé en Angleterre par Innocent III en 1216.

6. *GCA* V, pp. 5-6.

7. Guillaume le Maréchal (v. 1146-1219) était le fils cadet de Jean le Maréchal, et de Sibylle, fille du comte de Salisbury. Longue de près de 20 000 vers, *L'Histoire de Guillaume le Maréchal*, anonyme, avait été commanditée par son fils un an avant sa mort. Guillaume avait été placé à la tête de la garde du jeune prince Henry († 1183) par Henry II. Partisan de Jean sans Terre contre Arthur de Bretagne, il fut créé comte de Pembroke, le jour même du couronnement, le 27 mai 1199. Le roi Jean se retourna cependant contre lui et alla jusqu'à prendre ses deux fils en otages. Guillaume restait cependant fidèle. À la mort du roi Jean, le 19 octobre 1216, ses pairs le choisirent comme régent du jeune Henry III. Au moment de l'attaque de Lincoln, il avait 70 ans. C'et encore lui qui fut l'artisan de la paix de Lambeth avec la France (J.B. Smith, « The Treaty of Lambeth, 1217 », *English Historical Review* 94, 1979, p. 564). Il s'éteignit le 14 mai 1219 pour être enterré dans la chapelle des Templiers à Londres. S'il eut 5 fils, malheureusement pour lui, aucun n'eut de descendance à son tour : Guillaume († 1231) ; Richard († 1234) ; Gilbert († 1241) ; Gautier († 1245) et Anselme († 1246). Chacun d'entre eux fut, à un moment donné, comte de Pembroke.

8. Isabelle de Clare était la seule héritière de Richard Strongbow de Clare, comte de Pembroke, et de Striguil, et petite-fille de Dermot MacMurrough, roi de Leinster en Irlande.

9. Dans un bel article, D. Crouch a démontré combien la thèse d'une élite anglo-normande unifiée méritait d'être tempérée. L'*Histoire de Guillaume le Maréchal*, probablement composée au pays de Galles, ne manque pas de valoriser l'élément national anglais dans la carrière de ce chevalier, originaire du Wiltshire, dont les compatriotes narrèrent les exploits (« Normans and Anglo-Normans : A Divided Aristocracy ? », *England and Normandy in the Middle Ages*, Londres, Hambledon Press, 1994, p. 65).

10. G. Duby, *Guillaume le Maréchal*, *op. cit.*, p. 186.

11. *Carpenter* 1990, p. 19.

12. On abandonna cependant en 1216 l'article humiliant prévoyant la possibilité, pour les barons, de contraindre le roi à observer sa promesse, ou encore l'on renonça à la totale liberté des élections dans l'Église.

13. L'expression même de « Grande » Charte remonte du reste à cette époque (*Carpenter* 1990, p. 2). Cette Grande Charte devait à nouveau être confirmée dans une version définitive le 24 août 1225 (*Bémont* 1892, pp. 45-63). Confirmé à nouveau par Édouard Ier en 1297, c'est ce texte-là qui fait autorité.

14. *Carpenter* 1990, p. 25. Né à Rome, Cencio Savelli (1148-1227), pape à partir de 1216 sous le nom d'Honorius III, avait été le précepteur 1197 du futur empereur Frédéric II.

15. C.J. Tyerman, *England and the Crusades*, Chicago, University of Chicago Press, 1988, p. 143.

16. Citons Pierre, évêque de Winchester, Ranulph de Blundervill, comte de Chester, Guillaume, comte de Salisbury, Guillaume, comte de Ferrars, et Guillaume, comte d'Albemarle – sans oublier Guillaume et Philippe d'Albiney, Guillaume de Cantelo, et son fils appelé également Guillaume, le célèbre

Fawkes de Bréauté, Thomas Basset, Robert de Viport, Brian de L'Isle, et Geoffroy de Lucy.

17. Roger DE WENDOVER, *Flowers of History*, Londres, G. Bohn, 1849, II, pp. 394-398.

18. M. STRICKLAND, *War and Chivalry*, *op. cit.*, p. 99,

19. P. Meyer (éd.), *L'Histoire de Guillaume le Maréchal*, Paris, Renouard, 1891-1901, II, p. 218.

20. « Si nous ne prenons ores vengeance / » De ceux qui sont venus de France / »Pour nos gens déshériter, / » Dont ils se croient hériter » (ID., *ibid.*., pp. 218-219).

21. M. STRICKLAND, *War and Chivalry*, *op. cit.*, p. 98 *sq*.

22. P. MEYER (éd.), *L'histoire de Guillaume le Maréchal*, *op. cit.*, p. 220.

23. « Honni soit qui ici ne s'efforce / « De mettre ici, aujourd'hui, challenge » (*Id.*, p. 223).

24. *Id.*, p. 245.

25. Parmi eux, Simon Langton, Gervase de Heybridge, Elias de Derham et Robert de Saint-Germain,

26. *L'Histoire de Guillaume le Maréchal*, *op. cit.*, pp. 261-262.

27. Originaire du Norfolk, Hubert de Burgh (v. 1175-1243) avait d'abord servi le roi Jean. Il avait défendu vaillamment le château de Chinon, face aux Français, en 1205. Nommé sénéchal du Poitou en 1212, il défendit la province avant d'être nommé justicier lors de la crise de la Grande Charte, poste qu'il occupa jusqu'à sa chute en 1232. Les Français avaient à leur tête Robert de Courtenay, et Eustache, surnommé le « moine ».

28. M. PARIS, *op. cit.*, pp. 32-34.

29. *Carpenter* 1990, p. 1.

30. *Carpenter* 1990, p. 29.

31. M. POWICKE, *The Thirteenth Century*, Oxford, Clarendon Press, 1962, p. 14.

32. Roger DE WENDOVER, *op. cit.*, II, p. 403.

33. « Constitutiones » du concile du Latran IV, 1215, article 29 et article 63.

34. Roger Bigod, comte de Norfolk, dut payer pour la libération de son fils cadet, Ralph ; John Fitz Hugh dut aliéner ses terres de Cowley et Oxford pour obtenir sa propre libération.

35. On hésite sur la date de cette nouvelle promulgation, entre septembre et novembre 1217 (*Holt* 1992, p. 383).

36. « Barnwell Chronicle », *The Historical Collections of Walter of Coventry*, Londres, Longman, 1872-1873, II, p. 239. Cette chronique donne de Jean sans Terre et des premières années du règne d'Henry III un point de vue légèrement différent de celui des autres annalistes. Elle interprète en particulier la soumission de Jean sans Terre à Rome comme un geste habile, et refuse de s'attarder sur la Grande Charte.

37. Pandolfo ou Pandolphe († 1226) lui succéda la même année 1218. L'Italien connaissait bien l'Angleterre, où il avait déjà été envoyé en 1211 et en 1213 afin de défendre les privilèges de l'Église face à Jean sans Terre. En 1215, il avait même été élu évêque de Norwich, poste qu'il occupa en 1222.

38. P. MEYER (éd.), *op. cit.*, II, p. 322.

39. ID., *ibid.*, II, p. 328.

40. Henry III ne fut pas le seul roi d'Angleterre a avoir été ainsi couronné deux fois. Henry VI devait être couronné roi d'Angleterre en 1429, et éphémère roi de France en 1431.

41. En avril 1222, au concile provincial d'Oxford, Étienne Langton promulguait de célèbres constitutions, toujours en usage dans le droit canon anglais. Elles confirmaient les concessions arrachées par l'Église à la Couronne depuis une dizaine d'années.

42. Richard Plantagenêt, comte de Cornouailles († 1272), était lui aussi le fils de Jean sans Terre et d'Isabelle d'Angoulême. Il épousa en premières noces Isabelle le Maréchal, puis Sancie, fille d'Alphonse II, comte de Provence. Sa sœur Isabelle était l'épouse de l'empereur Frédéric II de Hohenstaufen († 1250), et il fut lui-même couronné roi des Romains à Aix-la-Chapelle en 1257, mais sans parvenir à obtenir par la suite la couronne impériale, qui passa en 1273 à Rodolphe de Habsbourg après une longue période d'incertitude.

43. N. VINCENT, *P. Des Roches*, Cambridge, Cambridge University Press, 1996, pp. 259-309.

44. *Carpenter* 1996, pp. 45-60.

45. N. VINCENT, *op. cit.*, pp. 282-283.

CHAPITRE VI

LE ROI ET LA LOI

1. H. BRACTON, *De Legibus et Consuetudinibus Angliae*, Cambridge, Mass, Harvard University Press, 1977, II, p. 33. H. Bracton (v. 1210-1268) avait siégé en particulier à la *coram rege*, ancêtre du Banc du roi, *King's Bench*. Il fut enterré dans la cathédrale d'Exeter, dont il était le chancelier.

2. J. MICHELET, *Histoire de France*, Lausanne, Éditions Rencontre, 1965-1966, III, pp. 473-474.

3. La période médiévale admettait plusieurs termes, associant français, latin et vieil anglais : *lei*, *lex*, *laga* pour rendre notre concept de « loi » ; *dreit*, *jus*, *riht* pour le « droit » (J. HUDSON, *The Formation of the English Common Law*, Londres, Longman, 1996, pp. 3-4).

4. J.-P. GENET, « Un problème européen », *op. cit.*, p. 231. L'auteur poursuit en remarquant justement l'usage fréquent de l'expression « la Couronne » – *the Crown* – là où les Français, pour leur part, invoquent « l'État », qui a toujours mis les Anglais assez mal à l'aise.

5. H. BRACTON, *op. cit.*, II, p. 19.

6. ID., *ibid.*, II, p. 22.

7. *Ibid.*, p. 33. La réflexion sur la loi est également tributaire ici d'une méditation sur l'homme pécheur, héritée de saint Augustin, dont le traité attribué à Bracton cite l'une des formules : « Quelque grandes que soient mes fautes, celui qui a Dieu pour juge et sa conscience pour témoin, n'a rien à redouter hors de sa cause » (*Id.*, p. 22).

8. *Loades* 1997, pp. 1-2.

9. *Carpenter* 1996, p. 382.

10. Il s'agit d'une mention à la cour du Banc du roi, renvoyant une affaire à la convocation du parlement en janvier 1237 (H.G. RICHARDSON,

G.O. Sayles, « The Earliest Known Official Use of the Term « Parliament », *English Historical Review* 82, (1967), pp. 747-750).

11. *Modus Tenendi Parliamentum, Parliamentary Texts of the Later Middle Ages*, Oxford, Clarendon, 1980, pp. 74-75.

12. *Genet 2003*, p. 89.

13. « Au XIIIe siècle, précise Jean-Philippe Genet, le parlement n'est pas encore une institution bien définie : c'est un conseil élargi, spécialement convoqué et donc distinct du Conseil royal, lui-même encore très informel [...] afin de discuter un problème administratif et/ou politique nécessitant un échange approfondi entre le gouvernement et ceux qui disposent localement de pouvoir et d'influence. Le parlement est donc une forme particulière de Grand Conseil » (*Genet* 2003, p. 89).

14. Pierre II de Savoie, dit le « Petit Charlemagne » (1203-1268), devait épouser en 1234 Agnès, dame de Faucigny. Il était l'oncle maternel de la reine.

15. Aymer de Lusignan, demi-frère du roi, devenait pour sa part évêque de Winchester en 1250.

16. Hugues X de Lusignan, comte de la Marche et d'Angoulême, était né aux alentours de 1195. Il mourut en 1249. Isabelle d'Angoulême, née vers 1189, était son aînée de quelques années. Elle s'éteignit, elle, en 1246. Elle était la fille d'Aymer Taillefer, comte d'Angoulême.

17. Hugues XI Lusignan, comte de la Marche et d'Angoulême (1221-1260) ; Aymer de Lusignan, évêque de Winchester (1222-1260) ; Agnès de Lusignan ; Alice de Lusignan (1224-1256), qui épousa John Plantagenet de Warenne, comte de Surrey (1231-1304) ; Guy de Lusignan, sieur de Couhé et de Cognac († 1264) ; Geoffroi de Lusignan, seigneur de Jarnac († 1274) ; Eustache de Lusignan ; Guillaume de Valence, comte de Pembroke († 1296) ; Marguerite de Lusignan ; Isabelle de Lusignan (1230-1299).

18. Le peintre Delacroix devait présenter son tableau *La Bataille de Taillebourg gagnée par Saint Louis*, au Salon de 1837.

19. *Carpenter* 1996, p. 190.

20. Simon de Montfort père avait eu 4 fils de son union avec Alix de Montmorency : Amaury, Gui, comte de Bigorre, Simon et enfin Robert – dont on ne sait rien.

21. Amaury Ier de Montfort († 1060) avait fait entourer sa ville de ses premiers remparts.

22. S. de Montfort père était mort en 1218. Simon de Montfort fils, 6e comte de Leicester (1208-1265), descendait par sa mère, Alix de Montmorency, d'Amicia de Beaumont, co-héritière du comté de Leicester. Le roi Jean s'était cependant opposé à ce que la succession échût à un Français. Il était arrivé en Angleterre en 1230.

23. Cet Amaury de Montfort († 1245) devint connétable de France et participa à la croisade, avant d'être fait prisonnier à Gaza. Il est enterré à Saint-Pierre de Rome.

24. *Bémont* 1884, pp. 4-5.

25. Si l'on estime son revenu annuel à 2 200 livres sterling par an, une bonne moitié de cette somme était le douaire attaché à l'héritage des Pembroke qui, malheureusement, n'était pas transmissible. Son comté de Leicester devait rapporter à Simon de Montfort une somme estimée à 700 livres par an.

Il n'est pas impossible que des considérations financières aient pesé sur ses choix politiques ultérieurs (*Carpenter* 1996, pp. 233-235).

26. J.R. MADDICOT, *Simon de Montfort*, Cambridge, 1994, pp. 21-29.

27. N. Denholm-Young discute cette date et propose à la place l'année 1238 comme origine du texte, connu essentiellement dans la version qu'en fournit M. Paris dans sa chronique (« The « Paper Constitution » attributed to 1244 », *English Historical Review*, 58 (1943), pp. 401-423).

28. Il était de plus entendu que deux de ces conseillers devaient en permanence accompagner le monarque. L'on souhaitait que la magistrature fût pareillement contrôlée : deux des juges du Banc du roi, deux barons de l'Échiquier et l'un des responsables des Juifs seraient soumis à une nomination comparable. Ce projet réformateur ne fut sans doute pas même présenté à Henry III (*Carpenter* 1996, p. 61).

29. Chancelier à partir de 1226, après avoir été le garde du sceau royal, Ralph de Neville était mort en février 1244.

30. *Carpenter* 1996, p. 62.

31. Le texte faisait visiblement allusion aux pressions exercées sur Neville par le roi, en particulier en 1238 lorsque le chancelier s'était vu retirer son sceau pour l'empêcher de se présenter au siège épiscopal de Winchester.

32. Windsor, 1er mai 1248. BNF, Ms Clairambault 1188, fol. 78 (*Bémont* 1884, pp. 264-265). Ce manuscrit est une copie effectuée par P. Clairambault au début du XVIIIe siècle pour le compte du duc de Chevreuse. Visiblement, les archives de Simon de Montfort ont dû être rapatriés en France au XIIIe siècle même.

33. *Carpenter* 1990, p. 3 et *Carpenter* 1996, p. 191.

34. Citons par exemple W. Stubbs, qui saluait dans l'action de S. de Montfort la volonté de développer le « gouvernement parlementaire » (*The Constitutional History of England*, Oxford, 1906, II, pp. 103-104).

35. Richard de Clare, comte de Gloucester (1222-1262), était l'un des plus puissants propriétaires du royaume. Originaire d'Eu, la famille tirait son nom du manoir de Clare, dans le Suffolk. Richard de Clare possédait de nombreux manoirs dans le Gloucestershire, ainsi que la seigneurie de Glamorgan, dans les marches du pays de Galles. Il devait y ajouter Kilkenny en Irlande.

36. *Carpenter* 1996, p. 188. Roger Bigod, comte de Norfolk (v.1212-v.1270), avait épousé Isabelle, fille de Guillaume Ier, roi d'Écosse.

37. *DBMRR*, p. 75.

38. En 1244, en 1248, en 1249 et en 1255, les parlements avaient déjà formulé des exigences comparables (*Carpenter* 1996, p. 183).

39. La fonction de justicier fut confiée à Hugh Bigod († 1266), frère cadet de Roger Bigod, comte de Norfolk.

40. *Cronica majorum*, Londres, Camden Society, 1846, pp. 38-39.

41. *DBMRR*, pp. 97-112.

42. *DBMRR*, pp. 137-149 ; *EHD* III, pp. 370-376.

43. *Tuck*, p. 116.

44. *Le Goff* 1996, p. 259.

45. *HCMA*, p. 353 ; *Le Goff* 1996, pp. 260-261.

46. *Carpenter* 1996, p. 251.

47. *Favier*, p. 767.

48. Lettre de Simon de Montfort *et al* au pape, 1258 (*Carpenter* 1996, p. 236).

49. *Carpenter* 1996, p. 230.
50. *Carpenter* 1996, p. 231, pour cette expression imagée de « jet set ».
51. « *Reformatio pacis inter H. regem Angliae et barones regni sui facti per Lodouicum, regem Francorum* », *DBMRR*, pp. 240-252. Les *Provisions d'Oxford* furent néanmoins reprises en 1267 dans le *Statute of Marlborough.*
52. *DBMRR*, pp. 280-291.
53. *Prestwich* 1988, p. 41.
54. *Le Goff* 1996, p. 264.
55. *Le Goff* 1996, p. 265.
56. R.F. Treharne, *Simon de Montfort*, Londres, Hambledon Press, 1986, p. 80 ; *Prestwich* 1988, p. 46.
57. Id., *ibid.*, p. 82.
58. Raisonnement paradoxal quand on sait que Simon de Montfort était lui-même Français (C.L. Kingsford (éd.), *The Song of Lewes*, Oxford, Clarendon Press, 1890, pp. 9-10). Sans doute le poème était-il l'œuvre d'un frère franciscain de l'entourage de Stephen Berksted, évêque de Chichester.
59. Id., *ibid..*, pp. 7-8.
60. *Id.*, p. 13.
61. *Leo* et *pardus* se seraient retrouvés dans *Leopardus*, et par dérivation dans *Eduardus*.
62. Simon de Montfort a néanmoins droit désormais à son mémorial à Evesham, et on ne manque pas de présenter occasionnellement le baron rebelle comme le père de la Chambre des communes. Voire, outre-Atlantique, comme l'un des porte-parole inflexible du droit – d'où la présence, en un sens incongrue, de sa statue sur le mur du tribunal de Cleveland, dans l'Ohio.
63. *Bémont* 1884, p. XIX.

CHAPITRE VII

LES TROIS ÉDOUARD, DE LA CROISADE À LA CONQUÊTE

1. *Prestwich* 1980, p. 3.
2. *Prestwich* 1988, p. 4.
3. Pourtant, le couronnement d'un Édouard avait un caractère fortuit ; le prince avait eu trois autres frères, ses aînés, morts à un âge encore tendre : John, Henry et Alphonso. L'on ne saurait dire à ce titre que l'adoption du prénom ait correspondu à une stratégie concertée longtemps à l'avance (*Prestwich* 1980, p. 5).
4. *Prestwich* 1988, p. 108.
5. *Prestwich* 1980, pp. 7-8 ; *Prestwich* 1988, p. 81. Fils d'Hugues X de Lusignan et d'Isabelle d'Angoulême, Guillaume de Valence (v. 1225-1296) avait hérité le titre de comte de Pembroke de sa grand-mère Jeanne le Maréchal, fille du célèbre Guillaume le Maréchal. Roger Clifford (1221-1285) avait accompagné Richard de Clare, comte de Gloucester, en pèlerinage à Saint-Jacques-de-Compostelle, et il avait défendu les *Provisions d'Oxford* contre Henry III. Mais, avec Roger De Leybourne, il avait permis l'évasion du prince Édouard, retenu par Simon de Montfort en mai 1264, et il l'avait suivi en Terre sainte, avant d'être nommé à son retour justicier du pays de Galles. Capturé en 1282 par David, frère de Llywelyn, il devait mourir de ses blessures

après sa libération. Payn de Chaworth († 1279) appartenait à une famille galloise qui s'était illustrée dans le combat contre les Anglais. Il s'était néanmoins croisé en 1270 avec son jeune frère Patrick. Robert de Tibetot († 1298) parcourut les champs de bataille, de l'Écosse à la Terre sainte, en passant par le pays de Galles et la Gascogne. D'une famille originaire des bords du lac de Neuchâtel, Othon Ier de Grandson (1240-1328) fit carrière auprès du roi d'Angleterre Édouard Ier, qu'il accompagna en Terre sainte ; il s'y trouvait encore au moment du siège et de la chute de Saint-Jean-d'Acre, en 1291. Jean de Vescy († 1287) était originaire d'Alnwick dans le Northumberland,

6. Parmi ces sénéchaux, citons Luc de Tany et le Savoyard Jean de Grailly.

7. Une querelle avait mis aux prises son frère Edmond de Cornouailles, comte de Lancastre, et Robert de Ferrers, comte de Derby. Fils d'Henry III, Edmond de Cornouailles (1245-1296) avait pris le titre de comte de Lancastre, appelé à un bel avenir. C'est lui qui avait reçu à l'âge de 10 ans la couronne de Sicile du pape, sans jamais occuper son trône. On le connaissait aussi sous le surnom de Crouchback, faisant allusion à la croix ornant son dos. Opportunément, Gilbert de Clare, comte de Gloucester, était parvenu à séparer les belligérants. C'est lui pareillement qui accueillit Édouard à Tonbridge, après son arrivée (*Cronica majorum*, *op. cit.*, p. 173).

8. Édouard Ier allait revenir en Gascogne de 1286 à 1289. Au nombre de ses réussites, il faut mentionner la création d'une cinquantaine de bastides dans la région (*Prestwich* 1988, p. 308).

9. *Prestwich* 1980, p. 19.

10. *Prestwich* 1988, p. 267.

11. Ralph Hengham, l'un des juristes les plus cotés à l'époque, fut l'auteur de deux ouvrages résumant la *common law* :une *Summa magna* et une *Summa parva*.

12. Cette distinction demeure jusqu'à nos jours, le mot *statute* impliquant un débat parlementaire.

13. Robert Burnell mourut en 1292.

14. *Prestwich* 1988, p. 342.

15. *Prestwich* 1988, p. 344, pour ce chiffre de 3 000 Juifs en Angleterre à l'époque. Au nombre des prétextes invoqués contre les Juifs, l'usure, qui leur avait été théoriquement interdite par le *statut de la juiverie – Statutum de judeismo* – de 1275.

16. Les procédures de *quo warranto*, littéralement « qui mandate ? », dans le droit anglais visent à établir l'origine d'un pouvoir, en particulier dans la sphère publique – et donc sa légitimité.

17. *Prestwich* 1988, pp. 281-282.

18. M. Hicks, *Bastard Feudalism*, Londres, Longman, 1995.

19. K.B. McFarlane, « Bastard Feudalism », *Bulletin of the Institute of Historical Research*, 20 (1943-1945), pp. 161-162. McFarlane rappelait l'usage péjoratif au départ de cette expression, forgée par C. Plummer en 1885. Dans sa conférence donnée en septembre 1945 devant un auditoire franco-anglais, il proposait cependant de reprendre le terme, en lui enlevant ses connotations négatives, pour décrire la transformation de la féodalité anglaise à partir des XIIIe-XIVe siècles.

20. Sur le continent, une évolution parallèle se produisit avec les fiefs-rentes (M.G.A. Vale, « The Anglo-French Wars », *Guerre et société*, p. 19).

21. *Genet* 2003, p. 12.
22. *Genet* 2005, pp. 235-237.
23. *Prestwich* 1988, p. 203.
24. *Prestwich* 1988, p. 171 *sq.*
25. Parmi ces compagnons, citons Jean de Varenne († 1304), Henry de Lacy, comte de Lincoln († 1311), les Mortimer, ou encore Guillaume de Valence, comte de Pembroke (*Prestwich* 1988, p. 204).
26. *Prestwich* 1988, p. 467.
27. *Prestwich* 1988, p. 356.
28. Selon les termes d'un traité de 1174, Guillaume le Lion d'Écosse était devenu le vassal de Henry II mais en 1189 Richard Cœur de Lion était revenu sur cette mesure.
29. N. Macdougall a parfaitement démontré comment cette alliance entre la France et l'Écosse, conclue au traité de Paris le 23 octobre 1295, répondait au départ à des objectifs militaires à court terme. Mais elle prit au cours des siècles une valeur symbolique beaucoup plus considérable (*An Antidote to the English*, East Linton, Tuckwell Press, 2001).
30. En 1305.
31. L'usage de désigner l'héritier du trône comme prince de Galles remonte à 1301.
32. *The Anonimalle Chronicle,* (éd.) W.R. Childs, J. Taylor, Leeds, Yorkshire Archaeological Society, 1991, p. 80.
33. C. Bingham, *The Life and Times of Edward II*, Londres, Weidenfeld and Nicolson, 1973, p. 35.
34. C. Marlowe, *The Troublesome Raigne and Lamentable Death of Edward II, King of England* (1594), *The Works of C. Marlowe*, Oxford, Clarendon Press, 1910.
35. *Gesta, Chronicles, op. cit.*, *RBMAS* 76-2, p. 44.
36. C. Bingham, *op. cit.*, p. 56.
37. *EHD* III, p. 525.
38. *Annales Paulini, Chronicles of the Reigns of Edward I and Edward II, RBMAS* 76-1, pp. 262-263.
39. N. Denholm-Young (éd.), *The Life of Edward the Second*, Londres, Nelson, 1957, p. 30.
40. Edmund Fitzalan (1285-1326), comte d'Arundel, devait mourir exécuté par la reine Isabelle ; Guy de Beauchamp, comte de Warwick († 1315), participa aux côtés de Thomas de Lancastre à la capture de Gaveston, sans toutefois prendre part à son exécution.
41. Né en 1262, Hugues De Spencer devint comte de Winchester en 1322 ; il fut exécuté avec son fils en 1326.
42. Son cadet de trois ans, Henry (v. 1281-1345), devait reprendre le titre de comte de Lancastre à son frère Thomas.
43. Les De Spencer comptaient également leurs créatures. Edmund Fitzalan, comte d'Arundel, devait accompagner les De Spencer dans leur chute – comme deux ecclésiastiques de Cour, le chancelier Robert de Baldock, et le trésorier Walter de Stapledon. Archidiacre du Middlesex, à la cathédrale Saint-Paul en 1324, Robert de Baldock devint évêque de Norwich en 1323, et termina ses jours incarcéré dans Newgate, à Londres, en 1327. Originaire du Devon, Walter de Stapledon (1261-1326) avait enseigné le droit canon à Oxford, et exercé les fonctions de chapelain du pape Clément V, avant de

devenir évêque d'Exeter en 1307. Trésorier en 1320, il paya de sa vie son attachement à Édouard II, en étant mis à mort par la foule londonienne en 1326. Il fut le fondateur de l'Exeter College d'Oxford.

44. *Sumption* I, p. 100.

45. Originaire de Stratford-upon-Avon, John de Stratford († 1348) fit ses études au Merton College d'Oxford avant d'entrer au service d'Édouard II. Il fut fait évêque de Winchester à l'occasion d'une visite au pape Jean XXII en Avignon. Il épousa la cause de la reine Isabelle dans son conflit avec son royal époux, et il alla voir Édouard II alors qu'il était captif à Kenilworth, pour le prier d'abdiquer en faveur de son fils. Sous Édouard III, il devint chancelier à la chute de Mortimer en 1330. Archevêque de Cantorbéry en 1533, il s'opposa avec force à Édouard III, avant de se réconcilier avec lui et d'exercer durant son absence la fonction de président du Conseil en 1345 et en 1346. Son frère, Robert de Stratford († 1362), fut également l'un des principaux ministres d'Édouard III. Il comptait aussi dans sa famille Ralph de Stratford, évêque de Londres de 1340 à sa mort en 1354.

46. Les Mortimer étaient une famille des marches du pays de Galles, qui avaient contracté de nombreux mariages avec la noblesse galloise. Roger Mortimer (1287-1330) avait été confié à la garde de Piers Gaveston à la mort de son père Edmund. Son mariage avec Jeanne de Joinville, ou Genevill, avait accru ses possessions, tant au pays de Galles qu'en Irlande. Il devient lord lieutenant d'Irlande en 1316. Emprisonné par Édouard II à la Tour de Londres en 1322, il parvint à gagner la France en 1324. Après la chute d'Édouard II, il fut créé comte de March en 1328 – et finalement pendu sans jugement à Tyburn deux ans plus tard (Voir I. Mortimer, *The Greatest Traitor*, Londres, Jonathan Cape, 2003).

47. Fils bâtard d'Édouard Ier, et de Marguerite de France, Edmund de Woodstock né en 1301, comte de Kent et comte d'Arundel, exécuté en 1330.

48. Né à Avesnes, Guillaume III de Hollande et de Hainaut (1286-1337), marié à Jeanne de Valois, sœur du roi de France Philippe IV, eut pour fille Philippa, qui devait épouser Édouard III.

49. *The Anonimalle Chronicle*, *op. cit.*, p. 130.

50. *Id.*, p. 130.

51. *Gesta*, *Chronicles*, *RBMAS* 76-2, p. 93 *sq.*

52. C. Valente, « The Deposition and Abdication of Edward II », *English Historical Review*, 113 (1998), pp. 880-881.

53. *Chronicon Galfridi Le Baker*, Oxford, Clarendon Press, 1889, p. 33 et p. 210 n. ; A.-C. Germain (éd.), *Lettre de Manuel de Fiesque*, Montpellier, J. Martel aîné, 1878, p. 9.

54. Encore récemment, l'historien I. Mortimer se prononce pour une survie probable d'Édouard II au moins jusqu'en 1330, sans nécessairement épouser totalement la thèse de Fiesque (« The Death of Edward II in Berkeley Castle », *English Historical Review*, 120 (2005), pp. 1175-1214).

55. *Lecuppre*, pp. 229-230.

56. 19 octobre 1330.

57. *Sumption* I, p. 116.

CHAPITRE VIII
ÉDOUARD III ET LES DÉBUTS DE LA GUERRE DE CENT ANS

1. *Froissart* I, p. 2.
2. R. OF AVESBURY, *De gestis mirabilibus regis Edwardi Tertii*, *RBMAS* 93, p. 309 ; *EHD* IV, pp. 66-67. Les rois d'Angleterre devaient se présenter comme rois de France jusqu'en 1802.
3. *Sumption* I, p. 293.
4. F. BÉRIAC-LAINÉ, C. GIVEN-WILSON, *Les Prisonniers de la bataille de Poitiers*, Paris, Champion, 2002, p. 195.
5. *Tuck*, p. 157 ; *Sumption* I, p. 108.
6. H.E.L. COLLINS, *The Order of the Garter 1348-1461*, Oxford, Clarendon Press, 2000, p. 6.
7. Ils ne manquaient du reste pas de préciser que leur hommage « simple » était prêté par eux en tant que duc d'Aquitaine uniquement, et non en tant que roi d'Angleterre – comme l'aurait impliqué un hommage « lige ».
8. *Sumption* I, p. 123.
9. Les Riccardi de Lucques, les Frescobaldi, les Bardi et les Peruzzi de Florence étaient ainsi impliqués dans le commerce de la laine anglaise.
10. M.G.A. VALE, « The Anglo-French Wars, « *Guerre et société*, p. 15 ; É. Barnavi, « Mythes et réalité historique », *Histoire, économie et société* 3 (1984), p. 331.
11. Les frères Antonio et Niccolo Usomare réalisèrent d'importants investissements en Gascogne pour le compte du roi d'Angleterre, leur compatriote génois Nicolino dei Fieschi ne craignit pas de mener de délicates missions diplomatiques en Provence et en Italie.
12. *Sumption* I, p. 320.
13. *EHD* IV, pp. 51-52.
14. Charles IV s'était éteint le 1er février 1328, en laissant sa femme enceinte. Sur son lit de mort, il avait déclaré que, si la reine accouchait d'une fille, « les douze pairs et les hauts barons de France eussent conseil et avis entre eux de l'ordonner et donnassent le royaume à celui qui avoir le devrait par droit » (*Froissart* I, p. 84). La régence fut confiée à Philippe de Valois, qui fut sacré à Reims le 29 mai 1328.
15. Le dimanche 3 juillet 987, à Noyon, Hugues Capet avait accédé à la couronne, transmise sans interruption à ses descendants depuis lors (Voir L. THEIS, *L'avènement d'Hugues Capet*, *op. cit.*, p. 18).
16. C. BEAUNE, *Naissance de la nation France*, Paris, Gallimard, 1985, pp. 267-290.
17. F. COSANDEY, « La loi salique », *Georges Duby*, Lyon, Presses universitaires, 2000, pp. 263-273 ; *Picot* I, p. 27.
18. *Favier*, p. 335.
19. VOLTAIRE, *Dictionnaire philosophique* (1764), *Œuvres complètes*, Paris, Garnier, 1883-1885, XIX, p. 607.
20. Ce Robert d'Artois avait tenté de faire reconnaître ses droits sur l'Artois, mais il avait été convaincu de falsification par le parlement de Paris en décembre 1330. Philippe VI l'avait banni deux ans plus tard.

21. J.L. Grigsby, N.J. Lacy (éd.), *The Vows of the Heron*, New York, Garland, 1992, p. 36.

22. *Id.*, p. 38.

23. Né en 1287, Robert III d'Artois mourut en 1342.

24. *Sumption* I, pp. 33-37.

25. *Prestwich* 1980, p. 167.

26. En juillet 1337, Édouard III afferma à un groupe de marchands le monopole de l'exportation de la laine pour une somme de 200 000 livres, libres de tout intérêt. Les associés devaient, en théorie, rentrer dans leurs frais en percevant directement les revenus douaniers. Au mois de septembre suivant, la chambre des communes vota docilement un double prélèvement fiscal d'un dizième et d'un quinzième pendant trois ans. Il s'agissait d'aider le roi à asseoir l'influence anglaise sur la Flandre. En 1351, c'en était fini du monopole des « marchands du roi » sur le commerce de la laine – qui n'avait pas rapporté les revenus escomptés, contraignant plusieurs marchands à la faillite.

27. *Sumption* I, p. 240.

28. L'Angleterre possédait un environnement favorable à l'établissement de moulins à fouler, nécessaires dans la fabrication des étoffes. Il ne manquait que le savoir-faire des ouvriers flamands. Ceux-ci furent incités à s'installer outre-Manche, en particulier à York où ils formèrent une colonie prospère dès le XIVe siècle. La volonté royale de proscrire toute xénophobie procédait du même calcul. À la fin du siècle, l'Angleterre produisait elle-même les textiles dont elle avait besoin. La guerre de Cent Ans accéléra le développement d'un capitalisme qui trouvait dans le textile l'un de ses investissements les plus rentables.

29. *Sumption* I, p. 230. Jacob Van Artevelde mourut assassiné en 1345.

30. L'étape n'en finissait pas de changer. Longtemps à Étaples, elle avait également été à Saint-Omer en 1314, puis à Anvers, et brièvement à Bruges. Avant d'être attribuée collectivement à plusieurs ports d'Angleterre, du pays de Galles et d'Irlande. Elle devait être à nouveau centralisée à Calais après la conquête de la ville, en 1363, et y rester jusqu'à la perte de la ville par les Anglais en 1558.

31. G. Unwin (éd.), *Finance and Trade,* New York, A. M. Kelley, 1965, pp. XIII-XXVIII.

32. *Sumption* I, p. 271.

33. *Sumption* I, p. 327.

34. *Froissart* II, p. 37.

35. Derrière cette querelle, on retrouvait deux systèmes successoraux distincts. Soit l'on appliquait à la Bretagne la règle fixant la succession royale en France, et alors les femmes étaient exclues, soit l'on utilisait la coutume féodale bretonne, et alors Jeanne de Penthièvre pouvait accéder au pouvoir.

36. Jeanne de Penthièvre (1319-1384) était la fille de Guy de Bretagne, comte de Penthièvre, vicomte de Limoges. Et frère de Jean III. Elle avait épousé Charles de Blois, neveu de Philippe VI. Jean de Montfort (v. 1294-1345), comte de Montfort-l'Amaury, était le fils d'Arthur II de Bretagne, et de Yolande de Dreux, comtesse de Montfort-l'Amaury. Jean de Montfort était donc un neveu éloigné du Simon de Montfort, comte de Leicester, qui avait fait trembler le roi d'Angleterre Henry III.

37. *Sumption* I, p. 434.

38. Le prince Édouard – le « Prince Noir » – était né en 1330 et devait s'éteindre en 1376, sans accéder au trône, laisant ce soin à son fils, Richard II.

39. *Chronique de Jean Le Bel*, Paris, Champion, 1977, II, p. 76.

40. *Froissart* III, p. 175. *Prestwich* 1980, p. 197.

41. F. Bériac-Lainé, C. Given-Wilson, *op. cit.*, p. 308.

42. *Froissart* III, p. 186. Né à Valenciennes, dans le Hainaut, vers 1330, J. Froissart entra au service de la reine Philippa, épouse d'Édouard III. Il mourut dans les premières années du xve siècle.

43. J.-M. Moeglin, *Les Bourgeois de Calais*, Paris, A. Michel, 2002, p. 23. Ce remarquable ouvrage permet de mieux cerner les différentes élaborations de ce mythe fécond de l'histoire de France.

44. *Froissart* IV, p. 62. Froissart réécrivit la scène telle qu'elle était rapportée par la *Chronique* du Liégeois Jean Le Bel (*op. cit.*, p. 167).

45. J.-M. Moeglin, *op. cit.*, pp. 87-88.

46. Le pape Clément VI devait, du reste, revenir sur ce second mariage pour déclarer sa nullité et rendre la belle à son premier époux.

47. *Prestwich* 1980, pp. 245-275.

48. A. Hinde, *England's Population*, *op. cit.*, p. 23.

49. Les deux autres formes de peste recensées sont la peste sanguine et la peste pulmonaire.

50. P. Chaunu, *Le Temps des Réformes*, Paris, Fayard, 1975.

51. Certains de ses contemporains soutinrent qu'à l'origine Clement Paston n'était pas même un homme libre. Il mourut en 1419. William Paston devint magistrat, et il fit un beau mariage, en épousant Agnes Berry, la fille de sir Edmund of Harlingbury Hall. À la troisième génération, enfin, John Paston (1421-1466) s'intégra tout à fait dans la *gentry*. Il fut, entre autres, l'ami de sir John Fastolf, dont il est question par ailleurs.

52. Jean de Gand (John of Gaunt), duc de Lancastre (1340-1399), était le fils cadet d'Édouard III et de Philippa de Hainaut († 1369). Il devait son surnom à sa naissance à Gand. Il épousa en premières noces Blanche de Lancastre, dont il eut un fils, Henry Bolingbroke, devenu roi sous le nom d'Henry V. Il eut pour seconde femme Constance de Castile. Avec sa maîtresse, Katherine of Swynford, il eut trois autres enfants, John Beaufort, comte de Somerset, Thomas Beaufort, duc d'Exeter, et Joan Beaufort, comtesse de Westmorland. John Beaufort eut une fille, Margaret Beaufort, mère du futur Henry VII. Henry St John, vicomte Bolingbroke, l'homme d'État du xviiie siècle, s'enorgueillissait de ses liens de parenté avec cette Margaret Beaufort.

53. M. Bennett, « The Development of Battle Tactics », *Arms, Armies and Fortifications* (éd.) A. Curry *et al.*, Woodbridge, Boydell Press, 1994, p. 3.

54. H.J. Hewitt, *The Organization of War under Edward III*, Manchester, Manchester University Press, 1966, p. 112.

55. H.J. Hewitt, *The Black Prince's Expedition of 1355-1357*, Manchester, Manchester University Press, 1958.

56. Sacré à Reims en 1350, le roi Jean II le Bon eut pour épouse Jeanne de Boulogne. Le dauphin Charles assuma la direction du royaume durant sa captivité. Il dut faire face également à la révolte d'Étienne Marcel, prévôt des marchands, à Paris. Il mourut en Angleterre en 1364.

57. *Prestwich* 1988, p. 44.

58. F. Autrand, « La déconfiture. La bataille de Poitiers à travers quelques textes français des XIVe et XVe siècles », *Guerre et société*, p. 101.

59. Le traité de Brétigny en mai 1360, la paix de Calais en octobre confirmaient la souveraineté pleine et entière du roi Édouard sur l'Aquitaine. Il renonçait en contrepartie à la couronne de France. Mais ces deux dernières clauses furent retirées au moment de la signature et recopiées séparément. Le Prince Noir était placé à la tête de l'Aquitaine.

60. B. Du Guesclin devait mourir en 1380, quelques semaines avant son roi Charles V.

61. G. Holmes, *The Good Parliament*, Oxford, Clarendon Press, 1975, pp. 1-4.

62. Ce furent respectivement Henry Percy, Richard Stafford, Guy Brienne et Roger Beauchamp. Ceux-ci demandèrent à leur tour l'assistance de quatre comtes : Edmund Mortimer, comte de March, Thomas Beauchamp, comte de Warwick, William Ufford, comte de Suffolk, et Ralph Stafford, comte de Stafford.

CHAPITRE IX

LA « RÉVOLUTION » LANCASTRIENNE

1. Père d'Orléans, *Histoire des révolutions d'Angleterre* (1693), La Haye, I. Van der Kloot, 1729, II, p. 64.

2. Il faut leur ajouter trois enfants bâtards, nés de ses amours avec A. Perrers : John de Southeray, Joan, et Jane.

3. Richard II était né en 1367. Il devait épouser Anne de Bohême en 1382, puis Isabelle de Valois, fille de Charles VI, en 1396.

4. La famille de Lancastre remontait au second fils d'Henry III, Edmond de Cornouailles, éphémère roi de Sicile, parti pour la croisade en 1271, avant de se battre vaillamment au pays de Galles et en Gascogne. Son fils Thomas, comte de Lancastre, s'était opposé à Édouard II et à ses favoris De Spencer. Le frère de Thomas, Henry, devenu à son tour comte de Lancastre, avait aidé le jeune Édouard III à se débarrasser d'Isabelle et de Mortimer. Son propre fils, Henry, était devenu duc de Lancastre en 1351, pour services rendus. Las, Henry n'avait pas de fils, et sa fille Blanche avait épousé le fils d'Édouard III, Jean de Gand, qui reprit le nom et le titre de duc de Lancastre en 1362. S. Walker a étudié les phénomènes de clientèle (*The Lancastrian Affinity 1361-1399*, Oxford, Clarendon Press, 1990).

5. Edmund Mortimer (1391-1425), 5e comte de March, n'avait que quelques années à l'époque. Il ne faut pas le confondre avec son oncle Edmund Mortimer (1376-1409), qui combattit Henry IV.

6. Dans le *Piers Plowman* (1377) de William Langland, on trouve une référence elliptique au personnage et à sa légende : « Je ne connais pas bien mes patenôtres, mais je connais la ballade de Robin des Bois et de Randolph, comte de Chester. » Plusieurs ballades sont attestées au siècle suivant, dont *A Lytell Gest of Robyn Hode*.

7. K.A. Biddick, « The Historiographic Unconscious and the Return of Robin Hood », *The Salt of Common Life*, Kalamazoo, Western Michigan University, 1995, pp. 449-483.

8. L'un des plus célèbres demeure la *Chronicque de la traison et mort de Richard II roy d'Engleterre,* (éd.) B. Williams, Londres, 1846. Voir l'article de J.J.N. PALMER, « The Authorship, Date and Historical Value of the French Chronicles on the Lancastrian Revolution », *Bulletin of the John Rylands University Library,* 61 (1978-1979), pp. 145-181 et pp. 398-421.

9. *CRSD* II, p. 671.

10. *CRSD* II, p. 675-677.

11. *CRSD* II, p. 701.

12. *CRSD* II, p. 703.

13. *CRSD* II, pp. 715-717

14. *CRSD* II, p. 719.

15. M.L. BRUCE, *The Usurper King*, Londres, Rubicon, 1986, p. 227.

16. J.L. KIRBY, *Henry IV of England*, Londres, Constable, 1970, p. 70.

17. I Sam 9, 17.

18. C. FLETCHER, « Manhood and Politics in the Reign of Richard II », *Past & Present,* nº 189 (2005), pp. 3-39.

19. *CRSD* II, p. 727.

20. Le pape Alexandre III était lui-même arrivé à Sens, après avoir été chassé de Rome en 1162. Il y resta 18 mois, jusqu'en 1165.

21. *CRSD* II, p. 729. L'église de Sainte-Colombe avait été consacrée par Alexandre III le 26 avril 1164. Les religieux de Sainte-Colombe obtinrent également la canonisation de saint Thibaut de Provins. Les liens entre Sens et Cantorbéry sont importants. Outre le séjour de Becket, commémoré par un célèbre vitrail de la cathédrale française montrant plusieurs scènes, dont l'assassinat de l'archevêque, il faut dire un mot également de l'architecte Guillaume de Sens. Ce dernier édifia le chœur de la cathédrale de Cantorbéry, détruit par un incendie, ainsi que le tombeau de Becket, non sans s'inspirer fortement de la cathédrale Saint-Étienne de Sens.

22. Sur le trajet accompli par cette huile miraculeuse, voir *Lecuppre*, pp. 368-369.

23. *RHD* IV, pp. 414-415.

24. *Chronicque de la traison*, *op. cit.*, p. 103.

25. B. WILKINSON, *Constitutional History of England in the Fifteenth Century*, Londres, Longman, 1964, pp. 301-302.

26. *Genet* 2005, pp. 259-260.

27. F.C. BAUERSCHMIDT, *Julian of Norwich*, Notre Dame, Notre Dame University Press, 1999, p. 18.

28. Henry Percy, 1er comte de Northumberland (1341-1408), avait été dans un premier temps partisan d'Henry IV. Cet Henry Percy était lui-même le fils d'Henry, 3e baron Percy, et fils de Mary de Lancastre. Edmund Mortimer, 5e comte de March (1376-1409), était un descendant du Roger Mortimer qui avait détrôné Édouard II.

29. Edmund Mortimer descendait de Philippa Plantagenêt († 1381), une petite fille d'Édouard III. Il était également le beau-frère du jeune Henry Percy, et le gendre du rebelle gallois, Owen Glendower. Henry Percy, comte de Northumberland, pouvait tracer son ascendance jusqu'à Henry III.

30. Henry Percy (1364-1403) était le fils aîné d'Henry Percy, 1er comte du Northumberland. Après avoir servi en France et contre les Écossais, il se rallia, ainsi que son père, à Henry IV contre Richard II, mais se révolta contre le nouveau roi en 1403 et mourut dans les combats.

31. L'événement relaté ici se serait produit en février 1399, lorsqu'Henry de Lancastre voulut récupérer les biens des Lancastre confisqués. Originaire du Yorkshire, R. Scrope, fils d'Henry, baron Scrope of Masham, était devenu archevêque d'York en 1398.

32. Ps 69, 17 : *Exaudi me Domine.*

33. *The Historians of the Church of York,* (éd.) J. Raine, Londres, Longman & Eyre, 1879-1894, II, pp. 304-311.

34. J. H. SPRY, « A Brief Account of the Examination of the Tomb of Henry IV in the Cathedral of Canterbury, August 2l, 1832 », *Archeologia*, 26 (1836), pp. 440-445.

35. Jeanne de Navarre († 1437) était la veuve de Jean V, duc de Bretagne.

36. N. TRONCHE, « Henry de Monmouth (1399-1413), à travers les chroniques anglaises des XVe et XVIe siècles », maîtrise d'histoire dirigée par F. Bériac, Université Michel de Montaigne-Bordeaux III, 1995.

37. 7 HENRY IV, c. 2 (l'on donne ainsi les lois du royaume : année du règne, nom du monarque et chapitre).

38. 23 novembre 1407, nuit de la Saint-Clément.

39. Le père de Richard de Conisbrough, comte de Cambridge, était Edmund of Langley, duc d'York, un fils d'Édouard III. Il était donc un neveu de Jean de Gand.

40. *Wilkinson* 1969, p. 251.

41. « Chronique de Ruisseauville », *Azincourt*, pp. 91-92.

42. Jean JUVÉNAL DES URSINS, *Histoire de Charles VI*, *Azincourt*, p. 103.

43. « Chronique de Ruisseauville », *Azincourt*, p. 94.

44. *Id.*, p. 93.

45. C. D'ORLÉANS, *En la forêt de longue attente et autres poèmes*, Paris, Gallimard, 2001, p. 146.

46. *Picot* I, p. 300.

CHAPITRE X
L'AUTOMNE DU MOYEN ÂGE

1. G. GROSJEAN, *Le Sentiment national dans la guerre de Cent Ans*, Paris, Bossard, 1927, pp. 216-217.

2. *Sumption* I, p. IX et p. 38.

3. Il est symptomatique que Benoît XII ait renoncé à appeler à la croisade en 1336, à la veille même de la « guerre chaude » entre l'Angleterre et la France (*Sumption* I, p. 155).

4. 25 Edw III, 5, c. 2.

5. 36 Edw. III, c. 15.

6. N. PONS (éd.), *L'Honneur de la Couronne de France*, Paris, Klincksieck, 1990, pp. 60-61.

7. *Id.*, p. 131.

8. Le franciscain John Duns Scot (v. 1265-1308) prodigua son enseignement à Oxford, Paris et finalement Cologne, où il finit ses jours. Autre franciscain, Guillaume d'Ockham († 1347) enseigna lui aussi à Oxford et à Paris.

9. *Wilkins* 1969, p. 222.

10. « Considérons d'abord la subordination nominaliste de la raison à l'expérience ; contre toute spéculation idéologique, la réalité délivrée par l'expérience était au cœur de la perception du monde. De plus, les nominalistes tentaient de séparer le Verbe de Dieu et la raison humaine. En matière de révélation, dans tout ce qui avait trait au salut, le Verbe de Dieu était la seule fondation – ici la raison et l'expérience ne prescrivent pas, elles confirment ; ici, elles ne précèdent pas mais elles succèdent » (H.A. Oberman, *Luther*, New York, Image Books, 1992, p. 120).

11. Des versions françaises, réservées aux milieux aristocratiques, circulaient déjà en Angleterre lorsque le texte sacré fut traduit en anglais. Si Wycliffe traduisit le Nouveau Testament, son ami Nicholas of Hereford se chargeait de l'Ancien. En 1388, John Purvey reprenait l'ensemble.

12. 25 Edw. III, St. 6, c. 1.

13. Ces mesures furent accentuées ultérieurement, sous le règne de Richard II, par une loi décrétant que quiconque s'adresserait à Rome pour obtenir l'excommunication du roi ou de ses serviteurs, ou des bulles à cet effet, serait placé en dehors de la protection de la Couronne et ses biens saisis (16 Ric. II, c. 5). De même, sous Henry IV, on précisa que l'on ne pouvait pas non plus saisir le pape contre les tribunaux ecclésiastiques anglais (2 Hen. IV, c. 3). Il y avait là un arsenal juridique qu'Henry VIII utilisa lors du schisme avec Rome au début du XVIe siècle.

14. Henry Percy, 1er comte de Northumberland (1341-1408), était le fils de Henry, 3e baron Percy, et le père du célèbre « Hotspur ». Par sa mère, Mary de Lancastre, il descendait d'Henry Plantagenêt, comte de Leicester, lui même fils d'Edmund Crouchback, fils d'Henry III. Lors du couronnement du roi Richard II, il devait recevoir le titre de maréchal d'Angleterre, et devenir comte de Northumberland – mais il conspira contre Richard, aux côtés d'Henry de Lancastre, et se tourna contre ce dernier lorsqu'il fut devenu roi sous le nom d'Henry IV. Il fut tué en 1408 en portant les armes contre Henry IV aux côtés des Écossais.

15. B. Cottret, *Histoire de la Réforme protestante*, Paris, Perrin, 2001, p. 43.

16. Le concile de Constance mit un terme à cette Église tricéphale en provoquant l'élection de Martin V en 1417.

17. G. Alberigo (éd.), *Les Conciles œcuméniques*, Paris, Le Cerf, 1994, II, pp. 848-859.

18. J. Wycliffe, *Tracts and Treatises*, Londres, Blackburn and Pardon, 1845, pp. 150-152.

19. *Wilkinson* 1969, p. 223.

20. J. Huizinga, *L'Automne du Moyen Âge*, Paris, Payot, 2002 (1re édition néerlandaise en 1919).

21. Devenu entre-temps archevêque de Cantorbéry, Courtenay avait réuni une assemblée d'Église en mai 1382 lorsque se produisit une secousse tellurique, immédiatement interprétée comme providentielle. Il fallait purger l'Angleterre de ses erreurs et du miasme de ses hérésies, désormais proscrites de la chaire. En novembre, Wycliffe, miné par la maladie, comparut devant un synode à Oxford. Mais il en repartit libre, sans être excommunié. Il s'en était retourné alors à Lutterworth, profondément déçu qu'Urbain VI n'eût pas été ce « vrai » pape dans lequel il plaçait ses espoirs.

22. Mt 13, 24-30.

23. *EHD* IV, pp. 848-850.

24. 2 Hen. IV, c. 15.

25. Fils cadet de Richard Fitzalan, comte d'Arundel, Thomas Arundel (1353-1414) fut archevêque de Cantorbéry en 1397 et à nouveau de 1399 à sa mort. Sa mésentente avec Richard II, et son ferme soutien d'Henry IV ne l'empêchèrent pas de s'entendre moins bien avec Henry V.

26. J. Bale, *A brefe chronycle concernynge the examinacyon and death of the blessed martyr of Christ syr Iohan Oldecastell the lorde Cobham*, Anvers, 1544, p. 18.

27. *Id.*, p. 23.

28. *Id.*, p. 28.

29. *Id.*, p. 30.

30. *Le Livre de Margerie Kempe*, Paris, Le Cerf, 1989, p. 190 *sq.*

31. V. Alemany, B. Cottret, M. Cottret (éd.), *Sainte ou sorcière ? L'héroïsme chrétien au féminin*, Paris, Éditions de Paris, 2006.

CHAPITRE XI
LA GUERRE DES DEUX-ROSES

1. J. Fortescue, *De Laudibus Legum Angliae*, Londres, Abel Raper, 1660, p. 25 *vo*. Originaire du Devon, J. Fortescue (1394 ?-1476 ?) avait été magistrat du Banc du roi. Fidèle aux Lancastre, il se rallia finalement aux yorkistes, lorsque ceux-ci triomphèrent. Le *De Laudibus* semble remonter à 1468-1470.

2. Toute une partie de la démonstration de Fortescue vise à montrer la supériorité de la *common law*, jurisprudentielle, sur le droit romain.

3. Ce prince Édouard, né en 1453, devait être tué à la bataille de Tewkesbury en 1471.

4. *Loades* 1997, p. 2.

5. F.W. Maitland, *Collected Papers*, *op. cit.*, III, Online Library, p. 82 et pp. 91-92.

6. *Wilkinson* 1969, p. 257.

7. *Favier*, p. 343.

8. Une solution comparable prévalut dans les îles Britanniques au XVIIe siècle lorsque le roi d'Angleterre fut aussi roi d'Écosse, sans qu'il y eût pour autant union des royaumes – du moins avant 1707.

9. *Tuck*, p. 258. Cette réaction du parlement, convoqué en décembre 1420, s'explique également par l'inquiétude liée à l'absence du roi, toujours en France.

10. Dans la pièce à succès que Shakespeare consacra à cette union, cela permet un épisode comique, proche du grivois, lorsque Catherine exprime en français ses réticences devant son fiancé qui veut lui ravir un baiser. Ou qu'elle apprend le nom des parties du corps en anglais.

11. Ce fils de Jean de Gand par la main gauche était né dans la belle province d'Anjou, et il avait été heureusement légitimé par Richard II, juste à temps pour devenir évêque de Lincoln. La chance devait sourire au demi-frère d'Henry IV, qui profita de la révolution lancastrienne pour devenir tour à tour chancelier en 1403, et évêque de Winchester l'année suivante. Il se montra par

la suite intraitable avec Jeanne d'Arc. Beaufort s'entendit très bien, trop bien avec son neveu, le prince Henry, quitte à mécontenter Henry IV, et on le vit plusieurs fois occuper la chancellerie pour l'abandonner peu après. Le pape Martin V lui offrit cependant un chapeau de cardinal, qu'il ne put accepter tout de suite devant l'opposition d'Henry V. L'évêque fut le premier écarté et il accepta l'offre que lui fit Rome de le nommer légat en Allemagne, en Hongrie et en Bohême. Le musée de Rouen détient un intéressant tableau du peintre nîmois Paul Delaroche figurant Henry Beaufort : *Jeanne d'Arc malade est interrogée dans sa prison par le cardinal de Winchester* (1824).

12. H. Beaufort (v. 1374-1447) était le fils de Jean de Gand et de sa maîtresse Katherine Swynford. Humphrey de Bohun, comte de Hereford, duc de Gloucester (1390-1447), épousa tour à tour Jacqueline, comtesse de Hainaut et de Hollande, et Eleanor Cobham. Jean de Lancastre, duc de Bedford (1389-1435), devait être enterré à la cathédrale de Rouen.

13. P. CHAMPION, *Procès de condamnation de Jeanne d'Arc*, Genève, Slatkine, 1976, II, pp. 145-146. Dans une intéressante communication donnée à l'Académie des sciences morales et politiques, le 23 juin 2003, « Proche et lointaine, Jeanne d'Arc », Philippe Contamine montre combien, pour Henry Beaufort, Jeanne n'avait pas été tout de suite cette « désordonnée femme, sorcière, idolâtre et hérétique « qu'elle devint par la suite pour les Anglais.

14. C. BEAUNE, *Jeanne d'Arc*, Paris, Perrin, 2004, p. 11.

15. *L&PI* II, 2, p. 577. Les classes dirigeantes elles-mêmes semblent avoir été aussi divisées :du côté des partisans de la guerre à outrance, le duc d'York, et Hugh Audley, duc de Gloucester, de l'autre le cardinal de Beaufort.

16. Avec le lollard John Oldcastle, dont il a déjà été question, il est l'un des inspirateurs de Shakespeare pour son John Falstaff, personnage bravache dont les protestations de bravoure font écho à son modèle du XVe siècle.

17. Il n'est pas impossible que la politique du pire préconisée par J. Fastolf ait représenté le point de vue des Anglais nouvellement installés, en particulier en Normandie (*Tuck*, p. 276).

18. Lettre du 19 août 1544, *L&PI* II, 1, p. 358.

19. Les fiançailles intervinrent en mai 1444, et le mariage fut célébré en février suivant à Nancy par procuration. Marguerite d'Anjou (1429-1482) donna à Henry VI un fils, Édouard, prince de Galles. Elle était elle-même la fille du « bon roi » René d'Anjou († 1480), « roi de Jérusalem et de Sicile », roi de Naples, duc de Bar et comte de Provence.

20. Le traité de paix ne devait intervenir que bien plus tard, en 1475, lors de l'entrevue de Louis XI et d'Édouard IV à Picquigny, sur la Somme.

21. Le moment le plus terrible fut sans doute l'assassinat du duc de Bourgogne, Jean sans Peur, par les partisans du dauphin, à Montereau, en septembre 1419. À l'inverse, en septembre 1435, à Arras, la paix séparée entre Charles VII et Philippe le Bon permit aux Français de reconquérir totalement leur royaume.

22. *PMK*, p. 139 *sq*.

23. P. DE COMMYNES, *Mémoires*, Paris, Imprimerie nationale, 1994, p. 81.

24. *Le Débat des hérauts d'armes de France et d'Angleterre,* (éd.) L. Pannier, P. Meyer, Paris, Firmin Didot, 1877, pp. 55-56. Sur ce texte, voir K.F. KRIEGER, « England aus der Sicht des Kriegsgegners », *Das kontinentale Europa und die britischen Inseln*, Mannheim, Palatium Verlag, 1993, pp. 71-86.

25. *Lecuppre*, p. 78. Le nom célèbre des Mortimer prenait tout son sens quand on sait qu'Anne, la mère de Richard, duc d'York, était l'héritière des Mortimer, comtes de March.

26. *Wilkinson* 1969, p. 277.

27. *PMK*, p. 121.

28. *PMK*, p. 24.

29. Edmund Beaufort, comte de Dorset, 1er duc de Somerset, était né vers 1406. Il devait être tué le 22 mai 1455 à la bataille de Saint-Albans, tout comme Henry Percy, 2e comte de Northumberland (1392-1455). Ce fils du rebelle Hotspur resta attaché aux Lancastre qui lui avaient restitué ses biens et son titre en 1416. Du côté yorkiste, Richard Neville, 5e comte de Salisbury (1400-1460), était le fils de Ralph Neville, 1er comte de Westmoreland, et de son épouse, Joan Beaufort, fille de Jean de Gand. Il épousa Alice Montagu, comtesse de Salisbury. Richard, duc d'York, l'avait nommé lord chancelier en 1455. Après avoir participé à la bataille de Saint-Albans et à celle de Blore Heath, il s'enfuit à Calais. Mais il devait être exécuté après la bataille de Wakefield, en décembre 1460.

30. Les Audley, les Beaufort, les Clifford, les Herbert, les Montagu, les Neville, les Percy, les Roos furent tous amenés à prendre parti pour un camp ou pour un autre – voire à changer d'allégeance dans le cours des combats. Certaines familles même étaient divisées.

31. *PMK*, p. 53.

32. *Wilkinson* 1969, p. 282.

33. Bataille de Blore Heath, en octobre 1459, bataille de Northampton en 1460, bataille de Wakefield, la même année, bataille de Mortimor's Cross en 1461, seconde bataille de Saint-Albans toujours en 1461, bataille de Ferrybridge, bataille de Towton, bataille de Hedgeley Moor et bataille d'Hexham en 1464, bataille d'Edgecote Moor en 1470 et bataille de Losecote Field, batailles de Barnet et bataille de Tewkesbury, en 1471, année même de la mort d'Henry VI.

34. Dans sa pièce *Henry VI*, Shakespeare transpose la situation sur le champ de bataille : le duc d'York est alors revêtu de son vivant d'une couronne de paille par ses ennemis.

35. Richard Neville, comte de Warwick (1428-1471), était le fils aîné de Richard Neville, 5e comte de Salisbury, et d'Alice Montagu, comtesse de Salisbury. Sa tante Cecilly Neville avait épousé le duc d'York. Son jeune frère, sir John Neville, marquis de Montagu, fut un temps comte de Northumberland. Quant au titre de comte de Warwick, il lui venait de son épouse, Anne de Beauchamp.

36. *PMK*, p. 121.

37. *PMK*, p. 226.

38. La fille aînée de Warwick, Isabel, épousa ce George d'York, duc de Clarence, frère d'Édouard IV.

39. *PMK*, p. 237.

40. Warwick s'était entendu avec Louis XI, qui lui avait promis la possession de la Zélande et de la Hollande.

41. *PMK*, p. 349 *sq*.

42. *PMK*, p. 389.

43. R.A. Griffiths, *The Reign of King Henry VI*, Londres, E. Benn, 1981, p. 1.

44. *L&P* 1861 I, pp. 3-10.
45. *L&P* 1861 I, p. XVI.
46. Richard III prétendait aussi que son frère Édouard IV aurait contracté un premier mariage avec Elizabeth Grey, ce qui frappait de nullité son union avec Elizabeth Woodville et les enfants qui en étaient issus.
47. Ce tableau de 1831, *Les Enfants d'Édouard*, se trouve au musée du Louvre.
48. P. Vergil, *Anglica Historia, Books 23-25*, Londres, J. B. Nichols, 1846, pp. 226-227.
49. *L&P* 1861 I, p. XXV ; *Picot* I, p. 362.
50. *L&P* 1861 I, pp. 35-36.
51. Il y a eu plusieurs ducs de Buckingham célèbres dans l'histoire d'Angleterre, sans que tous aient un lien de parenté. Pour la période retenue ici, Humphrey Stafford avait été créé duc de Buckingham pour son soutien aux Lancastre. Il mourut en 1460 à la bataille de Northampton. Son petit-fils Henry Stafford, second duc de Buckingham, avait d'abord soutenu Richard III, avant de se retourner contre lui. Son fils Edward Stafford, 3e duc de Buckingham, devait mourir tragiquement lui aussi, exécuté pour trahison en 1521.
52. Henry Tudor était le fils posthume d'Edmund Tudor, 1er comte de Richmond. Né au château de Pembroke, dans le pays de Galles, en janvier 1457, le futur Henry VII passa une partie de sa jeunesse dans notre Bretagne.

CHAPITRE XII

HENRY VII, ROI DE LA VEILLE OU ROI DU LENDEMAIN ?

1. D. Hume, *The History of England*, Indianapolis, Liberty Classics, 1983, III, pp. 5-6.
2. Voltaire, *Lettres philosophiques*, Paris, GF, 1964, p. 63.
3. Originaire de Worcester, Reginald Bray (v. 1440– 1503) fut l'un de ces hommes nouveaux qui jouèrent un rôle financier notable dans l'entourage d'Henry VII. Il traça également les plans de la chapelle de Saint-Georges à Windsor. Thomas Stanley (v. 1435-1504) fut nommé comte de Derby après la bataille.
4. Ce Gilbert Talbot, de Slottesden, ne doit pas être confondu avec les Talbot, comtes de Shrewsbury, du côté yorkiste. Rhys ap Thomas (1449-1525) s'était rallié assez tardivement à Henry Tudor.
5. *L&P* 1861 I, p. XXVI.
6. Sir Robert Willoughby fut nommé baron Willoughby de Broke, vers 1488, pour services rendus. Condamné par Richard III pour haute trahison, Willoughby s'était rallié à Henry Tudor en Bretagne. Il disparut en 1502. Né en 1475, Édouard, comte de Warwick, allait être exécuté en 1499 après une tentative d'évasion. Par sa mère, Isabel Neville, il descendait du célèbre Warwick, le faiseur de rois.
7. J.-P. Genet, « La monarchie anglaise : une image brouillée », *Représentation, pouvoir et royauté*, Paris, Picard, 1995, pp. 93-107 ; *Lecuppre*, p. 259.
8. *Ces yeomen of the guard* sont environ 70, et c'est un grand honneur pour d'anciens sous-officiers que d'accéder à ce corps d'élite. Leur rôle est presque exclusivement cérémoniel.

9. R. LOCKYER, A. THRUSH, *Henry VII*, Londres, Longman, 1997, pp. 9-10.

10. Originaire du Yorkshire, John Alcock (1430-1500), lord chancelier, fut successivement évêque de Rochester, puis de Worcester, et d'Ely. Il avait été brièvement le précepteur du jeune prince Édouard, assassiné par Richard III.

11. John Morton (v. 1420-1500), évêque d'Ely, puis archevêque de Cantorbéry à partir de 1486, et lord chancelier l'année suivante. Partisan sans faille des Lancastre, il avait accompagné Marguerite d'Anjou dans son exil sur le continent. Emprisonné par Richard III, il parvient à s'enfuir et se réfugia en Flandre pour préparer la victoire d'Henry VII. Richard Fox (1448-1528) était entré au service du duc de Richmond alors qu'il poursuivait ses études à Paris. Évêque d'Exeter en 1487, puis de Bath et Wells, de Durham et finalement de Winchester en 1500. Il fut aussi le parrain du futur Henry VIII. On lui doit, avec Hugh Oldham, évêque d'Exeter, la fondation de collège de Corpus Christi à Oxford. C'est également lui, qui le premier, prit Wolsey à son service. Reginald Bray (v.1440-1503) devint le trésorier et le chancelier du duché de Lancastre, avant en 1496 d'être le modérateur de la Chambre des communes. Mais ce sont surtout ses capacités de gestionnaire des finances qu'appréciait Henry VII.

12. R. LOCKYER, A. THRUSH, *op. cit.*, p. 25.

13. Jasper Tudor, duc de Bedford (v. 1431-1495), était le troisième fils d'Owen Tudor et de Catherine de Valois. Ce demi-frère d'Henry VI avait accompagné le futur Henry VII dans son exil breton. John de Vere, comte d'Oxford (1442-1513), avait rejoint Marguerite d'Anjou en France. Il joua un rôle de premier plan lors de la bataille de Bosworth. Giles Daubeney (1452-1508), John Dynham (1436-1501), furent créés barons par Henry VII.

14. Le mariage eut lieu le 18 janvier 1486. Il devait déboucher sur la naissance de 4 enfants :Arthur, Henry, Margaret et Mary Rose.

15. Gerald FitzGerald, « Geroit More », 8e comte de Kildare (1457-1513), occupa un temps le poste de *lord deputy* du roi d'Angleterre en Irlande. Au sud de l'Irlande, Waterford, aux mains de la famille rivale des Butler, résistait cependant à la pression yorkiste (G. LECUPPRE, *L'Imposture politique au Moyen Âge*, Paris, PUF, 2005, pp. 44-45).

16. Ce John Delapole, comte de Lincoln († 1487), était le fils de John Delapole, († 1491), duc de Suffolk, et le frère d'Edmund Delapole, comte de Suffolk. Richard III l'avait déclaré son successeur en 1484.

17. Marguerite d'York (1446-1503) était la fille de Richard d'York, et donc la sœur de Richard III. Elle avait épousé Charles le Téméraire en 1468, neuf ans avant sa mort au siège de Nancy.

18. J.P. COLLIER (éd.), *Bull of Pope Innocent VIII*, Londres, Camden Society, 1847.

19. J.M. CURRIN, « Persuasions to peace », *English Historical Review*, 113 (1998), p. 898. R. Gaguin était reparti d'Angleterre en février 1490, en compagnie des autres ambassadeurs, François de Luxembourg et Waleran de Sains, seigneur de Marigny.

20. J.M. CURRIN, « The King's Army into the Partes of Bretaigne », *War in History*, 7 (2000), pp. 379-412.

21. Handicapé, ne se déplaçant que dans une litière, le comte de Desmond eut droit à plusieurs surnoms faisant allusion à son infirmité : *bacagh*,

« le boiteux » en gaélique, mais aussi *vehiculus*. Voire *bellicosus*, en hommage à son caractère vindicatif. Il devait mourir en 1520.

22. La vice-royauté d'Irlande devait être confiée au prince Henry, futur Henry VIII, en 1494, tandis qu'Edward Poynings devait *lord deputy*.

23. Thomas Butler, comte d'Ormonde, occupait précisément la charge de chambellan de la reine en Angleterre, et l'on dépêcha en Irlande James Ormonde, l'un des rejetons de la famille, avec le titre de *lord treasurer*.

24. *L&P* 1861 II, pp. 290-251.

25. Edward Poynings (1459-1521) était l'un des fidèles d'entre les fidèles d'Henry VII. Il s'était opposé dès 1483 à Richard III.

26. *IHD*, p. 83.

27. 11 Henry VII, c. 1, « An Act that no person going with the King to the wars shall be attaint of treason », connu sous le nom de *De facto Act*.

28. Les rebelles étaient allés jusqu'à Blackheath, à l'est de Londres, où ils avaient été battus en juin 1497.

29. Henry VII en voulait aux souverains espagnols d'avoir accordé la main de leur fille Jeanne à l'archiduc Philippe d'Autriche. Et plus encore d'avoir accepté que le prince Jean, héritier du trône d'Espagne, épousât Marguerite, fille de Maximilien.

30. Peut-être génois d'origine, en tout cas vénitien d'adoption, Jean Cabot devait disparaître vers 1498.

31. *L&P* 1861 I, p. 126.

32. Nous reprenons la formule à J.-P. Gross, qui montre sa pertinence dans le cas de la pensée républicaine, en particulier chez Saint-Just : « La patrie selon Saint-Just », *Cosmopolitismes, patriotismes,* (éd.) M. Belissa, B. Cottret, Rennes, Perséides, 2005, pp. 77-90.

33. *L&P* 1861 II, p. 129.

34. Edmund Delapole, comte de Suffolk (v. 1474-1513), était le fils de John Delapole, duc de Suffolk, et d'Élisabeth Plantagenêt, sœur d'Édouard IV. Il conspira contre Henry VII et fut accueilli par l'empereur Maximilien. Il fut emprisonné en Angleterre de 1506 à 1513, date de son exécution.

35. Marguerite d'Autriche (1480-1530), fille de l'empereur Maximilien († 1519) et de Marie de Bourgogne († 1482), avait même été initialement promise au dauphin de France, le futur Charles VIII – qui épousa finalement Anne de Bretagne. La petite-fille de Charles le Téméraire fut également la tante de Charles Quint.

36. Le futur Charles Quint n'avait que six ans.

37. Elle devint la célèbre Marguerite de Navarre, protectrice des humanistes et écrivain à ses heures.

38. Mary Rose Tudor devait épouser en fait Louis XII, puis Charles Brandon, duc de Suffolk; en 1503, Margaret, l'autre sœur d'Henry VIII, épousait Jacques IV d'Écosse – d'où devait descendre Jacques VI d'Écosse-Jacques Ier d'Angleterre, roi d'Angleterre en 1603.

CHAPITRE XIII
HENRY VIII OU LA LOI PHALLIQUE

1. T. More, *L'Utopie*, Paris, GF, 1987, p. 83.

2. La première édition en anglais remonte à 1551.

3. A.L. Morton, *L'Utopie anglaise*, Paris, Maspero, 1964.

4. C.Hill, *Histoire économique et sociale de la Grande-Bretagne*, Paris, Le Seuil, 1977, I, p. 245.

5. D. Starkey, « Court History in Perspective », *The English Court*, Londres, Longman, 1987, pp. 1-24.

6. Henry VIII était né le 28 juin 1491.

7. P. Pasqualigo, 30 avril 1515, *L&P* 1862-1910, II-1, p. 395.

8. *Cottret* 1999, p. 46.

9. Thomas Ier Howard (1443-1524), comte de Surrey, retrouva à cette occasion son titre de duc de Norfolk qu'il avait perdu lors de la guerre des Deux-Roses. Son fils, Thomas II Howard (1473-1554), s'illustra dans la suite du règne d'Henry VIII.

10. Le légat est l'ambassadeur envoyé par le pape. Lorsqu'il est dit *a latere*, il le représente directement.

11. *L&P* 1862-1910, III-1, 125.

12. B. Bennassar, *Histoire des Espagnols*, Paris, Robert Laffont, 1992, p. 324.

13. Durant l'été 1522, Henry Howard, comte de Surrey, attaquait les côtes de Bretagne et incendiait la ville de Morlaix, avant de ravager l'Artois. L'année suivante vit le siège, infructueux, de Boulogne. Mais la guerre coûtait cher, et rapportait peu. Il fallut donc laisser Charles Quint faire le travail, en l'encourageant à poursuivre les combats. Henry VIII se réjouit fort en apprenant la terrible défaite des Français à Pavie, en février 1525. De 1525 à 1544, cependant, la paix avec la France l'emporta.

14. *L&P* 1862-1910, III-1, 1297.

15. Henry VIII, *Défense des sept sacrements*, Angers, Lainé, 1850.

16. La future reine Mary était née le 18 février 1516.

17. F. Héritier, *Masculin / Féminin II. Dissoudre la hiérarchie*, Paris, Odile Jacob, 2002, p. 23.

18. 7 Henry IV, c. 2. Voir chapitre 8 : La « révolution » lancastrienne.

19. L'attribution de ce titre de duc de Richmond engageait l'avenir, si l'on se souvient que le futur Henry VII, fondateur de la dynastie, avait lui-même été duc de Richmond.

20. *Cottret* 1999, p. 129.

21. W. Camden, *Annales*, Londres, R. Field, 1624, p. 2.

22. Charles Quint renonçait à la Bourgogne, tandis que François Ier abandonnait sa suzeraineté sur l'Artois, la Flandre et Tournai. La France versait en outre une rançon de deux millions d'écus pour récupérer les fils du roi, otages à Madrid depuis la libération de leur père.

23. G. Constant, *La Réforme en Angleterre*, Paris, Perrin, 1930, I, p. 1.

24. G.R. Elton, *The Tudor Revolution in Government*, Cambridge, Cambridge University Press, 1953. Sur le débat autour de cette formule, voir *Cottret* 2003, p. 177 *sq.*

25. L'Acte pour la soumission du clergé (25 Henry VIII, c.19) reprenait ces mesures deux ans plus tard.

26. Lettre de François Ier à son ambassadeur à Rome, 31 octobre 1532, *Cottret* 1999, pp. 420-423.

27. Clément VII à Henry VIII, 15 novembre 1532, *L&P* 1862-1910, V, 1545.

28. Warham était mort en août 1532.

29. 25 HENRY VIII, c. 21. *Cottret* 1999, p. 228.
30. G.R. ELTON, *Studies in Tudor and Stuart Politics*, Cambridge, Cambridge University Press, 1974-1992, II, p. 32 *sq*.
31. 26 HENRY VIII, c.1.
32. 26 HENRY VIII, c. 13.
33. W. CAMDEN, *op. cit.*, p. 7.
34. B. COTTRET, « Traducteurs et divulgateurs de la Réforme », *Revue d'Histoire Moderne et Contemporaine* 28 (1981), p. 474.
35. L. DE CARLES, *Épistre contenant le procès criminel faict à l'encontre de la royne Anne Boullant d'Angleterre*, Lyon, 1545, p. 45.
36. R. Pole à Contarini, Venise, 31 août 1536, *L&P* 1862-1910, XI, 376.
37. G.R. ELTON, *Studies, op. cit.*, I, p. 101.
38. 31 HENRY VIII, c. 14.
39. G. Bray éd., *Documents of the English Reformation*, Cambridge, James Clark & Co, 1994, p. 224.
40. 31 HENRY VIII, c. 8. Cette loi fut abrogée en 1547.
41. *Cottret* 1999, pp. 297-301.
42. G.R. ELTON, *Reform and Reformation*, Londres, E.Arnold, 1977, p. 297.
43. Ce n'était pas pour autant un retour au catholicisme médiéval :Henry VIII exprimait ses réticences sur une question aussi cruciale que le purgatoire, cet état intermédiaire entre le ciel et l'enfer (D. MACCULLOCH, *The Boy King*, New York, St Martin's Press, 1999, p. 4).
44. *IHD*, pp. 77-78.
45. B. FITZPATRICK, *Seventeenth-Century Ireland*, Dublin, Gill and Macmillan, 1988.
46. A. DE TOCQUEVILLE, *Voyages en Angleterre et en Irlande*, Paris, Gallimard, 1982, p. 56.

CHAPITRE XIV

ENTRE PROTESTANTISME ET PAPISME, LES ANNÉES MÉDIANES DU XVIe SIÈCLE

1. J. MICHELET, *Histoire de France*, *op. cit.*, V, p. 444.
2. J.-P. MOREAU, *Henri VIII et le schisme anglican*, Paris, PUF, 1994, p. 111.
3. *Cottret* 2003, pp. 236-238. Nous reprenons ici les analyses de C. Haigh.
4. Ajoutons que le terme même de « protestant », d'origine allemande, n'était pas encore utilisé à l'époque en Angleterre. Mais que le protestantisme n'en commençait pas moins à exister, même si le nom, comme souvent, succéda à la chose.
5. T. MORE, *A Dialogue Concerning Heresies* (1528), *The Workes of Sir T. More*, Londres, 1557.
6. 2 Rs 22, 1.
7. Edward Seymour avait obtenu le titre de vicomte Beauchamp peu après le mariage de sa sœur Jane avec Henry VIII en 1536, puis il était devenu comte de Hertford l'année suivante.

8. Le débat persiste sur les dernières volontés d'Henry VIII et sur le rôle exact dévolu à Edward Seymour en tant qu'oncle du nouveau roi (*Cottret* 1999, pp. 336-340 ; *Loach* 1999, p. 26).

9. Traité de Greenwich, juillet 1543.

10. J. HARRYSON, *An Exhortation to the Scotts*, Londres, R. Grafton, 1547, « Préface », sig. a II, vo. et sig. a. IV.

11. ID., *ibid.*, sig. b VII.

12. ID., sig. b VIII vo-c. I.

13. Anne Stanhope, épousée quelques mois après son arrivée au pouvoir par Somerset, suscita également nombre de querelles.

14. D. MACCULLOCH, *The Boy King*, *op. cit.*, 1999, p. 8.

15. E. DUFFY, *The Stripping of the Altars*, New Haven, Yale University Press, 1992, p. 448.

16. 1 EDWARD VI, c. 12.

17. Proclamation royale du 24 avril 1548. Le recueil des sermons prescrits, rédigé par Cranmer et son équipe, avait pour nom *Certayne Sermons or Homelies, Appoynted by the Kynges Majestie to Be Declared and Redde by All Persones, Vicars, or Curates, Every Sondaye in their Churches Where They Have Cure.* Une nouvelle proclamation du 23 septembre 1548 fut encore plus répressive, en interdisant toute prédication autre que la lecture des homélies prescrites.

18. E. DUFFY, *op. cit.*, p. 462.

19. 1 EDWARD VI, c. 14. Ce texte remonte à décembre 1547.

20. 1 EDWARD VI c. 1, novembre 1547.

21. 2 & 3 EDWARD VI, c. 1.

22. Il était encore lourdement tributaire de l'une des liturgies utilisées en Angleterre depuis le XIIIe siècle, le rite de Sarum (ou Salisbury).

23. W. MUSCULUS, *Le Temporiseur*, Londres, Mierdman, 1550, « Préface » du pasteur V. Poullain, sig. A III. Ancien moine bénédictin, Wolfgang Musculus (1497-1563) était né à Dieuze, au sud-est de Metz, dans l'actuel département de la Moselle. Il termina ses jours à Berne.

24. *Cottret* 1985, p. 82. D'où les versions en différentes langues de la liturgie ; *La forma delle publiche orationi*, Zurich, A. Gesner, 1551 ; *L'ordre des prieres et ministere ecclesiastique,* Londres, S. Mierdman, 1552 ; *De Christlicke ordinancie*, Emden, N. Hill, 1554 ; *Forma ac ratio,* Francfort, 1554. Citons également un rituel pénitentiel de la même origine : *Doctrine de la pénitence publique et la forme d'icelle, ainsi comme elle se pratique en l'Église des estrangiers à Londres*, Londres, 1552.

25. ID., *ibid.*, p. 301.

26. J. Calvin à Édouard VI, janvier 1551, *Lettres françaises*, Paris, C. Meyrueis, 1854, I, pp. 327-328.

27. 5 & 6 EDWARD VI c. 1. Avril 1552. Le livre était imposé à partir de la Toussaint.

28. *La forme des prières ecclésiastiques*, Londres, 1552, pp. 7-8.

29. 1 EDWARD VI, c. 3.

30. J. CORNWALL, *Revolt of the Peasantry 1549*, Londres, Routledge & Kegan, 1977, p. 235.

31. W. Body fut tué en avril 1548 par des émeutiers.

32. E. Duffy a magnifiquement décrit ces réticences villageoises dans le Devon, en utilisant le témoignage du desservant, Christopher Trychay (*The Voices of Morebath*, New Haven, Yale University Press, 2001).

33. A.J. Fletcher, *Tudor Rebellions*, Londres, Longman, 1973, p. 61.

34. 4 Henry VII, c. 19 :*Act Against Pulling Down of Towns.*

35. P.O'Brien, « Agriculture and the Industrial Revolution », *Economic History Review*, 2nd Series, 30 (1977), p. 167.

36. Dans son *Capital*, K. Marx, lecteur de T. More, vit dans cette expropriation un épisode déterminant dans la constitution du capitalisme en Angleterre (*Œuvres*, Paris, Gallimard, 1965-1968, I, pp. 1171-1192).

37. *Loach* 1999, p. 58.

38. J. Hales, *A compendious or briefe examination*, Londres, Thomas Marshe, 1581, fol. 4, 7, 9 et fol. 11 vo.

39. Id., *ibid.*, fol. 33.

40. *Id.*, fol. 25.

41. G.R. Elton a démonté l'invention, à la fin du XIXe siècle, d'un *Commonwealth party* de l'époque Tudor (*The English Commonwealth 1547-1640*, Leicester, Leicester University Press, 1979, pp. 23-38).

42. Point de vue qui semble avoir été celui du protecteur (J. Loach, *Protector Somerset*, Bangor, Headstart History Papers, 1994, p. 24).

43. J. Cheke, *The hurt of sedicion*, Londres, J. Day, 1549, sig. B I-B II.

44. Emprisonné à la Tour de Londres, Somerset devait en sortir brièvement en 1550 pour être accusé de félonie et exécuté le 22 janvier 1552.

45. *Loach* 1999, p. 92.

46. D. Hoak, « Rehabilitating the Duke of Northumberland », *The Mid-Tudor Polity,* (éd.) J. Loach, R. Tittler, Basingstoke, Macmillan, 1980, p. 44.

47. Élu lord président du Conseil privé en février 1550, John Dudley, comte de Warwick, devint duc de Northumberland en octobre 1551.

48. Loach 1999, p. 96.

49. D. Hoak, « Rehabilitating the Duke of Northumberland », op. cit., pp. 29-51.

50. *Loach* 1999, p. 159.

51. Lady Jane Grey (1537-1554) était la fille d'Henry Grey, duc de Suffolk. Elle était, du côté de sa mère Frances, une petite-fille de Mary Rose Tudor, sœur d'Henry VIII, et de Charles Brandon, duc de Suffolk.

52. *A Prayer sayd in the Kinges Chappell in the tyme of his graces sickness*, Londres, W. Copland, 1553.

53. *Janes by the grace of God Quene of England*, Londres, R. Grafton, 1553.

54. *Loach* 1986, p. 10.

55. *Loach* 1986, p. 12.

56. S. Gardiner, *De vera obediencia* (sic), Rouen (?), 1553. L'ancien serviteur de Wolsey devait mourir en 1555. Sa mésentente avec le cardinal Pole était bien connue.

57. *Loach* 1986, p. 15.

58. 1 Mary c. 1 et 1 Mary c. 2.

59. À leurs côtés, William Thomas, ancien secrétaire du Conseil, James Croft, et Peter Carew.

60. A.J. Fletcher, D. MacCulloch, *Tudor Rebellions*, Londres, Longman, 1997, p. 85.

61. *The life, death and actions of [...] Lady Jane Gray*, Londres, J. Wright, 1615.

62. É. Perlin, *Description des royaulmes d'Angleterre et d'Escosse*, Paris, F. Trépeau, 1558,.pp. 23-24.

63. A. Grandsen, *Historical Writing in England*, Ithaca, Cornell University Press, 1974-1982, II, p. 427.

64. *Loades* 1997, p. 16.

65. *Loach* 1986, p. 172.

66. *Loach* 1986, p. 111.

67. Reginald Pole (1500-1558) devait mourir quelques heures à peine après la reine Mary. Il était le fils de sir Richard Pole et de Margaret d'York, fille de George, duc de Clarence, frère d'Édouard IV. Margaret York avait reçu, pour solde de tout compte, le titre de comtesse de Salisbury en 1513. Le jeune Warwick, exécuté par Henry VII, était donc un oncle maternel du cardinal qui, du reste, ne fut ordonné prêtre que tardivement en 1557 pour pouvoir devenir archevêque de Cantorbéry. Nul n'était besoin, en effet, d'avoir été ordonné pour recevoir un chapeau de cardinal.

68. *Loach* 1986, p. 106.

69. *Loach* 1986, p. 112.

70. 1 & 2 Philip & Mary, c. 6.

71. « Le sacré refoulé revenait sans cesse, commente Isabelle Fernandès, le martyr s'identifie au Christ et, par son corps supplicié, remplace l'hostie consacrée en une cérémonie toujours recommencée, tandis que le martyrologiste n'a de cesse d'assimiler le martyre au rituel honni. Alors même que la transsubstantiation disparaît de la théologie protestante, elle refait surface dans l'esthétique » (« Le sang et l'encre », Université de Versailles-Saint-Quentin, 2004, p. 35.

72. BL, Add Mss 32 091, fols 167-169. Cité par A.N. McClaren, *Political Culture in the Reign of Elizabeth I*, Cambridge, Cambridge University Press, 1999, p. 12.

73. C. Goodman, *How superior powers oght to be obeyd*, Genève, J. Crespin, 1558, pp. 25-26.

74. Judith ou Jézabel, Mary a pu apparaître alternativement comme une héroïne catholique ou comme un monstre pour ses adversaires protestants (I. Fernandès, *op. cit.*, p. 32).

CHAPITRE XV

LA REINE VIERGE

1. Cité par J. Bardoux, *Angleterre et France*, Oxford, Clarendon Press, 1937, p. 26.

2. M. Agulhon, *Marianne au combat*, Paris, Le Seuil, 1979, p. 7.

3. D. Starkey, *Elizabeth*, New York, HarperCollins, 2001, p. X.

4. L'on trouve peu de mentions de la France dans le texte. Smith déclare à un moment que les rois d'Angleterre, lors des batailles rangées, sont avec les fantassins, lorsque leurs homologues français sont avec les chevaliers (T. Smith, *De Republica Anglorum*, Londres, G. Seton, 1583, p. 32).

5. J. Bodin, *Les Six livres de la République*, Paris, J. Du Puys, 1577.

6. J.-M. Maguin, « *Commonweal* et *Commonwealth* dans le trésor de la langue anglaise », *James Harrington,* (éd.) L. Borot, Montpellier, Publications de l'université Paul-Valéry, 1998, p. 92.
7. T. Smith, *op. cit.*, pp. 110-111.
8. T. Smith, *op. cit.*, p. 35.
9. P. Collinson, « Elizabeth I and the Verdicts of History », *Historical Research,* 2003 (76), p. 489.
10. J. Hooker, *The Order and Usage* (1572), *Parliament in Elizabethan England* (éd.) V.F. Snow, New Haven, Yale University Press, 1977, p. 182.
11. T. Wilson, *The State of England Anno Dom. 1600*, Londres, Camden Miscellany XVI, Camden 3rd Series LII, 1936, p. 20.
12. W. Camden, *op. cit.*, p. 18.
13. *The Passage of our most drad Soueraigne*, Londres, R. Tottill, 1558/9, sig. C. I vo.
14. *Id.*, sig. C. III vo.
15. *Id.*, sig. C. III vo.
16. C. Levin, *The Heart and Stomach of a King*, Philadelphie, University of Pennsylvania Press, 1994, p. 18.
17. 27 décembre 1558. *By the Quene. The Quenes Maiestie vnderstanding that there be certaine persons, hauing in times past the office of ministery in the churche*, Londres, R. Jugge, 1558.
18. 1 Elizabeth, c. 1 & c. 2. C'était un retour partiel à loi henricienne de 1534 sur la suprématie (26 Henry VIII, c. 1) et à la loi édouardienne sur l'uniformité de 1549 (2 & 3 Edward VI, c. 1).
19. J. Aylmer, *An harborowe for faithfull and trewe subiectes subiectes*, Strasbourg, J. Day, 1559, sig. H 3 vo.
20. 13 Elizabeth I, c. 12. Le nouvel article était l'article 29 au sujet de la sainte Cène, laissé provisoirement en suspens.
21. *HRU*, pp. 55-63.
22. Forgé en 1529 en Allemagne, le terme commença par s'appliquer aux minoritaires luthériens à la diète de Spire (B. Cottret, *Histoire de la Réforme protestante, op. cit.*, p. 80).
23. J. Aylmer, *op. cit.*, sig. P 5 vo.
24. G. Lottes, *Elisabeth I*, Göttingen, Zürich, Muster-Schmidt, 1981, p. 104.
25. Fille de Jacques V d'Écosse et de son épouse française Marie de Guise, Mary Stuart (1542-1587) devait épouser successivement le futur François II, roi de France, puis Henry Stuart, lord Darnley, devenu duc d'Albany, et enfin James Hepburn, comte de Bothwell, puis duc d'Orkney. On pensa immédiatement que Bothwell avait été l'assassin de lord Darnley. Après s'être enfuie en Angleterre en 1568, Mary fut emprisonnée pour être exécutée bien plus tard en février 1587, tout en se présentant comme une victime de sa foi catholique. Son fils, Jacques Ier, la fit enterrer à Westminster Abbey en 1612.
26. On peut dater l'apparition du mot des années 1564-1565. Utilisé par T. Dorman, T. Harding puis J. Martial, il fait référence à Eph 5, 27, où il est question d'une Église « sans tache, ni ride, ni rien de semblable ». Il s'agissait pour les controversistes de dénier aux protestants cette pureté qu'ils professaient, en les présentant comme des donatistes, introduisant de nouvelles doctrines erronées (L.J. Trinterud (éd.), *Elizabethan puritanism*, New York, Oxford University Press, 1971), pp. 6– 7).

27. P. COLLINSON, *The Elizabethan Puritan Movement*, Oxford, Clarendon Press, 1990, pp. 434-435.

28. W. PERKINS, *The Fundation of Christian Religion*, sl, 1588, p. 36. Cette dimension a été bien cernée pour le puritanisme ultérieur par Liliane Crété, dans sa thèse « John Cotton : de la théologie de l'alliance à la religion du cœur », Université de Versailles-Saint-Quentin, 2006.

29. W. PERKINS, *A Christian and Plaine Treatise of the manner and order of Predestination*, Londres, M. Clarke, 1606, p. 184.

30. R. HOOKER, *Of the Lawes of Ecclesiastical Politie*, Londres, W. Stansby, 1611.

31. *Cottret* 1985, p. 108.

32. 5 ELIZ, c. 4. Ce texte remonte à 1563.

33. L.H. Yungblut, *Strangers Settled Here Amongst Us*, Londres, Routledge, 1996, pp. 18-19.

34. ELIZ., c.1.

35. ELIZ., c.1.

36. 13 ELIZ., c. 2.

37. 13 ELIZ., c. 3.

38. L. Dorléans, *Advertissement des catholiques Anglois, aux François catholiques, du danger où ils sont de perdre leur religion, & d'expérimenter comme en Angleterre, la cruauté des ministres, s'ils reçoivent à la Couronne, un roi qui soit heretique*, Paris, 1586.

39. En janvier 1580, Henri de Portugal mourut sans héritier. Dom Antonio de Crato fut acclamé comme roi à Lisbonne, mais le duc d'Albe envahit le pays et battit Antonio à Belem. Philippe II fut couronné sous le nom de Philippe Ier de Portugal en 1581.

40. 23 Eliz., c. .

41. 27 Eliz., c. 2.

42. La loi de 1593 s'intitulait *An Act for restraining Popish Recusants to some certain place of abode* (35 ELIZ., c. 2). La limite était de 5 miles.

43. La singularité de ce catholicisme insulaire a été soulignée récemment par A. Walsham qui a montré les difficultés qui ont entouré l'adaptation du concile de Trente au cas anglais (A. WALSHAM, « Translating Trent ? », *Historical Research* 78 (2005), pp. 288-310).

44. Les marchands aventuriers – *Merchant Adventurers* – remontaient à 1486 ; ils avaient dû quitter Anvers en 1564, pour Hambourg, puis Emden et Stade – d'où ils furent expulsés en 1597. La première société par actions, la *Muscovy Company*, reçut sa charte en 1555, la *Levant Company* en 1581, la *Barbary Company* en 1585 et enfin l'*Eastland Company* en 1597. L'*East India Company*, quant à elle, fut créée en 1600.

45. *Cottret* 1985, p. 121.

46. 43 ELIZ., c. 2.

47. En 1572, une loi sur les pauvres, tout en gardant une tournure répressive, avait déclaré que chaque paroisse serait responsable de ses pauvres et nommerait des intendants des pauvres *(overseers of the poor)*. Les paroisses devaient également lever une impôt spécial pour l'assistance (14 ELIZ., c.5). En 1576, on instituait des maisons de correction, chargées de punir les vagabonds, les filles-mères et ceux qui les avaient engrossées (18 ELIZ., c. 3). En 1597, les juges de paix étaient appelés à se prononcer à leur tour. Il s'agissait

clairement de placer en apprentissage les jeunes gens capables de travailler et de permettre aux handicapés de survivre (39 Eliz., c. 3).

48. E. Le Roy Ladurie, F.-D. Liechtenhan, *L'Europe de Thomas Platter*, Paris, Fayard, 2006, p. 438.

CHAPITRE XVI

DE GRANDES ESPÉRANCES, 1603-1637

1. A. de Montchrestien, *Traicté de l'oeconomie politique,* Genève, Droz, 1999, p. 344.

2. Id., *ibid.*, p. 127.

3. *Id.*, p. 128.

4. *Id.*, p. 228.

5. G. Primrose, *Panegyrique*, Paris, P. Auvray, 1624, pp. 17-18 ; *Cottret* 1994, p. 94.

6. Sans compter, que par voie testamentaire, Henry VIII avait exclu les Stuarts de la succession, même si l'on entretint soigneusement des doutes sur l'authenticité de ce texte d'Henry VIII. C'est ce que fit en tout cas Thomas Wilson, dès 1600, dans son *State of England*, *op. cit.*, p. 8.

7. La bataille de Lépante avait permis aux chrétiens, placés sous le commandement de don Juan d'Autriche, de vaincre les Turcs en Méditerranée le 7 octobre 1571.

8. Dès 1604, une nouvelle loi sur la sorcellerie vit le jour (1 James I, c. 12).

9. Jacques Ier, *Trew Law of Free Monarchies* (1598), *The Political Works*, Cambridge, Mass, Harvard University Press, 1918, p. 68.

10. B. Bourdin, *La Genèse théologico-politique de l'État moderne*, Paris, PUF, 2004, p. 45.

11. *A conference about the next succession to the crowne of Ingland.*, Anvers, A. Conincx, 1595, p. 263. Voir l'essai de F. Lessay, « Robert Parsons, S.J. : de la reconquête à la recréation du royaume d'Angleterre », *Innovation et tradition de la Renaissance aux Lumières*, Paris, Presses de la Sorbonne nouvelle, 2002, pp. 107-131.

12. Dès les années 1590, au Danemark, Jacques VI d'Écosse avait songé à une « ligue » protestante, susceptible de défendre ses intérêts sur le trône d'Angleterre. Le mot ligue lui-même n'était pas innocent, à une époque où la France était aux prises avec la Sainte Ligue catholique, hostile à Henri IV (H.G. Stafford, *James VI of Scotland and the Throne of England*, New York, D. Appleton, 1940, p. 124. Je remercie Loïc Bienassis pour cette référence).

13. *Déclaration du sérénissime roy Jacques I*, Londres, J. Bill, 1615, p. 125. Le texte était une réponse au cardinal du Perron. Voir B. Cottret, *1598, l'édit de Nantes*, Paris, Perrin, 1997, p. 275.

14. *Id.*, p. 77.

15. *Id.*, p. 126.

16. M. Duchein, *Jacques Ier Stuart*, Paris, Presses de la Renaissance, 1985, p. 329.

17. Parmi les griefs qui pesaient contre Raleigh, on trouve aussi son hostilité à la succession de Jacques Ier.

18. M.A. de Dominis, *A Sermon Preached in Italian*, Londres, J. Bill, 1617, p. 4. Dominis devait s'en retourner dans le giron de l'Église romaine en 1621.

19. E.G. Léonard, *Histoire générale du protestantisme*, Paris, PUF, 1961-1964, II, p. 178.

20. *HRU*, p. 82.

21. M. Duchein, *Histoire de l'Écosse*, Paris, Fayard, 1998, p. 247.

22. D.L. Smith, *A History of the Modern British Isles*, Oxford, Blackwell, 1998, pp. 1-28.

23. Proclamation du 12 avril 1606. L'*Union Jack* devait s'ensuivre en 1801 par l'adjonction de la croix de saint Patrick, figurant l'Irlande.

24. N. Canny, *Making Ireland British, 1580-1560,* Oxford, Oxford University Press, 2001, p. 197 *sq.*

25. Certes, l'immensité du continent nord-américain atténua le choc initial et en différa les conséquences démographiques sur les populations amérindiennes.

26. *HAN*, pp. 41-43.

27. A. de Tocqueville, *De la démocratie en Amérique*, Paris, Gallimard, 1986, I, p. 497.

28. B. de Las Casas, *The Spanish colonie*, Londres, W. Brome, 1583, « To the Reader », non paginé.

29. *OHBE* I, carte des plantations en Écosse et en Irlande.

30. *HRU*, pp. 89-92 ; *IHD*, pp. 128-133.

31. A. Bonnet, *Pocahontas, princesse des deux mondes*, Rennes, Les Perséides, 2006.

32. L. Henneton, « Pour en finir avec le mythe des origines : le *Mayflower Compact* », *Études Théologiques et Religieuses,* 77 (2002-2), pp. 235-255.

33. La Virginie s'entend ici à toute la partie du continent supérieure au 41e parallèle, appelée à devenir la Nouvelle-Angleterre. Nous remercions Bertrand Van Ruymbeke pour ses remarques sur l'ensemble de ce chapitre.

34. W. Bradford, *Histoire de la colonie de Plymouth*, Genève, Labor et Fides, 2004, pp. 125-126. Comme le remarque L. Henneton dans son introduction, il faut remettre ce texte célèbre en contexte, celui d'une menace de mutinerie à bord du bateau. De plus, tous les passagers embarqués ne partageaient pas les mêmes convictions puritaines. Il s'agissait, par un serment solennel, d'empêcher toute désobéissance – et non de promouvoir quelque hypothétique démocratie (*Id.*, pp. 30-38).

35. M. Weber, *L'Éthique protestante et l'esprit du capitalisme*, Paris, Plon, 1964, p. 134. La première version allemande de cette étude, publiée sous formes d'articles, remonte à 1905.

36. W. Reinhard, *Papauté, confessions, modernité*, Paris, EHESS, 1998, p. 167.

37. H. Lüthy, *La Banque protestante en France*, Paris, SEVPEN, 1959-1961, II, p. 756.

38. *Déclaration du sérénissime roy de la Grand'Bretagne sur ses actions devans les Estats Généraux des Pays Bas unis*, Londres, J. Norton, 1612, p. 14.

39. Jacques Ier, *Basilikon Doron* (1599), *The Political Works*, *op. cit.*, p. 7.

40. « Millenary Petition », 1603, J.R. TANNER, *Constitutional Documents of the Reign of James I*, Cambridge, Cambridge University Press, 1960, pp. 56-60.

41. W. BARLOW, *The Summe and Substance of the Conference at Hampton Court*, Londres, 1604, p. 79.

42. ID., *ibid.*, p. 81.

43. M.H. CURTIS, « The Hampton Court Conference », *History,* 46 (1961), pp. 1-16. Le compte rendu publié au lendemain de la conférence ecclésiastique de Hampton Court a sans doute majoré ces deux aspects, à des fins de propagande. Il est symptomatique que le texte de Barlow se soit même prêté à une version française : *La conference tenue à Hamptoncour*, Londres, R. Barker, 1604. L'on citera également d'autres récits, anonymes, de la conférence, publiés par R.G. USHER, *The Reconstruction of the English Church* (1910), Farnborough, 1969, I, pp. 345-354 et II, 335-338. L'on y découvre un Jacques Ier nettement enjoué dans ses réponses aux puritains.

44. B. BOURDIN, *op. cit.*, p. 9. L'auteur note justement comment Bellarmin défend également la loi naturelle dans le cadre aristotélo-thomiste.

45. R. LOCKYER, *James VI and I*, Londres, Longman, 1998, p. 129.

46. *Remonstrance au roy d'Angleterre sur la misérable condition des Catholiques ses subjects*, Paris, J.Brisson, 1628, pp. 7-8.

47. B. COTTRET, « Diplomatie et éthique de l'État », *L'État baroque*, Paris, Vrin, 1985, p. 236.

48. G.R. ELTON, « A High Road to Civil War ? », *From the Renaissance to the Reformation*, New York, Random House, 1965, pp. 325-347.

49. K. SHARPE, *The Personal Rule of Charles I*, New Haven, Yale University Press, 1992.

50. *Cottret* 1994, pp. 110-111.

51. *HRU*, pp. 92-95.

52. *Cottret* 1985, p. 153.

53. W. PRYNNE, *The Church of Englands old antithesis to new Arminianisme*, Londres, M. Sparke, 1629.

CHAPITRE XVII

RÉVOLUTION BRITANNIQUE OU GRANDE RÉBELLION, 1637-1660 ?

1. F. GUIZOT, « Discours sur l'histoire de la révolution d'Angleterre », *Histoire de la révolution d'Angleterre*, Paris, Robert Laffont, 1997, p. 16.

2. S.R. GARDINER (éd.), *Constitutional Documents of the Puritan Revolution* (1889), Oxford, Oxford University Press, 1979. Voir J.S.A. ADAMSON, « Eminent Victorians :S.R. Gardiner and the Liberal as Hero », *Historical Journal,* 33 (1990), pp. 641-657.

3. Victor Hugo avait été fasciné par ce dernier parallèle, et il ne manqua pas de constater que, contrairement à Bonaparte, Cromwell avait décliné la couronne. Nous faisons évidemment référence ici à la célèbre pièce *Cromwell* et à sa fameuse « préface » sur le grotesque.

4. C. HILL, *Le Monde à l'envers*, Paris, Payot, 1977.

5. *HRU*, pp. 99-103.

6. F. FURET, *La Gauche et la Révolution au milieu du XIXe siècle*, Paris, Hachette, 1986, p. 57.

7. K. Bigand, « L'insurrection catholique d'Irlande de 1641 », thèse de l'Université de Paris III, 2004.

8. B. Cottret, « Les *Fils des hommes*. Christologie et révolution en Angleterre (v.1642-v.1660) », *Études théologiques et religieuses,* 67 (1991), pp. 43-66 ; *Cromwell*, pp. 100-101.

9. *HRU*, pp. 104-106, pour l'ensemble de ce texte.

10. *A Relation of the battaile lately fought between Keynton and Edghill*, Oxford, L. Lichfield, 1642.

11. *A Great Wonder in Heaven* (1643), *Cromwell*, p. 124.

12. T. Goodwin *et al*, *An apologeticall narration*, Londres, R. Dawlman, 1643/4. Le texte était également l'œuvre de P. Nye, S. Simpson, J. Burroughs et W. Bridge.

13. Une seconde bataille de Newbury, encore indécise, se déroula en octobre 1644.

14. *Cromwell*, p. 138.

15. *Cromwell*, p. 166.

16. Sur le maintien du *Book of Common Prayer*, voir J. Morrill (éd.), *Reactions to the English Civil War*, Londres, Macmillan, 1982, pp. 89-114.

17. T. Edwards, *Reasons against the independant government*, Londres, J. Bellamie & R. Smith, 1641 ; *Gangraena,* Londres, Ralph Smith, 1646. Voir le livre récent d'A. Hughes, *Gangraena and the Struggle for the English Revolution*, Oxford, Clarendon, 2004.

18. J. Lilburne, *The Christian mans triall*, Londres, W. Larnar, 1641 ; *England's birth-right justified*, Londres, Larner's Press, 1645 ; *The charters of London*, Londres, 1646 ; *An Anatomy of the lords Tyranny*, Londres, 1646 ; *Englands new chains discovered*, Londres, 1649.

19. A.S.P. Woodhouse, *Puritanism and Liberty*, Londres, Dent, 1992.

20. Charles Ier, *His Majesties Most Gracious Declaration, Left by Him at Hampton-Court, 11 nov. 1647*, Londres, R. Royston, 1647.

21. *Cromwell*, p. 238.

22. I Sam, 8, 1-22.

23. *Cromwell*, p. 248.

24. *Cromwell*, p. 258.

25. *Cromwell*, p. 270.

26. *Cromwell*, p. 279.

27. Charles Ier, *Eikon basiliké*, Londres, 1649 ; C. Saumaise, *Defensio regia, pro Carolo I*, sl, 1649 ; J. Milton, *The tenure of kings and magistrate*, Londres, M. Simmons, 1649 ; J. Milton, *Pro populo Anglicano defensio*, Londres, Du Gardianis, 1651 ; P. Dumoulin, *Regii sanguinis clamor ad coelum*, La Haye, A. Vlac, 1652.

28. *HRU*, pp. 124-127. M. et B. Cottret, *J.-J. Rousseau en son temps*, Paris, Perrin, 2005, pp. 170-184.

29. *Cromwell*, p. 318.

30. La mesure devait être reprise sous la Restauration en 1662, et accentuée puisque l'équipage également devait être composé majoritairement d'Anglais, et que les exportations tout autant que les importations étaient concernées (12 Car. II, c. 18). D'autres devaient suivre en 1663, lorsque la mesure fut étendue aux colonies, en 1673 et en 1696.

31. *Cromwell*, p. 378.

32.Nous nous référons ici au débat que nous avions eu sur un plateau de télévision durant l'hiver 1992-1993 avec René Rémond et Jacques Le Goff, qui nous avait soufflé la formule de personnage « introuvable » au sujet de Cromwell.

33. *Cromwell*, p. 23.

34. *Cromwell*, p. 375.

35. J. Harrington, *Océana*, Paris, Belin, 1995, p. 234.

36. F. Herrmann, « L'Angleterre et les Juifs », Université de Toulouse-Le Mirail, novembre 2005.

37. *England's Gratulation at the Landing of Charles II*, Londres, W. Gilbertson, 1660, p. 1.

38. P. Bayle, *Nouvelles de la République des Lettres*, 1685. Cité par H. Bost, *Pierre Bayle*, Paris, Fayard, 2006, p. 247.

CHAPITRE XVIII

RESTAURATION ET GLORIEUSE RÉVOLUTION

1. *A Seasonable Advertisement to all that desire a happy settlement*, sl, sn, 1660, p. 7.

2. 12 Car. II, c. 11 et 12 Car. II, c. 24.

3. B. Cottret, *1598. L'édit de Nantes*, Paris, Perrin, 1997, p. 363.

4. Si la Restauration fut en un sens une paix de religion, cela semblerait impliquer que la révolution ait été à sa façon une guerre de religion. Voir à ce sujet l'essai mesuré de J. Morrill, « England's Wars of Religion », *The Nature of the English Revolution*, Londres, Longman, 1992, pp. 33-44. On renverra aussi ici au beau livre d'O. Christin, *La Paix de religion*, Paris, Le Seuil, 1997.

5. 14 Car. II, c. 4.

6. Il s'enfuit en France en 1667, après avoir été mis en accusation par la Chambre des communes, et mourut à Rouen en décembre 1674. Il est l'auteur d'une admirable *Histoire de la grande rèbellion*.

7. 13 Car. II, 2, c. 1 ; 17 Car. II, c. 2 ; 16 Car. II, c. 4 et 22 Car. II, c. 1.

8. *London's Flames Revived*, 1666, *State tracts, being a farther collection*, Londres, R. Baldwin, 1692, pp. 27-48.

9. S. Pepys, *Journal*, Paris, Mercure de France, 1987, p. 305.

10. 25 Car. II, c. 2. La mesure fut renforcée en 1678 (30 Car. II, 2, c. 1).

11. P. Dumoulin, *England's Appeal from the Private Cabal at Whitehall, to the Great Council of the Nation, the lords and Commons in Parliament Assembled*, 1673, *State Tracts*, Londres, [s.n.], 1689, pp. 3-4.

12. J.R. Jones, *The First Whigs*, Oxford, Oxford University Press, 1970, p. 28.

13. *Cottret* 1988, pp. 44-45.

14. P. Jurieu, *La Politique du Clergé de France*, 1681, p. 146 et p. 121.

15. 31 Car. II, c. 2. Les délais étaient cependant plus longs en cas de trahison ou de félonie. Sur les précédents médiévaux, voir *Maitland*, p. 271 *sq.*

16. J. Locke, *Two Treatises of Government*, Cambridge, Cambridge University Press, 1988, « Introduction », pp. 45-66 ; F. Lessay, *Le Débat Locke-Filmer*, Paris, PUF, 1998, pp. 23-32.

17. Shaftesbury devait y trouver la mort en 1683.

18. J. LOCKE, *Lettre sur la tolérance*, Paris, PUF, 1965, p. 11 et p. 17.

19. Le fils de Charles II et de Lucy Walter était né en 1649. Il devint duc de Monmouth en 1663.

20. *Cottret* 1988, pp. 94-95.

21. *Cottret* 1988, p. 106.

22. *Cottret* 1988, p. 112.

23. H. TREVOR-ROPER, « Epilogue », *The Anglo-Dutch Moment,* (éd.) J. Israel, Cambridge, Cambridge University Press, 1992, p. 481.

24. Dans le débat qui eut lieu à la Chambre des lords, on ne manqua pas de rapprocher la situation créée par le départ de Jacques II à la succession lancastrienne : Henry IV avait succédé à Richard II – tout comme Guillaume était appelé à succéder à Jacques. Il est symptomatique que l'histoire de la guerre des Deux-Roses, déjà bien utilisée par Shakespeare, ait retrouvé son actualité dans les années 1640 comme autour de 1688-1689. Citons, par exemple, Nahum TATE, *The history of King Richard the Second acted at the Theatre Royal under the name of The Sicilian usurper*, Londres, R. & J. Tonson, 1681 ; les écrits de Robert HOWARD, *The life and reign of King Richard the Second by a person of quality*, Londres, M.L. & L.C., 1681, *Historical Observations upon the Reigns of Edward I, II, III and Richard II*, Londres, J. Partridge, 1689, *The history of the reigns of Edward and Richard II written in the year 1685*, Londres, T.Fox, 1690 ; ou encore Charles CAESAR, *Numerus infaustus a short view of the unfortunate reigns of William II, Henry II, Edward II, Richard II, Charles II, James II*, Londres, R. Chiswell, 1689 ; Robert BRADY, *A continuation of the Complete history of England containing the lives and reigns of Edward I, II & III and Richard II*, Londres, S. Lowndes, 1700...

25. J. BLACK, *The English Press*, Aldershot, Gregg Revivals, 1991, p. 2. Né en 1650, Guillaume d'Orange était un petit-fils de Charles Ier.

26. J. LOCKE, *Two Treatises*, *op. cit.*, p. 137.

27. 1 WILL. & MARY 2, c. 2. *Cottret* 1988, p. 139.

28. A. KOYRÉ, *Du Monde clos à l'Univers infini*, Paris, PUF, 1962, p. 266.

29. 1 WILL. & MARY, c. 18.

30. P.G.M. DICKSON, *The Financial Revolution in England*, Aldershot, Gregg Revivals, 1993, p. 58.

31. Autour de Montagu, on trouvait également John, baron Somers, Thomas Wharton, marquis de Wharton, Henry Sydney, comte de Romney, Edward Russell, comte d'Orford, et Charles Talbot, duc de Shrewsbury.

32. J. ABBADIE, *Panégyrique de Marie Reine*, Londres, 1695.

33. D. DURAND, DUPARD, *Histoire d'Angleterre de M. de Rapin Thoyras*, La Haye, J. Van Duren, P. de Hondt, 1735, XI, p. 442.

34. 12 & 13 WILL. III, c. 2.

CHAPITRE XIX

LE XVIIIe SIÈCLE ET LA RAGE DES PARTIS

1. COTTRET, M.-M. MARTINET, *Partis et factions*, Paris, PUPS, 1991, p. 153.

2. J. Swift, *The Examiner*, mars 1710, *HRU*, p. 199.

3. Voltaire, *Lettres philosophiques*, *op.cit.*, p. 42. Publié en 1734, ce texte célèbre renvoie à un séjour effectué en 1726-1728.

4. B. Cottret, « La France et l'Angleterre en 1665 », *Revue d'histoire moderne et contemporaine* 25 (1978), p. 623.

5. La loi de 1663 sur l'imprimerie, reprise en 1693, n'avait pas été renouvelée en 1695. Cela ne procédait pas d'une volonté délibérée de libéraliser la presse, mais du souhait contrarié de trouver un système plus efficace (J. Black, *The English Press*, *op. cit.*, pp. 8-9).

6. 10 Anne, c. 18.

7. J. Fontaine, *Mémoires d'une famille huguenote*, Montpellier, Presses du Languedoc, 1992, p. 15.

8. Voltaire, *Lettres philosophiques*, *op. cit.*, p. 67.

9. Stone, « La noblesse anglaise, une élite ouverte ? », *Annales ESC*, 40 (1985), pp. 71-94.

10. F. Crouzet, *De la supériorité de l'Angleterre sur la France*, *op. cit.*, p. 13.

11. B. Cottret, *Bolingbroke*, Paris, Klincksieck, 1992, I, p. 385.

12. B. Cottret, M. Cottret, « La sainteté de Jacques II ou les miracles d'un roi défunt », *Revue de la Bibliothèque Nationale* 1992-4, p. 28.

13. M. Bloch, *Les Rois thaumaturges*, *op. cit.*, p. 391.

14. Épousé en 1683, George du Danemark s'éteignit en 1708.

15. L'air n'est pas sans évoquer une chanson anglaise : *He's a jolly good fellow*. Selon certaines versions, le chant remonterait aux croisades et reprendrait un air arabe.

16. Charles II d'Espagne était le frère d'Anne d'Autriche, mère de Louis XIV.

17. Né en 1685, l'empereur Charles VI mourut en 1740.

18. En pratique jusqu'en 1750.

19. 6 Anne, c. 11.

20. J.O. Richards, *Party Propaganda under Queen Anne*, Athens, University of Georgia Press, 1972.

21. Cette seconde junte whig était à l'image de la première, en 1694-1699. On y retrouvait Charles Montagu, comte de Halifax, John, baron Somers, Thomas Wharton, marquis de Wharton, Edward Russell, comte d'Orford, auxquels il fallait adjoindre Charles Spencer, 3e comte de Sunderland, († 1722), le fils du sulfureux Robert Spencer, comte de Sunderland († 1702).

22. 7 Anne, c. 5.

23. *Journal of the House of Lords*, XIX, 1802, pp. 32-33 :12 janvier 1710.

24. Bolingbroke, *A Letter to Sir William Wyndham* (1717), *HRU*, p. 203.

25. Defoe, par ses convictions religieuses presbytériennes, ne pouvait qu'être du côté des whigs, quitte à servir à l'occasion le ministère tory de Harley. Il est vrai que Harley était un *old whig*.

26. 13 Anne, c. 7.

27. B. Cottret, *Bolingbroke*, *op. cit.*, I, pp. 49-50. Cet abbé Francois Gaultier fut curé de Saint-Germain-en-Laye, et aumônier de Camille d'Hostun, comte de tallard et Duc d'Hostun (1652-1728), ambassadeur extraordinaire auprès de Guillaume III en Angleterre.

28. E. Cruickhanks, *Political Untouchables*, Édimbourg, J. Donald, 1982.

29. L. Colley, *In Defiance of Oligarchy*, Cambridge, Cambridge University Press, 1982.

30. E. Cruickshanks, « The Political Management of Sir R. Walpole », *Britain in the Age of Walpole*, (éd.) J. Black, Londres, Macmillan, 1984, p. 27.

31. C'est le sens du mot *patronage* en anglais.

32. L. Namier, *The Structure of Politics at the Accession of George III*, Londres, Macmillan, 1957, p. 5. Ce grand livre, paru initialement en 1929, postulait que la politique était affaire de structures plus que d'idéologies. C'est sans doute la première fois que l'on tentait une analyse structurale du phénomène. Beaucoup n'en sont toujours pas revenus.

33. « Whigs anciens », écrivons-nous, et non pas anciens whigs, pour traduire la formule anglaise *old whig*, qui définit les tenants du whiggisme initial, exaspérés par les whigs et totalement ralliés aux tories. Swift fut l'un des plus illustres d'entre eux. Cet usage des qualificatifs s'est poursuivi jusqu'à notre époque ; en parlant de *new labour*, Tony Blair renouait avec un usage immémorial.

34. B. Cottret, *Bolingbroke*, *op. cit.*, I, p. 269. L'ambiguïté du républicanisme professé par Trenchard et Gordon a été mise en valeur par M.P. McMahon dans son livre *The Radical Whigs : John Trenchard and Thomas Gordon*, Lanham, University Press of America, 1990.

35. D'où sans doute la fascination nostalgique pour la Merry Old England, qui poursuit l'Angleterre depuis plusieurs siècles, comme l'a si bien montré G. Blaicher (*Merry England. Zur Bedeutung und Funktion eines englischen Autosterotyps*, Tübingen, G. Narr, 2000).

36. J. Woodward, *An account of the societies for reformation of manners*, Londres, sn, 1699.

37. J. Toland, *The State Anatomy of Great Britain* (1717), *HRU*, p. 193.

38. *The maypole.*

39. W.M. Thackeray, *The Four Georges*, *Works*, Londres, Smith, Elder & Co, 1883-1886, vol. XXIII.

40. Quant à sa fille, Sophie-Dorothée, elle devait épouser le roi de Prusse, Frédéric-Guillaume Ier.

41. D'autant plus qu'en janvier 1720, la paix de Stockholm mettait un terme à la guerre entre la Suède et la Prusse, et que l'année suivante, à Nystad, la Suède renonçait à la Livonie, à l'Estonie, à l'Ingrie, au pays de Viborg et à la Finlande, consacrant l'hégémonie russe sur la Baltique.

42. Le couple *Court/Country* recoupait également cet autre antagonisme, celui de la ville corrompue et de la campagne rédemptrice, que l'on trouve dans la pastorale littéraire.

43. C. de Saussure, *Lettres et voyages*, Paris, Fischbacher, 1903, pp. 265-266.

44. *Bolingbroke's Political Writings*, Basingstoke, Macmillan 1997, pp. 329-419.

45. Ancien secrétaire d'État de Robert Walpole, Thomas Pelham-Holles, duc de Newcastle (1693– 1768), succéda à son frère Henry Pelham comme premier lord du trésor en 1754. Entré au parlement en 1735, William Pitt, futur comte de Chatham, dit Pitt l'Ancien (1708-1778), avait fréquenté les milieux

d'opposition à Walpole, réunis autour du prince de Galles Frédérick, fils de George II.

46. P.D.G. Thomas, *George III*, Manchester, Manchester University Press, 2002, p. 2.

47. Deux ouvrages récents insistent sur l'importance de ce conflit impérial dans la construction de l'Amérique : F. Anderson, *The War that Made America*, New York, Viking, 2005 ; W.M. Fowler., *Empires at War*, New York, Walker & Company, 2005.

48. *Histoire d'Angleterre, par M. de Rapin Thoyras*, La Haye, A. de Rogissart, 1724. Voir H. Trevor-Roper, « A Huguenot Historian : Paul Rapin », *Huguenots in Britain*, (éd.) I. Scouloudi, Basingstoke, Macmillan, 1987, pp. 3-19.

49. Voltaire, *op. cit.*, pp. 90-91.

50. B. Cottret, *Histoire de la Réforme protestante*, *op. cit.*, pp. 190-266.

51. B. Cottret, *Le Christ des Lumières*, Paris, Le Cerf, 1990, pp. 129-135.

CHAPITRE XX
RÉVOLUTIONS ET RÉACTION, VERS 1760-VERS 1800

1. R. Mandrou, *L'Europe « absolutiste »*, Paris, Fayard, 1977, pp. 20-21.

2. J. Black, *Natural and Necessary Enemies*, Londres, Duckworth, 1986.

3. G.-T.-F. Raynal, *Histoire philosophique et politique des établissements et du commerce des Européens dans les deux Indes*, Genève, J.-L. Pellet, 1780.

4. Fondée en 1602, la Compagnie hollandaise des Indes orientales, ou *Verenigde Oostindische Compagnie,* devait durer jusqu'en 1795.

5. R. Clive était arrivé aux Indes au service de l'*East India Company* en 1743 ; de retour en Angleterre dix ans plus tard, il était retourné aux Indes en 1756.

6. Le général Thomas Arthur de Lally-Tollendal, qui commandait la place, fut jugé par le parlement de Paris et condamné à mort en 1766. La compagnie des Indes orientales remontait à 1664, et le comptoir de Pondichéry à 1673. Le nom du gouverneur Joseph Dupleix († 1763), tristement destitué par la compagnie et rentré en France en 1754, reste attaché à la présence française en Inde (M.Vigié, *Dupleix*, Paris, Fayard, 1993).

7. P. Chaunu, *La Civilisation de l'Europe des Lumières*, Paris, Flammarion, 1982, p. 233.

8. *RA*, pp. 38-42.

9. La Grande-Bretagne restituait la Guadeloupe et la Martinique à la France, Cuba à l'Espagne.

10. L. Colley, « The Apotheosis of George III », *Past & Present,* n° 102 (1984), p. 121.

11. *HRU*, p. 213.

12. *Langford 1989*, p. 333.

13. D. Marshall, *Eighteenth-Century England*, Londres, Longman, 1975, p. 317.

14. *Langford 1989*, pp. 327-329 ; P. Carboni, « La culture des belles-lettres en Écosse après 1707 : du modèle de Cour à l'élitisme républicain », *XVII-XVIII,* 46 (juin 1998), pp. 109-122.

15. *Judd*, p. 3.

16. *HRU*, pp. 216-217.

17. K.M. Baker, *Au tribunal de l'opinion*, Paris, Payot, 1993.

18. M. Cottret, *La Bastille à prendre*, Paris, PUF, 1986.

19. G. Rudé, *Wilkes and Liberty*, Oxford, Clarendon Press, 1962, p. 26.

20. En 1768, John Wilkes revint en Angleterre, après son exil en France, pour connaître l'emprisonnement. Élu membre du parlement pour le comté de Middlesex, il fut emprisonné, puis expulsé des Communes, avant d'être réélu trois fois. Les Communes cédèrent devant les pressions gouvernementales et, contre le choix populaire, accordèrent son siège à son adversaire électoral. Une émeute se produisit en sa faveur en 1768 à St George's Field ; elle fut écrasée dans le sang. Né en 1727, Wilkes s'éteignit en 1797, non sans exprimer son hostilité à la Révolution française.

21. F. Gaillardet, *Mémoires du chevalier d'Éon*, Paris, Éditions de Saint-Clair, 1967, II, p. 93. Sur les ambiguïtés de ces deux personnages, voir G. Kates, *Monsieur d'Eon is a Woman*, New York, Basic Books, 1995, A. Clark, « The Chevalier d'Eon and Wilkes :Masculinity an Politics in the Eighteenth Century », *Eighteenth-Century Studies*, 32-1 (1998), pp. 19-48, et plus récemment J. Conlin, « Wilkes, the Chevalier D'Eon and 'the Dregs of Liberty' », *English Historical Review,* 2005 (120), pp. 1251-1288.

22. J. Wesley, *Free Thoughts on Public Affairs* (1768), *Works*, Londres, Wesleyan Conference Office, 1872, XI, p. 26.

23. Plus d'un million et demi d'habitants vers 1760, 3 893 000, dont près de 700 000 esclaves, lors du premier recensement en 1790.

24. B. Cottret, A. Rakoto, « Le patriotisme dans tous ses états », *Revue des Deux Mondes*, février 2003, pp. 73-77.

25. Rockingham avait pour secrétaires d'État un neveu de Robert Walpole, Henry Seymour Conway, pour les affaires du Sud, incluant l'Amérique, et Augustus Henry Fitzroy, duc de Grafton, pour les affaires du Nord. Ce proche de Pitt démissionna en avril 1766... pour revenir aux affaires comme premier lord du trésor en juillet de la même année, en compagnie de son ami politique. Il bénéficia aussi, dans un premier temps, du soutien du duc de Newcastle, qui reçut le sceau privé. Conway dirigeait la majorité aux Communes.

26. Né en 1729, E. Burke avait déjà écrit en particulier son essai d'esthétique sur le sublime. Entré aux Communes, il devait mourir en 1797.

27. *RA*, p. 72.

28. Pitt s'illustra en particulier dans ses diatribes contre Grenville en janvier 1766 : « On m'accuse d'engendrer la sédition en Amérique. Les Américains ont exprimé librement leurs sentiments sur cet Acte malheureux, et cette liberté leur est, dans cette Chambre, imputée comme un crime. Aucun *gentleman* ne saurait l'admettre » (*RA*, pp. 70-71).

29. *RA*, p. 401, n. ; F. Moureau, « James Boswell », *La Corse et l'Angleterre,* (éd.), M. Vergé-Franceschi, Bonifacio, Piazzola, 2005, p. 35. Voir également M. Vergé-Franceschi, *Paoli*, Paris, Fayard, 2005, p. 63.

30. Organisation d'un corps de mouchards et de gardes-côtes, responsables devant le *Board of Customs Commissioners* de Boston (7 Geo. III, c. 41) ; imposition de droits de douane, payables dans chaque port, sur le plomb, le

papier, la peinture et le thé (7 Geo. III, c. 46) ; « Acte suspensif » interdisant à l'assemblée de New York de passer la moindre nouvelle loi dans l'immédiat ; détaxe du thé britannique exporté en Amérique, soumis à des droits de douane que lors de son arrivée outre-Atlantique (8 Geo. III, c. 22).

31. Frederick North (1713-1792) siégeait aux Communes et ne devait accéder à la chambre des lords qu'en 1791, à la mort de son père, le comte de Guilford.

32. *Langford 1989*, p. 380.

33. *Langford 1989*, p. 327.

34. *Lettres de Junius*, Paris, Éditions Champ Libre, 1977, pp. 50-51.

35. 14 Geo. III, c. 83.

36. Fohlen, J. Heffer, F. Weil, *Canada et États-Unis depuis 1770*, Paris, PUF, 1997, p. 8.

37. *Quartering Act*, 14 Geo. III, c. 54.

38. *Impartial Administration of Justice Act*, 14 Geo. III, c.45.

39. J.-P. Marat, *Les Chaînes de l'esclavage*, Bruxelles, Pôle Nord, 1995, p. XXVIII. La version anglaise de ce texte date de 1774, p. XXXI.

40. Cottret, *Histoire de la Réforme protestante, op. cit.*, pp. 252-259.

41. J.E. Bradley, « The British Public », *Britain and the American Revolution*, Londres, Longman, 1998, pp. 142-143.

42. G. Rudé, « The Gordon Riots : A Study of the Rioters and their Victims », *Transactions of the Royal Historical Society*, 5th series, VI, 1956.

43. *RA*, pp. 339-341.

44. M. Baridon, *Edward Gibbon*, Paris, Champion, 1977, p. 562.

45. T. Paine, *Le Sens Commun*, Paris, Aubier, 1983, p. 59.

46. Id., *ibid.*, p. 55.

47. William Petty Fitzmaurice, comte de Shelburne, fut fait marquis de Lansdowne en 1784.

48. Rockingham mourut le 1er juillet 1782.

49. Il y eut en fait un double traité le 3 septembre 1783, entre la Grande-Bretagne et les États-Unis à Paris, entre la Grande-Bretagne, la France et l'Espagne à Versailles.

50. *RA*, p. 338.

51. *Judd*, p. 19.

52. 13 Geo. III, c. 63.

53. Encore connu sous le nom de *Lord North's India Bill* (*EHD* X, pp. 811-812).

54. *IHD*, pp. 233-235.

55. Le *Declaratory Act* d'avril 1720 (6 Geo. I, c. 5) plaçait le parlement de Dublin sous tutelle. On avait tenté de l'adapter à la situation américaine.

56. *Langford 1989*, p. 558.

57. Dix ans plus tard, en 1792, un Acte du parlement d'Irlande libéralisait les clauses anticatholiques quant au mariage et à l'éducation ; en 1793, les catholiques d'Irlande retrouvaient le droit de voter, mais non point celui d'être élus, et pouvaient occuper un nombre croissant de fonctions (*IHD*, pp. 198-202)

58. 24 Geo. III, c. 25, *EHD* XI, pp. 826-831.

59. La conquête fut pratiquement achevée en 1819. Le Cachemire s'adjoignit à la colonie en 1846, ainsi que le Punjab, trois ans plus tard. La

révolte de 1857 entraîna l'abolition des privilèges de l'*East India Company* et le passage direct du pays sous la Couronne britannique.

60. T.R. METCALF, *Ideologies of the Raj*, Cambridge, Cambridge University Press, 1995, pp. 17-18.

61. 31 GEO. III, c. 31, *EHD* XI, pp. 820-823.

62. *Parliamentary History of England*, Londres, T.C. Hansard, 1806-1820, XXVIII, col. 41-42.

63. *Id.*, col. 45-48.

64. *Briggs*, p. 73.

65. R. PRICE, *Sermon on the Love of our Country*, *HRU*, pp. 232-234.

66. *Cottret* 1988, pp. 18-23.

67. La *Society of United Irishmen* avait été fondée à Belfast en octobre 1791.

68. 40 GEO. III, c. 67 (*HRU*, pp. 246-249).

69. *Judd*, p. 40.

70. Elle le fut en 1821 et on lui trouva alors une population de 6 800 000 personnes.

71. *Briggs*, p. 197.

72. J.-J. ROUSSEAU, *Œuvres complètes*, Paris, Gallimard, 1959-1995, III, p. 430.

73. A.G. DE KERSAINT, *Discours sur l'état de l'Angleterre*, Paris, 1793.

74. J. MITTIÉ, *Descente en Angleterre*, Paris, an VI, « avertissement de l'auteur », non paginé.

CHAPITRE XXI

LA GRANDE-BRETAGNE ENTRE LIBÉRALISME ET CONSERVATISME, VERS 1800-VERS 1848

1. T.R. MALTHUS, *Essai sur le principe de population*, Paris, Gonthier, 1963, Édition électronique, p. 157.

2. Burke comme les deux Pitt étaient restés des whigs. La refondation des whigs et des tories intervint lors des élections de 1807. Le terme tory désormais s'appliqua aux successeurs du jeune Pitt, favorables à George III (F. O'GORMAN, *The Emergence of the British Two-Party System*, Londres, E. Arnold, 1982, p. 56).

3. G. Canning, spécialiste reconnu des Affaires étrangères, devait être brièvement premier ministre en 1827.

4. *Quarterly Review* 42 (1830), p. 276. La *Quarterly Review* avait été fondée par John Murray en 1809 pour concurrencer la célèbre *Edinburgh Review*, de tendance whig. On attribue généralement cet article à John Wilson Croker, mais cette hypothèse n'est pas retenue par R. Blake dans son histoire du parti conservateur (*The Conservative Party from Peel to Thatcher*, Londres, Fontana, 1985, p. 6). Croker devait s'en prendre sauvagement au poète John Keats et on l'accusa d'avoir causé sa mort.

5. Il se trouvait au n° 2 de Carlton House Terrace, d'où son nom. Le prince de Galles, futur George IV, avait occupé un bâtiment sur les mêmes lieux. Les whigs fondaient leur club rival, le Reform Club, peu après.

6. J.P. PARRY, *The Rise and Fall of Liberal Government*, New Haven, Yale University Press, 1993, pp. 132-141.

7. P. MANDLER, *Aristocratic Government*, Oxford, Clarendon Press, 1990, p. 23.

8. L'adjectif *liberal* s'utilisa d'abord en anglais dans un contexte européen, par dérivation du français « libéral », puis de l'espagnol, au début du XIXe siècle (*Briggs*, p. 218). Les *Liberales* espagnols étaient les auteurs de la constitution de Cadix de 1812, opposés au caractère absolu de la monarchie.

9. A. SMITH, *Recherche sur la nature et les causes de la richesse des nations* (1776), Édition électronique, I, p. 125.

10. T.R. MALTHUS, *op. cit.*, p. 161 et p. 142. La phrase de saint Paul est : « Si quelqu'un ne veut pas travailler, qu'il ne mange pas non plus » (2 Th 3, 10).

11. Comme la décision avait été prise en 1795 dans le village de Speenhamland, on parla couramment de *Speenhamland System* pour décrire ce procédé réprouvé.

12. R. OWEN, *A New View of Society* (1813), Londres, Everyman, 1972, pp. 17-18.

13. La loi Le Chapelier du 14 juin 1791 interdit les corporations, le compagnonnage et le droit de grève.

14. *CEHM* I, p. 253.

15. *Apprentices Act*, 54 Geo. III, c. 96

16. G. DE STAËL, 18 juin 1813, *Carnets de voyage*, Genève, Droz, 1971, p. 361.

17. G. LEFEBVRE, *Napoléon*, Paris, PUF, 1969, p. 1.

18. BYRON, *Le Pèlerinage du chevalier Harold*, Paris, Mazenod, 1959, p. 93.

19. Id., *ibid.*., p. 167.

20. Cette évolution serait moins vraie de William Blake, qui dut encore, en 1803, répondre de l'accusation de haute trahison après avoir été dénoncé par un soldat alcoolique.

21. La Grande-Bretagne avait souffert assez durement de la guerre, en particulier du fait du blocus continental, imposé par la France. Pourtant, « la situation économique de la Grande-Bretagne fut parfois grave, mais elle ne fut jamais désespérée » (F. CROUZET, *L'Économie britannique et le blocus continental*, Paris, Economica, 1987, p. 856). L'auteur précisait que le blocus n'avait pas été appliqué de façon sérieuse de novembre 1806 à juin 1807, mais que des difficultés très graves assaillirent le pays à partir de la crise de 1810. À telle enseigne, même, que le capitalisme britannique devait sortir meurtri mais « intact dans ses forces profondes, et plus dynamique que jamais ». Il était appelé à dominer le monde (*Id.*, p. 872).

22. E. DE LAS CASES, *Mémorial de Saint-Hélène*, Paris, Le Seuil, 1968, I, p. 433.

23. A. SKED, *Europe's Balance of Power 1815-1848*, Basingstoke, Macmillan, 1979, p. 1.

24. J.-P. BOIS, *De la paix des rois à l'ordre des empereurs*, Paris, Le Seuil, 2003, pp. 408-410. Fils cadet du marquis de Londonderry, Robert Stewart, né en 1769, fit ses débuts au parlement de Dublin, et devenu lord Castlereagh, il occupa les fonctions de ministre de la Guerre, puis de ministre des Affaires étrangères. Il se suicida en 1822.

25. *Briggs*, p. 363.

26. C'est le 25 mars 1807 que George III apposa sa signature au bas du *Slave Trade Bill*, entamant ainsi un processus qui devait conduire, par étapes, à l'émancipation des esclaves en 1843 (6 & 7 Vict., c. 98). Signalons les étapes intermédiaires : le *Slave Trade Act* de 1824 (4 Geo. IV, c. 113) faisait de la traite un crime tandis que le *Slavery Abolition Act* de 1833 (3 & 4 Will. IV c 73) étendait la mesure à toutes les transactions les concernant, mais sans s'appliquer à la colonie du Cap, ni aux territoires dominés par l'*East India Company*.

27. En 1812, la Grande-Bretagne et les États-Unis devaient se retrouver en guerre. Deux ans plus tard, les Britanniques entraient dans Washington qu'ils incendiaient, avant de se tourner contre Baltimore où ils furent arrêtés. Le traité de Gand, le 24 décembre 1814, devait mettre fin au conflit.

28. A.-L. de Staël-Holstein. *Lettres sur l'Angleterre*, Paris, Treuttel et Würtz, 1829, pp. 10-11.

29. Le *Riot Act* (1 Geo. I, c. 5) remontait aux craintes engendrées en 1715 par la rébellion jacobite. Il proscrivait tout rassemblement.

30. A. Prentice, *Historical Sketches*, Londres, F. Cass, 1970, pp. 159-171.

31. Février 1820.

32. J.C.D. Clark, *Revolution and Rebellion*, Cambridge, Cambridge University Press, 1986, p. 102.

33. Le prince de Galles avait contracté en 1785 un premier mariage, illégal d'après l'*Act of Settlement*, avec une catholique, Maria Anne Fitzherbert.

34. L. Davidoff, C. Hall, *Men and Women of the English Middle Class 1780-1850*, Londres, Routledge, 2002, pp. 154-155.

35. 9 Geo. IV, c. 17, *EHD* XI, pp. 674-675.

36. 10 Geo. IV, c. 7. *EHD* XI, pp. 687-689. L'émancipation des Juifs fut plus graduelle : en 1833, un Israélite était admis au barreau ; en 1855, Londres avait un *lord mayor* juif ; en 1847, Lionel de Rothschild était élu à la Chambre des communes. Un *Jewish Relief Act* était voté en 1858 (21 & 22 Vict., c. 49). En 1871, les universités d'Oxford et de Cambridge s'ouvrirent aux étudiants de toutes les confessions.

37. W.A. Hay, *The Whig Revival*, Palgrave, 2005.

38. Le mot *swing* évoquait la potence où « pendaient » les condamnés. Il existait du reste une *Ballade du capitaine Swing*. On se reportera également au livre d'E.J. Hobsbawm et G. Rudé, *Captain Swing* (1969), Harmondsworth, Penguin, 1973.

39. 2 & 3 Will. IV, c. 45 ; 3 & 4 Will. IV, c. 73 ; *Mills and Factories Act*, 3 & 4 Will. IV, c. 103 ; *An Act for the Amendment and better Administration of the Laws relating to the Poor in England and Wales*, 4 & 5 Will. IV, c. 76.

40. R. Peel, « Tamworth Manifesto », 18 décembre 1834.

41. Le terme de chevaliers des comtés devint obsolète en 1884.

42. Dans les comtés, 92 chevaliers des comtés *knights of the shire* étaient élus par les francs tenanciers *freeholders* possédant un bien évalué à au moins 40 shillings par an ; dans les villes, 421 bourgeois (ou *burgesses* ou *citizens* étaient élus selon des modalités différentes :1) par les bourgeois de la ville *freemen boroughs* ; 2) par les contribuables *scot and lot boroughs* ; 3) par la municipalité elle-même *corporation boroughs* ; 4) par tous les habitants, sauf

les assistés *potwalloper boroughs* ; 5) par les habitants de certains quartiers uniquement (*burgage boroughs*). Voir *Cottret* 1994, p. 173.

43. L'Écosse et l'Irlande eurent droit à leurs lois distinctes : 2 & 3 Will. IV, c. 65, et c. 88.

44. Désormais pour voter dans les villes, il fallait payer un loyer égal à 10 livres par an ; à la campagne, cela dépendait des formes de propriété : les francs tenanciers *freeholders* étaient électeurs si leur bien était évalué à 40 shillings, par contre, pour les autres, le minimum fluctuait selon la nature du bail, entre 10 livres pour les *copyholders* et les *lease holders*, et 50 livres pour les locataires.

45. *Mines and collieries Act*, 5 & 6 Vict., c. 99.

46. M. Foucault, *Surveiller et punir*, Paris, Gallimard, 1976.

47. *The Poor Law Report of 1834*, Harmondsworth, Penguin, 1974, p. 497.

48. *Id.*, p. 156.

49. *EHD* XII-1, pp. 725-726.

50. É. Buret, *De la misère des classes laborieuses*, Paris, Paulin, 1840, I, pp. 159-161.

51. Id., *ibid.*, p. 163.

52. *Id.*, p. 164.

53. *Id.*, p. 166.

54. J.-P. Révauger (éd.), *Pauvreté et inégalités en Grande-Bretagne*, Paris, Éditions du Temps, 2000, p. 155.

55. J. Vallès, *La Rue à Londres* (1883), *Œuvres complètes*, Paris, Livre club Diderot, 1969, III, p. 610.

56. L'émancipation politique des catholiques et des *dissenters* avait créé une situation irréversible, en déliant la nationalité et la religion ; désormais des non-anglicans pouvaient, comme tous leurs compatriotes, se pencher sur l'avenir de l'Église nationale (H. Schlossberg, *The Silent Revolution and the Making of Victorian England*, Colombus, Ohio State University Press, 2000, p. 87). Le lecteur français songera irrésistiblement ici à la situation créée par la constitution civile du clergé, lors de la Révolution, qui permettait à tous les citoyens, y compris protestants, de se prononcer sur des questions ecclésiastiques, attisant le mécontentement d'une partie du clergé.

57. Le premier cardinal à s'installer en Angleterre depuis le cardinal Pole au xvie siècle fut Nicholas Wiseman (1802-1865). Né en Espagne de parents irlandais, Wiseman fut nommé archevêque de Westminster par Pie IX en 1850. Il eut pour successeur Henry Edward Manning.

58. J.C.D. Clark, *op. cit.*, pp. 172-173 ; P. Vaiss, *Newman*, Paris, L'Harmattan, 1991, p. 467.

59. « L'effet nécessaire de la constitution décrétée par l'Assemblée est d'anéantir la Religion catholique, et avec elle l'obéissance due aux rois. C'est dans cette vue qu'on établit, comme un droit de l'homme en société, cette liberté absolue, qui non seulement assure le droit de n'être point inquiété sur ses opinions religieuses, mais qui accorde encore cette licence de penser, de dire, d'écrire et même de faire imprimer impunément en matière de religion tout ce que peut suggérer l'imagination la plus déréglée : droit monstrueux, qui paraît cependant à l'Assemblée résulter de l'égalité et de la liberté naturelles à tous les hommes », Pie VI, Bref *Quod alinquantum*, 10 mars 1791.

60. N. YATES, *Anglican Ritualism in Victorian Britain*, Oxford, Clarendon Press, 1999.

61. Avec le soutien de Disraeli, l'archevêque de Cantorbéry, Archibald Campbell Tait, fit adopter en 1874 une loi interdisant l'utilisation du rituel catholique dans l'Église anglicane (*Public Worship Regulation Act*, 37 & 38 VICT., c. 85). Plusieurs prêtres furent emprisonnés pour avoir désobéi à ses injonctions.

62. P. FONTANEY (éd.), *Le Renouveau gothique en Angleterre*, Bordeaux, Presses universitaires, 1989, p. 75.

63. *Marriage Act* et *Registration Act* de 1836 (6 & 7 WILL. IV, c. 85 & c. 86).

64. *Matrimonial Causes Act* de 1857 (20 & 21 VICTORIA, c. 85).

65. H. SCHLOSSBERG, *The Silent Revolution*, *op. cit.*, p. 251 *sq.*

66. Née à Florence en Italie, d'où son prénom, Florence Nightingale (1820-1910) se distingua particulièrement pendant la guerre de Crimée.

67. P. VAISS, *Newman*, *op. cit.*

68. A. DE TOCQUEVILLE, *L'Ancien Régime et la Révolution*, Paris, Gallimard, 1967, p. 161.

69. Victoria était née à Kensington Palace, le 24 mai 1819. Elle était la fille unique d'Édouard, duc de Kent, 4e fils de George III, et de Victoire de Saxe-Cobourg. Ses oncles George IV, Frédérick, duc d'York, et Guillaume IV n'ayant pas de descendance légitime, la couronne lui échut. De son mariage avec le prince Albert en 1840, Victoria devait avoir pour enfants le futur Édouard VII, Alfred, Arthur, Léopold, Victoria, Alice, Hélène, Louise et Béatrice. Le titre d'impératrice des Indes lui fut conféré en 1877.

70. Ce fut néanmoins l'époque où les rois d'Angleterre cessèrent de régner sur le Hanovre, qui n'admettait pas une succession féminine.

71. L. BLANC, *Lettres d'Angleterre*, Paris, L'Harmattan, 2001, p. 120.

72. G. BONIFAS, M. FARAUT, *Pouvoir, classes et nation en Grande-Bretagne au XIXe siècle*, Paris, Masson, 1994, p. 145.

73. La population de l'Irlande devait tomber de 8 200 000 à 6 500 000 de 1841 à 1851 du fait de la mortalité et de l'émigration.

74. Discours de R. Peel, 16 février 1846, *EHD* XII-1, pp. 455-460 en particulier.

75. Après sa chute en 1846, Robert Peel continua à siéger aux Communes, où il soutint la politique de lord Russell. Il mourut en 1850. On se souvient également du rôle qu'il joua dans la création de la police londonienne en 1829. Le nom de *bobbies,* que l'on donne aux agents, est un hommage appuyé au ministre de l'Intérieur de lord Liverpool (Bob est le diminutif de Robert).

76. Discours de B. Disraeli, 15 mai 1846, *EHD* XII-1, p. 473.

77. William George Frederick Cavendish-Bentinck (1802-1848), plus connu sous le nom de lord George Bentinck, était entré à la Chambre des communes en 1826. On le connaissait essentiellement pour sa passion pour les chevaux, avant qu'il ne se manifeste comme un violent adversaire de Peel. Edward Stanley, lord Stanley of Bickerstaff puis comte de Derby (1799-1869), devait devenir brièvement premier ministre en 1852, en 1858-1859, et finalement un peu plus longuement de 1866 à 1868.

78. A.-A. LEDRU-ROLLIN, *De la décadence de l'Angleterre*, Paris, Escudier frères, 1850, I, p. 13.

79. Henry John Temple, vicomte Palmerston, était né en 1784. Son premier poste politique remontait à 1807, mais il se sépara des conservateurs vingt ans plus tard. Il se brouilla avec Gladstone en 1864, en refusant tout nouvel élargissement de l'électorat. En 1865, il provoqua de nouvelles élections, qu'il remporta, mais il mourut juste après.

80. D. Thomson, *England in the Nineteenth Century*, Harmondsworth, Penguin, 1950, pp. 120-121.

81. M. Hovell, *The Chartist Movement*, Manchester, Manchester University Press, 1918, p. 301. Le gouvernement Peel ne tint que quelques mois jusqu'en avril 1835.

82. A.M. Birke, « Die Revolution von 1848 und England », *Viktorianisches England in deutscher Perspektive,* Munich, K. G. Saur, 1983, pp. 49-60.

83. *Engels*, p. 255. Le 10 avril 1848, la grande manifestation prévue pour accompagner la remise de la pétition monstre des chartistes au parlement fut un semi-échec. Du moins, elle fut très loin de constituer l'amorce d'une révolution, comme sur le continent à la même époque (*Illustrated London News*, 15 avril 1848).

CHAPITRE XXII

PENSER LA RÉVOLUTION INDUSTRIELLE

1. E.P. Thompson, *La Formation de la classe ouvrière anglaise*, Paris, Gallimard-Le Seuil, 1988, p. 13.

2. C. Hill en 1958, *Cottret* 1988, p. 228.

3. Ce que nous appelons en France les études de sociabilité, à la suite en particulier des travaux de Maurice Agulhon, éclaire singulièrement l'histoire du réformisme politique, toujours tributaire de formes de négociation collective, façonnées par une double éthique de la déférence sociale et de la différence sexuelle ce que l'on appelle la respectabilité. L'enquête fait intervenir les formes multiples de l'imitation, également mises en valeur par M. Agulhon, à la suite des travaux sociologiques de G. Tarde (voir l'étude exemplaire de S. Cordery, *British Friendly Societies, 1750-1914*, Basingstoke, Palgrave Macmillan, 2003, en particulier p. 108 sq.).

4. *Cottret* 1988, p. 221.

5. L. Hilaire-Pérez, *L'Invention des techniques au siècle des Lumières*, Paris, A. Michel, 2000, p. 27.

6. Originaire de Nice, Jérôme-Adolphe Blanqui (1798-1854) suivit d'abord les cours de Jean-Baptiste Say à Paris et, sur sa recommandation, il fut nommé professeur d'économie industrielle au Conservatoire des arts et métiers à Paris. On lui doit divers ouvrages marquants. Il ne faut pas le confondre avec son frère Louis-Auguste Blanqui, dit encore « Blanqui l'enfermé » (1805-1881), que ses idées révolutionnaires conduisirent à séjourner de nombreuses années en prison.

7. *Blanqui*, II, p. 166.

8. Même Montesquieu était selon lui contradictoire : « Entraîné tour à tour par des idées contraires, Montesquieu a défendu la liberté et les prohibitions, et [...] ses œuvres ont servi d'arsenal à tous les partis philosophiques,

économiques et politiques, parce qu'on y trouve des arguments pour toutes les causes, comme dans le moment de la fermentation, on voit la lie bouillonner avec une foule de produits impurs, mêlés aux produits les plus généreux » (*Blanqui*, II, p. 145).

9. *Blanqui*, II, p. 146. J.-C. Perrot se livre, certes, à une généalogie plus complexe de la pensée d'Adam Smith, en montrant combien la pensée économique anglaise est à sa façon héritière de la pensée française et en particulier de la théologie (« La main invisible et le Dieu caché », *Une histoire intellectuelle de l'économie politique*, Paris, EHESS, 1992, pp. 333-354).

10. *Blanqui*, II, p. 146.

11. *Blanqui*, II, pp. 148-149.

12. *Blanqui*, II, pp. 150-151.

13. Blanqui se passionnait pour l'histoire de l'économie politique, et il opposait les physiocrates – ceux qu'il appelait les économistes – aux libéraux anglais et à Adam Smith en particulier. « Les économistes, nous dit-il, n'attribuaient de puissance productive qu'à la terre : Adam Smith trouva cette puissance dans le travail » (*Blanqui*, II, p. 107).

14. C.F.A. Marmoy, « The Auto-Icon of Jeremy Bentham at University College London », *Medical History* 2-2 (1958), pp. 77-86. On lira avec intérêt le texte que Bentham en personne écrivit sur son auto-icône (*Auto-Icon*, Bristol, Thoemmes Press, 2002).

15. *Himmelfarb*, p. 35.

16. Les seules exceptions notables ont longtemps été *La Formation du radicalisme philosophique* d'Elie Halévy, paru en 1901, ou le remarquable *Surveiller et punir* de Michel Foucault, en 1976 (C. Laval, *Jeremy Bentham*, Paris, PUF, 1994, p. 15).

17. *Engels*, p. 31.

18. *Engels*, p. 21.

19. P. Mathias, P. O'Brien, « Taxation in Britain and France, 1715-1810 », *Journal of European Economic History* 5 (1976), pp. 601-650.

20. B. Faujas de Saint-Fond, *Voyage en Angleterre, en Écosse et aux îles Hébrides*, Paris, H.-J. Jansen, 1797, II, pp. 394-396. Le travail des mines fut grandement facilité en 1711 par l'utilisation par Thomas Newcomen de pompes à vapeur pour vider l'eau. Mais c'est dans le domaine des textiles, et en particulier dans la production du coton, que se produisit le décollage le plus spectaculaire au XVIIIe siècle. Il s'accompagna du développement de la manufacture, vaste unité de production, regroupant de nombreux ouvriers. Et utilisant déjà, dans la dernière décennie du siècle, la vapeur pour actionner les machines. Le Lancashire fut la zone pilote de ce développement. « L'histoire du Lancashire méridional connaît les plus grands miracles des Temps modernes, mais personne n'en dit mot, et tous ces miracles, c'est l'industrie cotonnière qui les a accomplis », déclara Engels avec un certain lyrisme (*Engels*, p. 26). Pour ne rien dire de Glasgow, en Écosse. La bonneterie, à Nottingham et à Derby, profita également de la baisse du prix du fil, tout comme la dentelle, qui irradia l'ouest du pays. La laine, pareillement, connut un considérable essor, en particulier dans le West Riding du Yorkshire. John Kay mit au point en 1733 la navette flottante. La première invention qui transforma profondément la situation des ouvriers anglais d'alors fut la *jenny* du tisserand James Hargreaves de Stanhill, près de Blackburn dans le Lancashire du Nord (1764). Cette machine était l'ancêtre rudimentaire de la *mule* qui devait lui

succéder plus tard ; au lieu d'une seule broche, comme dans le rouet ordinaire, elle en possédait 16 ou 18, actionnées par un seul ouvrier. La *jenny* fut perfectionnée par Richard Arkwright, un barbier de Preston dans le Lancashire. En 1825, elle fut remplacée par la machine automatique de Richard Robert. C'était, disait toujours Engels, la « victoire du travail mécanique sur le travail manuel » (*Engels*, p. 25). Ce fut en 1762 que l'ingénieur James Watt inventa le condenseur et construisit une machine à vapeur à mouvement rotatif, beaucoup plus efficace que celle de Newcomen. En 1769, il faisait breveter une pompe, que son entreprise allait lancer à de nombreux exemplaires sur le marché. Gains de productivité, accroissements de la rentabilité furent quelques-uns des effets de ce progrès technique. Mais, sans doute, ces avancées furent-elles moins spectaculaires qu'on l'a longtemps cru (*CEHM* I, p. 1). Œuvre de techniciens, du reste, de gens de métier, ou d'artisans ingénieux, plus que de savants (*CEHM* I, p. 1). Sans entraîner nécessairement une amélioration des conditions de vie pour autant. En Angleterre, le « progrès technique est le fait d'hommes déjà engagés dans la production, en tout cas toujours proches d'elle. La très grande majorité des inventions est réalisée par des entrepreneurs ou des contremaîtres, parfois par des constructeurs de machines, charpentiers ou autres » (B. Gille (éd.), *Histoire des techniques*, Paris, Gallimard, « Pléiade », 1978, p. 683). Certes, il existe quelques exceptions, comme ces pasteurs exerçant leur ministère dans des zones industrielles, et intéressés de près par la vie locale. Dans le même temps, la dérégulation du travail accélérait la destruction des vieilles formes d'entraide, ou de lutte contre la concurrence sauvage, auxquelles étaient associées les corporations (A. Toynbee, *Lectures on the Industrial Revolution*, Londres, Longmans, Green & Co, 1894, p. 85).

21. Jusqu'alors, l'on utilisait du charbon de bois dans la métallurgie.

22. Le service régulier entre Manchester et Liverpool avait été inauguré en septembre 1830. La jonction entre Birmingham et Londres fut achevée en 1837-1838, reliant désormais le sud du pays au centre industriel.

23. A. de Tocqueville, *Œuvres complètes*, Paris, Gallimard, 1951-2003, V-2, p. 78.

24. Id., *ibid.*, pp. 79-80.

25. *Id.*, p. 80.

26. *Id.*, p. 81.

27. *Id.*, p. 82

28. F. Engels, *Die Lage der arbeitenden Klasse in England*, Leipzig, O. Wigand, 1845.

29. *Engels*, p. 16.

30. *Engels*, p. 31-32.

31. *Engels*, p. 52.

32. F. Crouzet, *De la supériorité*, *op. cit.*, p. 37.

33. F. Crouzet, *The First Industrialists*, Cambridge, Cambridge University Press, 1985, p. 99.

34. R.J. Morris, *Men, Women and Property in England, Cambridge, Cambridge University Press, 2005.*

35. Briggs, p. 69 ; *Langford* 1989, pp. 652-655.

36. Guizot, « Discours sur l'histoire de la révolution d'Angleterre », *op. cit.*, p. 20.

37. E.A. WRIGLEY, *Continuity, Chance and Change*, Cambridge, Cambridge University Press, 1990, p. 8.

38. J.C.D. CLARK, *op. cit.*, p. 38.

39. E. LE ROY LADURIE, « L'Histoire immobile », *Annales ESC* 29 (1974), pp. 689.

CHAPITRE XXIII

BRITANNIA À L'ÈRE DES IMPÉRIALISMES, 1848-1914

1. J.A. FROUDE, *Oceana*, Londres, Longmans, Green & Co, New Edition, 1886, p. 338.

2. ID., *ibid.*, pp. 330-331.

3. E.A. Freeman voyait toujours dans Washington, premier président des États-Unis, un Anglais prêt à étendre l'influence de la Grande-Bretagne (*Greater Greece and Greater Britain*, Londres, Macmillan, 1889, pp. 62-103).

4. J. Chamberlain en 1887, *Judd*, p. 145.

5. J.C. FIRTH, *Our Kin across the Sea*, Londres, Longmans, Green & Co, 1888, p. 247.

6. Cette compagnie disparut en 1850, lorsque la Couronne reprit ses actifs. Quant à Wakefield, il mourut à Wellington, en Nouvelle-Zélande, en 1862.

7. On connaît les sarcasmes de Karl Marx : « En fait, le penchant de l'humanité laborieuse à s'exproprier à la plus grande gloire du capital est si imaginaire que, d'après Wakefield lui-même, la richesse coloniale n'a qu'un seul fondement naturel : l'esclavage. La colonisation systématique est un simple pis aller, attendu que c'est à des hommes libres et non à des esclaves qu'on a affaire » (*Le Capital*, *Œuvres*, Paris, Gallimard, 1965-1968, I, p. 1128).

8. E.G. WAKEFIELD, *A View of the Art of Colonization* (1849), Kitchener, Ontario, Batoche Books, 2001, p. 9.

9. WAKEFIELD démentait l'idée reçue que l'exportation du capital et l'émigration diminuaient la richesse du pays et sa population (*Id.*, p. 32).

10. P. DODD, *Englishness : Politics and Culture 1880-1920*, Londres, RKP, 1986.

11. J. VALLÈS, *La Rue à Londres*, *op. cit.*, p. 503.

12. ID., *ibid.*, p. 656.

13. H. TAINE, *Notes sur l'Angleterre, Paris*, Hachette, 1899, p. 9.

14. Sur les communards exilés à Londres, signalons la thèse en cours de Constance Bantman sur les anarchistes français et les anarchistes anglais d'avant la guerre de 1914.

15. David Livingstone, pasteur anglican et missionnaire, était Écossais et on le croyait disparu. Quant au célèbre Stanley, d'origine galloise, il avait adopté la nationalité américaine, avant de reprendre sa nationalité britannique.

16. C.W. DILKE, *Greater Britain* (1868), Londres, Macmillan, 1890, p. VII.

17. J.R. SEELEY, *The Expansion of England* (1883), Chicago, Chicago University Press, 1971.

18. E.A. FREEMAN, *Greater Greece and Greater Britain*, Londres, Macmillan, 1889.

19. H.C.G. Matthew, *The Liberal Imperialists*, Oxford, Oxford University Press, 1973.

20. J.S. Mill, *Principes d'économie politique*, Paris, Guillaumin, 1873, II, pp. 545-546.

21. Id., *ibid.*, p. 546.

22. C. Darwin, *The Origin of Species*, Harmondworth, Penguin, 1968, p. 68.

23. A. Morvan, J.-F. Gournay, F. Lessay, *Histoire des idées dans les îles Britanniques*, Paris, PUF, 1996, p. 259.

24. F. Bédarida, *La Société anglaise du milieu du XIXe siècle à nos jours*, Paris, Le Seuil, 1990, p. 21.

25. Mentionnons également deux films consacrés à l'événement :celui, héroïque, de Michael Curtiz en 1936, avec Errol Flynn, Olivia de Havilland et David Niven, celui, très critique, de 1968, dirigé par Tony Richardson.

26. C'est l'époque où la France, après s'être battue en Crimée, s'était engagée dans le conflit avec l'Autriche en Italie, avant l'équipée du Mexique en 1862, et la guerre désastreuse contre la Prusse de 1870.

27. John George Lambton, comte de Durham, auteur en 1839 d'un célèbre rapport.

28. F. Le Jeune, « Patriotisme nord-américain ou nationalisme canadien ? », *Du patriotisme aux nationalismes*, Paris, Créaphis, 2002, p. 174.

C. P. Lucas, *Lord Durham's Report on the Affairs of British North America*, Oxford, Clarendon Press, 1912.

29. *Himmelfarb*, pp. 333-392.

30. C. Hall, K. McClelland, J. Rendall, *Defining the Victorian Nation*, Cambridge, Cambridge University Press, 2000, pp. 244-245.

31. En 1884-1885 devait s'opérer un nouvel élargissement de l'électorat et, en 1918, tous les hommes âgés de plus de 21 ans, et les femmes de plus de 30 ans si elles payaient ou si leur époux payait des impôts locaux purent voter. Cette anomalie disparut en 1928, lorsque les femmes purent voter au même titre que les hommes. Signalons brièvement l'évolution ultérieure : 1948 vit l'abolition du pluralisme électoral, qui permettait à une personne de voter deux fois, une fois sur leur lieu de résidence, une seconde sur leur lieu d'activité professionnelle. En 1969, la majorité électorale était abaissée de 21 à 18 ans.

32. Né en 1804, Benjamin Disraeli avait suivi des études de droit avant de publier des romans dans les années 1820-1830. Il avait été élu membre du parlement pour Maidstone en 1837, et montrait un réel intérêt pour les droits du travail et le mouvement chartiste. Sa mésentente avec Peel l'avait libéré de toute responsabilité ministérielle. En 1842, il avait formé son groupe, baptisé *Young England*, qui défendait l'alliance entre les ouvriers et l'aristocratie. Il continua à publier des romans, dont le célèbre *Sybil* en 1845. Au parlement, il critiqua vertement l'abandon des *Corn Laws*. En 1852, il fut brièvement chancelier de l'Échiquier dans le gouvernement d'Edward Smith-Stanley, comte de Derby. Puis à nouveau en 1858. Et en 1866. Il devait accepter le titre de comte Beaconsfield quelques années avant sa mort en 1881.

Né en 1809, mort en 1898, William Ewart Gladstone était un enfant de Liverpool, où son père commerçait avec l'Amérique et les Antilles. Après des études à Eton et à Christ Church, Oxford, il fut élu comme député tory après s'être opposé au *Great Reform Act*. En 1859, il participa au lancement du nouveau parti libéral. Il devint premier ministre pour la première fois en 1869.

33. En 1864 avait été fondée à Londres l'Association internationale des travailleurs, mieux connue sous le nom de Première internationale. En 1872, à La Haye, libertaires et marxistes devaient se séparer à jamais.

34. Un riche protestant du comté de Wicklow, Charles Stewart Parnell, devait être le meilleur défenseur de l'autonomie irlandaise au parlement.

35. W. BAGEHOT, *The English Constitution* (1867-1872), Glasgow, Fontana, 1975, p. 278. « La stupidité qui, selon Bagehot, sauvait naguère encore un peuple libre, devenait une cause supplémentaire d'inquiétude », écrivait une historienne (*Himmelfarb*, p. 384).

36. Quitte à parler de démocratie, il est évidemment difficile de donner à son instauration un début précis. Il est possible de proposer cependant la réforme électorale de 1867, comme le fait G. Himmelfarb (*Himmelfarb*, p. 333).

37. A.V. DICEY, *Introduction to the Study of the Law of the Constitution* (1885), Indianapolis, Liberty Fund, 1982, pp. 27-28

38. J. DEARLOVE, P. SAUNDERS, *Introduction to British Politics*, Cambridge, Polity, 2000, p. 53.

39. *HRU,* p. 299.

40. *HRU,* p. 300.

41. C. A. BODELSEN, *op. cit*., p. 83.

42. R. ROBINSON, J. GALLAGHER, *Africa and the Victorians*, Londres, Macmillan, 1967, p. 466.

43. ID., *ibid*.., p. 472.

44. D. JUDD, *Radical Joe*, Londres, H. Hamilton, 1977.

45. T.O. LLOYD, *Empire to Welfare State*, Oxford, Oxford University Press, 1989, p. 5. Le retour au protectionnisme eut lieu en 1932, avec l'*Import Duties Act*.

46. C.A. BODELSEN, *Studies in Mid-Victorian Imperialism*, Kjbenhaun, Gyldendals Forlagstrykheri, 1924, p. 81.

47. J. GALLAGHER, R.E. ROBINSON, « The Imperialism of Free Trade », *Economic History Review* 2nd ser. 6 (1953), p. 1.

48. M. EDELSTEIN, *Overseas Investment in the Age of High Imperialism*, Londres, Methuen, 1982, pp. 1-3. Il faut ajouter que 40 % seulement des investissements britanniques avant 1914 s'effectuaient dans l'Empire, et que le pourcentage des exportations en direction de l'empire était compris, dans le siècle qui précéda la Grande-Guerre, entre 26 et 35 % avec, il est vrai, une nette accentuation après 1875-1880. Mais la balance commerciale avec l'empire n'en était pas moins déficitaire, et elle était compensée par ces exportations invisibles, effectuées par les banques, les compagnies d'assurance ou les compagnies maritimes (*Judd*, p. 64).

49. *Judd*, pp. 92-97.

50. L'expression *jingoism,* utilisée pour décrire le chauvinisme outre-Manche, paraît remonter à la chanson : *We don't want to fight. But by Jingo! If we do, we've got the men, we've got the ships, we've got the money too.*

51. R. PRICE, *An Imperial War and the British Working Class*, Londres, RKP, 1972.

52. D. JUDD, K. Surridge, *The Boer War*, Basingstoke, Palgrave, 2003, p. 196.

53. M. VAÏSSE (éd.), *L'Entente cordiale*, Bruxelles, Complexe, 2004, pp. 34-35. Le numéro du magazine était daté du 28 septembre 1901.

54. Ce Kitchener devait être ministre de la Défense en 1914 (H. Wesseling, *Le Partage de l'Afrique*, Paris, Denoël, 1996, p. 480).

55. M. Vaïsse (éd.), *op. cit.*, pp. 15-16.

56. J.-Y. Mollier, *Le Camelot et la rue*, Paris, Fayard, 2004, p. 258.

57. Id., *ibid.*., p. 265.

58. *Judd*, p. 146.

59. J.A. Hobson, *Imperialism*, Londres, Unwin Hyman, 1988, p. 223.

60. Lénine, *L'Impérialisme*, *Œuvres*, XXII, Paris, Éditions sociales, 1960, p. 212. Publié en 1917, le livre avait été rédigé en 1916.

61. L'analyse de l'impérialisme par Lénine dépassait l'observation du cas anglais. Il s'agissait de montrer comment l'impérialisme avait posé les cadres d'un internationalisme bourgeois et capitaliste, auquel il convenait de donner un contenu prolétarien. Le terme même de « stade suprême », en bonne logique marxiste, implique cette transformation qualitative.

62. R. Baden-Powell, *Scouting for Boys*, Oxford, Oxford University Press, 2004, p. 316.

63. On évoquera aussi pour mémoire les propos du grand chef scout au sujet des Africains :« Ils sont peut-être nos frères, mais ce ne sont pas des êtres humains » (*Judd*, p. 211).

64. W. Boyd, F.-C. Mougel (éd.), *France/Grande-Bretagne*, Paris, ADPF, 2004, p. 12. Nous remercions également L. Theis pour ces précisions.

65. L'alliance franco-russe remontait à 1894. Les Britanniques s'accordaient pareillement avec les Russes en 1907. Rappelons qu'en 1891 une triple alliance avait été conclue entre l'Allemagne, l'Autriche-Hongrie et l'Italie.

66. E.T. Corp, S. Crowe, *Our Ablest Public Servant*, Braunton, Merlin Books, 1993, p. 115 *sq.* Le *Mémorandum* était du 1er janvier 1907.

67. T. Smith, « A Grand Work of Noble Conception », *Imperial Cities*, (éd.) F. Driver, D. Gilbert, Manchester, Manchester University Press, 1999, p. 29 *sq.*

68. M. Beer, *Geschichte des Sozialismus in England*, Stuttgart, Dietz, 1913, p. 462.

69. S. Guy, « Vocation et provocation dans le socialisme shavien », *Cercles* 7 (2003), p. 71.

70. K. Hardie fut élu député pour West Ham South, dans l'East End de Londres, en 1892. Deux mineurs, Thomas Burt et Alexander Macdonald, avaient déjà été élus en 1874 sous l'étiquette libérale, et quelques autres ouvriers le furent également dans les années qui suivirent.

71. L'initiative nationale avait été précédée par la constitution dès 1892 d'un *Manchester Independent Labour Party*.

72. L'Église établie ne resta pas à l'écart de ce socialisme chrétien, qui trouva chez le révérend Charles Kingsley l'un de ses apôtres victoriens. Il fut l'auteur célèbre de *The Water Babies* (1863), l'histoire d'un petit ramoneur transformé en créature des eaux.

73. Propos attribué à l'ancien premier ministre travailliste Harold Wilson (T. Happold, « Forget Marx... », *The Guardian*, 4 avril 2005). T. Blair lui-même ne manque pas de rappeler qu'en 1906, les deux tiers des premiers députés travaillistes étaient non conformistes (C. Bryant [éd.], *Reclaiming the Ground*, Londres, Spire, 1993).

74. 6 Edw. VII, c. 47.

75. *Trade Union Act*, 34 & 35 VICT., c. 31. J. THOMPSON, « The Genesis of the 1906 Trades Disputes Act », *Twentieth Century British History,* 1998 (9), p. 176.

76. Né en 1863 à Manchester, David Lloyd George devait s'éteindre en 1945, au lendemain de la Seconde Guerre mondiale.

77. À l'exception de la parenthèse de 1892-1895, lorsque Gladstone et Rosebery occupèrent le poste de premier ministre. Encore que Rosebery, par ses positions impérialistes, n'ait pas fait l'unanimité des libéraux. Sur ce personnage, voir l'analyse de H. REIFELD, *Zwischen Empire und Parlament*, Göttingen, Vandenhoeck & Ruprecht, 1987.

78. 8 EDW. VII, c. 40.

79. 1 & 2 GEO. V, c. 13. Le *Parliament Act* de 1949 limita ce pouvoir suspensif à un an (12, 13 & 14 GEO. VI, c. 103).

80. 1 & 2 GEO. V, c. 55.

81. M.J. DAUNTON, « Payment and Participation », *Past & Present,* n° 150 (1996), p. 180.

82. Opposé à la déclaration de guerre de 1914, Lloyd George accepta de rester dans le gouvernement d'Asquith. En 1915, il dirigeait même un ministère chargé des munitions. Et finit par se rallier au parti conservateur ; dans les élections de 1918, la coalition de Lloyd George remportait 459 sièges. Mais l'ancien ministre libéral mécontenta les conservateurs et, pendant une vingtaine d'années il n'eut pas d'autre issue que de défendre ses idées, tout en demeurant relativement isolé sur le plan politique.

83. K.O. MORGAN, *Lylod George*, Londres, Weidenfeld & Nicolson, 1974, p. 7.

CHAPITRE XXIV

LAND OF HOPE AND GLORY, DE 1914 À 1945

1. « Land of Hope and Glory/ « Mother of the Free/ « How shall we extol thee, / »Who are born of thee ? ».

2. La musique avait été composée initialement pour le couronnement d'Édouard VII, et les paroles ajoutées ultérieurement sont celles d'un poème d'Arthur Christopher Benson.

3. Les proms remontent à 1895, et leur but depuis le début est de s'adresser au plus grand nombre, en organisant des concerts, dans une atmosphère plus détendue que d'ordinaire.

4. Hooray pour le Français !/ « Farewell, Angleterre !/ « We didn't know the way to tickle Mary, / « But we learned how, over there ».

5. *SRWWI* I, p. 398.

6. L.V. SMITH, S. AUDOIN-ROUZEAU, A. BECKER, *France and the Great War*, Cambridge, Cambridge University Press, 2003, p. 36.

7. P. MIQUEL, *La Grande Guerre*, Paris, Fayard, 1983, pp. 7-9.

8. Voir les remarquables travaux d'A. BECKER, *Les Monuments aux morts*, Paris, Errance, 1989, et *La Guerre et la foi*, Paris, A. Colin, 1994, ainsi que J. WINTER, *Sites of Memory*, Cambridge, Cambridge University Press, 1995.

9. Nous parlerons peu en ces pages de la dimension allemande et la France sera abordée essentiellement en relation avec l'Angleterre. Mais les

travaux actuels réunissent heureusement des auteurs européens de toutes ces nations, comme en témoigne le colloque *Kultur und Krieg,* (éd.) W.J. Mommsen *et al.*, Munich, R. Oldenbourg, 1996.

10. Rapport officiel à la presse allemande du 25 juin 1915 (*SRWWI* III, p. 139).

11. *SRWWI* III, p. 140.

12. Le dirigeant du parti travailliste, Arthur Henderson, devenait ministre de l'Éducation – *President of the Board of Education.*

13. En janvier 1916, seuls les hommes célibataires âgés de 18 à 41 ans étaient appelés, mais la mesure étaient étendue aux autres en avril. En avril 1918, l'âge de la conscription était étendu à 50 ans.

14. Il est resté sous le nom quasi religieux d'*Easter Rising,* la résurrection de Pâques.

15. *SRWWI* IV, p. 115.

16. La paix de Brest-Litovsk, mettant fin à la guerre entre la Russie soviétique et l'Allemagne, intervint en mars 1918 ; elle avait été précédée d'un armistice en décembre 1917.

17. D. Lloyd George, *Les Buts de guerre de la Grande-Bretagne... 5 janvier 1918*, Londres, Hayman, 1918, p. 20. Trois jours plus tard, W. Wilson, président des États-Unis, énonçait ses quatorze points. Voir les analyses d'A. Kaspi, *Le Temps des Américains*, Paris, Publications de la Sorbonne, 1976, pp. 205-219.

18. Respectivement 526 et 57 sièges (*BPH*, p. 219). Certains chiffres différents dépendent de la définition de la coalition ou du travaillisme.

19. *BPH*, p. 300.

20. J.M. Keynes, *Les Conséquences économiques de la paix*, Paris, Gallimard, 2002, p. 68.

21. B. Cottret, B. Van Ruymbeke, « Le destin huguenot », *L'Image de l'autre,* (éd.) J.-P. Jessenne, Lille, PUL, 1996, p. 160.

22. En 1948, le gouvernement irlandais décidait de quitter le *Commonwealth* ; le gouvernement britannique répliquait l'année suivante en précisant que l'Irlande du Nord appartenait encore au Royaume-Uni, jusqu'à ce que le parlement de la province en décidât autrement.

23. J.M. Keynes, *Essays in Biography*, *Collected Writings*, Londres, Macmillan, 1971-1990, X, pp. 22-23

24. Le parallèle avec Tony Blair se présente tout naturellement :même volonté affichée de réduire l'influence de la Chambre des lords, même accusation de complaisance dans l'octroi des titres nobiliaires.

25. Entré en vigueur en août 1924, le traité de Lausanne fixa les frontières de la Turquie actuelle, en revenant sur les engagements du traité de Sèvres de 1920, qui promettait aux Arméniens, aux Kurdes et aux Assyro-Chaldéens leur État national.

26. Le parti conservateur, avec 258 sièges, n'avait pas à lui seul une majorité. Les travailllistes, avec 191 sièges, purent compter provisoirement sur l'appui des 158 libéraux.

27. T. Benn, *Arguments for Socialism*, Harmondsworth, Penguin, 1980, pp. 39-40.

28. G. Bennett, « « A Most Extraordinary and Mysterious Business » : The Zinoviev's Letter of 1924 », *History Notes,* 14, Londres, Foreign and Commonwealth Office, 1999.

29. Le nombre de travaillistes chuta de 191 à 151, malgré une augmentation du nombre de voix. Les conservateurs avaient 419 sièges, avec 48 % des voix. Et les libéraux seulement 40.

30. J.M. KEYNES, « The Economic Consequences of Mr Churchill », *Collected Writings*, Londres, Macmillan, 1971-1990, XIX, pp. 357-453.

31. Ce que l'on appelle *contracting out* en anglais, par opposition à *contracting in*.

32. 13 sièges allaient encore par ailleurs à des travaillistes favorables à MacDonald.

33. *Judd*, pp. 289-290.

34. 22 GEO. V, c. 4.

35. La définition des *dominions* avait été élaborée à la conférence impériale de 1926 par Arthur James Balfour :« Communautés autonomes au sein de l'Empire, égales les unes aux autres, et en aucune façon subordonnées les unes aux autres dans leurs affaires internes ou internationales, tout en demeurant unies par une allégeance commune envers la Couronne, et librement associées au sein du *Commonwealth* des nations » (*Judd*, p. 287).

36. M. GILBERT, *W.S. Churchill*, Londres, Heinemann, 1966-1988, V, p. 398.

37. Anthony Eden et sir John Simon rencontrèrent directement Hitler en avril 1935. Il s'agissait d'admettre que la puissance maritime allemande atteignît 35 % de la *navy*. Les discussions se poursuivirent à Londres au mois de juin, en présence de von Ribbentrop.

38. *GS* I, p. 158. C'était là la plus belle victoire de von Ribbentrop aux yeux de Hitler (W. MICHALKA, *Ribbentrop und die Deutsche Weltpolitik 1933-1940*, Munich, W. Fink, 1980, p. 106).

39. *GS* I, p. 165.

40. (L. VAN DEN HAUWE, « The Hayek-Keynes Debate », *Quarterly Journal of Austrian Economics,* 3-2 (2000), pp. 63-79). Keynes sortit à moyen terme vainqueur de ce débat en prêchant un engagement des États dans l'économie, largement appliqué après guerre. Il devait s'éteindre en 1946. Par contre, Hayek, mort en 1992, recommanda une austérité et une discipline monétaire qui influencèrent les gouvernements conservateurs de la fin du siècle dernier.

41. J.M. KEYNES, *Théorie générale de l'emploi, de l'intérêt et de la monnaie*, Paris, Payot, 1990, p. 366.

42. On constatera, une fois de plus, que le mot « libéralisme » en Angleterre ne s'entend pas d'une confiance absolue dans les marchés, puisqu'il s'accommode parfaitement des politiques sociales.

43. J.M. KEYNES, *Théorie générale*, *op. cit.*, pp. 367-368.

44. ID., *ibid.*, p. 373.

45. *Id.*, p. 374.

46. Ce bruit d'une liaison amoureuse entre von Ribbentrop et Mrs Simpson n'est pas démontré (M. BLOCH, *Ribbentrop*, Paris, Plon, 1996, p. 94).

47. W. DEIST *et al.*, *Das Deutsche Reich und der Zweite Weltkrieg*, Stuttgart, Deutsche Verlags-Anstalt, 1979-2001, I, p. 617 *sq*.

48. A. LENTIN, *Lloyd George and the Lost Peace*, Basingstoke, Palgrave, 2001, pp. 89-105.

49. A. HITLER, *Mein Kampf*, Paris, Nouvelles éditions latines, 1934, p. 642.

50. D. Lloyd George, *Spain and Britain*, Londres, « The Friends of Spain », 1937, p. 10.

51. Id., *ibid.*, p. 13.

52. *BPH*, p. 321.

53. *BPH*, p. 322.

54. Il est évidemment difficile rétrospectivement de trouver Neville Chamberlain très convaincant. Pour un point de vue plus nuancé que le nôtre, voir en particulier *BPH*, pp. 341-344.

55. J. Amery, *L'Angleterre et l'Europe*, Paris, « Documents et témoignages », 1943, pp. 1-2. L'auteur était ainsi décrit : « Les éditeurs, en présentant au public ce petit livre sur la situation de l'Angleterre, désirent préciser que l'auteur, Mr John Amery, est un nationaliste anglais qui se trouvait à Saint-Sébastien lorsque la guerre éclata, et évita ainsi de faire partie des 150 000 personnes aujourd'hui détenues dans les camps de concentration anglais. M. Amery, dont le père est le très honorable L.S. Amery, présentement secrétaire d'État aux Indes dans le cabinet de Mr Churchill, séjourna dans le Midi de la France après les événements de 1940. En septembre 1942, il se rendit de son plein gré en Allemagne, où le gouvernement allemand l'autorisa à résider. Les opinions présentées par M. Amery lui sont purement personnelles et les éditeurs ne peuvent accepter la responsabilité de ses déclarations » (non paginé). Ce John Amery s'était battu aux côtés de Franco lors de la guerre d'Espagne. Il devait être condamné à mort et exécuté en 1945, après avoir servi l'Allemagne nazie en animant des programmes de radio et en tentant de mettre sur pied une légion britannique contre le bolchevisme, sous le nom de British Legion of St George.

56. Le scrutin uninominal à un tour, *first past the post*, donne immanquablement une prime importante au vainqueur, expliquant la disproportion importante qui existe toujours en Grande-Bretagne entre le nombre de suffrages exprimés et le nombre de sièges obtenus. Le bi partisme bénéficie de cette situation, qui incite au regroupement des tendances.

57. *GS* II, p. 2.

58. Le général de Gaulle eut d'abord son siège dans un appartement du 7-8 Seamore Grove, aujourd'hui Curzon Place, puis à compter du 23 juin à St Stephen's House, Victoria Embankment, et finalement à Carlton Gardens en juillet 1940. La direction politique de la France combattante put s'installer à Alger à partir de juin 1943, mais une partie des services administratifs resta à Londres.

59. C. de Gaulle, *Discours et messages*, Paris, Plon, 1970, I, pp. 3-4. Évidemment, la solidarité coloniale ne fut pas sans faille, en particulier en Méditerranée orientale – où de Gaulle craignait que les Britanniques ne supplantassent les Français en Syrie et au Liban – tout comme du reste à Madagascar, où les Anglais débarquèrent en mai 1942 sans prévenir leur allié. Roosevelt, à partir de l'entrée en guerre des États-Unis en décembre 1941, ne fit qu'aggraver cette situation. Le 11 novembre 1944, Churchill et de Gaulle descendirent côte à côte les Champs-Élysées. De nombreuses années plus tard, en novembre 1958, le général de Gaulle pouvait décorer son « allié du temps de guerre et ami du temps de paix » de la croix de la Libération.

60. Discours du 4 juin 1940, *GS* II, p. 195.

61. Ancien vice-roi des Indes, Edward Frederick Lindley Wood, vicomte, puis comte de Halifax (1881-1959), souhaitait en juin 1940 une paix

de compromis avec l'Allemagne. Il occupa le poste d'ambassadeur de Grande-Bretagne aux États-Unis à partir de l'hiver 1940-1941.

62. *GS* I, p. 532.

63. *GS* II, p. 290.

CHAPITRE XXV

L'ÉTAT PROVIDENCE DANS TOUS SES ÉTATS, DE 1945 À NOS JOURS

1. Le nom de ces manifeste était en soi tout un programme : *Let Us Face the Future*, « Faire face à l'avenir ».

2. W. Beveridge, *Social Insurance and Allied Services*, Londres, HMSO, 1942.

3. M. Lemosse, *Le Système éducatif anglais*, Paris, PUF, 2000, p. 80.

4. Institut de science économique appliquée, *Cahiers. Série C. La sécurité sociale. Les plans anglo-saxons de sécurité sociale*, Paris, ISEA, 1945, I, p. 10.

5. W. Beveridge publiait en 1944 un second rapport, *Full Employment in a Free Society*, sans aucune sanction officielle. Il y analysait la possibilité de diriger l'économie, soit en utilisant les remèdes keynésiens, soit en allant jusqu'à la nationalisation. Il pensait du reste que la propriété privée des moyens de production ne constituait pas en soi une liberté fondamentale.

6. *Id.*, pp. 169-171.

7. M. Lemosse, *op. cit.*, pp. 80-82.

8. P.H. Jansen, « Coronation Everest », *British Culture and the End of Empire,* (éd.) S. Ward, Manchester, Manchester University Press, 2001, pp. 57-72.

9. À l'initiative de Willy Brandt, le parti social-démocrate allemand, SPD, n'hésita pas à franchir le pas la même année 1959, au congrès exceptionnel de Bad Godesberg, qui entérinait l'économie de marché.

10. *HRU*, p. 368.

11. La Rhodésie fut dirigée jusqu'en 1979 par Ian Douglas Smith, au profit de sa minorité blanche. Les Britanniques reprirent brièvement le contrôle de la colonie rebelle, afin d'organiser des élections qui débouchèrent sur la reconnaissance du Zimbabwe en avril 1980. Quant à l'Afrique du Sud, il fallut attendre 1994 pour que Mandela accédât enfin au pouvoir, après plusieurs années d'apartheid.

12. Contrairement à certaines opinions émises en France, en particulier à l'appui du vote des étrangers établis sur notre sol, au Royaume-Uni, les nouveaux venus ne devenaient pas britanniques en immigrant, mais ils immigraient parce qu'ils étaient sujets Britanniques (*British Nationality Act*, 1948).

13. T. Benn, *Arguments*, *op. cit.*, p. 15.

14. C.P. Snow, futur baron Snow of Leicester, avait prononcé en 1959 une célèbre conférence sur les « deux cultures » (*The Two Cultures*, Cambridge, Cambridge University Press, 1993). Physicien et homme de lettres, Snow devait, du reste, être conseiller au ministère de la Technologie dans le gouvernement Wilson.

15. *HRU*, pp. 373-375.

16. Sur les débuts de cette *Beatlemania* en 1963, voir B. Lemonnier, *L'Angleterre des Beatles*, Paris, Kimé, 1995, pp. 114-117.

17. *Sexual Offences Act* (1967, c. 60). Il fallut attendre 1979 pour que cela fût le cas en Écosse. C'était la fin de la vieille loi tudor sur la sodomie et la bestialité, commuée à la période victorienne en prohibition de l'homosexualité masculine (25 HENRY VIII, c. 6 ; 5 ELIZ. I, c. 17 ; 48 & 49 VICT., c. 69, 11). L'écrivain Oscar Wilde avait été l'une des principales victimes de cette législation infamante, qui prévoyait une peine d'emprisonnement maximale de deux ans, éventuellement assortie de travaux forcés.

18. *Abortion Act* (15 & 16 Eliz. II, c. 87),

19. *Representation of the People Act* (1969, c. 15).

20. « L'utilisation du cannabis s'accroît à un rythme accéléré. On fume couramment du cannabis dans les universités, et écrivains, professeurs, docteurs, hommes d'affaires, artistes et prêtres s'y adonnent désormais. » Après avoir convoqué ces instances morales irréprochables, on parvenait à cette conclusion en forme d'interrogation : « Doit-on encore considérer arbitrairement tous ces gens terrorisés comme des criminels ? « Les peines encourues pour la possession de drogue furent considérablement réduites par le gouvernment conservateur, frappé de compassion en 1971 (*Misuse of Drugs Act*, 19 ELIZ. II, c. 70).

21. *HRU*, pp. 376-379.

22. L'Irlande et le Danemark demandaient leur adhésion la même année 1961.

23. De Gaulle évait été irrité par la signature des accords militaires de Nassau, dans l'État de New York, entre Américains et Britanniques en décembre 1962. Les États-Unis fournissaient à la Grande-Bretagne des missiles nucléaires Polaris.

24. En 1974, avec 37,1 % des voix, les travaillistes obtenaient 301 sièges, contre 37,9 % des voix aux conservateurs mais seulement 297 sièges.

25. H. Wilson souffrait d'une maladie d'Alzheimer, qui ne l'empêcha pas de survivre jusqu'en 1995. Il fut fait entre-temps baron Wilson of Rievaulx.

26. G.-H. SOUTOU, *La Guerre de cinquante ans*, Paris, Fayard, 2001, p. 636.

27. S. WILLIAMS, *Politics is for People*, Cambridge, Mass, Harvard University Press, 1981, p. 19.

28. D. POWELL, *Nationhood and Identity. The British State since 1800*, Londres, I.B. Tauris, 2002, p. 211.

29. M. THATCHER, *Mémoires*, Paris, A. Michel, 1993-1995, I, p. 29.

30. Celui-ci qualifié de « sado-monétarisme » par le travailliste D. Healey (J.-P. RÉVAUGER (éd.), *Pauvreté et inégalités en Grande-Bretagne*, Paris, Éditions du Temps, 2000, p. 146).

31. F. HAYEK, *Droit, législation et liberté*, Paris, PUF, 1976, p. 162.

32. J.-C. SERGEANT, *La Grande-Bretagne de Margaret Thatcher*, Paris, PUF, 1994, p. 85

33. 1981, c. 61. Pour être pleinement Britannique désormais, il fallait naître au Royaume-Uni et avoir au moins un de ses deux parents Britannique. Ou bien naître à l'étranger et avoir un de ses deux parents directement originaire du Royaume-Uni.

34. Le gouvernement conservateur d'E. Heath avait tenté de légiférer, mais l'Acte sur l'immigration (1971, c. 77), tout en créant une nouvelle caté-

gorie, celle de *patrial* pour définir un ascendant, né au Royaume-Uni, devait être adapté à la situation créée par l'intégration européenne.

35. Le 6 mars, la direction des charbonnages avait annoncé une réduction importante de la production, suivie de la fermeture d'une vingtaine de puits, aboutissant à la perte de 20 000 emplois. Six jours plus tard, le dirigeant du syndicat des mineurs Arthur Scargill appelait à la grève.

36. Sur l'action des services secrets britanniques, on consultera le dossier d'un journaliste du *Guardian*, S. MILNE, *The Enemy Within*, Londres, Verso, 2004.

37. M. THATCHER, *Mémoires*, *op. cit.*, I, p. 325.

38. J.-C. SERGEANT, *op. cit.*, p. 21.

39. Cette formule remonte au sommet européen de Dublin, le 30 novembre 1979.

40. *Judd*, p. 404.

41. P. JENKINS, *Mrs Thatcher's Revolution*, Cambridge, Mass, Harvard University Press, 1987, p. 379.

42. A. WATKINS, *A Conservative Coup*, Londres, Duckworth, 1991.

43. J. MAJOR, *The Autobiography*, Londres, Harper Collins, 1999, p. XXII.

44. Blair et les travaillistes devaient encore remporter les élections de 2001 et celles de 2005.

45. *New Labour because Britain Deserves Better*, manifeste travailliste, 1997.

46. *The Guardian*, 5 octobre 1994.

47. E. AVRIL, R. DAVIS, *Comprendre la Grande-Bretagne de Tony Blair*, Paris, Septentrion, 2001, p. 15.

48. K. DIXON, *Un digne héritier : Blair et le thatchérisme*, Paris, Raisons d'agir, 1999.

49. E.A. REITAN, *The Thatcher Revolution*, Lanham, Maryland, Rowman & Littlefield, 2003, p. 167.

50. T. Blair cite avec respect le livre de Crosland, *The Future of Socialism* de 1956, qui constatait l'élévation du niveau de vie de la classe ouvrière et l'émergence d'une nouvelle classe de cols blancs. Ancien protégé de Hugh Gaitskell, Anthony Crosland (1918-1977) apparut comme l'une des têtes pensantes de la droite du parti travailliste. Secrétaire d'État à l'Environnement de 1974 à 1976, il mourut alors qu'il occupait le portefeuille des Affaires étrangères.

51. *Blair*, p. 18.

52. On a parlé de *New Labour* ; il faut également mentionner le *New Unionism*, incarné en particulier en 1997 par John Monks, le secrétaire général du Trade Unions Congress.

53. M. AUGÉ, *Diana Crash*, Paris, Descartes & Cie, 1998, p. 54.

54. L'ordre de succession au trône est fixé par l'hérédité, mais l'*Act of Settlement de* 1701 (voir chapitre 18) excluait automatiquement les catholiques et interdisait au souverain d'épouser une catholique. Tout a été modifié par l'Acte d'avril 2013 abolissant la primogéniture masculine de façon à « rendre la succession à la couronne indépendante du genre ». Cette loi ne s'appliquant pas de façon rétroactive, la succession ne sera pas affectée à court terme.

55. *Governement of Wales Act* 1998, c. 38 ; *Scotland Act* 1998, c. 46.

56. Sans doute est-ce en partie parce que le pays de Galles a été annexé en 1536 et que la *common law* s'y est appliquée ; à l'inverse, l'Écosse s'est unie à l'Angleterre en 1707, tout en préservant un système judiciaire distinct.

57. Ils constituent tous ensemble le gouvernement de l'assemblée galloise, *Welsh Assembly Governement*, WAG, ou encore *Llywodraeth Cynulliad Cymru*. Un projet de loi de décembre 2005 prévoit de séparer l'exécutif du législatif *(Government of Wales Bill)*.

58. M. Jones, *Le Royaume désuni*, Paris, Ellipses, 2003, p. 97.

59. *Northern Ireland Act* 1998, c. 47.

60. Bien que des élections se soient déroulées en novembre 2003, les députés n'ont pas été en mesure de siéger.

ÉPILOGUE

1. Traité de Maastricht (1992), article 3 A 1.

2. L'Organisation de Coopération et de Développement Économiques (OCDE), dont le siège est à Paris, regroupe 34 pays membres à travers le monde, de l'Amérique du Nord et du Sud à l'Europe, en passant par la région Asie-Pacifique.

3. L'Acte sur les communautés européennes (*European Communities Act*, 1972, c. 68) permettait au Royaume-Uni d'intégrer les trois communautés initiales : Communauté européenne du charbon et de l'acier (CECA), Communauté économique européenne (CEE), Communauté européenne de l'énergie atomique (CEEA, Euratom). La CEE a disparu en tant que telle, et est devenue la Communauté européenne tout court, après la signature du traité de Maastricht « instituant la Communauté européenne » en 1992. La Communauté européenne a elle-même disparu au profit de l'Union Européenne après la signature du traité de Lisbonne « sur le fonctionnement de l'Union » le 13 décembre 2007, entré en vigueur le 1er décembre 2009.

4. Le traité de Rome du 25 mars 1957 différencie ainsi les règlements des directives : « Le règlement a une portée générale. Il est obligatoire dans tous ses éléments et il est directement applicable dans tout État membre. La directive lie tout État membre destinataire quant au résultat à atteindre, tout en laissant aux instances nationales la compétence quant à la forme et aux moyens. » (Article 189.)

5. En application de plusieurs directives communautaires, l'*Equality Act* (2010, c. 15) appelait les responsables politiques à lutter contre les inégalités sociales et toutes les formes de discrimination liées aux caractéristiques physiques ou au sexe, en permettant entre autres aux femmes d'occuper les mêmes responsabilités que leurs collègues masculins et en affirmant l'égalité des chances. Une partie du clergé catholique ou anglican précisa qu'elle demandait que l'on n'utilise pas la loi pour l'obliger à ordonner des femmes, des homosexuels ou des transsexuels. Elle obtint gain de cause devant la Haute-Cour de justice.

6. *Los Angeles Times*, 26 janvier 2015.

7. Citons l'Australie, la Nouvelle-Zélande, le Canada, l'Irlande, les États-Unis, Hong-Kong, le Japon, etc.

8. 55,3 % des voix contre l'indépendance ; 44,7 % pour. La participation s'est établie à 84,59 %, soit 3 623 344 votants. Pour une histoire globale de ce pays, on se reportera au livre de Michel Duchein, *Histoire de l'Écosse*, Paris, Tallandier, coll. « Texto », 2013.

9. www.singer-polignac.org/fr/missions/sciences/colloques/1308-l-usage-du-referendum-dans-les-relationsinternationales.

ANNEXE 1

1. Jules César avait envahi la Grande-Bretagne en 55-54 av. J.-C. Le mur d'Hadrien remonte au IIe siècle.

2. Londres et Cantorbéry avaient été mis à sac par les Danois en 851. Alfred le Grand leur avait cédé un territoire en Mercie en 879, surnommé *Danelaw*. Un éphémère empire danois, incluant l'Angleterre, la Norvège et le Danemark, devait voir le jour sous le roi Knut († 1035). Mais une lignée saxonne revint au pouvoir avec Édouard le Confesseur.

3. On peut parler d'une autre conquête de l'Angleterre, celle opérée par le Danois Knut en 1017, mais elle s'inscrit dans l'histoire de l'Angleterre scandinave et ne constitue pas en soi une rupture comparable à l'invasion normande.

4. Dans sa volonté de promouvoir une histoire qui garantît « quelque chose de la certitude scientifique », Augustin Thierry (1795-1856) a mis l'accent sur les relations, selon lui déterminantes, de la « race » et de la « classe », dans l'histoire de France et l'histoire d'Angleterre. Les deux histoires retentissaient encore selon lui de l'écho de la conquête franque ou de la conquête normande. Attentif, en bon lecteur de Walter Scott, au « pittoresque » et à la « couleur locale », le Français croyait retrouver dans la société anglaise de son temps la trace de « différences nationales » entre Normands et Saxons, transmuées en une « distinction de classe, affaiblie de plus en plus par le temps » (*Thierry* I, p. 15). Disciple de Saint-Simon, partisan de la révolution de 1830, Thierry ne manquait pas de recourir aux sources originales, tant en latin et en français qu'en vieil anglais, en gallois et en breton. Comme l'écrit P. Rosanvallon, le fait fondamental de l'histoire moderne, selon Thierry, était la conquête (« Thierry, Augustin », *Dictionnaire des sciences historiques*, Paris, PUF, 1986, pp. 662-663).

5. Une romance sur Robin des Bois, publiée vers 1340, popularisera les révoltes populaires contre le roi félon Jean sans Terre. Le thème sera repris au XIXe siècle par le romancier Walter Scott, inventeur du roman historique, dont le chef-d'œuvre a pour nom *Ivanhoé*. Voir P. LURBE, « Le mythe de Robin des Bois », *Cités*, 2/2000, pp. 71-81.

6. L'on situe plus précisément la bataille à Little Solsbury, au-dessus de Bath.

7. PROCOPIUS, *History of the Wars*, Cambridge, Mass, Harvard University Press, 1992, V, pp. 254-255.

8. Gildas LE SAGE, *De excidio Britanniae* (538), *Vies et œuvres*, Sautron, Éditions du Pontig, 1997, p. 37. Sur ce témoignage, voir F. STENTON, *Anglo-Saxon England*, Oxford, Clarendon Press, 1971, p. 3.

9. *Thierry* I, p. 333 et p. 335.

10. Les relations avec les Bretons restés fidèles au christianisme furent assez tendues. L'Église bretonne voulait conserver un calendrier différent pour la fixation de la fête de Pâques. Nombre d'hommes d'Église bretons furent massacrés à Chester en 607. Les Saxons se firent les défenseurs de l'orthodoxie romaine, là où les Bretons restaient fidèles à leurs usages ecclésiastiques.

11. Bède le Vénérable, *Histoire ecclésiastique du peuple anglais*, Paris, Gallimard, 1995, pp. 85-86.

ANNEXE 2

1. N. Bisson, *op. cit.*, pp. 9-12.

2. Le regretté J.O. Prestwich insistait sur les éléments de continuité (« Anglo-Norman Feudalism and the Problem of Contintuity », *Past & Present,* n° 26 (1963), pp. 39-57). En fait, des aspects féodaux, voire post-féodaux, paraissent précéder la conquête : en particulier les thanes anglo-saxons anticipent les chevaliers. Parfois même, on utilisa les tenures pour monnayer le service armé. Cette commutation en argent précéda la conquête.

3. R. Fossier, *Enfance de l'Europe*, Paris, PUF, 1989, I, p. 275.

4. Id., *ibid.*, p. 483.

5. F. Stenton, *Anglo-Saxon England*, Oxford, Clarendon Press, 1985, p. 622.

6. J.-P. Poly, E. Bournazel, *La Mutation féodale*, Paris, PUF, 1991 ; D. Barthélemy, *La mutation de l'an mil a-t-elle eu lieu ?*, Paris, Fayard, 1997, On citera également l'excellente mise au point de T.N. Bisson, « The Feudal Revolution », *Past & Present,* n° 142 (1994), pp. 6-42. L'auteur résume l'évolution historiographique qui, à partir de Georges Duby et de sa thèse sur le Mâconnais en 1953, insiste sur la fragmentation progressive des royaumes autour de l'an mil et le surgissement des châteaux. Le phénomène est, du reste, étendu à la Catalogne par P. Bonnassie. Guy Bois devait parfaire le modèle en parlant d'une « révolution féodale » à l'échelle européenne (*La Mutation de l'an mil*, Paris, Fayard, 1989, p. 209). Cette révolution aurait elle-même porté une nouvelle classe au pouvoir, une « aristocratie [...] dont la domination s'étend sur l'ensemble de la paysannerie (et non plus sur sa seule fraction servile) ». Cette aristocratie, bien que ces membres fussent majoritairement issus de l'ancienne aristocratie, aurait assis ses revenus sur les tenures paysannes et sur les revenus du ban (*Id.*, p. 245).

7. « Les brigands, écrit saint Augustin, pour être à même d'attaquer plus violemment et plus sûrement la paix d'autrui, veulent être en paix avec leurs complices. Mais dût-il y en avoir un, plus fort, et assez méfiant à l'égard de complices éventuels pour n'admettre aucun compagnon et se livrer seul à ses embuscades, pour terrasser, tuer et dépouiller tous les hommes possibles, il faudrait bien qu'il conservât quelque apparence de paix avec ceux qu'il ne pourrait tuer ou à qui il souhaiterait cacher ses activités. Et, dans sa maison, pareil homme s'efforce certainement de vivre en paix avec sa femme et ses enfants et tout son entourage, heureux sans doute de les voir obéir au doigt et à l'œil :sinon il s'emporte, punit, châtie et rétablit même, si nécessaire, par la répression, une paix qu'il sait impossible si tout dans cette société domestique ne se soumet à l'autorité qu'il représente dans sa demeure. Si donc on lui offrait un pouvoir plus vaste, sur une cité, par exemple, ou un peuple, où on lui obéirait comme il souhaiterait qu'on le fît chez lui, il ne se cacherait plus comme un brigand dans des cavernes mais, avec la même avidité et la même méchanceté, il se pavanerait comme un roi » (Saint Augustin, *La Cité de Dieu*, Paris, Gallimard, 2000, pp. 865-866).

8. D. Barthélemy, *La Mutation de l'an mil... ?*, *op. cit.*, p. 322 *sq.* Sur les « limites de la chevalerie » et les réalités de la guerre, on se reportera à M. Strickland, *War and Chivalry*, Cambridge, Cambridge University Press, 1996, pp. 159-182. D. Barthélemy a justement attiré notre attention sur cet ouvrage.

9. Grégoire VII à Hermann de Metz, *Patrologiae latinae,* (éd.) J.-P. Migne, Paris, Brepols, 1995, CXLVIII, col. 596. Cette lettre serait du 15 mars 1081.

10. D. Barthélemy, *Chevaliers et miracles*, Paris, A. Colin, 2004, p. 3.

11. J.G.A. Pocock, *L'Ancienne Constitution et le droit féodal*, Paris, PUF, 2000, pp. 97-158.

12. D. Barthélemy, *La Mutation de l'an mil ?*, *op. cit.*, p. 8.

13. F.W. Maitland, *Collected Papers*, Cambridge, Cambridge University Press, 1911, Online Library, I, p. 99.

14. M. Chibnal, *Anglo-Norman England, op. cit.*, p. 2.

15. S.F.C. Milsom, « A Lawyer's Retrospect », *History of English Law*, Oxford, Oxford University Press, « Proceedings of the British Academy », nº 89, 1996, p. 246.

16. Le Français G. Bois, dans son étude de la Normandie orientale, a proposé un modèle original du féodalisme associant la « petite production paysanne » et un « prélèvement seigneurial », affecté du reste par un phénomène de baisse tendancielle (*Crise du féodalisme*, Paris, Presses de la fondation nationale des sciences politiques, 1976, en particulier pp. 353-355). L'unité de production du féodalisme, ce n'est donc pas nécessairement, comme on le croit parfois, le grand domaine, même si celui-ci existe.

17. R. Hilton, *The Transition from Feudalism to Capitalism*, Londres, New Left Books, 1976, p. 30.

18. J. Le Goff, Préface à A. Guerreau, *Le Féodalisme, un horizon théorique*, Paris, Le Sycomore, 1980, p. 11 ; W.M. Ormrod, J. Barta, « The Feudal Sructure », *op. cit.*, p. 59 n.

19. *Chibnall*, p. 83.

ANNEXE 4

1. Le terme anglais *bailliff*, en latin *ballivus*, que nous rendons ici par « bailli », remplace le mot saxon *reeve*, pour désigner un homme en charge de l'autorité, choisi par le seigneur ou par le roi. Le mot est donc plus imprécis que dans la France de Philippe Auguste, où baillis ou sénéchaux sont au service de l'État, pour diffuser les décrets royaux, en exécutant les décisions royales et en surveillant les vassaux.

2. En plus du service militaire, le roi pouvait d'exiger en cas d'urgence, et pour certaines occasions comme le mariage de sa fille aînée, un prélèvement financier, connu sous le nom d'« aide ». L'« écuage », en anglais *scutage* ou *shield service*, en latin *scutum*, était une somme d'argent versée en lieu et place du service armé.

3. Les enquêtes de nouvelle dessaisine, mort d'ancêtre et dernière présentation permettent d'établir les successions en matière de biens fonciers et d'expropriation éventuelle, de droit héréditaire ou de présentation à un bénéfice ecclésiatique. L'expression *novel disseisin*, littéralement récente expro-

priation, désignait une enquête permettant à une partie s'estimant spoliée de rentrer dans son bien ; la *mort d'ancestor*, quant à elle, permettait à un descendant de faire valoir son droit de succession ; le *darrein presentment* avait pour but d'établir l'identité de la dernière personne ayant présenté à un bénéfice ecclésiastique. La *mort d'ancestor* permettait ainsi à un héritier de rentrer dans son bien familial, même si le seigneur refusait de recevoir son hommage, mais il pouvait poursuivre son action en forçant ce dernier à l'accepter, procédure dite *de homagio capiendo*.

4. Le *praecipe* forçait un homme à comparaître devant la justice royale pou faire la preuve de son droit de propriété. Il s'agissait donc de ne pas soustraire le règlement de certains différends aux cours seigneuriales (*Maitland*, pp. 112-113).

5. Le *fee farm* impliquait un versement annuel, en argent ou en récolte, le *socage,* un service agricole et le *burgage,* un service équivalent pour les citadins.

6. Nonce apostolique.

INDEX

A

Abbadie, Jacques, pasteur, 277
Abélard, 48-49
Aberdeen, *voir* Gordon, George Hamilton, comte d'.
Addington, Henry, vicomte Sidmouth, 320, 324
Adèle de Champagne, 56
Adèle, fille de Guillaume le Conquérant († 1137), 38
Adelize, fille de Guillaume le Conquérant, 18
Adrien IV, pape, 47
Agulhon, Maurice, 217, 567
Alain, fils de Conan, comte de Bretagne, 20
Alasco, Jean, 203, 216
Albert, Charles, 508
Alcock, John, lord chancelier, évêque d'Ely, 168
Albret, Charles d', connétable, 135, 136
Alexandre II, pape, 19
Alexandre III, pape, 46, 47, 140
Alexandre IV, pape, 84, 87
Alexandre VI, pape, 175, 176
Alexandre le Grand, 315
Aliénor d'Aquitaine, 42, 43, 50, 60, 188, 515
Aliénor de Castille († 1290), ép. Édouard Ier, 92, 97, 116
Aliénor de Provence, ép. Henry III, 81, 92
Aliénor Plantagenêt, sœur de Henry III, 82
Alman, Thomas, 133
Amery, J., 577
André, Bernard, augustin, 166
Andrew, fils cadet de la reine Élisabeth II, 403
Anne, princesse, puis reine d'Angleterre, 274, 277, 280, 282-284, 287, 291, 292, 300, 443, 446
Anne, fille de la reine Élisabeth II, 404
Anne de Bretagne, 171-172
Anselme, archevêque de Cantorbéry, saint, 36, 37
Arc, Jeanne d', 48, 137, 151, 155, 156, 539
Arétin, Pierre l', 183
Argyll, *voir* Campbell, Archibald, comte d'.
Aristote, 87, 141
Arlington, *voir* Bennet, Henry, comte d'.
Arlotus, émissaire du Saint-Siège, 84
Arminius, Jacobus, 240, 244
Arnoul de Lisieux, 45
Aron, Raymond, 12
Arthur, roi, 45, 57, 58, 102, 108, 414

Arthur, prince de Galles, frère aîné de Henry VIII, 172, 176, 177, 188
Arthur Ier de Bretagne, 58, 59, 65
Arundel, Thomas, archevêque de Cantorbéry, 130, 149, 150
Asquith, Herbert, 367, 368, 370, 374
Atterbury, Francis, évêque de Rochester, 291
Attlee, Clement, Premier ministre, 389, 392
Audley, Thomas, chancelier, 190
Augusta, princesse, épouse du prince Frédérick, 301
Augustin, saint, évêque d'Hippone, 37, 142, 245, 279, 416, 583
Augustin, saint, moine, 414
Aurell, Martin, 44
Ayala, Pedro de, 176
Aylmer, John, évêque de Lincoln, évêque de Londres, 221, 222

B

Bacon, Francis, 153, 220, 236, 237
Bacon, Nicholas, 217
Bacon, Roger, 143
Baden-Powell, Robert Stephenson Smyth, baron, 364
Bagehot, Walter, 357, 358
Baldock, Robert de, chancelier, évêque de Norwich († 1327), 101, 102
Baldwin, Stanley, 378, 380, 383
Ball, John, poète, 127, 128
Bamford, Samuel, 323
Bampton, Thomas, 127
Barabas, 257
Barebone, Praise-God († 1679), 261
Barillon, Paul de, 270
Barry, Charles, architecte, 330
Barthélemy, D., 584
Basset, Thomas,
Bastwick, John, 245
Baudoin VI, comte de Flandre († 1070), 20
Bayard, Pierre du Terrail, chevalier, 184
Bayle, Pierre, 263, 272
Béatrice d'York, fille aîné du prince Andrew, 403
Beauchamp, Guy de, comte de Warwick († 1315), 100
Beaufort, Edmund, duc de Somerset († 1455), 159
Beaufort, Henry, cardinal, 155
Beaufort, Margaret, mère de Henry VII, 164, 165
Becker, Annette, 370
Bède le Vénérable, 415
Bedford, *voir* Lancastre, Jean de.
Bedford, comte de, *voir* Russell, John.
Belknap, Robert, 127
Bell, Vanessa, 376
Bellarmin, cardinal, 241
Bellemain, Jean, 201
Bénédict de Peterborough, 49
Ben Israel, Menasseh, 263
Benn, Anthony Wedgwood, 394
Bennet, Henry, comte d'Arlington, 268
Benson, Arthur Christopher, 369
Bentham, Jeremy, 339, 340
Bentinck, George, "lord", (†1848), 334
Bentinck, Hans Willem, comte de Portland, 277
Bentinck, William Cavendish, comte de Portland († 1809), Premier ministre, 320, 566
Bercow, John, 411
Berksted, Stephen, évêque de Chichester, 527

Bertrand de Dinan, 20
Bérulle, Pierre de, cardinal, 243
Beveridge, William, 390-392, 578
Bevin, Ernest, 383
Bèze, Théodore de, 223
Bicchieri, Guala, légat, 67-71, 73-75
Bigod, Roger, comte de Norfolk († 1270), 84, 85
Bigod, Hugh, frère de Roger († 1266), 526
Blackstone, William,153
Blair, Tony, 402-405, 407, 558
Blanc, Louis, 332
Blanc Sanglier, 164
Blanche de Castille, 66, 76
Blanchett, Cate, 217
Bland, Hubert, 365
Blanqui, Jérôme-Adolphe, 338, 339, 567
Blount, Elizabeth, 186
Blundervill, Ranulf de, comte de Chester, 68
Bloch, Marc, 16, 29, 417
Bodin, Jean, 218
Body, William, 205
Bohun, Mary, ép. futur Henry IV, 134, 155
Boisdauphin, ambassadeur, 209
Boleyn, Anne, 187, 190-192, 194, 212
Boleyn, Mary, 186, 187, 192
Bolingbroke, Henry, duc de Lancastre, *voir* Henry IV.
Bolingbroke, *voir* St John, Henry, vicomte.
Bonaparte, *voir* Napoléon.
Boniface VIII, pape, 111
Boniface de Savoie, évêque de Belley, archevêque de Cantorbéry, 81
Bourgogne, Philippe de, comte de Nevers, 136
Bracton, Henry, 79, 153, 218
Bradford, William, 238
Bradwardine, Thomas, archevêque de Cantorbéry, 142
Braun, Wernher von († 1977), 388
Bray, Reginald (†1503), 165, 168 Bréauté, Fawkes de, 68, 71, 76
Bréauté, Guillaume de, 76
Brian, fils de Conan, comte de Bretagne, 20
Briddlington, John de, chroniqueur
ecclésiastique, 102
Bright, John, 333, 361
Brissot, Jacques-Pierre, 309
Brock, sir Thomas, sculpteur, 365
Brompton, William de, 93
Brooke, Rupert, 371
Brown, Gordon, 405-406
Bruce, Robert de († 1329), 99, 100
Bucer, Martin, 203, 204, 216
Buckingham, *voir* Villiers, George, 1er duc de.
Buckingham, *voir* Villiers, George, 2e duc de.
Bunuyan, John, 150
Burgh, Hubert de, 74, 76-77, 83
Burghersh, Henry, évêque de Lincoln, 112
Burke, Edmund, 304, 310, 313
Burnell, Robert († 1392), chancelier, évêque de Bath et de Wells, 93
Burroughs, E.R., 82
Burton, Henry, révérend, 245
Bury, Richard, évêque de Durham († 1345), 112
Bute, *voir* Stuart, John, comte de.
Butler, Richard A., 392
Byron, George Gordon, baron, poète romantique, 319, 320, 332

C

Cabot, Jean, 176
Cade, Jack, 159
Callaghan, James, 395, 396
Calvin, Jean, 204, 223
Cameron, David, 406, 408, 410
Camilla Rosemary Mountbatten-Windsor, duchesse de Cornouailles, ép. Prince Charles, 403
Campbell, Archibald, comte d'Argyll, 272
Campbell-Bannerman, Henry, 367
Canning, Charles John, comte de (†1862), fils du suivant, gouverneur général de l'Inde, 354
Canning, George († 1827), secrétaire des Affaires étrangères, Premier ministre, 317
Carey, William, 186
Carlile, Richard, 323
Caroline d'Ansbach, reine, ép. George II, 291
Caroline de Brunswick, ép. George IV, 325
Carr, Robert, vicomte Rochester, puis comte de Somerset, 234
Cartwright, John, major, 323
Cartwright, Thomas, 223
Cary, Lucius, vicomte de Falkland, 252
Castlereagh, *voir* Stewart, Robert, vicomte.
Catherine d'Aragon, 176-179, 182, 186, 188, 189, 192, 194, 211
Catherine de Valois, fille de Charles VI, 137, 155, 164, 209
Robert, comte de Salisbury, 235
Cecil, William, lord Burghley, 209, 217, 235
Chamberlain, Austen, 378
Chamberlain, Joseph, 359, 377
Chamberlain, Neville, Premier ministre, 378, 383, 384, 386, 387
Charlemagne, 41, 42
Charles, prince de Galles, 403
Charles Ier, roi d'Angleterre, 234, 235, 242-244, 249, 251-253, 255-259, 263, 266, 273, 443, 446
Charles II, roi d'Angleterre, 259, 260, 263, 265, 266, 268-270, 272, 443
Charles II, roi d'Espagne, 283
Charles IV le Bel, roi de France, 101, 105, 109
Charles V le Sage, roi de France, 122
Charles VI le Fol, roi de France, 129, 135, 137, 154, 155
Charles VII, roi de France, 137, 154, 156, 157
Charles VIII, roi de France, 171-173, 176
Charles d'Anjou, (1227-1285), frère de Saint Louis, roi de Naples, 84
Charles de Blois, 114
Charles de Habsbourg, “ Charles III d'Espagne ”, archiduc d'Autriche, puis empereur (†1740), 284
Charles de Valois, 111
Charles le Téméraire, duc de Bourgogne, 162, 170
Charles Quint, empereur, 171, 178, 179, 184, 185, 187-190, 193, 211, 213, 283, 284
Charles-Édouard Stuart, 294, 443
Châtelet, Gabrielle Émilie le Tonnelier de Breteuil, marquise du, 294
Chaucer, Geoffrey, 140
Chaunu, Pierre, 300
Chauou, Amaury, 58
Chaworth, Payne de, 92

Cheke, John, 201, 207, 218
Cheyney, John, 169
Chieregato, Lionello, évêque de Concordia, 171
Chirac, Jacques, 403
Christophe Colomb, 175
Churchill, John, duc de Marlborough, 274, 283-286, 378
Churchill, Sarah, 283
Churchill, Winston, 11, 274, 378, 380, 384-390, 393, 398
Cicéron, 206, 218
Cize, Emmanuel de, 279
Clare, Gilbert de, comte de Glouceser († 1295), 88, 92
Clare, Isabelle de, ép. G. le Maréchal, 68
Clare, Richard de, comte de Gloucester († 1262), 84, 526
Clarendon, *voir* Hyde, Edward, comte de.
Clark, Jonathan, 324, 347
Clegg, Nick, 406
Clemenceau, Georges, 374, 375, 384
Clément VI, pape, 114
Clément VII, pape schismatique, 147
Clément VII, pape, 189, 190
Clèves, Anne de, 194, 211
Clifford, Roger de († 1285), 92
Clifford, Thomas, 268
Clive, Robert, 299
Clovis, 109
Cobbett, William, 325
Cobden, Richard, 333, 361
Cobham, John, lord, 150
Codd, Thomas, 208
Coke, Edward, 153
Coleridge, Samuel, 320
Coligny, Gaspard de, 222
Colley, George, général, 362
Commynes, Philippe de, 158
Compton, Henry, évêque de Londres, 273
Conan, comte de Bretagne, 20
Concini, Concino, 243
Condé, Louis Bourbon, prince de, 222
Condorcet, 318
Conduit, Reginald, 113
Conisbrough, Richard de, comte de Cambridge, 135, 150
Cook, James, capitaine, 311
Cooper, Anthony Ashley, 1er comte de Shaftesbury, 268, 269, 271
Constance d'Arles, 41
Corbyn, Jeremy, 411
Cornwallis, Charles, comte de et marquis de, général, 309, 311
Courtenay, Edward, comte de Devon, 211
Courtenay, William, évêque de Londres, 144
Coverdale, Miles, 192
Cox, Richard, 201
Cranmer, Thomas, archevêque de Cantorbéry, 189, 191, 199, 203, 215
Crespin, Jean, 216
Cripps, Stafford, 383
Cromwell, Oliver, 88, 248, 250, 253-263, 313, 446
Cromwell, Richard, 263
Cromwell, Thomas, 189, 193, 194, 261
Crosland, A., 580
Crouzet, Pierre, directeur du Prytanée de Saint-Cyr, 316
Crowe, Eyre († 1925), 365
Crowley, Robert, 204
Crowmer, William, 159
Culpeper, John, baron, 252

D

Dafydd ap Gruffyd, frère de Llywelyn, 96
Dalton, Hugh, 383

Danby, *voir* Osborne, Thomas, comte de.
Dante, 328
Darby, Abraham, 342
Darwin, Charles, 353
Daubeney, Giles, 169, 172
Defoe, Daniel, 10, 286
De Gaulle, Charles, 11, 12, 386, 395, 577
DelaMare, Peter, 123
Delapole, Edmund, comte de Suffolk († 1513), 178
Delapole, John, comte de Lincoln († 1487), 170
Delaroche, Paul, 163
Delcassé, Théophile, 365
Derby, comte de, *voir* Stanley, Edward, et Stanley, Thomas.
Denis, saint, 46
Descartes, René, 294
De Spencer, de, Hugues (père), comte de Winchester († 1326), 100-102
De Spencer, de, Hugues (fils), 100, 102
Devereux, Robert, 2e comte d'Essex († 1601), 217, 228, 229
Devereux, Robert, 3e comte d'Essex († 1646), 252
Diana, " lady Di ", princesse de Galles, 403
Dicey, Albert Venn, 357, 358
Dickens, Charles, 327
Diderot, Denis, 302
Dilke, Charles Wentworth, 352
Disraeli, Benjamin, comte de Beaconsfield († 1881), 333, 334, 346, 354, 356-359, 401, 402, 446, 571
Dominis, Marc' Antonio de, évêque de Spalato, 235
Drake, Francis, 218, 227
Dryden, John, 302
Dubois, Guillaume, abbé, puis cardinal († 1723), 291
Duby, Georges, 42, 67, 69
Dudley, Edmund, 182
Dudley, Guildford, 210, 212
Dudley, John, vicomte Lisle, comte de Warwick, duc de Northumberland, 199-201, 208-210
Dudley, Robert, comte de Leicester, 217
Du Guesclin, Bertrand, 122
Dumoulin (Du Moulin), Peter, révérend († 1684), 259
Dumoulin (Du Moulin), Pierre, pasteur († 1658), 234
Dumoulin (Du Moulin), Pierre, serviteur de Guillaume d'Orange, 269
Duns, Scot, 141
Durham, lord, *voir* Lambton, John George, comte de.
Dynham, John, 169

E

Ealdred, archevêque d'York, 23, 26
Eden, Anthony, 387, 393
Edgar Aetheling, petit-neveu du roi Édouard le Confesseur, 24
Edgecombe, Richard, 169, 171
Édith Godwineson, ép. Édouard le Confesseur, 18
Edmond de Cornouailles, comte de Lancastre, dit Crouchback († 1296), 84, 86, 528, 534
Edmond de Langley, duc d'York, 125
Edmond de Woodstock, comte de Kent, 101
Edmond, Archevêque de Cantorbéry († 1240), saint, 83

Édouard, fils cadet de la reine Élisabeth II, 404
Édouard le Confesseur, roi saxon, 17-19, 24, 26, 34, 35, 37, 91, 131, 413, 510-512
Édouard, le Prince Noir, 115, 117, 121, 122, 125, 441, 445
Édouard Ier, 80, 86, 88, 89, 91-93, 96-98, 441
Édouard II, 98-104, 125, 143, 162, 441, 445
Édouard III, 101-105, 107, 109-117, 119, 120-123, 125, 140, 145, 146, 154, 164, 441, 445, 532
Édouard IV, 161-163, 168-170, 211, 442
Édouard V, petit prince assassiné, 163
Édouard VI, 192, 199-204, 209-211, 443, 446
Édouard VII, 364, 444
Édouard VIII, duc de Windsor, 382, 383, 444
Édouard, prince, fils de Henry III, *voir* Édouard Ier.
Édouard, prince, fils d'Édouard II, *voir* Édouard III.
Édouard, prince, fils de Henry VI, 154
Édouard d'York, comte de March, *voir* Édouard IV.
Edwards, Thomas, 254
Egremont, lord, 176
Elgar, Edward, compositeur, 369
Eliot, T.S., 48
Élisabeth Ire, reine, 186, 191, 199, 200, 209-215, 217, 219-223, 225, 227, 228, 232, 234, 237, 282, 443, 446
Élisabeth II, reine, 392, 403, 444
Élisabeth d'York, fille d'Édouard IV, ép. Henry VII († 1503), 166, 168, 169
Élisabeth, fille de Jacques Ier, ép. Frédéric V, 235, 252, 277
Emmanuel-Philibert Ier, duc de Savoie, 214
Empson, Richard, 182
Engelard de Cigogné, 68
Engels, Friedrich, 335, 340, 342, 344, 345, 347, 568, 569
Éon, Charles Geneviève Louis de Beaumont, chevalier d', 302
Érasme, Didier, 202
Erastus, Thomas, 190
Essex, comte d', *voir* Devereux, Robert.
Ethelbert, roi de Kent, 414
Étienne, roi d'Angleterre, 36, 38, 39, 441
Étienne, comte de Blois et de Chartres († 1102), 38
Eudes, comte de Bretagne, 20
Eudes de Conteville, évêque de Bayeux, 21, 25, 33, 36
Eudes Rigaud, archevêque de Rouen, 86
Eugénie, impératrice, 361
Eugénie d'York, fille cadette du prince Andrew, 404
Eustache, comte de Boulogne, 25
Ézéchias, 210

F

Fabius, général romain, 366
Fairfax, Thomas, général, baron de Cameron († 1671), 254, 260
Falkland, vicomte de, *voir* Cary, Lucius.
Fastolf, sir John, 156, 157
Faujas de Saint-Fond, Barthélemy, 341, 342
Fawkes, Guy, 234
Febvre, Lucien, 34, 514

Ferdinand d'Aragon, 171, 172, 175, 183
Ferdinand II de Naples, 177
Fernandès, Isabelle, 548
Ferrand, comte de Flandre, 61
Fiennes, James, baron Saye and Sele, 159
Firth, John, 350
Fisher, John, évêque de Rochester, 183, 191
Fitzalan, Edmund († 1326), comte d'Arundel, 100, 102
Fitzgautier (Fitzwalter), Robert († 1235), 63, 71
Fitzgeoffrey, John, 85
FitzGerald, Gerald, " Geroit More ", comte de Kildare (†1513), *lord deputy*, 170, 173
Fitzgerald, Maurice, comte de Desmond, 173
Fitzneal, dit Fitznigel, Richard, 52, 517
Fitzroy, Augustus Henry, duc de Grafton, 304
Fitzsimons, Walter, archevêque de Dublin, 173
Fitzwalter, Robert, *voir* Fitzgautier, Robert.
Fitzwilliam, Roger, comte de Hereford, 26
Flambard, Renouf († 1128), évêque de Durham, 36, 515
Fluchère, Henry, 49
Fontaine, Jacques, 281
Foot, Michael, 401
Forster, Edward Morgan, 376
Fortescue, John, 153, 154, 218
Foucault, Michel, 327
Foulques le jeune, comte d'Anjou, roi de Jérusalem († v. 1143), 41
Foulques Nerra, comte d'Anjou († 1040), 41
Fox, Charles James, 309-311
Fox, Richard (†1528), évêque de Winchester, 168
Foxe, John, mémorialiste, 214
François d'Assise, saint, 397
François Ier, roi de France, 171, 184, 185, 187, 189-191, 193
François II, duc de Bretagne, 171
François, dauphin, futur François II, 208
François-Ferdinand d'Autriche, archiduc, 369
François-Joseph, empereur d'Autriche, 361
Franklin, Benjamin, 293
Frédéric Ier Barberousse, 46
Frédéric II, empereur d'Allemagne, 84, 88
Frédéric V, électeur palatin, 235, 252, 277
Frédérick, prince, fils de George II, 301, 444
Freeman, Edward E., 352, 509
French, sir John, 372
Friedman, Milton, 398
Frith, John, 190
Froissart, Jean, 105, 113, 116, 117
Froude, James, 349, 350
Fry, Roger, 376
Furet, François, 249

G

Gaguin, Robert, 171, 172
Gairdner, James, historien, 166
Gaitskell, Hugh, 392
Galtieri, Leopoldo, 401
Gand, Jean de, *voir* Lancastre, Jean de Gand, duc de.
Gardiner, Samuel Rawson, 247
Gardiner, Stephen, évêque de Winchester, 211
Gascoigne, William, 133

Gascogyne-Cecil, Robert marquis de Salisbury, 356, 360
Gaston VII de Béarn († 1290), 92
Gaultier, François, abbé, 287, 557
Gautier de Châtillon, 45
Gautier, Hubert, archevêque de Cantorbéry, 60
Gaveston, Piers, comte de Cornouailles, 98, 99
Genet, Jean-Philippe, 509, 510, 517, 524, 525
Geoffrey Le Baker, chroniqueur, 103
Geoffroy, évêque de Coutances, 24
Geoffroy d'Harcourt, 115
Geoffroy Grisegonelle, 41
Geoffroy Plantagenêt, comte d'Anjou, 41, 441
George Ier, roi d'Angleterre, 288, 290, 444, 446
George II, roi d'Angleterre, 290-293, 300, 444
George III, roi d'Angleterre, 300-303, 305, 306, 309, 311, 312, 315, 320, 324, 444, 446
George IV, roi d'Angleterre, 325, 444
George V, roi d'Angleterre, 365, 368, 379, 444
George VI, roi d'Angleterre, 383, 387, 389, 444
George du Danemark, prince consort, 283
Gerrald, Joseph, 314
Gibbon, Edward, historien, 307, 308, 393
Gildas, moine, 414
Giraud de Barri, 41
Gladstone, William Ewart, 334, 355, 356, 571
Glanville, Ranulf de, 51
Gloucester, Richard de, *voir* Richard III.
Godolphin, Sidney, comte de, 285, 286
Godwin, père de Harold, comte de Wessex, 18
Goodman, Christopher, 216
Gordon, Catherine, 174
Gordon, George, 307
Gordon, George Hamilton, comte d'Aberdeen (†1860), Premier ministre, 333, 354, 364
Gordon, Thomas, 289
Goubert, fils de Richard, 24
Gournay, Thomas de, 103
Grafton, *voir* Fitzroy, Augustus Henry, duc de.
Gramont, Gabriel de, évêque de Tarbes, 187
Grandson, Othon de († 1328), 92
Grégoire Ier, dit Grégoire le Grand, pape, 414
Grégoire VII, pape, 32, 417
Grégoire IX, pape, 83
Grégoire XI, pape, 145-147
Grenville, George, Premier ministre († 1770), 302-304
Grenville, William Wyndham, baron, Premier ministre, fils du précédent († 1834), 320
Grétry, A.-M., 55
Grey, Charles, comte de, Premier ministre, 325, 326
Grey, Henry, duc de Suffolk, 212
Grim, Édouard, 46
Grosjean, Georges, 139
Grosseteste, Robert, 87, 143
Guader (Wader), Raoul de, comte de Norfolk, 26
Guala, *voir* Bicchieri, Guala, légat.
Guenièvre, reine, 57
Guildford de Cranbrook, Richard, 169
Guillaume, fils d'Osbern, 25
Guillaume Ier, le Conquérant, duc de Normandie, roi d'Angle-

terre, 15, 17-26, 31, 33-38, 41, 47, 67, 72, 125, 276, 403, 413, 416, 441, 445, 510
Guillaume II le Roux, roi d'Angleterre, 35-37, 441
Guillaume II, empereur d'Allemagne, 365, 369
Guillaume III, *voir* Guillaume d'Orange, roi d'Angleterre.
Guillaume IV, roi d'Angleterre, 325, 444
Guillaume Audelin, fils de Henry Ier, 38
Guillaume de Neubourg, 45
Guillaume de Savoie, évêque de Valence, de Liège et de Winchester († 1239), 81
Guillaume de Sens, évêque, 46
Guillaume de Tancarville, 68
Guillaume d'Ockham, 141-143, 148
Guillaume d'Orange-Nassau, dit le Taciturne († 1584), 226
Guillaume d'Orange, stathouder puis roi d'Angleterre, 269, 271, 273-277, 282, 283, 285, 291, 321, 434, 443, 446
Guillaume le Bon, comte de Hollande et de Hainault († 1337), 101
Guimond, moine, 26
Guiscard, Robert, 17
Guizot, François, 11, 247, 333, 346, 364

H

Haendel, Georg Friedrich, 293, 297
Haig, sir Douglas, général (†1928), 372
Hales, John, 206
Hales, Robert, lord trésorier, 127
Halifax, *voir* Wood, Edward Frederick Lindley, vicomte, puis comte de.
Hampden, John, 244, 250
Hardie, Keir, 366, 573
Hardy, Thomas, 314
Harley, Robert, comte d'Oxford, 286, 287
Harmsworth, Harold Sidney, vicomte Rothermere, 382
Harold Godwineson, comte de Wessex, roi d'Angleterre († 1066), 18, 19, 21-24
Harold III Hardrada, roi de Norvège, 21
Harrington, James, 262, 263, 349, 352
Harrowby, *voir* Ryder, Dudley, comte de.
Harryson, James, 200
Hastings, Warren, 310
Hawkins, John, 218
Hayek, Friedrich, 381, 398
Healey, Joseph, 323
Heath, Edward, Premier ministre, 396
Heath, Nicholas, archevêque d'York, 220, 221
Hegel, Georg Wilhelm Friedrich, 340
Héloïse, 48
Henneton, Lauric, 552
Henri II, roi de France, 208, 287
Henri IV, empereur d'Allemagne, 20, 242
Henri IV, roi de France, 228, 234, 266, 269
Henri V, empereur d'Allemagne, 38
Henri VI, empereur d'Allemagne, 57
Henriette-Marie, reine d'Angleterre, 242, 243
Henry, fils cadet du prince Charles, 403

Henry Ier Beauclerc, roi d'Angleterre, 36-38, 45, 62, 68, 115, 441, 445
Henry II Plantagenêt, roi d'Angleterre, 39, 41-49, 50, 51, 53, 54, 56, 93, 188, 441, 445
Henry III Plantagenêt, roi d'Angleterre, 67-72, 74-77, 80-89, 92, 130, 441
Henry IV de Lancastre, roi d'Angleterre, 124, 126, 128-134, 186, 442, 445
Henry V de Lancastre, roi d'Angleterre, 125, 126, 134-137, 150, 155, 159, 164, 184, 442
Henry VI de Lancastre, roi d'Angleterre, 126, 154, 155, 157, 159-162, 179, 442
Henry VII Tudor, roi d'Angleterre, 164-179, 182, 205, 210,
Henry VIII, roi d'Angleterre, 48, 177-179, 181-195, 197, 199, 200, 205, 208, 209, 211, 214, 220, 221, 251, 261, 273, 282, 329, 443, 446
Henry Fitzroy, duc de Richmond, 186
Henry le jeune, fils aîné de Henry II, 50
Herbert, Edward, 251
Hereward the Wake, 26
Hess, Rudolph, 383
Hildebrand, moine de Cluny, 19
Hill, Christopher, 248, 400
Hilton, R., 417
Hingham, Ralph, 93
Hitler, Adolf, 383, 384, 387, 388
Hobbes, Thomas, 256
Hobson, John, 352, 363, 364
Hoche, général, 314
Hogarth, William, 303
Holbein, Hans, 194
Holland, Thomas, écuyer du Lancashire, 117
Holt, J.C., 512, 521
Honorius III, pape, 69, 74
Hooker, John, 219
Hooker, Richard, 224
Hooper, John, évêque de Gloucester, 214
Horsea, Hugues de, 46
"Hotspur", *voir* Percy, Henry de.
Howard, Catherine, 194, 195
Howard, Henry, comte de Surrey († 1547),
Howard, Thomas Ier, comte de Surrey, duc de Norfolk († 1524), 183, 184
Howard, Thomas II, duc de Norfolk († 1554), 183
Hugo, Victor, 217, 328, 553
Hugues Capet, roi de France, 41
Huizinga, Johan, 148
Humbert, général, 314
Hume, David, 165, 301
Humphrey, duc de Gloucester, 155
Hunt, Henry († 1835), 323
Hus, Jan, 147
Hyde, Edward, comte de Clarendon, 266, 267, 283
Hyde, Mary, 1re ép. futur Jacques II, 283
Hyndman, Henry, 366

I

Ingeburg, ép. Philippe Auguste,
Innocent III, pape, 59, 60, 63, 68, 424
Innocent IV, pape, 84
Innocent VIII, pape, 171
Isabelle d'Angoulême, ép. Jean sans Terre, 43, 81, 518, 519

Isabelle de Castille, 171, 172, 175, 177, 178
Isabelle de France, fille de Philippe IV, ép. Édouard II, 99-101, 103, 109
Islip, Simon, archevêque de Cantorbéry, 144

J

Jacques Ier, roi d'Angleterre, 215, 232-236, 238-242, 257, 277, 284, 443, 446
Jacques II, duc d'York, puis roi d'Angleterre, 267-277, 282, 283, 434, 443, 556
Jacques III, prétendant, *voir* Jacques-Édouard.
Jacques IV, roi d'Écosse, 174, 176, 184
Jacques VI, d'Écosse, *voir* Jacques Ier d'Angleterre.
Jacques, duc d'York, *voir* Jacques II.
Jacques-Édouard, "Jacques III", fils de Jacques II, chevalier Saint-Georges, 273, 287, 288, 291, 443
James Scott, duc de Monmouth, 272
Jane Grey, lady, 209, 210, 212
Jean Ier, Jean sans Terre, roi d'Angleterre, 43, 48, 56, 5963, 65-69, 74, 75, 81, 82, 85, 423, 441, 445, 518, 519
Jean II le Bon, roi de France, 111, 121, 122
Jean II du Portugal, 171
Jean III de Bretagne, 114
Jean XXII, pape, 103, 142
Jean sans Peur, duc de Bourgogne, 135
Jean de Balliol, 97
Jean de Hainaut, 101
Jean de Normandie, futur Jean II le Bon, 114
Jean de Salisbury, 45, 49
Jean-Frédéric de Saxe, 194
Jeanne, reine de Naples, 177
Jeanne de Navarre, fille de Louis le Hutin († 1349), 109
Jeanne de Navarre († 1437), 134
Jeanne de Penthièvre, 114
Jeanne la Folle, ép. Philippe le Beau, mère de Charles Quint, 178, 179
Jeffreys, George, lord chief justice, 272
Jenkins, Peter, 401
Jenkins, Roy, 399
Jenkinson, Robert, comte de Liverpool (†1828), 323
Jérôme, saint, 143
Jésus, 257
Jocelin, évêque de Bath, 68
Johnson, Joseph, 322, 323
Johnson, Samuel, "Dr Johnson", 306
Joinville, Jean, sieur de, chroniqueur, 86, 91
Joseph Ier, empereur, 284
Josias, roi de Juda, 199
Juan d'Espagne, Don, 1er époux de Marguerite d'Autriche, 179
Jules II, pape, 188
Jurieu, Pierre, pasteur, 270

K

Kadhafi, Muammar al, 399
Kapur, Shekhar, 217
Keble, John, 329
Kemp, Margery, 151
Kett, Robert, 206, 208
Kett, William, 208
Keynes, John Maynard, 375, 376, 378, 381, 382, 397, 398
Kielmansegge, Charlotte Sophia, comtesse de Darlington, 290
Kipling, Rudyard, 363

Kitchener, Horatio Herbert, comte, 362, 370
Kneller, Godfrey, 283
Knight, John, 322, 323
Knox, John, 215, 248, 367
Knut le Grand, 57
Koyré, Alexandre, 275

L

Labrousse, Ernest, 337
Lacy, Alice de, comtesse de Lancastre, 101
La Fayette, marquis de, 308
Lamb, William, vicomte Melbourne (†1848), 332
Lambton, John George, comte de Durham, 355
Lancastre, Edmond de, *voir* Edmond de Cornouailles, comte de.
Lancastre, Henry de († 1345), second fils d'Edmond, comte de Lancastre, 100, 102
Lancastre, Henry Bolingbroke, duc de, *voir* Henry IV.
Lancastre, Jean de Gand (John of Gaunt), duc de († 1399), fils d'Édouard III, 121, 123, 125-127, 144-146, 164, 442, 533
Lancastre, Jean de, duc de Bedford, 155
Lancastre, Thomas de († 1322), fils d'Edmond, comte de Lancastre, 100, 101
Lane, Libby, 408
Lanfranc, archevêque de Cantorbéry, 31, 35, 36, 513
Langland, John, 140
Langton, Étienne, archevêque de Cantorbéry, 60, 62, 63, 76
Lansdowne, lord, *voir* Petty-Fitzmaurice Henry, marquis de.
Las Casas, Bartolomé de, 237
Latimer, Hugh, évêque de Worcester, 215
Latude, Jean Henri dit Masers de, 302
Laud, William, 244, 245, 248, 250
Lauderdale, *voir* Maitland, John, comte de.
Law, Bonar, 374, 376
Law, John, 291
Lawrence, Thomas Edward, dit Lawrence d'Arabie (†1935), 373
Le Breton, Guillaume, chapelain de Philippe Auguste, 59
Le Chapelier, Isaac, 319
Ledru-Rollin, Alexandre-Auguste, 334, 436
Legge, John, 127
Le Goff, Jacques, 85, 88, 418
Le Maréchal, Guillaume, comte de Pembroke, 68-77, 522
Le Maréchal, Guillaume, comte de Pembroke, fils, 70, 72, 74, 83
Le Maréchal, Jean, neveu, 70
Le Maréchal, Richard, comte de Pembroke, autre fils, 77
Lénine, 352, 364
Leofwine le Saxon, 22
Léon X, pape, 183, 184, 186
Léopold d'Autriche, duc, 57
Le Pen, Marine, 410
Le Roy Ladurie, Emmanuel, 347
Lesseps, Ferdinand de, 361
Lilburne, John, 255
Lionel d'Anvers, duc de Clarence, 125
Liverpool, comte de, *voir* Jenkinson, Robert.
Livingstone, David, Dr, 352
Lloyd George, David, 367, 368, 372-376, 383, 386, 404, 447, 574
Llywelyn ap Gruffyd, prince de Gwynedd, 96

Locke, John, 271, 275, 294
Longue Épée (Longespée), Guillaume, comte de Salisbury († 1226), 74
Louis VII, roi de France, 42, 43, 46, 49, 56, 188
Louis VIII, roi de France, 60
Louis IX, saint, roi de France, 77, 81, 85-88, 91, 92, 110, 243
Louis X le Hutin, roi de France, 109
Louis XI, roi de France, 161, 162, 164
Louis XII, roi de France, 172, 176, 178, 188
Louis XIII, roi de France, 231, 242
Louis XIV, roi de France, 261, 268, 272, 276, 280, 283, 284, 291
Louis XV, roi de France, 300, 302, 304
Louis XVI, roi de France, 313
Louis-Napoléon Bonarparte, *voir* Napoléon III.
Louis-Philippe, roi des Français, 334, 336
Louis de France, futur Louis VIII, 65-67, 69, 70, 72-75, 445
Louis de Nevers, comte de Flandre, 112
Louis d'Orléans, frère de Charles VI, 129
Louise de Savoie, mère de François Ier, 189
Louise Alice, fille du prince Édouard, 404
Lovell, Francis, 183
Lovell, Thomas, 168, 169
Lovett, William, 335
Lusignan, Alice de, comtesse de Surrey, 82
Lusignan, Aymer de, évêque de Winchester, 82
Lusignan, Geffroy, 82
Lusignan, Guillaume de, *voir* Valence, Guillaume de.
Lusignan, Guy de, 82
Lusignan, Hugues X Le Brun de, comte de la Marche, 81
Luther, Martin, 142, 145, 146, 185, 197, 296
Lüthy, Herbert, 507
Lycurgue, 263, 339

M

MacDonald, Ramsay, 366, 377, 379, 447
McFarlane, K.B., 528
Machiavel, Nicolas, 174
Macmillan, Harold, 393, 447
Macron, Emmanuel, 412
Mahaut d'Artois, 110
Maidstone, Clement, 133
Maidstone, Thomas, 134
Maitland, Frederic, historien,153, 154
Maitland, John, comte de Lauderdale, 268
Major, John, Premier ministre, 401
Malcolm III MacDuncan, roi d'Écosse, 26
Malthus, Thomas Robert, révérend, 317-318, 327, 353
Maltravers, John de, 103
Mandrou, Robert, 299
Manuel de Fiesque, 103
Map, Gautier (Walter), 45
Marat, Jean-Paul, 306
Marchand, Jean-Baptiste († 1934), officier français, 362
Margarot, Maurice, 314
Marguerite d'Anjou, ép. Henry VI, 157, 160, 162
Marguerite d'Autriche, tante de Charles Quint, 179, 189

Marguerite de France, soeur de Philippe IV, ép. Édouard III, 98
Marguerite de Norvège, héritière du trône d'Écosse, 97
Marguerite d'York, duchesse de Bourgogne, ép. Charles le Téméraire, 170, 173
Marie de France, poétesse, 45
Marie de France, fille de Philippe Auguste, 59
Marie de Guise, régente d'Écosse, 215
Marie de Médicis, reine de France, 231, 243
Mark, Philippe, 68
Marlowe, Christopher, 99
Marsile de Padoue, 145
Martens, Thierry, 181
Marx, Karl, 224, 335, 337, 340, 353, 366, 570
Mary Ire, reine d'Angleterre, 186, 199, 201, 209-215, 219, 220, 237, 443, 446
Mary, ép. Guillaume III, reine d'Angleterre, 269, 274, 277, 434, 443, 446
Mary Stuart, Queen of Scots, 200, 208, 210, 214, 215, 222, 223, 234, 446, 549
Mary Tudor, *voir* Marie Ire.
Mary Rose, princesse, soeur d'Henry VIII, 179, 209, 543
Masham, Abigail, née Hill, 283
Mathilde, ép. Guillaume le Conquérant, 33
Mathilde, "reine", fille d'Henry Ier, roi d'Angleterre, ép. Henry V, empereur, puis de Geoffroy Plantagenêt, comte d'Anjou, 36, 38, 39, 41, 51, 115, 186, 441
Mathilde, fille de Malcolm III, 38
Matthieu Paris, 66
Maurice, sir Francis, 374
Maximilien d'Autriche, empereur, 171, 175, 176, 183
May, Theresa, 410-411
Melbourne, vicomte, *voir* Lamb, William.
Menon, Prigent, 172
Mercier, Louis-Sébastien, 315
Michelet, Jules, 79, 156, 197, 198
Mill, John Stuart, 352, 353
Milton, John, 252, 259
Mitterrand, François, 400
Mohamet, serviteur de George Ier, 290
Moïse, 257
Molière, 281
Monck, George, duc d'Albemarle, 263
Monmouth, *voir* James Scott
Montagu, Charles, comte de Halifax († 1715), 276
Montagu, Ralph, 269
Montague, Joan, comtesse de Salisbury, épouse du Prince Noir († 1385), 105, 117
Montague, William, comte de Salisbury, 117
Montchrestien, Antoine de, 231
Montesquieu, C. de Secondat, baron de La Brède et de, 11, 280, 294, 315
Montfort, Amaury Ier de († 1060), 82
Montfort, Jean de († 1345), 114, 532
Montfort, Simon de, père († 1218), 82
Montfort, Simon de, fils († 1265), comte de Leicester, 82-89, 92, 100, 525-527, 532
Montgomery, Bernard, vicomte, maréchal, 388
Moorhouse, John, 323
More, Hannah, 312
More, Thomas, 168, 181, 190, 191, 198, 206, 352, 446

Mortimer, Edmund, 5e comte de March († 1425), 126, 132
Mortimer, Edmund (1409), oncle du précédent, 132
Mortimer, Roger, 1er comte de March († 1330), 101, 102, 104, 530
Morton, John, cardinal, archevêque de Cantorbéry, 168, 170, 175, 542
Mosley, Oswald, 385
Muir, Thomas, 314
Musculus, Wolfgang, 203
Mussolini, Benito, 381
Mustapha, serviteur de George Ier, 290

N

Namier, Lewis, 558
Napoléon Ier, 248, 315, 316, 319-321, 361, 375
Napoléon III, 334, 355, 361
Nasser, Gamal Abdel, 393
Nelson, Horatio, 320, 321
Nesbit, Edith, 365
Newcastle, duc de, *voir* Pelham-Holles, Thomas.
Neville, Charles, 6e comte de Westmorland, 223
Neville, Raoul de, évêque de Chichester, 83
Neville, Richard, 5e comte de Salisbury († 1460), 160
Neville, Richard, comte de Warwick († 1471), 160-162
Newman, John Henry, cardinal (†1890), 329
Newton, Isaac, 294, 295
Nicolas II, pape, 17
Nightingale, Florence, 331
North, Frederick, dit « lord North », comte de Guilford, 305, 309
Northumberland, duc de, *voir* Dudley, John.

O

Oates, Titus, 270
Oberman, H.A., 537
O'Connell, Daniel, 333
O'Connor, Feargus, 335
Offenbach, Jacques, 110
Oglethorpe, Owen, évêque de Carlisle, 220
Oldcastle, John, 150, 151
Olivares, Gaspar de Guzmàn, comte-duc d', 243
Orléans, Charles d', poète, neveu de Charles VI, 137
Orléans, Louis d', duc de Longueville, 184
Orléans, Père d', 125
Osborne, Thomas, comte de Danby, 269
Othon IV de Brunswick, empereur d'Allemagne, 61
Overton, Richard, 255
Owen, David, 399
Owen, Robert († 1858), 318
Owen, Wilfred, 371

P

Paget, William, baron, 200, 210
Paine, Thomas, 308, 313
Palmerston, *voir* Temple, Henry John, vicomte.
Pandolphe (Pandolfo), légat, 61, 75, 423, 433, 523
Paoli, Pascal, 304
Parr, Catherine, 194, 195, 200
Parr, William, marquis de Northampton, 200, 208
Parsons, Robert, jésuite, 233, 234
Passelewe, Robert, 77
Paston, Clement, 119

Paston, William, 119
Patrick, saint, 414
Paul, apôtre, 318
Paul III, pape, 193
Peel, Robert (†1850), Premier ministre, 326, 333, 334, 354, 556
Pélage, 245
Pelham, Henry (†1754), 293, 558
Pelham-Holles, Thomas, duc de Newcastle (†1768), 293, 558
Pemberton, Jeremy, 409
Pepys, Samuel, 267
Percy, Henry de, baron Percy d'Alnwick († 1352),
Percy, Henry, 1er comte de Northumberland († 1408), 132, 145, 537
Percy, Henry, 2e comte de Northumberland († 1455), 159
Percy, Henry, "Hotspur" (†1403), 132
Percy, Thomas, 7e comte de Northumberland († 1572), 223
Perkins, William, 223, 224
Perlin, Étienne, médecin, 212
Perrers, Alice, 123
Peter (Peters), Hugh, 257
Petit-Dutaillis, Charles, 29
Petty-Fitzmaurice, Henry (†1927), marquis de Lansdowne, 365
Philibert II, duc de Savoie, 2e époux de Marguerite d'Autriche, 179
Philippa de Hainault, reine d'Angleterre, ép. Édouard III, 117, 125
Philippe Ier, roi de France, 20, 33, 35
Philippe II, dit Philippe Auguste, roi de France, 49, 56-61, 65, 67, 76, 234
Philippe II, roi d'Espagne, 211, 213, 215, 216, 226
Philippe III Le Hardi, roi de France, 92, 111
Philippe IV le Bel, roi de France, 98, 99, 111
Philippe V le Long, roi de France, 111
Philippe VI, roi de France, 105, 107, 109, 111-116
Philippe d'Anjou, futur Philippe V d'Espagne, 283
Philippe de France, fils de Jean le Bon, futur duc de Bourgogne, 121
Philippe de Hesse, 194
Philippe de Valois, *voir* Philippe VI.
Philippe le Beau, archiduc d'Autriche, 171, 178, 179
Philippe le Bon, duc de Bourgogne, 137, 158
Pie V, pape, 225
Pie VI, pape, 329
Pierre de Blois, 43-45, 54
Pierre de Dreux, seigneur de Bretagne, 76
Pierre de Maulay, 68
Pierre de Savoie, comte de Richmond, 81, 85
Pierre des Roches, évêque de Winchester, 60, 67-69, 77, 520
Pierre Mauclerc, comte de Bretagne, 76, 77
Pintoin, Michel, 129, 130
Pitt, William, comte de Chatham (†1778), 293, 301, 304, 309, 311, 558, 559
Pitt le jeune, William (†1806), fils cadet du précédent, 311, 314, 320
Plantagenêt, Édouard, comte de Warwick (†1499), 166, 169, 170, 172, 175
Platon, 206, 207
Platter, Thomas, 229

Pocahontas, princesse amérindienne, 238, 364
Pocock, J.G.A., 417, 507
Podmore, Frank, 365, 366
Pole, Reginald, cardinal, 214, 220
Pole, William, 113
Pons, Gaspar, 176
Ponthieu, Guy, comte de, 18
Portland, *voir* Bentinck, Hans Willem, comte de, et Bentinck, William Cavendish, comte de.
Potter, John, 322
Powell, Enoch, 395
Powhatan, chef amérindien, 238
Poynings, Edward, 169, 174, 183
Prestwich, Michael, 91
Price, Richard, révérend, 313
Pride, Thomas, colonel, 257
Priestley, Joseph, révérend, 314
Primrose, Archibald Philip (†1929), comte de Rosebery, 363
Primrose, Gilbert, révérend, 232
Prince Noir, le, *voir* Édouard, le Prince Noir.
Prynne, William, 244, 245
Puebla, Rodrigo Gonzalez de, 175, 176, 178, 179
Pugin, Augustus, 330
Pulteney, William, comte de Bath, 292
Pym, John, 249-251, 253

Q

Quincy, Saher de, comte de Winchester († 1219), 71

R

Radcliffe, Thomas, comte de Sussex († 1583), 217
Raleigh, Walter, 218, 234
Raoul de Fougères, 20
Raoul de Gaël, 20
Rapin de Thoyras, Paul de († 1725), 294
Raymond V, comte de Toulouse, 50
Raynal, Guillaume-Thomas-François, abbé, 299
Reagan, Ronald, 398
Renard, Simon, ambassadeur de Charles Quint, 211
Renaud de Dammartin, comte de Boulogne, 60, 61
Renée de France, fille de Louis XII, 188
Ribbentrop, Joachim von, 382
Ribbentrop, Rudolph von, 382
Ricardo, David, 353
Rich, Richard, baron, 200
Richard Ier, Richard Coeur de Lion, 43, 55-58, 128, 158, 354, 441, 445, 519
Richard II, 117, 125-130, 132, 146, 162, 441, 442, 445
Richard III, 48, 163-166, 442
Richard, comte de Poitou, comte de Cornouailles, puis roi des Romains († 1272), 76, 84, 87, 524
Richard, duc d'York, petit prince assassiné, 163, 170, 173
Richelieu, cardinal de, 244
Ridley, Nicholas, évêque de Londres, 215
Rivaux, Pierre de, 77
Robert Courteheuse, fils aîné de Guillaume le Conquérant, duc de Normandie, 26, 33, 35, 36, 38, 441, 554
Robert d'Artois, 110, 113, 114, 531
Robert de Bellême, comte de Shrewsbury, 38

Robert de Caen, comte de Gloucester († 1147), 38
Robert de Vitré, 20
Robert le Pieux, roi de France, 41
Robespierre, Maximilien, 315
Robinson, Gene, 409
Rochefort, Guillaume de, chancelier, 163
Rochefort, Henri de (†1913), 362
Rockingham, Watson-Wentworth, Charles, marquis de, 304, 309, 325
Rodgers, Bill, 399
Rodin, Auguste, 116
Roger, évêque de Salisbury († 1139), 39
Roger de Wendover, 70, 72
Rollon, chef viking, 17
Rosebery, lord, *voir* Primrose, Archibald Philip.
Rousseau, Jean-Jacques, 12, 259, 315, 339
Rowlands, John, dit "Stanley", 352
Rupert, prince, comte palatin, 252
Russell, John, comte de Bedford († 1555), grand amiral, 199, 205
Russell, John, comte († 1878), 317, 318, 334, 354, 355
Russell, William, 270
Ruyter, Michiel Adriaenszoon de, 267
Ryder, Dudley, comte de Harrowby († 1847), lord president of the council, 324
Ryle, John Charles, évêque de Liverpool, 331

S

Sacheverell, Henry, révérend, 285, 286
Saham, William de, 93
St John, Henry, vicomte Bolingbroke, 282, 284, 286, 287, 290-293, 300, 346
St John, Oliver, 244, 250
Saladin, 56
Salisbury, *voir* Gascogyne-Cecil, Robert, marquis de.
Salomon, 45, 232
Sancroft, William, archevêque de Cantorbéry, 273, 276
Sassoon, Geoffrey, 371
Saumaise, Claude, 259
Saussure, César de, 292
Savage, Arnold, 131, 132
Saxe, Jean-Frédéric de.
Saxton, John, 323
Scargill, Arthur, 399, 402
Schnapper, Pauline, 410
Schulenberg, Ehrengard Melusina von, duchesse de Kendal, 290
Scott, Walter, 128
Scrope, Richard, archevêque d'York, 132, 133
Seagrave, Stephen of, 77
Sedaine, M., 55
Seeley, John, 352
Seymour, Edward, comte de Hertford, duc de Somerset, lord Protector, 199-201, 205-209, 218, 545
Seymour, Jane, 192, 199
Seymour, Thomas, baron Seymour of Sudeley, 200, 201, 208
Shaftesbury, *voir* Cooper, Anthony Ashley, 1er comte de.
Shakespeare, William, 126, 134, 150, 151, 182, 217
Shaw, George Bernard, 365
Shelburne, William Petty Fitzmaurice, comte de, marquis de Lansdowne, 309
Shelley, Percy Bysshe, 323
Sherbourne, Robert, évêque de Chichester, 176

Sidmouth, *voir* Addington, Henry.
Sidney, Algernon, 270
Siméon, 313
Simnel, Lambert, 169-173
Simon, Richard, prêtre d'Oxford, 169
Simon de Montfort, *voir* Montfort, Simon de.
Simon de Reading, 102
Simpson, Wallis, Mrs, 382
Skelton, John, 167
Smith, Adam, 301, 307, 308, 318, 339
Smith, Goldwin, 355
Smith, John, capitaine, 238, 364
Smith, Thomas, 218-219
Smollett, Tobias, 301
Snow, Charles Percy, 394, 578
Sophie-Dorothée, princesse de Zelle, ép. George Ier, 290
Southey, Robert, 320
Spence, Thomas, 324
Staël, Auguste de, fils aîné de Germaine, 322
Staël, Germaine de, 319
Stafford, Edward, duc de Buckingham (†1521), 183
Stafford, Henry, duc de Buckingham (†1483), 164
Stafford, Henry, comte de Wiltshire, 183
Stanhope, James, comte de (†1721), 290
"Stanley", explorateur, *voir* Rowlands, John.
Stanley, Edward, lord Stanley of Bickerstaff puis comte de Derby (†1869), Premier ministre, 334
Stanley, Thomas, comte de Derby (†1504), 165, 169
Stanley, William (†1495), 174
Stapledon, Walter de († 1326), trésorier, évêque d'Exeter, 101
Steel, David, 400
Stewart, Robert, vicomte Castlereagh, marquis de Londonderry (†1822), 321, 324
Stigand, archevêque de Cantorbéry († 1072), 31
Strachey, Lytton, 376
Strafford, comte de, *voir* Wentworth, Thomas.
Stratford, John de, évêque de Winchester, archevêque de Cantorbéry († 1348), 101, 112, 530
Straw, Jack, ministre travailliste, 15
Stuart, John, comte de Bute, 301, 302
Sudbury, Simon, archevêque de Cantorbéry, 127
Sumption, Jonathan, 107
Sussex, comte de, *voir* Radcliffe, Thomas.
Swift, George, 323
Swift, Jonathan, 279, 284, 286, 290, 334

T

Taine, Hippolyte, 34, 351
Talbot, George, comte de Shrewsbury, 183
Talbot, Gilbert, de Slottesden, 165
Talbot, John, comte de Shrewsbury, 157
Taillefer, 22
Temple, Henry John, vicomte Palmerston, 334, 354, 355, 567
Tennyson, Alfred, 354
Thackeray, William M., 290
Thatcher, Margaret, 12, 397-402, 447
Thelwall, John, 314

Thierry, Augustin, 19, 582
Thomas, comte du Perche, 71
Thomas d'Aquin, saint, 37, 87, 141, 142
Thomas Becket, saint, 45, 48-50, 89, 130, 133, 134, 197, 419-421, 445, 516, 535
Thomas, Rhys ap, 165
Thompson, Edward Palmer, 337
Thorpe, William, prêtre, 133, 149, 150
Throckmorton, Nicholas, 222
Tibetot, Robert de, 92
Tillotson, John, 276
Tocqueville, Alexis de, 195, 237, 332, 342-344, 347
Toland, John, 275, 290
Tone, Wolfe, 314
Tooke, révérend John Horne, 314
Townshend, Charles, 304
Trenchard, John, 289
Tudor, Edmund, 164
Tudor, Henry, comte de Richmond, *voir* Henry VII.
Tudor, Jasper, duc de Bedford, 169, 170
Tudor, Owen, 164
Tyler, Wat, 127, 128, 159, 208, 445
Tyndale, John, 198

U

Urbain II, pape, 36
Urbain IV, pape, 87
Urbain V, pape, 144
Urbain VI, pape, 147

V

Valence, Aymer de Lusignan, seigneur de, comte de Pembroke († 1324), 82, 100
Valence, Guillaume de Lusignan, seigneur de, comte de Pembroke († 1296), 92
Valera, Eamon de, 375
Vallès, Jules, 328, 351, 352
Van Artevelde, Jacob, 112, 113
Varenne (Warren), Jean de, comte de Surrey († 1347), 100
Vere, John de, comte d'Oxford, 169, 170
Vergil, Polydore, 167
Verne, Jules, 352
Vescy, John de, 92
Victoria, reine d'Angleterre, 309, 332, 346, 350, 363-365, 444, 446, 556
Villiers, George, comte, puis marquis, puis duc de Buckingham, 234, 243
Villiers, George, 2e duc de Buckingham, 268
Villon, François, 137
Vital, Orderic, 23, 24
Vives, Juan Luis, 184
Voltaire, 11, 183, 279, 281, 292, 294, 295, 302, 315, 339

W

Wadeford, William, 144
Wakefield, Edward Gibbon, 351
Waleran l'Allemand, 76
Wallace, William, 97
Walpole, Robert, comte d'Orford, 290-293, 446
Walworth, William, 128
Walwyn, William, 255
Warbeck, Perkin, 173-176
Warham, William, archevêque de Cantorbéry, chancelier, 183, 190
Warwick, comte de, *voir* Dudley, John, Neville, Richard, et Plantagenêt, Édouard.

Watson-Wentworth, Charles, marquis de Rockingham, *voir* Rockingham.
Watt, James, 341
Webb, Beatrice, 365
Webb, Sidney, baron Passfield († 1947), 365
Weber, Max, 239, 241
Welby, Justin, archevêque de Cantorbéry, 409
Wellington, Wellesley, Arthur, duc de († 1852), 321, 325, 333
Wells, Herbert George, 365
Wentworth, Thomas, comte de Strafford, 250, 251
Wesley, John, 295-297, 303, 306-307, 446
Wilberforce, William (†1833), 311, 312, 321
Wild, Robert, 323
Wilford, Ralph, 175
Wilkes, John, 301-303, 305, 560
William, duc de Gloucester, 283
William de Galles, fils aîné du prince Charles, 403
William le Galeys, " faux Édouard II ", 103, 104
Williams, Rowan, archevêque de Cantorbéry, 409
Williams, Shirley, 399
Willoughby de Broke, Robert, baron, 166, 169, 172
Wilson, Harold, Premier ministre, 394, 396
Wilson, Thomas, 219
Wilson, Woodrow, président des États-Unis, 374, 375
Winstanley, Gerrard, 259
Wolsey, Thomas, cardinal, 184, 185, 188, 189
Wood, Edward Frederick Lindley, vicomte, puis comte de Halifax, 387, 577, 578
Woodville, Elizabeth, ép. Édouard IV, 161
Woodward, Josiah, 289
Woolf, Virginia, 376
Wordsworth, William, 320
Wren, Christopher, 267
Wriothesley, Thomas, comte de Southampton, 200, 208
Wroe, James, 322
Wyatt, Thomas, 212
Wyatt-Paine, Wyatt, 375
Wycliffe, John, 142-148, 269, 445

Y

Yeats, William Butler, 373
York, George d', duc de Clarence, frère d'Édouard IV, 162, 166
York, Richard Plantagenêt, duc d' († 1460), père d'Édouard IV, 158-160, 442

Z

Zannekin (Zannequin), Claes, 108
Zinoviev, Grigori, 377, 378, 447

MIXTE
Papier issu de sources responsables
FSC® C005607
FSC www.fsc.org

Achevé d'imprimer en mai 2023
par Normandie Roto Impression s.a.s. à Lonrai
N° d'imprimeur : 2301917
Dépôt légal : août 2019
ISBN : 979-10-210-3965-0
Numéro d'édition : 4315-3
Imprimé en France